Baudi di Vesm...

Caesar Baudi Ritter von Vesme:

Geschichte des Spiritismus.

Einzig autorisierte Übersetzung aus dem Italienischen

und mit Anmerkungen versehen

von

Feilgenhauer,

Ehrenmitglied in- und ausländischer psychologischer Gesellschaften und spirit.
Vereine; Herausgeber der „Zeitschrift für Spiritismus" ꝛc. ꝛc.

Zweiter Band:

Mittelalter und Neuzeit.

Leipzig,
Druck und Verlag von Oswald Mutze.
1898.

Inhaltsverzeichnis des zweiten Bandes.

Sechstes Buch: Das Mittelalter.

3. Hauptstück: — Zauberer und Hexen.

Siebentes Buch: Die Neuzeit.

Sechstes Buch.

Das Mittelalter.

1. Hauptstück.

Die Ordalien.

§ 1. — Niemals vielleicht hat die unsichtbare Welt, ehe noch die jetzigen spiritistischen Sitzungen bekannt waren, ihre Macht in einer so allgemeinen, beständigen und glänzenden Weise offenbart, wie bei den berühmten Gottesurteilen, die auch den Namen Ordalien trugen, nach dem anglosächsischen Worte ordâl, welches eben Urteil bedeutet.

Was die Gottesurteile waren, wird jedermann, der nur einigermaßen auf Bildung Anspruch macht, bekannt sein; allein wenige haben dieser interessanten Seite der Weltgeschichte die ihr gebührende Beachtung geschenkt.

Patetta,*) der sich durch ein ausgezeichnetes Werk über die Ordalien, ausschließlich historischen und juristischen Charakters, verdient gemacht hat, giebt uns folgende Definition von den Ordalien: „Wir werden zu den Ordalien jedes „beliebige Verfahren rechnen, wodurch man übernatürliche „Wesen veranlassen zu können glaubt, durch eine Offenbarung

---

*) Prof. Friedrich Patetta, Die Ordalien. 1890.

„auf eine bestimmte Weise eine juristische Streitfrage zu ent=
„scheiden." Und an anderer Stelle äußert er sich noch klarer,
indem er sagt: „Das Gottesgericht ist daher eine unter ge=
„wissen Bedingungen und Formalitäten an die Geister gerichtete
„Bitte, wodurch dieselben sich bewogen oder sogar gezwungen
„fühlen sollen, auf eine für sie bestimmte Art zu antworten."

An solchen Orten und zu jenen Zeiten, in denen die mensch=
liche Gesellschaft sich noch keiner so geregelten Ordnung und
Aufsicht erfreuen konnte, wie heuer, da sah man sich gezwungen,
weil man eben noch nicht auf das wachsame Auge des Ge=
setzes, der Polizei und des Gerichtshofes rechnen konnte — seine
Zuflucht zu den geistigen Wesen zu nehmen. „Gott wird,"
sagte man, und machte sich dabei einer Schlußfolgerung schuldig,
deren Unlogik und Unrichtigkeit geradezu auffällig ist, aber
so recht den festen, unverbrüchlichen, blinden Glauben unserer
Altvorderen kennzeichnet, — „Gott wird eben eher ein Wunder
thun, als daß er einen Unschuldigen umkommen lassen wird."

§ 2. — Daß die Einrichtung der Ordalien so alt ist,
wie die Menschheit selber, das geht schon zur Genüge aus
der Thatsache hervor, daß man ihnen auch bei fast sämtlichen
Völkerschaften begegnet und sie auch selbst unter jenen an=
trifft, die keine andere Religion haben, außer ihrem Glauben
an das Weiterleben der Seelen der Toten — einen Glauben,
der, wie wir bereits gesehen haben,*) allen Völkern gemeinsam
ist und eben als Beweis einer unsichtbaren Welt erschien.

§ 3. — Beginnen wir mit Afrika; hier sehen wir, daß
auf Sierra=Leone**) bei den Jolossen***), den Waswahelen†)
und im Benim††) die Feuerprobe in Anwendung steht: der An=

---

*) S. Buch 1, 1. Hauptst. § 1 vorl. W. — Patetta, angef.
Werk, Kap. 1.

**) Winterbottom, Die Sierra=Leone=Küste, 1805, S. 172.

***) Mollien, R., Im Innern von Afrika, 1820, S. 52.

†) Hildebrandt, in der »Zeitschrift für Ethnol.«, X (1878), 388.

††) De Chaillu, Dans l'Afrique Équatoriale.

geklagte muß hier zum Beweise seiner Unschuld eine Zeit lang glühendes Eisen in die Hand nehmen oder auch sich dreimal von einem Priester mit einem solchen über die Zunge streichen laffen. In Loango fährt man über das Knie des Angeklagten mit einem großen Meffer mit glühend heißer Klinge; diese muß dann unverzüglich wieder kalt werden.*) Bei den Mandingos**) und den Kruh***) hat der, welcher eines Verbrechens bezichtigt wird, die Hand in siedendes Waffer oder Öl hineinzustecken; in Bakalai und Sierra-Leone bei den Wanika†) muß der Angeklagte aus einem Keffel mit heißem Waffer irgend einen Gegenstand herausholen. Dem Unschuldigen soll dieses dann stets gelingen; dagegen würde sich der Schuldige verbrennen.

Auf Madagaskar soll der Angeklagte dadurch seine Un= schuld zu beweisen suchen, daß er mit bloßen Füßen über glühendes Eisen laufen muß.††)

Im Somali-Lande pflegt man die Unschuld eines An= geklagten dadurch festzustellen, daß man denselben barfuß durchs Feuer gehen läßt; auch kommt es vor, daß er einen Gegenstand aus siedendem Waffer oder aus einem Feuer herauszunehmen hat.†††)

Bei den Arabern war es Brauch, mit einem heißen Meffer über die Zunge des Delinquenten zu fahren.*†)

---

*) Bruns, Erdbeschreibung von Afrika, IV, 82.

**) Moore, Travels into the Inland Ports of Africa (1742) Seite 136.

***) Wilson, Weft-Afrika. 1862, S. 100.

†) De Chaillu, angef. Werk, ebendaf. — Winterbottom, angef. Werk, ebendaf. — Krapf, I, 342.

††) Leguével de Lacombe, Voyage à Madagascar, S. 232. — Winson, Voyage à Madagascar, S. 293.

†††) Hagenmacher, Reise im Somali-Lande. — Andree, Forschungsreisen in Arabien und Oftafrika, I, 265.

*†) Globus, XXI (1872) S. 139.

Der Reisende Krapf weiß von einem Gottesurteile in Schoa*) zu berichten.

In Bonny**) wurde die einer Schuld verdächtige Person heiligen Fischen ausgesetzt; in Whydah und Dahome***) dagegen heiligen Schlangen, welche die Priester in der Hand hielten. Wenn jemand gebissen wurde, so galt dies als ein Beweis der Schuld.

Tylor†) und der Missionar Rowley††) erzählen von einem Zauberer, der sich, um einem Diebstahl auf die Spur zu kommen, zweier Stöcke bediente, welche man als die Behausung eines Geistes ansah. Dieser sollte nun durch Beschwörung in die vier Jünglinge fahren, welche die Stöcke hielten, und sie zu der Hütte des Schuldigen hintreiben. Die vier jungen Menschen wurden auch in der That durch die Manipulationen und das Schreien des Zauberers derart erregt, daß sie nach einigen Minuten von einem nervösen Zittern befallen wurden, das schließlich in gewaltige Zuckungen ausartete, infolge dessen sie ganz sinnlos ins Gestrüpp hineinliefen, um endlich kraftlos und mit Blut befleckt in der Hütte einer der Frauen eines Häuptlings niederzufallen.

Bisweilen befragt man den Geist des Verstorbenen, wenn es sich darum handelt, die Ursache seines Todes in Erfahrung zu bringen. Der Leichnam wird, wie Köhler†††) Cruickshant*†) und Wilson**†) behaupten, von den Zauberern am Kopfe erfaßt, worauf dieselben dann sich immer weiter

---

*) Krapf, angef. Werk I. 71.

**) Reade, African Sketchbook, 1873, I, S. 41.

***) Wilson, angef. Werk, S. 152, 207 — Réville, I, 66.

†) Civilisation primitive, II, 203, 205.

††) Universities Mission to Central Africa, 217.

†††) Studien, 378 und Beiträge, VI, 369.

*†) Goldküste (1834), S. 240.

**†) West-Afrika. S. 231.

fortgetrieben fühlen, bis sie schließlich an der Hütte des Schuldigen ankommen.

Dagegen steht noch mehr bei den afrikanischen Wilden die Probe mit einem Gifte in Anwendung, das meist aus der Rinde von Erythrophloeum guineense oder einer anderen giftigen Substanz besteht und in Wasser oder unter Brot gemischt wird.*)

In der Umgegend des Tangunika-Sees ist das Gottes- urteil mit dem Getränke so sehr in Gebrauch, daß Livingstone einen Mann und eine Frau hörte, die sich bei ihrem Ehezwist einander zuriefen: Bringt das Muhaweh her (d. i. das Gift zur Probe).**)

Der Engländer Lander, der von portugiesischen Kauf- leuten des Verrats angeklagt war, mußte sich einmal zu Badageh in der Niger-Gegend dieser Giftprobe unterziehen. Das Getränk sollte für ihn tödlich sein, wenn er schuldig wäre. Da nun Lander wenig von seiner eigenen Unschuld überzeugt war, zog er sich in seine Hütte zurück und trank eine große Menge warmes Wasser, wodurch er sich jeder Gefahr entzog.***)

Das Gift wird bisweilen auch einem Sklaven des An- geklagten eingegeben, manchmal indes nur einem Hahne. In Unjoro wird das Gift zwei jungen Hühnchen vorgeworfen; das eine soll den Angeklagten, das andere den Kläger dar- stellen. †)

Auch auf Madagaskar wird die sogenannte Tangena (die Giftprobe) zuerst bei einem Tier angewandt, wenn dasselbe

---

*) Schneider, Die Naturvölker, I, 226. — Post, Afrik. Jurispr. II, S. 115, 117, 125.

**) Livingstone, letztes Tagebuch, S. 74.

***) Réville, Les réligions etc. I, 102.

†) Finsh, Neu-Guinea, S. 358. — Post, angef. Werk, II, 126. — Hildebrandt, angef. Stelle.

dann unterliegt, so wiederholt man das Experiment auch bei
dem Angeklagten.*)

Zu Waswaheli reicht man nach Winterbottom**) einer
verdächtigen Person Reis dar — ohne Gift. Ist dieselbe
schuldig, so kann es ihr nicht gelingen, den Reis hinunter zu
schlucken; der nämliche Gebrauch bestand auch bei einigen
Gottesurteilen zur Zeit des Mittelalters.

Unter den Einwohnern in Margi finden wir eine merkwürdige Nachahmung eines auf Gottesurteil beruhenden
Duells: zwei Hähne werden auf dem heiligen Felsen von
Hobski gegeneinander gehetzt. Auch hier stellt wieder der eine
Hahn den Schuldigen und der andere den Unschuldigen dar.
Die Gottheit, nimmt man nun an, wird, im Falle der Angeklagte schuldlos ist, stets den Hahn siegen lassen, der die
Unschuld vertritt.***)

§ 4. — Wenden wir uns nun zu den Bewohnern von
Australien. Nach Hasselt†) pflegt man auf Neu-Guinea sich
bei den Gottesurteilen siedenden Wassers, geschmolzenen Bleies
und auch kalten Wassers zu bedienen — wenn auch fast nur
zum Schein. —

Die Ordalien, die bei den Bewohnern Australiens in
Brauch stehen, beschränken sich auf verschiedene Formen, um den
Verstorbenen wegen seines Todes zu befragen, den man selten
für natürlich hält. Häufig wendet man dabei folgende Methode
an, die an das mittelalterliche judicium feretri erinnert.
Man legt den Leichnam auf eine Bahre, eine sogenannte
tirkatti, d. h. »die wissende«, und richtet sodann an den
Toten verschiedene Fragen: „Hat dich jemand im Schlafe erschlagen“? „Wer ist es?“ „Kennst du ihn?“ „Ist es dieser?“

---

*) Letourneau, L'Evolution Juridique.
**) Die Sierra-Leone-Küste, S. 172.
***) Hildebrandt, angef. Stelle.
†) „Zeitschrift für Ethnol.“, VIII, 1892.

„Ist es jener?" Wenn sich nun die Bahre bewegt, so betrachtet man dies als eine bejahende Antwort; wenn nicht, so setzt man das Fragen fort. Nach dem dortigen Glauben werden diese Bewegungen von Huinho, dem Gott des Todes, hervorgebracht.*)

Manchmal wird auch die Bahre von mehreren Personen gehalten, die dann sofort eine Erschütterung verspüren, sobald der Mörder genannt wird; ähnliche Erscheinungen, wie wir sie auch in unseren spiritistischen Sitzungen wahrnehmen.

Auf den Hawaii-Inseln behaupten die Zauberer, das Bild des Schuldigen auf der Oberfläche des Wassers zu sehen, (was sich als eine besondere Form des „Schauens im Glase" erweist) oder in einem Wahrtraume während eines Schlafes, in dem sie nach vorgenommenen Beschwörungen verfallen.

Eine andere Art besteht darin, daß der Angeklagte unter Hersagen von Gebeten die Hand auf ein Glas mit Wasser legt; dieses Wasser zieht sich dann zusammen, wenn er schuldig ist.**)

§ 5. — Weniger bedienten sich die Wilden des Westens der Gottesurteile. Bei den alten Mexikanern hatte der Schwur vor Gericht einen hohen Wert. Derselbe wurde geleistet, indem man mit den Fingern die Erde und später die Zunge berührte,***) fast genau so, wie es bis zur Stunde noch das sizilianische Volk macht.

Es ist wohl allgemein bekannt, daß der Schwur bei Gericht seinen Ursprung jenen Gottesurteilen verdankt, deren Charakter er noch heute trägt; man hatte den festen Glauben,

---

*) Teichelmann und Schurman, Süd-Australien, 1846, Seite 51.
**) Ellis, Polynes. Researches, I, 379; III, 127; IV, 293. — Waitz und Garland, Anthr., VI, 226 (Hawai).
***) Waitz, Anthropol., II, 157, sowie bei den anderen oben genannten Autoren.

daß der Meineidige noch in diesem Leben seiner Strafe ver=
falle — und man teilt auch noch heute in vielen Kreisen
diese Ansicht. Im Mittelalter glaubte man, daß derjenige,
welcher einen falschen Schwur leiste, in demselben Jahre
auch noch sterben werde.

Hadrian Jacobsen*) berichtet von Erscheinungen, welche
die Schamanen (Magier) von Nord=Amerika vor dem Volke
hervorzurufen pflegen, um den Beweis zu liefern, daß sie
immer noch über ihre Wunderfähigkeiten verfügen. »Die von
dem Feuergeiste, dem sogenannten „Klesatphlilanna", geweihten
Schamanen springen über brennende Holzstöcke oder schwingen
sich auf Schaukeln, die an Stricken befestigt sind, über die
Flammen her, verschlingen feurige Kohlen, nehmen glühende
Eisen in den Mund, u. s. f. Auch schlitzen sie sich den Bauch
auf, nehmen die Eingeweide heraus, daß sie bis zur Erde
herunterhängen, welche glänzende Unschuldsprobe im Jahre
1889 im Dorfe Talio vorgenommen wurde.« Gerade dieses
Phänomen weist eine große Ähnlichkeit mit denen auf, welche
die Lamas in der Tartarei ausführen.**)

Unser Gewährsmann giebt sodann eine eingehende Probe
der ersten Art. Ein Schamane erbot sich zu wahrsagen, und
zwar durch die Feuerprobe uns anzugeben, wo ein Schiff
von St. Franzisko verblieben sei, das jene Küstenstrecke jedes
Jahr einmal zu besuchen pflegte und schon lange nicht mehr
wieder erschienen war. „Einige Indianer ergriffen den Schamanen und banden ihn mit einem Strick an den Füßen und
Armen, worauf sie ihn dann über eine große Flamme schwingen
ließen, bis sich das Tau entzündete und zu brennen begann.
Der Magier fiel in den brennenden Haufen, aus dem er sich
selbst herauszuhelfen mußte, ohne auch nur den geringsten

---

*) Geheimbünde der Küstenbewohner Nordamerikas,
eine Beschreibung, welche im Jahre 1850 (Nr. 15) die Wochenschrift
„Das Ausland" brachte.

**) S. Buch 2, 2. Hauptst., § 10, S. 131 vorl. Werkes.

Schaden davon getragen zu haben. Darauf erklärte er, daß das Fahrzeug untergegangen ſei und daher niemals zurückkehren werde. Und ſo war es auch in der That: die Ausſage des Sehers erwies ſich als vollſtändig richtig.

§ 6. — Bei den alten Juden bediente man ſich des Gottes= urteils vermittelſt des Looſes. »Das Loos wird in den Schooß geworfen; aber es fällt, wie der Herr will« — heißt es in der Bibel.*) Häufiger jedoch fragte man Urim und Thummim.**)

Von dieſen Gottesurteilen finden wir zwei Beiſpiele bei Joſua***) und Samuel†). So haben wir bei Gelegenheit der Hebräer geſehen, daß Jehova Moſes gebot, Urim und Thummim dem Gewande des hohen Prieſters Aron ein= zufügen, damit er immer **das Urteil der Kinder Iſrael auf ſeinem Herzen trage.**††) Aus dieſen Worten geht eben, wie Reuß und Patetta bemerken, hervor, daß der Hohe= prieſter nach den Antworten von Urim und Thummim die Kinder Iſrael richtete.

Jehovah ließ die Feuerprobe nicht zu; ja, er ſchien ſie ſogar zu verbieten: »daß nicht unter dir gefunden werde, der ſeinen Sohn oder Tochter durchs Feuer gehen laſſe«†††) — wenn ſich eben dieſe Worte nicht auf etwas anderes beziehen,

Dagegen gab der Gott des Volkes Iſrael im Moſaiſchen Geſetz die Probe durch das bittere Waſſer, um den Beweis für die Sittenreinheit eines Weibes zu liefern.

»Wenn irgend ein Mann wegen der Treue ſeines Weibes mißtrauiſch geworden iſt . . . und der Eifergeiſt entzündet

---

*) Sprüche Salomonis 16, V. 33.
**) ſ. die Erklärung dieſer Worte im Buche 2, 6. Hauptſt., § 14 vorl. Werkes.
***) Joſua 7, V. 3—18.
†) 1. Samuelis 14, V. 36—43.
††) 2. Moſe, Kap. 28.
†††) 5. Moſe, Kap. 18, V. 10.

ihn, daß er um sein Weib eifert, sie sei unrein oder nicht unrein, so soll er sie zum Priester bringen und ein Opfer über sie errichten . . . . Da soll sie der Priester herzuführen und vor den Herrn stellen und des heiligen Wassers nehmen in ein irden Gefäß und Staub vom Boden der Wohnung ins Wasser thun . . . Und der Priester soll in seiner Hand bitter verflucht Wasser haben und soll das Weib beschwören und zu ihr sagen: „Hat kein Mann das Lager mit dir ge=„teilt und hast dich nicht von deinem Mann verlaufen, daß „du dich verunreinigt hast, so soll dir dieses bittere verfluchte „Wasser nicht schaden. Wenn du aber dich von deinem „Manne verlaufen hast, daß du unrein bist und jemand „dich außer deinem Mann beschlafen hat, so soll der Herr „deine Hüfte schwinden und deinen Bauch schwellen lassen." Wenn das Weib nun das bittere Wasser trinkt und schuldig ist, so wird das verfluchte Wasser in sie gehen und ihr bitter sein, so daß ihr der Bauch schwellen und die Hüfte schwinden wird, und wird das Weib ein Fluch sein unter ihrem Volk. Ist aber ein solches Weib nicht verunreinigt, sondern rein, so wird ihr's nicht schaden, daß sie wird schwanger werden.«*)

Man sieht eben, daß die Möglichkeit der Gottesurteile sowohl für die Juden als auch für die Christen ein Glaubens=artikel ist, weil solche ausdrücklich dem Volke Gottes von dem Höchsten vorgeschrieben wurden.

§ 7. — Da die Ordalien bei den Indern seit Alters her bekannt und so allgemein verbreitet sind, so dürfte sich wohl sicher annehmen lassen, daß dieselben in Indien ihre Wiege haben.

Von Gottesurteilen ist bereits in den »Veda« die Rede, deren älteste Teile wohl gut 3000 Jahre vor Christus ge=schrieben wurden. Im Kodex von Manû wird auf Ordalien hingewiesen, welche die Veda vorschreiben (VIII, 190).

*) 4. Mose, Kap. 5, Vers 11 ff.

Im Khandogja Upanischab, ebenfalls vor unferer chriftlichen Zeitrechnung, heißt es betreffs eines Angeklagten: »Setzet eine Axt ins Feuer. Hat er nun den Diebftahl begangen, fo verbrennt er fich, fobald er die Axt anfaßt, und foll getötet werden. Ift er aber unfchuldig, fo wird er die Axt ruhig anfaffen können, ohne fich zu verbrennen und dann foll man ihn freilaffen.«*)

Eine diefer verwandte Probe war die mit fiedendem Öle. In ein irdenes Gefäß oder ein folches von Metall, das eine ziemliche Tiefe befaß, wurde fiedendes Öl gegoffen und ein Ring auf den Boden gelegt, den der vermeintliche Schuldige nun, um feine Unfchuld klarzuthun, herausholen mußte, ohne jedoch fich dabei die Hand zu verbrennen.**)

Im Pancavinfa=Brahamana des Samareba***), fowie im Kodex von Manû (VIII, 116) wird auch die Feuerprobe erwähnt, welche darin befteht, daß der Angeklagte durch zwei Feuer hindurch zu gehen hatte. Vatfa unterzog fich der Probe und blieb unverfehrt dabei, nicht ein Haar wurde ihm verfenkt. Im Ramajana fehen wir fo auch die tugendhafte Sita den Beweis ihrer Unfchuld liefern, um das Mißtrauen Rama's zunichte zu machen.

Auch wird der Ordalien in den juriftifchen Kodices von Gautama, Bandhâjana, Vafifhtha, Apaftamba, Wifchnû 2c. — alles Schriften, welche Jahrhunderte vor Chrifti Geburt entftanden — Erwähnung gethan. In den von Wifchnû findet fich die Befchreibung von fünf Proben, nämlich die der Wage, des glühenden Eifens, des kalten Waffers, des Giftes und des heiligen Trankes.

Die Probe mit der Wage beftand darin, daß der Angeklagte mit Hülfe eines Steines oder eines anderen gleich=

---

*) Pr., VI; Kh., XVI, 1—2 (Sacred Books, I, S. 108.)
**) Asiatic Researches, Band I, S. 398.
***) Weber, Ind. St., IX, 44.

artigen Gegenstandes gewogen wurde. Sobald derselbe nun bei der Wage seine Unschuld beschworen hatte, wog man ihn nochmals: nun mußte sein Gewicht im Falle seiner wirklichen Schuldlosigkeit ein vermindertes sein.

Hiuen Thsang, der berühmte buddhistische Pilger, welcher gegen das Jahr 648 nach Chr. Indien durchstreifte, berichtete von der Probe mit kaltem Wasser, die auf dem nämlichen Prinzip beruht, wie die der Wage: »Der Angeklagte und ein Stein werden in je einen Sack genäht. Alsdann verbindet man diese beiden Säcke mit einem Stricke und wirft sie in fließendes Wasser. Schwimmt nun der Stein oben, und geht jener Mensch unter, so zeigt sich dadurch seine Schuld; wohingegen die Unschuld desselben als erwiesen betrachtet wird, wenn der Sack mit dem Steine zu Boden sinkt und der andere auf dem Wasser schwimmt.«

Im Kodex Manû (VIII, S. 114) steht schon geschrieben: »Der Richter soll das Feuer anwenden, wenn jemand seine Unschuld beweisen will, oder befehlen, daß er ins Wasser geworfen werde ... Wenn er nun von der Flamme nicht verbrannt wird, oder wenn er von dem Wasser getragen wird, so soll man seine Unschuld anerkennen.«

Die Giftprobe finden wir indes nicht nur in dem bereits erwähnten Buch Wischnû's, sondern auch in den Büchern von Jadjnavalkja und Mitakschara. Man gab einfaches Gerstenbrot zu essen und reichte ein Getränk dar, das unter irgend welchen Riten bereitet worden war: der Schuldige wurde hierdurch vergiftet, während es dem Unschuldigen keinerlei Schaden brachte.

§ 8. — Der Jesuitenpater Bouchet, welcher zu Anfang des vorigen Jahrhunderts lebte, giebt uns an, welcher Gottesurteile sich zu jener Zeit die Richter in Indien, wo er als Missionär thätig war, bedient hätten. Auch von Eheleuten, die ihren Frauen mißtrauten, wurde nach seinen Worten dies Mittel angewandt. Pater Bouchet liefert uns mehrere Beispiele.

Eine Christin wurde von der Eifersucht ihres Gatten gequält, so daß sie sich entschloß, ihre Unschuld durch eine Probe mit siedendem Öle zu beweisen, und da sie nun ihr Mann sofort beim Wort nahm, tauchte sie ohne Verzug ihre Hand in die siedende Flüssigkeit und hielt sie so lange darin, wie es ihrem Manne hinsichtlich eines Beweises als genügend erschien. Als sie dieselbe aber herauszog — war sie unversehrt. Bouchet, der das Ehepaar sehr wohl kannte, wußte auch, wie ungeheuer eifersüchtig der Mann vor dem Vorkommnis gewesen war und welch unbeschränktes Vertrauen er darnach seiner Gattin entgegenbrachte.*)

Eine andere Frau erbrachte den nämlichen Beweis, indem sie glühende Kohlen auf ihr Haupt legte, wieder eine andere, indem sie mit der Zunge an glühend heißen Ziegelsteinen leckte.

Auch der Reisende Knox**) sagt, als er von den Singhalesen spricht und deren System, Schuldige vermittelst einer drehenden Kokosnuß zu ermitteln, daß, wenn die auf diese Weise bezeichnete Person ihre Schuld leugne, man unverzüglich zu der Probe mit heißem Wasser schreite.

§ 9. — Wenn wir nun von den brahmanischen zu den buddhistischen Völkern übergehen, so sehen wir, daß jene Gottesurteile in dem eigentlichen China wenig oder fast gar nicht im Gebrauche stehen, wohl aber in Tibet.

Tscherepanoff, ein russischer Gelehrter, sagt in einem Aufsatze in der Petersburger „Biene des Nordens" vom Jahre 1854 folgendes:

»Es verdient darauf hingewiesen zu werden, daß die „Lama", jene Priesterschaft der buddhistischen Religion, einer Religion, zu welcher sich alle Mongolen bekennen, ebenso

---

*) Lettres édifiantes et curieuses. Rec. XIV, Paris 1720, S. 371—77.
**) Voyage à l'Ile de Ceylon.

wenig wie die alten egyptischen Priester, die Geheimnisse der
Natur, welche sie entdeckt haben, bekannt geben. Sie be=
dienen sich eben deren, um abergläubische Vorstellungen bei
dem großen Haufen zu erwecken. So vermag der Lama=
Priester einem Diebstahl auf die Spur zu kommen und die
gestohlenen Sachen zu entdecken, und zwar durch einen Tisch,
der vor ihm herfliegt. Der bestohlene Eigentümer bittet
den Lama, ihm den Ort anzugeben, wo sich das geraubte
Gut befinde, worauf der Lama einige Tage seine Antwort
hinauszieht. Wenn er es endlich für gut hält, die Antwort
zu erteilen, so nimmt er einen viereckigen Tisch und läßt sich
dann hinter demselben auf den Boden nieder, legt die Hände
darauf und liest in einem tibetanischen Buche. Wenn er sich
nun nach einer halben Stunde erhebt, so hebt er auch die
Hand derart von dem Tische empor, daß sie die Lage bei=
behält, welche sie auf dem Tische eingenommen hatte. Sofort
erhebt sich nun auch dieser und folgt der Richtung der
Hände. Alsdann richtet sich schließlich der Lama vollständig
auf und streckt die Hände hoch über seinen Kopf in die Höhe,
wobei auch der Tisch vor seinen Augen schwebt. Hierauf
beginnt aber der Tisch auf einmal mit solcher stets zu=
nehmender Schnelligkeit seinen Weg nach vorwärts zu nehmen,
daß der Lama nur mit Mühe ihm nachfolgen kann; derselbe
nimmt die verschiedensten Richtungen ein und stürzt endlich
zu Boden. Die Hauptrichtung, welche dieser eingeschlagen
hat, bezeichnet den Platz, wo der vermißte Gegenstand zu
suchen ist. Man behauptet, daß der Tisch sogar dort ge=
wöhnlich niederfalle, woselbst die geraubten Sachen verborgen
sind. In dem Falle, von dem ich Zeuge war, legte auf
solche Weise der Tisch eine große Entfernung, etwa dreißig
Meter, zurück; der gesuchte Gegenstand fand sich indes nicht
vor. In der nämlichen Richtung aber, die das Tischchen
eingeschlagen hatte, stand die Hütte eines russischen Bauern,
der, sobald als er von diesem Vorfall Kenntnis erhalten

hatte, sich auch das Leben nahm. Der plötzliche Selbstmord
gab Anlaß zu einem Verdacht: man suchte in der Hütte nach
und fand dort das gestohlene Gut.«

John Bell, der berühmte Reisende, welcher im Jahre
1719 Asien durchkreuzte, berichtet, daß, als ein russischer
Kaufmann bei einer mongolischen Völkerschlacht beraubt worden
war, ein Lama eine einfache Bank hin= und herwandte, bis
diese endlich sich zu drehen begann und die Richtung nach
dem Zelte des Diebes einschlug. Auch der Lama begab sich
dorthin und befahl die Herausgabe des gestohlenen Stoffes,
dem dann sofort entsprochen wurde. *)

In Tibet steht ebenso das Gottesurteil mit siedendem
Öl**), wie das mit dem glühenden Eisen***) ꝛc. in Gebrauch.

In Japan waren die Ordalien geradezu an der Tagesordnung. Hinsichtlich der Probe mit glühendem Eisen liefert
uns der Missionar Pater Feroes ein Beispiel, in dem er
uns berichtet, daß man in Japan einen des Diebstahls angeklagten Christen dieser Probe unterzog und zwar mit glück-
lichem Ausgang. Der des Diebstahls Beschuldigte mußte auf
einem Papier seine Unschuld unter Eid beteuern und hierauf
dieses Blatt auf die flache Hand legen. Sodann wurde ihm
ein glühendes Stück Eisen darauf gelegt. Dieser Christ aber
hatte die heidnischen Ceremonien verworfen und das Blatt
Papier bloß mit dem Zeichen des Kreuzes gesegnet.†)

Wie Pater Kaempfer uns berichtet, besteht auch in Japan
die Anwendung der vergifteten Getränke als Gottesurteil.

In Siam haben Kläger und Angeklagter durch große

---

*) Tylor, Civilisation primitive, II, 203.
*) Cunningham, Ladak ꝛc., S. 266. — Post, Ursprung ꝛc., 124.
***) Bergmann, Nomad. Streifereien, II, 41.
†) Pater Feroes' Briefe aus Japan, gedruckt 1598 in Mainz,
die auch Guacci, Compendium Maleficarum, S. 264—265 (Mailand,
1626) anzieht. —

Feuer, Scheiterhaufen vergleichlich, hindurch zu gehen oder die Hand in geschmolzenes Blei zu stecken.*)

Was nun das alte Persien anbetrifft, so findet sich ja das schöne Beispiel bei Firdusi**); ein Edelmann ist ungerechter Weise von der Königin Siawaksh, welche er verschmäht hatte, des Ehebruchs verdächtigt worden, und er beweist nun seine Unschuld glänzend durch die Feuerprobe.

§ 10. — Einem Krieger, der im Kampfe gegen sein Vaterland gefallen war, wurde die Bestattung versagt. Damit dieser nun doch nicht eine Beute der Raben werde, wurde der Leichnam von unbekannter Hand heimlich den Wachtposten entwendet und in Sicherheit gebracht. Diese wurden dafür verantwortlich gemacht. Einer von diesen Leuten beteuerte seine Unschuld, indem er ausrief: „Wir sind auch „bereit, glühendes Eisen in die Hände zu nehmen, durch „Feuer zu gehen und bei den unsterblichen Göttern zu be= „schwören, daß wir unschuldig sind, ja nicht einmal wissen, „wer es ausgesonnen und ausgeführt hat.“

Wir haben hier die Probe mit dem glühenden Eisen, dem Scheiterhaufen, dem Schwur. Wer sollte nicht glauben, daß dieser Fall dem Mittelalter angehöre? Und doch lebte der Dichter, der in seiner Antigone jenen griechischen Soldaten diese Worte sagen läßt — Sophokles — fünfhundert Jahre vor Christi Geburt.

Die Ordalien waren also sehr wohl den Griechen bekannt.

Es gab in Griechenland, Sizilien, Kleinasien mehrere Quellen, welche zu Gottesurteilen benutzt wurden.***)

Der Tempel von Trözen in Argolis war gerade deswegen berühmt, weil derjenige, welcher dort einen

---

*) De la Bissachère, Tunkin, 1818, S. 217.
**) Übersetzung von Pizzi; Band II, S. 337 (Turin, 1887).
***) Patetta, die Ordalien, Kap. 5, § 4.

falschen Schwur geleistet hatte, vom Schlage getroffen wurde.*)

§ 11. — Bei Nicolaus Damascenus, ein ganzes Jahrhundert vor Christi Geburt, finden wir folgende Stelle: „Wenn die Umbrer Streit unter einander haben, so legen „sie die Waffen an und kämpfen gegeneinander wie im Kriege, „da sie des Glaubens sind, daß diejenigen, welche „ihre Gegner tot auf der Wahlstatt zurücklassen, „das richtige behauptet hätten.**)"

Bei den Römern wurden die Ordalien nicht gesetzmäßig anerkannt und standen daher durchaus nicht in häufigem Gebrauch; dennoch finden sich davon einige Beispiele. Jenen drei Vestalinnen, die der Verletzung des Gelöbnisses der Jungfräulichkeit angeklagt worden waren, gelang es nur durch Wunder ihre Unschuld zu beweisen. Den Fall der Vestalin Claudia haben wir bereits erwähnt***): sie zog mit ihrem Gürtel das Schiff in den Hafen, welches das Wunderbild der Cybele nach Rom bringen sollte, aber mitten in der Tiber stehen geblieben war. Emilia entzündete das heilige Feuer wieder, indem sie bloß auf das gelöschte Holz ihren Schleier warf. Tuccia schöpfte mit einem Siebe Wasser aus der Tiber.

Ein ungenannter Schüler des Sophokles, der in den ersten Jahrhunderten der christlichen Zeitrechnung lebte, behauptete, daß auch bei den Römern Gottesurteile nach Art der Griechen in Gebrauch gestanden hätten.†)

§ 12. — Ein Epigramm der Griechischen Anthologie weist darauf hin, daß die zu beiden Seiten des Rheins wohnenden Celten um die Legitimität der Kinder zu beweisen,

---

*) Pausanias, II, 30 ff.
**) Fragm. histor. Graec, Ausgabe Didot, 1849, S. 457.
***) s. Buch III, 3. Hauptst., § 26 vorl. Werkes.
†) Patetta angef. Werk, Kap. 4, S. 134, Anmerkung.

dieselben auf einen Schild legten und diesen dann in den Fluß setzten. Derselbe trug den Namen „Eheprüfer" (ἐλεγχίγαμος). Von Kaiser Julian, Eustasius und anderen*) wird dies bestätigt. Die unrechtmäßigen Kinder seien untergegangen, während die rechtmäßigen auf dem Wasser geschwommen hätten und von ihren Eltern aufgenommen worden wären.

Im alten celtischen Recht, das Dynwal Maelmud zugeschrieben wird, finden sich drei Arten von Ordalien, nämlich das glühende Eisen, das siedende Wasser und das Duell.**)

Bei den Polen stand auch die Probe mit dem kalten Wasser in Gebrauch. Dem Angeklagten wurden die Hände um die Kniee gebunden, worauf man einen Stock zwischen den Armen und den Kniekehlen***) einschob und ihn dann ins Wasser warf, wobei er noch an einem Stricke gehalten wurde. Schwamm er nun auf dem Wasser, so war dies der Beweis seiner Schuld.

§ 13. — Kommen wir nun zu den Germanen, welche an den Ordalien vor allen anderen Völkern den größten Anteil haben, da sie das ganze Mittelalter hindurch und während der Renaissancezeit nicht davon abgewichen sind. Ob sie die Erfinder der sogenannten Gottesurteile waren, wie es selbst gebildete Personen behaupten, braucht nach dem bisher Gesagten wohl kaum noch erörtert zu werden.

Ein Gottesurteil nun, welches bei den Germanen mehr denn bei jedem anderen Volke in Blüte stand, ist das Duell — der Zweikampf. Daß dies nicht immer ein Gottesurteil war, sondern wohl eben nur ein Mittel, um die Frage sofort zu erledigen und aus der Welt zu schaffen, dürfte allgemein

---

*) Ant. Graeca, I, 40. — Julian, Epist. 16, ad Maximum. — Eustasius, Comm., 294. — Libanius, Panegyr. in Jul. Cons., 238 ꝛc.

**) Welsh Laws, Buch 14, Kap. 13, § 4.

***) Eine alte Zeichnung, welche Zeumer in den Ordines judiciorum Dei wiedergiebt, zeigt uns einen derartig für die Probe vorbereiteten Delinquenten.

bekannt sein. Doch war der Zweikampf in der Mehrzahl der
Fälle lediglich ein Gottesurteil, zumal wenn er von dem
Gerichte oder durch die Gesetze geboten wurde. Man behauptete, daß der allmächtige Gott niemals den Unschuldigen
unterliegen lassen würde. Und wenn dieser auch noch so
schwach wäre, so würde Gott dann eher dessen Kräfte ver-
hundertfachen, um sie mit denen des Gegners auszugleichen.
Dieser feste Glaube sollte denjenigen stärken, der
frei von Schuld und Fehle
in dem Bewußtsein eines reinen Gewissens den Kampf aufnahm, während der Schuldige sich in einer Gemütsstimmung
befinden müßte, welche gerade die Bedingung zu seinem Unterliegen schaffen würde. Allein wer will heute noch annehmen,
daß Gott seinen Beistand für einen, wenn auch gesetzlichen
Morde leihen wird. Wahrlich jedermann wird, wie es auch
selbst viele im Mittelalter gethan haben, die Richtigkeit dessen
einsehen, was seiner Zeit der Longobardenkönig Liutprand in
den Worten niedergelegt hat: Incerti sumus de Dei judicio
et multos audivimus per pugnam sine justitia causam
suam perdere.*)

Infolge der Ansicht, auf die sich „der Kampf vor Gott"
gründete, wurde der Besiegte dann eingekerkert oder auch
gehängt. Die Edelleute kämpften mit der Lanze zu Pferde.
Auf dem Kampfplatz schritten ihnen Herolde voraus, welche
Kreuze oder Heiligenbilder trugen. Das niedere Volk dagegen stritt zu Fuße und mit Stöcken. Die Frauen und die
Geistlichen kämpften nicht selbst, sondern ließen einen Kämpen
für sich streiten.

Ich führe nun hier von Dante einen Teil der Apologie
des Zweikampfes**) an, da ich es der Seltsamkeit halber
für wert erachte.

---

*) Betreffs der Gottesurteile sind wir unschlüssig, auch haben wir
von vielen gehört, die durch das Duell unverdient ihren Prozeß verloren haben.

**) De Monarchia, II, 10.

Seine These ist folgende: „Das, was vermittelst des Duells erzielt wird, ist stets das wahre Recht (quod per duellum acquiritur, de jure acquiritur)."

„Wo immer das menschliche Urteil fehlt, oder in der Finsternis der Unwissenheit befangen ist, oder dort, wo man nicht bei einem Richter seine Zuflucht nehmen will, da bei diesem die Gerechtigkeit kein Gehör findet, so muß man an Ihn sich wenden, der sie so sehr liebt . . . . Und dies geschieht, wenn die beiden Parteien freien Entschlusses nicht aus Haß, sondern aus Liebe zur Gerechtigkeit ihre Seelen= und Körperkräfte einander messen, um eben ein Gottesurteil herbeizuführen . . . Wenn man also die Formalitäten des Duells erfüllt (weil es sonst kein Duell mehr sein würde), welche die Gerechtigkeit notwendigerweise und die allgemeine Zustimmung auferlegen, sind sie dann nicht im Namen Gottes gefordert? Und ist unser Herrgott nicht selbst mitten unter ihnen, wie er es doch im Evangelium verheißen hat? Und wenn Gott anwesend ist, läßt sich dann annehmen, daß die Gerechtigkeit unterliegen könne? . . . Wenn nun im Duelle nicht die Gerechtigkeit unterliegen kann, hat dann nicht derjenige vollkommen das Recht auf seiner Seite, der es sich durch das Duell erkämpft? . . . Wollte mir nun jemand einwerfen, daß man, um die Wahrheit zu enthüllen, ungleiche Kräfte im Kampfe gegen einander setze, so werde ich mit dem Beispiele des Sieges Davids über Goliath antworten . . . Es ist also albern anzunehmen, daß im Zweikampfe die von Gott verstärkte Streitkraft unterliegen könnte . . . ."

Wohl wenigen ist es gegeben, so sinnloses Zeug zu reden, wie es an dieser Stelle der göttliche Durante Alighieri thut.

§ 14. — Die eigentliche Feuerprobe bestand in Deutschland und infolge dessen in der ganzen Christenheit darin, daß man den Angeschuldigten zwischen zwei dicht nebeneinander liegenden Scheiterhaufen hergehen ließ und dazu meistens in einem mit Wachs getränkten Hemde; manchmal begnügten

sich auch die Gerichtsherren damit, jenes Hemd anzünden
zu lassen.

Von den Beispielen, welche uns die Geschichte übermacht
hat, führen wir bloß jenes von Peter Aldobrandini auf, der
im Jahre 1063 die Simonie und Ketzerei des Bischofs von
Florenz dadurch bewies (oder besser zu beweisen suchte —
der Übers.), daß er barfuß durch einen Scheiterhaufen schritt,
welcher von zwei Holzstößen gebildet wurde, die 4½ Fuß
hoch, 5 Fuß breit und 10 Fuß lang waren, und zwischen
welchen kaum für eine Person genügend Platz vorhanden war.
Als er nun die Feuerprobe erfüllt hatte, ging Peter ruhig
noch einmal auf das brennende Gehölze zurück, um sein
Taschentuch zu holen, das ihm dort entfallen war. Sowohl
sein Körper als auch die Kleider waren unversehrt geblieben.
Daher erhielt er den Namen Petrus Igneus, unter welchem
Namen er auch bekannt geworden ist. Er wurde Bischof
und Kardinal von Albano und nach seinem Tode unter die
Zahl der Heiligen versetzt.*)

Wenige Jahre nachher, im Jahre 1098 nämlich, erbot
sich während der Belagerung von Antiochien durch die Kreuz-
fahrer ein Bauer aus der Provence, mit Namen Peter
Bartholomäus, durch die an ihm zu vollziehende Feuerprobe
den Beweis für die Echtheit der von ihm entdeckten heiligen
Lanze zu erbringen. Vor den Augen des ganzen Heeres ging
er zwischen zwei ungeheuren Scheiterhaufen hindurch, die von
trockenen Ölzweigen errichtet waren und in einem solchen
Abstand von einander standen, daß sie nur ermöglichten,
einen Fuß vor den anderen zu setzen; dabei hielt er sogar
in der Mitte des ungeheuren Scheiterhaufens inne und kehrte
gesund und unversehrt wieder zurück, außer einigen Brandwunden, die er sich nach seiner Ansicht als Strafe zugezogen

---

*) Blasius Melanesius, das Leben von Johann Galbert —
Baronius, De Archiepisc. Florent. III, 95.

hätte, weil ihm in seiner Seele Zweifel aufgekommen wären. Nach vierzehn Tagen starb er an inneren Verletzungen, die ihm von der enthusiastischen Menge beigebracht worden waren, indem diese ihn nach dem glücklichen Ausgang der Probe derart umringten, daß er im dichten Gedränge zahlreiche Quetschungen erlitt. Vielleicht unterlag er auch den Brand=wunden, wie seine Feinde behaupten.

Bonifazius, der in Preußen und Rußland das Evan=gelium predigte, wurde von den Heiden aufgefordert, die Göttlichkeit seiner Religion dadurch zu beweisen, daß er sich ins Feuer stelle. Er that es, und weder er noch seine Kleider wurden verletzt, so daß fast alle Augenzeugen sich bekehrten. Auch von Petrus von Gonzales und dem heiligen Wilhelm, dem Gründer von Montvierge, heißt es, daß sie ein großes Feuer anzünden ließen und sich hineinstellten, indes ohne Schaden zu nehmen.*)

Die Frau Karls des Großen, Richardis, war eines ver=trauten Umganges mit Luitard, Bischof von Verzelli, be=zichtigt worden. Sie mußte ein ganz mit Wachs und Pech getränktes Hemd anlegen, welches darauf angezündet wurde. Wohl ging die Hülle völlig in Flammen auf und verbrannte ganz, doch der Körper der Unschuldigen blieb ohne die geringste Brandwunde.**)

Die Feuerprobe sehen wir sogar noch im Jahre 1740 in Hamburg angewandt, wodurch es dem Mystiker Georg Freese gelang, einen Atheisten zum Theismus zu bekehren.***)

---

*) Du Prel, Der Salamander, Studien aus dem Gebiete der Geheimwissenschaften, I. Teil.

**) Elsässische Chronik von Jacob von Königshofen. — Her=manus Contractus sagt dagegen, daß Richardis der Probe mit kaltem Wasser unterzogen worden wäre; Reginus spricht von einer Probe mit glühenden Pflugmessern.

***) Sphinx I, 2—56. — Schindler, Magisches Geistesleben, 92.

§ 15. — Eine glänzende Feuerprobe liefert uns die Geschichte jener aufrührerischen Protestanten, welche Camifarden*) genannt wurden.

Jean Cavalier, ein Augenzeuge, berichtet folgendes:

»Mein Vetter, welcher unser Anführer war, hatte im
Monat August des Jahres 1703 in den Ziegeleien von
Cannes bei Sevignan eine Versammlung berufen. Etwa
500 oder 600 der Unseren, Männer und Frauen, kamen dort
zusammen. Da wurde plötzlich Bruder Clary vom Geiste
ergriffen und unter starken Zuckungen verkündete er, daß sich
zwei Gesellen unter den Anwesenden befänden, welche, von
dem Feinde erkauft, die Absicht hätten, uns zu verraten.
Mein Vetter ließ nun sofort die ganze Versammlung um-
zingeln, damit es niemand gelänge zu entkommen. Clary
ergriff sodann, noch immer in Convulsionen befangen, zwei
von den Anwesenden heraus, welche ohne weiteres auf die
Knie fielen, ihr böses Vorhaben bekennend. Sie baten Gott
und ihre Brüder um Verzeihung und beschworen, daß nur
die äußerste Armut sie zu einem so bösen Schritte gezwungen hätte.

»Unterdessen nun dauerte die Inspiration bei Clary fort.
Und mit lauter Stimme verkündete er, er wisse wohl, daß
viele unter sich betreffs dieses soeben Vorgekommenen argwöhnisch munkelten, die unerwartete und plötzliche Beichte
der Schuldigen wäre nur eine vorher vereinbarte Komödie
gewesen. „O ihr Kleingläubigen," rief der Geist durch seinen
Mund, „zweifelt ihr noch immer an meiner Macht, nachdem
„für euch so viele Wunder durch mich geschehen sind? Nun
„wohl, so will ich denn, daß man unverzüglich ein großes

---

*) Camifarden, richtiger Samifarden, hießen die reformierten Be-
wohner der Cevennen, welche während ihres Aufstandes vom Jahre
1702 bis 1706 bloß in Überhemden fochten, wovon sie auch den Namen
erhielten.   Der Übersetzer.

„Feuer anzünde, und Du mein Sohn wirst Dich hinein-
„stellen, ohne auch nur den geringsten Schaden zu erleiden."

»Bei diesen Worten erhob sich von allen Seiten ein
lautes Gemurmel. Jene, welche nun gemurrt hatten (sie
gehörten nicht zu den bewaffneten Leuten und waren daher
weniger glaubensstark), schalten ihr eigenes Mißtrauen und
flehten: „O Herr, erspare uns das Feuerzeichen! Haben wir
doch schon gesehen, daß Du in den Herzen liesest."

»Allein da Clary auf seinem Versuche bestand und seine
Convulsionen zunahmen, so mußte Cavalier befehlen, daß man
Reisige herbeihole und einen Scheiterhaufen entzünde. Von
den in der Nähe liegenden Ziegelöfen hatte man in wenigen
Minuten eine große Menge trockener Fichtenreißer und Wein-
stöcke, sowie eine Art Dorngesträuch, welches wir Argealas
nennen, zusammengetragen. Dieses ganze Gehölz wurde nun
schnell in eine kleine Höhlung inmitten der Versammlung
aufgetürmt, so daß sich sämtliche Anwesenden in einem Kreise
herumstellen konnten.

»Clary, mit einem weißen Oberhemd bekleidet, das ihm
erst am Morgen von seiner Frau übergeben worden war, bestieg unverzüglich den Holzstoß. Die Hände über dem Kopf
verschlungen, setzte er seine Predigt fort ... Die bewaffneten
Männer hatten die Menge umgeben, die, wie ich bereits gesagt
habe, im Kreise herumstanden. Die Leute warfen sich auf
ihre Kniee und baten unter Thränen, davon abzulassen,
während Clary's Weib in ein verzweifeltes Wehklagen aus-
brach. Alle konnten ihn nun ganz deutlich in den Flammen
stehen sehen, welche ihn vollständig einschlossen, ihn umzingel-
ten und hoch über seinem Haupte zusammenschlugen; während
diejenigen, welche das Holz zu dem Scheiterhaufen hatten
herbeitragen helfen, bestrebt waren, den nach außen fallenden
Brand in den Scheiterhaufen zurückzuschieben. Clary wollte
nicht eher aus jener Hölle herausschreiten, bis daß nur noch
ein Kohlen- und Aschenhaufen übrig geblieben sei. Der

Geist verließ ihn auch nicht einen Augenblick
bei dieser Probe, die meines Erachtens nach immerhin eine
gute Viertelstunde dauern mochte, während welcher wir Clary
stets mit einer durch Schluchzen und Brustkrämpfen erstickten
Stimme reden hörten.

. »Cavalier forderte alsdann die Versammlung auf, ein
großes Dankgebet für das große Wunder zu verrichten. Die
zwei Verräter wurden begnadigt. Alles dies habe ich mit
meinen eigenen Augen gesehen und mit meinen eigenen Ohren
gehört.«*)

§ 16. Mehr dagegen stand das Gottesurteil mit dem
glühenden Eisen (judicium ferri candentis) im Gebrauch.

Kunigunde, die Gemahlin des heiligen Heinrichs, Herzog
von Baiern, nahm, um sich von dem Verdachte des Ehebruchs
zu reinigen, eine glühende Eisenrute in die Hand, „als wäre
es ein Strauß Blumen.“ Nach anderen soll sie statt dessen
der Probe mit den heißen Pflugmessern unterworfen worden
sein. Diese bestand nämlich darin, daß sie über dieselben mit
bloßen Füßen gehen mußte.**)

Durch die nämliche Probe und mit demselben glücklichen
Ausgang verteidigte sich auch Emma, die Tochter des Herzogs
der Normandie, die Frau Ethelreds, des Königs von England,
von dem sie zwei Söhne hatte, von denen der eine der heilige
Eduard der Bekenner war. Dieser folgte seinem Vater auf den
Thron und hatte die Schwachheit, verleumderischen Anklagen
gegen Emma Gehör zu leihen. Als er schließlich seine Mutter
eines schimpflichen Verkehrs mit Alwin, dem Bischof von Win-
chester, beschuldigen hörte, rief er sie vor Gericht und verurteilte
sie dazu, die Feuerprobe zu bestehen. Barfuß schritt sie über

*) Misson, Théâtre sacré des Cévennes, 51—54. — Kreyßer,
Die mystischen Erscheinungen des Seelenlebens, I, 282. — Perty, Die
mystischen Erscheinungen, II, 340.
**) Auct. vitae Henric, ap. Cannis., VI, 387. — Magnum Chronicum
Belgicum S. 96.

neun glühende Pflugeisen, wobei sie neun Schritte für sich
und fünf für den vermeintlichen Mitschuldigen thun mußte.
Emma brachte die Nacht, welche dieser schrecklichen Probe voraus ging, im Gebete zu; am Morgen schritt sie dann über
die weißglühenden Pflugmesser, von zwei Bischöfen geführt,
wobei sie bis zu den Knieen entblößt war. Allein sie blieb
vollkommen unbeschädigt; ihre Unschuld wurde hierauf anerkannt und die Thatsache feierlich ausgerufen.*)

Pachimerus erzählt von einem Mann, der sich unter dem
byzantinischen Kaiser Michael dadurch rechtfertigte, daß er
lange Zeit ein weißglühendes Eisen in der Hand hielt, ohne
auch nur im geringsten Schaden zu erleiden.**)

Saxo Grammaticus***) sagt, daß Poppus aus freien
Stücken die Wahrheit des Christentums durch die Probe mit
glühendem Eisen bewiesen hätte.

Ein Ehemann von Didimoteca war wegen der Treue
seiner Frau argwöhnisch geworden und schlug ihr vor, entweder ihre Schuld zu bekennen oder ihre Unschuld dadurch
zu beweisen, daß sie glühendes Eisen anfasse; wenn sie bekannt
hätte, so war ihr Leben verwirkt, ließ sie es dagegen auf den
Versuch ankommen, so empfand sie, daß sie sich Brandwunden
zuziehen würde. Daher nahm sie ihre Zuflucht zu dem Bischof
von Didimoteca, einem ehrwürdigen Prälaten. Sie beichtete ihm
unter Thränen ihre Schuld und gelobte, sich zu bessern. Der
Bischof, der sehr wohl wußte, daß die wahre Reue die Unschuld
wieder herstelle, sagte ihr, sie könne ohne Furcht sich der Probe
unterziehen. Die Frau nahm das glühende Eisen fest in die
Hand und ging damit dreimal um einen Stuhl herum, wodurch der Gemahl vollkommen ihrer Unschuld sicher war.
Diese Thatsache ereignete sich unter Johann Cantacucenus.†)

---

*) Joh. Bromton, Chronic. in Twysden, I, 942.
**) Perty, Die sichtbare und unsichtbare Welt, 52.
***) Buch X, S. 499.
†) Migne, Diction des Sciences Occultes; unter der Überschrift
Fer chaud.

§ 17. — An die Probe des glühenden Eisens schließt sich jene mit dem Kessel an, der siedendes Wasser oder Öl enthielt und woraus man irgend einen Gegenstand heraus= nehmen mußte.

Daß diese Art Ordalien unter den teutonischen Völkern bereits seit dem Altertume bekannt war, geht aus jener Stelle der Edda Sämunds des Gelehrten*) hervor, worin Gudrun (Chriemhilde), die Witwe Sigurds (Siegfrieds), welche eine zweite Ehe mit Atli (Etzel), dem König der Hunnen, einge= gangen war, seitens der Sklavin Erkia der Untreue beschuldigt wurde und infolge dessen die Probe mit siedendem Wasser forderte.

„Möge man,“ sagte sie, „meine Brüder samt ihren be= panzerten Kriegern herbeirufen, und mich umringen lassen von allen denen, die mir blutsverwandt sind. Möge man aus dem Lande der Sachsen, die gen Mittag wohnen, einen gewaltigen Mann kommen lassen, der durch sein bloßes Wort das Wasser im Gefäße zum Wallen bringt.“

In Gegenwart von 700 Menschen nun tauchte sich ihre blendend weiße Hand bis auf den Grund des Kessels und zog den bemoosten Kieselstein heraus. „Nun seid ihr alle Zeugen davon gewesen, ihr Kriegsleute, daß ich als unschuldig erklärt bin gemäß den heiligen Riten, weil dieses Gefäß siedendes Wasser enthielt.“

Die verläumderische Sklavin Erkia unterzog sich nun derselben Probe; allein als sie die Hand aus dem Gefäße zog, war sie entsetzlich verbrannt. Man ergriff sie nun und ertränkte sie in einem Sumpfe.

Um das Jahr 860 wurde die Königin Teuteberg**), die Schwiegertochter des Kaisers Lothar I, des Enkels Karls des Großen, eines schweren und schändlichen Verbrechens beschuldigt.

---

*) Edda Saemundar hins Froda. (Grundlagen der Nibelungensage.)
                                                Der Übersetzer.
**) Thietberga, erste Gemahlin Lothars II, Königs von Lothringen.
                                                Der Übersetzer.

Ein Ritter erbot sich freiwillig für sie, vor dem ganzen Hofe die Probe mit dem siedenden Wasser vorzunehmen. Er holte den geweihten Ring aus dem Kessel heraus, ohne sich auch nur im geringsten Brandwunden zuzuziehen.

§ 18. — Dieses Gottesgericht hatte sein Gegenstück in jener Art, die uns der Kanoniker Rofredo (als Augen- zeuge) mit folgenden Worten beschreibt: „Man füllt ein „Gefäß mit kaltem Wasser an, worin der Angeklagte sodann „seine Hand hineinsteckt. Wenn sich hiervon auch nur ein „Anzeichen einer Brandwunde zeigt, wie wenn er die Hand „in kochendes Wasser gelegt hatte, so wurde das Urteil über „den Angeklagten gesprochen, im anderen Falle wurde er als „unschuldig erkannt"!!!*)

Diese Probe wurde indes nicht viel angewandt.**) Außer dem glaubwürdigen Zeugnisse Rofred's finden sich nur noch fünf oder sechs Beispiele, die aber sämtlich mehr oder weniger legendenhaften Charakters sind.

Im Grunde genommen aber braucht man ihr gegenüber sich wohl nicht ungläubiger zu verhalten als jener mit siedendem Wasser. Wenn durch eine gewisse unsichtbare Macht der Unschuldige unverletzt bleiben konnte, so vermochte diese auch den Schuldigen mit kaltem Wasser sich verbrennen zu lassen; nur bliebe indes noch zu erwägen, ob nicht manchmal dem Wasser eine ätzende Substanz beigemischt war, wie zum Bei- spiel schwefelsaures Metalloxyd (Vitriol).

§ 19. — Auch schließt sich hieran die gewöhnliche Form der Ordalien, die Probe im Flußwasser, wobei man ganz einfach den Angeklagten ins Wasser warf, doch nicht ohne ihn vorher des Schwimmens unfähig gemacht zu haben.   Dies

---

*) Libelli super jure pontificio, Argent., 1502, VII, S. 50, von Hildebrand, S. 170 angeführt.

**) Das glauben wir gerne: es gab dann nicht mehr so viel zu hängen, zu sengen, zu rädern, zu säcken, zu pfählen, zu zerreißen oder auf welche Weise man in späteren Zeiten [meist unschuldige] Menschen zum Tode zu führen für christlich und gesetzlich hielt.   Der Übersetzer.

geschah nun entweder dadurch, daß man seine linke Hand an
den rechten und die rechte Hand an den linken Fuß band,
oder auf die andere Weise, wie sie von uns bei Gelegenheit
jener Probe bei den Polen beschrieben wurde. Und man
beachte wohl, der Angeklagte wurde für unschuldig erkannt,
**wenn er untersank; dagegen galt das Schwimmen auf dem
Wasser als Beweis seiner Schuld.*)**

Gegen Ende des Mittelalters kam dagegen der Brauch
auf, denjenigen für schuldig zu erklären, welcher bei der
Wasserprobe untersank, wie wir es bereits bei den Celten und
Inder gesehen haben. Doch wurde in dieser Art die Wasserprobe bei den Deutschen nur · ausnahmsweise gehandhabt.**)

Die Wasserprobe wurde am längsten und auch am
häufigsten in Europa angewandt. Das letzte Beispiel ist aus
dem Jahre 1836 zu verzeichnen. Die Einwohner von Hela
bei Danzig in Preußen unterwarfen dieser Probe eine alte
Frau, die der Zauberei beschuldigt worden war, und da sie
auf dem Wasser schwamm, schlugen sie dieselbe tot.***)

§ 20. — Das sogenannte „Bahrrecht" beruht auf
dem Glauben, daß, wenn der Mörder an die Bahre des
Gemordeten herantrete oder diesen gar berühre, die Wunden
desselben von neuem zu fließen beginnen würden. Bisweilen
genügte auch anstatt des ganzen Leichnams bloß die ab-
geschnittene Hand.

---

*) Die eigentliche Hexenprobe, wie wir später noch sehen werden:
ging die vermeintliche Hexe unter, so ließ man sie ertrinken —
Gott hatte eben gerichtet und gleich selbst den Henker gespielt. Schwamm
sie aber auf dem Wasser, so hatte sie der Teufel leichter gemacht [in Wirklichkeit aber war doch nur der Beweis für ihre Mediumität erbracht] —
sie war eine Hexe und nun lautete das Urteil selbstverständlich auf
»Einäscherung bei gehendem Atem,« d. h. auf lebendig Verbrennen. Sehr logisch, sehr christlich!   Der Übersetzer.

**) Es scheint eben ein zu schlechtes Resultat für den Henker heraus-
gekommen zu sein. Die Richter und Nachrichter wollten doch auch
leben und ihren Blutdurst befriedigen.   Der Übersetzer.

***) Königswarter, 1850, I, 14.

Dieses Gottesurteil war in einem großen Teile Europas
ganz allgemein — besonders in England — wie wir es
z. B. bei Shakespeare erwähnt finden,*) nicht minder aber
auch in Deutschland.**)

[Auf Schloß Urville, das jetzt als Aufenthaltsort
Sr. Majestät des deutschen Kaisers viel genannt wird, trug
sich im Jahre 1528 der seltsame Fall zu, daß, als Johann
Freiherr von Rollingen, der Mörder, an die Bahre seines er-
schlagenen Bruders trat, dessen Wunden von neuem zu bluten
begannen. — Der Übers.]

Von Richard Löwenherz wird berichtet, daß, als er, der
sich gegen seinen Vater Heinrich II empört hatte, nach dessen
Tod an den Sarg herantrat, der Leiche das Blut aus Mund
und Nase floß. — In dieser Hinsicht ist aber wohl zu beachten,
daß manche das Phänomen dadurch erklären wollten, daß sie
eine Stelle der Bibel***) anführten, woraus sich ergäbe, daß
die Seele ihren Sitz im Blute habe!

§ 21. — Ich übergehe hier einige andere Ordalien von
geringerer Bedeutung, wie das des Käsebrots. Der
Schuldige konnte es nicht essen, oder es verwandelte sich in
seinen Eingeweiden in Gift. Ebenso lassen wir auch das
Gottesurteil mit dem Kreuze. der Erdscholle, des Buches 2c.
außer Acht und führen nur noch die Proben des Schwures
und des Abendmahles an. Diese wurden im Gegensatz zu
den vorhergehenden, den sogenannten purgationes canonicae,
purgationes vulgares genannt, weil sie ganz besonders der
Geistlichkeit vorbehalten waren und meistens von der Kirche
gepflegt wurden. Der Angeklagte rechtfertigte sich dadurch,
daß er einen Schwur leistete, unschuldig zu sein, und Gott
aufforderte, ihn zu bestrafen, wenn er nicht die Wahrheit

*) Richard III, 1. Aufzug, 3. Szene.
**) So auch im Nibelungenliede: als Hagen sich dem Sarge
näherte, da brachen die Wunden des Toten wieder auf, und das Blut
strömte warm hervor, wie zur Stunde des Mordes.   D. Übers.
***) 3. Moses 17, bezw. 5. Mos. 12, B. 23.

gesagt habe, oder er nahm auch das Sakrament des Abendmahles, für welchen Fall man behauptete, daß im Falle der Unwahrheit diese Entheiligung dem betreffenden großes Unheil verursache.

Verwandt mit diesen beiden Proben war das Gottes= urteil durch den heiligen Geist, eine Person der Dreieinigkeit, den man gleichsam als Prüfstein der Wahrheit*) ansah. Dieser Glauben, wie auch der des Schwures und des Abendmahles war vielleicht an wahre Beispiele angelehnt, gewiß war dies bei einigen weitverbreiteten Legenden der Fall. So berichtet uns die Kirchengeschichte, daß Hildebrand (der spätere Papst Gregor VII), durch ein päpstliches Legat beauftragt, Richter einiger der Simonie beschuldigten Bischöfe zu sein, den Bischof von Trier vor sich kommen ließ, der ihm gerade von dem Gerücht bezeichnet worden war. Er wandte sich nun an denselben mit den Worten: „Wenn du rechtmäßig die Gaben des heiligen Geistes besitzest, so sprich unverzagt: Ehre sei Gott dem Vater, dem Sohne und dem heiligen Geiste, Amen." Der scheinheilige Priester erhob seine Stimme und sprach deutlich die Worte: „Ehre sei Gott dem Vater, dem Sohne", allein er vermochte nicht den Schluß dieser heiligen Formel über seine Lippen zu bringen, und da er einsah, daß ihm eben seine Zunge dabei versagte, so legte er den Bischofsstab nieder.

Hinsichtlich der kanonischen Rechtfertigungen ist in den Akten der Konzilien von Vormunzia und Triburi die Rede.

Für die Juden hatte man an einigen Orten und zu ge= wissen Zeiten ein Gottesurteil ganz besonders grausamer Art in Anwendung: es wurden ihnen nämlich die Kniee zusammen= gebunden, und man fuhr heftig mit einem spitzigen Dornen= strauch dazwischen — inter coxas acerrime pertrahatur. Wenn der Delinquent dann dies ohne Schmerz ertragen konnte, so wurde er als unschuldig betrachtet — et taliter se exoniet si sanus evaserit.**)

---

*) Vielleicht infolge einer Stelle in der Apostelgesch., Kap. 5, V. 3.
**) Ordines judiciorum Dei, B. I (7).

§ 22. — Es ist viel hin- und hergestritten worden, ob die Kirche die Gottesurteile bekämpft oder begünstigt habe. Diese Streitfrage wird wohl niemals ihre Erledigung finden. Der Mehrzahl nach ist man heute doch darin einig, daß sie von der Kirche stets und nur mit Ausnahme des Duells ohne jeden Einspruch ihrerseits gebilligt wurden. Die Päpste bis zu Honorius III und Gregor IX erlaubten die Gottesurteile, hießen sie vielleicht auch sogar gut. Das vermeintliche Verdammen der Gottesurteile vor diesen beiden Päpsten bezieht sich ausnahmsweise auf ihren Gebrauch bei den Synodial= Gerichtshöfen oder betreffs der Geistlichen und wird von zahlreichen Synoden*) geradezu widersprochen. Die Polen ließen sogar vor Beginn der Probe vom Priester erst das Wasser oder das Feuer segnen.**)

Manche Kirchen hatten das Vorrecht, die Eisen zu verwahren, deren man sich bei gewissen Ordalien bediente, und legten zu diesem Zwecke den Ländern ihrer Gerichtsbarkeit Tribute auf. Wir haben sogar gesehen, daß von Heiligen die Gottesurteile angeordnet wurden, daß der hl. Eduard von England seine eigene Mutter, der hl. Heinrich von Baiern seine Gemahlin Kunigunde den Ordalien unterwarfen u. s. w.

Dann und wann wurden auch im Clerus Stimmen laut, welche gegen die Gottesurteile Protest einlegten. Agobard, Erzbischof von Lyon, der im 9. Jahrhundert lebte, tadelte sogar scharf die Bezeichnung als Gottesurteile, als ob sie von dem Allmächtigen auferlegt seien oder als ob sich dieser unserer Faulheit und Unwissenheit zur Verfügung stellen müßte, um unsere Zweifel zu beseitigen und uns zu zeigen, was uns zu wissen beliebt. Auch blieben die Ordalien noch weiter und zwar bedeutend länger bei den Protestanten bestehen als bei den Katholiken.

---

*) Patetta, angef. Werk, Kap. 9, § 30.
**) Dareste, Études d'Histoire du Droit. S. 186—188.

§ 23. — Ein sehr wichtiger Punkt bleibt noch zu erörtern, und zwar welche Erklärung man für die Ordalien abgeben kann.

Es findet eben hierdurch eine sehr gewichtige Thatsache
Bestätigung, obschon sie nicht gerade zu den Seltenheiten
gehört, daß nämlich die meisten entweder die Beschäftigung
mit dieser Sache, welche zu den interessantesten Erscheinungen
in der Geschichte der Menschheit zu zählen ist, vollständig
vernachlässigten oder sich darauf beschränkten, die Thatsachen hinzunehmen, ohne auch nur einen Versuch zu machen,
sie zu erklären. Dies letztere ist nun eben die Methode,
welche man gewöhnlich auf unseren Universitäten befolgt.
Und es ist ja auch so natürlich, daß man es bequem findet,
Fragen einfach unbeachtet zu lassen, worauf sich nicht so
leicht eine Erklärung geben läßt, die uns zusagt. Die Erklärungen nun, die man für die Gottesurteile aufstellen kann,
lassen sich in folgende vier zusammenfassen:

1) Die wunderbaren Erscheinungen, welche sich uns darbieten, sind lediglich auf den Betrug der Priester und der
Richter zurückzuführen.

2) Es handelt sich um einfache Naturerscheinungen, welche
der Aberglaube für übernatürliche Wunder ansieht.

3) Gott selbst greift hierbei ein, um den Unschuldigen
zu retten und dem Schuldigen seine verdiente Strafe zuteil
werden zu lassen.

4) Das Eingreifen von Geistern, und zwar können dieselben gut, mittelmäßig oder böse sein, also auch einem Verbrecher zum Nachteil eines Unschuldigen zur Seite stehen.

§ 24. — Die erste Hypothese, nämlich die des Betruges,
ist lediglich eine Hypothese a priori, welche fast von allen
denjenigen aufgegriffen wird, die jenem Gegenstand kein tiefer-
gehendes Interesse gewidmet, ihn sozusagen nicht studiert
haben; auch wird sie wohl fast nie von denjenigen angezogen,

die jene Frage mehr oder weniger einem ernsten Studium unterworfen haben.

Professor Patetta läßt sich in dem bereits rühmlichst erwähnten, umfangreichen Werke durchaus nicht auf irgend welche Erklärung ein, die man für diese Phänomene abgeben kann, er beschränkt sich bloß auf folgende Sätze:

„Ich leugne nicht die Möglichkeit schlauer Betrügereien; „allein ich kann dies nicht für die Allgemeinheit gelten lassen „und möchte sogar für die Mehrzahl der Fälle behaupten ... „Ziehen wir ferner aber auch die Unmöglichkeit in Betracht, „einen derartig geübten Betrug Jahrhunderte lang geheim „zu halten, besonders da doch das Priestertum nicht das „Monopol einer Kaste war! Übrigens würde der Betrug, „wenn er sich auch noch so leicht bei manchen Proben, wie „die Giftprobe beispielsweise, begreifen ließe, **bei anderen** „**sehr schwierig, ja durchaus unmöglich sein.**"*)

An anderer Stelle wiederholt nun Patetta, daß er, obgleich er die Möglichkeit des Betruges in einigen vereinzelten Fällen zulasse, doch noch weit entfernt sei, die These der priesterlichen Täuschung anzunehmen, d e r e n G e h e i m n i s, um mit Osenbruggen**) zu sprechen, **der Clerus niemals für gut befand, uns bekannt zu geben.**

In der That würde dadurch der mittelalterliche Clerus in eine große Vereinigung von Mystifikatoren verwandelt werden, was so lächerlich ist, daß es eigentlich verdiente, bloß in gewissen Büchern des vergangenen Jahrhunderts gesammelt zu werden, worin man auch lehrte, daß der heilige Lorenz nur darum hätte so lange auf dem Feuerrost verbleiben können, weil die Kohlen nicht wirklich glühten, sondern bloß mit Phosphor eingerieben waren, und daß Moses künstliche Erdbeben durch irgend welch chemische Geheimnisse hervorzurufen verstand."***)

---

*) Patetta, angef. Werk, Kap. I, § 5.
**) Das Kriminalrecht und der Zeitgeist S. 11.
***) Patetta, ebendaselbst, Kap. IX, § 29.

Und unser Gewährsmann erinnert daran, daß der Gelehrte Hildebrand mehrere Paragraphen seiner „kanonischen
und vulgären Rechtfertigungen" *) dem Beweise gewidmet hat,
daß solche Betrügereien geradezu unbegreiflich sind und führt
dabei die sinnreichen Worte Réville's an: „Es giebt nichts
oberflächlicheres als die Erklärungen der religiösen Erscheinungen, die bloß auf der Hypothese einer andauernden Betrügerei gegründet sind."

Wie kann man in der That annehmen, daß von diesen
Vorwänden, welche während der langen Zeit der Jahrhunderte
dem indischen, griechischen, celtischen, katholischen, sowie protestantischen u. s. w. Clerus bekannt geworden wären — und
noch sogar bei den Häuptlingen oder Zauberern einiger Wilden
bekannt sein müßten — auch nicht ein Geheimnis heraus-
gekommen wäre?! Als im Jahre 876 Ludwig der Deutsche
starb, nahm sein Sohn gegen die Usurpation Karls des Kahlen
sein Recht in Anspruch. Dreißig seiner Leute unterzogen sich
siegreich für ihn den üblichen Proben, d. h. zehn der gewöhnlichen Probe im kalten Wasser, andere zehn der mit siedendem
Wasser und wieder zehn jener mit den glühenden Eisen.**)
Würde nicht einer von ihnen, nicht einer von den hunderten,
von den tausenden von Leuten, denen doch gleicher Weise
der Betrug hätte offenbar sein müssen, ihn weiter bekannt
gegeben haben?

§ 25. — Von den verschiedenen, von uns erwähnten
Ordalien werde ich nur zwei eingehender behandeln; wir
werden dabei untersuchen, ob nicht irgend ein gewichtiges
Geheimnis darin verborgen liege. Ich greife die gewöhnliche Wasserprobe sowie die Feuerprobe heraus.

Was wir unter der ersteren zu verstehen haben, ist
bereits gesagt worden. Man warf den Angeklagten, der

---

*) S. 174—184.

**) Le Brun, Histoire critique des pratiques superstitieuses, II, 99.

an einem Strick festgebunden war, ins Wasser. Der Gerichts=
diener (der „Büttel") hielt das eine Ende des Strickes in der
Hand, und die Unschuld war nun erwiesen, wenn die be=
treffende Person unterging, dagegen wurde dieselbe für schuldig
erkannt, sobald sie auf der Oberfläche des Wassers verblieb.

Diese Art Gottesurteil ist wohl bekannter unter dem
Namen Hexenbad, weil es häufig dazu angewandt wurde,
die Hexen zu ermitteln. Von jenen Proben nun, wobei der
Deliquent unertränkbar war, giebt es hunderte, wohl be=
glaubigter Beispiele, welche dies Phänomen als unbestreitbar
historisch erscheinen lassen. Da derjenige nun für schuldig
erachtet wurde, der nicht in dem flüssigen Elemente untersank,
so dürfte wahrlich doch kein Zweifel darüber obliegen, daß
ein Angeklagter auch nicht im geringsten Anstrengungen
machte, auf dem Wasser zu schwimmen oder durch irgend
welche Mittel sich schwimmend zu erhalten. Es ließe sich
dann annehmen, daß die Richter ein Mittel gekannt hätten,
das Wasser derart zu präparieren, daß es auch schwere
Körper tragen konnte; allein diese Hypothese reicht nicht aus,
weil die Wasserprobe doch meistens in Seeen und Flüssen
vorgenommen wurde.*)

Dennoch wurden jene Hexenproben auch nicht stets
als wahre Gottesurteile angesehen. Man glaubte durchaus
nicht immer, daß hierbei die Gottheit eingreife. Vielmehr
waren viele der Ansicht, daß die Hexen durch den Beistand
des Teufels auf dem Wasser gehalten würden, mit dem sie
ja einen Pakt geschlossen haben sollten. Der Böse hatte
ihnen versprechen müssen, sie stets vor Feuers= und Wassers=
gefahr zu schützen, und er kam demselben nach, wenn es auch
nicht den Hexen erwünscht war. Doch war man wohl auch
mehr der Ansicht, daß die Hexen infolge ihrer Natur ein
leichteres Gewicht besäßen und deshalb auf dem Wasser
schwämmen.

---

*) Patetta, angef Werk, VII, S. 191.

§ 26. — Dieser letzte Glauben griff derart um sich, daß man die Hexen wog und sie verurteilte, wenn ihr Gewicht geringer war, als sie augenscheinlich unter normalen Ver- hältnissen wiegen mußten, wie wir dies bereits bei den Indern*) gesehen haben.

So wurden bei dem berühmten Prozeß von Szegedin im Jahre 1728 dreizehn Unholde lebendig verbrannt, da sie, als man sie ins Wasser warf, auf dem Wasser wie leichter Kork schwammen und beim Wiegen ihr Gewicht eine halbe Unze nicht überstieg.**)

Bisweilen wurde auch die Probe mit der Wage folgender- maßen ausgeführt. In die eine Wagschale wurde eine Bibel gelegt und in die andere der Schuldige. Wenn es sich dann herausstellte, daß dieser gegen alle Wahrscheinlichkeit weniger wog als das Buch, so wurde er verurteilt. Diese Probe war die sogenannte bibliomantische.***)

Die Probe mit der Wage, worin die Skeptiker, wie ja immer, irgend einen Kunstgriff der Richter ersehen wollten, welche die Gewichte verfälscht hätten, wie es noch heute bei gewissen Kaufleuten Sitte ist, muß uns an die Experimente des berühmten William Crookes erinnern, der unter exakt wissenschaftlicher, strenger Prüfung feststellte, daß das Medium Frl. Cook fast die Hälfte ihres Körpergewichtes einbüßte, wenn sich das Phantom der Katie King bei ihr einstellte. Wenn in- dessen, wie es in dem Falle von Szegedin der Fall war, dreizehn Personen nicht mehr als eine halbe Unze wogen, so läßt sich doch wahrlich nur annehmen, daß die Gewichtsverminderung nicht anders zustande kommt, als durch

---

*) s. § 7.
**) Landifort, S. 32, u. a. — Vergl. auch einen andern zeit- genössischen Bericht bei Böhmer (Jus. eccles. Protest. Bd. V, Buch V, 35, § 17, S. 608) und Maier, S. 108.
***) Boccardo, Encyklop., unter der Überschrift: Bibliomantie.

eine Ausströmung von Fluidum (einer Odmasse) aus dem menschlichen Körper.

Übrigens brauchen wir auch nur an die Mailänder spiritistischen Sitzungen vom Jahre 1892 zu erinnern, welche eine wissenschaftliche Kommission mit dem Medium Eusapia Paladino abhielt. Der Bericht, welcher von den Professoren Lombroso, Schiaparelli, Brofferio, Richet, Gerosa; von Dr. du Prel und Staatsrat Aksakoff, sowie anderen Gelehrten unterzeichnet war, bestätigt eine Gewichtsverminderung bei Paladino binnen wenigen Minuten unter Anwendung der größten Vorsichtsmaßregeln, um sich vor Betrug zu schützen, von mehr als 20 Pfund; auch wurde eine Gewichtsvermehrung konstatiert von ebenfalls 20 Pfund gegenüber dem Normalgewicht der Eusapia, welches 124 Pfund (62 kg) betrug. Während fünf verschiedener Sitzungen wurde das gleiche Resultat erlangt.

Wenn auch hier das Ausströmen aus dem Körper des Mediums das Gewicht Eusapias vermindern konnte, so bliebe doch noch immer die Gewichtszunahme zu erklären übrig.

Man wird daher wohl besser die Gewichtsverminderung des Mediums erklären können, wenn man das Prinzip der Levitation annimmt, wie es sich uns darbietet, wenn man einen Gegenstand nicht vollständig auf der Wage ruhen läßt. Ferner ist aber auch die Annahme einer unsichtbaren Kraft gerechtfertigt, wodurch die entgegengesetzte Seite der Wage beschwert wird. Wir werden diese Eigenschaft noch bei Paladino und vielen anderen Medien antreffen, welche den Wagebalken sich heben und senken lassen können, ohne ihn zu berühren.

Und siehe da, wie die spiritistischen Studien jene alten Thatsachen aufklären, so werden sie als Thatsachen jene zur Anerkennung bringen, die heute noch, trotz der unanfechtbarsten historischen Beglaubigungen, seitens derjenigen geleugnet werden, die eben das nicht annehmen wollen, was unerklärlich erscheint, und die sich weigern, eine Erklärung für richtig anzunehmen, welche nicht in ihrem beschränkten Ideeenkreis Aufnahme finden kann.

§ 27. — Auch ließe sich schließlich noch die Hypothese aufstellen, daß es Personen gäbe, die unter gewissen Umständen, selbstredend ganz natürlichen, einen großen Teil ihres Gewichtes einbüßen und somit unertränkbar werden. Allein wie kommt es dann, daß diese Anomalität sich bei ihnen nicht einstellt, wenn sie ein gewöhnliches Bad nehmen, z. B. aus Gesundheitsrücksichten, oder sich wiegen lassen, um zu sehen, ob sie etwa magerer geworden seien ꝛc.? Es ist doch seltsam, daß sich diese Gewichtsverminderung nur bei den Ordalien, dem „Hexenbade", bei den Wundern der Heiligen und in spiritistischen Sitzungen zeigt, nur dann also, wenn ein besonderer Zweck damit verbunden ist, eine moralische Begründung dafür vorliegt, wodurch gerade die Hypothese von dem Eingreifen eines außermenschlichen Wesens gerechtfertigt und vernunftgemäß erscheint.

§ 28. — Gehen wir nun zu der Feuerprobe über.

Daß man seitens jener Kreise, welche bestrebt sind, die Phänomene als solche zu leugnen, das Phänomen der Unverbrennbarkeit auf ein chemisches Geheimnis zurückführen wollte, ist nichts neues mehr. Sehen wird doch schon, daß der heilige Epiphanius das Wunder der egyptischen Priester, daß sie sich in einen Kessel mit heißem Wasser warfen und frisch und gesund wieder daraus hervorgingen, als wenn nichts geschehen sei, auf gewisse Droguen zurückführte, womit jene sich die Glieder einrieben.

Bekanntermaßen gab es im Mittelalter einige Gelehrte, wie Albertus Magnus, die uns Geheimnisse hinterlassen haben, wie man unsere Haut gegen Feuer unempfindlich machen könnte.

Allein wer auch immer dazu Lust hat, kann sich durch den Versuch davon überzeugen, daß alle jene Rezepte gar nicht ihren Zweck erfüllen.

Pater Regnault*), der im verflossenen Jahrhundert lebte, stellte Untersuchungen an, um jenen Geheimnissen auf die Spur zu kommen, wodurch sich die berühmten Saludadores, Santiguadores oder Ensalmadores von Spanien unverbrennbar machten und außerdem durch bloße Berührung Wunden zu heilen vermochten, auch Feuer essen, siedendes Öl hinunterschlucken, auf glühenden Kohlen und durch das Feuer gehen konnten. Man hielt sie auch für Verwandte der hl. Katharina. Und er glaubte, hinter ein Geheimnis gekommen zu sein, das ich meinen Lesern sicherlich weniger ernsthaft darbiete, als er den seinigen: Man muß nämlich den Körper mit einer Mischung von Spiritus, Schwefel, Ammoniaksalz und einer Essenz von Rosmarin und Zwiebelsaft zu gleichen Teilen einreiben. (!)

Saulges**) spricht von Sementini an der Universität Neapel, welcher sich den Kopf darüber zermartert hätte, das Spezifikum der Unverbrennbarkeit zu finden. Es gelang ihm endlich, ohne nachteilige Folgen ein glühendes Eisen auf seinen Arm zu legen, der zu diesem Behufe durch langes und wiederholtes Einreiben mit Schwefel und noch besser mit einer Alaunlösung präpariert war. Rieb man nun den Arm etwas leicht mit harter Seife ein, so wurde dadurch noch die Unverbrennbarkeit bedeutend erhöht. Allein s o b a l d d e r A r m g e w a s c h e n w u r d e, war der Arm auch wieder wie früher gegen Feuer empfindlich.

Und eine ähnliche Entdeckung berichtet man von dem englischen Chemiker Richardson.

Daß man mit chemischen Mitteln, durch andauerndes Reiben u. s. w. der Haut einen höheren Grad der Unverwundbarkeit und Unverbrennbarkeit verleihen kann, scheint mir dadurch einleuchtend, daß derjenige, welcher eine zarte

---

*) Entretiens sur la physique expérimentale.
**) Des Erreurs et des préjugés, Bd. III, S. 186 ff.

und trockene Haut hat, nicht der Wirkung des Feuers so
widerstehen kann, wie derjenige, dessen Haut hart, schwielig,
feucht und fettig ist. Selbst der Salamander kann, wenn er
auch nicht in den Flammen lebt, wie man im Altertum glaubte,
dennoch lange Zeit dem Feuer ausgesetzt werden, infolge der
fetten Substanzen, welche sein Körper ausscheidet. Dies ist
indes keine Unverbrennbarkeit, sondern nur ein etwas
weniger starker Grad der Verbrennbarkeit.

Gewiß ist die Chemie jetzt weiter fortgeschritten und befindet sich auf einer ganz anderen Stufe, als zur Zeit unserer
Altvorderen. Sie hat Mittel entdeckt, um Stoffe, Papier
Spitzen ꝛc. unverbrennbar zu machen, und dennoch ist sie
keinem einzigen Mittel auf die Spur gekommen, das einem
menschlichen Wesen erlaubt hätte, unbeschadet durch ein Feuer
von zehn Fuß Länge zu schreiten und dann sich wieder hinein
zu begeben, um das verlorene Taschentuch zu holen, oder auch
so lange ein glühendes Eisen in der Hand zu halten, als man
gebraucht, um neun Schritte zu thun u. s. f. Diejenigen, welche
dem vermeintlichen Phänomen der Unverbrennbarkeit beigewohnt
haben, die seitens gewisser Pseudofakire in den Theatern
Europas dargeboten wurden, werden beobachtet haben, daß
diese sich kaum getrauten, den Arm einmal rasch durch eine
Alkoholflamme zu ziehen, die in einer Schale brannte.

Deshalb zweifele ich sehr daran, daß man einen Chemiker
findet, oder einen Naturforscher, der darin von der Ansicht
eines Mannes wie Wallace abweicht, daß die Erscheinungen
der Unverbrennbarkeit »mit den bisher erkannten
Gesetzen in der Physiologie und der Wärme-
lehre nicht zu erklären sind« oder den Ausspruch
des so berühmten und gewißlich maßgebenden Chemikers
Crookes umstoßen würde, daß nämlich keine chemische Substanz existiere, welche das menschliche Fleisch vor dem zer-
störenden Einfluß des Feuers schützen könnte.

§ 29. — Wer übrigens an einen Betrug auf Grund

chemischer Geheimnisse denkt, der stößt noch auf ein anderes Hindernis.

Als nämlich Pater Bouchet von der Probe des glühenden Eisens in Indien sprach, also vor zwei Jahrhunderten, da legte er ausdrücklich darauf Nachdruck, daß die Hände des Delinquenten gewaschen und sogar deren Fingernägel geschnitten wurden, ehe man ihm ein glühendes Eisen in die Hand gab, eben de peur qu'il n'ait quelque remède caché, qui l'empêche de bruler.*)

Und dieselbe Vorsichtsmaßregel wurde ebenso gewissenhaft in Europa beobachtet, wie dies klar aus vielen unanfechtbaren Urkunden hervorgeht, worunter wir zumal die Formulae Merowingici et Karolini Aevi anführen.**) In den Leges Scaniae***) findet sich folgende Stelle: »Derjenige nun, welcher das Eisen in die Hand nehmen muß, hat vorher die Hand gründlich zu waschen und nichts mehr vorher anzufassen, weder seinen Kopf, seine Haare noch irgendwie seine Kleider, damit er nicht durch irgend welchen Saft oder Salbe die Verletzung durch das glühende Eisen aufhebe, also anstatt durch seine Unschuld sich auf betrügerische Weise vor dem Verbrennen zu schützen suche.«

Indes wird man nun dabei den Einwurf machen, daß solche seitens der Gerichtsbehörde getroffene Vorsichtsmaßregeln dafür beweisend sind, daß gerade Geheimmittel existierten, um die Feuerprobe zu umgehen. Doch ist dieser Schluß durchaus falsch; denn jene Vorsichtsmaßregeln beweisen nur, daß man an die Möglichkeit glaubte, daß solche Mixturen beständen, wie man auch an die Liebestränke glaubte, um Liebe zu erwecken, an den Stein des Weisen, während doch nicht gesagt

---

*) Lettres Edifiantes, Rec. XIV.

**) Die Zeumer in den Monumenta Germaniae Historica veröffentlicht hat.

***) Sunese, VII, 15.

ist, daß alles das, woran man glaubte und glaubt, auch in Wirklichkeit da sein müßte. In unserem Falle also der Zwiebelsaft Regnault's oder die Alaunlösung Sementini's.

Aber hier falle ich — der ich mich nicht der Gabe der Unverbrennbarkeit erfreue — von der Pfanne in das Herdfeuer, wie der Italiener zu sagen pflegt. Denn nach Gehler*), worauf sich auch Pfalz**) beruft, dürfte gerade auf dieses vorherige Waschen die Unverbrennbarkeit zurückzuführen sein. Er sagt, daß ein menschliches Glied, wenn man es kurz vorher gewaschen und abgetrocknet habe, noch so viel Feuchtig= keit in seine Poren eingezogen hätte, daß es auf einige Zeit der Verbrennung Widerstand leiste. Diesen Versuch wollte ich doch gleich einmal anstellen, berührte mit der Fingerspitze eines feuchten Fingers einen heißen Theelöffel und konnte mir so durch eigene Erfahrung einen schönen Begriff davon machen, wie es dem zu Mute gewesen sein mußte, der mit ausge= streckter Hand ein glühendes Stück Eisen so lange in der Hand behielt, bis er die vorgeschriebenen neun Schritte zurück= gelegt hatte. Noch jetzt, während ich dieses schreibe, spüre ich meinen verbrannten Finger.

Schade, daß ich nicht Herrn Professor Gehler sich selbst meinem Experiment der Feuerprobe unterwerfen ließ.

Andere vermuten wiederum, daß die Richter die Prüfung des betreffenden Gliedes früher vorgenommen hätten, als bis sich bei ihm die Zeichen des Verbrennens eingestellt hätten. Dagegen war es aber bestimmter Brauch, die Prüfung der Hand erst nach drei Tagen vorzunehmen, während welcher Zeit dieselbe sorgfältig verbunden und mit größter Peinlichkeit versiegelt wurde.

§ 30. — Allein, dürfte sich annehmen lassen, ohne zu

---

*) Physikalisches Wörterbuch, X. S. 498.
**) S. 47, Nr. 11.

einer übersinnlichen Hypothese zu greifen, daß unser Körper unter gewissen Bedingungen unverbrennbar sei?

Vor allem darf hier nicht Unempfindlichkeit mit Unver= brennbarkeit verwechselt werden. Es liegt kein Zweifel darüber ob, daß ein lebender Mensch unter gewissen Bedingungen gegen jedweden Schmerz unempfindlich sein kann. Nicht nur die hysterischen, hypnotischen und kataleptischen Phänomene, sondern auch die anästhetischen beweisen dies.

Sprechen wir daher einzig und allein von der Unver= brennbarkeit und von jener Unempfindlichkeit, welche noch weiter fort dauert, wenn das Subjekt auch schon aus dem Zustande der Hypnose erwacht oder die Wirkung der Anästhetika aufgehoben ist.

Vor allem, wie ich bereits betreffs der Erscheinung des Nichtuntersinkens bemerkt habe, muß ich sagen, daß sich jene der Unverbrennbarkeit nicht zufällig bestätigt, sondern nur, wenn es sich um ein Gottesurteil handelte oder auch in anderen ähnlichen Umständen, wobei das Eingreifen einer übernatürlichen Macht natürlich oder erklärlich wird.

In zweiter Linie aber, wenn wir auch selbst annehmen, daß der menschliche Körper naturgemäß unter gewissen Um= ständen unverbrennbar sei; wie erklärt sich dann die Unver= brennbarkeit des Bartes und der Haare, zumal da, ab= gesehen von wenigen Fällen, die Haare nicht mehr verbrannt wurden als die übrigen Teile des Körpers? Während einer epidemisch auftretenden Besessenheit in Schweden hielt man in die Haare der Patienten ein Licht, ohne daß dieselben verbrannten.*)

Allein, was noch mehr in Betracht kommt, das ist, daß dabei auch niemals die Kleider in Brand gerieten?

In verschiedenen Fällen, welche wir berichtet haben, so=

---

*) Görres, Die christliche Mystik, V, S. 354.

wie noch in zahlreichen anderen, wobei ein Angeklagter in die Flammen eines Scheiterhaufens ging, fingen keineswegs seine Kleider Feuer, obschon diese häufig mit Wachs und anderen feuergefährlichen Substanzen getränkt waren.

Simplicius, Bischof von Autun, sowie eine Frau nahmen beide, um ein übles Gerücht zu beseitigen, glühende Kohlen in ihre Kleider und in die Hand, und zwar vor einer großen Menschenmenge; worauf sich innerhalb einer Woche zehntausend Heiden bekehrten und sich der Taufe unterzogen.*)

§ 31. — Den außerordentlichsten Beweis aber von der Unverbrennbarkeit einer Person und ihrer Kleider liefert uns jener berühmte Fall von Marie Sonnet, welche daher von ihren Zeitgenossen den Namen »Salamander« erhielt.

Paris war gegen die Mitte des 18. Jahrhunderts von Wundern der berühmten Convulsionisten, womit wir uns noch später zu beschäftigen haben werden, sozusagen überschwemmt.

Carré de Montgéron, einer der zuverlässigsten Historiker und Augenzeuge jener Ereignisse, schreibt:

„Man sieht, daß Konvulsionäre sehr frisch mitten im Feuer bleiben, welches auch nicht den geringsten Einfluß auf ihren Körper und ihre Kleider ausübt . . . Ist vielleicht nicht ganz Paris mehrmals davon Zeuge gewesen, wie die erwähnte Marie Sonnet sich in die Flammen und auf glühende Kohlen gelegt hat, ohne daß diese auch nur im geringsten ihre Glieder verletzten oder ihre Gewänder entzündeten — oder wie so viele ihrer Gefährten glühende Kohlen verschlangen oder unbeschadet ihren Kopf in die Flammen legten, wobei sogar nicht einmal ihre Haare versengt wurden?? . .“

Die betreffs der Pariser Konvulsionisten aufgestellten Urkunden, welche uns die Geschichte übermacht hat, sind unanfechtbar echt. Ich werde eine davon wörtlich anführen:

---

*) du Prel, Der Salamander. (Studien der Geheimwissenschaften, I. Teil, S. 158.

»Wir Endesunterzeichneten, nämlich:

Franz Desvernays, Priester und Doktor der Theologie an der Sorbonne; Peter Jourdan, Licentiat an der Sorbonne; Domherr von Bayeux; Lord Eduard Rumond von Perth; Ludwig Basilius Carré de Montgéron, Ratsherr und Deputierter (der Verfasser jenes Werkes, dem ich diese Urkunden entnehme); Hermann Arouet, Schatzmeister an der Rechnungskammer; Alex. Robert Boindin, Stallmeister; Frhr. de Boibessin; Peter Pigeon, Bürger von Paris; Ludwig Anton Archambault und Amable Franz Peter Archambault, dessen Bruder, beide Stallmeister — bezeugen hierdurch:

»daß wir heute von acht bis zehn Uhr abends gesehen haben, wie die Marie Sonnet von Convulsionen ergriffen wurde und mit dem Kopfe auf dem einen Schemel lag, mit den Füßen aber auf einem anderen. Diese beiden Schemel befanden sich auf beiden Seiten eines großen Kamins unter dem Rauchfang desselben, derart, daß sich der Körper frei in dem Feuer befand, welches übermäßig stark war. Mit viermaliger momentaner Unterbrechung blieb sie volle 36 Minuten in dieser Weise den Flammen ausgesetzt.*) Obwohl nun die Flammen bisweilen hoch über sie schlugen und ihr Körper beständig mitten im Feuer blieb, so wurde nicht einmal ihr Linnen=Gewand verbrannt, was uns durchaus als übernatürlich vorkommen mußte.

Den 12. Mai 1736.“

Folgen die Unterschriften, worauf es in dem Dokument dann weiter lautet:

»Außerdem bezeugen wir noch, daß, als wir diese unsere Erklärung unterzeichneten, die besagte Sonnet sich wieder

---

*) Also durchschnittlich jedesmal neun Minuten.

von neuem in der erwähnten Weise dem Feuer aussetzte
und neun Minuten, anscheinend schlafend, darin verblieb.
Das Feuer war stets noch aufgeschürt worden: in diesen
zwei Stunden und der nachfolgenden Viertelstunde ver=
brannten 15 Maß Holz und ein großer Baumstamm. —
Tag und Jahr wie oben bezeichnet.«

Unterschriften.

„Übrigens," bemerkt de Montgéron, „blieb diese Con=
vulsionärin zu anderen Zeiten noch bedeutend länger im
Feuer als an diesem Tage der urkundlichen Bescheinigung.
Es ist uns dies durch den Verfasser der Schrift: Vains
Efforts ꝛc. (welche gegen die Convulsionäre gerichtet war)
bekannt, der in seinem Bericht behauptet, daß Marie Sonnet
solange im Feuer verblieb, als genügt haben würde, um ein
Stück Schaf= oder Kalbfleisch zu braten."

Man beachte wohl, daß das Buch Carré de Montgéron's,
dem ich diese Stelle entnommen habe, veröffentlicht wurde,
während sich beständig die Phänomene auf dem Grabe des
Diakons von Paris zutrugen und als noch die Personen, die
das oben angeführte Dokument unterzeichnet hatten, unter den
Lebenden weilten, sowie überhaupt noch tausende von anderen
Augenzeugen anzutreffen waren.

Jener Hermann Arouet, der sich auch unter der Zahl
jener Augenzeugen befindet, welche das Dokument mitunter=
zeichnet haben, war ein Bruder Voltaire's. Dieser wagte daher
nicht das Phänomen der Unverbrennbarkeit bei Sonnet zu
leugnen, er bekannte es sogar offen, zog es dann aber in
seiner Korrespondenz ins Lächerliche, wie er es ja auch
mit Christus und Jeanne d'Arc gethan hatte. Derselbe Voltaire
erkennt dann, als er den bereits auch von uns erwähnten
Fall des Petrus Igneus anführt, der sich im Jahre 1063[*])
zu Florenz zutrug, an, daß derselbe von einer großen Anzahl

---

[*]) s. dieses nämliche Hauptstück, § 14.

zeitgenössischer Historiker bestätigt wird, ist indes aber der
Ansicht, daß man nicht daran glauben könne, ohne
die Grundsteine der Vernunft ins Wanken zu
bringen. Warum aber ließ er denn die Erscheinungen
seiner Zeitgenossin, der Marie Sonnet, zu?

Auch steht das Beispiel der Sonnet durchaus nicht ver=
einzelt da. De Montgéron schreibt:

„Hat nicht vielleicht ganz Paris mehrere Jahre
hindurch gesehen, wie andere Konvulsionäre sich
„über ein großes Feuer legten, beträchtliche Zeit in dieser
„Lage verweilten, und dabei in Schlaf verfielen, sich also
„derart dem Feuer aussetzten, ohne daß die sie umzüngelnden
„Flammen weder auf ihren Körper noch auf ihre Kleider eine
„schädliche Wirkung hervorbrachten; ferner jene, die ihre Füße
„in die Feuerglut setzten, die zwar ihre Fußbekleidung ver=
„brannte, den Füßen indes keinen Schaden that, noch sie
„Schmerz empfinden ließ; die schließlich ihr Gesicht in die
„Flammen tauchten, ohne verletzt zu werden, ohne daß
„ihnen ein Haar versengt wurde?"

§ 32. — Dr. Carl Freiherr du Prel äußert sich in
seinem Aufsatze: „Der Salamander" (Studien aus dem Gebiete
der Geheimwissenschaften I, S. 152) als ob er die Unverbrennbarkeit des Fleisches und sogar der Haare der Convulsionärinnen
auf den kataleptischen oder wenigstens somnambulen Zustande,
in dem dieselben sich befanden, zurückführe, anstatt sie dem
Eingreifen unsichtbarer Wesen zuzuschreiben. Dagegen läßt
sich nun erstens einwerfen, daß sich die zur Feuerprobe Verurteilten keineswegs und auch nicht einmal in somnambulem
Zustande befanden, was man wenigstens eigentlich darunter
versteht. Jedenfalls, wenn man annimmt, daß die Ursache
der Unverbrennbarkeit in einer besonderen Art Hypnose begründet liege, die sich sogar auf die Haare der betreffenden
Personen erstrecke, wird man annehmen müssen, daß eine derartige Hypnose die nämliche wunderbare Kraft

[die Crookes und Cox übrigens als eine „psychische Kraft" erwiesen zu haben scheinen. — Der Übers.] auch auf die Kleider, auf die Gewänder der Personen zu über- tragen vermöchte, worin jene eingehüllt waren? Oder wurden auch die Linnen und Tücher kataleptisch?

Hier werden nun die Skeptiker einwerfen, daß man die Kleider mit chemischen Mitteln unverbrennbar gemacht habe, welche heute vollkommen bekannt sind.

In diesem Falle würde man also zu der Annahme ge- zwungen sein, daß, wenn die Unverbrennbarkeit der Konvul- sionärinnen, soweit es das menschliche Fleisch und die Haare angeht, seine Richtigkeit habe, sie doch bezüglich der Kleider durchaus nicht anwendbar wäre, was auch du Prel durchaus und aufs entschiedenste für ausgeschlossen hält. Nun so sei es. Indes lassen sich bei weitem nicht alle die wunderbaren Phänomene bei den Convulsionären auf die Unverbrennbarkeit zurückführen, wie wir es noch im Verlauf unseres Werkes sehen werden. Unterdes möchte ich noch darauf hingewiesen haben, was uns noch weiter von jener nämlichen Marie Sonnet berichtet wird.

„Als sie sich gerade mit dem Rückgrat auf einen spitzen „Stein gelegt hatte, ließ man ihr von der Decke herab einen „Stein von etwa 50 Pfund Schwere auf den Unterleib fallen, „was für sie eine Erquickung war ... Mehrere Leute preßten „mit vereinten Kräften und mit aller Gewalt eiserne Spieße „gegen sie, wobei die Spitzen derselben fest gegen ihren Hals „oder ihre Brust gedrückt wurden. Allein es konnte dadurch „nicht einmal ihre Haut geritzt werden." Sie fand große Bewunderung ob der schönen Sprache ihrer Gebete, ob ihrer Prophezeiungen, ihrer weisen Reden und Verzückungen." *)

War ihr also etwa auch die Kunst bekannt, sich unver- wundbar zu machen?

---

*) Carré de Montgéron, angef. Werk, II, 31—34.

§ 33. — Die Wahrheit aber ist die, daß wenn die über=
natürliche Hypothese auch immer mit Vorbehalt angenommen
werden muß, es nicht weniger wahr ist, daß sie klar und ver=
nunftgemäß ist, während jene materialistischen Hypothesen, die
man aufstellen kann, verwirrt, unwahrscheinlich und ungenügend
sind. Indes vermag man sehr wohl zu begreifen, daß es Leute
giebt, welche behaupten, daß die erwähnten Erscheinungen der
Unverbrennbarkeit übermenschlichen Charakter aufweisen; man
versteht, daß es auch Leute giebt, die selbst daran noch zweifeln;
allein man vermag nicht einzusehen, wie jemand die über=
natürliche Hypothese bloß deshalb unter allen Umständen bei
Seite gesetzt wissen möchte, weil sie ihm nicht paßt und ohne
daß es ihm möglich ist, sie durch eine andere zu ersetzen,
die, wenn auch nicht gerade ausreichend ist, doch wenigstens
m e h r der Vernunft entspricht.

§ 34. — Man darf keineswegs etwa glauben, daß die
Erscheinungen einer übermenschlichen Unverbrennbarkeit bloß
vor Zeiten vorgekommen seien und jetzt nicht mehr als ein
Gegenstand von Experimentalstudien zu betrachten wären,
abgesehen von den Fakiren und jenen wenigen Ländern roher
und wilder Bevölkerung, woselbst noch heute die Gottesurteile
durch die Feuerprobe im Gebrauch stehen.

Noch aus unserem Jahrhundert liegt ein authentischer
Bericht über eine epidemische Besessenheit im Jahre 1862 zu
Morzine (Hautes Alpes) vor, der nicht wenig Aufsehen er=
regt haben dürfte. Der Arzt, der hierüber ein offizielles Gut=
achten abgab, sagte, daß eine der Besessenen eine glühende
Kohle lange Zeit hindurch in den Händen hielt, ohne davon
auch nur die geringste Empfindung zu haben und ohne d a ß
a u c h n u r i r g e n d w i e e i n e B r a n d w u n d e oder der=
g l e i c h e n z u k o n s t a t i e r e n war.*)

Dies, wie die anderen übernatürlichen Phänomene findet

---

*) Mirville, Des Esprits, II, 227.

man heute ganz vorzugsweise bei den spiritistischen Medien. Einige von ihnen, wie ein Towns, ein Morse und Dunn vermochten Minuten lang dem Feuer sich auszusetzen, so die Hände in eine Gasflamme zu halten oder glühende Gegenstände wie Kohlen anzufassen.*)

Allein das berühmteste Medium für dieses Phänomen, wie auch für einen großen Teil der anderen spiritistischen Erscheinungen war Daniel Douglas Home. Von ihm berichtet der berühmte Naturforscher Wallace folgendes:

»Vielleicht ist es das bestbezeugte und außerordentlichste Phänomen, welches mit Herrn Home's Mediumschaft verknüpft ist, dasjenige nämlich, welches „Feuerprobe" genannt wird. Im Zustande der Verzückung nimmt er eine glühende Kohle aus dem heißesten Teile eines hellen Feuers und trägt sie rings im Zimmer umher, so daß sich jeder von der Echtheit des Phänomens überzeugen kann. Hierfür liegen Bestätigungen von Augenzeugen vor, wie von J. D. Jencken, Lord Lindsay, Lord Adare, Miß Douglas, Mr. S. C. Hall und von sehr vielen anderen Personen. Aber noch weit seltsamer ist der Umstand, daß er in jenem Zustande diese Gabe auch bei anderen Personen zu entdecken, wohl besser gesagt, sie auf dieselben zu übertragen vermag. So legte er einst ein Stück rotglühender Kohle auf den Kopf von Mr. S. C. Hall in Gegenwart von Lord Lindsay und anderer vier Personen, worüber die Gemahlin des Herrn Hall dem Grafen von Dunraven Bericht ablegte.«

Der berühmte William Crookes, der Entdecker des Thalliums und der strahlenden Materie, der Erfinder des Radiometers u. s. w., berichtet uns von Home:

„Ich sah ihn, die Hand in das Kohlenfeuer legen und glühende Kohlen anfassen, was mir nicht möglich gewesen wäre, ohne meine Finger schrecklich zu verbrennen. Ich sah

---

*) Perty, Die mystischen Erscheinungen, II, 45—46, 48—49.

4*

ihn ferner, eine glühende Kohle aus dem Feuer holen, sie auf
die flache Hand legen und binnen mehreren Minuten so liegen
lassen. Die Flammen züngelten dabei um seine Finger, doch
trugen dieselben nicht den geringsten Schaden davon und
seine Haut wies auch durchaus keine Brandwunden auf."

Führen wir nunmehr an, was betreffs der Unverbrenn=
barkeit von Kleidern und anderen Gegenständen von Wissen=
schaftlern ersten Ranges festgestellt wurde.

„Die nämlichen Zeugen", fährt Wallace weiter fort,
„bekunden auch, daß Herr Home rotglühende Kohlen in
seine Weste gelegt, ohne seine Kleider zu versengen, und sein
Gesicht in die Mitte des Feuers gehalten hat, wobei sein
Haar in die Flammen hineinfiel und doch nicht im geringsten
versengt wurde."

Dieselbe Kraft, dem Feuer zu widerstehen, kann auch
zeitweise leblosen Gegenständen verliehen werden. Herr
H. Nisbot zu Glasgow erklärt (im »Human Nature« vom
Februar 1876): „Im Januar des Jahres 1876 legte Herr
„Home eine rotglühende Kohle in die Hände einer Dame und
„eines Herrn, welche sie nur als warm empfanden. Als er
„dann dasselbe Stück Kohle auf eine zusammengefaltete Zeitung
„brachte, brannte es ein Loch durch sämtliche Papierblätter
„hindurch. Darauf nahm er eine noch frisch flammende Kohle,
„legte sie auf die nämliche Zeitung und trug das Papier mit
„der Kohle so ungefähr drei Minuten lang im Zimmer um=
„her, wonach man das Papier diesesmal nun in keiner Weise
„versengt vorfand."

Lord Lindsay bestätigt dann — und sein Wort ist doch
gewiß in Anbetracht, daß er einer von den wenigen Adeligen
ist, welche sich wirklich wissenschaftlichen Studien widmen,
immerhin von einigem Werte — daß Home ihm bei Gelegen=
heiten rotglühende Kohlen auf seine Hand gelegt habe, ohne
daß er auch nur die geringste Verletzung davon getragen hätte.

Herr W. H. Harrison berichtet im »Spiritualist« vom

15. März 1870: „Herr Home nahm eine große Kohle, welche
„ganz seine Handfläche bedeckte und sechs bis sieben Zoll groß
„war. Als er damit im Zimmer umherging, warf sie eine
„rote Glut auf die Wände, und als er mit ihr zum Tische
„kam, fühlten alle Anwesenden die Hitze im Gesichte. Die
„Kohle wurde auf diese Weise fünf Minuten lang von ihm
„gehalten." Solche Erscheinungen haben sich jetzt Dutzende
von Malen in Gegenwart Hunderter von Zeugen wiederholt.
Sie sind Thatsachen der Wirklichkeit, über die auch nicht der geringste Zweifel herrschen kann, Thatsachen (!), die nach den bekannten Gesetzen der Physiologie und der Wärme ganz unerklärlich sind." —

Soweit Wallace. Ein früherer Bericht, aus dem Jahre
1870, welcher in dem des Comité's der „Dialektischen Gesellschaft z. London" enthalten ist, sagt ebenfalls: „Das
Papier, worauf Home glühende Kohlen legte, entzündete sich
bald; allein, wenn er wollte, konnte er es mehrere Minuten
lang dahin bringen, daß das Papier nicht brannte."

Aus dem nämlichen Berichte geht aber hervor, daß die
Unverbrennbarkeit bei dem Medium Home sich nur während
seines Verzückungszustandes offenbarte.

Um nun noch mit einem letzten Augenzeugen zu schließen,
so lasse ich hier noch den Bericht folgen, den Perty aus
»Human Nature« vom Dezember 1868 entnommen hat:

„Herr Home hielt glühende Kohlen drei bis vier Minuten
in der Hand, und diese wurde dabei nicht einmal geschwärzt.
Sein Gesicht hielt er dann in das Feuer des Kamins, dessen
Flammen es ganz beleckten: ein schrecklicher und zugleich
feierlicher Anblick! — und als er sein Antlitz zurückzog,
sprach er, d. h. die Geister sprachen aus ihm: „Seht, auch
nicht ein Haar ist an Daniels Haupt verbrannt." Dann
ging er auf Lord X. zu und sagte: „Ich will Sie noch mehr
von der Wahrheit des Phänomens überzeugen. Ich werde
nun, Mylord, falls Sie keine Furcht haben, die Kohle in Ihre

Hand legen." Der Berichterstatter Jencken wollte dem zuvor=
kommen und streckte seine eigene Hand aus. Obschon er aber
nur einen Augenblick die Kohle und bloß an der schwarzen
Seite berührte, verbrannte er sich den Finger. Das Medium
legte nun aber die große glühende Kohle in die eine Hand
des Lords, faßte sodann dessen andere und drückte beide
Hände fest auf die glühende Kohle. Als er dann nach zwei
Minuten die Hände des Lords frei ließ, war keine Spur von
Verbrennung, nicht einmal von Schwärze zu sehen.

Als Home mit dem Experimentieren aufgehört hatte, setzte
er sich und sprach (oder vielmehr die Unsichtbaren redeten
wieder aus ihm):

„Die Erscheinungen, von denen Ihr alle heute Augen=
zeugen gewesen seid, sind solche Erscheinungen, welche die
Menschheit als Wunder verehrt hat. Ihr seid Zeugen jener
furchtbaren, traditionellen Feuerprobe gewesen... Und doch
ist dieses kein Wunder, nämlich keine Aufhebung jener uner=
bittlichen, unabänderlichen ehernen Gesetze der Natur — der
Gottheit. Wir haben nur odische Ausströmungen (Fluidströme)
um die Kohle und durch das Fleisch hindurch ziehen lassen,
und diese haben das Feuer gehindert, die Hand Daniel's zu
verletzen... Wir haben auch Striche über die Hand von Lord X.
gemacht, und diese haben ihn vor Beschädigung geschützt,
während Herr Jencken, der unvorsichtig seine Hand darbot,
sich verbrannte, weil er eben nicht unsererseits geschützt wurde."

Daher ist die Erklärung des Phänomens der Unverbrenn=
barkeit nach den Spiritisten zwar übernatürlich, allein doch
der Vernunft entsprechend.

§ 35. — Da es nun aber gute wie böse Geister und eine
Mittelsorte geben kann, und da jene bösen eher darauf bedacht
sein müssen, den Schuldigen anstatt den Unschuldigen zu
retten, so muß vom spiritistischen Standpunkte aus das Gottes=
urteil als ein sehr falsches, juristisches Ermittelungsverfahren
angesehen werden.

Sogar zu seinen Zeiten brachte Plinius*) in der That den Verdacht auf, daß die Vestalin Tuccia wirklich schuldig sei, daß sie aber das Sieb-Wunder vermittelst Beschwörungen d. h. durch Mithilfe böser Geister hervorgerufen habe.

Im Mittelalter war der Glaube ein allgemein verbreiteter, daß der Teufel seine Schutzbefohlenen vor dem Feuer zu retten vermöchte; auch erklärte man dadurch, daß die Hexen oft unbeschadet den schrecklichsten Martern unterworfen werden konnten.

Da man ebenso annehmen kann, daß auch der Einfluß böser Mächte bisweilen auf die Rettung der Schuldigen zurückzuführen sei, so wird man auch zugeben müssen, daß durch die bösen Wesen auch die Unschuldigen als schuldig hingestellt werden konnten. So mochten von den „kraft der Probe" Verurteilten viele in der That ganz unschuldig sein.

§ 36. — Überdies ließe sich die Thatsache, daß ein Angeklagter bei einem Gottesurteile Schaden erlitt, nicht nur durch die Hypothese seiner Schuld, sondern auch dadurch erklären, daß keine geheime Macht es für gut befand, ihm beizustehen.

Daher dürfte nur bei höchst wenigen Ordalien, welche unter einem solchen Gesichtspunkte durchaus nicht mehr so unvernünftig erscheinen, sich stets ein wunderbarer Vorfall ereignen, welcher das Eingreifen eines unsichtbaren Wesens bestätigt. Eine derartige Probe, welche in Indien in Anwendung stand, wird uns von dem Buddhisten Hiuen-Thsang**) mitgeteilt. Man nahm den Angeklagten und nähte ihn in einen Sack ein; ebenso wurde ein Stein in einen anderen Sack eingenäht, und nachdem man nun beide Säcke noch mit einem Stricke aneinander gebunden, wurden sie ins

---

*) Nat. Hist. XXVIII, 3.

**) Mémoires sur les contrées occidentales, traduits par St. Julien, Paris, 1857.

Wasser geworfen: „Wenn nun der Angeklagte untersank und der Stein auf der Oberfläche des Wassers verblieb, so war der Delinquent schuldig, schwamm dieser dagegen oben und der Stein sank zu Boden, so ließ man den Angeklagten frei, da man seine Unschuld hierdurch für erwiesen hielt." So nahm man also stets betreffs eines zu fällenden Urteils über schuldig oder nicht schuldig seine Zuflucht zu einer über=
natürlichen Kraft.

Mithin ist der größte Teil der Ordalien auch ver=
werflich, weil sie eben auf dem falschen Grundsatze beruhten, daß Gott und die guten Geister immer direkt in unsere Sachen eingreifen müßten, während sie oft nicht einmal eingegriffen haben, um Märtyrer zu erretten, ja sogar nicht einmal, als die Pharisäer den sterbenden Jesus ins Gesicht schlugen und ihm dabei höhnisch sagten: — „Der du den Tempel Gottes zer=
„brichst und bauest ihn in drei Tagen, hilf dir selber! Bist „du Gottes Sohn, so steig herab vom Kreuz!" — Desgleichen auch die Hohenpriester spotteten seiner, samt den Schrift=
gelehrten und Ältesten und sprachen: — „Anderen hat er „geholfen und kann sich selber nicht helfen. Ist er der König „der Israeliten, so steige er nun herab vom Kreuz, so wollen „wir ihm glauben! Er hat Gott vertraut, der erlöse ihn „nun, lüstet es ihn! Denn er hat gesagt: Ich bin Gottes „Sohn."*)

§ 37. — Damit möchte ich indes durchaus nicht gesagt haben, daß unsichtbare Mächte nie sich der Märtyrer erbarmt und ihnen beigestanden hätten. Daß dies sogar bisweilen wohl bestätigt zu sein schien, das besagen die tröstenden Worte des Apostels Paulus: „Gott ist getreu, der euch nicht läßt versuchen über euer Vermögen, sondern macht, daß die Versuchung so ein Ende gewinne, daß ihr es könnet er=
tragen."**)

*) Ev. Matth., Kap. 27, V. 40—43.
**) 1. Korinth., Kap. 10, V. 13.

Hat doch schon Jehovah durch den Mund des Jesaias gesagt: denn so du durchs Wasser gehst, will ich bei dir sein, daß dich die Ströme nicht sollen ersäufen; und so du ins Feuer gehst, sollst du nicht brennen und die Flamme soll dich nicht anzünden.*)

Und der Neuplatoniker Jamblichus sagt in den „Egyptischen Geheimnissen“: „Es bietet sich uns ein „sicheres Merkmal für die Inspiration der Propheten, sobald „man beispielsweise sieht, daß sie unverbrennbar sind; in „welchem Fall Gott, der in ihnen wohnet, es dem Feuer „wehret, sie zu berühren, und diesen hilft, die Wirkung des „Feuers zu ertragen. Obgleich sie verbrannt, gekreuzigt, ge= „geißelt oder ihre Glieder in Eisen geschmiedet wurden, so „nahmen sie es nicht einmal wahr ... In einem solchen „Zustande sind jene sich ihrer eigenen Handlungen nicht mehr „bewußt und leben nicht mehr das tierische Leben, sondern „haben das Bewußtsein eines anderen, göttlicheren, welches auf „sie einwirkt und Besitz von ihnen ergreift.“ **)

An dieser Stelle sei auf den Unterschied aufmerksam ge= macht, den Jamblichus hier sehr schön zwischen Unempfind= lichkeit und Unverbrennbarkeit trifft.

„In den Heiligengeschichten kommt also die Sache sehr, vielfach vor“, wie Dr. Freiherr du Prel sagt, „Die einen, „ins Feuer geworfen, verlieren kein Haupthaar, so Viktor, „Euphysius, Christina; andere bleiben auf dem Scheiter= „haufen unverletzt: Agnes, Polykarp.“ Als dieser letztere den Scheiterhaufen bestieg und das Feuer entzündet wurde, da bildeten die Flammen einen Bogen um seinen Körper, ohne ihn zu verletzen, worauf er mit einer Lanze getötet wurde.***)

Den hl. Bonifacius in Tarsus ließ man siedendes

---

*) Jesais 43, 2.
**) Buch XI, Kap. III, B. 2.
***) Görres, christl. Mystik, I.

Blei trinken und tauchte seinen Kopf in siedendes Wasser: allein er zog sich keine Beschädigung zu.

Wer wird sich nicht hierbei der biblischen Geschichte von den drei Männern im feurigen Ofen erinnern:

„Da ward Nebukadnezar voll Grimm und stellte sich scheußlich wider Sadrach, Mesach und Abed-Nego und befahl, man sollte den Ofen siebenmal heißer machen. denn man sonst zu thun pflegte. Und befahl den besten Kriegsleuten, die in seinem Heere waren, daß sie Sadrach, Mesach und Abed-Nego bänden und in den glühenden Ofen würfen. Also wurden diese Männer in ihren Mänteln, Schuhen, Hüten und anderen Kleidern gebunden und in den glühenden Ofen geworfen. Denn des Königs Gebot mußte man eilend thun.

Und man schürte das Feuer im Ofen so sehr, daß die Männer, so den Sadrach, Mesach und Abed-Nego verbrennen sollten, verdarben von des Feuers Flammen. Aber die drei Männer Sadrach, Mesach und Abed-Nego fielen hinab in den glühenden Ofen, wie sie gebunden waren. Da entsetzte sich der König Nebukadnezar und fuhr eilends auf und sprach zu seinen Räten: — Haben wir nicht drei Männer gebunden in das Feuer lassen werfen? — Sie antworteten und sprachen zum Könige: — Ja, Herr König. — Er antwortete und sprach: — Sehe ich doch vier Männer los im Feuer gehen und sind unversehrt; und der vierte ist gleich, als wäre er ein Sohn der Götter. — Und Nebukadnezar trat hinzu vor das Loch des glühenden Ofens und sprach: — Sadrach, Mesach und Abed-Nego, ihr Knechte Gottes, des Höchsten, gehet heraus und kommt her. Da gingen Sadrach, Mesach und Abed-Nego heraus aus dem Feuer. Und die Fürsten, Herren, Vögte und Räte des Königs kamen zusammen und sahen, daß das Feuer keine Macht am Leibe dieser Männer bewiesen hatte und ihr Haupthaar nicht versenget und ihre Mäntel nicht versehrt waren, ja man konnte keinen Brand an ihnen riechen. Da fing an Nebukadnezar und sprach: — Gelobet sei der Gott Sadrachs, Mesachs und Abed-Negos, der seinen Engel gesandt und seine Knechte errettet hat, die ihm vertrauet und des Königs Gebot nicht gehalten, sondern ihren Leib dargeboten haben, daß sie keinen Gott ehren, noch anbeten wollten, ohne allein ihren Gott. So sei nun dies mein Gebot: — Welcher unter allen Völkern, Leuten und Zungen den Gott Sadrachs, Mesachs und Abed-Negos lästert, der soll umkommen und sein Haus schändlich verstöret werden. Denn es ist kein anderer Gott, der also erretten kann, als dieser. — Und der König gab Sadrach, Mesach und Abed-Nego große Gewalt im Lande zu Babel."*)

Wenn auch diese Geschichte nicht auf Wahrheit beruht — was sich wohl unmöglich annehmen ließe — so beweist sie übrigens doch, daß die Idee von dem Schutz der Märtyrer in einigen Fällen durchaus nicht neueren Datums ist.

§ 38. — Während der Regierung Hunnerichs, des Königs der Vandalen, entstand im gothischen Afrika eine Verfolgung der Arianer gegen die römischen Katholiken. Die Arianer behandelten die Katholiken, wie diese später mit den Waldensern oder mit den Hugenotten verfuhren. Da die Stadt Tipasa, welche einige Meilen von Karthago entfernt liegt, dem orthodoxen Glauben treu blieb, so sandte Hunnerich einen militärischen Befehlshaber dorthin; dieser versammelte die Katholiken auf dem Forum und angesichts der Menge, welche von jeder Seite herbeigeeilt war, ließ er denjenigen die rechte Hand abschneiden und die Zunge herausnehmen, die seinen Drohungen gegenüber sich störrisch zeigten. Allein die wackeren Märtyrer sprachen zur allgemeinen Verwunderung auch ohne Zunge ruhig weiter. Es erregte dieser Fall ungeheueres Aufsehen in der Stadt, man eilte von allen Seiten hinzu, um Zeuge des großen Wunders zu sein. Jedermann konnte sich selbst davon überzeugen.

*) Daniel III, 19—30.

Dies wäre übrigens ein andauerndes Wunder, wie es Renan fordert.

Der berühmte Gibbon, dessen unveränderlicher Skeptizismus sogar den Leser stutzig macht, äußert sich gegenüber einer Thatsache, wie diese: „Im allgemeinen kann man die Wunder mehr der Geschicklichkeit der Katholiken zuschreiben, als dem Beistand des Himmels. Überdies kann sich auch der unparteiische Historiker erlauben, ein übernatürliches (preternatural) Ereignis anzuführen, das die Gläubigen erbauen und die Ungläubigen in Staunen setzen wird: jene Wunder (von den ausgerissenen Zungen, durch die keineswegs die Sprache gehindert wurde), wovon viele nacheinander vorkommende Beispiele vorliegen, breiteten sich auf dem ausgedehntesten und ausgezeichnetsten Theater der Welt aus und wurden mehrere Jahre hindurch zur Prüfung der Ungläubigen unterzogen. Diese sämtlichen Leute bezeugten das Wunder, sei es nun als Augen- und Ohrenzeugen oder sei es nun wegen allgemeiner Bekanntheit ꝛc.*)

Viktor Vitensis, welcher eine Geschichte der Verfolgung zwei Jahre nach diesem Ereignis veröffentlicht hat, schreibt „Wenn jemand an der Wahrheit meiner Worte zweifeln sollte, der wende sich nach Konstantinopel und werde Augen- und Ohrenzeuge dieser klaren und fehlerfreien Sprache des Unterdiakons Restitutus, eines jener ruhmreichen Bekenner, der heuer im Palaste des Kaisers Zeno wohnt und sich der größten Achtung der frommen Kaiserin erfreuen darf.“**)

In Konstantinopel befindet sich auch ein gelehrter christlich-neuplatonischer Philosoph, Aenaeas von Gaza, welchen Gibbon als einen „tiefsinnigen und hochgelehrten Zeugen feiert, der keinerlei Nebeninteresse noch Leidenschaften besitze“. Dieser äußert sich sogar mit nachstehenden Worten über jene Märtyrer:

*) History of Decline etc.
**) Viktor Vitensis, V, 6, S. 76.

„Ich ſelbſt .habe ſie geſehen, habe ſie ſprechen gehört: dabei habe ich genau nachgeforſcht, in welcher Weiſe eine artikulierte Sprache ohne Sprachorgane möglich ſein könnte. Auch habe ich den Augen die Koſt gegeben, und geprüft, was ich in Erfahrung gebracht hatte. Ich ſah den betreffenden in den Mund und überzeugte mich, daß die ganze Zunge voll= ſtändig an der Wurzel abgeſchnitten war — eine Operation, welche die Ärzte gewöhnlich nur mit tödlichem Ausgang vor= nehmen können.*)

Der Hiſtoriker Prokopius**) legt, nachdem er ſich durch den eigenen Augenſchein davon überzeugt hat, einen gleichen Bericht ab.

Viktor von Tumona bietet uns hinſichtlich dieſes Er= eigniſſes das Zeugnis „der ganzen Kaiſerſtadt".

Der Kaiſer Juſtinian behauptet ebenfalls in einem für Afrika erlaſſenen Edikte, daß er ſelbſt dieſe Märtyrer geſehen und ſich durch eine Prüfung von der Thatſächlichkeit derſelben überzeugt habe.***)

Papſt Gregor der Große, welcher zu Konſtantinopel auf dem Stuhle des hl. Petrus ſaß, ebenſo der Miniſter des höchſten Biſchofs urteilen in gleicher Weiſe. †)

Und dies iſt noch nicht alles. Man höre die folgenden Worte eines anderes Zeitgenoſſen, Marcellinus Comites††), welcher berichtet: „Hunnerich ließ einem katholiſchen Jünglinge, der von Geburt an ſtumm war, die Zunge heraus= ſchneiden, ſogleich begann er aber zu ſprechen und Gott zu preiſen. Ich habe auch zu Konſtantinopel mehrere der heiligen Schar geſehen, welche, obſchon ſie der Zunge auf gleiche Weiſe

---

*) Aenaeas Gazeus, in Theophraſto (Biblioth. Patrum, Bd. VIII, S. 644.)

**) De Bello Vandal., Buch 1, Kap. 7, S. 196.

***) Juſtinian, Codex, Buch I, XXVII.

†) Dialog., III, S. 32.

††) Chron., S. 45.

beraubt waren, doch vollkommen tadellos sprachen . . . Zwei
von diesen Verstümmelten dagegen hatten sich einer Sünde
schuldig gemacht, worauf sie sofort und auf immer ihrer
Sprache verlustig gingen."

Diese letzten Episoden gerade dürften, wenn eben gut
verbürgt, doch gewißlich dem ganzen Phänomen unbestreitbar
den übernatürlichen Stempel aufdrücken.

Daher schreckt Baronius nicht davor zurück, dieses Wunder
des Sprechens ohne Zunge „einen Ton des heiligen Geistes"
„zu nennen, der im ganzen Weltall vernommen worden sei,
„da es sich ja nicht nur um einen oder zwei Zeugen handelt,
„sondern um eine ganze Provinz, und zwar nicht nur um
„eine ganze Provinz — nein, nicht einmal bloß um Afrika,
„sondern um die ganzen über dem Meere gelegenen Länder.
„War doch auch nicht nur von einem Tag die Rede, oder
„gar von einem Monat, sondern von einem ganzen Jahr=
„hundert (uno ferme saeculo), d. h. bis zu dem Tode der
„letzten dieser Märtyrer, welche in der ganzen Welt zerstreut
„lebten.   Denn Gott wollte eben, daß alle bedeutenden zeit=
„genössischen Geschichtsschreiber, welcher Religion sie auch sein
„mochten, gleichsam einstimmig und mit denselben Worten
„ein solches Wunder bestätigten."*)

Doch giebt keiner von den Schriftstellern jener Zeit genau
die Zahl dieser Märtyrer von Tipasa an; nur eine alte
Chronik überliefert uns, daß es sechzig gewesen seien.**)

Wie man sieht, lassen sich eben jene Thatsachen nur dann
leugnen, wenn man, anstatt auf Grund der Erfahrung
und der Experimente sich ein Kriterium des Unmöglichen
zurechtzulegen, sich a priori einen Begriff davon macht.
Allein es stehen diese Thatsachen „historisch fest", genau so
wie der Triumph des Miltiades in der Schlacht bei Marathon

---

*) Annales, Bd. II, anno Christi, 484.
**) s. Ruinart, S. 486.

und des Hannibal bei Cannä. Das Wunder der abgeschnittenen Zungen kann zwar nicht absolut sicher, allein auch nicht weniger gewiß genannt werden, als die Siege des Darius über die Athener und des Varro über die Carthager.

§ 39. — Es bleibt mir noch übrig, einer Sache zu gedenken, die mit den »Gottesurteilen« wenigstens anscheinend verbunden ist. — Ich meine die »Zitierung vor den Richterstuhl Gottes«.

Auch hierzu liegen von jeder Zeit Beispiele vor. Quintus Curtius zeigt uns den alten indischen Propheten Calamus welcher auf dem Scheiterhaufen den Flammen preisgegeben sich an Alexander den Großen wandte und ihm ankündigte, daß er nach drei Tagen sterben würde. Der Macedonier hauchte indes am sechsten Tage seine Seele aus.

Vitellius befahl, daß zu einer bestimmten Frist alle Wahrsager Italien zu verlassen hätten. Die Wahrsager erwiderten durch eine öffentliche Erklärung, daß er aber vorher noch erst die Erde verlassen werde.*)

In der That unterlag der Kaiser im Kampf und wurde getötet — und zwar ehe ein Jahr verflossen war. Auch sagten die von Valens verfolgten Magier diesem seinen Tod voraus.

Die Brüder Carvajal, welche unschuldig zum Tode verurteilt worden waren, sagten Ferdinand VII, König von Castilien, daß er noch vor Ablauf eines Monats auch hinübergehen werde. Am letzten Tage des Monats starb Ferdinand thatsächlich.

König Philipp der Schöne und Papst Clemens V ordneten in ihrer gemeinsamen Absicht, den Templer-Orden zu zerstören, Ende 1313 das Lebendigverbrennen des Großmeisters Jacob Moley an, und beide wurden von ihm auf dem Scheiterhaufen binnen einem Jahre vor den Richterstuhl Gottes

---

*) Sveton., Vitell., § 14.

zitiert. Wirklich starb nun der Papst am 20. April und der König am 29. November 1314.

Einige dieser Thatsachen werden neben vielen anderen von dem Jesuitenpater Jeremias Drexel in seiner Abhandlung „Tribunal Christi, seu arcanum ac singulare cujusvis hominis in morte judicium*) angeführt.

Bisweilen ist die festgesetzte Frist der Zitierung eine so kurze, daß die Wahrsagung wirklich wunderbar wird. So in den beiden folgenden Fällen, die wir dem erwähnten Werke von Drexel entnehmen.

Im Jahre 1606 wurde ein deutscher Soldat wegen eines eher unklugen als ehrfurchtswidrigen Ausdruckes der Empörung beschuldigt und von der peinlichen Gerichtsordnung zum Galgen geführt.

Dort wandte sich nun der Delinquent an den Hauptmann und rief ihm zu: „Über drei Wochen zu dieser selben Stunde um Mitternacht wird dich Gott ob meines Todes zur Rechenschaft ziehen!" Um 12 Uhr wurde das Todesurteil durch Erhängen vollzogen. Nach drei Wochen unternahm der Hauptmann mit einer Ronde eine Revidierung der Schildwachen; es war Mitternacht, der Hauptmann ging voran und fiel im Dunkel in einen Sumpf und ertrank.

Der Richter Johann Turso verweigerte einem Angeklagten, der ihn flehentlichst bat, noch andere Argumente und Zeugnisse für seine Unschuld erbringen zu dürfen, sprach ihn einfach schuldig und überantwortete ihn dem Scharfrichter. Als die Stunde der Hinrichtung gekommen war, zitierte der Delinquent, noch bevor er vom Leben zum Tode gebracht wurde, den unmenschlichen Richter vor Gottes Thron zu erscheinen, und zwar in demselben Augenblicke seiner eigenen Hinrichtung. Und kaum hatte der Unschuldige seine Seele ausgehaucht, so

---

*) Hieremiae Drexelii, Opera Omnia, Moguntiae 1651, Bb. I, Seite 123 u. f.

stürzte auch der Richter, wie vom Blitze getroffen, zu Boden und hauchte seine mit dem Morde eines unschuldigen Menschen beladene Seele aus.

Alle diese Beispiele dürften schwerlich auf einen bloßen Zufall zurückzuführen sein.

In der Schweiz ist die Zitierung vor Gottes Thron bis zum 17. Jahrhundert sehr bekannt und findet sich unter den Namen: »Ladung in das Thal Josaphat.«*)

Wer sich über diesen interessanten Artikel noch eingehender unterrichten will, der sei außer den Disquisitiones Magicae von Del Rio (S. 609) auf Dr. Oetker's: »Ladungen vor den Richterstuhl Gottes«**) verwiesen.

Natürlich gingen bisweilen die Zitierungen vor den Richterstuhl des Allerhöchsten leer aus, da sonst kein Verurteilter seinen Richter ihn hätte überleben lassen und kein Richter gewagt haben würde, einen Angeklagten zu verurteilen. So zitierte Johann Huß, als er dem Flammentode preisgegeben wurde, seine Richter, um innerhalb dreier Monate zu sterben. Die Richter kamen aber seiner Aufforderung nicht nach, wodurch die katholische Kirche nicht wenig an Ansehen gewann.***)

Delancre lehrt uns seinerseits, daß die Zitierungen vor Gott von Personen, welche gerechter Weise verurteilt worden seien, keine Wirkung hätten. Um dies nun zu beweisen, erzählt uns Giovio, daß, da Gonzalvo von Cordura einen der Hexerei ergebenen Soldaten verurteilt habe, dieser die Un-

---

*) Preußische Jahrbücher (Berlin, Reimer) März 1879.

**) Er widmete ihm ein Kapitel „Die Osenbruggem", d. R. A., aus der Schweiz (XVIII), Heft 2.

***) Allein die Protestanten rühmen diesem Vorläufer der Reformation den Ausspruch nach: „Jetzt bratet ihr eine Gans; aber nach hundert Jahren kommt ein Schwan, den sollt ihr ungeruft lan." (Hellenbach). Das tschechische Wort für Gans war hus und für Schwan luter.

Der Übersetzer.

verschämtheit gehabt hätte, jenen vor den Richterstuhl des
Höchsten zu zitieren. Der Feldherr antwortete höhnisch, daß
sein verstorbener Bruder Antonius für ihn dort erscheinen
solle. Es scheint, daß Antonius diesen kleinen Liebesdienst
dem Bruder wohl nicht versagt hat, da ja die Zitierung des
Soldaten für Gonzalvo nicht weiter verhängnisvoll wurde.

Sicher hatten de Zitierungen denselben Charakter wie
die Ordalien. Diese erkannten der Gottheit die Lösung eines
Streites zu, die Freisprechung oder Bestrafung eines Schuldigen;
jene — die Ladungen vor den Richterstuhl Gottes — erkannten ihr die Lösung der Controverse zwischen dem Angeklagten und seinem Richter zu und die Strafe des letzteren,
wenn er einen Unschuldigen verurteilt hatte.

Betreffs dieser Zitierungen läßt sich derselbe Einwand
erheben, welcher unserseits bei den Gottesurteilen gemacht
wurde, nämlich, daß die Menschen doch nicht wissen können,
ob die Gottheit stets auf sich nehmen will, einen ungerechten
Richter in der von dem unschuldig Verurteilten angegebenen
Weise zur Rechenschaft und Strafe heranzuziehen.

Auch darf man ferner nicht den gewaltigen Eindruck
außer Auge lassen, welchen solche Wahrsagungen unbedingt
auf abergläubische Personen hinterlassen mußten, wodurch
deren Gesundheit doch wohl meistens nicht wenig erschüttert
wurde. Es waren fast sozusagen envoûtements, reine
Mord-Suggestionen.

2. Hauptstück.

Die christlichen Wunderthäter.

§ 1. — Die christliche Religion ist vielleicht nach den asiatischen diejenige Religion, welche an Wundern aller Art am reichsten ist. Allein wie in so vielen anderen Punkten, herrscht zwischen der römisch- und griechisch-katholischen Kirche einerseits und den Protestanten anderseits auch hierüber eine große Meinungsverschiedenheit. Die letzteren, mit sehr wenigen Ausnahmen, halten nämlich fast gar nichts von Wundern, und dies würde sehr vernünftig erscheinen, wenn es nämlich gelungen wäre, die Vollkommenheit einer Religion zu beweisen, welche, ohne sich wunderbarer Vorfälle zu ihrer eigenen Stütze zu rühmen, schon lediglich durch die bloße Kraft der Wahrheit so viele Millionen von Adepten zu erwerben vermöchte. Allein leider beruhte nicht nur der Glauben der griechischen und römischen Kirche auf dem berühmten: credo quia absurdum Tertullian's.*)

———

*) Das Sophisma, worauf die Kirchenväter des 3. Jahrhunderts ihre berühmte Devise gründeten, war — was gewiß jedem bekannt ist — folgendes: „Die christliche Religion enthält wohl eine Menge Dinge, welche seltsam und absurd erscheinen; allein darin offenbart sich gerade ihr göttlicher Charakter, da sie ja, wenn die Menschen sie zu erfinden gehabt hätten, zweifelsohne derart gestaltet worden sei, daß sie leichter annehmbar geworden wäre".

5*

Wir wir in dem erſten Band geſehen haben, betrachtete
der Heiland ſelbſt die Wunder, die er that, als Beglaubigung
ſeiner göttlichen Miſſion.*)   Überdies geben auch die orthodoxen proteſtantiſchen Theologen die Wunder im erſten Jahrhundert nach Chriſti zu. Und warum nicht!? Sie werden
uns ja von der Bibel berichtet. Im allgemeinen aber laſſen
die Proteſtanten die Wunder bis ins fünfte Jahrhundert
noch gelten. Doch warum nicht länger?! Sehr einfach, weil
darnach das Chriſtentum ſich zum Katholizismus umwandelte.

„Von dem erſten Kirchenvater an bis zu dem letzten der
Päpſte,“ ſagt der ſchon oft angeführte Gibbon,**) „bietet ſich
uns eine ununterbrochene Reihe von Biſchöfen, Heiligen,
Märtyrern und Wundern dar. Jedes Jahrhundert giebt uns
authentiſches Zeugnis von wunderbaren Vorfällen, wodurch
ſich dasſelbe hervorthut, und ſein Zeugnis ſcheint beim erſten
Anblick nicht weniger von Gewicht, nicht weniger der Beobachtung wert zu ſein, als das der vorhergehenden Generation,
ſo daß wir unvermerkt uns eines Widerſpruches ſchuldig
machen würden, wenn wir im achten oder zwölften Jahrhundert der ehrwürdigen Beda oder dem heiligen Bernhard
denſelben Grad der Glaubwürdigkeit verweigern, welche wir
ſo anſtandslos im zweiten Jahrhundert St. Juſtinus oder
dem Biſchof Irenaeus einräumten. Und mithin mußte, da
man doch keine Offenbarungen annehmen kann, ohne von der
Wirklichkeit der Wunder überzeugt zu ſein, und da nach der
Anſicht von allen (!?) dieſe übernatürlichen Kräfte aufgehört
haben, einſt ein Tag, ein Zeitabſchnitt gekommen ſein, in
welchem die Gabe der Wunder wie mit einem Schlage oder
auch erſt allmählich der chriſtlichen Kirche wieder genommen
worden war.“

Wie man ſieht, fühlte Gibbon ſehr wohl die Verlegenheit,

---

*) Band 1, S. 413—414.
**) Decline and Fall etc., Band 3, S. 223.

worin er geriet, sobald er daran dachte, einen gewissen Termin
für das Ende der Wunder zu setzen; allein die Überzeugung,
daß heute keine Wunder mehr vorkämen — eine Überzeugung,
welche zu damaliger Zeit in seinem Lande sehr allgemein ver=
breitet war, trübte sein Urteil.

Eine von den Leuchten der protestantischen Theologie,
Tholuck nämlich, schrieb in demselben Jahrhundert: „Bleiben
wir diesem Glauben treu, daß vom vierten Jahrhundert an
bis auf unsere Zeit das Wunder in der christlichen Kirche
niemals ganz aufgehört hat ... Trotz des legendenartigen
Charakters des größten Teiles der Berichte tragen wir doch
kein Bedenken, der Behauptung Ausdruck zu verleihen, daß
der Heiland, wenn er es für nötig hält, auch heute noch so
Wunder thut, wie zu Zeiten der Apostel: hat er doch seiner
Kirche versprochen, bei ihr zu sein bis ans Ende der Welt.“

Und noch besser drückt sich Middleton in seinen Briefen
über das Wunder aus: „Wenn wir den Päpstlern bloß
ein Jahrhundert der Wunder nach der Zeit der Apostel ein=
räumen, so geraten wir in eine Menge von Schwierigkeiten
hinein, wovon wir uns niemals wieder ganz frei machen
können, ohne dieselben Kräfte auch in unserem Jahrhundert,
in dem wir leben, anzunehmen.“

Was nun eben die Fortdauer der Wunder anbetrifft,
so erweisen sich die griechische und die römische Kirche dennoch
als viel vernünftiger, als die Mehrzahl der protestantischen
Kirchen.

§ 2. — Die katholische Kirche kann man sehr leicht der
ausnahmslosesten Leichtgläubigkeit anklagen, eine Masse zu
Heiligen gestempelt zu haben, die den ersten Jahrhunderten
nach Chr. angehören, indem sie sich dabei auf solche Wunder
gründen, denen auch die Protestanten Glauben beimessen und
die bisweilen nur den Bänden eines gewissen Pseudo-Clemens
oder den Dialogen Gregors des Großen ihren Ursprung ver=
danken. Allein es verdient doch anerkannt zu werden, daß

auch viele Heiligsprechungen nach dem Mittelalter mit der
größten Gewissenhaftigkeit und Strenge, sowie der ernsten
Erwägung ins Werk gesetzt wurden. Wer dieses leugnet, um
der herrschenden Ansicht zu fröhnen, der möge sich nur ein=
mal dem Studium von solchen Heiligsprechungen unterziehen,
wobei er sich wohl sicher von der Wahrheit meiner Worte
überzeugen wird.

Der lutheranische Pfarrer Gottfried Gentzel legt in den
zu Leipzig erscheinenden „Psychischen Studien“ (Jahrgang
1879) folgendes Bekenntnis ab:

„Ein ungeheueres Thatsachenfeld, das noch vollständig
für das Studium des Spiritismus zu bepflügen ist und noch
kaum berührt wurde, bietet sich uns in der Lebensbeschreibung
der Heiligen der römisch-katholischen Kirche. Es ist ein Irr=
tum der Protestanten, der keineswegs mit ihrer Geistesfreiheit,
mit ihrer Unparteilichkeit und mit der reinen Wahrheit der
kritischen Forschung in Einklang zu bringen ist, deren sie sich
ja doch so rühmen, wenn sie jenen Schatz von psychologischen
Phänomenen vernachlässigen, ihn kurzer Hand mit dem Aber=
glauben zusammenwerfen, wenn sie jene Erscheinungen ver=
ächtlich als Legenden oder Lügen bezeichnen, während diese doch
meistens so hinreichend bestätigt sind, daß die Zeugnisse zu
ihren Gunsten auch seitens des strengsten Gerichtshofes Berück=
sichtigung finden würden. Was die katholische Kirche betreffs
dieser Wunder denkt, sei dahin gestellt und von uns außer
Acht gelassen; allein sicher hat es auch bei ihr nicht an der
Strenge von Untersuchungen gefehlt, wie die weisen Vorschriften
des Papstes Benedikts XIV (den doch selbst protestantische
Historiker als „freidenkend und wissenschaftlich gebildet“ rühmen)
betreffs der Selig= und Heiligsprechung beweisen. Und dazu
trugen sich jene Thatsachen nicht nur im frühesten Altertum
oder im Mittelalter zu, denen viele mit Recht alle Narr=
heiten und menschlichen Verirrungen zuschreiben zu dürfen
glauben, sondern zu Zeiten, welche vollkommen der historischen

Kontrolle unterstehen. Daher dürfen die Augen der Kritiker keineswegs mehr in Erstaunen geraten, als über andere Ereignisse, wenn man nämlich als gültige Zeugnisse solche hinstellen will, die es auch wirklich sind."

§ 3. — Das Studium der christlichen Thaumaturgie ist unglücklicherweise als ausschließliches Vorrecht den Priestern überlassen gewesen, da ja unsere gelehrten Akademien schon zu sehr damit beschäftigt waren, festzustellen, ob unter der 28. Dynastie der Pharaonen aleph lang oder kurz ausgesprochen wurde und vorzüglich ob Karl der Große auf der rechten oder linken Seite geschlafen habe. Was die Männer der Wissenschaft anbetrifft, so sieht man sie zwar die Heilungen durch Suggestion, die Ekstasen und jene anderen Phänomene, die sie mit diesen in Einklang zu bringen glauben, wie sie solche bei ihren hysterischen Patienten in den Kliniken hervorrufen, einem Studium unterziehen, allein man sieht doch auch gewiß, wie sie weislich alle anderen Wunder beiseite lassen, die ihre gelehrten Theorien durchkreuzen könnten.

Unter den neueren Schriftstellern, welche sich das Studium der Wunder zu eigen gemacht haben, verdient übrigens unbedingt Joseph Görres mit seinem vierbändigen Werke: „Die christliche Mystik" Erwähnung, welche er in den Jahren 1836—1842 veröffentlichte. Es ist dies ein höchst wertvolles Werk. Wenngleich Görres, wie Ennemoser und andere, notwendiger Weise dem Einfluß der geoffenbarten Lehren gehorchte, an welche er glaubte, so war es ihm dennoch nicht verliehen, in jener Zeit, in der er lebte, sich in dem neuen Gesichtskreise weiter zu verbreiten, den das Studium des heutigen Spiritismus eröffnet. Hoffen wir, daß ein anderer es verstehen wird, sein Werk auf jene Basis zu erheben, welche der bedeutende Wallace in seinem unsterblichen Buche: On Miracles and Modern Spiritualism*) geschaffen hat.

*) Übersetzt von Dr. Wittig in: „Die wissenschaftliche Ansicht des Übernatürlichen" ꝛc. und „Eine Verteidigung des modernen Spiritualismus" ꝛc. (Oswald Mutze, Leipzig).

Wer heute die Lebensbeschreibung der christlichen Heiligen einem Studium unterziehen will, muß notgedrungen seine Zuflucht zu jener umfangreichen wundersamen Arbeit nehmen, welche unter dem Namen Acta Sanctorum der Bollan= disten bekannt ist. Bereits im Jahre 1630 unternahmen die Patres E. Rosweyd und Johann Bolland ihre große Arbeit, welche später dann von Heuschen, Papebroth, Ghes= quière und anderen gelehrten Jesuiten Antwerpens fortgesetzt wurde. Bereits sind 65 ungeheure Bände in folio er= schienen, und noch immer nicht ist dieses große Denkmal des Christentums vollständig beendet. „Wenn die Jesuiten," sagte der Protestant Leibniz dem Grafen De Mérode, „weiter nichts als dies geleistet hätten, so wäre es schon hinreichend, um ihnen ein ehrendes Andenken zu bewahren." Der berühmte Minister Guizot, der auch Calviner war, erklärte seinerseits: „Diese Unternehmung, welche ein doppeltes Interesse vertritt, in historischer wie in religiöser Beziehung, verdient geradeso dem Schutze der Regierung Frankreichs befohlen zu sein, wie dies seitens anderer Regierungen geschieht."*)

„Ein Zellengefängnis mit den Bollandisten würde für mich ein Paradies sein," schreibt Ernst Renan in der Revue des deux Mondes. Dennoch synthetisiert Renan, der an Wunder nicht glaubt, das Werk der Bollandisten mit dem Satze: c'est un parterre de miracles. Der Verfasser des Lebens Jesu mußte also doch einen besonderen Wert diesen Acta Sanctorum zuschreiben. Auch läßt sich nicht behaupten, hierin das zu finden, was man in „Tausend und eine Nacht" antrifft — die Lust am Wunderbaren — da der= jenige, welcher diese arabischen Märchen zu seiner einzigen Lektüre machen wollte, wahrlich nicht als geistig bedeutend anzusehen sein dürfte.

---

*) Études sur la collection des Actes des Saints, S. 112. — Die belgische Regierung unterstützt noch die Compilatoren der Acta jährlich mit 6000 Frcs.

§ 4. — Der größte Teil der Wunder der Heiligen bezieht sich auf die Heilungen von Krankheiten. Nichtsdestoweniger werde ich mich jetzt darauf beschränken, jenes Argument zu streifen, das ich mir vorbehalten hatte, im zweiten Teile dieses Werkes ausführlich zu behandeln.

Es würde mich zu weit führen, wollte ich alle die Hypothesen erörtern, mit welchen man jene bereits als Wunder angesehenen Heilungen erklären will, ich bemerke nur, daß ich jene ganz und gar ausschließen will, welche man als Nervenkrankheiten ansieht, und ebenso alle diejenigen, welche sich bekanntermaßen durch die Suggestion beseitigen lassen.

Auch möchte ich nur solche Heilungen anführen, welche man mehr bekannten Heiligen zuschreibt, die auch in verhältnismäßig neuerer Zeit lebten; denn wenn ich mich nur auf die Aufzählung der einzelnen Fälle einlassen wollte, die man in den »Thaten der Heiligen« findet, so würde dies selbst dicke Bände erheischen.

Lucretia Gazia erkrankte schwer an einem Brustgeschwür und mußte entsetzliche Qualen ausstehen. Die Ärzte hielten die Operation — die krebsartige Stelle herauszuschneiden — für unabänderlich. Allein als die gute Frau in der Nacht, welche der Operation vorausging, sich einmal die Schmerzen und die Lebensgefahr vergegenwärtigte, welche ihr am anderen Tage unter den Händen der Ärzte bevorstanden, da stand sie eilends auf und begab sich zu St. Philippus Neri, dem sie ihre Leidensgeschichte vortrug. Der Begründer des Theatinerordens berührte die kranke Stelle und sprach darauf: „Gehe nur befriedigt wieder heim, ohne alle Furcht, daß sich dir irgend etwas übles zutragen könne." Lucretia begab sich nach Hause, und während sie hier beim Essen saß, erhob sie sich plötzlich mit den Worten: „Ich fühle auch nicht den geringsten Schmerz mehr, ich bin geheilt!" Als nun bald darauf die Ärzte zur Operation erschienen, fanden sie auch keine Spur mehr von dem Übel, so daß sie in das größte Erstaunen geraten mußten: vehementer obstupuerunt.*)

Nachdem St. Maria Magdalena de Pazzi das Abendmahl genommen, fiel sie in Verzückung, worauf sie sich zu ihrer Klosterschwester, der Nonne Maria Benigna Orlandini begab. Diese litt entsetzlich am Aussatze, so daß ihr ganzer Körper über und über weiß war. Sie hob ihr den Schleier zurück und beleckte das Gesicht der Kranken mit der Zunge und zwar — wie die Bollandisten sagen — mit solcher Liebe, daß es Gott gefiel, die Gesundheit der erkrankten Nonne zurückzugeben, welche heute noch lebt und redendes Zeugnis ablegt von dem großen Wunder.**)

Ein Mönch von dem Kloster des hl. Cajetan aus Thiene stürzte so unglücklich, daß er ein Bein brach. Nachdem der Arzt vergebens zu verschiedenen Heilmitteln seine Zuflucht genommen hatte, entschied er sich endlich zur Amputation. Wenige Stunden, bevor die Operation gemacht werden sollte, legte sich Cajetan zu dem Mönch ins Bett, tröstete ihn und ermahnte ihn, zu beten. Er ließ ihm die Binden vom Beine nehmen, worauf er einen Kuß auf die betr. Stelle drückte und dann das Zeichen des Kreuzes darüber machte. Nachdem das Bein nun von neuem gebunden worden war, entfernte er sich. Am anderen Morgen fand der Arzt das Bein wieder vollständig gesund.***)

. § 5. — In den früheren Jahrhunderten wußte man überdies auch sehr wohl, daß es durchaus nicht stets des Heiligenscheines dazu bedurfte, jedwede Krankheit auf eine anormale Weise zu heilen.

Der hl. Augustin†) erkennt an, daß es Menschen gebe, die bloß durch den Blick, durch Berührung oder Anhauchen

---

*) Bolland, Acta Sancta, 26 Mai.

**) Ebendaselbst, 15. Mai, Hauptstück IX.

***) Ebendaselbst, septima Augusti, § XVI.

†) De civit. Dei, XXIV.

die verschiedensten Leiden heben könnten. Dabei bemerkt er daß „eben ihre Natur anders sei, als die der anderen Menschen."

Wohl jedermann hat von der eigentümlichen Fähigkeit der Könige von Frankreich reden hören, welche Stropheln heilen konnten. Thomas von Aquino läßt diesen Vorzug von Chlodwig abstammen, und Delancre*) berichtet uns, in welcher Weise jener Herrscher diese Gabe erkannt hatte, die ihm vom Himmel gegeben worden war. Doch geht daraus nicht hervor, ob nicht schon die Merovinger und Karolinger diese Macht besessen haben.**)

Der erste Herrscher, welcher sich der Gabe des Heilens erfreute, dürfte, wie die Geschichte lehrt, Philipp I gewesen sein, der nach Aussage seines Zeitgenossen Ghilbert de Nogent jener hohen Gabe verlustig ging, als ihn der Papst exkommunizierte. Aber Ghilbert teilt uns ferner mit, daß er mit eigenen Augen gesehen habe, wie König Ludwig VI in einem Augenblicke zahlreiche Strophelkranke geheilt hätte. Wilhelm von Nangis berichtet, daß auch St. Ludwig Heilungen vollbracht hätte, daß er sich indes nicht darauf beschränkt habe, sie nur zu berühren: er habe auch über die erkrankte Stelle das Zeichen des Kreuzes gemacht.

Philipp von Valois heilte allein 1400 Kranke. Karl VIII spendete seine Heilkraft nicht nur in Frankreich, sondern auch auf seinem Feldzug nach Italien. Als Franz I in Spanien gefangen gehalten wurde, vollzog er gleichfalls staunenerregende Kuren in Madrid. Karl IX heilte manchen Strophelkranken in Bordeaux. Auch Heinrich III war mit dieser Gabe gesegnet; Heinrich IV war sogar so eifersüchtig auf seine Heilkraft, daß er sich ärgerte, sobald jemand behauptete, es im Heilen ihm gleich thun zu können. Noch im Jahre 1776 befreite Ludwig XVI 2400 Personen durch Berührung von

---

*) Traité de l'attouchement, S 159.
**) Rouxel, Histoire et philosophie du magnétisme, IV leçon, § 1.

Stropheln. Ménin*) weiß zu berichten, daß die Könige von Frankreich am dritten Tage nach ihrer Krönung sich nach Rheims zu begeben pflegten, um zu Corbigny die Kirche des hl. Marcoul zu besuchen und die sich stets in großer Menge herandrängenden Strophelkranken durch Berührung von ihren lästigen Leiden zu befreien. „Diese wunderbare Kraft," fügt Ménin hinzu, „durch bloßes Anrühren jene mit menschlichen Mitteln wohl vollends unheilbare Krankheit heilen zu können, die den französischen Königen eigen ist, kann nur als ein Geschenk des Himmels angesehen, und nicht anders begründet werden, als durch den Willen des Allmächtigen." Aus der Beschreibung, welche uns Ménin von den Ceremonien macht, welche bei solcher Gelegenheit von Ludwig XV ausgeführt wurden, geht hervor, daß der König bei seiner Berührung noch von zwei anderen Personen unterstützt wurde, welche die Kranken bei den Händen hielten und andere Obliegenheiten versahen.

Die Könige von England hatten dieselbe Fähigkeit, wie die französischen Herrscher; auch sie heilten Strophelkranke. Als erster erfreute sich dieser Gabe wohl Eduard der Bekenner, welcher von 1041—1066 regierte.

„Ihr, die ihr die Wunder leugnet," sagte Brandwardin, „kommt doch nach England und bringt auch die eingewurzeltsten „Strophelfälle vor, der König wird sie durch das Zeichen „des Kreuzes und durch die einfache Berührung mit seinem „Finger in einem Augenblicke heilen. Diese Wunder sind für „ihn eine Kleinigkeit, er wiederholt sie überall, wo er auch „sein mag: in England wie in Frankreich, zu Wasser wie „zu Lande."

Die Könige von Spanien trieben ihrerseits die Dämonen aus und heilten die Besessenen. Die Könige von Ungarn

---

*) Traité historique du sacre des rois de France. S. 307.

beseitigten die Gelbsucht und die Herzöge von Burgund die
Pest.*)

Thouland, welcher diesem Gegenstand eine besondere Arbeit
widmete,**) wollte jene Heilungen der Herrscher einer lebhaften Erregung und der Einbildungskraft zuschreiben. Man
wird allenfalls eine solche Hypothese annehmen können, wenn
wir einmal Personen sehen werden, welche durch die hypnotische
Suggestion von der Strophulose geheilt wurden.

Man vergleiche die betreffenden Heilungen mit denjenigen
Vespasians und Hadrians.***)

Berühmt wegen seiner wunderbaren Kuren war der
irländische Edelmann Valentin Greatrakes. Im Laufe
des Jahres 1662 hatte er im Traume die Offenbarung,
Stropheln heilen zu können; als er einige Strophelkranke
berührte, gesundeten diese. Da brach plötzlich eine Epidemie
in Irland aus; Greatrakes träumte, daß er auch jene zu beseitigen imstande sei. Und in der That gelang es. Ferner
erhielt er weitere Offenbarungen, wonach er auch Wunden,
Geschwüre, Wassersucht, Konvulsionen u. s. w. heilen konnte.

Glanvil hat die gewichtigsten diesbezüglichen Zeugnisse
uns berichtet und der Nachwelt aufbewahrt. Hieraus ergiebt
sich, daß der „irländische Prophet", wie man ihn nannte,
genau in der Weise unserer heutigen spiritistischen Heilmedien
verfuhr. „Durch Auflegen seiner Hand," sagt Georg Rust,
Bischof von Dromar in Irland, „ließ Greatrakes den Schmerz
entweichen und zwar trieb er ihn in die äußersten Spitzen
der Glieder. Die Wirkung war bisweilen eine ungeheuer
rasche ... Ich kann behaupten, daß er Schwindel, sehr
schwere Augen= und Ohrenleiden, Epilepsie, eingewurzelte Geschwüre, Stropheln, wie verhärtete krebsartige Geschwüre heilte.

---

*) Rouzel, angeführt. Werk, loc. cit.
**) Die Heilung der Stropheln durch Königshand. Dresden 1833.
***) s. Buch III, 3. Hauptstück, § 8 vorl. W. (Bd. I.)

Ich war selbst Augenzeuge davon, wie er in einem Zeitraum von fünf Tagen Geschwülste zur Reife brachte, die bereits mehrere Jahre vorhanden waren. Diese Heilungen jedoch brachten mich durchaus nicht zu dem Glauben, daß es sich hierbei um etwas übernatürliches handle. Er selbst dachte nicht einmal daran, und gerade seine Heilmethode beweist, daß wir es dabei weder mit einem Wunder noch mit göttlichem Einfluß zu thun haben. Wie es scheint, entströmte seinem Körper ein balsamisches und heilbringendes Fluidum . . Greatrakes behauptet, daß die Fähigkeit, welche er besitze, ein Geschenk Gottes sei."

George Fox, der Begründer der Quäkergemeinde, be= kehrte vielleicht weniger die Leute zu seiner Lehre durch seine Predigten, als durch seine wunderbaren Heilungen, so daß man ihn zu seiner Zeit für einen großen Wunder= thäter hielt. So oft ein Kranker von den Ärzten aufgegeben war, nahm er seine Zuflucht zu Fox, und dieser machte ihn alsdann binnen kurzer Zeit gesund, indem er nur einige mystische Worte sprach und die Hände gen Himmel emporhob.

Wäre Fox der Begründer eines religiösen Ordens der katholischen Kirche anstatt des Quäkertums geworden, die katholische Kirche würde ihn in Anbetracht seiner Wunder und seiner therapeutischen Phänomene heilig gesprochen haben.

Statt dessen sieht man sich gezwungen, das Wunder satanischen Einflüssen zuzuschreiben, wie St. Gregorius von Tours*) von seinen Zeiten ab die Wunder dem Teufel in die Schuhe schob, welche ein gewisser Desiderius, allerdings ein Heide, vollführte, der Personen, die der Schlag gerührt hatte oder die gelähmt waren, heilte, ein karges Leben führte und von seinen Kranken außer zu Almosenzwecken keine Gelder annahm. St. Gregorius, welcher uns dieses berichtet, fügt noch hinzu, daß der Bischof von Puy Aurelius meuchel=

---

*) Hist. Franc. IX, § 7.

mörderisch den Ärmsten beiseite schaffen ließ. Denn auch vor der Inquisition verstand die Kirche es schon, sich der Konkurrenz zu entledigen.

§ 6. — In diesen Ideengang gehören die Heilungen, welche man gewissen Reliquien zuschreibt. Wir führen hier jene an, welche man durch Berührung mit dem heiligen Dorn erzielte und worin die Jansenisten den unverbrüchlichen Beweis erblickten, daß Gott ihre Lehre billigte.*)

Marsilius Ficinus spricht von verschiedenen Kranken, welche geheilt wurden, indem sie die Knochen von Tieren, die sie indes als Reliquien hielten, anfaßten. Peter Pomponazzi**) weiß von ähnlichen Fällen zu berichten.

Raoul de Glaber erzählt in seiner Chronik: Als eine gewisse Persönlichkeit in verschiedenen Orten Galliens mit falschen Reliquien umhergereist war, begab sie sich in die den Alpen nächst gelegenen Pfarrgemeinden, wo sie sich den Namen Stephanus beilegte. Auch grub dieser Mann die Gebeine irgend eines Unbekannten aus und behauptete, daß man es hier mit Reliquien des hl. Justus zu thun habe. Das Volk strömte den in großen Mengen herbei. Von allen Seiten wurden ihm Kranke zugeführt, und — sonderbarer Weise — wurden jene geradeso geheilt, als ob die Reliquien echt gewesen wären. In kurzer Zeit wurde dann auch das Reliquienkästchen mit allerlei ex-voto umgeben, welche die Gestalten der geheilten Glieder darstellten.“

D'Henin de Cuvilliers, der dieser Thatsache in seinen Recherches historiques sur le magnétisme animal chez les anciens Erwähnung thut, fügt noch folgende Betrachtung hinzu:

„Wir würde es denn Gott jemals eingefallen haben, gegen seine eigene Kirche anzugehen, indem er falschen Reliquien

---

*) Lélut, L'Amulette de Pascal, XXII.
**) De Incantationibus, S. 56, 57.

die Gabe der Heilung zuweist? Oder wie sollte der Teufel
daran Gefallen gefunden haben, Wunder zu wirken, wovon
nur der Religion und den Heiligen die ganze Ehre zukam
und die leidende Menschheit nur Nutzen zog? Gott würde
niemals einen Betrug erlaubt haben, der den Ungläubigen
zum Gaudium gereicht, den frommen Seelen aber nur Thränen
gekostet hätte."

Allein das, was erforderlich sei, weiß Gott besser, als es
Herr de Cuvilliers weiß. Was den Teufel anbetrifft, so kann
er ihm ja einen Verweis geben, da die Christen sich ihn doch
verschmitzt genug vorstellten, daß er Ereignisse herbeizuführen
vermöchte, welche der von ihm befehdeten Religion zur Schande
gereichten.

Indes werde ich mich hier, wie schon bereits gesagt, nicht
darauf einlassen, die Ursache der therapeutischen Erscheinungen
zu behandeln welche uns eine so große Verwunderung abnötigen, daß sie uns als wahre Wunder erscheinen. Daher
werde ich mich bloß betreffs jener Krankheiten in Erörterung
einlassen, welche die heutige medizinische Wissenschaft durch
den Magnetismus oder die Autosuggestion der Kranken für
unheilbar erklärt, da ja bei den anderen Krankheiten man in
unserer Zeit so viele wunderbare Kuren sieht, wie die, welche
durch Wasser von Lourdes bewirkt werden — das jedoch kurz
vorher aus einem Brunnen in Burgund oder der Normandie
geschöpft wurde.

§ 7. — Irenaeus*), welcher im zweiten Jahrhundert der
christlichen Kirche lebte, sagt, daß selbst die Auferweckungen
der Toten zu damaliger Zeit durchaus nicht mehr als ein
sonderbares Ereignis angesehen worden wären. In der That
sind solche auch zahlreich in den Lebensbeschreibungen der
Heiligen zu jenen — was das Christentum wenigstens anbetrifft — sehr legendenhaften Zeiten zu finden.

---

*) Adversus Haereses, Buch II, 56.

Kommen wir nun zu dem fünften Jahrhundert der Kirche, so sehen wir, daß der hl. Ambrosius den Knaben Pansophius auferweckt, ihn aufnimmt und ein kleines Werk für dieses sein Pflegekind schreibt. St. Zenobius, dem Bischof von Florenz, schreibt St. Paulinus, ein Zeitgenosse von ihm, fünf Auferweckungen zu, deren Einzelheiten er ausführlich behandelt.*) St. Martin giebt drei Personen das Leben wieder, indem er sich über sie wirft, wie es Elias gemacht hatte. Von vier glaubwürdigen und gewichtigen Schriftstellern der damaligen Zeit wird dies bestätigt, nämlich von St. Fortunatus, St. Sulpizius Severus, St. Paulinus und St. Gregorius von Tours.

Der Kirchenvater Augustin führt als unanfechtbare Thatsachen fünf und noch mehr Totenauferweckungen an, die den Reliquien des ersten Märtyrers Stephan verdankt wurden **)

Claudius, Bischof von Besançon, brachte mehrere Verstorbene wieder ins Leben. Man vermag aus der urkundlich bestätigten Lebensbeschreibung, welche die Magistratsperson Chiffet im Jahre 1660 von ihm verfaßte, zu ersehen, daß sich häufig auch noch andere Auferweckungen auf dem Grabe dieses Heiligen an seinem Festtage zutrugen.

Im elften Jahrhundert sehen wir dann noch, wie der hl. Stanislaus von Polen den Peter Miles von Piotrawin aus dem Grabe, worin dieser drei lange Jahre hindurch geschlafen hatte, auferstehen läßt, damit er vor Gericht nunmehr noch als Zeuge erscheinen könnte.***) Im Jahre 1253 haben wir dann den Fall, daß der hl. Innozenz einen erst kürzlich verstorbenen jungen Mann auferweckt — jenes berühmte Ereignis, welches Giotto in Assisi malerisch verherrlicht hat.

---

*) Man vergl. auch Baronius, Annal., anno Chr. 392; Ughello, Italia Sacra, Bd. III.

**) De civit. Dei, Buch XXII, Kap. 8 und Serm. de divers, XXXI u. XXXII.

***) Bolland., Acta Sancta, 7. Mai.

Eine merkwürdige Legende ist auch die des Irländers St. Senan.*) Er rief zwei Kinder wieder ins Leben zurück, die zufällig ertrunken waren. Jene jedoch, schmerzlich berührt, daß man sie aus ihrem neuen Vaterlande vertrieben, da jenes doch unendlich schöner und friedlicher sei als das irdische Leben, baten inständig, dorthin zurückkehren zu dürfen. Der hl. St. Senan erfüllt endlich ihre inständigen Bitten und giebt ihnen die letzte Ölung, worauf er sie zu Gott emporsteigen sieht!

§ 8. — Natürlich läßt sich die Vermutung äußern, daß wir es bei diesen Erzählungen von Auferweckungen häufig mit Fällen von Scheintod zu thun haben, wobei die Kranken dann wieder zu sich gekommen seien. Du Prel**) bemerkt hinsichtlich dieses Punktes, daß oft die Somnambulen, sobald sie ihren Namen aussprechen hören, erwachen; während das betäubendste Gepolter vorher nicht im geringsten sie aufzurütteln vermochte.

Doch ist es rein unmöglich, auf diese Weise alle die zahlreichen Auferweckungen zu erklären, welche uns die Lebensbeschreibungen der Heiligen bieten.

Gewißlich wird man nicht behaupten wollen, daß St. Hermogenes bloß im Scheintod gelegen habe, da er auf Maximus Befehl in Stücke gehauen und in einen Fluß geworfen wurde. Surius berichtet uns nun, daß er von den Engeln aus dem Wasser gezogen worden sei, die dann auch die einzelnen Fleischstückchen gesammelt und aneinander gereiht hätten, so daß er wieder ins Leben getreten sei.

Auch waren sicherlich jene zwei Schulkinder tot, die einer adligen Familie von Mira angehörten, und welche ein schändlicher, habgieriger Wirt erdrosselte und in Salz legte, um dann deren Fleisch feilzubieten. St. Nikolaus verstand es

---

*) Acta Sancta, 1. März.
**) Die Entdeckung der Seele, I, Kap. 4. Der Nachtwandler.

aber, ſie ebenſo wieder ins Leben zurückzurufen, wie er auch
ſpäter drei Kinder lebendig machte, die ein Schlächter in
Stücke zerſchnitten hatte und als Tierfleiſch auf der Land-
ſtraße von Nicana zum Kaufe ausbot. Es ſind dieſes Vorkommniſſe, welche St. Bonaventura der Nachwelt übermacht
hat und die den hl. Nikolaus als den Schutzpatron der
Kinder erſcheinen laſſen.

　In der Historia Monarchiae Lusitaniae*) von Britto
findet ſich die Erzählung von einer Maſſenauferſtehung einer
ganzen Menge von Enthaupteten. Im neunten Jahrhundert
kamen die Verteidiger einer Feſtung in der Nähe von Coïmbra
in Portugal überein, da ſie nicht länger mehr den Platz vor
der Übermacht der belagernden Sarazenen zu ſchützen vermochten, ihren Frauen und Kindern den Kopf abzuſchlagen,
damit jene nicht in die Hände der Ungläubigen fielen, und ſich
dann mutig dem Feinde entgegen zu werfen, um den Tod
in dem Kampf zu ſuchen. Doch gegen alle ihre Erwartung
ſollte ſtatt deſſen ſehr leicht ihnen der Sieg zuteil werden.
Als die Kriegerſchaar nun traurig wieder der Feſte zuſchritt,
da kamen ihnen ihre Frauen und Kinder entgegen, welche die
unerſchrockenen Kriegsleute vorher dem Tode geweiht hatten.
Ein Stein, welcher in dem Kloſter von Ceica geſetzt iſt,
und das Teſtament des Königs Ramiro dürften als Be-
ſtätigung des erſtaunlichen Wunders dienen, vor deſſen Un-
geheuerlichkeit indes ſelbſt der Glauben der Bollandiſten
ins Schwanken geriet.**)

　St. Patricius erweckt den Cyklopen Glas, welcher eine
Größe von 10 Metern aufwies und vor einem ganzen

---

*) Band VI, Kap. XXVII.

**) Die Bollandiſten (Acta sancta, 22. Juli) ſetzen dieſes Wunder
in Zweifel, da ſie einen Irrtum hinſichtlich des Datums in der Urkunde
des Königs Ramiro bemerkt haben wollten. Allerdings beweiſt De Mirville (Du Miracle, Appendices et Supplément du 1<u>r</u> vol. du 3<u>me</u> Mémoire),
daß der Irrtum indes in Wirklichkeit nicht vorhanden iſt.

Jahrhundert gestorben war, tauft ihn und legt ihn wieder ins Grab, woselbst der Riese dann seinen Todesschlaf wieder antritt. Ein anderes Mal bringt der nämliche Apostel Irlands zu gleicher Zeit neunzehn Leichname ins Leben zurück, von denen der eine aus ritterlichem Geschlechte war, namens Fora, und dessen Gebeine bereits seit zehn Jahren in der Familiengruft ruhten. Alle diese Toten haben dann nach ihrer Auferweckung von den Strafen berichtet, welche sie in der anderen Welt zu erleiden hatten u. s. w.

§ 9. — In der Lebensbeschreibung eben jenes Patrizius findet man auch einen Fall, welcher sehr der Beachtung wert ist. Ein Götzendiener, mit Namen Fohlgi der Rote, ermordete den Kutscher des Heiligen: Dieser verfluchte nun den Schuldigen, so daß derselbe kurz darauf starb. Allein ein Dämon, welcher sich in dem Leichnam inkarnierte, verbreitete den Glauben an die Auferstehung desselben. Patrizius aber befahl bald darnach dem Teufel an, auszufahren, wobei er den vermeintlichen Auferstandenen anblies — und der Leichnam fiel plötzlich zu Boden.

Eine andere, ganz ähnliche Geschichte berichtet uns auch Cäsarius von Heisterbach im 5. Jahrhundert. Der Teufel war in den Körper eines verstorbenen Geistlichen gefahren und belebte ihn wieder vollständig. Der große Gleisner sang nun das „Herr Gott dich loben wir" mit solch verstellter Reue, daß alle davon betroffen wurden und in Entzücken gerieten. Allein eines Tages hörte irgend ein Heiliger, ich weiß nicht mehr gerade welcher, der Messe zu und rief dabei aus: „Das ist ja nicht die Stimme eines Menschen, sondern das ist die Stimme des niederträchtigen Versuchers." Er nahm nun seine Teufelsbeschwörungen vor und zwang dabei den Dämon jenen Körper zu verlassen, der sodann leblos zu Boden stürzte.

Der Glaube, daß der Teufel sich in der Leiche eines Verstorbenen inkarnieren könnte, war so allgemein im Mittelalter verbreitet, daß es bisweilen vorkam, daß, wenn jemand, den man für tot glaubte, wieder ein Lebenszeichen von sich gab, dieser von heiligen Männern vollends getötet wurde, die sich nicht durch jenen Teufelsstreich beirren lassen wollten!*)

§ 10. — Wer den betr. Gegenstand einem Studium unterziehet, wird mit leichter Mühe bemerken, daß — mit nur sehr wenigen Ausnahmen — die Wunder der Auf= erstehungen sich auf historische Dokumente von immerhin ge= wissem Werte gründen und daß sie sich auf erst kürzlich verstorbene Personen beziehen, welche sich vielleicht noch in lethargischem Zustande befanden. Dagegen erscheinen die Wunder des hl. Nikolaus, des hl. Patrizius u. s. w., da sie auf keiner historischen Basis beruhen, ebenso gut als Kinder= legenden. Man darf auch nicht außer Acht lassen, daß selbst von der so berühmten Auferweckung des Lazarus drei Evan= gelisten schweigen und nur der vierte berichtet, obgleich sie als das größte Wunder erscheint, das Christus vollbracht hat.

§ 11. — Gerade wie es heutigen Tages vorkommt, daß sehr oft von unerfahrenen Leuten auf jenem Gebiete solche Erscheinungen für spiritistische Phänomene angesehen werden die in Wirklichkeit nichts anderes als einfache psychische, hyp= notische oder hysterische 2c. Erscheinungen sind, so mußten solche zur damaligen Zeit ebenfalls häufig als Wunder an= gestaunt werden. Auf diese Weise hielt man auch für Wunder alle jene Ekstasen, die man heute noch zu beobachten und in allen Kliniken der alten und neuen Welt zu studieren Ge= legenheit hat.

Wohl jeder Alienist — das ist meine feste Überzeugung — vermag ebenso gut die religiöse Ekstase zu beschreiben, wie die hl. Theresa, welche sich darüber mit einer großen Sachkenntnis äußert:

„Infolge langen Nachdenkens, wie die Seele vom Körper zu trennen sei, um sie zu der Gottheit zu erheben, nehmen

---

*) A. Graf, Der Teufel, Kap. 3.

die intellektuellen Fähigkeiten eine ungeheuere Entwickelung
an, und man gelangt zu jenem Zustande einer himmlischen
Ruhe, einem Entzücken, welches jenen unbekannt ist, die nur
ein gewöhnliches Leben führen. Während der Ekstase zeigt
sich eine Art Erhebung der seelischen Kräfte, des Gehörs, des
Gedächtnisses und des Willens, was jenem Wonnegefühl
gleichkommt, das Sterbende empfinden, wenn sie ihre Seele
in Gottes Hände übergeben. Die Person, welche sich in
Ekstase befindet, weiß sehr wohl, was sie thut, ob sie
spricht oder in Schweigen beharrt, sich dem Lachen oder
dem Weinen hingiebt . . .

„Wenig fehlt dann, daß man sich ganz fühlt, als ob
man vor reiner Glückseligkeit ohnmächtig werde; man fühlt
sich so schwach, daß man kaum zu atmen vermag. Sämtliche
Körperkräfte sind so ermattet, daß es einem schier große An=
strengung zu kosten scheint, auch bloß die Hände zu bewegen.
Die Augenlider schließen sich von selbst, wenn aber auch die
Augen offen bleiben, so nimmt man doch nichts wahr. Auch
vernimmt man nichts mehr mit den Ohren; kurz die ganzen
äußeren Kräfte haben einen verlassen und jene der Seele
nehmen zu, um besser die Seligkeit besitzen zu können, deren
sie genießen.“

Wenn die Ekstase einen anomalen Zustand unserer
psychischen Fähigkeiten bedeutet, ist sie übrigens an sich selbst
nichts übernatürliches. Sie ist dann eine Art hypnotischer
Schlaf oder beruht wohl auf hysterischer Epilepsie. Allein es
wird dienlich sein, einem Studium zu unterziehen, ob sie nicht
von einem oder mehreren solcher Umstände begleitet sein kann,
die für übernatürlich gehalten werden. So trägt man, wenn
man hervorragende Erscheinungen erzielen will, Sorge in
spiritistischen Sitzungen, das Medium zu hypnotisieren, welches
oft auch von selbst unwillkürlich in einen mehr oder weniger
tiefen Trancezustand, d. h. in Ekstase verfällt. Allein
dieser Schlaf ist an und für sich durchaus nicht über=

natürlich; die Phänomene, die als übernatürlich erscheinen, können dabei auftreten, wie sie auch fehlen können. Ebenso ist es bei den Ekstasen der Heiligen der Fall.

§ 12. — Es erübrigt noch zu bemerken, daß man bei den Gesichten, welche die Heiligen in ihren Verzückungen hatten und die sie nachher - gemeiniglich im guten Glauben — erzählen, als gehörten sie der Wirklichkeit an, vorsichtig zu Werke gehen muß. Welcher Beweis läßt sich denn dafür erbringen, daß Antonius von Padua wirklich während einer Ekstase auf den Händen das Jesuskind gehabt habe?! Sollte dieser nicht viel eher das Opfer einer Halluzination geworden sein, welche doch wahrlich bei einem so asketischen Geiste nicht schwer zu erklären sein dürfte? Oder wie will man beweisen, daß St. Franziskus von Assisi, St. Cajetan von Thiene, die hl. Theresa, die hl. Maria und noch andere unter denselben Bedingungen den göttlichen Heiland gesehen, gehört und berührt haben? Bildete sich die hl. Katharina von Siena nicht ein, wirklich mit dem Erlöser Jesus Christus in Gegenwart der Engel und der Heiligen die Ehe eingegangen und von seiner Hand den Trauring empfangen zu haben?! Die hl. Christine, Äbtissin von St. Benedikt, war überzeugt, in einer ihrer Ekstasen, die an phantastischen Gesichten reich war, mit ihrem himmlischen Ehegemahl — was Gott der Armsten verzeihen möge — fleischlich vereint gewesen zu sein.*)

§ 13. — Dasselbe ließe sich auch von den Offenbarungen sagen, die viele Heiligen im ekstatischen Zustande, wie außer diesem empfingen. Ich werde mich hier nicht auf eine Wiederholung dessen einlassen, was ich bereits in dieser Hinsicht von dem Wortschwall der hebräischen Propheten geschrieben habe — daß nämlich die Identität der in den verschiedenen Jahrhunderten auftretenden Schreibmediumschaft sehr leicht zu erkennen ist. Die hl. Therese war eine

---

*) A. Dumonstrier, Sacrum Gynaeceum, 4. Dezember, S. 484.

von den besten inspirierten Schreiberinnen. Sie selbst sagt
uns, daß ihr bisweilen der Geist mit solcher Fülle diktiere,
daß vollständig ihre Hand ermüde. „Meine Beichtväter
waren," fügte sie bescheiden hinzu, „darüber sehr verwundert,
und ich noch mehr, da ich meine Dummheit nur zu gut
kannte." Berühmt sind auch die Heiligen Maria von Agreda,
die Verfasserin des höchst merkwürdigen Buches: „Die
mystische Stadt Gottes", und Brigida, deren „Acht
Bücher Offenbarungen" sich noch in den Händen der
Frommen finden; allein während der hl. Geist dieser beiden
Heiligen das Geheimnis der unbefleckten Empfängnis der
Jungfrau Maria lehrt, zum großen Jubel der Skotisten, ent-
hüllte dieselbe Person der heiligen Dreieinigkeit der heiligen
Katharina, daß die Madonna in Sünde empfangen habe,
wie es die Thomisten behaupten, so daß „die mystische
Stadt" damals von ‚der Versammlung der Riten‘ auf den
Index gesetzt wurde. Ebenso enthüllten die heutigen Geister
Allan Kardec die Theorie von der Reïnkarnation und Andrew
Jackson Davis das Gegenteil.

Übrigens tritt uns bei den Offenbarungen der christlichen
Heiligen dieselbe Unklarheit, dieselbe Faselei und Weitschweifig-
keit entgegen, wie wir sie schon bei den hebräischen Propheten
und den spiritistischen Schreibmedien angetroffen haben, derselbe
Mißbrauch von Allegorien, dasselbe Vergnügen, „den Hund
durch die Luft zu ziehen," um den bestimmten und konkreten
Erklärungen aus dem Wege zu gehen.

Ein ganzes Kapitel der Lebensbeschreibung, welche der
Pater Schmöger von der hl. Anna Emmerich schrieb, berichtet uns über ihre Reisen im Gesichte nach einer
jüdischen Stadt Abyssiniens und nach dem sogenannten Prophetenberge in Tibet. Allein Emmerich unternahm auch Reisen von bedeutend längerer Dauer.
Mehrmals besuchte sie so den Mond. Wir lassen hier nun

eine Beschreibung desselben folgen, welche wir ihrer Güte
verdanken:

„... Der Mond ist vielmehr kalt und felsig, sowie über und
über bedeckt von tiefen Schluchten und Höhlen. Er übt einen
anziehenden und niederschlagenden Einfluß auf die Erde aus.
Es giebt ferner auf dem Monde Gewässer (?), die eine bedeutende Ebbe und Flut durchmachen. Bisweilen ziehen sie
eine bedeutende Menge Dampf von der Erde an (!), und dann
kommt es vor, als ob schwere Wolken in den Höhlen jener
Berge sich verbergen und dort aufgesaugt würden; es hat den
Anschein, als ob das ganze zerfließe, indem es hinunterfällt und
alsdann drückt der Mond mit solchem Gewicht auf die Erde,
daß die Menschen davon melancholisch werden. Ich sehe da
oben viele Gestalten, die den menschlichen Geschöpfen ähnlich
sehen, die vor dem Lichte fliehen und sich in dem Schatten
verbergen. Dabei verbergen sie sich, als ob sie sich schämten,
und haben ganz das Aussehen, wie wenn sie ein böses Gewissen hätten . . . . Einen Gottesdienst sehe ich auf dem
Monde nicht . . .“

Und so geht es weiter. Und wer auch immer sich mit
jenen Wolken geschriebener Offenbarungen vertraut
gemacht hat, welche den größten Teil der Spiritisten mit
Bewunderung entzücken und andere wegen ihrer spiritistischen
Sache erröten lassen, dem kann es nur Erstaunen abnötigen
wegen der außerordentlichen Ähnlichkeit aller dieser alten wie
neueren Albernheiten.

Allein Leo Augustus in der Lebensbeschreibung
von St. Johannes Chrysostomus, Johannes Damascenus*) und andere Kirchenschriftsteller haben uns einen Fall
von Schreibmediumschaft bewahrt, der man das Attribut
un peu banal beilegen könnte, wie die Franzosen sagen.
Eines Nachts sah Proklus, ehe er in das Zimmer eintrat,

---

*) De imaginibus, orat. I.

wo der hl. Johannes Chrysostomus am Arbeiten saß, durch das Schlüsselloch und erblickte dort zu seiner großen Verwunderung eine menschliche Gestalt von ehrwürdigem Ansehen, welche dem Heiligen diktierte, während dieser schrieb. Er zog sich darauf zurück und kehrte den Abend darauf wieder, wobei er das nämliche Schauspiel wiedersah. Auch ließ er andere hineinsehen; aber diese sahen jedoch nur Chrysostomus allein. Er begriff dann, daß es sich um ein Wunder handelte, weshalb er ehrerbietigst den Heiligen fragte. Dieser bekannte ihm auch, daß jede Nacht der Heidenapostel zu ihm käme, um ihm die Kommentare zu den Episteln St. Pauli zu diktieren. Proklus war eine sehr ansehnliche Person, da er ja Chrysostomus auf den bischöflichen Stuhl von Konstantinopel nachfolgte.

St. Gregorius der Große wurde ebenfalls von St. Petrus dem Diakon überrascht, als er nach dem Diktate einer Taube — dem heiligen Geiste! — schrieb, die auf seiner Schulter saß und beständig ihren Schnabel zu seinen Ohren hinneigte.*) Dasselbe haben wir auch von St. Basilius dem Großen berichtet; Gregor von Nazianz führt in der Lebensbeschreibung, die er von ihm verfaßte, ein diesbezügliches Augenzeugnis des St. Ephremus an.

§ 14. — Als St. Franziskus von Assisi die Generalswürde seines Mönchsordens in die Hände Peters von Catanien niedergelegt hatte, zog er sich für ein Cenobitenleben in einer Wüste von den toskanischen Apenninen zurück. Da glaubte er eines Tages die Stimme des Höchsten zu hören, welche ihm anbefahl, das Evangelium aufzuschlagen, damit seine Augen darin lesen sollten, was er dem Herrn wohlgefälligeres zu vollbringen hätte. Dreimal öffnete der Heilige das Evangelium, und dreimal fiel sein Blick auf die Stelle, wo das Leiden Christi erzählet wird. Von jenem Tage ab war der

*) Bolland., Acta Sancta, 12 März.

Engelhafte ganz in Betrachtung der entsetzlichen Marter auf-
gegangen, welche der Heiland in den letzten Tagen des Lebens
erlitten hatte.

Und als der Tag der Kreuzerhöhung (der 14. September)
herbeigekommen war, sah der Einsiedler plötzlich, als er in
seinen ekstatischen Betrachtungen vertieft war, einen leuchtenden
Engel, der zu ihm vom Himmel herabstieg, einen gekreuzigten
Mann unterstützend. Als das Gesicht verschwand, spürte
St. Franziskus an den Händen und Füßen einen heftigen
Schmerz, worauf an dieser Stelle Anschwellungen in der Art
von offenen blutenden Wunden auftraten, in deren Mitte man
feste Nägel sah, welche, so hart wie von Eisen, durch Aus-
wüchse des Zellengewebes gebildet wurden, und auch ganz die
Farbe der Nägel annahmen. Auf der einen Seite erschienen
sie spitz, auf der anderen hatten sie den Kopf derart vernietet,
daß man zwischen ihm und der Hand einen Finger hineinstecken konnte. Sie waren in jeder Hinsicht beweglich; wenn
man auf das eine ihrer Enden drückte, so sah man das
andere sich erheben. Nichts destoweniger konnten sie nach
seinem Tode auch nicht mit Gewalt herausgezogen werden;
vergebens versuchte die hl. Clara dies zu erreichen. An der
Seite hatte der Heilige auch noch ein anderes Stigma; es
war dies das Stigma des Lanzenstiches des Longinus. Dasselbe war drei Finger lang, ziemlich breit und tief. Mehrmals wurde durch das herausfließende Blut das Gewand des
Heiligen besprengt. Auch hat nie ein Arzt an diesen Wundmalen, welche der Knecht Gottes mit ins Grab hinein nahm,
seine Kunst versucht, und dennoch gingen dieselben nie in
Entzündung noch in Eiterung über.

Das Wunder lag klar auf der Hand und war unleugbar; es fand in der gesamten Christenheit wie wohl kein
zweites ein lautes Echo. Selbst Papst Alexander VI und
mehrere Kardinäle, welche Augenzeugen davon gewesen waren,
erklärten die Stigmata von St. Franziskus für ein wunder-

bares Geschenk der Gnade. Die Franziskaner jubelten be=
sonders hierüber und waren sogar stolz darauf.

Man beachte auch, daß der Heidenapostel Paulus in
seinem Briefe an die Galater, nachdem er den noch bestehenden
Gebrauch der Beschneidung bekämpft hat, die Worte aus=
spricht: „Hinfort mache mir niemand weiter Mühe; denn ich
trage die Malzeichen des Herrn Jesu an meinem Leibe" —
Worte, welche darauf hinzudeuten scheinen, daß der große
Apostel der nämlichen Gnade teilhaftig gewesen war, wie der
hl. Franziskus. Doch ist es bis heute noch nicht gelungen,
für diese Paulinische Stelle eine richtige Deutung zu finden.

§ 15. — In der That — vielleicht dem Geiste der
Nachahmung und der Nacheiferung zufolge — gab es von jener
Zeit ab noch andere Stigmatisierte, welche derart an Zahl
zunahmen, daß das Phänomen ganz allgemein, ja sogar so
gewöhnlich wurde, daß es Anstoß erregte. Als zweite in
dieser Art wurde die hl. Katharina von Siena gesegnet, welche
die Dominikaner dem Begründer der Franziskaner gegenüber
stellen wollten. Da sich jedoch bei ihr die Wunden nicht
sichtbar zeigten, so entstanden zwischen den Mitgliedern der
beiden wetteifernden Orden unliebsame Streitigkeiten, so daß
der Papst mit seiner Bulle eingreifen mußte.

Von den Mönchen, welche später stigmatisiert wurden,
sind Benedikt von Reggio, Philipp von Aqueria, Karl von
Sazia und Dolo, beide einfache Laienmönche, Matthias Careri,
Cherubin von Aviliana, Angelo von Paz, Mönch von Per=
pignan, Jacob Stephanus, Johannes Grajus, Carl Sagico,
Walter von Straßburg und Nikolaus von Ravenna zu erwähnen.
Die Wunden des letztern wurden erst nach seinem Tode entdeckt.

Allein es würde geradezu unmöglich sein, wollte man
alle die Frauen aufzählen, welche mit den Wundmalen Christi
ausgezeichnet wurden. Da haben wir in erster Linie die
hl. Lucia von Narni, die hl. Gertrud von Oosten, die hl.
Therese, Margarethe Colonna, Marie Alacoque, Clara von

Bugny, Agnes von Jesu, Louise Lateau, Maria Moerl und viele andere, welche wir zum Teil noch anführen werden. Einige lebten sogar in diesem Jahrhundert. So Rosa Cerra aus Oziri in Sardinien, eine fromme Kapuzinerin. Gegen das Jahr 1812 war jedermann imstande, die Stigmata bei Anna Katharine Emmerich zu studieren. Der berühmte Graf Stollberg und einige Ärzte gaben eine Beschreibung von ihren Wunden. Der Preuße von Hartwig*) besuchte um das Jahr 1840 Maria Moerl, deren Wundmale jeden Freitag bluteten, besonders aber in der Charwoche und am Tage des Festes zu Ehren der Wundmale des St. Franziskus. Und er äußert sich darüber: „Diese Wunden konnten von jedermann besichtigt werden, da man ja von weither Fremde zuließ, welche sie in Augenschein nehmen wollten." Er spricht auch von der Schmerzensjungfrau, Maria Domenica Lazzari, welche außer den Zeichen der Kreuzigung noch jene der Dornenkrone besaß. Mehrere Zeitgenossen von uns bestätigten auch das wirkliche Vorhandensein der Stigmata der Verzückten von Tscherms, Crescenzia Njeklutsch, deren Stigmatisierung sich im Jahre 1835 zutrug. Wir führen ferner noch an die Rosa Tamisier, die Frau Krudner, Frau Brohorn, Frau Miollis, die Seherin von Prevorst (Friederike Hauffe), welche sämtlich in unserem Jahrhundert lebten.

Außer Maria Lazzari trugen noch die Zeichen der Dornenkrone mehrere Seligen wie Orsola Aguir, Stephanie Quinzani, Johanna von Jesu-Maria von Burgos, Johanna-Maria vom Kreuz, die religiöse Clarisse von Roveredo, Maria Villani, Vincenza Ferrera u. s. w. Pico von Mirandola sah selbst die Spuren, welche die hl. Katharine von Raconisio auf dem Kopfe trug und gab davon eine Beschreibung. Es war eine Art Furche, welche um den ganzen Kopf herumging und hinreichend tief, so daß ein Kind seinen Finger bequem

---

*) Briefe aus Tyrol, Berlin 1846.

hineinstecken konnte. Die Ränder waren in einem Fallhut
von Fleisch erhoben, aus welchem Blut träufelte und der
Heiligen die heftigsten Schmerzen verursachte. Peter von
Dazien giebt uns von der Dornenkrone, welche die Stirn
der Katharina von Stumbelen bedrückte, eine ähnliche Be=
schreibung.*)

Die Heiligen Archangela Tardera, Lutgarda, Katharina
Ricci und Stephanie Quinzam empfanden auch die Schmerzen
der Geißelung Christi und trugen an ihrem Leibe die
Spuren.

§ 16. — Bereits erwähnte ich, daß jene Erscheinungen
von der katholischen Kirche als Wunder angesehen wurden.
Als aber die Zahl der Stigmatisierten in einer so ungeheueren
Zahl zuzunehmen begann, da fing man selbstverständlich an,
Mißtrauen zu hegen. Dazu kam noch jener Umstand von
besonderer Wichtigkeit, daß man jene Stigmata eben bei Per=
sonen antraf, die wohl in keiner Weise ein Muster der Tugend=
haftigkeit genannt werden konnten. In der Lebensbeschreibung
des Ignaz von Loyola **) wird eines Mädchens gedacht, welche
in Ekstase fiel und alsdann am Kopfe, den Händen und
Füßen die Stigmata Christi trug, dem sie in innigster Liebe
zugethan war. Leider konnte diese Unglückliche, wie dies meist
bei Hysterischen der Fall ist, nicht im geringsten Anspruch
auf allzugroße Tugendhaftigkeit machen und brach ihrem
himmlischen Gemahl mehrmals die Treue. Der Gegensatz
zwischen ihren kleinen Sünden und der Gnade Gottes, deren
sie sich zu erfreuen hatte, war so augenscheinlicher Natur,
daß der Begründer der Gesellschaft Jesu sich more solito
veranlaßt sah, ihre Stigmata dem Vater der Lüge zuzu=
schreiben. —

---

*) Bolland., Acta Sanct., 22. Juni, S. 436, 450.
**) Vita altera S. Ignatii Loyolae, ap. Bolland., Acta Sancta,
21. Juli, S. 167.

Pater Drebeqne,*) Trappist und Arzt, spricht von einer anderen Stigmatifierten (1840), deren unwürdiges schlechtes Betragen vermuten ließ, daß sie, um das Wunder zu erzielen, zu Betrug ihre Zuflucht nahm. Obwohl man nun ihre Hände in Tücher einschlug und dieselben versiegelte, um sie vollständig der Berührung unzugänglich zu machen, so kam trotzdem das Phänomen zustande. Maury berichtet diesen Fall **) und setzt dann hinzu: „Zu diesem vermeintlichen Wunder ließen sich noch gar seltsame Fälle hinzufügen, die nicht durch die anwesenden Personen erklärt werden konnten. Unter anderem kamen plötzlich unter den Händen der Gott= begnadeten, ohne daß sich feststellen ließ, wo sie dies alles herauszog, Stückchen Zucker, gekochter Honig und bergl. hervor, welche sie von der Jungfrau und dem Jesuskindlein, sowie von Johannes dem Täufer erhalten haben wollte. Obwohl ja zweifelsohne Betrug vorlag, [!? d. Überſ.] so gelang es trotz aller Bemühungen doch nicht zu erfahren, wie das Mädchen es anstellte, da man stets vergeblich ihr Bett, ihre Haube und ihre Kleider untersuchte.“

Diese letzte Periode ist in einen Rahmen zusammen= zufassen. Für uns, die wir die spiritistischen Apporte kennen, sind jene letztgenannten Erscheinungen, welche sich bei dem Mädchen einstellen, vielleicht noch glaubwürdiger als selbst die Stigmata.

Übrigens gab es auch selbst unter den Häretikern Stigma= sierte in übergroßer Zahl.

Von den Convulsionisten von Saint=Médard mochten immerhin zweihundert anzutreffen sein, welche die Schmerzen des Leidens Christi empfanden. Carré de Montgéron erzählt uns, daß die Stigmata sich unter den Augen des Publikums

---

*) Essai sur la Théologie morale dans ses rapports avec la physiologie et la médecine.

**) Histoire de la Magie, II. Teil, Kap. 3.

gebildet hätten. Während die Konvulsionisten die Stellung
einer gekreuzigten Person annahmen, sah man nicht selten,
wie ihre Hände und Füße rot wurden, wobei sich dann in
der Mitte der Handflächen eine Entzündung und eine kleine
vorübergehende Wunde bildete.

Was will man mehr? Dr. von Arnhard*) weiß sogar
von häufig vorkommenden Wundmalen bei den Islambekennern
zu berichten; diese Stigmata beziehen sich nämlich auf die
Wunden, welche der Prophet in den Kämpfen erhielt, die
zur Ausbreitung des Glaubens unternommen wurden.

§ 17. — Und was sagen die Wissenschaftler, die Skeptiker und Voltairianer dazu?

Sie ließen anfangs — wie immer — ihrem Spott und
Hohnlächeln über die Betrügereien der sogenannten Heiligen
freien Lauf und bedauerten die armen Dummköpfe, die
diesen Dingen Glauben beimaßen.

Dr. Karsch erklärte die Stigmatisierung der Katharina
Emmerich vor einem halben Jahrhundert: „als eine einfache
Tättowierung, da es ja unbestreitbar sei, daß die Einbildung
und der Wille unmöglich in den organischen Geweben so
wesentliche Störungen hervorzubringen imstande wären, wie
jene, welche das Hervortreten von Wundmalen erheischen
mußten."

Als der in Deutschland so gerühmte Virchow die Wundmale der Louise Lateau geprüft hatte, behauptete er auf
einem medizinischen Kongreß, der im Jahre 1874 zu Breslau
abgehalten wurde, daß ihre Wunden „nur Betrug oder eben
ein Wunder sein könnten."

Dagegen äußerte sich im Jahre 1887 Dr. Moll in der Berliner medizinischen Gesellschaft in einem Berichte über das künstliche Stigma, daß man dasselbe in der Hypnose durch Fremdsuggestion erlangen könnte, und stellte die Hypothese auf, daß

---

*) Bei Dr. du Prel, Zukunft, 21, 1895.

die Wundmale der religiösen Ekstatiker vielleicht auch ledig=
lich einer Autosuggestion zuzuschreiben wären, was natürlich
von dem größten Heiterkeitserfolg begleitet war.

Leider war es ein Verhängnis, daß die Wissenschaftler
und jene, die ihr blind nachbeteten, auch dieses Mal wieder
fehl schossen.

Und doch hatten viele Männer des Altertums ihnen den
Weg geebnet. Jakob da Voragine, Verfasser der Goldenen
Legende (im 13. Jahrhundert), wie später Cornelius Agrippa
und Giordano Bruno hatten die Hypothese aufgestellt, daß
die Hauptursache des Phänomens in der Einbildungskraft
zu suchen sei, die den Subjekten ganz bestimmt die Leiden
Christi fühlen und sogar „die Wundmale auf ihren Körpern
erscheinen" lasse. Die beiden neueren Schriftsteller, Görres
und Tholuck,*) welche sich eines so großen Lobes erfreuen,
äußerten die nämliche Ansicht.

Die Leuchten unserer Universitäten fuhren aber unbeirrt
fort, das gelehrte Haupt zu schütteln und wohlgeneigtest ihr
Mitleid kund zu thun.

§ 18. — Aber eines schönen Tages sollte sich dann doch
sichtlich das Blatt wenden. Der Hypnotismus war in Mode
gekommen, und das Gerücht verbreitete sich, daß es gelungen
sei, künstlich die Wundmale vermittelst der Suggestion zu
erzeugen. **Das Phänomen konnte man ja jetzt erklären, ohne
seine Zuflucht zu dem Übernatürlichen zu nehmen, weshalb
die Sache auf einmal auch Geltung erhielt.** Und nunmehr ist
es ein halbes Jahrhundert her, daß die offizielle Wissenschaft,
was den Psychismus anbetrifft, es nicht anders mehr weiß.

Dr. Billot sagt seiner Somnambulen, daß ein Engel ihr
das Zeichen des Kreuzes auf den oberen Teil des Armes
aufgedrückt habe, worauf das Subjekt sofort Anzeichen großer

---

*) Über die Wunder in der katholischen Kirche in seinen
„Vermischten Schriften"; Bd. I, S. 106 ff.

Schmerzempfindung erklärt und das suggerierte Stigma in Erscheinung tritt.

In einer Versammlung der medizinischen Akademie zu Paris im Jahre 1892 stellte Dr. Mesnet eine Frau vor, auf deren Körper sich erhaben und andauernd alle Zeichen einprägten, die der Experimentator mit einem Bleistifte daraufzeichnete.

Die Doktoren Bourru und Burot wandten sich nun, nachdem sie ein Wort auf jeden Arm des Patienten mit einem nicht spitzigen Gegenstand geschrieben hatten, an ihn mit den Worten: „Heute gegen vier Uhr nachmittags werden Sie einschlafen, und die Figuren, die wir Ihnen auf den Arm gezeichnet haben, werden rot werden." Zur besagten Stunde schlief dann auch das Subjekt ein. Auf dem linken Arm erhoben sich die Buchstaben in Purpurfarbe, an verschiedenen Stellen kamen sogar Blutstropfen zum Vorschein. Auf dem rechten Arm stellte sich nichts ein, weil das Subjekt auf jener Seite infolge eines ihn betroffenen Schlaganfalles anästhetisch geworden war.

Focanchon und Dumontpallier kleben auf die Haut hypnotisierter Subjekte eine Freimarke auf, indem sie ihnen die Suggestion erteilen, es sei ein Fliegenpflaster aufgelegt worden. Nach wenigen Stunden zeigte sich bereits die Wirkung des Zugpflasters. Dagegen bringt ein richtiges Zugpflaster keine Wirkung hervor, sobald dem Subjekt die Suggestion gegeben worden ist, man habe ihm nur ein Cigarettenpapier aufgelegt.

Auch sind diese Stigmata nicht das Vorrecht hypnotisierter Personen. Führen wir den von Zimmermann erzählten Fall an, daß nämlich ein junger Mann einer Hinrichtung vermittelst des Rades beiwohnte und an denselben Stellen blaue Flecken aufwies, wo der Delinquent gefoltert worden war. L'Hecquet berichtet von einem Mann, welcher sah, wie jemand von einem Fuhrwerk überfahren wurde, worauf er

ofort einen heftigen Schmerz an seinen eigenen Füßen verspürte, so daß er sein ganzes Leben hindurch hinkend blieb.
Hack Tuke erwähnt eine Frau, welche gesehen hatte, wie ein
Kind durch eine eiserne Thüre beide Füße zerquetscht bekam,
und davon einen solchen Eindruck empfing, daß i h r e Füße
infolge einer Blutstockung zu schwellen begannen. Die Frau
war gezwungen, unfähig auch nur aufzutreten, einige Tage
hindurch das Bett zu hüten.

Auch gehören hierher die zahlreichen Fälle, in welchen
die Empfindung einer schwangeren Frau durch ein analoges
Zeichen auf ihre Leibesfrucht übergeht.*) Es ist auch dieses
Phänomen bislang nur als ein Aberglauben alter Weiber
betrachtet worden.

§ 19. — Läßt sich daher behaupten, daß die berühmten
Stigmata der Heiligen nur eine Gedanken=Konzentration der
Ekstatiker auf gewisse Teile ihres Körpers seien?

Nein. —

Jeder Spiritist, welcher dem gegenwärtigen Wirken
der Intelligenzen folgt, hat sich wohl mit Leichtigkeit zur
Annahme des Grundsatzes verstanden, welchen Aksákoff in
seinem unsterblichen Werke: „Animismus und Spiritismus"
aufgestellt hat und der jedesmal bei Beurteilung eines psychischen Phänomens in Betracht gezogen werden muß: „Jedes
Phänomen, welches von einem disinkarnierten Geiste hervorgebracht werden kann, vermag auch — was seine Art
anbetrifft — ein inkarnierter Geist hervorzubringen."

Allein will man, da es auch Erscheinungen von Lebenden
giebt, notwendiger Weise den Schluß daraus ziehen, daß
es keine Erscheinungen von Toten geben kann? Weil die
psychische Kraft des Mediums ein bestimmtes Phänomen
hervorzubringen imstande ist, wird man deshalb den un-

---

*) Man vergl. du Prel's meisterhaften Aufsatz: „Das Versehen"
im Nov.=Heft der „Zukunft" 1895.   Der Übersetzer.

berechtigten Schluß ziehen wollen, daß ein bisinkarnierter
Geist dies nicht ebenso vermag? — Und warum wollten
wir nun behaupten, daß die Suggestion eines vom Körper
getrennten Wesens nicht die Erscheinung der Stigmatisierung
hervorzurufen vermöchte, da sie doch durch die Autosuggestion
oder durch die Fremdsuggestion Lebender erzeugt werden
kann? —

Doch wird man mir einwerfen: — „Allein wie soll
man denn erkennen, ob das Phänomen von einem dis=
inkarnierten Geiste hervorgebracht worden sei?"

Gewiß ist die Sache durchaus nicht so leicht. Es ge=
lingt nur selten, mit einigermaßen wissenschaftlicher Sicher=
heit festzustellen, ob eine intelligente Mitteilung nicht von dem
Unbewußten des Mediums herrührt: vergegenwärtigen
wir uns doch nur einmal die Schwierigkeiten, welche sich uns
entgegenstellen müssen, wenn wir uns über den Ursprung
eines materiellen Phänomens vergewissern sollen. Allein die
Unternehmung ist dennoch nicht so ganz hoffnungslos. Das
aufmerksame Studium von tausend kleinen Anzeichen läßt
uns auf das Eingreifen von Wesen schließen, die wir mit
unseren Augen nicht wahrzunehmen vermögen.

Dieses geheimnisvolle Eingreifen werden wir in keiner
Weise zu leugnen befugt sein, zumal wenn der „Capillar=
bluterguß der Haut", womit unsere Physiologen die Stigmata
erklären wollten, nicht genügt, jene Nägel hervorzubringen,
die auf der einen Seite spitz, auf der anderen mit einer Niete
versehen, von schwarzer Farbe und hart sind, wie sie die
Hände des armen d'Assisi durchkreuzten. Welches von den
viel gerühmten Subjekten Mesnet's und Bourru's zeigte je=
mals etwas ähnliches?

Bereits wurde von mir erwähnt, daß auf der Haut
gewisser hypnotischer Subjekte Buchstaben, welche man leicht
mit einem nicht spitzigen Gegenstand gezeichnet hatte, durch
blutunterlaufene Stellen deutlich dargestellt wurden. Allein

wenn wir lesen, daß auf der Brust eines der besessenen Mönche von Loudun, sobald der Exorzismus an ihm vorgenommen worden war, sich das Zeichen des Kreuzes bildete und deutlich die Worte erschienen: Vive Jésus sur la croix! (was ganze 15 Jahre hindurch sichtbar verblieb) und ohne daß jemand dies aufgezeichnet hatte, so müssen wir uns ernstlich fragen, ob diese Schrift nicht doch von einem unsichtbaren Wesen hervorgebracht wurde.

Der spiritistische Charakter der Stigmata würde mehr hervortreten, wenn die Zeichen, Bilder, Schriften, anstatt auf einem menschlichen Körper auf einem nicht lebenden Körper erscheinen würden, weil dieser nicht einer Suggestion unterworfen werden konnte. Es dürfte daher der Fall eines Wunders in Betracht kommen, welcher der heiligen Clara zugeschrieben wurde, die nämlich in Gegenwart des Papstes und in dessen Auftrag gewisse Brote segnete: das Zeichen des Kreuzes erschien sofort, wohl gezeichnet auf jedem derselben. Einige dieser Brote wurden dann sogleich von den Anwesenden in frommem Sinne verzehrt, während man den Rest zum Andenken an das Wunder aufbewahrte. Dieser Fall findet sich in dem „Leben der heiligen Clara", welches von einem anonymen, zeitgenössischen Autor verfaßt worden ist.*)

Ein gleicher Fall trug sich auch bei der besessenen Nonne von Auxonne im Jahre 1661 zu, bei welcher man auf dem Stirnbande plötzlich, nachdem dasselbe noch einen Augenblick vorher vollkommen weiß gewesen war, die Namen Jesus, Maria und Joseph erscheinen sah. Betreffs dieser Nonne bestand ein Protokoll, das von vier Bischöfen, Doktoren der Sorbonne und von einem Arzte zu Chalons unterschrieben war. — **)

Das Phänomen einer Stigmatisierung, welches — wenn

---

*) Bolland., Acta Sancta, 12. August.
**) Causes Célèbres, XI, 278—291.

wahr — unzweifelhaft und unleugbar außermenschlichen Cha=
rakter tragen würde, da ja in keiner Weise die Suggestion
hierbei mitspielen könnte, dürfte dann jenes bekannte von dem
Baum der 10 000 Bilder sein. Dieser findet sich, wie wir bereits
bemerkt haben,*) in der Lamaserie zu Gumbum in Tibet.

Allein auch bei den Stigmata die auf der menschlichen
Haut erschienen, lassen sich Fälle anführen, die, wenn eben
hinreichend verbürgt, einen glänzenden spiritistischen Charakter
aufweisen. So z. B. einige Stigmata, welche bei dem Medium
Foster auftraten, worauf wir noch im Verfolg dieses Werkes
zurückkommen werden. Auch hier werden die spiritistischen
Phänomene jenen Wundern längst vergangener Zeiten Be=
stätigung verleihen.

§ 20. — Wohl nicht jedem dürfte es bekannt sein, daß
der Geruch der Heiligkeit, wovon man häufig sprechen hört,
nicht immer nur bildlich angewandt wird, sondern oft auch
in einem ganz materiellen Sinne aufzufassen ist.

P. Mantegazza sagt:**) „Es ist viel über den sogenannten
Geruch der Heiligkeit gelacht worden; allein heuer hat eine
ernsthaftere Prüfung der Thatsachen zu beweisen gesucht, daß
es sehr wahrscheinlich ist, da unter besonderen Umständen
einer Nerven=Erregung die Haut=Transspiration einen unge=
wohnten Geruch annehmen kann, bald angenehm, bald unan=
genehm, und daß die sonderbarsten Bedingungen des Nerven=
systems, welche die asketische Ekstase begleiten, dem Schweiße
einen besonderen und wohlgefälligen Geruch zu verleihen im=
stande sind".

Und dabei führt Mantegazza Constanz, den Erzbischof
von Sassari, an, welcher sich mit folgenden Worten über die
hl. Maria ausspricht: Dieser Geruch stellte sich zwanzig
Jahre und noch mehr vor dem Tode der Dienerin Gottes

---

*) s. Band I, S. 134—136 vorl. Werkes.
**) s. Die Ekstasen des Menschen, 2. Band, Kap. 11.

ein, als man im Kloster gemeinsam zum Gebete vor dem
Herrn niederkniete ... Nachdem dieser Wohlgeruch durch
das ganze Kloster gezogen war, wich er dennoch nicht von
der Magd Gottes, welche während eines Zeitraumes von
zwei bis drei Jahren, von Zeit zu Zeit jenen angenehmen
Geruch abgab, besonders an den hohen Festtagen im Jahre,
oder wenn sie zum Abendmahle ging, sich Kasteiungen auf=
erlegte und während der neuntägigen Feier. Nach Verlauf
jener besagten drei Jahre wurde der Wohlgeruch noch all=
gemeiner und zeigte sich schließlich so stark, daß er nicht nur
von ihrem Körper ausströmte, sondern sich auch auf ihre
Kleider übertrug, auf ihre Zelle, wie auch auf alle Gegen=
stände, die sie berührte. Dieser Geruch wurde von allen den=
jenigen hoch angeschlagen, welche ihn weder für natürlich, noch
für künstlich hielten, so daß man ihn gemeiniglich den Geruch
der Heiligkeit nannte.

Ohne sich auf die Erklärung einzulassen, welche Mante=
gazza von diesem Phänomen giebt, werde ich nur darauf
hinweisen, daß dieser wunderbare Geruch, welcher sehr häufig
bei den Heiligen anzutreffen war, bisweilen auch bei ihren
Leichnamen beobachtet wurde.

Bei der hl. Theresa begann der mystische Wohlgeruch
während ihrer letzten Krankheit, und von den Bollandisten
erfahren wir, daß dieser Geruch sich von allen anderen ähn=
lichen Wohlgerüchen bedeutend unterschieden hätte. Derselbe
entströmte mit einer solchen Kraft nicht nur ihrem Körper,
sondern auch den Kleidern, welche die Kranke trug, daß man
bisweilen das Fenster der Zelle öffnen mußte.

Eine Klosterschwester, welche seit vier Monaten voll=
ständig den Geruchssinn verloren hatte, gewann ihn plötzlich
wieder, da sie sich im Gebete an Gott gewandt hatte, er
möchte sie doch einmal diesen himmlischen Geruch genießen
lassen. Der Sarg der hl. Karmeliterin wurde seit 1583,
in welchem Jahre sie starb, bis 1604 mehrmals geöffnet,

sowie auch noch später. Dabei wurde der Leichnam stets unversehrt ohne jedwede Veränderung vorgefunden, auch zeigte sich immer der erwähnte Wohlgeruch und eine Flüssigkeit,*) welche als wunderwirkend aufbewahrt wurde, wie die berühmte Myrrhe, welche seit so vielen Jahrhunderten aus den Gebeinen des hl. Nikolaus von Mira in der Basilika zu Bari herausfließt.

Einige Medien, wie Stainton Moses, geben eine oder mehrere Arten von Wohlgerüchen in spiritistischen Sitzungen von sich; doch sind diese natürlich Phänomene, welche nicht leicht zu kontrollieren sind.

§ 21. — Bei den ekstatischen Heiligen findet man auch zuweilen jene Unverbrennbarkeit, die wir bereits bei einigen Märtyrern angetroffen haben, bei den Gottesurteilen, den spiritistischen Medien u. s. w.

Von der hl. Katharina von Siena behauptete man, daß das Feuer bei ihr auch nicht die geringste Wirkung ausgeübt habe, wenn sie, was oft geschah und auch in Gegenwart von Zeugen, in ihren Verzückungszuständen von einer unüberwindlichen Macht in die Flammen geschleudert wurde. Als sie dann von den erschreckten Anwesenden herausgezogen wurde, erhob sie sich und sagte lachend: „Seid unbesorgt, es war ein Streich Malataska's." Mit diesem Namen deutete sie auf einen Dämon hin, den sie stets in ihrer Nähe vermeinte.**) Raimundus, welcher ihre Lebensbeschreibung verfaßt hat, berichtet, daß sie eines Tages, als sie in der Küche mit dem Bratspieß in der Hand sich ihren gewohnten Betrachtungen hingab, in Ekstase gefallen sei. In diesem Zustande stürzte sie von dem Schemel, und als Leute hinzukamen, fanden sie die Heilige mit dem Gesicht auf den glühenden

---

*) Bolland., Acta Sancta, 15. Okt.
**) Perty, Die mystischen Erscheinungen, II, 427.

Kohlen liegen. Als man sie aufhob, erwies sich jedoch, daß sie unversehrt geblieben war.*)

Die bekannte Bernadette Soubirous, welcher die Ent= deckung des hl. Wassers von Lourdes verdankt wird, verfiel auch nicht selten in Ekstase. Als sie einmal in Gegenwart von hunderten von Personen niedergekniet war, befanden sich ihre Finger eine ganze Viertelstunde lang einer Fackel ausgesetzt, deren Flammen ihre Finger beleckten. Zur größten Ver= wunderung aber blieben dieselben ganz unversehrt. Darauf wieder in ihren Normalzustand zurückgekehrt, gewann sie auch ihre normale Empfindlichkeit dem Feuer gegenüber wieder. Ein anderes Mal hielt sie die Hände eine Zeit lang in die Flamme einer Kerze, ohne auch nur den geringsten Schmerz zu empfinden.

Allein auch dieses Phänomen ist durchaus nicht ein Vor= recht der christlichen Wunderthäter. Die achtzehn besessenen Nonnen im Kloster von Auxonne vermochten in ihren Händen glühende Kohlen zu tragen, ohne auch nur die geringste Spur einer Verbrennung aufzuweisen, noch irgend wie Schmerz zu empfinden.**)

Im Kloster zu Louviers befahl ein Bischof einem Dämon an, aus einer der besessenen Nonnen auszufahren, worauf diese mit dem Gesicht und den Händen in ein Feuer geworfen wurde. Als man sie herauszog, zeigte sie auch nicht die geringste Verletzung.***) Andere Fälle der Unverbrennbarkeit bei Besessenen wurden von uns im vorhergehenden Kapitel bereits angezogen.

Gehen wir nunmehr zu den Priestern anderer Kulten über.

In der Bibel stoßen wir im 2. Buche der Könige, im 2. Buche der Chronika, sowie im 3. Buche Mose und beim

---

*) Görres, Die christliche Mystik, II, 285.
**) Perty, Die mystischen Erscheinungen, I, 366.
***) Görres, Die christliche Mystik, V, 344.

Propheten Jeremias auf einige Stellen, worin des Götzen=
kultus des Moloch, einer der Baal= oder kanaanäifchen Gott=
heiten, gedacht wird. Diefer beftand nämlich darin, „daß man
durch das Feuer ging, ohne fich zu verbrennen" Strabo (XII)
berichtet, daß die Priefterinnen der Diana in Caftabalis
(Kappadozien) unbefchädigt mit entblößten Füßen über glühende
Kohlen zu fchreiten vermochten. Plinius fchreibt*): „Nicht
weit von Rom, im Lande der Faliszer, giebt es einige
Familien, welche jedes Jahr auf dem Berge Sorakte damit
ein Opfer bringen, daß fie über ein glühendes Kohlenbecken
fchreiten, ohne fich dabei zu verbrennen!! Diefe Priefter des
Phoebus und der Göttin Feronia wurden Hirpinen genannt.
Auch Virgil**) erwähnt diefelben mit den Worten: „Höchfter
Gott Apoll, du Hüter Saurakte's .... Du, für den wir
von heiligem Eifer (freti pietate) getrieben, vertrauensvoll
auf dem glühenden Rofte dahinwallen." ...

Stephan Ponder erzählt uns in Langman's Magazine
von einer Ceremonie, welche im füdlichen Hinduftan bei einem
Völkerftamme mit dem Namen Klings in Gebrauch fteht.
Einige der Bewohner fchreiten nämlich zur Abbüßung der
gefamten vom Volke begangenen Sünden faft nackt durch ein
Feuer von etwa 18 Metern Länge. Doch kehren fie ftets,
ohne den geringften Schaden erlitten zu haben, zurück.

Die Unverbrennbarkeit ift auch bei den Prieftern in
Polynefien anzutreffen. Bafilius Thomfon***) berichtet uns,
daß auf Nbengga (einer der Fidfchi=Infeln) der Völkerftamm der
Na Ivilankata, deffen Abftammung dem unerfchrockenen Tui
Nkualita nachgerühmt wird und von den Göttern auserwählt
ift, die Fähigkeit befitze, in den Feuerofen zu fteigen, worin
die masáwe, eine Art dracoena, gekocht wird, und unbefchadet
darin umherzuziehen.

*) Historia Naturalis, VII, 2.
**) Aeneide, XI, 785—788.
***) f. bereits erwähnten Andreas Lang. Contemporary Review.

Bei den Tonga tritt uns der nämliche Kultus der dracoena entgegen, wie uns Miſs Tenvia Henry (von Honolulu), eine gebildete Polyneſierin, berichtet.*)

Von ähnlichen Beiſpielen der Unverbrennbarkeit iſt bereits bei den mohammedaniſchen Derwiſchen, tartariſchen Lamas ꝛc. die Rede geweſen.**)

§ 22. — Zu den häufigſten und wohl am meiſten ver= bürgten Erſcheinungen, welche wir in dem Verzückungszuſtande der Chriſten antreffen, gehört ſicherlich jene, welche die Spiri= tiſten Levitation nennen.

Görres***), ſowie Rochas†) führen eine Maſſe von ſolchen Beiſpielen an, die größtenteils wohl verbürgt ſind.

Dominikus von Jeſu=Maria kam in Gegenwart Philipps II zu Madrid in Verzückung. Als dieſer nun in der Luft ſchwebte, ließ ihn Philipp bald ſich nach der einen Seite hin, bald nach der anderen bewegen, indem er ihn nur leiſe an= blies. — Margarete von Ungarn erhob ſich über die Erde, ſo oft ſie zur Kommunion ging.

Als der hl. Dominikus auf einer ſeiner Reiſen in der Abtei von Caſtres Abſtieg genommen hatte, begab er ſich zur Kirche, um zu beten. Da er dort nun zu lange verweilte, ging ihm ein Mönch nach, um ihn zu ſuchen, und fand ihn zwiſchen Himmel und Erde ſchwebend. Das nämliche trug ſich bei St. Bernhard zu, als er den Mönchen im Kapitol predigte, und ebenſo der hl. Lutgard, als die Nonnen im Chor das Veni Creator ſangen, ſowie ferner St. Franziskus Saverius, als er die Meſſe las und die Gläubigen kommuni= zierte.

---

*) Polynesian Society's Journal.

**) ſ. Band I, S. 70—71 und S. 131—34.

***) Die chriſtliche Myſtik (II, S. 215 ff.)

†) Recueil de Documents relatifs à la Lévitation du corps humain, Kap. 8.

Während des Gebetes oder der inneren Selbstbetrachtung wurden in die Luft erhoben: St. Ignaz von Loyola, die hl. Katharina von Siena, die Karmeliterin Katharina Texada, Stephan, König von Ungarn, Angelo von Mailand, Nikolaus Fattori, Kaspar von Florenz, Therese, Königin von Kastilien, Maria Gomez, Camille de Lillis, Angelo von Bressanone, Dominika vom Paradiese, Franz Olympe, Ursula Benincasa, Katharina de Seins, Matthias de Basseio, Maria Villani, Agnes von Assisi, Johanna von Orvieto, Libera von Civitella, Peter de Garde und Franz d'Assisi.

Die Heiligenbücher der Franziskaner, der Karmeliter, der Dominikaner, Cisterzienser, die Annalen der Laienbrüder von Wadding und der Kapuziner von Bover sind voll von Erzählungen ähnlicher Thatsachen, die vor aller Welt bestätigt wurden, wie die des St. Ambrosius von Siena, des St. Vincenz Ferrerius, des St. Salvator von Horta, des Jesuitenpaters Bernhardin und des selig gepriesenen Gilles, welche vor den Augen einer ganzen Bevölkerung gen Himmel und durch die Luft erhoben wurden. Bernadette, die Verzückte von Lourdes, welche vor vier Jahren starb, wurde mehrmals in die Luft erhoben, eine Zeit lang dort hin und her schwankend. Dasselbe wird auch von dem im Jahre 1859 verstorbenen Pfarrherrn von Ars erzählt.*)

Manche Levitationen trugen sich unter besonders bemerkenswerten Umständen zu. So war es beispielsweise bei der Schwester Bella der Fall, welche, wie Pier Damiano zu berichten weiß, sich in Gegenwart sämtlicher Anwesenden über ihr Sterbebett erhob und bis zur Beendigung ihres Gebetes in der Luft verblieb.

Der hl. Ludwig Gonzaga verblieb bisweilen drei Tage lang in der Luft, wobei er des Gebrauchs seiner Sinne beraubt und vollständig unbeweglich war.

---

*) Monnin, Vie de M. J.-B.-M. Vianney, S. 159.

Unter der Regierung Karls des Fünften verblieb der Erzbischof Thomas während einer Ekstase, welche zwölf volle Stunden anhielt, schwebend in der Luft. Dieses Phänomen wurde nicht nur von den Bewohnern seines Palastes und dem Klerus beobachtet und bestätigt, sondern auch von einer großen Anzahl Bürger. Als Thomas wieder zu sich gekommen war, hielt er noch das Brevier in den Händen, das er gelesen hatte, als die Ekstase ihren Anfang nahm. Und der Erz= bischof sagte ganz ruhig, als ob nichts vorgefallen wäre, daß er nicht mehr genau wüßte, an welcher Stelle er stehen ge= blieben sei.*)

Von St. Peter D'Alcantara, der so sehr wegen seiner Levitationen berühmt war, berichtet man, daß er in seiner Verzückung höher als die höchsten Bäume geflogen sei. Als er eines Tages von einem Bruder im Klostergarten den An= fang des Johannes=Evangeliums singen hörte: In prin= cipio erat Verbum, geriet er unverzüglich in Verzückung und erhob sich auf eine Art unwiderstehlichen Drang hin, indem er nicht mehr den Boden berührte, und flog mit einer unglaublichen Schnelligkeit, ohne sich irgend wie Schaden zuzufügen, durch die drei untersten Thüren, welche zu der Kirche führten. Vor dem Hochaltar ließ er sich dann nieder, woselbst ihn seine Brüder, die ihm nachgestürzt waren, in Ekstase versunken vorfanden. Ein Gemälde des Murillo, welches in dem Museum des Louvre zu Paris aufbewahrt wird und das be Rochas in seinem Buch über die Levitation zum Abdruck bringt, stellt den ekstatischen Flug des hl. Diego= monachus dar.

§ 23. — Die hl. Therese spricht mit folgenden Worten von ihren ekstatischen Levitationen:

„ . . . Zeitweise waren meine Bemühungen vergebens; meine Seele wurde entzückt und, mein Kopf folgte für

---

*) Bolland. V, 332, 334, 336.

gewöhnlich jener Bewegung, ohne daß ich ihn zurückzuhalten vermochte. Bisweilen wurde sogar mein ganzer Körper derart angezogen, daß er sich vom Boden erhob. Allein dies kam bei mir nur selten vor. Es geschah auch einmal, als ich mich in dem Chor bei den anderen Schwestern befand und zur heiligen Kommunion niedergekniet war.

Verzweifelt war mein Kummer, da ich wohl voraussah, daß ein so außerordentlicher Fall unbedingt auch die Aufmerksamkeit der anderen auf sich ziehen mußte, und daher befahl ich, da sich mir die Sache noch unlängst zugetragen hatte, seitdem ich Oberin bin, den Nonnen, nichts davon verlauten zu lassen. So oft als ich aber nun merkte, daß der Herr dasselbe Wunder wieder an mir wirken wollte, legte ich mich ausgestreckt auf die Erde, und meine Mitschwestern stellten sich um mich herum, damit sie mich zurückhalten konnten. Allein nichts desto weniger äußerte sich die göttliche Wirkung.

[Wir entnehmen nun den folgenden Text der Originalität halber der in unserem Besitze befindlichen allererſten deutſchen Überſetzung der Opera der hl. Thereſe aus dem Jahre 1649. — Der Überſ.*)]

Es heißt da unter der Aufſchrift: „In der Verzuckung wird auch der Leib emporgehoben" (Teil I, Kap. 20, S. 239) wörtlich weiter, wie folgt:

»Sonderlich einmahl / da fürnehme Frawen darbey waren / an einem feſt / das gehalten wurde / vnter der predig / so legte ich mich nach langs auff den boden / vnd wiewol die andern kamen / vnd mir den leib hielten / wurde es nichts

desto weniger genugsamb gespürt. Hab ich derhalben den
Herrn sehr gebetten / daß er mir doch nimmer solche gnaden
wolte ertheilen / die eufserlich gespürt würden / dann ich war
nunmehr müd allenthalben also auff mich acht zuhaben / diese
gnad aber konte mir seine Majestät nicht leisten ohne daß es
gemerckt würde. Nun läst es sich ansehen / als hab es dem
Herrn durch seine gütigkeit gefallen mich zu erhören / die weil
mir dergleichen von selbiger zeit an bis dato nimmer wiederfahren; wahr ists / daß es noch nicht gar lang ist.

Mich gedunckte aber (wann ich denselben wiederstand
thun wolte) nicht anderst zusehn / als wann eine so grosse
macht vnter den Füssen mich vber sich heben thäte / daß ich
nicht weiß / wem ichs vergleichen soll / dieweil es mit einer
viel grössern gewalt geschach / als in den andern sachen deß
Geistes / dahero ich aller zerschlagen bliebe / dann es ein
grosser Kampff ist; halff doch endlich alles wenig / wann es
der Herr haben wolte / dann keine gewalt ist wieder seine
gewalt.»

[Und an anderer Stelle: „Was die Verzuckung sei",
schreibt sie: »So sag ich nun / daß mich offtermahl gedunckte / als würde der leib also ring vnd leicht darvon / daß
es alle schwere desselben hinwegnehme. Ja bißweilen so fast /
daß ich gleichsamb nicht merckte / daß ich mit den füssen den
erdboden berührte. Wann einer nun in der verzuckung ist / so
bleibt der leib gleich wie todt / ohne daß er etwas würcken
oder thun möge / zum offtermahl; vnd in dem stand / in
welchem ihn die verzuckung vberfällt / im selben verbleibet
er / so er sitzet / so er die Händ offen hat oder zugeschlossen /
also verbleibet er .... vnd ob schon der leib nichts thun
kann / was da eufserlich anbelangt / so vernimbt er doch
gleichwol vnd höret noch / als wie von weiten ..« (S. 138.)
»In diesen verzuckungen scheint es — als wann die seel dem
leib das leben nicht entfließe ... Die verzuckung aber hat
ihre vnterschiedliche grad vnd staffeln / deren etliche gleich-

famb ein anfang / andere mittel / vnd andere das end
seynd . . . . «*)]

Mantegazza, welcher die oben erwähnte Stelle der Heiligen
von Avila anführt, giebt folgenden Kommentar dazu: „Die
hl. Therese handelte in vollem guten Glauben; denn in den
Efstasen folgen die Halluzinationen rasch hintereinander, und
wir glauben stets von der Erde erhoben zu werden, unseren
Körper abzustreifen und nur noch Denken und Empfindung
zu bewahren." Nach dieser hübschen Erklärung führt Mantegazza ruhig den Rest der Erzählung der Heiligen an, worin
sie der Nonnen Erwähnung thut, welche sie vergebens auf
dem Fußboden festzuhalten suchten und jener „vornehmen
Frauen", die diesem Phänomen beiwohnten!

§ 24. — Wohl kein Heiliger kann sich jedoch hinsichtlich
seiner körperlichen Efstasen mit St. Joseph von Copertinus
messen. Dieser außerordentliche Mann wurde im Jahre 1603
geboren und starb als sechzigjähriger Greis. Er war eine
ganz und gar geistige Natur und fühlte sich in seinen Sinnen
so zum Außerirdischen hingezogen, daß sein ganzes Wesen
davon durchdrungen war. Während ihn die Natur einerseits so stiefmütterlich bedacht hatte, daß er von den
Kapuzinern als durchaus unbrauchbar — und selbst für
die Arbeiten in der Küche als untauglich — abgewiesen
wurde, und er mit entsetzlicher Mühe sich gerade nur soviel
Latein angequält hatte, als er unumgänglich für den Meß-
dienst brauchte, war er anderseits dank seiner asketischen
Frömmigkeit, die hauptsächlich in der glühendsten Madonnen-
verehrung gipfelte, zu einer so wunderbaren und tiefen
Einsicht in geistige Dinge gelangt, daß auch die gelehrtesten

---

   *) Darunter sind wohl die neuerdings seitens der Wissenschaft bei
hypnotisierten, wie auch magnetisierten Subjekten (und namentlich Trance-
medien) festgestellten drei Stadien: Somnolenz (kataleptischer), Hypo-
taxis (lethargischer) und Somnambulismus (somnambuler Zustand) zu
verstehen.   **Der Übersetzer.**

Mitglieder seines Ordens des öfteren bekennen mußten, aus den Gesprächen, welche sie mit ihm geführt hatten, bedeutend mehr Nutzen gezogen zu haben, als aus allen ihren Studien. Er vermochte sofort den Seelenzustand jeder Person zu durchschauen, die in seine Nähe kam, und deren geheimste Gedanken zu lesen. Außer der Gabe der Weissagung ist auch zweimal bei ihm das Phänomen der Ubiquität*) beobachtet worden.

Bereits zwei Jahre nach seinem Tode, als noch alle Zeugen seiner Wunder lebten, wurde das Verfahren betreffs seiner Heiligsprechung in Nardo, Osimo und Assisi eingeleitet, wobei die Zeugenaussagen seitens der Kongregation für die Kirchengebräuche ꝛc. zu Rom der strengsten Prüfung unterworfen wurden. Im Auftrage der ersteren schrieb der Pater Robertus Nuti eine Biographie des Heiligen, indem er sich dabei auf alles das stützte, was er sowohl selbst mit eigenen Augen gesehen als auch aus den Berichten derjenigen gesammelt hatte, die mit Joseph stets zusammen gewesen

---

*) Unter „Ubiquität" versteht man das gleichzeitige Erscheinen einer lebenden Person an zwei oder mehreren Orten. Es beruht dieses von der katholischen Kirche als Wunder bezeichnete Phänomen wohl lediglich auf einer heutzutage anerkannten telepathischen Erscheinung: der „Entsendung des Doppelgängers", wie solche Fälle bei Somnambulen sehr häufig anzutreffen sind und in Sammlungen — wie in jener berühmten der „Londoner Gesellschaft für psychische Forschungen" massenhaft (experimentell und spontan) dargeboten werden. (S. auch den Doppelgänger des Basilides im 1. Teile vorl. Werkes, S. 313). Die neuerdings experimentell wissenschaftlich von de Rochas und anderen erwiesene Exteriorisierung des Astralkörpers auf weite Entfernungen von dem meist im Trancezustand daliegenden irdischen Körper, verbunden mit den in spirit. Sitzungen festgestellten Apporten, wird vielleicht auch ein Licht auf das von der Kirche gleichfalls als Wunder gerühmte Phänomen der Bilokation werfen — das Entrücken und Versetzen des irdischen Körpers an einen anderen Ort, obschon man es wohl hier meist mit der ersteren Erscheinung zu thun haben dürfte. Wir verweisen noch dieserhalb auf unsere Anmerkung im 1. Teil vorliegender Geschichte auf S. 373. Der Übersetzer.

waren. Unter den Zeugen wird sogar Papst Urban VIII
aufgezählt, welcher einst, als Joseph ihm von dem Obersten
des Ordens vorgestellt wurde, um ihm die Füße zu küssen,
vor Erstaunen fast von Sinnen kam, da der Mönch, sobald
man ihm eröffnete, daß er nunmehr dem Papst gegenüber=
stände, in Ekstase verfiel und sich, gleichsam fliegend, in die
Luft erhob.

Und ebenso unzweifelhaft ist es auch, daß Herzog Friedrich
von Braunschweig im Jahre 1680, als er von Rom aus in
Assisi weilte, von der lutheranischen Religion zur katholischen
übertrat infolge des lebhaften Eindruckes, welchen die Thatsache
auf ihn hinterlassen hatte, daß Joseph, während dieser die
hl. Messe las, von der Erde hinweg in die Luft erhoben
wurde.

Kurz, es wurde die allergewissenhafteste Nachforschung
geübt, so daß Görres sich zu dem Ausruf veranlaßt sieht:
„Bei keiner anderen historischen Thatsache ist man so vor=
sichtig zu Werke gegangen, um die lautere Wahrheit zu er=
mitteln."

Lassen wir nun hier einige Beispiele von der Levita=
tion dieses Heiligen folgen, die wir einer Lebensbeschreibung
entnehmen, welche Pastrovicchi mit Hülfe der aus den Akten
betreffs des Heiligsprechungs=Verfahrens gemachten Auszüge
verfaßt hat.

Die Verzückungszustände bei Joseph wiederholten sich so
häufig und dauerten so lange an, daß wohl binnen 35 Jahren
seine Vorgesetzten ihn nicht mit den anderen Brüdern weder
im Chore noch beim Terminieren noch im Refektorium bei=
sammen ließen. Um seine Ekstasen hervorzurufen, genügte,
daß jemand gleich einem Fünkchen, das auf leicht entzündbaren
Stoff fällt, nur die Glut seiner Andacht anzufachen verstand.
Sobald er in jenen Zustand verfallen, war er für keinen Ein=
druck mehr empfänglich, selbst wenn man ihm mit den Fingern
in die Augen kam, Feuer an seinen Leib brachte oder ihn

mit Nadeln stach.*) Und alsdann enteilte sein Körper mit der entflammten Seele gewöhnlich zu einem bestimmten Ziele hin, von welchem er auch mit großer Sicherheit zurückkam, eine Fähigkeit, welche sich gerade so auszeichnete, wie der ekstatische Flug vor dem einfachen Phänomen der Erhebung in die Luft, welches durchaus nicht zu den Seltenheiten zu rechnen ist.

Als er einmal in der Christnacht einige Hirten zur An= betung des Jesuskindlein eingeladen hatte, brach er in einen lauten Schrei aus und flog wie ein Vogel von der Mitte der Kirche aus wohl 50 Schritte weit bis zum Hochaltar. Dort umschlang er das Tabernakel und blieb so eine Viertel= stunde schwebend in der Luft. Keine der brennenden Kerzen, welche in großer Anzahl den Altar schmückten, wurde dabei umgestürzt, noch fing sein Priestergewand Feuer. Wie groß auch damals das Erstaunen der Hirten sein mochte, so war es gewiß nicht geringer als später das der Bewohner von Copertinus, als er, bereits im Meßgewand, einer Procession am St. Franziskusfest beiwohnen mußte, unversehens auf die in einer Höhe von 15 Spannen von der Erde aus befind= liche Kanzel der Kirche flog und dort lange Zeit in Ekstase verblieb, frei knieend auf der Brüstung, die Hände hoch emporgestreckt.

Ein andermal, am Abend des Gründonnerstages, fiel er in den nämlichen Entzückungszustand. Er lag mit anderen Mönchen vor dem heiligen Grabe im Gebet. Dies hatte man mit Lampen und leuchtenden Wolken geschmückt. Plötz= lich erhob er sich vom Boden und flog in die Höhe, um die Monstranz der geweihten Hostie zu küssen. Durch seinen Flug wurde auch nicht ein Gegenstand von seinem Platze ver= rückt. Auf Befehl seiner Vorgesetzten, denen er auch in jenem

---

*) Lassen wir nicht außer Acht, daß die seltensten mediumistischen Phänomene sich eben dann gewöhnlich zutragen, wenn sich das Medium in einem Zustand von Hypnose oder Ekstase befindet. —

8*

Zustand stets pünktlich zu gehorchen pflegte, flog Joseph von
dort in Kürze wieder auf seinen Platz zurück.

Es war schon von dem besonderen Madonnenkultus die
Rede, den der hl. Joseph pflegte. Er nannte die hl. Maria
immer seine „teuere Mutter“ und schmückte in seinem Kloster von
Grottella bei Copertinus ihr Bild stets mit den schönsten Blumen,
welche die Jahreszeit bot. Auch verfaßte er an sie zahlreiche
Hymnen. Oft geriet er schon bloß durch den Klang ihres Namens
in Verzückung. Als er einmal mit seinen Brüdern die Litanei
der Maria sang, flog er bei der Anrufung „Heilige Maria!“
über drei Reihen Mönche, welche betend auf ihren Knieen
lagen, hinweg bis zu dem der Maria geweihten Altare. Bei
seiner Versetzung nach Assisi rief er, sobald er des Bildes
der Jungfrau an der Wölbung jener Kirche, das jenem anderen
in Grottella verehrten gleich war, ansichtig wurde, aus: „O,
meine Mutter ist mir gefolgt!“ worauf er sich unverzüglich
18 Schritt hoch ihr entgegen in die Luft erhob.

Sein Auftrieb, Aufsteigungskraft (wenn ich mich dieses
aëronautischen Ausdruckes bedienen darf), war außerordent-
lich. Als eines Tages in Assisi die feierliche Vesper zu
Ehren der unbefleckten Empfängnis gesungen wurde, da forderte
Joseph, der in der Kapelle des Noviziats neben dem Pater
Custos stand, jenen auf, mehrmals mit ihm die Worte zu
wiederholen: „Maria, o Bellissima!“ Kaum hatte nun der
Pater Custos dieses Stoßgebet ausgestoßen, da faßte ihn
Joseph um den Leib und führte ihn mit sich durch die Luft.
Allein er vollbrachte noch besseres. Als man einen Calvarien-
berg auf einem kleinen Hügel zwischen Copertinus und dem
Kloster Grottella hatte errichten lassen, bemerkte man, daß,
sobald die beiden Kreuze zur Seite aufgestellt worden waren,
das mittlere infolge seines Gewichtes von zehn Männern — obschon diese ihre ganze Kraft entfalteten — nicht aufgestellt werden
konnte (da seine Höhe wohl 54 Handbreiten betrug). Voll
heiligen Eifers verließ er die Klosterpforte und flog 80 Schritte

weit über das Kreuz hinweg, das er wie ein Hälmchen auf=
hob und in das zu diesem Zwecke gegrabene Loch einpflanzte.

Jenes Kreuz nun wurde von da ab ein besonderer
Gegenstand seiner Andacht und das Ziel seiner ekstatischen
Flüge. Als er eines Tages mit anderen Mönchen unter dem
Kreuze stand, da brachte einer derselben die Frage auf:
„Was sollten wir thun, wenn der Herr wirklich an diesem
Kreuze gekreuzigt wäre und uns die Gnade zu Teil werden
ließe, ihn küssen zu dürfen?" Einer antwortete demütig,
er würde ihm bloß die Füße küssen, ein anderer — die Seite,
noch andere wählten wieder anders. Allein als die Reihe an
Joseph gekommen war, rief dieser mit Begeisterung aus:
„Ich möchte ihm die heiligen, mit Essig und Galle benetzten
Lippen küssen."

Nach diesen Worten erhob er sich in die Luft bis zur
Spitze des Kreuzes, indem er mit seinem Munde genau die
Stelle berührte, wo das Gesicht des gekreuzigten Jesu sich
hätte befinden müssen. Als er dort in dieser Lage eine Zeit
lang verblieben war, stützte er sich auf einen Nagel in dem
Kreuze, der an der Stelle war, woselbst sich die Füße des
Heilandes hätten befinden müssen.

In jenen Fällen, bei denen Betrug möglich war, ließen
sich die Anwesenden nicht leicht von dem Augenschein täuschen;
der Zweifel existierte auch schon vor: den Encyklopädisten und
Voltaire. Der Pater Juniperus von Palermo berichtet, daß
eines Tages, als die Novizen in Joseph's Gegenwart eine Hymne
an die Jungfrau anstimmten, der auf den Knieen liegende
Heilige von der Erde in die Höhe schwebte. Alsdann drückte
einer der Anwesenden den Zweifel aus, daß das lange Mönchs=
gewand trügen könne und der Heilige doch noch sehr wohl
den Boden berühre; allein als man ihm dies unter die beiden
Hände heraufzog, mußte man sich vom Gegenteil überzeugen.
Ein Gegenstück hierzu kam zu Assisi vor. Dort war es ein
junger Mann, der sich unter den Sängern befand.

Solche Zweifel konnten natürlich nur bei Leuten entstehen, welche nicht Augenzeuge größerer ekstatischen Erhebungen des betreffenden Heiligen gewesen waren, obschon auch diese, sobald seitens der eingeleiteten Untersuchungen, 36 an der Zahl, festgestellt waren, keinen Argwohn mehr aufkommen ließen.

§ 25. — Vieleher kann ein Zweifel darüber entstehen, daß diese Levitationen ohne Eingreifen übernatürlicher Wesen zustande gekommen wären; das „wie" allerdings läßt sich unmöglich sagen; widerspricht eine solche Annahme eben doch allem unseren Wissen über das sogenannte Gravitationsgesetz. Doch auch selbst, falls wir annehmen, daß, wenn wir einen Tisch oder einen anderen leblosen Gegenstand frei in der Luft schwingen sehen, dies ebenso gut der Psyche des Mediums, als auch der eines Geistes zugeschrieben werden kann, so scheint es mir doch nicht, daß man a priori auszuschließen habe, die Psyche des Mediums könne auch den Tisch von selbst erheben. Bei den intellektuellen Phänomenen läßt sich oft das Eingreifen einer Intelligenz, die nicht die eines Wesens von Fleisch und Blut ist, schon anerkennen. Bei den physikalischen Phänomenen dagegen, wie z. B. das der Levitation, ist die Nachforschung nach der sich manifestierenden Intelligenz schon bedeutend schwieriger. Man muß dabei folgernd zu Werke gehen, indem man einigen besonderen Fällen seine Aufmerksamkeit zuwendet.

So kann der Umstand von Bedeutung erscheinen, daß St. Johannes Marinon in die Luft erhoben wurde, als er gerade den Nonnen das Geheimnis der Auferstehung erklärte.

Auch verdient noch folgendes Ereignis erwähnt zu werden, wobei wiederum der Held unser Joseph von Copertinus war. Man führte ihm einen tobsüchtigen Edelmann vor, der mit festen Stricken an einen großen Sessel gebunden war, und bat ihn vertrauensvoll, er möchte doch für ihn Fürbitte leisten, damit der arme Kranke von seinem entsetzlichen Leiden geheilt werde. Joseph ließ den Wahnsinnigen losbinden und befahl, daß man ihn zwingen möge, sich auf seine Knie zu werfen. Als man dies mit Mühe erreicht hatte, trat er zu dem Unglücklichen heran, legte ihm seine Hände auf den Kopf und sagte: „Du edler Herr, Balthasar, fürchte nichts, empfiehl Dich Gott und seiner heiligsten Mutter an!" Nach dieser Ermahnung faßte er den Kranken an den Haaren und stieß einen Schrei aus, worauf er sich langsam von der Erde in die Luft erhob, den Wahnsinnigen mit sich in die Höhe führend. So hielt er dann unter dem größten Erstaunen und der Verwunderung der Anwesenden den kranken Edelmann eine Weile in der Luft hin= und herschwebend, worauf er sich sanft mit ihm zur Erde niederließ. Der Edelmann aber war wieder vollständig gesund. — Hier war die „auf= steigende Kraft," welche man der Psyche Joseph's zuschreiben könnte, sicherlich nicht dieselbe, welche auch den Edelmann von seinem Wahnsinne befreite. Es läßt sich daher wohl an= nehmen, daß bei dem Phänomen noch etwas übernatürliches, das außerhalb seiner liege, vorhanden wäre.*)

§ 26. — Wie ich im vorhergehenden, als von der Mög= lichkeit übernatürlicher Stigmata die Rede war, einige Bei= spiele bezüglich lebloser Gegenstände angeführt habe, so werde

---

*) Der heutige Psychiater wird darin mit Ritter von Besme schon deshalb nicht einig gehen, weil, die Thatsächlichkeit der Levitation zuge= lassen, nichts die gerechtfertigtere (natürlichere s'il vous plait) An= nahme hindert, der Kranke sei durch den starken psychischen Eindruck von seiner Manie befreit worden, von einem Eindruck, den, weiß Gott, doch wohl jeder empfangen wird, wenn er, bei den Haaren erfaßt, plötzlich in die Luft erhoben würde, dort eine zeitlang zwischen Himmel und Erde in beständiger Lebensgefahr verweilend — ganz abgesehen von der höchst wunderbaren Art dieser Luftreise. Den Alienisten stehen in in ihren Annalen zahlreiche Fälle zur Verfügung, daß jemand durch einen heftigen Schreck, durch eine große Lebensgefahr oder einen wunder= baren Eindruck von seiner Manie und Psychose geheilt — ja sogar dauernd geheilt wurde.

Der Übersetzer.

ich hier, um den Beweis zu erbringen, daß die Levitation
von außermenschlichen Wesen hervorgebracht werde, jenen
vielberühmten Fall der Erhebung einer Hostie auf einem freien
Platze zu Turin, anziehen.

Der Fall ist sehr wohl bekannt. Während des Sommers
1453 begaben sich einige französische Truppen in das Herzog=
tum Mailand, um Franzesco Sforza zu Hülfe zu kommen,
welcher bei den Soldaten des Herzogs Ludwig von Savoyen
auf Widerstand gestoßen war. Auf dem Marsche nun plün=
derte man das Alpendorf Exilles. Selbst einige Heiligtümer
der dortigen Pfarrkirche wanderten in die Hände der beute=
gierigen Rotte. Ein unbekannter Soldat erbrach das Taber=
nakel und raubte die Monstranz mit samt der darin einge=
schlossenen Hostie.

Der Heiligtumsschänder steckte das geraubte Gut in einen
Sack, welchen er auf einen Maulesel legte, und begab sich so
nach Turin, woselbst er dann am Nachmittage des 6. Juni
eintraf. Doch kaum hatte er den Platz des St. Sylvester
betreten, auf dem heute die prächtige Corpus Dei=Kirche
prangt, so fiel der Maulesel nieder, und wie sein Herr auch
immer auf ihn zuschlagen mochte, nichts konnte das Tier
wieder auf die Beine bringen. Und als sich nun viele Neu=
gierige durch dieses seltsame Schauspiel angelockt, um das
arme Tier herumgestellt hatten, da riß auf einmal die Naht
des Sackes, und die Monstranz kam zum Vorschein. Langsam
erhob sie sich, ganz von selbst, und stieg in die Höhe, wobei
sie von einem eigentümlichen Lichte überstrahlt wurde.

Turin war damals noch gut ein Marktflecken zu nennen;
es zählte bloß 9000 Einwohner. Wie ein Lauffeuer ver=
breitete sich die Sache durch die ganze Stadt. Und wohl
sämtliche Bürger fanden soviel Zeit, dem Marktplatze zuzueilen,
um des Wunders mit eigenen Augen ansichtig zu werden.
Der Bischof Ludwig Marchese von Romagnano, im Bischofs=
ornat, gefolgt von seinen Domherren, schritt in feierlicher

Prozession zu der Stelle, wo die Hostie in der Höhe schwebte.
Da öffnete sich plötzlich die Monstranz und fiel zur Erde,
während, umgeben von einem glänzenden Lichte, die geweihte
Hostie allein in der Luft verblieb. Der Bischof ließ nun
schnell den Kelch herbeibringen, erhob ihn in die Höhe und
bat nun unseren Heiland Jesus Christus, daß er herabsteigen
wolle, um fürderhin in Turin zu verbleiben. Und der hl.
Leib Christi kam nach und nach zur Erde, bis er endlich —
nachdem auch das himmlische Licht allmählich erloschen war,
in dem Kelche ruhte.

Der Bischof begab sich nun — mit der Hostie im Kelche —
wiederum in feierlichem Aufzuge nach dem Dome, begleite
von einer ungeheuren Menschenmasse. Hier wurde die Hostie
der hl. Monstranz einverleibt.

Dieses ist das Wunder. Daß wir es mit einem Wunder
zu thun haben — die Spiritisten würden sagen, einem
spiritistischen Phänomen — ist wohl unbestreitbar. Wenn
das Ereignis erwiesen ist, so ist es ein Wunder auch für
alle diejenigen, welche in der sogenannten »psychischen Kraft«
für den größten Teil der spiritistischen Phänomene eine Erklärung finden wollen. Ist aber auch der Fall wirklich so
verbürgt?

Dies ist eine andere Frage, derenthalben wir hier auf
die hauptsächlichsten Urkunden verweisen wollen.

In Turin kann man noch in dem Archiv Einsicht in die
ursprünglichen Original-Akten nehmen, die über den **zwei
Jahre nach dem Wunder** gefaßten Beschluß handelten, ein
Tabernakel, d. h. einen kleinen Tempel zur Aufbewahrung
der wunderbaren Hostie zu bauen. In diesem Dokument
das vom 25. April 1455 datiert war, setzten die versammelten
Domherren, deren Namen angegeben sind, fest, daß der Stifts-
propst und der Syndikus von Turin mit den Präsidenten
der cisalpinischen Ratsversammlung (was soviel heißt: mit
der ersten Obrigkeit nach dem Herzog) betreffs jenes Taber-

nakels verhandeln sollten, in dem die wunderbare Hostie auf=
zubewahren wäre.

Der Vorsitzende dieser cisalpinischen Ratsversammlung
bewilligte die Errichtung eines solchen Tabernakels. Aus
einer zweiten Urkunde, die aus dem nächsten Jahre herrührt,
geht dann klar hervor, daß die Domherren (deren Namen hier
ebenfalls wieder genau angegeben sind) ihren Vorgesetzten
hinsichtlich des Baues jenes Tabernakels einfach freie Hand
ließen, wie man zu sagen pflegt. Und dieses kleine Gebäude
wurde in der That ausgeführt. In den Akten des Stiftes
von Turin findet man auch den Namen des Architekten,
eines gewissen Antonio Trucchi von Beinasko. Als im Jahre
1492 auf Anweisung des Kardinals Dominicus della Rovere
die Kathedrale niedergerissen wurde, da er sie nach seinem
Plane noch glänzender erbauen wollte, sollte das kostbare
Tabernakel natürlich abhanden kommen.

Nach zwölf Jahren, also bereits 1510, beschloß der
Turiner Stadtrat, an der Stelle, wo sich das Wunder zu=
getragen hatte, eine Kapelle zu errichten. Ehe jedoch die
Verwirklichung dieses Planes in Angriff genommen wurde,
suchte der Stadtrat erst noch die Erlaubnis der vorgesetzten
kirchlichen Behörde nach. Und es existiert noch heute in
der erzbischöflichen Kurie in Turin das Dekret, womit der
Bischof Bernhardin von Prato, Coadjutor des Kardinals
Libo, zu dem Bau dieser Kapelle seine Ermächtigung erteilt.
Diese Urkunde ist datiert vom 30. Mai 1521, also zu einer
Zeit, als erst 68 Jahre seit jenem Wunder verflossen und
höchst wahrscheinlich noch Personen anzutreffen waren, die
Zeugen desselben gewesen oder gewiß von andern, die dem
Wunder gegenüber gestanden hatten, unterrichtet waren.
In dieser Urkunde wird dann der Hergang des
Wunders in derselben Weise geschildert, wie es
bereits weiter oben von uns geschehen ist.

Die Kapelle wurde dann auch errichtet, der Plan ist in

dem städtischen Museum aufbewahrt. Drei Gemälde, welche
die Geschichte des Wunders darstellten, schmückten die Kirche.
Auf dem einen Bild sah man das gestohlene Heiligtum, auf
dem anderen die Erhebung der leuchtenden Hostie in die
Luft und auf dem dritten das Herabsteigen derselben in den
Kelch. Der Plan dieser Kapelle trägt das Datum 31. Oktober
1528. Ein Jahr später war der kleine Tempel vollendet,
und es konstituierte sich zu Turin die sogenannte Brüder=
schaft des Corpus Domini — die älteste Italiens und viel=
leicht der ganzen Welt: sie führte und führt noch heute in
ihrem Wappen einen Kelch, worüber lichtumstrahlt eine Hostie
schwebt.

Die bescheidene Kapelle mußte dann der glänzenden
Kirche weichen, die heute noch den Platz schmückt. Im Jahre
1598 wurde Turin von der Pest verheert. Der Stadtrat that
sodann das Gelübde, einen großartigen Tempel zur Erinnerung
an das Wunder der Hostie zu errichten, wenn die Macht der
unheimlichen Krankheit gebrochen würde. Und die Epidemie
hörte thatsächlich auf — wahrscheinlich hatte sie ihren Höhe=
punkt erreicht — worauf eine Kirche gebaut wurde, die durch
einen Denkstein Zeugnis davon ablegt, daß sich gerade an
diesem Platze das großartige Wunder zugetragen hatte.

Indessen liegen auch noch andere Urkunden über dieses
denkwürdige Ereignis vor. Die nachfolgende rührt auch aus
derselben Zeit.

Als sich das Wunder zutrug, lebte nämlich in Rivarolo
ein Priester, namens Thomas Solerius, welcher an den
Händen und Füßen derart von der Gicht geplagt wurde, daß
er vollkommen unfähig geworden war, diese Glieder zu ge=
brauchen. Als er von dem Wunder hörte, that er das feier=
liche Gelübde, wenn er geheilt würde, sich sofort nach Turin
zu begeben, um jener heiligen Hostie seine Anbetung dar=
zubringen, ihr eine Kerze von drei Pfund zu weihen und
eine Dankesmesse lesen zu lassen. Und in der That sollte

er alsbald geheilt sein, so daß er sich unverzüglich von seinem
Schmerzenslager zu erheben imstande war. Die Heilung wird
vielleicht natürlich gewesen sein: doch thut dies ja wenig zur
Sache. Hauptsache ist, daß der Priester von dem Notar
Johannes von Solis einen Akt aufnehmen ließ, worin er
von seinem Gelübde und der ihm zuteil gewordenen Gnade
Zeugnis ablegt.

Unter Beidruck des notariellen Siegels und der Unterschrift des Notars und des Priesters ist die Urkunde auch
noch von zwei hinzugezogenen Zeugen unterschrieben worden.
Dies Dokument ist von größter Bedeutung, weil es, wie
bereits gesagt, derselben Zeit entstammt wie das Wunder,
und wird noch heute in den Stiftsakten der Kirche Corpus
Domini aufgewahrt.

Auf einem der Pfeiler der Säulenhalle, welche die Vorderseite des Rathauses zu Turin bildet, fällt einem eine alte
lateinische Inschrift auf, die übersetzt folgendermaßen lautet:

An dem Tage des Heils, dem 6. Juni, geweiht
durch das denkwürdige Wunder der Hostie, hat
Turin in der angenehmen Hoffnung einer glücklichen fürstlichen Hochzeit das wiederhergestellte
und verschönerte Rathaus mit diesem Eckstein
als einem Zeichen der Frömmigkeit eingeweiht.
Anno MDCLIX.

Im Jahre 1557 veröffentlichte Philibert Pigone seine
„Geschichte Turins“, worin er auch unser Wunder kundgiebt
und dabei nicht nur den Fall bis in die kleinsten Einzelheiten behandelt, sondern auch noch sämtliche Sammlungen
aus dem Stadtarchiv anführt. Noch heute existieren Abschriften der ältesten Urkunden, worin haarklein die ganze
Sache berichtet wird, auch werden sogar einige Zeugnisse des
Wunders angeführt. Von diesen Papieren wird eins in der
königlichen Bibliothek aufbewahrt, ein anderes befindet sich in
dem Rathause, in einer unter vierfachem Verschlusse gehaltenen

Kassette und wieder ein anderes in der Heiligen Geisteskirche. Da — mit Unterschied aller anderen bisher angeführten Dokumente — diese letzteren nur Abschriften von Urkunden sind, so erhob mancher diesbezüglich Zweifel, indem man der Hypothese Raum gab, daß die Namen dieser Zeugen nur imaginär seien. Ein Advokat zu Turin hat jedoch kürzlich mit großer Ausdauer und ungeheuerem Fleiß das Kataster und andere Papiere jener Zeit einer gewissenhaften Prüfung unterworfen. Er fand dabei nicht nur, daß jene Zeugen wirklich existierten, sondern auch, daß sie entweder aus Gewohnheit oder dienstlich in der Nachbarschaft jenes Ortes, wo sich das Wunder zugetragen, gewesen seien und sämtlich somit dasselbe in Augenschein genommen haben konnten.

Die Art dieses Werkes verbietet mir, mich eingehender mit diesem Fall zu befassen: wer sich indes genauer hierüber zu orientiren wünscht, der sei auf ein kürzlich erschienenes Buch des erwähnten Ferd. Rondolino*) verwiesen, woselbst sich der Text der vier Hauptdokumente des Wunders findet, welche in paläographischer Art veröffentlicht wurden, mit Abkürzungen, d. h. nach der in den Originalen enthaltenen Ausdrucksweise.

Was ich bisher über das berühmte Wunder des Sakramentes zu Turin gesagt habe, würde übrigens genügen, um zu beweisen, daß wir es hier mit einer historisch beglaubigten Thatsache zu thun haben, womit eben nur diejenigen nicht einig gehen werden, welche den Dokumenten und dem Augenschein ein ebenso vollständiges wie unvernünftiges aprioristisches Leugnen entgegensetzen. Damit soll natürlich keineswegs gesagt sein, daß die Echtheit des Wunders auch das Geheimnis der Hostie bestätige, ebensowenig wie die Verwandlung der Stäbe in Schlangen seitens der pharaonischen Priester nicht im mindesten etwa für die Wahrheit der egyptischen Religion beweisend ist.

---

*) Rondolino, Das Wunder des Sakramentes, 1894.

§ 27. — So wie die Phänomene der Levitation sich nicht nur bei den Heiligen zutrugen und seitens der Christen solche Wunder, die sie unmöglich ihrem Gott zuschreiben konnten, dem Teufel in die Schuhe geschoben wurden, so tritt uns auch noch die Erscheinung entgegen, daß Rasende und Besessene frei in der Luft schweben.

Wie Görres bemerkt, war einer von den Gründen, welcher am meisten zur Bekehrung des heiligen Paulinus beitrug, daß er einen Besessenen in der Luft hatte hängen sehen, mit dem Kopfe nach unten, ohne daß seine Kleider auch nur im geringsten in Unordnung geraten wären.

„Ich sah," so erzählt Sulpicius Severus*), „als ich mich Martinus näherte, einen Besessenen, der, die Hände über dem Kopfe senkrecht nach oben gestreckt, sich in die Luft erhob und dort so in freischwebender Stellung verblieb."

In dem Werke: L'affaire curieuse des Possédées de Louviers werden mehrere Beispiele davon angeführt, daß Nonnen wunderbarer Weise aus ihrer Zelle von unsichtbarer Macht getragen wurden z. B. auf einen Hof über das Dach, über eine hohe Mauer und in einen benachbarten Wald.

Bekannt ist der Fall jener armen Besessenen von Vervins, namens Nicoletta Aubry, die sich in der Kathedrale von Laon angesichts einer ungeheueren Menschenmenge mehrmals in die Luft erhob — woran sie die vereinigten Kräfte von sechs starken Männern nicht hindern konnten.

Und in der That braucht man weder ein Besessener noch ein christlicher Heiliger zu sein, um der Levitation unterworfen werden zu können; haben wir doch diese Erscheinung bereits bei den türkischen Derwischen**) angetroffen, wie bei den indischen Fakiren***). Simon dem Zauberer†) und dem

---

*) Gespräche des Sulpicius Severus, § 19.
**) I. Buch, 5. Hauptstück, § 9 vorl. Werkes.
***) II. Buch, 1. Hauptstück, §§ 12 und 16 vorl. Werkes.
†) IV. Buch, 2. Hauptstück, §§ 9 und 10 vorl. Werkes.

Neuplatoniker Jamblichus*): ja, es ließe sich sogar auch noch der häretische Wunderthäter Montanus und der unglückliche König Lorenz anführen. Letzterer erhob sich bis zu der Wölbung des traurigen Gefängnisses, in welchem ihn die Bologneser gefangen hielten, u. s. w. Dieselbe Erscheinung sehen wir dann auch häufig in unseren heutigen spiritistischen Sitzungen.**)

§ 28. — Bereits war bei dem oben erwähnten Heiligen Joseph von Copertinus von einer Erscheinung die Rede, welche mehr als eine einfache Levitation, schon als eine wahre Translation des Körpers, wenn auch nur in geringem Maß- stabe, anzusehen ist. Allein in der Geschichte oder mindestens in der Legende nehmen diese Verbringungen von Personen bisweilen geradezu ein erstaunliches Maß an. Die heilige Schrift spricht ihrerseits sogar von Erhebungen bis zum Himmel. Davon thaten wir eines jener Fälle bereits Er- wähnung in der Himmelfahrt Jesu Christi.***) [Da ein Gott (und schließlich auch die Mutter Gottes) von selbst zum Himmel emporsteigt und nicht nötig hat, aufgehoben zu werden, so unterscheidet das katholische Dogma zwischen Himmelfahrt und Himmelerhebung, ein Unterschied, welcher im Deutschen fast kaum, im Italienischen aber in den Worten ascensione und assunzione — wobei assunzione im Sinne der Himmelfahrt der Maria' gebraucht wird — um so deutlicher hervortritt.] Die anderen beiden Beispiele, welche uns die Bibel darbietet, sind die des Patriarchen Henoch und des Propheten Elias. Von dem ersteren, dem Vater jenes Methusalah, der bekanntlich in der Blüte der Jahre starb, heißt es, daß er in einem Alter von 365 Jahren „nicht mehr gesehen wurde, weil der Herr ihn hinweg genommen habe." †)

---

*) V. Buch, 1. Hauptstück, § 8 vorl. Werkes.

**) Vorzüglich wurde dies Phänomen bestätigt bei Eusapia Paladino (s. Mailänder Bericht) und den beiden Medien Home und Eglinton.

***) IV. Buch, 1. Hauptstück, § 33 vorl. W.

†) 1. Mose 5, B. 24.

Im Hebräerbrief sagt dann vermutlich der Apostel Paulus, daß „Henoch durch den Glauben weggenommen ward, daß er den Tod nicht sähe und nicht mehr gesehen ward, weil es Gott gefallen hatte, ihn irgend wo anders hinzusetzen.*) Noch bekannter und wichtiger ist die Reise Elias' auf dem Feuerwagen mit feurigen Rossen vor den Augen Elisas**)

Allein lassen wir die Reisen bis zum Himmel beiseite sie sind wirklich zu weit. Wenn das Paradies in der Höhe ist, wie die Christen dies zu glauben scheinen, da sie von einer Auffahrt gen Himmel sprechen, so muß es noch hinter dem Firmament sein. Nun hat man aber berechnet, daß das Licht desjenigen Sternes, der unserem Planeten am nächsten ist, 70 Jahre braucht, um zu uns zu gelangen. Nehmen wir auch an, der Feuerwagen des Elias sei mit der Geschwindigkeit des Lichtes dahingeeilt, also nicht weniger als 300 000 Kilometer in der Sekunde, so wäre höchst wahrscheinlich doch der Körper des armen Propheten noch auf der Reise begriffen.

§ 29. — In einigen Fällen wurde dann auch die vermeintliche Auffahrt einer Person ins Paradies nur anscheinend bewirkt. Die heilige Agnes von Böhmen verschwand einmal während einer Stunde und wurde von ihren Schwestern in den Wolken schwebend gesehen, aus denen sie nach einiger Zeit herabstieg.***)

Indes scheint ein Ereignis weniger wahrscheinlich, obschon es nicht an historischen Belegen gebricht, welches sich im Jahre 446 zugetragen haben soll. Wir wählen den Bericht des heiligen Nicephor, der von 750—828 lebte, da jener von Baronius noch als den genauesten hingestellt wird.

Noch zur Regierungszeit Theodosius' des Jüngern kam ein Erdbeben vor, welches an Stärke und Zeitdauer alle

---

*) Hebräer 11, B. 5.
**) 2. Könige 2, B. 11.
***) Bolland., Acta sanct., 6. März.

vorherigen weit hinter sich ließ . . . . Die Einwohner,
welche hierüber in großen Schrecken geraten waren, verließen
die Stadt und flüchteten sich auf ein freies Feld, mit ihnen
Kaiser Theodosius und ihr Patriarch Proklos . . . . Da
sollte sich nun ein unerwartetes und fast unglaubliches
Wunder zutragen, das alle mit der größten Verwunderung
erfüllte.

Auf einmal wurde mitten aus den Anwesenden ein
Kind vor aller Augen von einer unsichtbaren Macht emporgehoben, und zwar so hoch, daß man es aus den Augen verlor. Als es dann nach einer Zeit lang herabgekommen war,
erzählte es dem Patriarchen Proklos, ja selbst dem Kaiser
und der ganzen Menge, es habe einem großem Konzert der
Engel beigewohnt, die Gott mit heiligen Gesängen laut ge-
priesen hätten . . . . Kaum hatte das Kind seine Erzählung
beendet, so hauchte es auch schon seinen Geist aus.*)

Der Kardinal Baronius sagt: „Ein so großes Ereignis
verdiente wohl für die späteste Nachwelt aufbewahrt zu werden
und ewig im Gedächtnis der Menschen zu verbleiben, weshalb
seiner jährlich in den Annalen der Kirche Erwähnung geschehen
solle. Daher hat auch die griechische Kirche dies Wunder in
ihr Monologium [Heiligen Kalender] gesetzt, damit es jedes
Jahr einmal in den Kirchen verlesen werde." **)

Hieraus hat auch Nicephor seinen Bericht geschöpft. Dies
ist aber gerade eine etwas unsichere Quelle; giebt es deren
doch noch bessere. Der Bischof Asklepiades Trallian ***), der
zur Zeit des Wunders lebte, äußerte sich über dasselbe
mit folgenden Worten: „Diesmal handelt es sich nicht etwa
um eine Sache, die bloß zweien oder gar einer Person zur
Kenntnis gelangt ist, sondern selbst der ganzen Welt."

----

*) Breviarium historicum.
**) Aus den Annalen der Kirche, Bd. 5. vom Jahre 446.
***) Bei Baronius, ebenda.

Arkazius, ein Nachfolger Proklos in der Patriarchen=Würde von Constantinopel, versichert, daß „die ganze Stadt es mit eigenen Augen gesehen habe." Justinian, Bischof von Sicilien, sendet von dem Ort der Synode den nämlichen Bericht seinem Lande zu, was ebenfalls der Bischof Quintilian von Askulan thut. Papst Felix III äußert sich zu einem Pastor von Antiochien mit folgenden Worten: „Alle Briefe, welche hier= über geschrieben wurden, sind unangefochten geblieben und haben nicht im geringsten eine Änderung erlitten, so daß Du, wenn Du willst, sie zu Rate ziehen kannst: Exstant horum omnium epistolae integrae, nullaque ex parte labe- factae, quas consulere pro tuae voluntatis arbitrio poteris." Diese Briefe, welche der Papst anführt, finden sich nebst seinem eigenen Briefe in dem 2. Bande der Konzilien= Dekrete. Der heilige Johannes Damascenus*) sagt, daß „auf dem vierten Konzil zu Chalcedonien zur Erinnerung an dieses Ereignis ein Hymnus angestimmt worden sei, der sich gleichfalls in seinen Akten befände und zwar am Ende des 1. Abschnittes." Nun wohl, man beachte, daß dies Konzil, auf dem 630 Bischöfe des Morgen= und Abendlandes zusammentraten und auf welchem die Ketzerei des Eutyches verdammt wurde, bereits im Jahre 451 statt= fand, also nur fünf Jahre nach dem Wunder.

Es liegen also, wie man sieht, hinreichend Urkunden vor, um die Echtheit dieses Vorfalles zu bestätigen; da man ander= seits auch den Flug des heiligen Joseph von Copertinus, des heiligen Peter von Alcantara u. s. w. zugeben muß, so dürfte die Annahme lächerlich erscheinen, daß die Kraft, welche diese Person in die Höhe erhob, sich nicht weiter als beispielsweise 50 m über den Erdboden erstrecken sollte. Auch Leute, welche sonst sehr vernünftig denken und ohne Vorurteil sind, können doch angesichts allzu wunderbar erscheinender Wunder nicht

---

*) De fide orthod. Buch III, Kap. X.

ein unerklärliches Gefühl von Mißtrauen bezwingen. Jedenfalls denke ich, werden nur wenige zu dem Glauben geneigt sein, daß das byzantinische Kind wirklich in den Himmel erhoben worden sei und dort die Engel ihre Litaneien anstimmen gehört habe, wie es uns Dante in seinem einschläfernden Paradiesgesang kundgiebt. Der Vernunft entspricht wohl sicherlich mehr die Annahme, daß das Kind während seines ekstatischen Fluges einer himmlischen Vision unterworfen war.

§ 30. — Noch weniger seltsam dürfte die Erscheinung sein, daß Körper unsichtbar transloziert werden, d. h. also, daß eine Person an einem bestimmten Ort verschwindet, um an einem andern wieder zu erscheinen. Ein Beispiel davon finden wir in der Apostelgeschichte [dessen wir schon im ersten Band vorl. Werkes, S. 47, in der Fußnote Erwähnung thaten. Der Übers.]: „Da sie aber heraufstiegen aus dem Wasser, rückte der Geist des Herrn den Philippus hinweg, und der Kämmerer sahe ihn nicht mehr; er zog aber seine Straße fröhlich. Philippus aber ward gefunden zu Asdod und wandelte umher." *)

Auch haben wir bereits gesehen,**) was uns Philostratus von Apollonius von Thana berichtete. Dieser Weise sei in Gegenwart des Kaisers Domitian und seines ganzen Hofstaates zu Rom vor aller Augen plötzlich verschwunden, um sich bald darauf in wunderbarer Weise in Pozzuoli bei Neapel zu seinen Schülern Demetrius und Damides zu gesellen, die er kurz vorher dorthin bestellt hatte. Der heilige Johannes vom Kreuz brachte sein Leben sozusagen in einem beständigen Fluge zu. Von ihm berichten die Bollandisten, daß er einmal von seinem Krankenbette verschwand, um erst nach einiger Zeit wieder zu erscheinen.

Auch war Margaretha vom heiligen Sakrament häufigen

---

*) Apostelgeschichte 8, B. 39 und 40.
**) I. Band vorl. Werkes S. 374.

Levitationen unterworfen. Als sie eines Tages für eine kranke Mitschwester eine Traube pflücken wollte, sah man sie sich ohne Anstrengung in die Höhe erheben, um so die Frucht pflücken zu können, worauf sie dann unverzüglich wieder auf den Boden zurückkam.

Auch vermochte dieselbe fast augenblicklich von einer Stelle zu einer anderen zu gelangen. So befand sie sich im Thore, dann auf einmal in der Krankenstube und dann wieder im Saal bei den Exercitien, wobei sogar die Thüren verschlossen waren.*)

Doch ist auch dieses Phänomen sehr selten im Leben der Heiligen anzutreffen, wiewohl wir wissen, daß es einigen unserer heutigen Medien zugeschrieben wird. Der Vorgang hierbei scheint der zu sein, daß ein menschlicher Körper sich in die Moleküle auflöst, aus denen er besteht, um sich dann anderorts wieder zusammenzusetzen. Mithin dürfte er eine große Ähnlichkeit mit jenen so häufigen und gut bestätigten Phänomenen in unseren spiritistischen Sitzungen aufweisen, daß nämlich ein lebloser Körper einen anderen durchdringt und durch diesen — z. B. durch ein Brett hindurch geht, indem er sich dann auf der entgegengesetzten Seite dieses Gegenstandes wieder zusammensetzt, oder daß ein Körper in ein vollständig von allen Seiten verschlossenes Zimmer gelangt (mit den sogenannten Apporten) u. s. w.

§ 31. — Eine Erscheinung, der wir indes zu allen Zeiten häufig entgegentreten, ist jene äußerst interessante telepathische, die unter dem Namen Bilokation, Ubiquität oder Bikorporität bekannt ist und von den Spiritisten meistens mit Doppelgängerei bezeichnet wird. Das Medium verfällt dabei in einen mehr oder weniger tiefen Schlaf, und während sein Körper sichtbar und unbeweglich verbleibt, bekleidet sich die Psyche mit einem zweiten fluidösen Körper, der an einem

---

*) de Rochas, La Lévitation. S. 37.

anderen Orte gesehen und selbst auch berührt werden kann. Von solchen Erscheinungen sogenannter „Gespenster (Gespinste) lebender Personen“, womit sich auch heuer — angeregt durch den Spiritismus — die Wissenschaft beschäftigt, liegen so viele gut beglaubigte Beispiele vor, und besonders aus der Neuzeit, daß man dicke Bände damit anfüllen könnte. Hier werden wir uns nur auf berühmte Fälle des Altertums einlassen.

Bereits haben wir ein Beispiel angeführt.*) Es erzählt Tacitus, daß Vespasian im Tempel der Serapis zu Alexandrien hinter seinem Rücken das Gespenst des Priesters Basilides erblickte, welcher zu jener Zeit — wie der Kaiser später in Erfahrung brachte — achtzig Meilen von Alexandrien entfernt, krank darniederlag.

Dem hl. Augustin waren diese Erscheinungen sehr wohl bekannt, als er die inhaltsschweren Worte schrieb: „Die Erscheinungen Toter bei Lebenden werden ebenso entstehen wie die von Lebenden anderen Lebenden gegenüber.“**)

§ 32. — Bei Sophronius***), den St. Johann Damascenus und die siebente Synode anführen, liest man die Anekdote von Georg, Abt des Klosters vom Berge Sinai, welcher am Charsamstag von dem lebhaftesten Wunsch ergriffen wurde, den ersten Ostertag zu Jerusalem zu feiern, um in der Auferstehungskirche das Abendmahl zu nehmen. Und thatsächlich an demselben Tage befand er sich unter der Geistlichkeit der heiligen Stadt, von denen der Patriarch Petrus das Sakrament des Altars vollzog. Viele waren höchlichst überrascht, ihn zu sehen, und der Patriarch wandte sich an seinen Koadjutor Mennades mit der Frage: „Wann ist denn der Abt vom Berge Sinai hier eingetroffen?“ worauf dieser ihm antwortete, daß er ihn soeben zum ersten Male gesehen habe. „So saget ihm,“ erwiderte der Patriarch, „daß er sich noch nicht

---

*) Band I vorlieg. Werkes, S. 313.

**) De cura pro mortuis.

***) Prato spirituale § CXVII.

zurückziehen solle, da ich mit ihm das Frühstück einnehmen möchte." Mennades kam unverzüglich dem Auftrage des Patriarchen nach; allein der Abt befand sich bald darauf wieder in seiner Zelle.

Der Patriarch von Jerusalem sandte, von dieser anscheinenden Ungehorsamkeit eigentümlich berührt, einen Prälaten nach dem Berge Sinai, woselbst man dann erfahren mußte, daß der Abt Georg sich bereits seit 70 Jahren niemals aus seinem Kloster entfernt hatte.

Sehr bemerkenswert ist der Fall, der sich St. Gregor bei dem Tode St. Martins, eines seiner Vorgänger, auf dem Bischofsstuhl zu Tours, zugetragen haben soll.

Der heilige Ambrosius war damals Erzbischof von Mailand. Als er an einem Morgen des Jahres 402 die Messe las, schlief er plötzlich ein. »Zwei bis drei Stunden vergingen so, ohne daß ihn jemand zu wecken wagte. Schließlich fand sich doch jemand dazu bereit und bemerkte: „Herr, das Volk ist müde; erlaubt, daß ich die Ceremonie weiter fortsetze." — „„Beunruhiget euch nicht,"" gab Ambrosius zurück. — „„Ich fühle mich sehr glücklich über diesen Schlaf. Wisset, daß Martinus, mein Bruder im Episkopat, gestorben ist. Ich habe seiner Beerdigung beigewohnt, als ihr mich gerade wecktet.""

Alle wurden bei diesen Worten von höchstem Erstaunen befallen. Nach einigen Tagen traf die Nachricht von dem Tode des Martinus ein. Zeit und Stunde der Beisetzung stimmte genau mit derjenigen des Schlafes überein, welcher ihn am Altar befallen hatte.«

Dieses Ereignisses wird auch in den ältesten ambrosianischen Brevieren und in der allererst Lebensbeschreibung des Heiligen, welche sich als eine Handschrift in der ‚Ambrosianischen Bibliothek' findet, Erwähnung gethan. Bolland berichtet, daß er in dem Chor der Basilika des hl. Ambrosius ein Gemälde gesehen habe, das jenes Wunder darstelle — ein Gemälde, welches nach den Sachkennern der damaligen Zeit wohl tausend Jahre vorher angefertigt worden war.

Dennoch wurde das Wunder niemals in Zweifel gezogen, selbst als im 15. Jahrhundert Kardinal Baronius bemerkte, daß Ambrosius, wie aus der Geschichte des Sulpicius·Severus hervorgehe, bereits 397, also fünf Jahre vor dem Tode Martinus', der nach Gregorius 402 starb, aus dieser Welt abgeschieden sein soll. Der Kardinal Friedrich Borromäus weigerte sich, diesen Einwurf gelten zu lassen, der seiner An= sicht nach nur auf einen Irrtum im Datum zurückzuführen sei. Und in der That, die Behauptung geht nicht zu weit: der Bollandist Papebroc bewies, daß auf dem Konzil zu Turin, welches im September 393 stattfand, die Diözese von Tours durch den Bischof Brizius, einen Nachfolger von Martinus, vertreten wurde. Das Datum des Todes dieses Heiligen wurde daher auf das Jahr 396 festgesetzt.

Ziehen wir nunmehr, wie wir es bisher gethan haben, hiermit ein Ereignis aus unseren Tagen in Vergleich, das sich einem eifrigen Spiritisten und großen Medium zutrug.

Auf der Mai=Versammlung der Londoner Psychological Society of Great Britain im Jahre 1876 berichtete Rev. Stainton Moses folgendes merkwürdiges Vorkommnis: Einer seiner Freunde, welcher zu Lincolnshire wohnte, war gestorben, und er war zur Beerdigung desselben eingeladen worden. Weil er nun verhindert war, dort anwesend zu sein, so saß er ruhig zu jener festgesetzten Stunde in seinem Zimmer zu London, ohne etwas ungewöhnliches an sich zu verspüren. Da schwand ihm auf einmal das Bewußtsein, und als er wieder zu sich kam, sah er nach seiner Uhr: zwei volle Stunden hatte er sich in diesem Zustande befunden. Allmählich wurden nun alle Einzelheiten, eine nach der andern, von dem Be= gräbnisse seines Freundes in seinem Gedächtnis wach, oder besser gesagt, er erinnerte sich nach und nach einer Szene, die er erlebt hatte. Es traten ihm wieder die Priester und

die Träger des Sarges vor sein geistiges Auge, und zwar so
deutlich, so genau, als wäre er bei den Beisetzungsfeierlich=
keiten zugegen gewesen. Hierüber höchst erstaunt, zeichnete er
jede Einzelheit genau auf und sandte dann selbigen Tages
noch diese Beschreibung an einen Freund, welcher der
Feier beigewohnt hatte. Dieser fragte nun unverzüglich bei
Stainton Moses an, wie er denn so genau die sämtlichen
Einzelheiten hätte in Erfahrung bringen können. Und man
beachte, daß der Priester, welcher den Sarg zur Gruft be=
gleitete, nicht derselbe gewesen ist, der vorher zur Beerdigung
bestimmt war, da dieser noch im letzten Augenblicke aus un=
vorhergesehenen Gründen verhindert wurde und von einem
anderen Geistlichen deshalb vertreten werden mußte. Außerdem
hatte sich zwar der Leichenzug von Lincolnshire aus bewegt,
doch waren alle Trauerfeierlichkeiten zu Northamptonshire
abgehalten worden. Dort hatte er auch den Friedhof gesehen
und auch jenen Teil in Augenschein genommen, wo sich das
Grab befand — wobei ihm besonders ein in der Nähe des
Grabes befindlicher Baum aufgefallen war.

Herr Stainton Moses versichert, daß es ihm durchaus
nicht so geschienen habe, als ob er geträumt hätte, und selbst
wenn dies der Fall gewesen wäre, würde doch die wunder=
bare Reise dieselbe geblieben sein. Er erklärte daher jenes
Ereignis als eine eigentümliche psychologische Thatsache.

Der hl. Joseph von Copertinus versprach dem
schon sehr bejahrten Octavius Piccinus, daß er zu ihm kommen
wolle, um ihm, wenn sein Ende nahe, Beistand zu leisten.
Und er hielt sein Versprechen, ohne sich von Rom zu ent=
fernen. Von seiner Zelle aus im Kloster zu Assisi stand er
auch seiner Mutter in der Sterbestunde bei.

Während der hl. Antonius von Padua in Spanien
predigte, wurde sein Vater, den man zu Hause in Padua des
Mordes bezichtigt hatte, vor Gericht gestellt und zum Tode
verurteilt. Schon wollte man das Urteil vollziehen, als

Antonius auf dem Richtplatze erschien, die Unschuld seines Vaters klar erwies und den wahren Schuldigen ans Licht zog, der dann später seine blutige That mit dem Leben sühnte.

Bei dem wegen seiner Heiligsprechung eingeleiteten Verfahren ergab sich dann aus unwiderleglichen Berichten, daß sich der Heilige zu derselben Zeit in Spanien befunden hatte.

Derselbe Heilige stieg auch einmal zu Monte Pessulo auf die Kanzel. Mitten während der Predigt erinnerte er sich plötzlich, daß er vergessen hatte, einem seiner Brüder eine dringende Bestellung zu machen. Er zog daher seine Kapuze über das Gesicht und verharrte so einige Augenblicke ohne ein Wort zu sprechen und ganz unbeweglich. Dann nahm er wieder den Faden seiner unterbrochenen Predigt auf. Erst später erfuhr man, daß er zu dieser Zeit das Versäumte, wie man heute sagen würde, telepathisch nachgeholt hatte.

Aus den Akten der Seligsprechung Alfons' von Liguori, des Bischofs von St. Agatha, ersieht man, daß jener fromme Knecht Gottes wunderbarerweise dem Papst Clemens XIV (dem nämlichen, welcher den Jesuitenorden aufhob) in seiner Sterbestunde im Vatikan zu Rom beistand, während sich sein Körper unbeweglich zu Arienzo im Königreich Neapel, einem Orte seiner Residenz, befand, woselbst er in tiefe Ekstase verfallen war. Diese hielt volle 24 Stunden an, bis zu dem Augenblicke, als der höchste Priester verschied, nämlich am 22. September 7 Uhr morgens im Jahre 1747. Die Sache erregte natürlich so großes Aufsehen, war zudem von so zahlreichen Zeugen beglaubigt, daß die Heiligsprechung des Bischofs Alphons noch vor der festgesetzten Zeit erfolgte.*) — Man bedenke, daß ein Jahrhundert vorher zwei Frauen wegen desselben Phänomens auf Anraten der Kirche von Amtswegen als Hexen verbrannt wurden!

---

*) Ab. Jeaomon, Vie du bienheureux Alphonse de Liguori, 4. Teil, Kap. 9.

§ 33. — Der großartigste Fall einer Entsendung des Doppelgängers, den man in der Lebensbeschreibung der Heiligen begegnet, ist sicherlich jener der Maria von Agreda, der berühmten „Maria von Jesu", deren Körper während ihrer Levitation so leicht zu sein schien, daß ein Lufthauch genügte, um sie, wie eine Feder schwingend, hin und her zu bewegen und mit welcher König Philipp IV von Spanien sich nicht versah einen persönlichen Briefwechsel während ganzer 22 Jahre zu unterhalten. *)

Außerdem war sie 500 mal in aufeinanderfolgenden Entzückungszuständen gewesen, während welchen sie in fremde unbekannte Gegenden entführt worden sein wollte, die unter einer noch heißeren Sonne standen, als die ihres Landes.

Häufig hörte man sie bei ihren Erzählungen die Namen verschiedener Orte nennen, welche man dann später beim Nachsuchen in Neu = Mexiko fand. Sie beschrieb die Einwohner, ihre Kleidung, Sitten und Gewohnheiten, sowie die Waffen, deren sie sich bedienten. Sie gab ferner kund, was sie mit denselben gesprochen habe, indem sie noch hinzufügte, daß es ihr geschienen, als gelangte sie im raschen Fluge von einer dunklen Gegend in der Nacht nach einer anderen von der Sonne erleuchteten. Hierbei hätte sie noch erst ein weites Meer zu überschreiten gehabt und dann noch einige unbekannte Strecken des Festlandes.

Einmal beabsichtigte sie in ihrer Verzückung den Indianern einige Rosenkränze, welche sie in ihrer Zelle hatte, mitzubringen und unter sie zu verteilen. Als sie wieder zu sich gekommen war, suchte sie mit großem Fleiß nach denselben, doch waren diese nicht mehr zu finden. In einigen Ekstasen sah sie, nachdem sie eine ganze Bevölkerung bekehrt hatte, wie dieselbe, von ihr und den in Neu = Mexiko ansässigen Franziskanern geführt, zur heiligen Taufe schritten.

---

*) Germand de Losigne, La Sœur Marie d'Agreda et Philippe IV. (1855.)

Nun sahen aber eines Tages die Franziskaner, während sie die Einöden von Rio del Norte auskundschafteten, einen zahlreichen Indianerstamm auf sich zuschreiten. Dieser sprach die Mönche um die heilige Taufe an: Es sei ihnen eine weiße Frau, deren Wohnort ihnen jedoch unbekannt sei, des öfteren erschienen und hätte sie zum Christentum bekehrt, wobei dieselbe sie überredet habe, sich taufen zu lassen. Die Verwunderung der Missionare war eine große; denn wie sie auch die Indianer nach den Geheimnissen des Glaubens fragen mochten, sie erwiesen sich als vollständig unterrichtet. Als sie dann betreffs jener wunderbaren Frau weitere Erkundigungen bei den Indianern anstellten, vermochten diese ihnen nichts anderes zu sagen, als daß sie niemals eine ähnliche Person gesehen hätten. Dennoch ließen gewisse Anhaltspunkte in der Beschreibung derselben vermuten, daß sie eine Nonne sein könnte. Aus diesem Grunde zeigte man den Indianern ein Bild der ehrwürdigen Maria Luisa von Carrion, welche in einem großen Rufe von Heiligkeit in einem Kloster von Spanien lebte, indem man glaubte, die Indianer würden in diesem Bilde ihren weiblichen Apostel wiedererkennen. Als diese jedoch das Bild genau betrachtet hatten, erwiderten sie, daß hinsichtlich der Kleidung und des Schleiers das Bild wohl eine Ähnlichkeit mit jener Frau aufweise, dagegen beruhe ein großer Unterschied in den Gesichtszügen, da diese bei ihrer Missionärin noch jugendlich und von großer Schönheit gewesen wären. Später begab sich Pater Alonzo Benarides, das Oberhaupt der Franziskaner, von Neu=Mexiko nach Spanien zurück und stattete in Madrid dem Vorsteher seines Ordens, Pater Bernhardi von Siena Bericht ab über das merkwürdige Vorkommnis, welches sich den Missionaren des Rio del Norte zugetragen hatte. An jener Erzählung erkannte der Abt, daß es Maria von Agreda sei, deren Ekstasen ihm bekannt waren. Er riet daher Benarides, sich zu ihr zu begeben. Maria von Jesu unterhielt sich mit ihm genau

über alles, dessen sie sich noch erinnerte, und Pater Alonzo
fand, daß sie gerade so genau in Neu=Mexiko zu Hause war
(wie man zu sagen pflegt) wie er selbst. Die Heilige machte
ihm sodann über das Land und seine verschiedenen Orte die
genaueste Angabe, nannte diese mit Namen und ging auf
alle Einzelheiten ein, so habe sie ihn und seine Brüder oft
gesehen. Dabei wußte sie die Zeit und den Ort anzugeben,
sowie die näheren Umstände, unter denen sie mit ihnen zu=
sammengekommen sei; sie vermochte ebenfalls über jeden
einzelnen Missionar genaue Angaben zu machen.

Erstaunt über diese Wunder fertigte Benarides sogleich
einen eingehenden Bericht darüber aus. Darin drückte er
seine Ansicht dahin aus, daß die Weise, in der sich Maria von
Agreda den Indianern offenbart hatte, einer wirklich körper=
lichen Thätigkeit zuzuschreiben sei. Allein über diesen Punkt
hüllte sich die Heilige in ein zweifelhaftes Schweigen ein*)
und äußerte sich später in einer von ihr selbst zur Ehre
Gottes abgegebenen Erklärung: Ich glaube, es ist am wahr=
scheinlichsten, daß den Indianern unter meinem Antlitz ein
Engel erschien, und daß der Herr mir während des Gebetes
gezeigt hat, was sich da drüben zutrug.**)

34. — Der Abt Olier (1608—1657), der zu Paris
Priester war und als Begründer der Brüderschaft des
St. Sulpicius bekannt ist, berichtet uns, wie er sich selbst zu
Gott bekehrt habe. Die Mutter Agnes, die Oberin des
Klosters von Langeac in der Auvergne, hatte eine Vision,
worin ihr die Jungfrau anbefahl, für Olier, den sie nicht
kannte, zu beten. Olier seinerseits sah sie nun in sein Zimmer
treten, während er am Beten war; sie trocknete ihre Thränen

---

*) Dies gebot wohl die eigene Klugheit, denn man konnte doch
auch in thörichtem Wahn Nonnen als Hexen verbrennen oder lebendig
einmauern!   Der Übersetzer.

**) Görres, Die christliche Mystik, Band II, S. 233.

und sagte: „Ich weine für dich." Zuerst glaubte Olier, daß es die Himmelskönigin wäre; bei einem zweiten Gesichte jedoch bemerkte er, daß die Erscheinung das Gewand einer Dominikanerin trug, und entschloß sich, emsige Nachforschungen zu halten, um in Erfahrung zu bringen, wer sie denn eigentlich wäre.

Als er bald darauf die Auvergne besuchte, hörte er die Heiligkeit der Mutter Agnes preisen. Da bei ihm plötzlich der Wunsch rege wurde, sie kennen zu lernen, so begab er sich in ihr Kloster. Dort sollte er aber höchst überrascht werden, zu Langeac der nämlichen Person gegenüberzustehen, welche er zu Paris gesehen hatte. „Mutter", rief er aus, „ich habe Sie schon einmal gesehen." ‚Allerdings‘, erwiderte ihm Agnes, ‚du saheſt mich zweimal zu Paris, woselbſt ich dir in deiner Klause zu St. Lazarus erſchien, da mir von der hl. Jungfrau der Auftrag zuteil geworden war, für dein Seelenheil zu beten.‘

Als man über die Heiligſprechung eben dieser Agnes konferierte, wurden außer Olier noch 24 Ohrenzeugen dieser Thatſache vernommen, da jener Fall in Frankreich ſehr bekannt geworden war.

Unmöglich, wie kann dies ſein?! wird mancher ausrufen. Albernes Pfaffengewäſche, Fabeln erhitzter Gemüter! Doch man möge aus der zu Padua von Dr. Ermacora und Dr. Finzi herausgegebenen Rivista di studi psichici*) (pſychologiſchen Rundſchau) folgenden intereſſanten Fall in Betracht ziehen, der zudem durch Unterſchrift noch heute lebender Perſonen verbürgt wurde:

In der Nacht vom 5. auf den 6. Februar 1895 ſah Herr Decius Calvari zu Rom im Traum, daß ſich plötzlich ein Mann vor ihn ſtellte, der einen Brief in der Hand trug. „Ich heiße Hoffmann," ſagte der unbekannte Fremde, „dieſer

---

*) Auguſtheft 1896.

Brief ist für Sie bestimmt; allein da Sie gekommen sind . . .“
Durch den lebhaften Eindruck, den der Traum auf ihn
machte, erwachte Calvari. Am Morgen besuchte er einen
Freund, einen gewissen Johann Figà. Dieser kannte einen
Herrn Hoffmann, und als Calvari ihm jene Gestalt, die er
im Traume gesehen, genau beschrieb, geriet Figà in das
größte Erstaunen, da jener mit der Schilderung ganz genau
den betreffenden Herrn beschrieb.

Nach einigen Tagen erhielt Calvari einen Brief von
Frau W., einer begeisterten Theosophin, worin sie ihn zu sich
als Gast bat, um ihn mit einem Herrn Hoffmann bekannt
zu machen.

Als er nun mit Herrn Hoffmann zusammenkam, er=
kannte er, daß nicht nur die Ähnlichkeit in den Gesichtszügen,
sondern auch in dem ganzen Auftreten und selbst in dem
Ton der Stimme mit der ihm im Traume erschienenen Ge=
stalt eine vollständige war. Auch Hoffmann erklärte, daß
er in einer Nacht vorher die klare Empfindung gehabt habe,
als sei er in einem ihm völlig fremden Zimmer und träfe dort
jemanden an, den er noch nie vorher gesehen hätte. Diesem
habe er sich genähert und vorgestellt. „Ich heiße Hoffmann,“
habe er gesagt und dann einen Brief gezeigt, welchen Frau
W. an ihn geschrieben und worin sie ihn gebeten hatte, mit
Calvari zusammen zu kommen.*)

§ 35. — Der heilige Franziskus Saverius segelte
im November 1571 von Japan nach China, als sich ein

---

*) Es erinnert dieser Fall an das Traumgesicht des Apostels
Paulus, dem die erste christliche Mission auf europäischem Boden zu
verdanken ist. Paulus erschien nämlich im Traume ein Mann aus
Macedonien, welcher ihn bat, doch zu i h n e n zu kommen und ihnen
durch die neue Lehre des Heils zu helfen. Apostelgesch. 16, 9. Vielleicht
dürfte der Heidenapostel später mit jener Gestalt im fleischlichen Körper
auch zusammen gekommen sein, dessen Astralkörper sich ihm telepathisch
bemerkbar gemacht hatte.   Der Übersetzer.

heftiger Sturm erhob, der das Schifflein hin und her schleuderte.
Mitten in der Nacht wurde eine Schaluppe mit 15 Seeleuten
ins Meer gelassen. Da riß plötzlich eine heftige Woge das
kleine Boot von dem Schiffe los, so daß die Leute, welche
sich auf dem letzteren befanden, es ganz aus den Augen verloren. Dennoch zögerten diese nicht, sich des Verschwindens
des Bootes und ihrer 15 Gefährten zu vergewissern. Schon
glaubte man sie verloren, als St. Franziskus, der beständig
im Gebet gelegen hatte, versicherte, daß man nach drei Tagen
jene Schaluppe wieder treffen werde. Am andern Tage stieg
ein Mann auf die Spitze des Mastbaumes, sah aber nichts.
Da zog sich der Heilige wieder in seine Kabine zurück, in-
brünstige Gebete zu Gott emporsendend. Nachdem er so den
größten Teil des Tages zugebracht hatte, sprang er voll Vertrauen auf Deck, versichernd, daß das Boot mit der ausgesetzten
lebenden Fracht ungefährdet sei. Und in der That, am
nächsten Tage, als schon der Heilige die Mannschaft des
Schiffes nicht mehr zu beschwichtigen imstande war, kam die
Schaluppe in Sicht, und die Leute kehrten alle wohlbehalten
an Bord zurück.

Nach einem Bericht von Mendes Pinto hatte sich unter
den in dem Boote Ausgesetzten ein höchst sonderbarer Vorfall
zugetragen. Sobald nämlich die 15 Seeleute das Deck des
Schiffes betreten hatten und man die Schaluppe wieder an
Bord ziehen wollte, da riefen die fünfzehn, daß man nach
Saverius sehen möchte, der wohl noch auf dem Boote zurückgeblieben war. Vergebens versuchte man sie zu überreden,
daß er das Schiff doch nicht verlassen hätte; hartnäckig behauptete die kleine Besatzung des Bootes, daß Franziskus
Saverius stets unter ihnen geweilt habe und daß ihm ihre
Rettung zu verdanken sei, da er mit sicherer Hand das Ruder
erfaßt und das Schifflein durch die brausenden Wogen des
Ozeans dem großen Schiffe zugesteuert hätte.*)

*) Pater Bonhours, Vie de Saint François Xavier, Buch 5.

Es sei noch bemerkt, daß ein ähnlicher Fall sich dem heiligen Nikolaus zutrug. Die Tradition berichtet, daß die Mannschaft eines vom Sturm verschlagenen Schiffes ihn das Fahrzeug lenken gesehen hätte, während der Bischof im Dom zu Mira amtierte. *)

Und ein anderes Beispiel bietet uns die Lebens= beschreibung des heiligen Stephanus dar, des berühmten Abtes des Klosters zu Massentius in Bitanien, zur Zeit Constantins Copronymus des Bilderstürmers. Nach einem heftigen Sturm statteten ihm die Seeleute und die Passagiere eines Schiffes laut ihren Dank ab, da sie ihn gesehen hätten, wie er in der größten Gefahr am Steuer ihres Schiffes stand und es dem sicheren Port zuführte. **)

An dieser Stelle halte ich mich doch für verpflichtet, selbst auf die Gefahr hin, einen Anachronismus zu begehen, einen ganz ähnlichen Fall, wie die soeben berichteten, zu erzählen, der sich in diesem Jahrhundert zutrug.

Der Schotte Robert Bruce war im Jahre 1828 Ober= steuermann von einem Kauffahrtei=Schiffe, welches, von Liver= pool kommend, nach St. John in Neu=Braunschweig segelte. Eines Mittags saß er in seiner Kabine — welche derart an die des Kapitäns angrenzte, daß sich Kapitän und Obersteuer= mann, wenn sie sich bei der Arbeit befanden, einander sehen konnten — und war mit der Berechnung beschäftigt, wieviel Knoten das Schiff zurückgelegt hatte. Da es ihm schien, als ob jemand in der benachbarten Kabine anwesend wäre und er dort den Kapitän bei seiner Arbeit vermeinte, so wandte er sich an denselben mit der Frage: „Was macht nach Ihrer Berechnung die Entfernung? Die meinige liefert ein unbe= friedigendes Resultat." Ohne den Blick von seiner Arbeit zu erheben, wartete er auf die Antwort des Kapitäns. Allein

---

*) Mirville, angef. Werk, Bd. 6, 4. Jahrh. § V, 2.
**) Fleury, Hist. Eccles., Buch XLVIII.

wie lange er auch so warten mochte, sein Gegenüber blieb
stumm. Er sah daher auf und trat verwundert in die an=
stoßende Kabine. Aber wie sollte er erstaunen, als er dort
einen hageren Mann mit fahlem Gesicht erblickte, der auf
der Tafel des Kapitäns einige Worte zu schreiben schien.
Diese Gestalt war Bruce noch nie vor Augen getreten und
sechs Monate befanden sie sich bereits auf offener See.
Darüber konnte kein Zweifel obliegen: dieser Mann mußte
ein Fremder sein, der — weiß Gott wie — irgendwo an
Bord gestiegen war.

Nur einen Blick wandte der unheimliche Fremde ihm zu,
und Bruce geriet darob so in Entsetzen, daß er so rasch wie
möglich auf Deck stürzte, um die Begebenheit dem Schiffs=
kapitän zu rapportieren.

„— Herr Kapitän, — wissen Sie, wer sich in Ihrer
Kabine aufhält und an Ihrem Schreibtisch arbeitet?“

„„— Nein!““ war die Antwort, „„hoffentlich niemand
ohne meine Erlaubnis.““

„—Ich versichere Sie, daß sich dort eine fremde Person
befindet, wie ich sie noch nicht an Bord gesehen habe. Auf
einer Tafel hat sie einige Worte geschrieben und mir dann
Ihren Blick zugewandt, so traurig und, ich möchte sagen, un=
heimlich, daß mir schier die Haare zu Berge standen und ich
genug hatte.“

„„— Pah! Possen!““ warf der Kapitän ein.

„— Nein, Herr Kapitän, ich habe der Gestalt in die
Augen gesehen: — ich irre mich n i c h t, da ich jenen Mann
so gut sah, wie ich überhaupt nur irgend einen in meinem
Leben gesehen habe.“

„„— Aber wer soll es denn sein?““

„— Das wissen die Götter; Thatsache ist, daß sich ein
Fremder an Bord befindet und daß ich soeben das zweifel=
hafte Vergnügen hatte, ihm zu begegnen und zwar in Ihrer
Kajüte — Herr Kapitän.“

„„— Lassen Sie die Tollheiten, Herr Bruce; ich muß Sie ernstlich bitten. Wie in aller Welt soll ein Fremder an Bord kommen? Sind wir doch bereits ein volles halbes Jahr ununterbrochen auf offener See.““

„— Das mag sein wie es will," entgegnete der Obersteuermann in gemessenem Tone, „ich kann nur sagen, was ich gesehen habe und für dessen Wahrheit ich voll und ganz einstehe."

„„— Nun wohl, so lassen Sie uns nachsehen!"“

Die beiden betraten sodann die Kabine des Kapitäns. Wie aber man auch in dieser und in der anstoßenden des Obersteuermannes sich umsehen mochte, nichts war von dem verdächtigen Fremden zu entdecken.

„„— Sehen Sie nun,"" sagte der Kapitän lachend, „„daß Sie sich mal ordentlich geirrt haben?!"“

„— Herr Kapitän, ich leiste Ihnen einen wahrhaftigen Eid, daß ich mit meinen leiblichen Augen gesehen habe, wie die Gestalt dort mit Schreiben beschäftigt war."

„„— Nun, dann müßte ja auch etwas dort geschrieben sein!"“

Rasch ergriff der Kapitän die Tafel, und siehe da, welch großes Erstaunen sollte die beiden befallen, als sie die Worte entdeckten: »Steure luvwärts, nord-west, viertel-west.« Dies konnte keine Täuschung sein. Mit festen, männlichen, schön geschwungenen Zügen standen diese Worte deutlich lesbar auf der Tafel.

„„— Hm, irgend ein schlechter Scherz,"" meinte der Kapitän, „„wir wollen sofort das ganze Schiff durchsuchen lassen und die Mannschaft auf ihre Schrift hin prüfen. Zweifelsohne werden wir dann den Spaßvogel erwischen."" Die Nachforschungen blieben resultatlos, und die Schriftvergleichung sämtlicher an Bord anwesender Personen ergab, daß niemand diese kalligraphisch schönen Buchstaben der geheimnisvollen Schrift geschrieben haben konnte.

„„— Nun,"" sagte der Kapitän, „„mag die Sache auch unaufgeklärt bleiben; in mein Kommando lasse ich mir doch nicht so mir nichts dir nichts hereinreden, und es fällt mir im Traume nicht ein, auf den bloßen Wunsch eines unbekannten Schreibers hin meinen Kurs zu ändern."" Wie sehr einige abergläubische Matrosen auch den Kapitän zu überreden suchten, der mysteriösen Aufforderung doch ja Folge zu leisten, und darin einen Fingerzeig der Vorsehung erblickten, dem man unter allen Umständen nachkommen müsse — der Kapitän blieb hartnäckig auf seinem Kurse bestehen, und kein Einreden vermochte ihn davon abzubringen.

Gegen Mittag aber bewölkte sich der Horizont, reiflichere Überlegungen zwangen nun den Kapitän, doch einen anderen Kurs einzuschlagen, und er erachtete es nach seinen Berechnungen für das beste, den Kurs nordwest 2c. zu nehmen, also genau so, wie die Schrift lautete.

Nach einigen Stunden meldete der Mann auf dem Auslug, daß Eisberge in Sicht seien. Und in der That, bald nahm man auch vom Deck aus die schneeigten Meerestürme wahr, die gleich gespensterhaften Riesenfahrzeugen näher und näher kamen. An ihrem Fuße schien ein Wrack, der Überrest eines gestrandeten Schiffes, sich zu befinden, und anscheinend waren die beiden ebenfalls sichtbar werdenden schwarzen Körper zwei Seehunde. Der Kapitän betrachtete diese neuen Ankömmlinge durch sein Glas, und bald erkannte er, daß man es mit zwei Menschen zu thun hatte. Man setzte ein Boot aus und brachte die beiden ausgehungerten und bis aufs äußerste erschöpften Leute an Bord.

Es war ein älterer hagerer Mann und ein jüngerer, Vater und Sohn.

Als der Obersteuermann herbeitrat, erschrak er heftig und prallte zurück. Das war wieder jene seltsame Erscheinung, die er am Nachmittage schon einmal wahrgenommen hatte; in den Zügen des Alten erkannte er genau die jener rätselhaften

10*

Person, welche jenen bedeutsamen Satz auf die Tafel geschrieben haben mußte. Nachdem nun der Kapitän von dem sonderbaren Zusammentreffen Kenntnis erhalten hatte, nahm er sich vor, ein Experiment anzustellen.

Die beiden neuen Passagiere waren an Skorbut erkrankt und bedurften der Pflege. Der Kapitän ließ den alten in seine Kajüte eintreten und bat ihn, auf die Rückseite der Tafel die Worte: „Steure luvwärts, nordwest, viertel= west" zu schreiben. Und siehe da, die Schrift stimmte bis in alle Einzelheiten mit der anderen auf der Vorderseite der Tafel befindlichen überein. Der Kapitän, dessen Verwunderung hierdurch den Gipfelpunkt erreichen sollte, wandte die Tafel um und sah den Alten fragend an. Als dieser dann ebenfalls seine Verwunderung über das beiderseitige Beschreiben der Tafel ausdrückte, erzählte ihm der Kapitän die seltsame Begebenheit vom Nachmittage, und man erfuhr, daß der alte Mann, ebenfalls ein Schiffskapitän aus Dänemark, gegen Mittag nach heißem inbrünstigen Gebete um Rettung in einen tiefen Schlaf verfallen und dann mit dem festen Bewußtsein froh wieder erwacht sei, daß ihnen Hülfe nahe und ein Schiff in Aussicht wäre.

Der gerettete Seemann erwähnte noch, daß er nicht nur ein unbeschreibliches Gefühl wie eine Ahnung gehabt habe, daß ein Schiff ihnen entgegen komme, sondern daß es ihm auch gedeucht habe, als befände er sich an Bord dieses Schiffes und nähme derart an dessen Leitung teil, daß es ihnen zusteuere.

‚Und sonderbar,' schloß der Alte seine Erzählung, ,ich habe das Gefühl, als sei ich schon einmal auf diesem Schiff gewesen, da mir alles so bekannt vorkommt.'

Dies ist der Bericht, dessen auch Dale Owen, der Gesandte der Vereinigten Staaten zu Neapel, in seinem unsterblichen Werke: Footfalls on the Boundary of another World (Widerhallende Fußtritte an der Grenze einer anderen Welt, 1860) Erwähnung thut und der so sehr durch erforderliche Urkunden bestätigt und verbürgt ist, daß auch nicht der geringste Zweifel hinsichtlich seiner Echtheit obliegen kann.

Hätte sich dieser Fall nun einem Mönche zugetragen, so wäre dies wohl ein hinreichender Grund zur Heiligsprechung desselben gewesen. Dagegen sind in den von der „Londoner Gesellschaft für psychische Forschungen" herausgegebenen und von so ausgezeichneten Psychologen, wie Podmore, Gurney und Myers verfaßten Werke: Phantasms of the Living*) 679 ähnliche Fälle von Erscheinungen Lebender gesammelt worden, welche sämtlich, der neuesten Zeit angehörend, vollständig bestätigt wurden und die sich bei Personen zugetragen haben, welche niemals an krankhaften Einflüssen gelitten, noch Halluzinationen unterworfen waren usw.

Einen ähnlichen Fall dieser Art berichtet auch eine streng wissenschaftliche Zeitschrift**), wo er indes ausführlicher dargestellt wird, als es hier geschehen kann, und auch noch mit den Aussagen der Zeugen versehen ist.

Herr Wilmot schiffte sich 1863 auf dem Dampfer »City of Limerik« in Liverpool nach New-York ein, wo sich seine Frau und Kinder befanden. Am zweiten Tage erhob sich auf einmal ein heftiger Sturm, der erst in der Nacht vom 8.–9. Tage nachließ. Zum ersten Mal seit seiner Einschiffung hatte Wilmot nun wieder eine gute Nacht. Inzwischen aber war seine Frau daheim, schon ohnedies durch die Nachricht von den Stürmen im atlantischen Ozean beunruhigt, infolge einer Meldung, daß die nach Boston segelnde »Afrika«,

---

*) Die deutsche verkürzte Übersetzung unter dem Titel »Gespenster lebender Personen« von Feilgenhauer unter Berücksichtigung der beiden bereits veröffentlichten verkürzten Übersetzungen ins Französische und Russische von L. Marillier und Wl. Solowjeff erschien bereits 1896; enthält jedoch nur den ersten Teil (8°, 23 Bg.). Die zweite Hälfte befindet sich in Bearbeitung.

**) Annales des sciences psychiques, I, 219—226.

welche am gleichen Tage wie die »City of Limerik« England verlassen hatte, gescheitert war, in größte Sorge geraten. Sie befand sich in banger Angst um ihren Gatten und blieb eines Abends, mit dem Gedanken an ihren geliebten Mann, sehr lange auf.

Gegen vier Uhr Morgens träumte sie, über das in Aufruhr befindliche Meer geführt zu werden, wo sie einem schwarzen und niedrigen Schiff begegnete. Sie stieg an Bord, ging unter das Verdeck und durchsuchte die Kabinen. Endlich fand sie unter dem Hinterdeck ihren Gatten und wunderte sich darüber, daß das über ihm befindliche Bett weiter zurückgeschoben war, als sein eigenes. Es lag im ersteren ein Mann, der sie fixierte, so daß sie einen Augenblick schwankte, ob sie eintreten sollte; dann aber schritt sie vorwärts, beugte sich über ihren Mann und umarmte ihn, worauf sie wieder weg ging.

Wie sich nun später herausstellte, entsprach das Aussehen des Schiffes und der Kabine vollständig der Wirklichkeit.

Herr Wilmot lag — wie erwähnt — zum ersten Mal wieder ruhig schlafend in seinem Bett. Gegen Morgen träumte er, seine Frau trete herein, zögere einen Augenblick beim Anblick des Schlafkameraden, gehe dann aber auf ihn zu, umarme ihn und entferne sich wieder.

Als er erwachte, sah er seinen Schlafkameraden William J., der mit aufgestützten Ellenbogen auf ihn herabsah. „Sind Sie aber ein Glückspilz,“ sagte er, „so einen Besuch zu haben!“ Wilmot bat ihn, sich näher zu erklären, und nun erzählte William, was er wachend gesehen hatte und was mit dem Traume Wilmot's genau übereinstimmte.

§ 36. — Eine besondere Klasse von Erscheinungen der Bilokation macht jene aus, wobei die Psyche des Mediums einer schlafenden Person erscheint. Gewöhnlich — oder immer — befindet sich auch das Medium im Schlafzustande, so daß das Phänomen uns als ein Besuch, den sich zwei Geister im Schlafe abstatten, erscheint.

Zur Zeit des Kirchenvaters Augustin stand ein Mönch ob dieses Wunders in Ansehen. Derselbe, mit Namen Johannes, besuchte im Traume Personen, welche ihn darum angesprochen hatten.

So hatte einmal eine Nonne den Wunsch geäußert, ihn kennen zu lernen, worauf Johannes erwiderte, daß die Satzungen seines Ordens dies nicht zuließen. In der folgenden Nacht jedoch wollte er sich bei ihr im Traume einstellen. Diesem Versprechen sei er auch nachgekommen.*)

Auch berichtet uns St. Augustin von sich selbst, daß er einem seiner Schüler im Schlafe erschienen sei, ohne dessen gewahr worden zu sein, und daß er dem jungen Mann eine Stelle von Cicero erklärt habe, die dieser vorher nicht verstanden hatte.**)

Als Rüdiger, Graf von Calabrien und Sizilien, Capua belagerte, erschien ihm St. Bruno im Traum und benachrichtigte ihn von einer Verschwörung, welche sein Heer verderben sollte. „Beeile Dich", sagte ihm der Begründer der Karthäuser, „wenn Du diesem Verlust vorbeugen willst." Der Graf ließ sich dies nicht zweimal sagen: er erhob sich sofort und ließ Alarm blasen. Bald hatte er sich der 160 Verschwörer bemächtigt und war so einem Verrate zuvorgekommen, der schon ernste Dimensionen angenommen hatte. Einige Monate später begab sich Rüdiger in die Wüste, wo Bruno lebte, um ihm zu danken. In diesem Falle aber antwortete jener Heilige, daß er durchaus von nichts wisse und daß vielleicht »einer jener Engel sein Aussehen angenommen hätte, denen Gott die Oberaufsicht über die Kämpfe ꝛc. anvertraut habe.«***)

---

*) St. Augustin, De Cura pro mortuis, § 17.

**) Ebendas. § 17.

***) Don Calmet, Apparitions etc. S. 96.

§ 37. — Man streitet heutzutage sehr über die Frage, ob die Geistererscheinungen immer nur subjektiven Charakters seien (d. h. ob die Psyche eines erscheinenden lebenden oder verstorbenen Menschen derart auf das Gehirn des Sehers einwirkt, daß er einen Körper erscheinen läßt, der in Wirklichkeit nicht da ist) oder ob sie nicht auch objektiv seien, d. h. daß sich ein wirklicher mehr oder weniger verstofflichter (materialisierter) Körper bildet. Wir werden nun einige Fälle anführen, welche für die letzte Hypothese beweisend sein würden.

Bei der Erzählung von der Erscheinung des hl. Bruno drängt sich uns unwillkürlich eine andere berechtigte Frage auf, und zwar die: Werden die Phantome von Lebenden durch die Psyche des Mediums hervorgebracht, das fernwirkend von seinem Körper auftritt, oder von einem sogenannten Geiste, der nur das äußere einer bestimmten lebenden Person annimmt?

Die Experimental-Psychologie hat uns indes oft die erste Hypothese als richtig erwiesen. Allein auch die zweite ist a priori nicht zu verwerfen, umso mehr nicht, als a posteriori gut beglaubigte Fälle vorliegen, wie z. B. des hl. Bruno, der doch schlechterdings in seiner Gebirgsklause nichts von der gegen den Graf Rüdiger geplanten Verschwörung wissen und daher auch nicht ihm in einem Gesichte davon Mitteilung machen konnte [vorausgesetzt, daß wir für diesen Fall von dem Hellsehen 2c. abstrahieren. Der Übers.].

Auch den christlichen Theologen waren diese beiden Hypothesen bekannt, indem sie dem ersten Fall den Namen autoprosopos (eigenes oder persönliches Bildnis) beilegten, den zweiten Fall aber mit heteroprosopos (fremdes Bildnis) bezeichneten.

§ 38. — Hinsichtlich der Autoprosopopeen findet man in der Lebensbeschreibung der Heiligen einige merkwürdige Fälle. Als die hl. Liduina körperlich in Rom anwesend war, besuchte sie die Orte des heiligen Landes im Geiste. Da sie dort ausglitt und fiel, zog sich einer ihrer fluidösen Füße eine

Verletzung zu, welche einige Tage lang an ihrem Fuße von Fleisch und Blut sichtbar verblieb. Ein ander Mal besuchte sie im Geiste die Heiligtümer von Rom. Als sie an einem Dornengestrüpp vorüberging, verwundete sie ihren Finger an einem Dorn. Am anderen Tage litt sie an heftigen Schmerzen an dem körperlichen Finger.*)

Man muß anerkennen, daß diese letzten seltsamen Fälle der christlichen Wunderthäter sich vollkommen an die von dem Obersten de Rochas angestellten Experimente betreffs der Exteriorisation der Empfindlichkeit (de Rochas, L'extériorisation de la sensibilité), sowie auch an die von Paracelsus und anderen Gelehrten der Renaissancezeit beobachteten Thatsachen anschließen.

§ 39. — Wie in neuerer Zeit, so hat man auch früher häufig beobachtet, daß Personen im Augenblick ihres Todes anderen oft auf weite Entfernung als Gespenst erscheinen. Doch ist hier nicht der Punkt, um darauf näher einzugehen.

Es erübrigt jedoch über jene Erscheinungen von Verstorbenen zu sprechen, von welchen die Geschichte der Heiligen so ungeheuere Beispiele aufweist. Doch da diese Fälle im allgemeinen hinreichend bekannt sind, so werde ich mich hier darauf beschränken, nur einige Vorkommnisse anzuführen, welche sich dem Heiligen Ambrosius dem Erzbischof von Mailand zugetragen haben, der die Thür des Tempels vor Theodosius schließen ließ, da dieser von dem Blute des Severinus Boetius befleckt war.

Der heilige Ambrosius sah drei Tage hintereinander im Traum zwei geheimnisvolle in weiß gekleidete Gestalten. Das dritte Mal hatte sich noch eine dritte Person zu ihnen gesellt, welche dem Schlafenden der Apostel Paulus zu sein schien. Derselbe sagte ihm ungefähr folgendes: „Diese beiden Leute, die Du an meiner Seite siehst, haben zehn Jahre in Mailand gelebt und sind, nachdem sie dort gestorben, an der nämlichen

---

*) Mirville, Des Esprits, Bd. IV, Anhang V, § 1 u. 3.

Stelle begraben worden, wo Du Dich befindest. Du wirst
leicht ihren Sarg in einem ausgehöhlten Felsen finden, wenn
Du etwa 12 Fuß tief graben wirst. Laß dann ihnen zur
Ehre an dieser Stelle eine Kirche errichten." Als nun der
heilige Ambrosius nach dem Namen der beiden ruhmreichen
Streiter Christi fragte, bemerkte der Apostel, daß es nicht
nötig wäre, hierauf eine Antwort zu geben, da er bei ihren
Gebeinen eine Schrift vorfinden werde, welche die nötigsten
Angaben über jene enthalten würde.

Nachdem die Weihbischöfe zusammengetreten waren, teilte
ihnen Ambrosius sein Gesicht mit und ließ selbst in ihrer
Gegenwart die Ausgrabung vornehmen. Als man etwa
12 Fuß in die Erde eingedrungen war, stieß man wirklich
auf einen Sarg, und hierin fand man noch die beiden Körper
so gut erhalten, als habe man sie erst vor einer Stunde hinein=
gelegt. Ja, es entstieg ihm sogar ein angenehmer Wohlgeruch.
Auch fand man eine Schrift vor, welche mit den Worten
begann: „Ich, Philippus, ein Knecht Gottes, habe unter
„Beistand meines Sohnes die Körper dieser beiden ruhm=
„reichen Märtyrer, Zwillingssöhne des zu Ravenna als Mär=
„tyrer gestorbenen Vitalis und der bei Mailand ebenfalls
„den Märtyrertod erlittenen heiligen Valeria, hierher ver=
„bracht und sie in meinem Hause der Erde übergeben." Es
folgt nun eine Geschichte der beiden Heiligen Gervasius und
Protasius, wie sie den Märtyrertod erlitten u. s. w., und
auch ferner ein Bericht über ihre Bestattung.*)

Dieser Fall wird außer der Erzählung des Ambrosius

---

*) Gerade dergleichen Fälle (die auch wohl nur als echte Toten=
erscheinungen anzusehen sind, sollte anders man einer einfacheren An=
nahme gegenüber eine höchst verwickelte und sehr unannehmbar erscheinende
Hypothese vorziehen) finden sich so zahlreich in den Annalen des Spiri=
tismus (und werden auch dann und wann von der sensationssüchtigen
Tagespresse zwar als unerklärbar, aber doch als Thatsachen dargeboten),
daß wir hier keineswegs noch mehrere solche Fälle anzuführen brauchen.

selbst*) auch von seinem Schüler, dem St. Paulinus, kund=
gegeben, dem auch die Lebensbeschreibung desselben verdankt
wird, ferner von St. Martinus, von St. Gregorius, von
St. Gaudentius, von St. Zenobius, alles Zeitgenossen
von ihm. Vor allem aber von St. Augustin, der mehrmals
dieses Erlebnisses seines großen Lehrers in seinen Reden,
Bekenntnisse und in seinem Werke: De civitate Dei ge=
denkt. In dem letzten bemerkt er: „daß die irdischen Körper des
heiligen Gervasius und Protasius, welche allen verborgen und
unbekannt waren, sich Ambrosius im Schlafe offenbarten.“**)

In der Lebensbeschreibung des großen Mailänder Erz=
bischofs, die St. Paulinus verfaßte, welcher jenem seine
Bekehrung zum Christentum verdankte, ist auch von einem
Versprechen die Rede, das Ambrosius vielen gegeben hatte,
daß er ihnen nach seinem ihm bevorstehenden Tode wieder
erscheinen wolle, ein Versprechen, dem er auch den Jüngern
seiner Schulen, wie Simplicianus, Florentius, Zenobius 2c.
nachgekommen ist.

§ 40. — Diese Art von Erscheinungen scheint indes doch
zu beweisen, daß in Wirklichkeit die christliche Kirche nicht
die Seele als etwas ganz stoffloses bezeichnet, wie man es
im Religions= und Konfirmandenunterricht einzurichtern sucht,
sondern wohl als eine Substanz, welche fähig ist, die körper=
lichen Höllenstrafen zu erleiden und der Genüsse der himm=
lichen Freuden teilhaftig zu werden.

Was indes der menschliche Geist nach unseren heutigen
Theologen sein soll, ist nicht so leicht festzustellen. Voltaire

---

Nur auf zwei hervorragende neuerer Zeit sei verwiesen. Den einen
berichtet W. von Pribytkoff in „Aufrichtige Unterhaltungen über
den Spiritismus“ (aus dem Russischen von Feilgenhauer, S. 45.) und
den anderen Nataly von Eschstruth (Die Wasserrose) s. Zeitschrift
für Spiritismus, Nr. 42, S. 333.   Der Übersetzer.

*) Betreffs dessen Echtheit verweisen wir auf: Die Bollandisten,
Acta sancta, Bd. III, Juni, S. 381.

**) De civitate Dei, Kap. VIII.

schreibt: „Der hl. Thomas von Aquino sagt in seiner 75.
Frage und in der folgenden: ‚Die Seele ist eine für sich be=
stehende Gestalt, welche alles in allem ist; daß ihr Wesen
sich von ihrer Wirklichkeit unterscheidet; daß es drei vege=
tierende Seelen giebt, die nährende, vermehrende und erzeugende
Seele; daß das Gedächtnis der geistigen Dinge geistig ist und
das Gedächtnis der körperlichen Dinge körperlich; daß die
vernünftige Seele eine stofflose Gestalt ist, was die Ver=
richtungen anbetrifft, und stofflich, was das Wesen anbetrifft.
St. Thomas schrieb 2000 Seiten mit solchem Nachdruck und
solcher Klarheit. Daher wurde er der engelische Doktor
genannt.‘ "

Allein man muß auch anerkennen, daß Thomas von
Aquino in einigen Punkten wirklich sehr klar ist. So erklärt
er in jener Stelle der Summa: „Zwei unter sich durchaus
verschiedene Dinge können nur durch ein Mittelbing vereinigt
werden, das weder das eine noch das andere ist, aber beiden
in irgend einer Hinsicht gleicht. Mithin fordern die Seele
und der Körper, da sie Substanzen einer so entgegengesetzten
Natur sind, für ihre Vereinigung ein Zwischen=
element, das, ohne daß es gerade eine Seele zu
sein braucht, irgend etwas ihr ähnliches aber
und, ohne Körper zu sein, etwas stoffliches ist.

Hieraus sehen wir also, daß der englische Doktor bereits
das anerkannte, was heutigen Tages die Spiritisten mit
Perisprit und die Okkultisten mit Astralkörper be=
zeichnen.

Tertullian hatte schon in seiner Abhandlung über
die Seele gesagt: „Die Seele ist stofflich und wird
von einer besonderen und vom Körper verschiedenen Substanz
gebildet. Sie besitzt zwar alle Eigenschaften des Stoffes,
ist jedoch unsterblich. Auch gleicht sie in ihrem Äußeren dem
Körper. Gleichzeitig mit dem irdischen Körper geboren, er=
hält sie auch einen nie zu verlierenden individuellen Charakter."

§ 41. — Wie man ſieht, iſt die heutige Experimental=
wiſſenſchaft im Begriff, Zug um Zug jene wunderbaren
Thatſachen anzuerkennen, welche den Heiligen zugeſchrieben
wurden und welche die Voltairianer vor kaum einem Jahr=
hundert noch mit Spott und Hohn auszurotten vermeint
hatten. Zu beachten iſt nur, daß die katholiſche Kirche jene
Erſcheinungen als Wunder pries, wenn ſie für ſie einen
Vorteil darboten, im anderen Falle aber ebenſo mit ihrem
anathema sit bei der Hand war, ſobald man verſuchte,
ihr auf Grund derſelben das Monopol zu entreißen. Auch
iſt es nicht minder bezeichnend, daß ſie faſt ausſchließlich
auf die Wunder hin ihre Heiligſprechungen begründet, während
doch jene übernatürlichen oder übernormalen Phänomene
lediglich eine Folge der Mediumſchaft ſind. Dieſe rührt
wohl von ganz anderen Urſachen her als von reinſter und
heldenhafter Tugend — wie dies ja ſelbſt der Katholizismus
ſtillſchweigend zugeſteht, wenn er alle anderen Wunder=
erſcheinungen als Teufelswerk hinſtellt.

Nun iſt es aber ziemlich ſchlecht damit beſtellt, in allen
dergleichen Phänomenen den Höllenfürſten mit dem Pferde=
fuß zu ſehen, wenn ſeitens unſerer Gelehrten künſtliche Stigmata erzeugt, telepathiſche Experimente angeſtellt und Ex-
terioriſierungen des Doppelgängers vorgenommen werden.

Zuguterletzt aber ſind alle hiſtoriſch wohl ver=
bürgten Wunder, die von Heiligen vollbracht wurden,
genau dieſelben, wie die, welche die Kirche dem Teufel zu=
ſchreibt, und alle diejenigen, welche von der heutigen pſychiſchen
Forſchung, unabhängig von jeder Religion, beſtätigt werden.
Dabei ſeien auch nicht einmal jene bekannten Klopflaute bei
unſeren ſpiritiſtiſchen Tiſchſitzungen ausgeſchloſſen.

Der hl. Paſchalius Baylon, eine Zierde des jüngeren
Franziskanerordens, zog die Aufmerkſamkeit der Kirche auf
ſich dadurch, daß ſich unmittelbar nach ſeinem Tode ſowohl an
einem Bilde von ihm, als auch ſpäter in den Wänden ſeiner

Gruft Klopftöne vernehmen ließen. Nach seinem Biograph Chriftophorus erdröhnten diese Schläge bisweilen so ftark, daß sie Kanonenschüssen glichen: tantum tunc excitarunt fragorem quasi bombarda exploderetur, wie es die Über= setzung der Bollandiften bezeichnet. *)

In derselben Lebensbeschreibung von Paschalius Baylon findet man auch die Erzählung von einem Mönche, der an dem Grabe des Heiligen seine Gebete verrichten wollte. Als er dort seine Hand über dasselbe ausftreckte, erscholl auf ein= mal — gerade wie wenn er ein spiritiftisches Medium gewesen wäre — ein lautes Klopfen in dem Sarge, sobaß der fromme Mönch derart beftürzt wurde, daß sich kein Wort mehr von seinen Lippen löfte.**)

Bald fand man auf diese Weise in den Klopflauten, die der Heilige in seinem Sarge ertönen ließ, ein Mittel, um einen Verkehr zwischen dem Verstorbenen und den Lebenden herzuftellen. Daß man es hier nicht mit Betrug zu thun hatte, ging aus der Thatsache hervor, daß der Geift, so oft jemand in die Nähe kam, dem ein unheilvolles Ereignis bevorftand, dies durch heftige Schläge verkündete, während er durch sanfte und leise Klopflaute ein glückliches Ereignis anzeigte. Die Bollandiften berichten auch, daß diese typto= logischen Mitteilungen Veranlassung gaben, Paschalius Baylon heilig zu sprechen. Darauf spielen auch die Verse des lateinischen Kantus an, die bei der katholischen Kirche so sehr in Ehren ftehen:

> Qui miris tuis pulsibus
> Ex arca et imaginibus
> Adversa et felicia
> Quae sunt futura nuncias.

---

*) Bolland, Acta Sancta, 17. Mai, Posthuma gloria, Kap. 5, § 44.

**) . . . oratione facta quasi valedicere voluit, manumque superposuit arcae: quam adeo vehementer pulsari sensit, ut attonitus totus nec verbum quidem proferre potuerit. (idem, ibidem, § 49.)

[Wie wunderſam Dein Pochen klang,
Aus Sarg und Bildern zu uns drang,
Verkündend Leid und heit'res Loos,
Das für uns birgt der Zukunft Schooß.]

Die Kirche nahm alſo vor ein paar Jahrhunderten
nicht an, daß der Geiſt, welcher ſich durch Klopflaute kund=
gäbe, notgedrungen ein Teufel ſein müſſe, ſondern behauptete
vielmehr, daß es auch ein Bewohner der himmliſchen Gefilde
ſein könnte. Auch erblickte ſie durchaus nichts böſes darin,
daß man ſich mit dem Geiſte von Paschalius Baylon in
Verkehr ſetzte.

Heute aber hat ſie ihre Anſicht gedreht, und man kann
dies wohl begreifen; allein man begreift nicht, daß man ohne
Vorurteil zu dieſem Schluſſe gelangt ſein will. Ganz
gut, wenn die Seligſprechungen des Papſtes Benediktus XIV
feſtſtellen, welche Unterſcheidungsmerkmale zwiſchen den gött=
lichen und teufliſchen Wundern, nämlich hinſichtlich 1) des
Gegenſtandes, 2) des Zweckes, 3) der Wunderwirker, 4) der
Ergebniſſe beſtehen.

Allein die römiſche Kirche, welche natürlich
von der Vorausſetzung ausgeht, daß nur ihre
Lehren allein die einzige und höchſte Wahrheit
darbieten, kann nur ſolche Phänomene als göttlich be=
zeichnen, deren Charakter, Zweck und Ergebnis gleichfalls
wie die Wunderwirker nur dazu beitragen, den Katholizis=
mus triumphieren zu laſſen. Alle anderen Kirchen
machen es natürlich ebenſo, indem ſie den Charakter der
Phänomene mit ihren Dogmen in Beziehung bringen. Aber
dieſe ſind gerade das quod est demonstrandum und was
unterſucht werden ſoll, und zwar nicht nur durch Vernunfts=
ſchlüſſe, ſondern auch durch das Bemühen, ſich mit einer
Welt jenseits des Grabes in Verbindung zu ſetzen und ihre
Geheimniſſe zu erforſchen.

§ 42. — Ein anderes Hindernis besteht darin, daß die hochehrwürdigsten Mitglieder der Kongregation für die Kirchengebräuche, welche nicht nur berufen wurde, sich über den Gipfelpunkt der Tugend dieses oder jenes Streiters Christi auszusprechen, sondern auch über ihre Wunder, keineswegs wie Gott allwissend waren und daher sehr leicht einfache Naturerscheinungen für Wunder aufnehmen konnten, die sie in ihrer Beschränktheit bloß nicht zu erklären wußten. Und dies trotz alle der schönen in den nämlichen Seligsprechungen Benedikts XIV enthaltenen Grundsätze, jenes Benedikts, der doch gewißlich ein gelehrter und weiser Mann war, aber dennoch nicht in wissenschaftlicher Beziehung viel über seinem Jahrhundert stand. So ist es auch bei den telepathischen Phänomenen der Fall, von denen ich noch zwei andere Beispiele anführen werde.

Vor einem Jahre (1896) ging durch die Zeitungen der Vereinigten Staaten ein Ereignis höchst sonderbarer Art.

Vor einem Richter zu New-York wurde ein gewisser Macdonald geführt, der angeklagt war, in einem Hause der Stadt eingebrochen und gestohlen zu haben, wofür mehrere glaubwürdige Zeugenaussagen vorlagen. Allein zu derselben Stunde, als jener Einbruch erfolgt war, befand sich Macdonald in einer Art hypnotischen Schlafzustand in einem Saale, woselbst Prof. Wein einen Vortrag hielt und jenes interessante Subjekt einer zahlreichen Hörerschaft vorführte, wobei er die bei diesem Mann vorkommenden telepathischen Erscheinungen erwähnte. Man denke sich die Überraschung des armen Magistrates, der einen solch starken Alibibeweis nicht anzweifeln konnte, dagegen aber auch den gegen Macdonald erhobenen Zeugenaussagen nicht den Glauben verweigern durfte. Man sah sich daher genötigt, das Urteil zu verschieben, um erst noch das Gutachten einiger Psychiater einzuholen. Professor Wein gab seine Meinung dahin kund, daß er keineswegs zweifele, daß die beiden Macdonald, sowohl

der Einbrecher als auch der im hypnotischen Schlafe liegende,
ein und dasselbe Wesen seien, das sich augenblicklich in zwei
Persönlichkeiten getrennt hatte. — Den anderen Fall erzählt
Frau Crowe in ihrem Buche: Die Nachtseite der Natur.*)
Zur Zeit, als noch die Puritaner in Schottland ihre strenge
Kirchenzucht ausübten, also gegen die erste Hälfte des neun-
zehnten Jahrhunderts, gab es zu Glasgow sogar besondere
Aufseher, welche des Sonntags morgens umhergingen, um zu
sehen, ob jemand von der Kirche fernbliebe. Eines Morgens
nun fanden sie auf den Rasen hingestreckt einen Jüngling
und zwar einen chirurgischen Gehülfen, der ihnen sehr
gut bekannt war. Der junge Mann gab jedoch auf
ihre Fragen keine Antwort und stieß nur die Worte aus:
„Ich bin ein Elender, schauet im Wasser nach," worauf
er verschwand. Sie fanden nun im Wasser den Leichnam
einer jungen Frau, die schwanger war und womit der Jüngling, wie man wußte, in vertrauter Beziehung gestanden
hatte. Augenscheinlich hatte sie jemand mit einem chirurgischen
Instrument ermordet, und jener Jüngling war noch zuletzt
mit der unglücklichen Person gesehen worden. Bei Gericht
jedoch fehlte der wichtigste Beweis, nämlich das Schuld-
bekenntnis, weil er einen unwiderlegbaren Alibibeweis vor-
brachte. Er bewies, sagt Crowe, auf eine Weise, die jeden
Zweifel ausschloß, daß er von Anfang bis Ende des Gottesdienstes in der Kirche gewesen war. Dies könnte — meint
Brofferio — nur eine durch Reue hervorgerufene Telepathie sein.

Also sogar Räuber und Mörder vermögen dasselbe
Wunder zu wirken, welches die Heiligsprechung eines
Antonius von Padua, eines Alfons von Liguori und Fran-

---

*) Nightside of Nature, S. 183. — Auch von Brofferio in seinem
Werke „Für den Spiritismus" angeführt. S. 197. (Deutsche Ausgabe).

zistus Saverius zur Folge hatte. Hiermit hat doch der Teufel eigentlich nichts zu thun.

§ 43. — Und noch ein Beispiel. Ich erinnere mich in den Werken von Mirville die Geschichte eines Pilgers gelesen zu haben, welcher eines Abends an einer Klosterpforte um Einlaß und Nachtherberge bat, was ihm auch bewilligt wurde.

Bei Anbruch des anderen Tages waren die Mönche nicht wenig erstaunt, ihn tot im Bette vorzufinden. Aber noch mehr sollte man darüber in Erstaunen geraten, daß sein Körper in ganz eigenem phosphorartigen Lichte erstrahlte.

Wie man sich leicht denken kann, wirbelte das ungewöhn= liche Wunder ungeheuer viel Staub auf. Man veranlaßte die sorgfältigsten Nachforschungen, um die Identität des Leichnams festzustellen. Dabei erfuhr man nun, daß man es mit einem schottischen Bischof zu thun hatte, welcher vor einem Monat seine Diözese daheim verlassen habe, um eine Wallfahrt nach Rom anzutreten. Selbstredend war man all= gemein darin einig, daß die Gottheit den hochwürdigen Prälaten dadurch auszeichnen wollte, damit seinen irdischen Überresten von der gläubigen Christenheit die gebührende Ver= ehrung zuteil würde; es bedarf wohl keiner Worte, daß er sofort pflichtschuldigst unter die Zahl der Heiligen aufgenommen wurde. Ich bedauere wirklich, daß ich mich im Augenblick nicht auf seinen Namen zu entsinnen vermag.

Aber was würde der gelehrte Marquis de Mirville für Augen gemacht haben, wenn er einige Jahre später gelebt und erfahren hätte, daß ein deutscher Bakteriologe, namens Pflüger, eines Abends in der Anatomie auf seinem Sezier= tische, auf dem sich verschiedene Leichen befanden, eine fast vollständig im Phosphor=Glanze erstrahlende Leiche vorfand? Pflüger unternahm zwar keine Schritte, um die Heiligsprechung dieses Mannes zu veranlassen, sondern schnitt von der Leiche ein Stück ab, welches er dann einer genauen mikroskopischen Untersuchung unterwarf. Dadurch wurde jener sonderbare

Bazillus entdeckt, der nämlich die Eigenart besitzt, zu phos-
phoreszieren, und welchem man den Namen Micrococcus
phosphorescens beigelegt hat. Vor wenigen Monaten
wurde ein gewisser Giovanni Pagnutti in der Gemeinde von
Friaul dadurch überrascht, daß er ein rohes Stück Fleisch von
einem Truthahn, das sich in seiner Küche befand, in bläu-
lichem Lichte schimmern sah. Seitens des Ritters Johannes
Rallino, des Professors der Chemie an dem kgl. technischen
Institut zu Udine, und des Dr. Romano wurde das Stück
des toten Truthahnes einer Prüfung auf Phosphor unterzogen. Dabei ergab sich, daß das betreffende Stück absolut
keinen Phosphorgehalt aufwies. Dasselbe war auch bei einer
in Verwesung übergegangenen Ochsenzunge der Fall, die Herr
Alfred Nazzarini in seinem Hause hatte.

Wenn die katholische Kirche konsequent und logisch sein
wollte, so müßte sie auch jenem armen Teufel, den Pflüger
unter dem Seziermesser hatte — hinsichtlich seiner Phos-
phoreszenz — den Heiligenschein zusprechen und dem Truthahn-
beinchen wie der Ochsenzunge als Reliquien sorgfältigste Aufbewahrung und Verehrung angedeihen lassen.

Man könnte höchstens annehmen, daß das Asketentum
an psycho-physiologische Bedingungen geknüpft sei, welche
gewisse Phänomene zur Folge haben. Wollen wir eine übernatürliche Hypothese anziehen, so ließe sich schließlich annehmen
daß Gott und gute Geister sich unter gewissen Umständen
vorzugsweise bestimmter Personen bedienen wollen, die sich
eben vor den übrigen Sterblichen durch ungewöhnliche Tugendhaftigkeit auszeichnen.

3. Hauptstück.

Zauberer und Hexen.

§ 1. — Bei allen Völkern, die zu einem gewissen Ent-
wicklungsgrad gelangt sind, treten uns im Gegensatz zu den
Wundern der Heiligen die Zaubereien der Hexen entgegen.
Zwischen beiden steht die Magie, dessen philologische Bedeutung wohl feststeht, dessen philosophische Bedeutung indes
noch schwankend ist. Diejenigen, welche heutigen Tages an
Zauberei glauben, teilen sich in zwei entgegengesetzte Klassen,
indem sie Anhänger einer der beiden folgenden Theorien sind:

1) Der durch das Wissen, die Übung und den Glauben
verstärkte Wille vermag die Notwendigkeit zu bezwingen und
der Natur zu befehlen. Diese Erklärung ist keineswegs spiritistisch, wohl aber einfach okkultistisch: sie ist eine Über-
treibung, eine Karikatur der wissenschaftlichen Theorie von
der Suggestion. Sie ist eben die natürliche Magie.

2) Der Raum ist von Elementarwesen, Larven ꝛc.
von sehr zweifelhafter Beschaffenheit erfüllt, die kaum über
Willenskraft verfügen und daher demjenigen zu Gebote stehen,
der sie sich zu eigen machen und sich ihrer zu bedienen weiß.
Dies ist, wie man sieht, wohl eine spiritistische Theorie,
allein — wohl verstanden — kein Spiritismus.

Die zutreffendste Definition giebt uns wohl Tiele*), wenn er sagt: „Die Magie ist stets dort anzutreffen, wo der Kultus nicht darin besteht, die Geister zu verehren, sondern hauptsächlich ihrer Herr zu sein."

Die heutigen Pariser Magier**) — Zauberer***) — sagen auch, daß ihre Kunst sich von dem, was man eigentlich unter Zauberei versteht — nämlich Hexerei †) — lediglich dadurch unterscheidet, daß sie, die Magier (Zauberer), die von ihnen entfesselte Kraft nützlich und zum allgemeinen guten anzuwenden wissen, während der Hexenmeister unfähig ist, diese Kraft zu beherrschen, und sie stets zu seinem eigenen persönlichen Vorteil auszunutzen sucht. Da sich indes niemand anmaßen kann, die unsichtbaren Kräfte von Grund auf zu kennen, und es nur Leute geben mag, welche mehr oder weniger mit ihnen vertraut zu sein vermeinen, und nun einmal nur wenige darnach streben, sich der geheimen Kräfte, worüber sie verfügen, zu ihrem eigenen Vorteil zu bedienen —

---

*) Manuel de l'histoire des religions, S. 13.

**) f. 1. Teil vorl. Werkes, S. 146. Fußnota.

***) Das Wort „Zauberei" geht nach Grimm vielleicht auf goth. táujan, althochd. zouwan (d. h. vollbringen) zurück. Der Sprachgebrauch verband damit fälschlicher Weise schon frühzeitig den Begriff eines Vollbringens, das nur mit Hülfe dämonischer Mächte, bezw. des Teufels möglich war.

†) Das Wort „Hexe" (althochd. Hazaſa oder Hazuſa, mittelhochd. Hegrſe, Hexſe und Heſſe, auch männlich gebraucht: der Hex) — „Unholdin": hagazussa, die den Hag (Landgut, Feld und Flur) Schädigende dürfte sich vielmehr auf den Namen der Anhängerinnen des alten heidnischen Glaubens, der Hagediesen, Hägäsen = Hainbeſucherinnen gründen. Das ital. Wort strega kommt vom lat. strix, striga, dieses von στρίγξ (τρίζω) Zischer, ein berüchtigter Nachtvogel, her; das franz. Wort sorcier leitet seinen Ursprung vom lat. sortiarius (der das ‚sortem' = Los wirft) ab. Die Etymologie der betr. englischen Wörter beruht z. T. auf dem deutschen, z. T. auf dem französischen Worte.

Der Übersetzer.

ſo dürften die Grenzen zwiſchen Zauberei (Magie) und
Hexerei in der Praxis nicht leicht zu ziehen ſein.

Auch iſt es durchaus nicht immer leicht, die Zauberer
(Magier) von den Kabbaliſten zu trennen, wenn man die
Kabbala nicht etwa im gewöhnlichen Sinne dieſes Wortes
betrachtet, ſondern als die Kunſt, „mit den Elementargeiſtern
Umgang zu pflegen.“

Die Vorſtellung, daß man über Geiſter zu gebieten ver=
möchte, iſt eine uralte; begegnen wir ihr doch ſchon bei den
Urvölkern, den Egyptern, Indiern, Graeco=Romanen, Druiden
und Neuplatonikern. Ja, es herrſchte ſogar oft der Glaube
vor, daß man ſelbſt Götter zum Gehorſam zwingen könnte;
worüber ſich Porphyrius in ſeinem Brief an Anebon*)
höchſt aufgebracht zeigt. Auch läßt ſich im Prinzip nichts
gegen die Hypotheſe einwenden, daß es unbedeutendere und
ſchwächere Geiſter giebt, welche ſich leicht dem Willen des
Menſchen unterwerfen. Doch muß man auch der natürlichſten
Hypotheſe Rechnung tragen, daß mancher dienſtbar gemachten
Geiſtern Erſcheinungen zuſchreibt, die in Wirklichkeit von dem
ſuggeſtionierenden Willen, von der pſychiſchen Kraft des
Operators hervorgebracht wurden.

§ 2. — In der chriſtlichen Aera ſahen die Zauberer
gemeiniglich die Geiſter als jene Dämonen an, mit denen
man im Verkehr ſtand oder wenigſtens zu ſtehen glaubte. Und
dennoch ſchmeichelte man ſich, ſie zum Gehorſam zu zwingen,
dank gewiſſer Beſchwörungen und liſtiger Künſte, die eine
wahre Wiſſenſchaft ausmachten. Dieſe wurde durch Bücher
und ſogar in Schulen, von welchen jene von Krakau und
Toledo (weshalb auch die Zauberei die scientia Toletana
genannt wurde) förmlich zu einer Berühmtheit gelangten, oder
auch in Privatſtunden von Zauberern gelehrt, und zwar
meiſtens von Basken, Sarazenen und Hebräern.

---

*) Euſebius, Praeparat. Evang. V, S. 10.

In jenen verlassenen und schmutzigen Schlupfwinkeln, woselbst sich eine Menge ausgestopfter Tiere, Retorten und Destillierkolben für alchimistische Zwecke in malerischer Unordnung vorfanden, woselbst Kochflaschen und Phiolen für die Liebestränke, Amuletten, Wahrsagekarten, dicke in Leder gebundene Bücher und kabbalistische Zeichnungen zerstreut umherlagen — wobei auch die schwarze zottige Katze mit den gelben funkelnden Augen nicht fehlen durfte: da sehen wir die tiefsinnigen Magier den größten Teil ihrer Zeit verbringen und gegen ein Entgeld ihre Ratschläge erteilen — häufig illusorische, noch häufiger betrügerische, bisweilen aber auch kostbare Wahrheiten bergend.

Und dort wurden auch gewöhnlich die Anrufungen vorgenommen. Mit der Zauber= oder Wünschelrute zog der Nekromant ein bis drei Kreise um sich, die der Dämon nicht überschreiten konnte, wenn er erschien; — eine Vorsicht, die man nicht außer Acht lassen durfte, wollte man sich nicht schweren Gefahren aussetzen. Alsdann las der Operator die Formel für die Anrufungen, die in der Clavicula Salomon, in dem Enchiridion Papst Leo III oder im Grimorium nicht weniger erstaunlich Honorius III zugeschrieben wird. Dieses Buch, das im Jahre 1670 zum ersten Male in Rom veröffentlicht wurde, enthält folgende Formel:

„Ich (der Operator nennt seinen Namen) beschwöre dich, „o Geist (es folgt hierauf der Name des Geistes, den er an= „rufen will) im Namen des großen lebendigen Gottes, welcher „Himmel und Erde und alles, was darinnen ist, geschaffen „hat, und mit der Kraft des heiligen Namens Jesu Christi, „seines geliebten Sohnes, der für uns den Tod am Marter= „holze erlitten, und durch die köstliche Liebe des heiligen „Geistes: also der ganzen hl. Dreieinigkeit — daß du mir in „menschlicher und wohlgefälliger Gestalt erscheinst, ohne mich „zu erschrecken noch irgend wie mit Geräusch aufzutreten. „Ich beschwöre dich darob im Namen des großen lebendigen

„Gottes Adonay, Tetragrammaton, Jehova, Tetragrammaton,
„Jehova, Tetragrammaton, Adonay, Jehova, Otheos, Athanatos,
„Adonay, Otheos, Athanatos, Ischyros, Athanatos, Adonay,
„Jehova, Otheos, Saday, Saday, Saday, Jehovah, Otheos,
„Athanatos, Tetragrammaton, Luceat, Adonay, Ischyros,
„Athanatos, Athanatos, Ischyros, Athanatos, Saday, Saday,
„Saday, Adonay, Saday, Tetragrammaton, Saday, Jehova,
„Adonay, Ely, Agla, Agla, Agla, Adonay, Adonay. Komm
„(man nennt den Geist mit Namen) Komm! (folgt wieder
„der Name des Geistes) Komm! (wiederum der Name)
„Ich beschwöre dich von neuem, mir zu erscheinen, wie ich
„es sagte, kraft der Allmacht und der hl. Namen Gottes,
„die ich genannt habe, um meine Wünsche zu erfüllen und
„meinen Willen, ohne Betrug und Lug, wofern du nicht willst,
„daß der hl. Erzengel Michael, der unsichtbar vor unseren
„Augen ist, dich in den Schlund der Hölle fahren lasse.
„Komm daher, um meinen Willen zu vollführen."

Wie man aus diesem schönen Muster ersehen kann,
schmückten die Okkultisten seit dem Mittelalter ihre Faseleien
mit jener Spielerei von Dreiecken und dreimal wiederholten
Worten, was seitens der Freimaurer noch heute geschieht und
worunter sie vor den Augen des großen Haufens Dinge zu
verheimlichen hatten, die in Wirklichkeit gar nicht mal existierten.

Wenn dann der leibhaftige „Gottseibeiuns", durch diese
unzähligen Gotteslästerungen, Flüche und jene Albernheiten
angezogen, endlich zu erscheinen geruhte, so hieß es sofort bei
der Hand zu sein, ihm ein beliebiges Geschenk in den gierigen
Rachen zu werfen — sei es nun ein alter Schuh oder sonst
irgend ein Lumpen, auch eine tote Ratte oder ein alter Knochen.
Denn ohne diese Abgabe würde es wohl schwerlich dem armen
Teufelsbeschwörer gelingen, sich der Gefahr entziehen zu können,
einfach von dem Höllenfürsten erdrosselt zu werden.

Indes vermochte sich die Magie eigentlich nie des lächerlichen Rituals zu entkleiden, das auf die Einbildungskraft

des tölpelhaften gaffenden Mannes aus dem Volke berechnet
war und einſichtige Leute doch nur zum Lachen reizen mußte.

An Geberdenſpiel, dem übrigens auch eine große Rolle
bei faſt allen Religionszeremonien zuſteht, durfte es natürlich
auch hier nicht fehlen; denn dies machte erſt den Kram vollſtändig.

Die Zauberformeln waren geradezu vollgeſpickt mit latei-
niſchen Worten und Sätzen, nicht minder wurden Worte aus
der hebräiſchen, egyptiſchen, aſſyriſchen und chaldäiſchen Sprache
angewandt — vielleicht weil man, wie Jamblichus meint,*)
glaubte, daß dieſen Idiomen eine geheimnisvolle Kraft inne-
wohne, welche daher rühre, daß einmal dieſe Sprachen ſo uralt,
dann aber auch, durch die Theologie jener Völker offenbart,
göttlichen Urſprungs waren. Vergebens dürfte es auch gelingen, den Urſprung jener kabbaliſtiſchen Worte, wie des
berühmten Abrakadabra, deſſen ſich ſchon die Griechen bedienten, des Agla, ſowie des Schiauriri und anderer
ähnlicher anagrammatiſcher Dreiecke zu ergründen.

Seltener nahm man im Freien Beſchwörungen vor und des
Nachts in Ruinen. Bei dieſer Gelegenheit möchte ich an die
berühmte Geiſterbeſchwörung im Koloſſeum erinnern, bei welcher
Benvenuto Cellini zugegen war und die er in ſeiner Lebensbeſchreibung **) berichtet. Ein Kind nahm hierbei die Stelle
deſſen ein, was wir heute mit „Seh-Medium“ bezeichnen
würden; vor ſeinem geiſtigen Blick bevölkert ſich das Flaviſche
Amphitheater mit Geſpenſtern und Dämonen. Das von dem
Florentiniſchen Goldſchmied erzählte Abenteuer nahm indes
ein ſehr drolliges Ende. Dennoch glaubte Cellini trotz ſeiner
Großthuerei und Prahlerei den Geiſtern, wie es deutlich vor
allem aus jener Stelle hervorgeht, wo er erzählt, daß er, ent-
ſchloſſen ſich im Gefängniſſe zu entleiben, „von etwas unſicht-
barem ergriffen wurde, als er ſchon Hand angelegt hatte, und

---

*) Egyptiſche Myſterien, IV, S. 4.
**) Buch 1, Kap. 13.

daß er vier Ellen weit von jenem Platze weggeschleudert wurde, infolgedessen er erschreckt und ohnmächtig liegen blieb . . Er war dann der Ansicht, daß er es mit etwas göttlichem zu thun habe, das zu seiner Verteidigung herbeigekommen sei . . . In der Nacht erschien ihm nun im Gesichte die schöne Gestalt eines Jünglings," rc.*)

§ 3. — Um sich die Dämonen dienstbar zu machen, wurde ein Pakt mit denselben abgeschlossen und eine eigen= händige Urkunde darüber aufgesetzt. Darnach versprach dann der Dämon, bezw. der Teufel, einem Menschen, ihn in diesem Leben mit allen Arten der Zauberei beizustehen, wofür der Mensch jenem dann seinerseits als Gegendienst seine Seele nach dem Tode verschrieb. „In jenen schrecklichen Zeiten der Bedrückung seitens der Kirche und der Lehns=Herren," bemerkt Graf,**) „ließe sich nur in der Zauberei Trost und Rache finden. Der Teufel war wenigstens immer noch milder als der Freiherr und der Priester." Der Pakt sollte nach dem damaligen Glauben auf einem Pergament geschrieben sein, das von einem totgeborenen Tiere herkam. Dieses Abkommen hatte der betreffende mit seinem eigenen Blute zu unter= zeichnen. Der Teufel hielt nun treu einen solchen Vertrag oder kam ihm wenigstens buchstäblich nach. Gerne würde sich bisweilen der Zauberer diesem entzogen haben, doch ver= gebens. Er war hoffnungslos verloren. Auch seine Reue konnte ihm nichts nützen. Nur in wenigen Fällen mochte bei einer Person, die Gott besonders lieb war, die göttliche Barmherzigkeit zum Durchbruche kommen. Unter jenen Per= sonen, die man auf solche Weise mit dem Teufel verbündet hielt, rechnete man sogar einige römische Päpste, wie Leo III, Johann XII, Sylvester II, Clemens V, Johann XX, Bene= dikt IX, Gregor VI, Gregor VII und auch Alexander VI.

§ 4. — In den Ritterromanen nach Art jenes bekannten

---

*) ebenda Buch 2, Kap. 4.
**) Der Teufel, Kap. IX.

von Arioſt erſcheint uns die Macht der Magier faſt ganz
unbeſchränkt. Für ſie iſt es ein Kinderſpiel, die Elemente auf-
zulöſen, aus Tag Nacht und aus Winter Sommer zu machen,
ſowie Paläſte von Diamantenſtein und Kammern von Gold
herbeizuhexen. Beſſer als Pompegus, brauchten ſie nur mit
dem Fuß aufzuſtampfen, um plötzlich aus dem Erdboden ein
ganzes, wohl zum Streit ausgerüſtetes Heer hervorzuzaubern.

Der Kardinal Baronius ſpricht mit dem größten Ernſt
hiervon, indem er ſich dabei auf die Echtheit der vier päpſt-
lichen Bullen betreffs der alten Stadtbrücke von Pont-Saint-
Esprit ſtützt, die in einem Augenblick durch ein bloßes Zauber-
wort eines Hirten, namens Benezet, erbaut wurde. Der
berühmte böhmiſche Zauberer Zitek vermochte, ohne ſich auf-
zulöſen, in eine Nußſchale hineinzugehen. Delrio bildete ſich ein,
daß mancher Leſer das glauben könnte, was von ihm beſtimmt
behauptet wurde, daß nämlich ein Zauberer, der über einen
anderen Zauberer aufgebracht war, denſelben verſchluckt und ihn
ſomit auf anderem Wege ſchmutzig und beſchämt gemacht habe.

Dies alles war indes lediglich das, was man eine
Legende nennen dürfte; auch wurden ſolche Übertreibungen
gewöhnlich nicht von dem gebildeten Volke aufgenommen.
Allein alle ſchrieben ſtets den Zauberern außergewöhnliche
Fähigkeiten zu. Wieviele rühmten ſich oder wurden be-
ſchuldigt, Feld und Flur ihrer Feinde durch Hagel vernichtet
und Sturmwind heraufbeſchworen zu haben, um Schiffe untergehen zu laſſen; ſowie die Fähigkeiten zu beſitzen, die Frauen
unfruchtbar zu machen, Kinder durch böſen Einfluß zu töten;
zu fliegen, ſobald es ihnen beliebte, wobei ſie ſich einem
Dämon auf den Rücken ſetzten; ferner Menſchen in Tiere
zu verwandeln und Liebestränke zu bereiten, womit ſie entweder Liebe zu ſpenden vermochten oder auch ſolche zu nehmen!
Manche dieſer Zaubermittel mochten jene Erſcheinungen ſein,
welche man heutzutage ſpiritiſtiſche P h ä n o m e n e nennt,
andere beruhten wieder auf Naturgeheimniſſen, welche die

Zauberer selbst oft für übernatürlich hielten, ober es waren auch einfach jene berühmten Täuschungen und Betrügereien.

§ 5. — Welchen Charakter die Zauberei in den letzten Zeiten angenommen hatte, haben wir bereits im 5. Buche gesehen. In den ersten Jahrhunderten des Mittelalters lag statt dessen die Magie, deren wir öfter und eingehender aus jenen barbarischen Zeiten Erwähnung gethan haben, wie auch jede andere Wissenschaft darnieder, indem sie sich mehr als sonst auf fabelhafte Geschichten über Wunder beschränkte, die von dem Teufel ausgeführt waren, wie man sie in den Werken des guten Caesarius von Heisterbach lesen kann. Jedoch nahmen die okkulten Wissenschaften ihre Entwickelung im elften Jahrhundert, bis sie ihren Glanzpunkt im 15. und 16. Jahrhundert erreichten.

Im Jahre 1571 erklärte Des Echelles, der in Paris wegen Zauberei hingerichtet wurde, dem König Karl IX, daß es in Frankreich mehr als 30 000 Zauberer gäbe, welchen der Teufel seine Mahlzeichen*) aufgedrückt habe. Allein auch selbst die Herrscher trieben Zauberei. Alphons X von Castilien (1252—1284) hinterließ verschiedene Werke über die Geheimwissenschaften. Selbst Kaiser Rudolph II (1576—1611) hielt beständig Magier, Zauberer und Astrologen an seinem Hofe, und auch Karl V lag leidenschaftlich der Magie ob; er ließ sogar aus Italien den Vater der berühmten Christine von Pisano kommen, weil dieser als sehr erfahren in den okkulten Lehren gerühmt wurde. Ebenso hatte es auch Louise von Savoyen, die Mutter Franz I, mit Heinrich Cornelius Agrippa von Nettesheym zu machen versucht. Katharina de Medici verkehrte stets mit Zauberern und Okkultisten, obgleich sie dieselben dem Henker überantwortete, wenn sie ihrer nicht mehr zu benötigen glaubte. Einen besonderen Vorzug genoß bei ihr der Florentiner Cosimus Ruggieri.

---

*) Bodin, welcher diesen Fall berichtet, fügt zu dieser Ziffer von 30 000 noch eine Null hinzu — weiter nichts.

§ 6. — Dennoch darf man nicht glauben, daß es im Mittelalter und später in der Renaissancezeit noch keine Leute gegeben habe, die sich einfach über die Zauberei und ihre schwarze Kunst lustig machten.

Lorenz Bordelon, welcher im Jahre 1653 zu Bourges geboren wurde, verfaßte ein Werk, welches zweifelsohne, wenn es sich eines wissenschaftlicheren Gepräges erfreut hätte, für den übernatürlichen Aberglauben das geworden wäre, was der Don Quijote für die Ritterschwänke war. Ich meine die Geschichte von den seltsamen Einbildungen des Herrn Oufle, welche das Lesen von Büchern verschuldete, die von Zauberei, von Teufels= besessenen, Hexen und Hexenmeister, Incubi und Succubi, von Hexensabbath, von Zauberei und Geistern ꝛc. handelten. (Bordelon fügt noch ein ausführliches Register an, von alle den seinerseits mehr oder weniger für Aberglauben gehaltenen Dingen.) Dieses Buch erlebte mehrere Auflagen und wird jetzt noch in Frankreich gelesen.

Ebenso weiß Cyranus von Bergerac*), der 1655 starb, sich in einer nicht minder geistreichen Weise über Hexen und Besessene lustig zu machen.

§ 7. — Auch in der christlichen Zeit konnten die Geheimwissenschaften nur im besonderen auf die Kenntnis der Zukunft sich erstrecken: auf die Manteutik. Zu den ältesten Wahrsagungsarten kamen noch sehr zahlreiche neue hinzu, so daß wir eine wahrlich wunderliche und bis ins unendliche gehende Menge von Mantien besitzen. Beschränken wir uns indes hier nur auf ein kleines Verzeichnis:

Aburomantie: Wahrsagung aus dem Mehle, womit
    der Kopf der Opfertiere bestreut wird.

Aeromantie: aus dem Winde.

---

*) Oeuvres, Band I, XII u. XIII.

Alektryomantie: aus dem Hahngekräh, ꝛc.*)

Aleuromantie: soviel wie Aburomantie.

Anemomantie: s. Aeromantie.

Arithmomantie: aus den Zahlen.

Astragalomantie: aus bezw. mit Würfeln oder der= gleichen anderen Gegenständen.

Astromantie: aus der Stellung der Gestirne ꝛc. (so= viel wie wissenschaftlich (?): Astrologie).

Axinomantie: aus den Äxten.

Belomantie: aus den im Morgenlande angewandten Pfeilen oder Stäben.

Bibliomantie: aus den Stellen eines Buches.**)

Botanomantie: aus den Blättern und Pflanzen.

Chartomantie: aus den Karten, z. B. Spielkarten.

Ceromantie: aus dem Wachs, z. B. Wachsfiguren ꝛc.

Chiromantie: aus den Linien der Hand.

Christomantie: soviel wie Aburomantie.

Cubomantie: s. Astragalomantie.

Daktylomantie: aus der Art der Finger.

Daphnomantie: aus einem (ins Feuer geworfenen) Lorbeerzweige.

Dioptromantie: vermittelst eines Spiegels.

Geomantie: aus der Erde.

Gastromantie: aus mit Wasser oder Thonerde an= gefüllten Gefäßen.

Graphomantie: aus der Schrift (wissenschaftlich: Graphologie).

Gyromantie: aus Kreisen, welche auf dem Boden ge= zeichnet sind.

Hydromantie: aus dem Wasser.

Ichtyomantie: aus den Fischen.

---

*) s. S. 540 des I. Bandes vorliegenden Werkes.
**) s. S. 362 des I. Bandes vorliegenden Werkes.

Kaffeemantie: aus dem Kaffeesatz.

Kapnomantie: aus dem Rauche.

Katoptromantie: soviel wie Dioptromantie.

Kephalomantie: nach dem Kopfe eines Esels.

Keraunomantie: aus dem Blitze.

Klebonismantie: aus der Stimme.

Kleidomantie: vermittelst der Schlüssel.

Koskinomantie: aus dem Siebe.

Kratiromantie: aus einem Becher.

Kromniomantie: aus oder mit Zwiebeln.

Lebanomantie: aus dem bei einer Feuersbrunst aufsteigenden Rauch.

Lekanomantie: aus Wassergläsern.

Lychnomantie: aus der Gestalt der Flamme eines Lichtes.

Margaritomantie: aus den Perlen.

Myomantie: aus Ratten und Mäusen.

Molibdomantie: aus dem Blei, z. B. Bleischmelzen.

Nekromantie: durch Anrufung der Toten.

Nephelomantie: aus der Gestalt und dem Zuge der Wolken.

Oomantie (Oskopie): aus den Eiern.

Ophiomantie: aus den Schlangen.

Oneiromantie: aus den Träumen.

Onomamantie: aus Eigennamen (nomen est omen.)

Partenomantie: aus den Anzeichen der Jungfrauschaft.

Pharmakomantie: aus den Wohlgerüchen.

Phyllorodomantie: aus den Rosenblättern.

Psychomantie: vermittelst der Seelen Verstorbenen.

Pyromantie: aus dem Feuer.

Rhabdomantie: mit der Wünschelrute.

Rhapsodomantie: aus prophetischen Büchern.

Sykomantie: aus den Feigenblättern.

Staphylomantie: aus den Weintrauben.

Tephromantie: aus der Asche, besonders der
Opferasche.

Teratomantie: aus den Bildern in der Luft, Gespenstern.

Trapezomantie: vermittelst eines Tisches.

Tyromantie: aus dem Käse.

Xylomantie: aus Holzstäbchen, welche auf die Erde
geworfen wurden.

Wenn man diesen Systemen die Orakel, sowie die Haru-
spizien und Augurien hinzufügt, so brauchte man die Hälfte
der Wahrsagungssysteme nicht anzuführen, da man sie dann
auf diese beziehen könnte.

§ 8. — Unter diesen Wahrsagungssystemen habe ich
auch die Katoptromantie angeführt, welche man vermittelst Spiegels ausübt, und die Hydromantie, Lekanomantie und Gastromantie, welche auf dem Schauen im
Wasser beruhen.

Heute nennen die Spiritisten die erstere Mantie Krystallsehen und bezeichnen die andere Mantie als die Mediumschaft im Wasserglase zu schauen. Doch beruhen
alle auf dem gleichen Prinzip und bezwecken lediglich, eine
Halluzination durch starres Ansehen (Fixieren) einer glänzenden
Oberfläche hervorzurufen. Einige erzielten sogar dieselbe
Wirkung, indem sie aufmerksam einen ihrer Fingernägel,
einen Thaler oder eine Schwertklinge betrachteten.[*]

Daß diese Wahrsagungssysteme seit Menschengedenken
in Gebrauch stehen, ist unzweifelhaft; finden wir doch auch
Spuren in der Bibel, woselbst eines Bechers Erwähnung
gethan wird, womit Joseph zu wahrsagen pflegte.[**]

Auch bestand in Griechenland ein Orakel Apollos, welches
derart befragt wurde, daß der Befrager des Orakels aufmerksam

---

[*] J v. Salisbury, Polycraticon I, 12. Kap. 27.
[**] s. Band I vorl. W., S. 188.

in einen Brunnen zu blicken hatte, worin er dann die Antwort las.*)

Ferner war von einem Kinde die Rede, das, nach Apulejus,
der sich auf Varro beruft, durch das Schauen in ein Gefäß
mit Wasser den Ausgang des Mithridatischen Feldzuges
voraussagte.**)

Varro ***) will auch wissen, daß die Anwendung von
Zauberspiegeln aus Persien stamme. Wie St. Augustin†)
uns mitteilt, sah Numa in dem Wasser das Bildnis der
Götter erscheinen, von denen ihm auch geraten wurde, was
er thun solle. Plinius††) sowohl als auch Apulejus†††) gehen
näher auf die Lekanomantie ein. Darnach warf man in
einen Wasserbehälter, der mit Wasser angefüllt war, einige
Gold- und Silberplättchen, worauf nach einer Weile die gewünschten Figuren zum Vorschein kamen. Nicht selten hörte
man sogar die Antwort, da sich zu der Gesichtserscheinung
auch eine solche für das Gehör zugesellte. Spartianus *†)
erzählt, daß Didius Julian vor der Schlacht mit Septimius
Severus, seinem Nebenbuhler in der römischen Kaiserwürde,
den Zauberspiegel vermittelst eines Kindes befragte, über dessen
Haupt er erst Beschwörungen vorgenommen hatte. Auch treffen
wir dasselbe Wahrsagesystem in größerem Stile bei den
Orientalen an.**†)

§ 9. — Schreiten wir zu einer späteren Zeit, so sehen
wir, daß Pico della Mirandola, vollkommen von der Wirkung
der Zauberspiegel überzeugt, ausruft, „es genüge, einen solchen

---

*) s. I. Band vorliegenden Werkes, S. 244.

**) s. I. Band vorliegenden Werkes, ebendas.

***) Vgl. St. Augustin, De Civit. Dei, VII.

†) ebendaselbst.

††) Hist. Naturalis, XXXVII, 11.

†††) Apolog, S. 52.

*†) Did. Julian, VII.

**†) s. I Band, S. 72.

unter einer günstigen Konstellation*) fabrizieren zu lassen und ihn einer passenden Temperatur auszusetzen, um darin die ganze Vergangenheit, wie Gegenwart und Zukunft lesen zu können." Rimualdo**) lehrt, daß man zur Entdeckung des Schuldigen betreffs eines Diebstahls bloß einen Spiegel, eine Wasserflasche oder irgend einen anderen Gegenstand anzuwenden brauche, der unter gewissen Zauberformeln das Licht einer geweihten Kerze zurückwerfe. Nicht lange Zeit erfordere es, daß man auch schon auf der leuchtenden Oberfläche das Bild des Diebes hervortreten sähe. Jean Fernel,***) der Leibarzt Heinrich II von Frankreich, wollte in einem Spiegel verschiedene Gestalten erblickt haben, die unverzüglich das ausgeführt hätten, was er ihnen befohlen habe. Auch wären ihre Handbewegungen so ausdrucksvoll gewesen, daß alle Anwesenden sogar das Geberdenspiel hätten erkennen können.

Der bedeutende Astronom Ruggieri bediente sich eines Zauberspiegels, um Katharina von Medici die Zukunft ihrer beiden Söhne, Karls IX und Heinrichs III, sehen zu lassen.

Lecomte berichtet uns, daß König Franz I während seines Krieges gegen Karl V in Erfahrung bringen konnte, was sich in Mailand zutrug. In dieser Stadt befand sich nämlich eine Spionin, welche das, was sie ausgekundschaftet hatte, auf einen Zauberspiegel schrieb, der ganz gleich einem anderen war, den Franz I in Besitz hatte und auf welchem dieser dann Alles das lesen konnte, was von der Spionin darauf niedergeschrieben wurde.

Später werden wir noch ähnliche Wahrsage-Mittel, bevor sich deren die Spiritisten bedienten, von Cagliostro und anderen Magiern angewandt sehen.

Doch war es durchaus nicht ungefährlich, der Ausübung dieser wie anderer Magien obzuliegen. Im Jahre 1609

---

*) Die Franzosen nennen diese Spiegel daher miroirs constellés.
**) Consil. in caus., gravis., 414, Band IV, S. 224.
***) De abditis rerum causis, I, XI.

wurde auf dem Platz la Grève zu Paris der normannische Zauberer St. Germain verbrannt, weil er Zauberspiegel in Gemeinschaft mit einer Frau und einem Arzte angewandt hatte.*) Ein Bischof von Verona erlitt durch Martin della Scala den Tod, weil man unter seinem Kopfkissen einen Spiegel gefunden hatte, der den Namen Fiorone**) trug, womit nämlich manche Magier den Teufel zu bezeichnen pflegten.

Auch war es doch nur ein Spiegel, der im Hause Cola Rienzi's als ein corpus delicti entdeckt wurde ***)

§ 10. — Diese Phänomene wurden, wie ja jedes Ding auf dieser Welt, ebenfalls zuweilen auf betrügerische Weise künstlich nachgemacht. Es ist seltsam, was hierüber der christliche Verfasser der Philosophumena in seiner Philippika gegen Simon den Zauberer sagt:

„Nicht werde ich den Kunstkniff mit Stillschweigen über-
„gehen, worauf die Lekanomantie beruht. Die Magier
„wählen dabei ein verdunkeltes Zimmer, dessen Wölbung von
„himmelblauer Farbe ist. Alsdann stellen sie in die Mitte
„des Zimmers ein mit Wasser angefülltes Gefäß, worin sich
„das blaue Gewölbe widerspiegelt, als wäre es die Bläue
„des Himmels. In dem Boden nun, worauf das Gefäß steht
„befindet sich eine geheime Öffnung, und das Gefäß selbst,
„welches von Stein ist, hat einen Fußboden von Glas.
„Unter dem Raume ist noch ein anderes geheimes Zimmer
„angebracht, worin sich die Helfershelfer befinden — als Götter
„und Dämonen verkleidet. Der thörichte Mensch, welcher nun
„in dem Wasser jene Gestalten wahrnimmt, ist vom Schreck
„betroffen und geneigt, alles, was man ihm vorspricht, für
„wahr aufzunehmen."

---

*) Le Mercure Français pour 1609, S. 348.

**) Das Wort „fiorone", Augmentativ von „fiore", Blume, bedeutet soviel wie Blumenschmuck. Der Übersetzer.

***) Muratori, Scriptor rerum. italicar., Bb. I, col 293, 545.

Diese Erklärung des Wunders zeugt, wie fast alle auf der Hypothese des Betrugs beruhenden Erklärungsweisen, von einer außerordentlichen Naivetät, wie sie eben nur von einem christlichen Schriftsteller an den Haaren herbeigezogen werden konnte, um den Wundern, welche Simon der Zauberer bewirkte, eine Erklärung zu geben. Vielmehr Wahrscheinlichkeit hat indes die Annahme für sich, daß die Zauberer zuweilen vermittelst sogenannter Zauberlaternen, sowie jener Phantoskopen und belebter Vergrößerungsgläser Gespenster in den Spiegeln zum Vorschein kommen ließen, wie sich solcher mit so großem Erfolge zu Anfang dieses Jahrhunderts der Taschenspieler Robertson zu bedienen mußte. Selbst die mit Phosphorfarbe gemalten Bilder, welche in der Dunkelheit ihren unheimlichen Glanz entfalten, sind nicht einmal jüngeren Datums; giebt doch selbst der Verfasser der Philosophumena eine Anweisung hierzu.

Wie aus einer Stelle des Aulus Gellius[*] hervorgeht, scheinen auch bereits schon die Alten jene künstlichen magischen Spiegel gekannt zu haben, die gewöhnlich aus Metall bestehen und worin ein Bild derart eingeprägt ist, daß es nur unter gewissen Bedingungen erscheint, je nachdem man den Spiegel dreht und das Licht darauf fällt. Ohne Zweifel waren auch schon die Zauberer der Renaissancezeit damit bekannt.[**] Zu unserer Zeit kennt man ebenfalls derartige Spiegel, welche früher aus Indien, aus China und ganz besonders aus Japan verbracht wurden, weshalb sie auch den Namen „Japanische Spiegel" führen. Silvanus P. Thomson erklärte im Jahre 1895 auf der physikalischen Ausstellung zu London derartige noch besonders von ihm vervollkommnete Spiegel. Er ließ

---

[*] „Ut speculum in loco certo positum nihil imaginet, aliorum translatum faciat imagines" (Noct. Att. XVI, XVIII).

[**] Cornelius Aggripa, De Incert. et vanit. scient., XXVI. — Wierus, Pseudom., daemonum, Buch III, Kap. 12, § 6.

dieselben von den Anwesenden einer genauen Prüfung unter=
ziehen,*) welche auf der glänzenden und glatten Fläche
nicht das geringste zu entdecken vermochten. Sobald man
nun über diese Spiegel eine leuchtende Fackel hielt, die sich
an der Decke des Saales widerspiegelte, so sah man ein sehr
deutliches Bild erscheinen: Bäume, Schlangen, Dämonen 2c.
Im „Journal des Debats‘ vom April 1896 findet sich auch
eine eingehende Beschreibung, wie solche Spiegel für ihre
wahrhaft bezaubernde Wirkung bearbeitet werden.

§ 11. — Doch würde man gewaltig irren, wollte man
auf diesen Kunstkniff, so sinnreich er auch ist, jene Erscheinung
zurückführen, die wir weiter oben eingehend behandelt haben.
besonders wenn einem Skeptiker, der sich zu überzeugen wünscht,
die Wahl des betreffenden Wassers oder Spiegels belassen
war. —

Am nächsten kommen der Wahrheit noch jene Psycho=
logen, welche dieses Phänomen einzig und allein als die
Wirkung einer hypnotischen Halluzination ansehen, indem
selbst die eigentlichen Spiritisten das Fixieren

---

*) Zur Herstellung derartiger Spiegel und Gläser, die wirklich
oft ans wunderbare streifen muß, liefert der zu St. Petersburg er=
scheinende „Rebus“ vom Jahre 1895 eine herrliche Illustration. Kein
Wunder, daß man in damaligen Zeiten solche Spiegel 2c. für etwas
ganz übernatürliches hielt, wenn selbst heute noch Männer der Wissen=
schaft solchen Erscheinungen sprachlos gegenüberstehen. Im Gouverne=
ment Kursk war in einer Bauernhütte ein Glas aufgefunden worden,
das bei Tage vollständig durchsichtig, des Nachts aber das Bild Nikolaus'
des Wunderthäters darbot. Der berühmte Moskauer Universitäts=
professor Timiriaseff unterzog nun, unter Assistenz des Astronomen
Zeraski, das Glas im chemischen Universitäts=Laboratorium der gründ=
lichsten Untersuchung. Allein alle ihre Mühe war vergeblich, und es
soll ihnen nicht gelungen sein, das Geheimnis zu entdecken. Sollten
wir es hier wirklich mit einem der zahlreichen okkulten Phänomene
zu thun haben, die nicht das erste Mal Männern der offiziellen Wissen=
schaft die Erkenntnis des scio nil scire abnötigten?!

Der Übersetzer.

einer glänzenden Oberfläche lediglich für ein
Mittel erachten, um das Medium in jenen Trance=
zustand zu versetzen, der zum Auftreten der
meisten spiritistischen Phänomene geboten er=
scheint. Indes wird ihrerseits behauptet, daß disinkarnierte
Geistwesen zuweilen die Gesichte der Medien hervorrufen, wie
auch der Geist eines Hypnotiseurs gewöhnlich seinem hypno=
tisierten Subjekt Visionen erweckt. Allerdings ist es nicht
leicht festzustellen, wann das Phänomen spiritistischen und
wann es rein hypnotischen Ursprungs ist.

Doch ist sicherlich die Hellseherkraft solcher Sehmedien
bisweilen eine ganz erstaunliche. Bereits war von dem
Zauberer Achmet aus Algier die Rede, dessen de Laborde, Mit=
glied des Institut de France, in der Revue des Deux
Mondes Erwähnung thut. Dieser ließ bekanntlich von einem
beliebigen Kinde die Lekanomantie ausführen, indem er ihm
nur etwas Tinte in seine Handfläche goß und ihm anbefahl,
auf die schwarzglänzende Oberfläche hinzustarren. Das Kind
sah alsdann darin alle die weit abwesenden oder schon ver=
storbenen Personen erscheinen, welche die Anwesenden mit
Namen nannten, wobei es eine vollständig genaue Beschreibung
derselben gab, obschon es die betreffenden doch niemals zu
Gesicht bekommen hatte*). So berichtet uns auch Leblond**)
von einem Juden, der in einem Wasserglase Personen zu
schauen behauptete, welche sich in Amerika aufhielten.

§ 12. — Es ist nicht gut möglich, hier weiter fort=
zufahren, ohne das Gebiet des heutigen Spiritismus zu
streifen. Doch dürfte es immerhin angebracht sein, eine Stelle
des mohammedanischen Schriftstellers Ibn Khaldun***) folgen

---

*) s. Band I, S. 73.

**) Mémoire sur la Magie (Mém. de l'Institut, 3e classe, Bd. I, S. 198.)

***) Prolégomènes historiques, Übersetzung von Slane. Notices et
Extraits des manuscrits etc., S. 221, 222.

zu lassen, die sich auf jenes Phänomen bezieht. Dieser sagt: „Manche glauben, daß ein in dieser Weise erscheinendes Bild „auf der Oberfläche des Spiegels gezeichnet sei. Allein sie „irren sich. Der Wahrsager sieht unverwandten Blickes auf „diese Oberfläche, bis sie ihm zu verschwinden scheint und sich „ein Nebel, einem Vorhange vergleichlich, zwischen ihm und „dem Spiegel ausbreitet. Auf diesem Vorhange nun zeigen „sich die Gestalten, die er zu sehen wünscht und wodurch er „instandgesetzt wird, bejahende oder verneinende Anzeichen „zu entnehmen. Sodann giebt er kund, welche Wahrnehmungen „er gemacht habe. Während sich die Wahrsager in jenem „Zustande befinden, vermögen sie nicht das zu sehen, was „man auf normale Weise in dem Spiegel sieht; es stellt sich „dann bei ihnen eine andere Wahrnehmungsart ein.“

Diese Beschreibung des Phänomens stimmt genau mit der überein, welche bislang alle spiritistischen Medien von dem Schauen im Wasserglase und dem Krystallsehen gegeben haben. Wie man sieht, handelt es sich dabei um etwas ge= wißlich ganz anderes, als daß es durch Zauberlaternen oder jene japanischen Spiegel bewirkt werden könnte.

Wir behalten uns vor, im zweiten Teile unserer Geschichte noch näher auf diese Mediumschaft einzugehen.

§ 13. — Ein Hauptzug indes, welcher die Zauberer und Hexen von der Renaissancezeit an bis zum 18. Jahrhundert von denen anderer Zeiten unterscheidet, ist der, daß diese in bestimmten Nächten zu höllischen Gelagen zusammenkamen, die unter dem Namen „Hexensabbath“ bekannt sind.

Die heidnischen Schriftsteller wissen nichts von einem Hexensabbath zu berichten. Selbst die Totentänze, womit die alten deutschen Dichter und Maler die verschiedenen Ge= staltungen des Todes versinnbildlichten, kamen erst im vier= zehnten Jahrhundert auf. Auch geschieht seitens der Kirchen= väter mit keinem Worte der wilden Jagd oder der Hexen= fahrten Erwähnung. Ich habe zwar gelesen, daß St. Augustin

184 Der Ursprung desselben. — Ort und Zeit der Zusammenkünfte.

davon sprechen soll; doch gelang es mir nicht, hierüber Klar=
heit zu erhalten. (Wohl nur De Civ. Dei, XVII.? — D. Übers.)

Wahrscheinlich handelt es sich aber um einen Glauben,
der unter den nordischen Barbaren seinen Ursprung genommen
hat. Olaf der Große*) berichtet, daß man noch zu seinen
Zeiten an vielen Orten jener Länder Geister und Gespenster
gesehen habe, welche vereint, tanzend und springend, und meist
in der Nacht nach dem Klange aller möglichen musikalischen
Instrumente dahingezogen seien. Dieser Tanz führte im
Volksmunde des betreffenden Ortes den Namen: chorea
elvarum, Elfentanz. Saxo Grammaticus berichtet auch in
seiner Geschichte Dänemarks von diesen phantastischen
Tänzen. Auch die alten Bretonen melden von nächtlichem
Tanze der Irrwische und Kobolde, denen sie den Namen
courils beilegten.

Nach der Ansicht einiger französischen Historiker dürfte
der Glauben vom Hexensabbath seinen Ursprung einer keltischen
Feier zu verdanken haben, welche die Druiden eingeführt
hatten und darin bestand, daß man des Nachts bei Vollmond
unter den heiligen Eichen zusammenkam, eine Feier, die noch
lange Zeit darnach von den heidnischen Deutschen trotz des
strengen Verbotes der Kirche und zweier Erlasse Karls des
Großen heimlich begangen wurde. Da das Volk nun, ob=
schon zum Christentum bekehrt, den Glauben an die alten
Gottheiten nicht aufgab, so wurden jene nächtlichen Zusammen=
künfte zu Ehren der heidnischen Gottheiten in der Vorstellung
der damaligen Zeit zu Teufelsgelagen, woran sich Zauberer,
Hexen und Hexenmeister zur Huldigung des Fürsten der
Finsternis in großen Schaaren beteiligten.

§ 14. — Der Hexensabbath wurde in Zeitabschnitten
gefeiert, und zwar an verschiedenen Tagen, je nach den be=
treffenden Ländern. Am meisten jedoch war es die Nacht

---

*) Geschichte der nordischen Völkerschaften, Buch III.

vom Freitag zum Samstage jeder Woche. Dann gab es noch besondere Tage im Jahre, an welchen die Teufelsgelage mit mehr Pracht- und Glanzentfaltung sowie größerer Beteiligung abgehalten wurden. Dies war für Deutschland die Nacht vom 30. April auf 1. Mai, wohl infolge der altgermanischen Frühlingsfeier, welche in dieser Nacht auf den Bergen mit Anzünden des alten heiligen Maifeuers*) — das sich in manchen Gegenden bis auf den heutigen Tag erhalten hat — begangen wurde. Vergeblich suchte die Kirche dieser heidnischen Feier dadurch entgegen zu arbeiten, daß sie den Tag der Heiligsprechung der hl. Walpurga, den ersten Mai, zu einem besonderen Feste gestaltete. Die Walpurgisnacht wurde fortan in den Augen der noch im Heidentume befangenen Christen zu dem größten Hexensabbath, indem sie in dieser Nacht alle Hexen auf Besenstielen rc. zu den alten Opferstätten reiten ließen, um dort mit dem Teufel wilde Orgien zu feiern, wie es denn auch Göthe in seiner Walpurgisnacht (am Schluß des ersten Teils des „Faust") dichterisch verherrlicht hat.

Das Gelage fand an einem verlassenen und waldreichen Orte statt, in der Nähe eines größeren Sumpfes oder Binnensees **), um auch das zugehörige Unwetter mit Hagelschlag heraufbeschwören zu können. Diese Plätze traf aber so sehr der Fluch des Höchsten, daß auch kein Grashalm dort mehr wachsen konnte.

So berichtet Strozzi, daß er in der Nähe von Vicenza einen Platz unter einem Kastanienbaum gesehen habe, der rings in einem Kreise herum so kahl war wie die Wüste

---

*) Wovon uns auch Scheffel in seinem „Ekkehard" ein lebhaftes Bild entrollt. Der Übers.

**) Sehr charakteristisch für spontane Geistermanifestationen in Wäldern. Man vergl., was hierüber in Nr. 10 der „Zeitschr. für Spirit." (1898), S. 79 gesagt wurde, sowie Aksakoff, Vorläufer des Spiritismus (aus dem Russischen von Feilgenhauer) u. a. S. 355. Der Übersetzer.

Sahará, weil eben hier dem Teufel die Huldigungen entgegen-
gebracht wurden. Bei Benevent zeigt man noch einen Nuß-
baum, um den der höllische Reigentanz stattzufinden pflegte;
andere Zusammenkünfte hielt man auf dem Ebenen-Berge
(Spianato) bei Mirandola, sowie auf dem Monte Paterno
bei Bologna ab 2c. In Deutschland verwies man furchtsam
auf den Blocksberg, den Brocken, ferner auf den Hörsel-
berg und Bechtelsberg als Zusammenkunftsorte der Unholdinnen — wohl eines guten Dutzends von Hexensabbath-
stätten durfte sich Deutschland rühmen. In Frankreich ist
der Puy de Dôme als solche bekannt, in Schweden Blo-
kula, ein Berg, der außer den Hexen niemand bekannt war,
Spanien hatte die Baraona und Island den Hekla-Berg;
wenn nur die Hexen und Zauberer kein Verlangen trugen,
von ihrer abscheulichen Ausgelassenheit und dem wilden Geschrei
die Ufer des hl. Jordans wiedertönen zu lassen!

Den Aufbruch zum Sabbath machen die Teufelsanbeter,
indem sie sich entkleiden und ihren Körper mit der nach
Anleitung des Teufels aus gekochten Gliedmaßen von un-
getauften Kindern bereiteten „Hexensalbe" bestreichen, worauf
sie in einen kurzen Schlaf verfallen. Alsdann nehmen sie
rittlings auf einem Besenstiel, einer Ofengabel, auf Stroh-
wischen, Böcken, ja selbst Spinnrocken Platz, oder sie setzen
sich auf einen Dreifuß, der dann auf einmal die Gestalt
eines Ziegenbocks, Schweines, Schäferhunds, auch eines Wolfes,
Drachen, einer Kröte, Katze oder Ohreule oder sonst eines
absonderlichen Reittieres annimmt und die Unholden zum
Fenster oder auch zum Schornstein hinaus pfeilschnell durch
die Luft zu dem Sabbathsberge davonträgt. So setzte man
über alle Berge, Häuser, Glockentürme hinweg, allein nur
mit Schwierigkeit konnte man sich zu den Wolken erheben.
Es sollte mich nicht wundern, wenn nicht einmal eine
Hexe während des gefährlichen Rittes zu Boden gestürzt
wäre, wie es sich bei dem Zauberer Simon zugetragen hatte!

Doch heißt es, daß der Absturz unausbleiblich gewesen wäre, wenn die Lippen der unvorsichtigen Unholdin den Namen Gottes oder der hl. Jungfrau ausgesprochen hätten.

Der Hexenritt ist beendigt, sobald sie an der Stelle an= gekommen sind, wo Beelzebub in der ganzen Düsternis seiner Höllenmajestät auf dem Throne sitzt. Gewöhnlich nimmt er die Gestalt eines ungeheueren Ziegenbocks an, auf dessen Scheitel sich drei Hörner, wie zu einer Art Krone verflechten; das mittelste aber erstrahlt in sprühendem Glanze und be= leuchtet die ganze Versammlung. Anstatt der Arme hat er Flügel wie eine Fledermaus, an deren Enden schreckliche Krallen die Finger ersetzen. Er hat einen langen Ochsen= schwanz, unter dem sich ein menschlicher Kopf befindet. Vor diesem entsetzlichen Antlitz, das vollkommen schwarz ist, mit den aufgeworfenen Lippen und der scheußlichen Stumpfnase wirft sich die versammelte Gemeinde nieder, um ihm Anbetung entgegen zu bringen, wobei sie mit einer Kerze in der Hand dieses hintere Gesicht zu küssen hat. Auch zeigt sich bis= weilen der Höllenkönig in anderer Gestalt, selbst in der eines Menschen, die indes stets schrecklich und majestätisch ist. Ihn umgeben die Teufel seines Hofes.

Jetzt nimmt der Satan eine Art Beichte ab, wobei Zauberer und Hexen reumütig bekennen, welche Schlechtig= keiten sie unterlassen haben, und der Teufel erlegt Bußen auf, stellt wohl auch manche Hexe anderen als Muster hin, zumal wenn sie die Versammlung· treulich besucht hatte. Nicht selten zeichnet dann die schwarze Majestät eine Hexe dadurch aus, daß sie diese zum Reigen führt und noch be= sonderer Vertraulichkeiten würdigt. Mit einer Parodie auf das hl. Sakrament der christlichen Kirche werden auch die zum ersten Male erschienenen Teufelsanbeter getauft, welche dabei das Kreuz wie die Hostie verlästern müssen. Darnach drückt er diesen das Teufelsmal auf, worüber wir noch später sprechen werden. Alsdann wird zum Festbankett

geschritten. Einige Hexen erklärten, daß das Tischtuch von
Gold gewesen wäre und die Speisen vorzüglich gemundet
hätten. Nach Aussage der meisten aber wurden dort Kröten,
totgeborene Kinder oder wenigstens nicht getaufte Kinder ver=
zehrt, Herzen und Lebern von Gehängten und ähnliche ekelhafte Gerichte. Es hieß auch, daß von den Hexen und
Unholdinnen der Festschmauß dadurch erleuchtet worden wäre,
daß jene, mit allen vieren auf dem Boden hockend, mit den
Hinterbacken brennende Fackeln gehalten hätten.

Sobald die Tafel nun aufgehoben wird, celebriert
Beelzebub an einem Altare die berühmte Teufelsmesse, an=
gethan mit schwarzem Chorhemd und Stola, wobei er in
blasphemischer Parodie des christlich katholischen Gottesdienstes
dem Tabernakel den Rücken zudreht. Im Augenblick, als
die Monstranz erhoben wird, bietet der Meßner eine geschnittene Rübe oder eine große Karotte zur Anbetung dar
unter gotteslästerlichem Hohngelächter der Meßdiener. Nun
beginnt der große und unzüchtige Hexentanz der berauschten
Satansdiener mit seinen seltsamen Bocksprüngen, dem rasenden
Geheul und seinen gemeinen Handlungen. Und die Tänzer
und Tänzerinnen reichen sich zum Ringelreihen die Hände,
das Gesicht der Außenseite des Kreises zugewandt. Zum
Schlusse hält jeder Teufel oder Hexenmeister dann seine Hexe
umfangen, um mit ihr so schändliche und widerliche Dinge
zu treiben, daß ich mich diesbezüglich genötigt sehe, auf die
damaligen Schriftsteller zu verweisen, die glücklicherweise fast
alles in Latein geschrieben haben.

Aber schon beginnt es im Osten zu tagen, und der Hahn
erhebt seinen Weckruf. Bei diesem Signal verschwindet mit
einem Male der ganze Teufelsspuk.*) Unterwegs streuen die

---

*) Nach anderer Lesart nimmt der Hexensabbath um die neunte
Stunde des Abends seinen Anfang und ist noch vor Mitternacht beendet.

                                              Der Übersetzer.

Hexen beim Morgengrauen ihre Salben und Gifte auf die Felder und Besitztümer ihrer Feinde.

Zu einer schmählicheren und gräulicheren Wahnidee konnte wohl kaum jemals die fieberüberhitzte Phantasie des Menschengeschlechts fähig sein!

§ 15. — Wenn wir nunmehr die Frage des Sabbaths einer Prüfung unterziehen, so erscheint es geboten, festzustellen, daß nach dem allgemein verbreiteten Glauben unserer Altvordern, die Hexen sich zu dem Teufelsgelage in ihrem Körper von Fleisch und Blut begeben sollten. Dies lehrt uns deutlich unter anderem Bernhard Rategno*): „Auch reisen sie nicht etwa dorthin in der Einbildung, wie mancher glauben mag, dem es an Einsicht mangelt; sondern mit ihrem ganzen Körper und vollständig im wachen, bewußten Zustande. Sie reisen zu Fuß, wenn der Versammlungsplatz in der Nähe ist; im anderen Falle auf den Schultern des Teufels, der sich auch nicht selten das Vergnügen macht, sie halbwegs abzusetzen, wo man sie dann, den Weg suchend, herumirren sieht" — alles Sachen, die ihm hinreichend bekannt sind, weil er in der Ausübung seines Amtes als Hexenrichter nicht nur häufig dies beim Verhöre der Hexen von diesen selbst erfahren hatte, sondern auch, weil es ihm so von glaubwürdigen Leuten berichtet worden war, welche dies alles mit eigenen Augen gesehen haben wollten.

Daß die Hexen auf diese Weise fliegen konnten, scheint zu jener Zeit, da man eben alles glaubte, nicht allzu sonderbar gewesen zu sein. Becker behauptet, die Zauberer seien durch die Luft durch eine sehr leichte Bewegung ihrerseits getragen worden, vermöchten überall hinzugehen, wohin es ihnen beliebte, und auch selbst auf dem Wasser zu schreiten.

Sandoval**) berichtet uns, daß eine Magistratsperson

---

*) De strigiis.
**) Geschichte Karls des Fünften.

von Navarra sich von den Fähigkeiten, welche die Hexen zu
besitzen vorgaben, durch den Augenschein überzeugen wollte.
Er forderte eine Hexe auf, vor ihm alle ihre Zauberkunst=
stücke zu vollführen und versprach ihr dafür Gnade zuteil
werden zu lassen. Die Ärmste ging auch wirklich auf diesen
Vorschlag ein, holte ein Schächtelchen Salbe hervor, das man
in ihrem Hause gefunden hatte, und erhob sich dann in Gegen=
wart der Magistratsperson und einer großen Anzahl von
Personen auf einen Turm. Dort nahm sie vor einem Fenster
Platz, woselbst sie sich die linke Handfläche, den Puls, den
Ellenbogen, den Unterarm, den linken hinteren Teil u. s. w.
bestrich, wobei sie mit lauter Stimme rief: „Bist Du da?"
Darauf vernahmen alle Zuschauer in der Luft eine Stimme,
welche antwortete: „Ja, hier bin ich!" Die Hexe ließ sich
sodann wie eine Eidechse an dem Turm herunter, den Kopf
nach unten, wobei sie mit Händen und Füßen arbeitete. Als
sie so die halbe Höhe des Turmes erreicht hatte, nahm sie
vor den Augen aller Anwesenden ihren Luftflug wieder auf
und blieb solange im Gesichtskreise der Zuschauer, bis sie
den Horizont überschritten hatte. Dieses Wunder hinterließ
einen solch entsetzlichen Eindruck bei den Zuschauern, daß
jene Magistratsperson sich genötigt sah, eine bedeutende Summe
Geldes für denjenigen auszuschreiben, welcher die Hexe zurück=
brächte. Dieselbe sollte dann auch nach zwei Tagen von
Hirten aufgegriffen werden. Man fragte die Hexe nun,
warum sie sich ihres magischen Fluges nicht auch bedient
habe, um den Häschern zu entfliehen. Darauf gab dieselbe
zur Antwort, daß sie ihr Herr nicht weiter als drei Meilen
habe fortbringen wollen und daß er sie auf einem Felde allein
gelassen hätte, woselbst sie dann von den Bauern festgenommen
worden sei.

Bemerkenswert ist hierbei jedoch, daß diese Erzählung
einem Historiker von gewichtiger Stimme und großem Rufe
verdankt wird.

Auch Delancre*) weiß von einer gewissen Marie Din-
barte zu berichten, einer jungen Hexe von erst 17 Jahren
die häufig dem Hexensabbath beigewohnt haben wollte. Als
sie allein war, erschien der Teufel und gab ihr eine Salbe.
Sobald sie sich damit bestrichen hatte, wurde sie in die Luft
erhoben. So reiste sie auch in der Nacht vom 27. September
1609, wobei sie indes von Leuten gesehen und festgenommen
wurde. Sie gestand dann ebenfalls Kinder mitgeführt zu
haben, welche vor die Obrigkeit geladen und sorgfältig untersucht wurden, wobei sich ergab, daß auch sie das Teufesmal
am Leibe trugen.

Gerne bin ich zu glauben geneigt, daß einige Hexen sich
in die Luft erheben konnten, da wir ja diese Erscheinung
auch bei den Heiligen wahrgenommen haben und sie noch
heute bei den Fakiren und einigen spiritistischen Medien feststellen können. Es dürfte diese Fähigkeit sogar ein Licht
darauf werfen, wie jener Glaube im finsteren Mittelalter
so zähe Wurzeln fassen und ein so allgemeiner werden konnte.
Besondere Fälle wurden eben ungebührlich verallgemeinert.

Was dann jedoch den Glauben an den Hexenritt zu
den Teufelsgelagen anbetrifft, so ist dies freilich bei Gott
noch etwas anderes, und zwar nicht etwa deshalb, weil das
Wunder an und für sich so großartig erscheint — ich habe
schon bereits darauf hingewiesen, daß dies nicht bei Beurteilung
einer Sache mitzusprechen hat — sondern weil sich das Gegenteil aus einer Unmenge von Beweisen und Zeugnissen derjenigen ergiebt, die an den Hexensabbath glaubten.

§ 16. — Gewißlich fehlt es nicht an Zeugenaussagen
von Personen, welche bisweilen die im tiefen Walde abge-
haltenen Teufelsversammlungen belauscht hatten.

Der bereits erwähnte Mönch Bernhard Rategno sagt,
daß jedermann in Como der seltsame Fall bekannt sei, der

---

*) Tableau de l'inconstance des démons, Buch IV, S. 117.

sich vor fünfzig Jahren dem Amtmanne Lorenz von Can-
corezzo und Johann von Fossato in Mendrisio zugetragen
habe. Dieselben hatten eine Hexe verleitet, sie zu den Teufelsversammlungen mitzunehmen, welcher Bitte diese auch nach=
kam. Sie vermochten das ganze Gelage zu überschauen; als
aber ihrer der Höllenfürst ansichtig wurde, strafte er sie auf
gar empfindliche Weise.

Als ein Metzger in Deutschland eines Nachts durch den
Wald schritt, hörte er den Höllenlärm und den wilden Reigen=
tanz. Er wagte es, sich dem Platz zu nähern; doch plötzlich
war alles verschwunden. Von dem herumliegenden silbernen
Geräte nahm er einige Becher mit und übergab sie der
Behörde, worauf sämtliche Personen, deren Namen auf
den Bechern verzeichnet waren, eingezogen und verurteilt
wurden.*)

Fast die nämliche Geschichte trug sich auch einem Bauer
zu, der eines Nachts den Hexensabbath belauschte und ein
Gefäß mitnahm, von unbekannter Materie und Farbe. Man
widmete dasselbe dem Könige Heinrich dem Alten von Eng=
land.**) Doch ist sicherlich das Gefäß trotz des hohen Preises
und der Seltenheit desselben wieder an seinen früheren Herrn
zurückgelangt, da nichts weiter davon berichtet wird.

Delrio***) erwähnt einen Köhler, dem zu Ohren gekommen
war, daß seine Frau sich nächtlich zum Hexensabbath begebe.
Er beschloß sie dabei zu ertappen. Als er sich eine Nacht in
seinem Meiler schlafend stellte, sah er, wie seine Frau auf=
stand, aus einem Töpfchen Zaubersalbe herausnahm und ver=
schwand. Ihr Mann, der dies alles beobachtet hatte, erhob
sich nun und wurde, als er sich auch mit der Salbe bestrichen
hatte, unverzüglich durch den Schornstein hindurch in das
Gewölbe eines Grafen geführt, der sich einer allgemeinen

---

*) Joachim Cambrensis.
**) Trinum Magicum.
***) Disquisitiones magicae.

Verehrung im Lande erfreute. Dort traf er auch sein Weib und die ganze Teufelsversammlung. Als die Frau ihn gewahrte, wurde sie bestürzt und machte ein Zeichen: in demselben Augenblicke war aber auch alles verschwunden. Und es blieb nur der arme Köhler allein in dem Kellergewölbe zurück, der, als er nun noch obendrein erleben mußte, für einen Dieb gehalten zu werden, den ganzen Hergang erzählte. — Es hat den Anschein, daß Delrio diese Anekdote mit jener Szene hätte beginnen müssen, womit sie auch thatsächlich anfängt: „Ein Köhler, der in dem Keller eines Grafen ertappt wurde und den man natürlich für einen Dieb hielt, gab an u. s. w." Allein die Ehrlichkeit jenes ausgezeichneten Mannes dürfte veranlaßt haben, daß die Sache gerichtlich untersucht und seine Erzählung entkräftet wurde.

Zum Teil ist der Zweifel, den man betreffs der Aufrichtigkeit derjenigen hegen kann, welche solche Anekdoten erzählen, auf Rechnung einer sehr natürlichen Betrachtung zu setzen, die im vergangenen Jahrhundert Bergier angestellt hat:

„Was gerade die Leichtgläubigkeit im Volke genährt hat, das sind die Erzählungen einiger Hasenfüße, die sich des Nachts im Walde verirrt hatten und die in den Feuern der Kohlenbrenner und Holzhauer gleich den Hexensabbath sehen wollten, wohl auch, mit dem Gefühl der Furcht eingeschlafen, die Teufelsversammlung im Traume zu hören und zu sehen glaubten, wovon sie ja stets den Kopf voll hatten."

Auch muß man in Betracht ziehen, daß einige Banden von Pseudo-Zauberern und Gauklern, von der Phantasie angeregt, in den Wäldern zusammen zu kommen pflegten, um dort ihre Orgien zu feiern und allerlei Tänze aufzuführen.

Im verflossenen Jahrhundert gab es noch in Limburg viele Zigeuner und Banditen, die so ihren Sabbath veranstalteten. Ihre Einweihungen hielten sie in einem verlassenen Winkel ab, woselbst sich eine Bauernhütte befand, die den

Namen Ziegen-Kapelle trug, weil anscheinend die Eingeweihten rittlings auf einen hölzernen Ziegenbock gesetzt wurden. In solchen Versammlungen war dann aller Art Schwelgerei und Ausschweifung am Platze.

Karl II, Herzog von Lothringen, 'ein Zeitgenosse der Katharina von Medici, durchreiste einst incognito sein Land und gelangte eines Abends zu einer Herberge, woselbst er zu übernachten beschloß. Wie sollte er aber überrascht werden, als er nach seinem Abendbrote gewahr wurde, daß man sich auf ein sehr feines Festessen richtete, weshalb er den Wirt fragte, ob er noch so spät abends Gäste erwarte:

„Nein", antwortete der gute Bauer, „allein es ist Donnerstag, und da versammeln sich jede Woche zur näm= lichen Zeit die Teufel in dem benachbarten Walde mit den Zauberern und Hexen der Umgegend, um dort ihren Sabbath zu feiern. Nach dem großen Reihentanz teilen sie sich in vier Scharen, von denen die einen hier, die anderen in den umliegenden Herbergen einen Imbiß einnehmen."

„„Und bezahlen sie denn auch, was sie verzehren?"" fragte Karl.

„Ja, wo denken Sie hin, daß die bezahlen", sagte der Wirt, „die schleppen mir sogar noch alles fort, was ihnen beliebt. Und wenn sie nicht zufrieden gestellt werden, dann sollten Sie es aber erst mal sehen! Doch was läßt sich gegen Teufel und Zauberer thun?!"

Der Fürst war so überrascht von der Erzählung, daß ihm ungeheuer viel daran lag, hinter dies Geheimnis zu kommen. Er gab daher leise einem seiner Schildknappen den Auftrag, im Galopp nach der nur drei Meilen entfernten Stadt Toul zu reiten. Gegen zwei Uhr nachts trafen etwa dreißig Hexen, Hexenmeister und Teufel in der Wirtschaft ein. Einige schienen Bären zu sein, andere wiederum hatten Hörner und große Stoßzähne. Kaum hatten sie sich zu Tisch gesetzt, so trat auch schon Karl II, gefolgt von seinen

Schildknappen und einer Abteilung bewaffneter Mannschaften, in das Zimmer. Da nun die höllische Bande nicht verschwand, wie man hätte glauben dürfen, so befahl der Herzog seinen Leuten, Hand an die Zauberer und ihre Schutzherren zu legen und sie zu fesseln. Als später noch andere Teilnehmer des Hexensabbaths erschienen, wurden auch diese verhaftet, so daß am anderen Morgen Karl II 120 Personen festgenommen hatte, die sich zum größten Teile als Bauern der Umgegend erwiesen.

§ 17. — Daß oftmals die Hexen den Glauben hegen konnten sich in ihrem Körper zu diesen Gelagen zu begeben, während sie in Wirklichkeit doch nur Opfer krankhafter Träume waren, darüber dürfte wohl sicherlich kein Zweifel mehr obliegen. Eine solche Ansicht gab schon im 13. Jahrhundert Stephan von Bourbon kund, und wir sehen sie in den späteren Jahrhunderten fortgesetzt wiederholt werden. Allein so lebhafte Träume dürften augenscheinlich doch nur seltene und vereinzelte Fälle gewesen sein, wenn nicht ein sehr gewichtiger Umstand für ihr öfteres Auftreten mitgesprochen hätte. Dieser Umstand lag in der berühmten Salbe, womit sich, wie wir bereits gesehen haben, die Hexen, ehe sie sich zu der geheimnisvollen Reise anschickten, erst ihren Körper bestrichen. Ja sogar noch mehr: oft bedienten sie sich auch der Salbe anstatt zum Einreiben als einer Mixtur, welche sie einnahmen.

Woraus diese sogenannte Hexensalbe bestand, kann sich jeder leicht denken. Es war ein Gemisch von Substanzen, welche betäubende, erregende und die Sinnlichkeit anreizende Wirkung besaßen; ähnlich wie das Opium, welches so entzückende Träume den Söhnen des himmlischen Reiches verursacht, und gleich dem bekannten Haschisch*), das die Araber

----

*) Es ist wohl dasselbe Mittel, bestehend aus einem Safte von Leinsamen, dessen sich auch unter dem Namen: Assis, die ägyptischen Propheten bedienten, um sich in den visionären Zustand zu versetzen. Während die indischen Propheten zu diesem Behufe Opium tranken,

in wollüstige Träume versenkt. Die verschiedene Art der Träume war durch die mannigfache Gedankenrichtung bedingt, welche den Geist der Hexe gefangen hielt, die sich zum Hexensabbath begeben wollte, wie der ausschweifende Muselmann sich von den Huris umfangen sehen möchte.

Apulejus hatte bereits diese geheimnisvollen Salben näher bezeichnet. Johann Baptista Porta*) giebt uns nun ein Rezept von einer solchen Mixtur. „Die Hexen", sagt er, „lassen Kinderfett in einem Topfe kochen, dem sie dann das Blut einer Fledermaus, sowie Wolfswurz, Hexenkraut und Mohn beimischen. Sobald dies alles genügend gekocht hat, bilden sie aus diesem Brei eine Salbe, womit sie ihren Körper einreiben, und zwar hauptsächlich jene Teile, welche besonders viele Poren aufweisen, die das Extrakt dem Blute zuführen. Darnach verfällt die Hexe in einen tiefen Schlaf, in dem es ihr scheint, als würde sie durch die Luft erhoben und bei hellem Mondenscheine an einen gefälligen Ort geführt, wo Reigentänze und ein Festmahl stattfinden in annehmlicher Gesellschaft von jungen Leuten, die sie sich wünscht."

Die Anweisung, welche uns Cardanus giebt, weicht zwar ein wenig von der vorigen ab, ist dafür aber um so seltsamer. Kinderfett bildet auch hier die Hauptsubstanz bei diesem Gemisch, dem dann noch das Blut eines Uhus, Selleriewurzel, Beeren vom Nachtschatten, Fünffingerkraut und der Kot einer schwarzen Katze beizugeben sei.**)

Nach Wierus***) soll die Salbe aus folgendem bereitet werden: Merk (sium), Schwertkraut (acorum), Fünfblatt

---

welches unter ihnen Homa heißt, braut man in Mittelafrika für den nämlichen Zweck ein eigenartiges Getränk, das den Namen Hbunda führt. Der Übersetzer.

*) Magia Naturalis, Buch II.

**) Man vergleiche die berühmten Stellen im „Freischütz" und in Goethe's „Faust". Der Übersetzer.

***) De Praestigiis Daemonum, Buch 3, Kap. 17.

(pentaphyllon), Nachtschatten (solanum), Öl, Fledermaus-
blut und Tollkirsche (belladonna).*)

Andreas von Laguna, der Leibarzt des Papstes Julius III,
analysierte die Hexensalben und fand darin folgende Bestand-
teile enthalten: einen Extrakt von Schierling, Nachtschatten,
Hexenkraut und Bilsenkraut.

Einige Beispiele werden genügen, um zu beweisen, daß
oftmals die Hexen thatsächlich glaubten, sich zu den Teufelsgelagen zu begeben, ohne dennoch von dem Bette aufzustehen,
worauf sie laut schnarchend der Ruhe pflegten.

Im Jahre 1582 bestätigte das Parlament von Paris
das Todesurteil, welches der venetianische Gesandte della
Ferté über eine gewisse Gautière gefällt hatte. Diese
bekannte nämlich, daß die Hexe Lofarde sie mit zu dem
bunten Reihen entführt habe und daß der Teufel ihr dort
das Teufelsmal aufgedrückt und sogar 8 Sous gegeben hätte,
um, ich weiß nicht mehr was für einen Gegenstand, zu kaufen.
Bei der Rückkehr in ihre Wohnung habe sie indes nicht mehr
das Geld in dem Taschentuche vorgefunden, wohinein sie es
doch gelegt und was sie zugebunden hatte. Genau so kommt es
uns auch im Traume vor, wenn wir träumen, das große
Loos gewonnen zu haben.

Der Florentiner Rechtsgelehrte Paul Minucci teilt uns
die Geschichte einer Hexe mit, welche, als man sie vor den
Gerichtshof schleifte, zu dem auch er gehörte, offen erklärte,
daß sie noch am selben Abend dem Hexensabbath beiwohnen
würde, wenn man ihr nur erlauben wollte, daß sie sich mit
der Zaubersalbe bestreichen dürfe, die sie stets bei sich führe.
Dies wurde ihr bewilligt, und als man die Hexe in den

---

*) Daß das Gift der Tollkirsche oder des Bilsenkrautes ähnliche
krankhafte Reize des Sehnervs, bezw. der Netzhaut hervorzurufen vermag, wie im Delirium tremens (Ameisen-, Mäuse-,
Ratten-Sehen), dürfte allgemein bekannt sein.

Der Übersetzer.

Turm zurückgebracht hatte, schlief sie fast sogleich in Gegenwart der Richter ein. Der Körper der Unglücklichen wurde
verschiedenen Proben unterworfen: wurde gestochen, einge-
schnitten, gebrannt. Doch alles dies vermochte sie nicht aus
ihrem lethargischen Zustande aufzuwecken, worin sie gefallen
war.

Nach vierundzwanzig Stunden vollständiger Empfindungs-
losigkeit kam sie wieder zu sich und gab eine entsetzliche Beschreibung von dem Teufelsgelage, wohin sie entrückt gewesen
zu sein glaubte.

Allein die schönste und wohl auch am meisten bekannte
Probe ist die, welche uns von dem Abte Gassendi (1592—1635)
überliefert wird. Als sich der berühmte französische Philosoph in einem Dorfe der Alpen befand, hatte er einmal
Gelegenheit, das Leben eines solchen Hexenmeisters zu retten,
der von den Landleuten dem Gerichte ausgeliefert werden
sollte. Gassendi unterzog den Zauberer einem strengen Verhöre und dieser bekannte ihm, daß er sich allwöchentlich zweimal zum Hexensabbath zu begeben pflege, daß ihm das
Teufelsmal bereits seit drei Jahren aufgedrückt sei, sowie daß
er von einem Freunde einen Balsam erhalten habe, den er
nur herunter zu schlucken brauche, um die Luft zu durch-
schreiten und sich zu dem nächtlichen Teufelsgelage zu begeben. Er beschrieb auch die näheren Einzelheiten dieses
Festes und besonders die abscheulichen Ceremonien. Gassendi
zeigte sich überzeugt von der Wahrheit alles dessen, was er
gehört hatte, und bat den Zauberer inständig, ihn zum nächsten
Hexensabbath mitzunehmen. Der Zauberer willigte ein, und
als der Abend gekommen war, legte er sich bei dem Ofen
im Zimmer nieder, zu gleicher Zeit auch Gassendi auffordernd,
seinem Beispiele zu folgen. Darauf zog er irgend eine Droge
hervor, in Gestalt einer Pille von der Größe einer Haselnuß
und reichte auch dem Philosophen eine solche. Dieser that,
als ob er dieselbe verschlucke, legte sie aber bei Seite.

Nach wenigen Augenblicken schon verfiel der Zauberer in einen tiefen Schlaf. Gassendi, der ihn einer aufmerksamen Prüfung unterzog, sah, wie sich sein Gesicht rötete und sich Atmung, Pulsschlag beschleunigten und vernehmbarer wurden; zwischen seinen Lippen murmelte er unzusammenhängende Worte, wobei sich sein Schlaf immer unruhiger gestaltete, seine Bewegungen immer lebhafter wurden. Am andern Morgen zuckte der Zauberer heftig zusammen und gab, als er erwacht war, eine ausführliche Erzählung von alledem, was er bei dem Teufels= gelage gesehen hatte, wobei er auch die erhaltenen Eindrücke darlegte. Daraus zog nun Gassendi den Schluß, daß die Luftreisen und Hexenzusammenkünfte nur in einer krankhaften Phantasie gewisser Menschen beständen, welche die Folgen einer durch ein Betäubungsmittel hervorgerufenen Halluzina= tion für die Wirklichkeit aufnähmen, und daß die Schuld= bekenntnisse, welche die Richter den armen Opfern schrecklicher Wahnideen unter der Folter erpreßten, nur auf einer voll= ständigen Geistesverwirrung beruhten.

Glücklicherweise brach sich diese Annahme allmählich unter den aufgeklärteren Geistern Bahn, so daß vor etwa zwei Jahrhunderten bereits Malebranche sagen konnte: „Es ist bekannt, daß dieser Irrtum vom Hexensabbath bisweilen völlig grundlos ist und daß das vermeintliche Teufelsgelage der Hexen öfter nur der Wirkung eines Fieberwahnsinns und einer Störung der Einbildungskraft entspringt, welche von gewissen Drogen verursacht wird, deren sich die Unglück= lichen bedienen, um sich in einen solchen Fieberwahn zu ver= setzen." —

In diesem lethargischen Zustand mußten sich übrigens die Hexen unter ähnlichen Bedingungen befinden wie unsere heutigen Somnambulen, wenn wir Bodinus Glauben schenken dürfen, welcher im zwölften Kapitel seiner De Magorum Daemono= mania uns berichtet, daß sie bei ihrer Rückkehr von Ereig= nissen erzählen, die sich an entlegenen Orten zugetragen

hätten und sich dann später als vollkommen richtig
erwiesen.

§ 18. — Allein in der okkulten Welt lassen sich soviele
Hypothesen annehmen! Heutzutage ist seitens der wenigen
Okkultisten, welche sich der Frage des Hexensabbaths widmen
und der Ansicht sind, daß alle diese Sagen durchaus nicht
lediglich als eine Ausgeburt krankhafter Phantasie zu betrachten
seien, da ihnen doch ein gewisser Realitätsgrad zu grunde
liege, die Vermutung vorgebracht worden, daß die Salben und
magischen Drogen, deren sich die Hexen bedienten, das tele=
pathische Phänomen der Entsendung des Doppelgängers er=
leichtere, daß sie nämlich die Eigenschaft besessen hätten, den
Hexen zu gestatten, in ihrem verstofflichten Astralkörper oder
Perisprit unter Zurücklassung ihres scheinbaren toten irdischen
Körpers irgend welcher Versammlung böser Geister beizu=
wohnen.

Diese Annahme, so sehr sie auch für manche an den
Haaren herbeigezogen zu sein scheint, ist theoretisch vollständig
gerechtfertigt und unantastbar, sobald man eben das erwiesene
Phänomen der Entsendung des Doppelgängers, der Ubiquität
oder der Gespenster lebender Personen annimmt. Sie hat
außerdem noch den Vorteil, daß sie ein nicht ungewichtiges
zur Erklärung beiträgt, wie der Glaube an die höllischen
Zusammenkünfte so allgemeine Verbreitung finden konnte,
und daß man sie auf Thatsachen beruhend hielt, wovon wir
bereits einige angeführt haben und von denen ich im Verlaufe
noch andere anführen werde.

§ 19. — Ich glaube, schon gesagt zu haben, wie die
Hexen bisweilen verfuhren, um sich für ihren Hexenritt in
Tiere zu verwandeln.

Delancre, Ratsherr im Parlamente Ludwigs XIII, der
mit einer Untersuchung betreffs der baskischen Hexen von
Amtswegen betraut war, führt unter anderem folgende That=
sache an. Ein Edelmann aus den baskischen Provinzen sah

einstmals bei seiner Rückkehr von der Jagd an seiner Seite
eine Wölfin. Als er auf sie einen Flintenschuß abgab, da
floh das wilde Tier, in den Schenkel getroffen, heulend in
den Wald. Zu Hause angelangt, fand er seine Frau im
Bette liegend: sie erzählte ihm, daß sie während ihres Spazierganges von einem ungeschickten Jäger verwundet worden sei.
Der Edelmann untersuchte die Wunde, und er fand darin zu
seinem großen Erstaunen dieselben Schrotkörner, welche er
zu gebrauchen pflegte. Die Unglückliche gestand dann auch,
bei ihren nächtlichen Besuchen des Hexensabbaths gewöhnlich
die Gestalt einer Wölfin angenommen zu haben und daß
wirklich der auf die Wölfin abgegebene Schuß ihres Mannes
sie getroffen hätte. Diese Frau, welche den Namen Freifrau
von Urtubi trug, wurde dann auch vor Gericht gestellt und
bald darnach zum Feuertode verurteilt.

Im Jahre 1588 traf ein Jäger in einem Dorfe, das
zwei Wegestunden von Apchon in den Bergen der Auvergne
gelegen war, mit einem großen Wolfe zusammen, der auf ihn
zuschritt. Obschon er auf diesen feuerte, erlegte er ihn doch
nicht; der Wolf setzte sich sogar zur Wehr und griff ihn
heftig an. Doch als der Jäger zu seiner Verteidigung mit
seinem Jagdmesser der Bestie die Tatze abschnitt, floh sie
heulend davon. Nach Hause zurückgekehrt, fand er einen
Freund vor, der ihn fragte, ob er etwas gutes erjagt habe.
Als dieser nun aus seiner Jagdtasche die Wolfstatze herauszog, die er dem vermeintlichen Wolfe abgeschnitten hatte,
mußte er zu seinem Erstaunen gewahr werden, daß diese sich
in eine Frauenhand mit einem goldenen Fingerreif verwandelt
hatte, die der Freund des Jägers sofort als die Hand seiner
Gattin erkannte. Dieser begab sich alsdann eilends nach Hause
zu seiner Ehefrau, welche er vor dem Herbe antraf, die
rechte Hand mit der Schürze umwickelt. Da sie sich
weigerte, dieselbe herauszuziehen, so hielt ihr der Gemahl die
erbeutete Hand des Jägers vor, und die Ruchlose gestand in

größter Bestürzung, daß sie sich wirklich in einen Wolf ver= wandelt hatte. Der erzürnte Ehemann überlieferte sofort sein Weib den Händen der Justiz, worauf es den Scheiterhaufen besteigen mußte.

Was soll man aber von einer solchen Geschichte denken, welche die Magistratsperson Boguet erzählt und die sich erst ein paar Jahre vorher zugetragen hatte? War es einfach ein verabredeter Anschlag des Ehemanns, um sich auf diese Weise seiner Gemahlin zu entledigen, oder diente sie zur Ent= schuldigung, daß er ihr die Hand in einem Wutanfall ab= geschnitten hatte?

Fincellus schreibt, daß man eines Tages einen Wolf aufgriff, der durch die Straßen von Padua lief. Als man ihm alle vier Beine abgeschnitten hatte, nahm jener unverzüglich die Gestalt eines Menschen an, dem die Arme und Beine vom Rumpfe getrennt waren.

Man vergleiche diese drei Geschichten mit derjenigen der hl. Liduina*), welche mit ihrem fluidischen Körper einige Orte der Andacht besuchte und dabei leichte Wunden erhielt, die sich dann auf ihren stofflichen Körper übertrugen, obschon dieselbe sich nicht von ihrem Ruhelager erhoben hatte. Viele Beispiele aus der Neuzeit können gleichfalls als Bestätigung dienen, und jene des Altertums reichen mindestens bis zu dem berühmten Hermotimus von Klazomenae, der bekanntlich seine Seele von dem Körper, so oft es ihm beliebte, zu trennen vermochte, um entfernte Länder zu besuchen, von welchen er dann bei seiner Rückkehr die wunderbarsten, genauesten Be= schreibungen gab.

§ 20. — Ob nicht auch ein Magier sich vollständig in Tiergestalt zeigen konnte, das ist eine Frage, worüber ich mir kein Urteil erlauben möchte, weil sie nach meinem Dafür= halten ganz mit der Möglichkeit des Übernatürlichen zusammen=

---

*) s. Buch VI, Hauptst. II, § 38, S. 152.

hängt. Ich behaupte, gewiß nicht daran zu glauben, und nehme auch durchaus nicht an, daß heutigen Tages noch ein gebildeter Mensch an der gleichen Dinge glaubt; doch ist die Sache an und für sich durchaus nicht unmöglich zu nennen. Eine Unmasse von Erzählungen wissen von der Verwandlung der Geister in Tiergestalten zu berichten: in Hunde, schwarze Katzen und Ziegenböcke u. s. w. — worin man gewöhnlich den Teufel zu erblicken glaubte. Und wenn es wirklich Geister giebt, so können sie vermutlich auch dies thun, wie sie doch auch noch erstaunlichere Dinge verrichten. Allein es wird von denjenigen, welche die übernatürliche Hypothese zur Erklärung der spiritistischen Erscheinungen bestreiten, so gerne angenommen, daß die Psyche des Mediums allein auch Materialisationen hervorzubringen vermöchte. Wenn nun aber diese Psyche imstande ist, Hände und vollständige Gestalten zu erzeugen, warum sollte sie denn nicht auch die Gestalt eines Tieres annehmen können?

Thatsache ist, daß ebenso wie die Druidinnen*), die Thessalischen Magier**), Simon der Zauberer***), die Abyssinischen Zauberinnen†) ꝛc. so auch die mittelalterlichen Hexen in dem Rufe standen, sich in Katzen und andere Tiere verwandeln zu können, vor allem, wenn sie sich auf den Hexensabbath begaben. Der Glaube an die Möglichkeit, sich in einen Wolf zu verwandeln, reicht bis in das tiefste Altertum zurück. Bereits finden wir Spuren bei Herodot, Virgil, dem Grammatiker Solinus Strabo, Pomponius Melas, Dionysius Aphros, Varro Plinius, welch letzterer sich dennoch dieser Sache gegenüber durchaus nicht so gläubig zeigt, denn er sagt: „Wir

*) s. Band I, S. 56.
**) s. Band I, S. 321. } vorl. Werkes.
***) s. Band I, S. 476.
†) s. Combes und Tamisier, Voyage en Abissinie, I, 241. — Spencer, Sociologie, I, 414.

müssen es als grundfalsch ansehen, daß ein Mensch sich in
einen Wolf verwandeln könne, um dann wieder seine ursprüng=
liche Gestalt anzunehmen."

Der Kaiser Sigismund berief eine Versammlung von
Gelehrten und ließ sie in seiner Gegenwart über die Frage
des Wehrwolfs diskutieren. Dabei wurde einmütig die Ver=
wandlung der Hexen und Zauberer in wilde Tiere als eine
positive und feststehende Thatsache anerkannt.

Wierus erinnert an Bajo, den Sohn des Königs Simeon
von Bulgarien, der ein so großer Zauberer gewesen sein soll,
daß er sich in einen Wolf oder in ein anderes wildes Tier
zu verwandeln, bisweilen sich auch sogar unsichtbar zu machen
imstande war.

Delancre führt als ein schönes Beispiel die folgende
Handlung eines russischen Fürsten an. Da man den=
selben unterrichtet hatte, daß sich einer seiner Untergebenen
in alle Arten von Tieren zu verwandeln vermöchte, so ließ
er ihn in Ketten legen, ihm gleichzeitig befehlend, eine Probe
seiner Kunst zu geben. Der Zauberer kam diesem nach und
nahm die Gestalt eines Wolfes an; der Fürst aber hatte
zwei Schäferhunde zur Stelle, diese wurden gegen den Un=
glücklichen gehetzt, den sie dann auch sofort in Stücke rissen.
Johann Wierus[*] und Boguet[**] berichten von dem Prozeß
gegen Michel Verdun, Peter Burgot und Gros=Pierre, welche
im Jahre 1521 in der Franche=Conté festgenommen wurden.
Alle drei gestanden, mit dem Teufel in Bündnis gewesen zu
sein. Als die beiden ersten dem Teufel eine grüne Kerze
geopfert hatten, welche mit bläulicher Farbe brannte, bestrichen
sie sich mit der berühmten Hexensalbe, worauf sie in Wölfe
verwandelt wurden. In diesem Zustande hätten sie auch wie
Wölfe gelebt. Ja, Burgot bekannte sogar, daß er in einer

---

[*] De Praestigiis Daemonum, Buch VI, Kap. XIII.
[**] Discours sur les sorciers, S. 364.

dieser Verwandlungen ein Kind ums Leben gebracht habe, und daß er es gefressen hätte, wenn er von den nachstellenden Bauern nicht daran gehindert worden wäre. Michel Verdun verschwieg nun auch seinerseits nicht, daß er ein junges Mädchen, das damit beschäftigt war, Erbsen in einem Gemüsegarten zu lesen, in Stücke zerrissen und auch noch in Gemeinschaft mit Burgot vier andere Mädchen getötet und verschlungen habe, wobei er genau Ort und Zeit dieser Schandthaten anzugeben wußte.

Jacob Raollet, der Wehrwolf im Kirchspiel Maussson bei Nantes, wurde von dem Parlament von Angers gefangen genommen und verurteilt. Während seines Verhöres fragte er einen dort anwesenden Edelmann, ob er sich nicht erinnern könnte, wie er einmal mit einer Flinte auf drei Wölfe gefeuert hätte. Als dieser nun eine bejahende Antwort gab, gestand Raollet ein, daß er eine der drei Bestien gewesen sei, und wenn der Herr nicht dazwischen gekommen wäre, die in der Nähe befindliche Frau gefressen haben würde. Dieser klassische Typus eines Lycanthropen gab dann noch, sobald er sich von dem Gerichtshofe von Angers verurteilt sah, an, eiserne Wagen, Windmühlen, Advokaten, Staatsanwälte und Schergen verschlungen zu haben, wobei er betonte, daß diese letztere Art von Nahrungsmittel so hart wie Leder gewesen sei, so daß er sie nur schlecht habe verdauen können.*)

Manchmal zogen auch die Zauberer vor, sich in andere Tiere zu verwandeln, so wurde jener Peter Gandillon im Jahre 1610 in der Franche-Conté verbrannt, weil er auf seinen nächtlichen Wanderungen die Gestalt eines Hasen**) angenommen hatte.

Der Hexenrichter Grillandus geht uns mit näheren Einzelheiten über eine alte Hexe zur Hand, welche der heilige

---

*) Riclus, Discours de la Lycanthropie, S. 18.
**) Garinet, Histoire de la Magie en France. S. 166.

Gerichtsbarkeit viel zu schaffen machte, da sie sich jeder Nach=
forschung schlau zu entziehen wußte. Wenn der Häschermeister
in ihrer Hütte erschien, fand er bald nur eine große Katze
vor, die auf die Dächer entwich, bald ein kleines Mäuschen,
welches sich in einem Schlupfloch in den Wänden verbarg.
Auch wußte sich die Zauberin in eine Eule und in eine
Fledermaus zu verwandeln. Schließlich hatte sie einmal die
Einfalt, die Gestalt einer Ziege anzunehmen; dieses Mal
aber zog man sie an dem Schwanze auf den Scheiterhaufen,
um sie zu verbrennen. Doch da ereignete sich etwas ganz
sonderbares. Der Schwanz nahm über die Maßen an Länge
zu, wobei das Tier einen teuflischen Bocksprung machte und
sogleich vor den Augen der verblüfften Häscher verschwand,
die nur den Schwanz in ihren Händen zurückbehielten!!

Sir Walter Scott berichtet, daß im Jahre 1750 eine
Frau mit Namen Juliane Coxe, lediglich auf die einfache
Zeugenaussage eines Jägers hin, zum Scheiterhaufen ver=
urteilt wurde. Die Aussage hatte folgenden Wortlaut:

„Ich erkläre, daß meine beiden Jagdhunde einen Hasen
„verfolgten, der sich hinter einen Strauch flüchtete. Als ich
„an der Stelle angekommen war, entdeckte ich hinter diesem
„Strauche die Juliane Coxe mit keuchendem Atem und in
„Schweiß gebadet, so daß ich die Ueberzeugung gewinnen
„mußte, sie wäre selbst der von meinen Hunden verfolgte
„Hase gewesen.“

Bisweilen ging eben jener Glauben soweit, daß er die
Grenzen der Dummheit, oder sagen wir besser der Narrheit,
zu überschreiten schien. Was soll man dazu sagen, wenn
man bei Vincenz de Beauvais*) die Geschichte von zwei
alten Frauen liest, welche in der Umgegend von Rom einen
Gasthof besaßen und ihre Gäste in Hühner, Kaninchen und
dergleichen verwandelten, um sie dann auf dem Markt feil=
zubieten! . . . .

---

*) Miroir des choses naturelles.

§ 21. — Der Prior von Laval Claudius veröffentlichte gegen Ende des 17. Jahrhunderts ein Buch über diesen Gegenstand mit der Aufschrift: Gespräche über Lycanthropie. Ein gewisser Edelmann von Beauvoys de Chanvicourt gab ferner 1599 ein ähnliches Werk unter dem Titel: Discours de la lycanthropie, ou la transmutation des hommes en loups heraus; 1615 ließ J. von Nynauld eine vollständige Abhandlung über Lycanthropie erscheinen; Rickius verdankt man die Unterredungen über Lycanthropie. Alle diese Verfasser setzten nicht im geringsten das Dasein von Wehrwölfen in Zweifel, an deren Existenz man auch kaum schon im 16. Jahrhundert zu zweifeln begann, als Wierus, Pomponazzi und andere überdies die kühne Hypothese aufstellten, daß die Lycanthropen zum Teil nichts anders sein könnten, als arme Wahnsinnige. Man brachte so einmal zu Pomponazzi einen Bauer, der an Lycanthropie litt und den Leuten zurief, daß sie vor ihm fliehen möchten, wenn sie nicht wollten, daß er sie verschlänge. Obschon der Ärmste durchaus nicht das Aussehen eines Wolfes hatte, so waren die Bauern dennoch von der Richtigkeit seiner Aussage überzeugt. Sie hatten sogar schon angefangen ihm die Haut abzuziehen, um zuzusehen, ob nicht unter der Epidermis das Wolfsfell herausschaue, wie es gewöhnlich bei den Wehrwölfen der Fall sein sollte. Pomponazzi heilte ihn von seinen Wahnideen, da man es nur mit einem armen Hypochonder zu thun hatte.

So verlor das Wort Lycanthropie, welches ursprünglich für die vermeintliche Fähigkeit gewisser Menschen, sich in einen Wolf verwandeln zu können, in Anwendung stand, allmählich seine alte Bedeutung, um nur noch eine gewisse Art Geisteskrankheit zu bezeichnen, welcher die heutigen Alienisten den Namen Zoanthropie*) gegeben haben. Man bezeichnet

---

*) Auch sei hier noch auf eine zum ersten Male um das Jahr 154 n. Chr. epidemisch auftretende und sich später wiederholende

damit bekanntlich jene Geisteskrankheit, bei der sich gewisse Wahnsinnige in Tiere verwandelt glauben, weshalb sie auch häufig auf allen Vieren wie die Vierfüßler kriechen und deren Stimme nachahmen — eine Geisteskrankheit, welche man auch heutigen Tages noch in den Irrenhäusern antrifft.*)

§ 22. — Allein bei weitem scheußlicherer Verbrechen als der Beiwohnung des Hexensabbaths wurden die Hexen und Hexenmeister beschuldigt.

So war eine ihrer ungeheuersten Ruchlosigkeiten, jemanden zu behexen — und besonders Kinder im zarten Alter, um sie so dem früheren oder späteren Untergange zu weihen. Diese Bezauberung nennen die Franzosen envoûtement und envoûssure von vols oder voust (vultus), Gesicht, Bildnis. Diese wurde gewöhnlich in folgender Weise ausgeführt:

Der Zauberer machte aus Wachs eine kleine Figur, welche seinen Feind darstellen sollte und bekleidete sie auch fast mit der nämlichen Tracht. Unter Beschwörungsformeln durchbohrte er nun mit einer langen Nadel die Figur, entweder durch den Kopf, durch die Beine oder durch die Stelle, wo sich das Herz befinden müßte, je nachdem der betreffende Feind einen Schmerz am Kopfe, an den Beinen

---

entsetzliche Krankheit, „Lycanthropie" genannt, verwiesen. Die von dieser Seuche ergriffenen irrten, von unsäglichen Schmerzen getrieben, des Nachts wie W ö l f e (woher auch die Benennung) um die G r ä b e r und an einsamen Orten umher. — Manche Theosophen verstehen übrigens unter „Wehrwolf" etwas anderes, und zwar die der vollständigen Vernichtung preisgegebene linga sharira als eines den Tod überlebenden Bestandteils des menschlichen Individuums, die, unter Wolfsgestalt das Leben der Wanderer bedrohend, sich durch Blut vor der Auflösung zu erhalten sucht (vergl. Vamphyrismus). Ein Gemälde von Moritz Sand, das auch in einer älteren Nummer des französischen Journals Magas'n pittoresque wiedergegeben wird, führt uns einen Überfall eines solchen Wehrwolfes in wahrhaft schauerlicher Weise vor. Der Übersetzer.

*) Vergl. P e r t y, die mystischen Erscheinungen der menschlichen Natur (I, S. 391), und L e u b u s c h e'r, über Wehrwölfe und Tierverwandlungen.

empfinden oder gar sein Leben aushauchen sollte. Auch ver-
schloß man diesem Figürchen, anstatt es zu durchbohren, den
Mund, als ob man es auf diese Weise ersticken wollte, oder
setzte es auf ein gelindes Feuer, in dem Glauben, daß
wenn die Figur ganz geschmolzen wäre, auch die von ihm
dargestellte Person sterben würde. Allein nicht einmal waren
diese Formalitäten für den Zauberer notwendig, denn man
hielt es sogar für möglich, vermittelst eines einfachen Willens-
aktes auf Entfernung schädigen zu können.

Eberhard, der Erzbischof von Trier*), der 1067 starb,
hatte den Juden die Ausweisung aus der Stadt angedroht,
wenn sie nicht bis zu einer gewissen Zeit zum Christentum
übergetreten wären. Die Rabbiner, welche ein solcher Über-
griff in Verzweiflung brachte, bestachen einen Zauberer, der
mit dem Namen des Bischofs eine Wachsfigur taufte und daran
Lunten und Kerzen befestigte. Sie zündeten dann dieselben
am Sabbath an, während der Prälat gerade eine Taufe
vornehmen wollte. Mitten in der Ausübung seines heiligen
Amtes fühlte sich Eberhard übel, so daß er in die Sakristei
geführt werden mußte, woselbst er alsbald seinen Geist aufgab.

Während einer Krankheit Duffo's, des alten Königs von
Schottland, wurden mehrere Zauberer seines Reiches in Gewahrsam gebracht, welche bei einem Feuer ein Bildnis ver-
kohlen ließen, das den König darstellen sollte, eine Zauberei,
die nach ihrem eigenen Geständnisse das Uebel des Herrschers
verursacht hatte. „In der That," ruft Le Loyer**) aus, „die
Gesundheit Duffo's wurde nach ihrer Gefangennahme wieder
hergestellt!" Die Zahl der bösen Zauberer, welche in dieser
Weise auf das Leben der französischen Monarchen einen Anschlag
gemacht haben sollen, ist eine ganz beträchtliche. Der Schatzmeister Enguerrando de Marigny wurde zum Tode verurteilt —

---

*) Geschichte der Erzbischöfe von Trier, Kap. 57.
** Histoire et description des spectres, Buch IV, Kap. XV.

auf die Anklage hin, Ludwig X (1289–1319) durch das En=
voûtement zu töten beabsichtigt zu haben. Ein gewisser Robert,
Zauberer von Artois, wurde im Jahre 1331 aus dem Lande
verwiesen und sein Besitz staatlich eingezogen. Er hatte den
Plan gefaßt, den König, die Königin und den Herzog von
der Normandie ebenfalls durch das Envoûtement aus der
Welt zu schaffen. Einem Priester zeigte er ein kleines Wachs=
figürchen, das er geheimnisvoll in einem Kasten verwahrte.
Dasselbe stellte Johann den Herzog von der Normandie, dar,
den Sohn des Königs Philipps VI.*)

Papst Johann XXII meldete im Jahre 1317 aus
Avignon durch einen Brief, daß seine Feinde ihn zu töten
beabsichtigt hätten und zwar durch Zauberei. „Die Zauberer
Brabançon und Johann d'Amant, ein Arzt, rührten Getränke
an, um uns alle zu vergiften, uns und unsere Brüder, die
Kardinäle. Da ihnen nicht die Gelegenheit geboten ward, uns
das Gift darzureichen, so fertigten sie Bildnisse von Wachs
an, welchen sie unseren Namen beilegten, um dann unser
Leben mit dem Durchbohren dieser Wachsfiguren zu kürzen.
Allein Gott behütete uns und ließ drei dieser teuflischen Bild=
nisse in unsere Hände gelangen." **)

Im 16. Jahrhundert stand dieses Zaubersystem am
meisten in Blüte. Katharina von Medici eignete sich jenes
Geheimnis von einem Magier, welcher aus dem Oriente kam,
an, um sich desselben gegen ihre Feinde zu bedienen. Allein
ihr Günstling Cosmus Ruggieri wurde im Jahre 1574 der
Folter unterworfen, da er angeklagt war, mit seiner Schwarz=
kunst nach dem Leben Carl X getrachtet zu haben. ***)

Dieser Herrscher dürfte übrigens seinem Schicksale nicht
entgangen sein; denn Delrio †) berichtet uns, daß er ver=

---

*) Garinet, Histoire de la Magie en France, S. 87.
**) Biblioth. arch. hist. Tarn-et-Garonne, Band IV, 1876.
***) Garinet, angef. Werk, S. 431.
†) Disquis. magic., Buch III, Kap. 1, Frage 3.

mittelst Wachsbilder getötet worden sei, welche von protestantischen Zauberern aus Rache für das schreckliche Blutbad der
Bartholomäus-Nacht schmilzen gelassen worden wären. Auch
Trois-Échelles, der Magier am Hofe des nämlichen Karl IX
soll ein sehr geschickter envoûteur gewesen sein. Die Feinde
Heinrichs III hatten ebenfalls, ehe sie ihre Zuflucht zu dem
Dolche Jacques Clément's nahmen, erst versucht, ihn dadurch
beiseite zu schaffen, daß sie seine Person darstellende Wachsfigürchen durchbohrten.

Eine der Hauptanklagen gegen den Marschall d'Ancre
bestand darin, daß er Wachsfigürchen in Schachteln verwahrte.

In England haben wir den berühmten Prozeß gegen
die Herzogin von Gloucester, die ebenfalls eines Anschlages
auf das Leben ihres Gemahls, der infolge dessen gestorben
wäre, bezichtigt wurde. Während man sie zu lebenslänglicher
Kerkerhaft begnadigte, mußten ihre beiden Mithelfer Rüdier
Bolingbrocke und Maria Gardemain dies Verbrechen mit dem
Tode büßen: ersterer fiel durch Henkershand, und Maria bestieg den Scheiterhaufen.

Von Italien ist dann unter anderen Hyazinth Continus
anzuführen, welcher aus Wachs ein Bildnis des Papstes dargestellt und es dem Feuer ausgesetzt hatte, um so den Papst
sterben und seinen Onkel, der Cardinal war, den Stuhl des
höchsten Bischofs besteigen zu lassen. Der Papst starb jedoch
nicht; Continus aber wurde zum Feuertode verurteilt.

Wie viel hunderte, ja tausende von Frauen wurden angeklagt, Kinder behext zu haben, und sodann zum Tode verurteilt?! Sehen wir doch selbst heutigen Tages noch manch
ähnliche Beispiele hiervon unter dem gewöhnlichen Volke.

§ 23. — Auf den ersten Blick kann man nicht anders,
als ob der ungeheueren Menge dieser anscheinenden Dumm-
heiten in Erstaunen zu geraten, was noch gewaltig durch
den Umstand erhöht werden dürfte, wenn wir lesen, daß auch

in dem römischen Rechte dieses Verbrechens*) gedacht ist und daß es Ovid**) in seinen Heroiden erwähnt:

„Um Abwesende zu bezaubern, verfertige man ein Bildnis derselben aus Wachs und durchbohre dann die Stelle der Leber mit spitzen Nadeln." Horaz***) berichtet ebenfalls davon, als er in seinen Satyren die Behausung einer Hexe beschreibt. Auch muß es uns Wunder nehmen, daß man bei der Entdeckung Amerikas das envoûtement bereits bei den Rothäuten antraf †) und daß, wie de Rochas ††) uns mitteilt, es auch bei den Eingeborenen der französischen Antillen, bei den Kanaken Neu-Kaledoniens, auf Borneo und in China angetroffen wird, während sich gleichfalls Spuren in den alten egyptischen und assyrischen Ritualen finden. Doch dürfte dies Gefühl der Verwunderung und des Erstaunens anfangs wohl beweisen, daß man eben nicht auf den Kopf gefallen ist.

Und dennoch ist die Psychologie in den letzten Jahren derart fortgeschritten, daß sich immerhin annehmen ließe, das Werk der Zauberer wäre nicht so ganz eitel gewesen, wie man vermutete. Zum mindesten ist uns bekannt geworden, welche Naturerscheinungen zu solchem Glauben Veranlassung gegeben haben dürften.

Die fruchtbarsten Studien über diesen Punkt verdanken wir besonders dem Obersten de Rochas, Direktor der Pariser technischen Hochschule. Ohne mich hier eingehender mit einem Thema zu befassen, welches ich in dem zweiten Teile dieses Werkes abhandeln werde, wäre es doch hier angebracht, in Kürze darauf hinzuweisen, daß de Rochas behauptet, die Sensibilität (Empfindlichkeit) bei gewissen hypnotisierten Sub-

---

*) s. 1. Band vorl. Werkes, S. 319.

**) Devotet absentes simulacraque cerea figit,

Et miserum tenues in jecur urget acus. (Ep. 6; Hypsipilus Vers 91 und 92.)

***) s. Buch I, Satyre 8, B. 29—33.

†) s. Band 1, S 48.

††) Extériorisation de la Sensibilité, Kap. III, § 2.

jekten exteriorifieren zu können. Er vermochte mit diefer
Empfindlichkeit einen beliebigen Gegenstand zu schwängern —
z. B. gerade eine die hypnotifierte Perfon darstellende Wachs=
figur oder Photographie. Wenn er dann, verborgen vor dem
Blick des Subjektes jenes Bildnis berührte, fo empfand dies
das Subjekt. Wenn ferner de Rochas das Bild mit einer
Nadel stach, fo nahm dies auch das Subjekt wahr und beklagte
fich über den Nadelstich, wobei es ganz instinktiv mit der
Hand zur Abwehr an die Stelle des Körpers fuhr, wofelbst
man bei dem Bilde den Stich verfetzt hatte.

Man fieht alfo, daß zwifchen dem envoûtement der
früheren Hexen und Zauberer und den heutigen Experimenten
de Rochas' — wenn auch nicht die Identität — fo doch große
Ähnlichkeit vorliegt.

§ 24. — Allein nicht immer trachteten die böfen Zauberer
dem Nächsten nach dem Leben. Meist begnügten fie fich
damit, ihn „fest zu machen", zu lähmen oder ihm den Gebrauch
irgend eines Gliedes zu rauben, fowie auch irgend welche
anomale Empfindungen bei ihm zu erwecken u. f. w. Dies
erlangte man dann befonders vermittelst der „Ligatur", dem=
felben Verfahren, welches die Franzofen mit nouer l'aiguil=
lette bezeichneten [und bei uns den Namen „Nestelknüpfen"
führt, d. Überf.]. Mit diefem Zauber richtete man fich haupt=
fächlich gegen Liebende, um bei ihnen eine unüberwindliche,
wenngleich ungerechtfertigte Antipathie hervorzurufen oder fie
wenigstens phyfifch impotent zu machen.

Den alten Griechen war diefer Frevel gleichfalls fchon
bekannt. Platon*) rät allen, welche heiraten wollen, auf
folche Zauberei, die den Frieden der Familie ftöre, wohl Acht
zu haben. Nachdem er mit einigen Worten der Wachs=
figuren gedacht hat, die von fchlechten Menfchen ihren Feinden
in die Thüre oder auf die Gräber gestellt wurden, fügt der

---

*) Gefetze, Kap. 2.

große Philosoph hinzu: „Wer sich einer solchen Zauberei oder
eines anderen derartigen Verbrechens schuldig macht, um seinen
Mitmenschen zu schaden, der sei, wenn er ein Wahrsager und
in der Kunst der Wunder geübt ist, des Todes schuldig!"

Verschiedene Konzilien belegten mit ihrem Anathema die
Zauberer, welche sich eines solchen Verbrechens schuldig machten.
Der Kardinal du Perron ließ sogar in das Ritual von
Evreux Gebete gegen die „Ligatur" aufnehmen, da besonders
im 16. Jahrhundert diese Art Zauberei sehr häufig geworden
war, so daß Delancre*) uns aus seiner Zeit zu berichten
weiß, daß fast niemand mehr zu heiraten wagte, es sei denn
ganz im geheimen. Und der gelehrte Dämonologe ergeht
sich dann in Aufzählung all der sonderbaren Gestaltungen,
welche die Hexerei angenommen hatte. Bodinus behauptet,
daß es mehr als 50 verschiedene Arten gäbe, die „Ligatur"
vorzunehmen.

Gilbert von Nogent erzählt**) von seinen Eltern, wie sie
sieben lange Jahre hindurch das Opfer einer „Ligatur" gewesen seien, bis endlich ein altes Weib den Zauber zu heben
verstanden habe und sie dadurch wieder in den Stand gesetzt
hätte, ein eheliches Leben zu führen.

Im Jahre 1582 wurde zu Coulomniers in Frankreich
ein gewisser Abel de la Rue, mit dem Beinamen le Casseur,
verurteilt, weil er auf diese Weise die Flitterwochen seiner
Geliebten zerstört hatte, die einem anderen Manne ihr Herz
und die Hand zur Ehe dargeboten.

Fast in ganz Europa steht auf dem Lande noch das
Nestelknüpfen in Gebrauch, besonders gegen Liebende von
Nebenbuhlern verübt.

Es ist ferner in Betracht zu ziehen, daß man den
Zauberern und Hexen auch häufig Fälle in die Schuhe schob.

---

*) Ungläubigkeit und Unglaube u. s. w., Abh. 6.
**) De vita sua, Buch VII, Kap. 11.

die man nicht begreifen konnte und deren verborgener und wirklicher Ursache man nicht auf die Spur kam.

Ebenso unzweifelhaft dürfte sich aber auch annehmen lassen, daß häufig die Furcht, verzaubert oder verhext zu werden, lähmend auf die Glieder einwirkte und den Gedanken ablenkte, somit das bewirkend, was den Zauberern zugeschrieben wurde. Heutzutage ist nicht nur den Physiologen, sondern wohl allen gebildeten Menschen bekannt, daß die geringste Suggestion genügt, um geschlechtlich impotent zu sein. Dieser Zustand wich, sobald die vermeintliche Hexe beschloß, die Einbildungskraft des Kranken zu heilen, indem sie ihm sagte, daß er seine Fähigkeiten wieder gewonnen habe. Auf diese Weise läßt sich auch vollkommen der uns von Bodinus übermachte Fall verstehen. Eine junge Ehefrau von Niort beschuldigte ihre Nachbarin, an ihr jenes Verbrechen verübt zu haben, worauf der Richter sie unverzüglich in den Kerker werfen ließ. Nach einigen Tagen kam diese nun, der Sache überdrüssig, auf den Gedanken, dem Ehepaar sagen zu lassen, der Bann sei wieder von ihnen genommen. Von jenem Augenblicke an hatten sich auch die Gatten über kein Hindernis mehr zu beklagen.

§ 25. — In der That halte ich es für unbestreitbar, daß zum größten Teile die sogenannten Behexungen in Wirklichkeit nur Suggestions-Phänomene waren, was auch soviel heißt, daß man sie vorzüglich nur an sehr sensitiven Wesen vorzunehmen vermochte.

Der berühmte Dr. Encausse, der Vorsteher der hypnotischen Station an der Pariser Charité, giebt uns einen Bericht*) von einer gewissen Elise C. Dieselbe litt an hysterischer Kontraktion, und alle bisherigen Heilversuche, einschließlich der Suggestionsbehandlung, waren erfolglos gewesen. Schließlich kamen dann die Ärzte auf den glücklichen Gedanken,

---

*) Annales de psychiatrie, 1891.

daß sich dieses Übel bei der Patientin infolge einer früheren Suggestion einstelle. Man vergewisserte sich, daß in der That alle Suggestionen bei der Kranken Aufnahme fanden, mit Ausnahme solcher, die sich auf ihr Leiden bezogen. Die behandelnden Ärzte schritten daher zu einer List. In der Hypnose wurde dem jungen Mädchen enthüllt, daß die Person, der sie das Übel verdanke, unter den Anwesenden sei, und man stellte dem Subjekt dieselbe in der Gestalt eines jungen Mediziners der Abteilung vor. Die Physiognomie Elisens nahm sofort einen zornigen Ausdruck an, und nur mit Mühe konnte sich der vermeintliche Zauberer dem Mädchen nähern, um ihr im befehlenden Tone die sofortige Heilung zu gebieten. Patientin war dann auch sogleich von ihrem Leiden geheilt.

Dasselbe trug sich ferner bei einer gewissen Adolphine F. zu. Sowohl diese, als auch Elise C. bekannten später, daß sie in Streit geraten wären mit Personen, die sie als Hexen ansahen. Diese hätten sie verwünscht, von diesem Tage an leidend zu sein, und bald darauf seien sie von ihren Leiden betroffen worden.

Daß solche besonderen Fälle in thörichter Weise übertrieben und verallgemeinert wurden, sobald man nicht leicht auf den Grund der Krankheit kommen konnte, bedarf eigentlich keines weiteren Wortes.

§ 26. — Ein italienischer Schriftsteller, der, soviel ich weiß, kein Spiritist ist, schrieb noch kürzlich: „Wenn ich sagen würde, daß ich an Hexen glaube, so würde ich mich wohl der Lächerlichkeit aussetzen, und wenn ich behaupten wollte, nicht daran zu glauben, so müßte ich etwas sagen, das nicht ganz der Wahrheit entsprechen dürfte ... Ist es möglich, muß ich mich immer wieder fragen, daß ein so tief eingewurzelter und weit verbreiteter Aberglaube, der, wenn auch unter den mannigfachsten Gestaltungen, stets bei allen Völkern, den rohsten wie gebildetsten, seinem inneren Wesen nach sich

gleich bleibt; dessen deutliche Spuren bis in das früheste Altertum zurückreichen und der — von der modernen Wissenschaft in
verblendeter Anmaßung verworfen — noch so starke Lebenskraft besitzt: geradezu aus nichts entstanden und auf keiner
reellen Ursache begründet sein soll? Ließe sich annehmen, daß
der Atavismus Jahrhunderte, ja Jahrtausende hindurch noch
seine Geltung behaupten könne, wenn ihm nicht in der Gegenwart neue Lebenselemente zugeführt würden?" *)

Und zum Beweise, daß er nicht gerade in den Tag
hinein redet, geht unser Gewährsmann auf eine Studie des
Dr. Gibotteau ein, welche vor kurzem in den Sciences
psychiques des Dr. Dariex zu Paris erschienen ist. Das
Subjekt dieses Doktors war eine gewisse Berta J., eine Frau
von 28 Jahren, von gewöhnlichem aber intelligentem Äußeren.
Man sagte, daß sie die Tochter einer Hexe sei, welche sich
aus der Champagne, ihrem Heimatlande, nach Paris begeben
hätte. Hier war sie anfangs bei einem Priester bedienstet
gewesen, darauf befand sie sich bei einem Magnetiseur in
Stellung, wo sie auch augenscheinlich Gelegenheit hatte, eben
das kennen zu lernen, was man unter Suggestion verstand.
Dr. Gibotteau experimentierte mit ihr fünf bis sechs Monate,
zwei Monate hindurch wohl jeden Tag.

Berta war nicht in dem Maße passiv, wie sie aktiv auftrat. Ihr starker und hartnäckiger Wille war es vor allem,
der die Phänomene hervorrief. Für solche hatte sie thatsächlich ein ganzes Rezeptbuch, woraus Dr. Gibotteau einige
Auszüge veröffentlichte, um uns einen Einblick in die geheime
Werkstätte der Hexe thun zu lassen. Es hieß darin: „Wie
man eine Person stürzen lassen kann. Ein
Mittel, einen Feind zu verleiten, sich zu erhängen. Jemandem einen anderen Willen auf-
zudrängen. Jemanden ein Geräusch vernehmen

*) In der zu Mailand erscheinenden Vita Moderna vom 16. April 1898.

zu lassen. Eine Person zu beeinflussen." Hier
heißt es nun, um beispielsweise diese letzte Wirkung hervor=
zubringen:

„Man muß sich von dem Gedanken an sie ganz be=
„herrschen lassen und sie mit der Zeit und mit Ausdauer be=
„lasten.*) Alsdann hat man die eigene Vorstellung ihr auf=
„zudrängen, indem man sie entsprechende Bilder sehen läßt,
„mit der Zeit, Geduld und Ausdauer immer mehr . . . .
„Man muß aber damit warten, bis die Person sich ins
„Bett gelegt hat, weil der Eindruck im Schlafe bestehen bleibt.
„Zu diesem Zwecke muß man daher auch das Zimmer kennen,
„wo die betreffende Person schläft, und auch im Besitze eines
„Bildes oder eines anderen ihr zugehörigen Gegenstandes
„sein." —

Geben wir nun die Beschreibung eines solchen von
Gibotteau angestellten Experimentes:

„Berta hatte sich vorgenommen, mich daran zu hindern,
wieder den Boulevard Saint=Michel zu besuchen, woselbst ich
mich übrigens nicht sehr häufig sehen ließ. Selten kam ich
auf den Gedanken, jenseits daran vorbeizugehen, ohne fast un=
verzüglich ihre Anwesenheit zu verspüren und zwar unter
zwei sehr verschiedenen Gestaltungen. Bisweilen war es eine
eigentümliche Schwäche in den Knien, die wie gelähmt zu
sein schienen. Ich kehrte daher zurück und sofort fühlte ich
mich wieder ganz hergestellt und flink wie vorher. Ein
anderes Mal empfand ich ein Hindernis, als ob ich gegen
einen Wasserstrom anzugehen habe, der mir bis zu den Hüften
reichte. Als ich mich umwandte, war die Wirkung umge=
kehrt, der Strom riß mich zur Seine hin, und ich konnte nur
mit Mühe mich zurückhalten, um nicht ins Laufen zu kommen."

---

*) „Indem man sich, d. h. natürlich geistig, ihrer Gedanken be=
„mächtigt und sie etwas einschläfert." Mit diesen Worten erklärt es
Berta J.

Berta verstand sich aber auch auf das Nestelknüpfen.
Dr. Gibotteau weiß uns in der That zu berichten, daß es
ihr gelungen sei, einer Frau vermittelst einer telepathischen
Suggestion eine unwiderstehliche physische Abneigung vor
ihrem Gemahl zu erwecken, so daß es ihr nicht mehr möglich
war, ihn zu lieben.

Auch berichtet derselbe Gewährsmann von häufigen Fällen
einer Willensübertragung seitens der Hexe. Manche Personen,
welche ganz gemütlich im Gespräche bei einander saßen,
wurden plötzlich von heftigem Antrieb befallen, den Hut zu
nehmen und nach Hause zu eilen, wobei sie so dem in Gedanken erteilten Befehl der „Hexe' gehorchten.

§ 27. — Und nun sehen wir wohl zu. Vermag eine
Person bisweilen lediglich durch einen Willensakt des Hypnotiseurs in hypnotischen Schlaf zu verfallen? Wer sollte heutigen
Tages noch daran zweifeln? Rühmte sich nicht zu Anfang
unseres Jahrhunderts der Abt Faria auf diese Weise 5000
Personen eingeschläfert zu haben? Und wer wird noch in
Zweifel ziehen, daß man ein derartiges hypnotisiertes Subjekt
zu den seltsamsten Dingen überreden kann?! Hat nicht heute
fast jedermann in öffentlichen oder Privat-Vorstellungen gesehen, wie der Hypnotiseur sehr leicht seinen Subjekten die
Idee geben konnte, vor sich eine Schlange oder einen Vogel
zu sehen, während in Wirklichkeit nichts da war; daß sie
einen Apfel äßen, während sie mit Wohlbehagen in eine
Kartoffel bissen; oder daß es erdrückend heiß sei — und zwar
bei einem Thermometerstand von 0 Grad.

Da ja solche Erscheinungen nach der gewohnten Periode
der Verhöhnung und der stolzen Ungläubigkeit auch heute von
der offiziellen und konservativen Wissenschaft anerkannt worden
sind, warum konnten sie sich nicht einige Jahrhunderte vorher
zutragen?

Wenn es demnach unseren Hypnotiseuren gelingt, ihre
Subjekte glauben zu lassen, im tiefen Winter sich in einem

Blumengarten zu befinden, der sich ihnen im Blumenflor darbietet und dessen Bäume üppig von Kirschen vollhängen —
o warum sollten wir da nicht auch dem Glauben schenken, was
uns genau so von Albertus Magnus und Faust berichtet wird,
daß sie dies ebenso vermocht hätten? Wenn wir lesen, daß
der Zauberer Desbordes in Gegenwart des Königs Karl IX
aus einer Tabaksdose eine Mahlzeit von drei Gängen für
fünfzig Personen herauszog, warum sollen wir uns dann so
sehr der Annahme verschließen, daß er diese Zauberei wirklich
auszuführen vermocht habe, indem er die anwesenden Personen
suggestionierte?

§ 28. — Das nämliche läßt sich auch von der „Wirkung
der Substanzen auf Entfernung" sagen, der sich vorzüglich
die Doktoren Bourru und Burot*) gewidmet haben. Wenn
man ein Brechmittel einem hypnotisierten Subjekt in die
Nähe bringt — natürlich ohne daß dieses es gewahr wird —
so stellt sich schon bei ihm Erbrechen ein; ebenso geschieht es
auch, daß es einschläft, wenn man ein narkotisches Mittel
ihm nähert. Mit einem Fläschchen Branntwein, das ganz
unberührt bleibt, kann man es auch betrunken machen, um es
dann mit etwas Ammoniak wieder in den Normalzustand
zurückzubringen.

Und in der That ist Dr. Luys mit seinen Experimenten
betreffs der Fernwirkung von Giften zu einem so gewichtigen
und schwerwiegenden Ergebnis gelangt, daß Dr. Brouardel,

---

*) La suggestion mentale et l'action à distance des substances
toxiques et médicamenteuses, Paris 1887.

der Dekan der medizinischen Fakultät an der Sorbonne, vor
versammelter Hörerschaft der medizinischen Akademie zu Paris
sich zu folgender beachtungswerter Bemerkung veranlaßt sah:
„Es handelt sich hier nicht mehr um Personen, welche fähig
sind, hypnotisiert zu werden, sondern um Personen, die von
einer Substanz, die nicht in ihren Körper eingedrungen ist und nichts an ihrer Quantität verloren hat, vergiftet werden können. Die Gefahr
ist eine sehr große. Jeder von uns kann eines
schönen Tages angeklagt werden, den Tod eines
seiner Mitmenschen hervorgerufen zu haben,
ohne seine Unschuld mehr erweisen zu können."

Ist dieses nicht die nämliche Anklage, welche gegen die
Zauberer erhoben wurde, andere Leute durch „Hexerei getötet
zu haben?"

§ 29. — Seien wir also nicht so voreilig, wenn wir
ohne weiteres alle Wunder, Hexereien und Giftmischereien der
Hexen dem einfachen Aberglauben und der Betrügerei zuschreiben
wollen! Distingue frequenter! Und vor allem hüten wir uns,
an einen solchen Stoff heranzutreten, ohne uns vor unserem
Geist die inhaltsschweren Worte vorüberziehen zu lassen, die
vor bald zwanzig Jahren der berühmte Charcot aussprach:
Es wird nicht mehr lange dauern, daß wir die Zauberei sich
wieder entwickeln sehen werden, wenn auch unter einem
anderen Namen!

In diesen bedeutsamen weissagenden Worten ist der
Schlüssel zu der Frage enthalten.

§ 30. — Es kann hier nicht meine Aufgabe sein, die
blutigen und unsinnigen Verfolgungen bis ins einzelne zu
behandeln, mit welchen die Obrigkeit bürgerlicher- wie kirch=
licherseits gegen die sogenannten Zauberer und Hexen ein=
schritt.

In den ersten Jahrhunderten des Christentums spiegelte
sich die erhabene Lehre Jesu wieder, welche nämlich Milde

und Menschenliebe predigt, gerade so, wie ein gewisser, der Sonne ausgesetzter Stein die Eigenschaft besitzt, die Sonnenstrahlen zu absorbieren und dann im Schatten ein phosphoreszierendes Licht auszustrahlen, bis er allmählich wieder seine ganze Leuchtkraft verloren hat. Daher ging auch anfangs die Kirche nur mit geistigen Waffen und Mitteln gegen die Zauberei vor: einige römische Päpste, wie Gregor VII (der große Hildebrand) verwarfen das Vorgehen gegen die Zauberer, und ebenfalls that dies Agobard, der Erzbischof von Lyon, in der ersten Hälfte des neunten Jahrhunderts. Zur Zeit Karls des Großen begannen die ersten christlichen Kämpfe gegen die Zauberei. In seinen berühmten Erlässen ordnete der fränkische Kaiser an, die Zauberer als Anhänger eines heidnischen Aberglaubens zu ermahnen und bei Rückfall sie solange im Gefängnisse zu lassen, bis sie sich gebessert hätten. Doch keineswegs weiter erstreckten sich die Verordnungen, ja sogar findet sich selbst darin Androhung der Enthauptung aller derer, welche Zauberer und Hexen töten, indem sie dieselben nach heidnischer Vorstellung für Menschenfresser halten. So gelang es dem weisen Monarch, den Aufruhr gegen die Zauberer zu beschwichtigen, welchen die berühmte Luftgeschichte hervorgerufen hatte, von dem die Regierung Pipins des Kurzen zu berichten weiß. Man sprach auch in Frankreich fast nichts mehr von Zauberei, da Ludwig der Gute alles Ernstes durch ein Edikt Sylphen, Elfen und dergleichen Geistern streng verboten hatte, sich sehen zu lassen!

Die wahre Verfolgung der Zauberei seitens des Christentums nahm aber erst ihren Anfang im 13. Jahrhundert, als die Inquisitionsgerichte aufkamen und der rohe Innocenz IV den Gebrauch der Folter einführte. Im Jahre 1484 erließ Innocenz VIII schließlich die berühmte Bulle Summis desiderantes affectibus, welche der Inquisition betreffs Zauberei allerhand Regeln und eine genaue Ordnung verlieh.

Da die Güter der wegen Ketzerei und Hexerei verurteilten

Personen, von Staatswegen konfisziert an die Krone und von da in die Hände eines ganzen Haufens von Schmarotzern fielen, welche sich um jene scharten, so läßt sich wohl denken, wie leicht die Verurteilungen vor sich gingen.

Um das Jahr 1455 rief der Herzog von Burgund die „brennende Kammer" ins Leben, um die der Zauberei beschuldigten Personen zu verurteilen.

Zu Toulouse überantwortete 1577 das Parlament auf einmal 400 angebliche Hexen dem Feuertode.

In den Staaten des Herzogs von Lothringen wurden in den Jahren 1580—1585 nicht weniger als 900 sogenannte Teufelsanbeter lebendig verbrannt. Wie Alciati mitteilt, ließ am Schlusse des 15. Jahrhunderts ein Hexenrichter zu Piemont 150 Hexen und Hexenmeister den Scheiterhaufen besteigen. Als er dann im folgenden Jahre noch weitere 200 Personen zu derselben Todesstrafe verurteilte, erhob sich das Volk und verjagte den Fanatiker, der sich dann zum Troste nach Rom begab.

Im Jahre 1524 wurden zu Como nicht weniger als 1112 Zauberer auf dem Scheiterhaufen eingeäschert; überhaupt wurden in jener Stadt nie weniger als 100 Menschen im Jahre auf diese Weise hingerichtet, dank den eifrigen Bemühungen der Dominikanermönche.

In der kleinen Ciudad Real in Spanien verbrannte man im Jahre 1486 dreitausend dreihundert Personen.

Als Maria Louise von Bourbon, Tochter des Herzogs von Orleans, die Ehe mit Karl II im Jahre 1680 einging, wußten die Hexenrichter für die französische Prinzessin und ihr Gefolge keine bessere Belustigung zu veranstalten, als 118 Unglückliche den Flammen preiszugeben! Es war in der That ein seltsames Schauspiel, wenn man im feierlichen Aufzuge die unglücklichen Opfer zum Scheiterhaufen führte.

Voran schritten die Dominikaner mit ihrer Standarte

der Inquisition, laut betend und Psalme singend, und es folgten sodann die Frommen, worunter sich die angesehendsten Bürger, zum Teil aus Frömmigkeit, zum Teil aus Furcht, die meisten aber wohl aus Staatsklugheit befanden. Nun kamen die zum Tode Verurteilten, mit einem langen schwarzen Gewand bekleidet und barfuß. Hinter denselben trug man das Bild der Verurteilten, welche sich durch die Flucht der Strafe entzogen hatten, und schleifte auch die nackten Särge nach, welche die der Folter Erlegenen bargen; schließlich kamen die, welche noch verurteilt werden sollten. Jene nun, welche gestanden hatten und daher der großen Gunst teilhaftig geworden waren, zuvor nur erdrosselt zu werden, bekleidete man, ehe sie von den Flammen verzehrt wurden, mit einem schwarzen Gewand, worauf Teufel und abwärts gerichtete Flammen gemalt waren; bei den anderen, welche lebendig verbrannt werden sollten, waren die Flammen aufsteigende. Feiste, blutgierige Mönche und Schergen mußten dann die Elenden stützen, welche infolge der ausgestandenen Marterqualen sich kaum mehr aufrecht zu halten und fortzuschleppen vermochten.

Im Jahre 1570 veröffentlichte Florimund von Rémond, Rat des Parlamentes zu Bordeaux, ein Buch unter dem Titel: Der Antichrist, worin er dessen gefürchtetes Erscheinen und Wüten auf der Erde für die nächste Zeit in Aussicht stellte. Um dies zu beweisen, erging er sich nun in einer Schilderung der schrecklichen Lage, in welche damals der Fanatismus das arme Frankreich gesetzt hatte:

„Die Anklagebänke an unseren Gerichtshöfen waren voll „besetzt von Leuten, die jener Verbrechen (der Zauberei und „Hexerei) beschuldigt waren. Nicht genügend waren die Richter „in Zahl vertreten, um die Prozesse führen zu können, und „unsere Gefängnisse waren überfüllt von Männern und „Weibern, die sich allesamt dem Satan verschrieben hatten. „Kein Tag verging, daß nicht unsere Gerichtshöfe ein Blut= „urteil zu fällen hatten und daß wir in unser Heim zurück=

„lehren konnten, ohne Ohrenzeuge der schrecklichen und er-
„schütternden Bekenntnisse gewesen und dadurch unserer guten
„Stimmung beraubt worden zu sein, wie es nun einmal unser
„Stand mit sich bringt."

Nikolaus Rémi (Remigius), der geheime Rat des Herzogs
von Lothringen, rühmte sich, über 900 „Hexenleute" in
dem kurzen Zeitraum von nur fünf Jahren (1580
bis 1585) lebendig verbrannt zu haben, und fügte mit Wohl-
gefallen hinzu, daß sich in einem Jahre sogar 16 Hexen selbst
das Leben genommen hätten, um nicht in seine Hände zu
fallen.

Der Dominikaner Torero (auch Grillandus oder der
„Hexenbrenner" genannt) erklärte, daß er 1770 Hexen und
Zauberer durch den Scheiterhaufen ausgerottet habe, während
der Jesuit Delrio sich nur 900, Bodinus 600 und Boguet nur
500 Hexenverbrennungen rühmen konnten. Und unterdessen
nun beklagten sich die Doktoren der Sorbonne, wie Démanet
Filesac und andere, daß infolge des Umstandes, daß soviele
Hexen straflos ausgingen, die Zahl derselben noch so gewaltig
im Wachsen sei!

So wurden im Laufe eines Jahrhunderts, vom Jahre
1580—1680, in Europa wohl mehr als 100 000 Hexen und
Zauberer lebendig eingeäschert.*)

Der Hexenrichter und des Papstes wohlbestallter Hexen-
legat Sprenger — also gewiß ein zuverlässiger Gewährsmann — beziffert in seiner „Lebensbeschreibung Mohammeds",
die Zahl der in der christlichen Zeitrechnung als Zauberer
und Ketzer zum Tode verurteilten Personen auf 9 Millionen.
Was waren dagegen die wenigen christlichen Märtyrer und
die Blutthaten eines Nero, Domitian und Maximian?!

§ 31. — Allein wenn man glaubt, daß nur der Katholizismus an der Schmach und den Gräuelthaten der Hexen-

---

*) Rossi-Giustiniani, Le Spiritualisme dans l'histoire, B. IV, § 1.

prozesse den vornehmsten Anteil hätte, so beweist die Geschichte nur zu Recht, wie wenig überhaupt der Protestantismus an der Besserung der Sitten Anteil nahm, und daß gerade die orthodoxen Protestanten am meisten dem Moloch ihres Dogmas*) Blutopfer darbrachten.

Sowohl Luther als auch der „sanfte" Gelehrte Melanchthon verdonnerten, gestützt auf das Bibelwort: „Die Zauberinnen sollst Du nicht leben lassen"**) — in blindem Wahne der Orthodoxie befangen, Hexen und Zauberer zum Feuertode.***) In der Revue Britannique vom Juli 1830 findet sich ein Auszug aus der Quarterly Review, übrigens einer protestantischen Rundschau, worin es sogar heißt:

„Vor der Reformation beeinträchtigte dieser Volksglauben kaum den allgemeinen Frieden, und man bestrafte nur wirkliche Verbrechen . . ., allein diese Reformation hat eine traurige Empörung über die Magie unter den Volksklassen hervorgerufen. Die Herkuleskeule der Gerechtigkeit unterlag der spitzen Waffe der listigen Überredung . . ."

In England rührt das Strafverfahren gegen die Hexerei aus den Regierungen Heinrichs VI, Eduards V und Jakobs I (welcher sogar ein Buch in Dialogform gegen die Hexen losließ). ‚Ein Statute‘ aus dem 9. Regierungsjahre Georgs II

---

*) Während z. B. in sämtlichen katholischen deutschen Ländern die Folter längst abgeschafft war, bestand diese ehrwürdige Einrichtung in dem echt protestantischen Hannover selbst noch in diesem Jahrhundert!! Der Übers.

**) 2. Mose 22, V. 18. Vergl. auch 5. Mose 18, V. 10—12; 19, V. 20 und 21. Der Übers.

***) Der Erfinder des Dogmas vom „beschränkten Unterthanenverstand" und ruhmreicher Reformator hat sich dann auch mit der ganzen Rohheit seiner Zeit und der ihm angeborenen Grobheit gegen jeden Mystizismus und vor allem gegen die Zauberei in einer Weise gewandt, daß die Reformation mit ihren würdigen Vertretern (wie dem Leipziger Professor Karpzov, der sich rühmte, allein 20 000 Todesurteile gefällt zu haben) als eine der festesten Stützen des Hexenprozeßgräuels betrachtet werden kann. Der Übersetzer.

(1736) hob dasselbe für England und Schottland wieder auf.
Jedenfalls blieben aber dadurch immerhin einige Verfügungen
bestehen, bis eine zweite Bill am 23. März 1821 zum dritten
und letzten Male für sämtliche drei Reiche erlassen wurde,
wonach dann endgültig alle Gesetze und Verfahren gegen die
Hexerei abgeschafft, ja selbst der Name einer solchen Schuld
für immer aus den Gesetzbüchern ausgelöscht wurde.

In keinem Lande aber, selbst nicht in Frankreich, wütete
der Hexenwahn so furchtbar als während der beschränkten
Frist einiger Jahrhunderte gerade in England. Um sich hiervon zu überzeugen, ziehe man nur das Werk eines Baxter*)
heran, der sich ebenfalls zu dem damaligen Glauben bekennt,
oder Arbeiten von Skeptikern, wie Thomas Wright**) und
Walter Scott.***)

So sagt Dr. Grey, der Herausgeber von Hudibras, daß
vom Jahre 1643 bis zur Wiedereinsetzung Karls II (29. Mai
1660), also in dem knappen Zeitraum von nur 17 Jahren,
drei bis viertausend Menschen wegen Hexerei zum Tode
geführt wurden. Allerdings begreift man dies um so leichter,
wenn man bedenkt, daß der Richter zwanzig Schilling für
jedes Todesurteil erhielt.†)

Ganz besonders verdient machte sich unter den Richtern
bei den englischen Hexenprozessen (den sogenannten witch
finders) Matthias Hopkins. In der Stadt Essex allein ließ
man in einem Jahre 60 Frauen am Galgen verenden. Haupt=

---

*) Evidence of ghost's World.
**) Narrative of sorcery and magic from the most authentic sources.
***) Lettres on Demonoloy and Witchcraft.
†) Man bezahlte z. B. schon wahrhaft königlich bei der Folter.
Meist finden wir Anweisungen, wie: dem Henker außer seiner in Geld
und F r ü c h t e n bestehenden Besoldung für Lebendigverbrennen 7 Pfund
und 10 Schillinge, für das Rädern 20¹⁄₂ Pfund und vier Maß W e i n.
Der Inquisitor erhielt nach dem Zeugnisse des Jesuiten Spee für j e d e
einzelne verurteilte Hexe f ü n f Thaler (!); Kleider, Pferde und
Kutschen fielen den Henkern und ihren Familien anheim. Ein Scharf=

sächlich bediente man sich zur Ermittelung einer Hexe des sogenannten Hexenbades, umsomehr als damals auf Schritt und Tritt das Wort des Königs Jakob I*) wiederholt wurde: »Es sei gerecht, daß Personen, welche auf die Heilsgüter der heiligen Taufe Verzicht geleistet und sich dem Teufel ergeben hätten, auch finden sollten, daß das Wasser sie nicht in seinen Schoß aufnehme.« Das merkwürdigste ist aber, daß Hopkins selbst zu guter letzt in den Verdacht der Hexerei geriet und auch der Hexenprobe unterworfen wurde, die er so oft an anderen vollziehen ließ. Er war unvorsichtig genug, auf dem Wasser zu schwimmen, und mußte sich so gefallen lassen, verurteilt, erdrosselt und verbrannt zu werden.

Unter den Angelsachsen Nordamerikas fand die Hexerei weniger günstigen Boden. Dennoch erzählt uns Godwin in seiner Lebensbeschreibung der Nekromanten von einer gewissen Bewegung, welche im Jahre 1692 in Salem, damals einer zweiten Stadt der britannischen Kolonie, ins Leben trat, infolge einer unerklärlichen Epidemie, die sich unter sehr sonderbaren Symptomen kundgab. Es bildete sich daher das Gerücht, daß die Krankheit von Zauberern verursacht wäre, und dies gerade fand auch bald bei der Obrigkeit des Landes Gehör, die ihrerseits die gerichtlichen Anordnungen traf, um die Schuldigen zu ermitteln. Binnen dreien Monaten wurden 19 Beschuldigte erhängt, während wohl ebensoviel schno den

---

richter von Kösfeld erhielt in einem Jahre 169 Reichsthaler für Hexeneinäscherungen, und das war viel Geld bei den damaligen Zeiten. Jeder, der nur irgendwie eine Hexe aufzuspüren glaubte, erhielt sofort freien Unterhalt und Reisegeld. Ja, man umgab sogar jene armselige Schinderknechtssorte mit dem Heiligenschein, wie es u. a. auch seitens des Jesuiten Schmid durch eine Sammlung von Lebensgeschichten „heiliger Scharfrichter und Henkersknechte" geschah. Es war also ein ganz vorzügliches Geschäft, Hexenangeber, Hexenrichter und Hexenbrenner zu sein.   Der Übers.

*) Der mit seiner Daemonologia sich auf den Standpunkt des wahnsinnigen Hexenhammers stellte.   Der Übers.

Folterqualen erlegen waren. Ja, die Hexendenunzianten verlegten sich jetzt sogar darauf, Personen aus den besseren
Familien ebenfalls jener Zauberei zu bezichtigen. Da gingen
doch endlich den leitenden Klassen die Augen auf, und sie
rissen die Kerkerthüren ein; 250 Personen standen nun auf
einmal auf freiem Fuße und dankten Gott, mit heiler Haut
davon gekommen zu sein.

In den Gebieten Südamerikas, die den Spaniern, Portu-
giesen und Franzosen gehörten, stand dagegen die Inquisition
gegen Hexen und Zauberer in schönster Blüte.

[In Deutschland war von der vielgerühmten deutschen
Gemütlichkeit wahrlich wenig in der Rechtspflege des finsteren
Mittelalters und in dem gräulichen Vorgehen gegen Hexen,
Zauberer u. dergl. zu spüren. Es ist ein Schandfleck in der
Geschichte dieses Landes, daß deutsche Dominikanermönche
und Professoren der Theologie das schändlichste Buch, welches
jemals verfaßt wurde, als ein librum sanctissimum heraus-
gaben: den Hexenhammer. Dieses in lateinischer Sprache
geschriebene Machwerk, unter dem Titel Malleus maleficarum,
erschien im alten Cöllen anno 1489, mehr als gebilligt vom
Papst (Innocenz VIII) und Kaiser (Maximilian I). Und
jenen wahnsinnigen Ausführungen der von Wollust und
Grausamkeit entbrannten Verfasser — nur mit Abscheu seien
ihre Namen genannt — Sprenger, Kremer oder Institor und
Gremper, ist es zur Last zu legen, daß Millionen und aber
Millionen unter schrecklichen Qualen ihr Leben lassen mußten.
Und wofür? wird man fragen. Für nichts, für eine Wahnidee!
Denn die Kirche gefiel sich darin, in allem, was sie in Bezug
auf ihre Existenz für nachteilig oder gefährlich hielt, den
Teufel zu wittern, und wohlweislich mit Bann oder Interdikt
den zu bedrohen, der sich erdreistete, die bei gewissen Personen vorkommenden mediumistischen Phänomene als Erscheinungen zu betrachten, welche zum Teil auf ganz natürliche Weise, zum Teil durch Mithülfe transzendentaler Kräfte

zustande kamen. So konnte es denn geschehen, daß im deutschen Gebiet während des 16. Jahrhunderts die mörderischen Scheiterhaufen ad majorem dei gloriam wie in keinem anderen Lande aufloderten. Die alten Deutschen waren, wie ihre Mythologie beweist, ein stark mediales Volk, und so konnte es geschehen, daß ihre mediale Fähigkeit, von der Kirche als Teufelsspuk verschrieen, den Glauben an die Buhlschaft der Unholden und Unholdinnen mit dem Teufel und die entsetzlichen Hexenprozeduren hervorrief. Das Zeitalter der Aufklärung und des seichten Rationalismus mußte infolge der mittelalterlichen Massenausrottungen aller nur einigermaßen medial veranlagten Personen vollkommen arm an Medien sein und mithin auch an psychischen, sogenannten übernatürlichen Phänomenen. Auch heute hat die Mediumschaft, bezw. jene besondere psychisch-physiologische Veranlagung bei unserem Volke noch nicht wieder soweit an Ausdehnung gewonnen, daß infolge zahlreicher Thatsachen der Spiritismus über den zur Zeit noch herrschenden Materialismus triumphieren könne. — —

Näher auf jenes schmähliche Machwerk menschlicher Verirrung, den bereits erwähnten Hexenhammer, einzugehen, würde uns zu weit führen, obschon gerade an mannigfachen Stellen dieses Buches die Identität der damaligen Hexen mit den heutigen Medien klar hervorleuchtet; wir verweisen dieserhalb auf H a u b e r, welcher uns einen ausführlichen Aufschluß über jenen Kriminalkodex giebt.*) Einen Einblick in jenes schauderhafte Gesetzbuch zu thun, ist, wie Horst sagt, auch gleichzeitig ein Blick in die Hexenprozesse selbst. Sowohl H o r s t ' s Dämonomagie oder Geschichte des Glaubens 2c. als auch S o l b a n ' s Geschichte der Hexenprozesse, wie die Vorträge über Tortur, Hexenverfolgungen und Behmgerichte desselben Verfassers seien nicht minder an dieser Stelle zum eingehenden Studium empfohlen.

---

*) Bibl. mag. Band I, 1. S. 1 u. 39 ff.; Band V, S. 311 ff.

Du Prel behandelt ebenfalls das Verhältnis der Hexen zum Spiritismus in seinen ausgezeichneten Studien auf dem Gebiete der Geheimwissenschaften, und zwar im 1. Bande, Kap. 1, 2 und 5.

Wehe dem, der zur damaligen Zeit der Herrschaft blinder Glaubenswut es wagte, ein Wort gegen die von der Kirche aufgedrungenen Ansichten zu äußern! Ja, es war sogar gefehlt, die Vernunft und den gesunden Menschenverstand reden zu lassen. Wie durfte man z. B. auch selbst mit ganz natürlichen Mitteln gegen Krankheiten und dergl. einzugreifen suchen!*) Stellte man sich doch dann in den Dienst des Teufels, indem man sich erkühnte, gegen den geweihten Glauben zu eifern oder freventlich sich gegen Gottes Ratschluß und Allmacht zu empören.**)

Auch finden wir häufig, daß Tiere der Hexerei beschuldigt, füglich mit Bann belegt und sogar durch richterliches Urteil zum Feuertode verurteilt wurden. Eine einigermaßen den Menschengeist befriedigende Erklärung hierfür ließe sich vielleicht darin finden, daß man eben glaubte, der „böse feint" habe seine Erzengel oder bösen Zauberer in diese unschuldigen

---

*) Orient, 1874, S. 473.

**) Wie weit in dieser Hinsicht die Orthodoxie ihr finsteres Feld behauptet hat, illustriert am besten die unglaubliche Geschichte, daß noch unlängst ein Landpfarrer in seine Predigt den geistreichen Ausspruch einflocht: „Wie der liebe Gott strafen könnte, wenn die heutige Menschheit dem höchsten Richter mit Blitzableiter und sogar mit H a g e l = versicherung in den Arm greife!?" Kant wurde einmal sogar von einem Professor der Medizin befragt, ob das Impfen erlaubt sei oder ob es nicht als eine Auflehnung gegen die göttliche Vorsehung zu betrachten wäre [man trenne Impfung von Impfzwang!], eine Frage, welche nach Raumer (Historisches Tagebuch) auch das Pariser Parlament im Jahre 1763 an die Hochschule der Sorbonne gestellt haben soll. Den armen Kampfer, der einer unter den Haustieren ausgebrochene Seuche durch Heilmittel und Prophylaxis steuern wollte, bedrohte der Klerus allen Ernstes, weil er sich dadurch als widerspenstig gegen Gott erweise, „der doch damit strafen wolle."

Tiere — oft ein paar harmlose Fliegen — verwandelt. Noch heute schreibt das Volk manchen Tieren, z. B. schwarzen Katzen, Raben, Kröten u. s. w. eine mystische Fähigkeit zu, die sie nach dem damaligen Wahne vom Teufel her besitzen sollten, in Wirklichkeit ihnen vielleicht aber nur infolge einer größeren odischen, bezw. mediumistischen Kraft eigen ist.

So hielt also während der Kirchenherrschaft, in der so gepriesenen „guten alten Zeit" ein finsterer Bann die Gemüter befangen und überhäufte die Menschheit mit dem entsetzlichsten Elend.

Reich und Arm, Vornehm und Gering hatten infolge jener Rechtspflege gegen die crimina fori mixti — die von der geistlichen und weltlichen Macht bedrohte Hexerei manch teuren Toten zu beklagen, der, von den Priestern der Religion der „Mühseligen und Beladenen" meist unschuldig hingemartert, da draußen am Rabensteine seine verkohlten irdischen Überreste dem Wanderer zum Abscheu darbot! Die schamlosesten Dinge ließen in jener Zeit christliche Priester ausüben, und die Kirche muß es sich selbst zuschreiben, wenn die Reaktion, alles verleugnend, was nur mit der Kirche zusammenhing, in dem Materialismus einen erbitterten Gegner zeitigte, der zwar dem Fortschritt unserer Seelenkunde um ein beträchtliches als Hindernis gereichen mußte — dafür aber auch den Dank aller derer verdient, welche die freie Forschung von Wahnideen getrennt und die Wissenschaft aus dem Banne des kirchlichen Mystizismus losgelöst wissen wollten.

Aber auch in dem Zeitalter des Materialismus hat es Gott Lob nicht an einsichtigen Leuten gefehlt, die, um mit dem Philosophen Brofferio zu sprechen, an Gott und Unsterblichkeit zu glauben für Recht hielten, obschon die Priester dies behaupteten. — Der Übers.]

§ 32. — Gegen Ende des vorigen Jahrhunderts und selbst zu Anfang des jetzigen treten uns noch an Hexen verübte gerichtliche Morde entgegen. Von vereinzelten Pöbelexzessen

abgesehen, kamen in Deutschland seit 1749*), in der Schweiz
seit 1782 und in Frankreich bereits seit 1672, infolge des
Verbotes Colbert's, keine Hexenverbrennungen mehr vor.**)
Nur im katholischen Mexiko wurden noch im Jahre 1874
mehrere Mitglieder einer Familie auf Anregung des Geistlichen
und unter Assistenz der lokalen Obrigkeit als Hexen ver=
brannt.***) Und selbst im Jahre 1883 mußte eine ehren-
werte Familie aus Züllichau, ihrer Heimat, auswandern,
da ihre Mitglieder als Hexen verschrieen waren.

Wenn man indes noch vor acht Jahren selbst in den
Südamerikanischen Staaten (Peru z. B.) einen Scheiterhaufen
zur Ehre Gottes errichten sah, so war weltlichen Richtern
keine Schuld beizumessen, wohl aber der Geistlichkeit.

Heutzutage besteht kein Inquisitionsgericht mehr, außer
in Rom, und das glücklicherweise nur sozusagen theoretisch.

Aber wer kann dafür bürgen, ob die Inquisition nicht
eines Tages wieder von der Theorie in die Praxis übertritt?!

Einen großen Anteil an der Abschaffung der Hexenverfolgung hat unstreitig die französische Revolution gehabt!

§ 33. — Was uns bei den Hexenprozessen besonders
auffällt, das ist die ungeheuere Oberflächlichkeit, womit man
sich lediglich auf eine einfache Denunziation oder auf die
leisesten Verdachtsgründe berief. Auch verdient erwähnt zu
werden, daß dem armen Angeklagten durchaus kein gericht=
licher Beistand zur Verteidigung gewährt wurde. Eine rühmliche

---

*) In diesem Jahrhundert wurden noch in Würzburg in Baiern
12 Hexen wegen Teilnahme am Hexensabbath auf die Folter gespannt
und sodann mit dem Tode bestraft.

**) Garinet (Hist. de la Magie en France, S. 256) berichtet in-
des von einem noch im Jahre 1718 durch Verbrennen an einem Zauberer
vollzogenen Todesurteil des Parlaments von Bordeaux. Auch bestand
die Inquisition gegen Hexen noch bis 1820 in Spanien zu Recht.

***) Im Jahre 1860 hatte in Mexiko ebenfalls eine Hexenverbrennung
stattgefunden.

Ausnahme hiervon machen indes die französischen Gerichts=
höfe, wohingegen alle anderen sich buchstäblich an die Vor=
schriften anklammerten, welche in den „Sechs Gutachten"
oder in dem „Hexencodex", die als Anhang zu den Discours
des Sorciers von Heinrich Boguet veröffentlicht wurden,
enthalten waren. Dieser war erster Richter der Landschaft
Saint=Cloud in der Grafschaft Burgund; er starb 1619. In
jenen „sechs Gutachten" sagt nun Boguet ausdrücklich, daß:
„Wahrsager, Hexen und Ketzer zu dem Tode auf dem Scheiter=
haufen zu verurteilen seien, wie auch alle diejenigen, welche
dem Hexensabbath (der Synagoga diabolica) beiwohnen.
Man habe solche bei der geringsten Anklage festzunehmen und
auch selbst dann noch in Haft zu lassen, wenn der Angeber
seine Aussagen zurückzieht oder widerruft. Auf die einfachsten
Anschuldigungen und Mutmaßungen hin ist sofort zur Ver=
urteilung zu schreiten, da man bei solchen Angeklagten*) es
nicht allzu genau zu nehmen braucht u. s. w." Und der be=
rühmte Rechtsgelehrte zu Angers, Jean Bodin, der im Jahre

---

*) In Deutschland galten, wie schon erwähnt, als oberste Gesetz=
bücher »der Hexenhammer« und die »Karolina«, die schon bei bloßen
Verdächtigungen und Anschuldigungen die »peinliche Frage«, also die
Folter vorschrieben, welches Verfahren, wie wir noch sehen werden, dem
Angeklagten die wahnsinnigsten und unwahrsten Geständnisse ablockte, wo=
durch er dann dem Feuertode verfiel. Der Lutheraner Karpzov zu Leipzig,
jene mittelalterliche Berühmtheit, verfügt in seiner Praxis criminalis vom
Jahre 1635, wie folgt: „Mit dem Feuertode sind alle zu bestrafen,
welche mit dem Teufel paktieren, auch wenn sie niemand Schaden zu=
gefügt, sondern entweder nur teuflichen Versammlungen angewohnt oder
sonst irgend einen Verkehr mit dem Teufel gehabt oder auch nur seiner
Hilfe vertraut (!?) und außerdem weiter garnichts gethan haben."
Und eine katholische Landgerichtsordnung vom Jahre 1656 schreibt vor:
„Auf rechte Zauberei, dadurch den Leuten Schaden zugefügt wird oder
nicht zugefügt wird, gehört die Strafe des Feuers, die indes bei mildernden
Umständen, zumal wenn der Schaden nicht erheblich und bei bußfertigen
Leuten, durch vorherige Enthauptung gelindert (?) werden mag."

                                                    Der Übersetzer.

1596 an der Pest starb, schließt seine Dämonomanie mit
der Aufforderung, die Hexen auszurotten und alle diejenigen,
welche noch Mitleid mit denselben hätten; dazu gehöre auch,
die Bücher eines Wierus dem Feuer zu übergeben, welcher
die Ansicht ausgesprochen hatte, daß viele Hexen doch nur
Geisteskranke seien.

Entnehmen wir folgenden kleinen Abschnitt aus dem
Graf'schen Werke »Der Teufel« *): „In dem hessischen Dorfe
Lindheim wurden fünf bis sechs alte Frauen beschuldigt, die
Leiche eines Kindes ausgegraben und sich ihrer für die Zu=
bereitung der berühmten Hexenbrühe bedient zu haben. Als
sie nach allen Regeln der damaligen Kunst der Folter unter=
worfen wurden, gestanden sie schließlich auch das Verbrechen.
Der Ehemann einer dieser Frauen gab sich aber alle erdenkliche
Mühe, die Richter zu veranlassen, den Friedhof aufzusuchen,
um die Thatsache dort doch erst wirklich festzustellen. Das
Grab des Kindes wurde dann auch endlich geöffnet, und —
der kleine Leichnam lag ganz unversehrt in seinem Särglein.
Allein dadurch ließen sich die schlauen Hexenrichter keineswegs
in ihrem Urteil beeinflussen. Sie erklärten dies einfach für
eine Täuschung des Teufels, welcher auf diese Weise die
Schuldigen zu retten suche. Das unter den Folterqualen er=
preßte und erzwungene Geständnis war hinreichend zur Schuld=
belastung. Es galt nun der Gerechtigkeit freien Lauf zu
lassen und die Frauen zu Ehren und im Namen der
heiligen Dreieinigkeit bei gehendem Atem, also
lebendig, zu verbrennen.“

Im Jahre 1699 wurden zu Huntington (in Schottland)
eine Frau Hicks und ihr 9 jähriges Töchterchen, den besseren
Ständen angehörig, zum Tode am Galgen verurteilt. Sie
sollte neben anderem hauptsächlich ein Unwetter heraufbe=

---

*) Kap. IX.

schworen haben, wodurch beinahe ein Schiff untergegangen wäre, und dann vor allem hätte sie ihre Strümpfe in reinem Wasser gewaschen, wobei sie ohne Anwendung von Seife das Wasser zum Schäumen gebracht habe.

Im Jahre 1650 hatte ein französischer Puppenspieler, namens Brioché, eine Kunstreise von Frankreich nach der Schweiz angetreten. Jene ungebildeten Bauern waren von dem Anblick der Holzpuppen, die sich wie lebende Personen bewegen und selbst sprechen konnten, derart in Erstaunen versetzt, daß sie der Ansicht waren, „es könne dies nicht mit rechten Dingen zugehen", und den armen Mann wegen Teufelsspuk der Behörde zur Anzeige brachten. Hierüber dürfte man sich wohl in Anbetracht jener finsteren Zeit der Unwissenheit nicht verwundern, wenn nicht, und das ist schier unbegreiflich, der Gerichtshof nach aufmerksamer (!) Prüfung des Puppentheaters und seines Mechanismus Brioché zum Tode verurteilt hätte. Und schon wollte man zur Vollziehung des Richterspruchs schreiten, als ein gewisser Dunon, ein Hauptmann der Schweizer Garde im Dienste des Königs von Frankreich, der dort zur Zeit auf Urlaub war, sich den Zauberer vorführen ließ. Er erkannte in ihm den Künstler, welcher ihn so oft durch Vorstellungen in Paris ergötzt hatte. Diese Entdeckung mußte natürlich die hochweisen Richter sofort umstimmen.

Zu den bekanntesten Opfern der Hexenverfolgung gehört auch Eleonore Galigai, die Frau des Marschalls d'Ancre. Aus vollständig nichtigen Gründen wurde sie vor den Richterstuhl geschleift und dann enthauptet, um verbrannt zu werden. Sie sollte mit einem jüdischen Arzte und mehreren Mailänder Mönchen, die in dem Rufe standen, Zauberer zu sein, in Verbindung gestanden haben. Als die Richter sie fragten, mit welchem Zaubermittel sie vermocht habe, die Herrschaft über Maria de Medici zu besitzen, gab sie die berühmt gewordene Antwort: „Ich habe mich lediglich der

Macht bedient, wodurch starke Seelen schwache
Geister beherrschen."

§ 34. — Diese abscheuliche Oberflächlichkeit bei der Verurteilung der Angeklagten vermag immerhin doch nicht ein
vollständiges Licht darauf zu werfen, daß die Hexenprozesse
so ungeheuere Opfer erforderten. Es mußte wahrlich noch
ein anderer Faktor dabei im Spiele sein, welcher die entsetzlichen Opfer menschlicher Wahngebilde in so ungeheurem
Maße vermehrt hat. Als diesen Faktor nun lernen wir die
Folter oder Tortur kennen, welche in den Augen ihrer Für-
sprecher als der große Mund der Wahrheit galt; in Wirklichkeit aber war sie die beste Stütze aller Ungerechtigkeit und
Unwahrheit.

Sicherlich hat es dabei nicht an solchen gefehlt, welche
sich lieber die Zunge abbissen, um sie vor die Füße ihrer
Peiniger auszuspucken, als daß sie ihren Mund zu all den
Unwahrheiten und absurden Geständnissen hergaben, welche
die damaligen Richter von ihren Delinquenten verlangten.
Allein wie wenige besaßen in Wirklichkeit eine so starke Kraft
der Seele, daß sie bei dem tagelangen Martern, bei all den
haarsträubenden, knochenzerbrechenden, gliederverrenkenden und
fleischzerreißenden Peinigungen, welche mit Rad, Daumen-
schrauben, spanischen Stiefeln, siedendem Öle und flüssigem
Blei und anderen raffiniert ersonnenen grausamen Ver-
stümmelungsmethoden in Scene gesetzt wurden — in fast über-
menschlicher Duldsamkeit zu schweigen vermochten! Der Mensch,
welcher sich andauernd den scheußlichsten und unerträglichsten
Schmerzen ausgesetzt sieht, ist nicht mehr für seine Thaten
und Worte verantwortlich und in einem Seelenzustande,
welchen man als nicht mehr zurechnungsfähig ansehen muß.
Ein solcher Mensch wird, ohne es zu wollen, zumal wenn er
unschuldig ist, eben alles gestehen, was man von ihm verlangt,
sich selbst, seine Geschwister, Vater, Mutter, Weib und Kind

vergeffend, fie allefamt durch ein einziges befchuldigendes Wörtlein ins Verderben mit hinein reißen.

Der infolge der entfeßlichen Marterqualen entftehende Blutandrang zum Gehirn, bezw. die Blutleere desfelben, welche erwiefenermaßen meift zur Apoplexie oder ftarken Ohnmacht führten, dürften wohl zweifelsohne neben der bangen Todesangft der Delinquenten als die Haupturfache der durch die Suggeftion der Richter und Schinderknechte erzeugten Phantafiegebilde zu betrachten fein, jener Phantafiegebilde, deren Kundgabe man in der Mehrzahl der Fälle fchlechterdings nicht die Geltung eines Geftändniffes abgewinnen kann.*)

---

*) Bei diefer Gelegenheit fei darauf hingewiefen, daß heutigen Tages leider Gottes fehr viele, natürlich völlig in der Pfychologie un= bewanderte und mit der Suggeftion nicht vertraute Eltern und Lehrer nach diefem rührenden Vorbild des Mittelalters fich noch des gleichen unfinnigen Verfahrens bedienen, um nicht felten vollkommen aus der Luft gegriffene Geftändniffe von ihren Kindern und Schutzbefohlenen zu erpreffen. Natürlich, um dann nachher ihrer tierifchen Luft einer wahrlich nicht menfchlichen Züchtigungsweife, wie z. B. der Prügelftrafe, fröhnen zu können. Wer hinter die Couliffen folcher von Wolluft und Rohheit beherrfchten Eltern und armfeligen Schulmeifter mit ihrer wahr= haft fchändlichen Vergiftungsart der kindlichen Gemüter bloß einen Blick geworfen hat, der kann nur teuer beklagen, daß man noch im 19. Jahr= hundert an unfchuldigen, fein befaiteten Kindern, auf Grund der alten Vorftellung einer Erbfünde, eine Art Folter anwendet. Das ohnedies zu feelifchen wie körperlichen Krankheiten leicht disponierte zarte Jugend= alter bis zur Pubertät erhält überhaupt durch folche Züchtigungsweifen wie Prügeln, Rutenpeitfchen zc, den Keim zu fpäteren fchweren Krank= heiten, da fchon oft die kleinfte ausgeftandene Seelenangft oder körper= liche Züchtigung (welche im Grunde genommen in jeder Form nur eine menfchenunwürdige brutale Mißhandlung ift) fchwere pfychologifche und nicht minder phyfiologifche Schädigungen nach fich zieht: Gefchlechtskrankheiten, Impotenz, Epilepfie, Anlage zum Wahn= finn und zum Schlagfuß, Nervofität zc. Daß die Dummheit der Menfchen dies nicht einzufehen vermag, ift ebenfo unbegreiflich, wie der Umftand, daß man das Ohrfeigen an Kindern, (die doch in den Entwickelungsjahren fich befinden) frei durchgehen läßt, während man Gott Lob eine derartige Behandlungsweife bei Erwachfenen, befonders beim Militär, fchwer zu fühnen begonnen hat.   Der Überfeßer.

Im Mai des Jahres 1598 wurde der Priester Pater Aupetit wegen Hexerei in Limoge festgenommen. Auf die Frage, ob er öfter den Hexensabbath von Menciras besucht oder dem Teufel Wachskerzen geopfert habe, vermochte er indes nur eine verneinende Antwort zu geben und erklärte sogar, daß er, was den Teufel angehe, zu Gott bitte, daß er ihn vor den Klauen des Höllenfürsten bewahren möge. „Dies zeigte deutlich," sagte Delancre, „daß er selbst ein Teufelsdiener und Hexenmeister war!!!" Man fragte den Priester weiter, ob er sich nach dem Sabbath nicht gewisser Salben bediente und ob er nicht in einem Buche gelesen habe, um damit „eine Heerde Schweine kommen zu lassen, welche gegrunzt und ihm geantwortet hätten: Tiran, tiran, ramassien ramassien, u. s. w.

Aupetit wußte darauf nur zu antworten, daß er nicht einmal verstände, was dies alles heißen sollte. Auf die Frage, ob er Messen für die Heilung der Kranken lesen könne, erwiderte er beherzt, daß ihm dies wohl gegeben sei zu Ehren Jesu und des St. Cosimus. Als man nun zur Vollziehung der Tortur überging, da gestand dann unser Priester, wie sichs gehörte, den Hexensabbath mitgemacht und den Teufel unter den Schwanz geküßt zu haben; er wußte auch auszusagen, daß sein Schutzgeist Beelzebub heiße: kurz, er gab alles zu, was den Richtern beliebte, ihm vorzusprechen.*)

§ 35. — Doch muß auch der Thatsache Erwähnung gethan werden, daß nicht sämtliche Geständnisse gleichsam unter der Folter erpreßt wurden, sondern daß sich auch sehr viele Personen vollkommen freiwillig und mit aufrichtigem Gemüte dazu bereit erklärten. Ja sogar oft bot sich jemand der Obrigkeit selbst dar und gab an, mit dem Teufel einen Patt geschlossen und der Zauberei· obgelegen zu haben.

Hiermit betreten wir das Gebiet der Psychopathie.

---

*) Delancre, Tableau etc., Buch VI, 4.

Wer will daran zweifeln, daß viele Hexen lediglich arme
Hysteriker oder Geisteskranke waren, deren Einbildungs=
kraft durch die herrschende Dämonomanie aufs unglaublichste
erregt wurde. Diese Ansicht, welche zu jeder Zeit ihre Ver=
treter hatte, wird auch neuerdings von dem größten Teile
der Alienisten als eine großartige Entdeckung ihrer materia=
listischen Wissenschaft aufs Schild gehoben. In Wirklichkeit
aber hat sie schon der berühmte Okkultist und Dämonologe
Heinrich Cornelius Agrippa von Nettesheym ge=
teilt, und mehr als ein anderer hat in jener Frage ein Schüler
dieses berühmten Mannes sein gewichtiges Wort erhoben:
wir meinen Dr. Johannes Weyer (Wierus). Sicherlich
war er einer der überzeugtesten Vertreter der Dämonologie.
Dies beweisen seine beiden Werke Pseudomonarchia daemonum und De Praestigiis daemonum. Jener seltsame
Mann, der seit 1550 Leibarzt des Herzogs Wilhelm von
Jülich=Cleve=Berg war, hat das unbestreitbare, große Ver=
dienst, die armen, auf dem Scheiterhaufen dem Unverstande
der damaligen Zeit geopferten Personen von einer Schuld
frei zu sprechen und sie als Kranke zu bezeichnen, den Hexen=
glauben überhaupt als eine Schändung des Christentums und
die diesbezüglichen Gesetzesbestimmungen als gottlosen Unsinn
zu verwerfen. Obwohl hartnäckig bekämpft — selbst Jacob I.
von England trat mit der bereits erwähnten Dämonologie
gegen Weyer auf — erlebten doch seine Werke zahlreiche Auf=
lagen und sind immerhin als das Samenkorn anzusehen, aus
dem sich nachher der Baum der Aufklärung und Toleranz ent=
wickelte.

In dem Roman »Der Hexensabbath« zeichnet uns
Ludwig Tieck mit vielem Geschick ein frommes altes Mütter=
chen, dessen Geist durch viele Entsagungen, Schicksalsschläge,
Fasten und ein streng gläubiges Leben mit der Zeit schwach
geworden ist. Da sie vor den Hexen, von denen sie oft sprechen
gehört hat, großen Abscheu empfindet, ist sie auch geneigt, bei

sich selbst jedes kleine Vergehen als ein wahres Verbrechen
anzusehen und die krankhaften Flüge ihrer Phantasie als
wirkliche Thatsachen aufzunehmen. Sie kommt schließlich dahin,
daß sie sich selbst einbildet, ebenfalls eine Hexe zu sein.
So bot sie sich den Richtern dar, die dann auch leicht von
ihrer Teufelsbuhlschaft überzeugt waren und sie gerne den
Scheiterhaufen besteigen ließen.

[Katholizismus, wie Lutheranertum und reformierter
Protestantismus wetteiferten geradezu in der Teufels-
gläubigkeit mit einander, so daß in Folge der, leider
Gottes, noch heute von der Theologie reichlich genährten
Furcht vor Teufel und Hölle die Gemüter derart erhitzt
waren, daß man eben hinter allem den „bösen Feind" witterte.
Welch trauriges Bild entwirft uns Horst von dieser „guten
alten Zeit"! Ja, der leibhaftige Gottseibeiuns schien die
Erde gepachtet zu haben. — Feuersbrunst, Dürre, Hagelwetter,
Gewitter wie Krankheiten u. s. w. sind alles lediglich die
Wirkungen des in tausend und aber tausend Gestalten einher-
wandelnden Höllenfürsten. Vor allem ist es ja das schwache
Geschlecht, das Weib, das buhlerischen Umgang mit ihm pflegt;
kein Gatte ist mehr sicher, ob das neugeborene Kindlein von
ihm oder dem Teufel erzeugt ist. Flur- und Waldgeister
(hebr. bei Jesaias: Ohim und Zihim) sind kurzweg der Teufel
selbst oder stehen wenigstens unter seiner Ägide. Das von
Amerika her eingeführte Tabakrauchen ist ein Teufelsdienst,
indem der Rauchende dem Bösen den Mund als Höllenschlot
zur Verfügung stellt.

Nun wird man zugeben, daß das ganze Mittelalter hindurch die Mediumschaft bei unserem Volke in größter Blüte
stand. Finden wir doch die heuer wissenschaftlich anerkannten
Erscheinungen, wie Wahrträume, Gedankenübertragungen,
Suggestion und Telepathie, ja selbst alle Arten der auch heute
vorkommenden mediumistischen Phänomene bis zur spiritistischen Materialisation ganzer menschlicher Gestalten in reichster

Fülle. Wir begegnen den Oberteriorisierungen (nach de Rochas)
in der Art seiner Gespinste (Gespenster), wie der selbständigen
Bewegung lebloser Gegenstände! Und zwar einmal ließe sich
dies in physikalischer und physiologischer Hinsicht auf die
mediumistischen Erscheinungen günstigen Temperatur= und
klimatischen Verhältnisse*) (wie solche — durch trockene Luft
bedingt und u. a. durch das Vorrücken der Weingrenze im
13. Jahrhundert bis über Jütland hinaus bewiesen — der
Oberteriorisierung förderlicher erscheinen) und auf die damalige
Nahrungs= und Lebensweise zurückführen, welch letztere als ein
gewichtiger Faktor für die physiologische Bedingung der Medium=
schaft anzusehen ist und noch heute zur Entwickelung derselben
empfohlen wird. Dann aber wären noch in psychologischer
Beziehung die schlechte Bildung (welche infolge nur geringen Obverbrauches der Mediumschaft Vorschub leistet) und
die durch die beständigen Kriege, Entbehrungen, Seuchen rc.
erhöhte Seelenthätigkeit als gewichtige Punkte anzusehen.

Der vom Klerus und den Fürsten geforderte blinde
Gehorsam unterstützte bekanntermaßen gleichfalls die Suggesti-
bilität.**)

Was liegt nun näher anzunehmen, als daß mediumistisch
veranlagte Personen in dieser ihr eigenen psychischen (ani-
mistischen) Kraft oder in dem Beistand verstorbener Intelligenzen bei der beständigen Angst um ihr Seelenheil das
Blendwerk böser Dämonen — als welche ihnen doch die christ=
liche Theologie die alten germanischen Gottheiten, bezw. die sich
spontan kundgebenden Geister bezeichnete — oder den Teufel
vermuteten und so sich einbildeten, auf bösem Wege zu sein
und thatsächlich ein wahrhaftiges Verhältnis mit der Macht
der Finsternis aufrecht zu erhalten. Alsdann spricht noch der

---

*) s. u. a. Aksakoff, Vorläufer des Spiritismus (deutsch von
Feilgenhauer), S. 341.

**) Moll, Bernheim rc.: ‚Leute, welche an Gehorsam gewöhnt
sind: Soldaten rc, sind für Aufnahmen einer Suggestion geeigneter.'

gewichtige Umstand mit, daß in diesem Wahne viele tausende
von Menschen alljährlich durch plötzlichen Tod von ihrem
Soma befreit wurden und durch die mit ins Jenseits hinüber-
genommene Auto- bezw. Fremdsuggestion einen Monoideis-
mus auslösten, wonach sie in ihrem Astralkörper auf der
irdischen Sphäre sich weiter zu manifestieren suchten, als
„Teufelsverbündete", vielleicht aber auch aus Rache, um auch
andere mit ins Elend zu ziehen. So erklärt sich ein großer
Teil der vielen sogenannten übernatürlichen Erscheinungen
des Mittelalters und der zahlreichen Verfolgungen der wirklich
hinsichtlich der Thatsächlichkeit okkulter Phänomene existierenden
Hexen.

Die Kirche hat in der Feststellung aller jener heutigen
Tages als mediumistische, spiritistische und okkultistische
Phänomene bekannten Thatsachen niemals geirrt, bloß in
deren Erklärung. Sie hat, wie du Prel sagt, auf einen
Nebenumstand den Accent verlegt und dadurch, daß sie
nicht in der Lage war, ebenso wenig wie sie es heute ist,
Erscheinungen, von guten Geistern bewirkt, von solchen böser
Wesen zu trennen, eine Irrlehre geschaffen, welche die schreck-
lichsten Folgen nach sich ziehen mußte. Noch heutigen Tages
gefällt sich ja die Kirche darin, in dem Spiritismus den
Teufel zu wittern, und wenn sie könnte — und nicht die
Aufklärung einerseits und jene Macht, die immer und immer
wieder das gewichtige Wort erschallen läßt: „Religion ist
Privatsache!" anderseits sie daran hinderten — so würde
sie wohl wieder den Scheiterhaufen zu Ehren Gottes für
Menschen entzünden, die bloß das beste wollen und nur in
Bezug auf Gott und Religion eine andere und edlere An-
schauung haben, dann würden vielleicht auch wie ehedem
Geistliche ruhig zusehen können, daß man als Christen an
Mitmenschen Dinge vornähme, vor deren Erwähnung allein
selbst die verworfensten Buhldirnen zurückschaudern dürften!

Geistliche aber, welche solches als ein Gott wohlgefälliges
16*

Werk ansehen, sind eben nichts anderes als die gemeinsten Gotteslästerer und unbewußte Satansdiener.

Es ist also das zweifelhaft rühmliche Verdienst der Kirche, dadurch Wissenschaft und Fortschritt gehindert und vor allem das eigene Denken und die Vernunft in Banden geschlagen zu haben. So konnte es denn geschehen, daß die Nachtseite der Menschen solange Zeit unbeachtet und unaufgeklärt blieb und daß das Gros der Menschheit heute am Ende des 19. Jahrhunderts noch nicht weiß, was der Mensch ist. Und nun will Pfaffenmund kommen und uns wieder von dem Studium des Übersinnlichen als „Teufelsspuk" zurückhalten!?*)

Wir sehen also, daß zwar die Einbildungskraft unglückliche Menschen zu „Teufelsbuhlinnen" stempeln konnte, indes wohl nur ausnahmsweise zu Hexen, d. h. Medien, auf deren thatsächlichen Existenz das ganze entsetzliche Gebäude von Hexerei und Teufelsspuk begründet erscheint. Der Übers.]

Mehrere heutige Irrenärzte haben Gelegenheit gehabt, gerade betreffs jener Geistesverwirrung bei verschiedenen Kranken Studien zu machen. So berichtet uns z. B. Esquirol**) von einer Frau, die von ihrer frühesten Jugend an der abergläubischsten und bigottesten Frömmigkeit ergeben gewesen war und sich von dem Zorn Gottes***) betroffen glaubte, als sie ihren Mann und eines ihrer Kinder verlor. Sie war fest überzeugt, Gott habe ihr diese Strafe geschickt, weil sie nicht

---

*) Wir verweisen auf die scharfe Entgegnung der ‚Anklage des Spiritismus als Teufelswerk‘ seitens der orthodoxen Theologie‘ in Nr. 24 der „Zeitschrift für Spiritismus" (S. 190) 1898.
Der Übersetzer.

**) Des Maladies mentales.

***) Auch so ein hübsches Dogma der Orthodoxie! Als wenn Gott, der die Liebe ist (Evangelium), zürnen könne!   Der Übers.

genügend gefastet und nicht stets bei ihren Gebeten recht gesammelt und andächtig gewesen sei. Nun begann sie auf einmal sich für eine Beute des Teufels anzusehen, wobei sie sich einbildete, sogar schon seit zehn Jahren mit ihm gebuhlt zu haben und aller Arten von Gotteslästerungen, Hexereien, ja selbst des Diebstahls und Mordes schuldig zu sein.

Zu Anfang dieses Jahres (1897) ging durch die europäische Presse ein anderer Fall, den die Reporter natürlich bei ihrer oberflächlichen Kenntnis des einschlägigen Gebietes für durchaus seltsam halten mußten, der in Wirklichkeit indes nichts weniger als wunderbar war. Ein gewisser Prebock aus Pelling in Baiern machte die peinliche Wahrnehmung, daß aus seinem Mantel eine Brieftasche mit 900 Mark Inhalt abhanden gekommen war. Da er in einer Magd den Dieb vermutete, so wurde das Mädchen verhaftet und nach Bogen ins Gefängnis abgeführt. Nach Verlauf einiger Wochen sollte dann Herr Prebock wieder in Besitz seiner Brieftasche gelangen, indem sich diese ganz einfach in dem Futter des weiten Radmantels vorfand. Unterdessen aber hatte die arme Magd infolge des Einflusses, dem sie ausgesetzt war, und durch das Bedrängen mit Fragen erschreckt, sich für schuldig erklärt. Wenigstens hatte sie gesagt, daß sie sich nicht mehr genau zu entsinnen vermöchte, ob sie die Brieftasche gestohlen habe oder nicht!!

Manche derartige Person mag schuldlos alle möglichen nie begangenen Schändlichkeiten gestanden haben, um dann als Märtyrer den Scheiterhaufen zu besteigen. Allein wer sich einem gründlichen Studium der Geschichte der Hexenprozesse widmet und eingehends diesen Punkt einer Prüfung unterzieht, der wird mir recht geben, wenn ich behaupte, daß äußerst gering die Zahl solcher freiwilligen Opfer war gegenüber jener ungeheueren Menge von Personen, denen man die abenteuerlichsten Geständnisse unter den unsäglichen Schmerzen der Folterqualen erpreßte.

Dann ist vor allem der großen Zahl derer zu gedenken, welche in dem Ruf der Zauberei und Hexerei dadurch gelangten, daß sich in ihrer Gegenwart noch unaufgeklärte Erscheinungen zutrugen, und die man eben heutzutage Medien nennen würde. Im Jahre 1549 verbrannte man zu Nantes sieben Personen, weil sie im Verlaufe mehrerer Stunden unbeweglich in Ekstase dagelegen hatten und nach ihrem Erwachen aus diesem Zustande zu berichten wußten, was sich in der Stadt und in der Umgegend während dieser Zeit zugetragen hatte, was sie in Wirklichkeit auch vielleicht auf psychometrischem Wege wahrgenommen haben dürften. Wallace*) erinnert diesbezüglich an einen Hexenprozeß zu Cork aus dem Jahre 1661. Hier wurde ein armes Mädchen verurteilt, das nach der Aussage verschiedener Zeugen sich mehrmals in die Höhe erhoben haben sollte und so von einem Orte zum anderen durch die Luft geschritten sei. Einmal war sie sogar auf ein Dach gelangt und zwar über zwei Hecken hinweg, von wo sie dann nur vermittelst einer Leiter herabsteigen konnte. Ferner zeigte sich bei ihr ein anderes seltsames Phänomen. Wohin das Mädchen auch gehen mochte, überall wurde es von einem kleinen Steinregen begleitet. Die Zeugen vermochten wohl die Steine aus der Luft fallen und auf den Boden niederstürzen zu sehen, allein wenn sie dieselben dann aufheben wollten, waren sie verschwunden. Doch gelang es einmal dem Mädchen, ein solches Steinchen zurückzubehalten, desgleichen den Zeugen. Als man dann aber diese beiden Steinchen zusammen in einen Beutel legte, waren sie bald darauf nicht mehr vorzufinden, obschon der Beutel keine Öffnung zeigte und fest zugebunden geblieben war.

Wer auch nur einigermaßen mit der Phänomenologie des Spiritualismus vertraut ist, wird sogleich den wahren Charakter solcher Thatsachen zu erkennen vermögen, welche

---

*) Verteidigung des modernen Spiritualismus. Leipz., Osw. Mutze.

sich auch heutigen Tages noch zutragen, ja in letzter Zeit sogar sehr häufig aufgetreten sind.*)

Sehr zahlreich dürfte indes die Klasse von Hexen und Zauberern sein, welche sich aus reiner Eitelkeit nur für solche ausgaben, umsomehr, als sie bisweilen auch daraus Nutzen zu ziehen wußten. Wenn sie dann vor Gericht zum Geständnisse gezwungen wurden, so hielten sie mit der Wahrheit hintan und gaben sich gerne für wirkliche Zauberer aus, von Eigenliebe angesichts derer bewogen, welche sie mit ihren Gaukeleien betrogen hatten.

§ 36. — Nun wohl, nachdem wir der Unglücklichen gedacht, die aus nichtigen Verdachtsgründen und lediglich bei voller Schuldlosigkeit verurteilt wurden; sowie der großen Anzahl jener Personen, denen man Geständnisse auf der Folter entlockt hatte; ferner jener, die aus Eitelkeit, Selbstgefälligkeit und sonstigen niedrigen Interessen sich für Zauberer ausgaben und sich magischer Fähigkeiten rühmten; zuguterletzt dann auch die Klasse jener angeführt haben, deren krankes Gehirn sie Dinge für wirkliche Thatsachen aufnehmen ließ, die nur in ihrer überhitzten Einbildung bestanden: so erübrigt es dennoch, die wahrlich recht vielen Fälle anzuziehen, wobei die Anschuldigung wegen Hexerei teilweise oder sogar ganz zutreffend war. — Und hierin stimme ich mit dem ungeteilten Urteile sämtlicher zu jener Zeit lebenden Gewährsmänner überein, mochten dieselben sich auch sonst noch so skeptisch verhalten. Zweifelsohne vermögen diese besser zu beurteilen, was sich unter ihren Augen zutrug, da wir bezüglich unseres Urteils nur auf das Studium der uns überkommenen Schriften angewiesen sind. La Bruyère schreibt: „Was soll man von

---

*) Vergl. du Prel, Die mystischen Wurfgeschosse (Psychische Studien, 1894). — Auch berichtet der bekannte Magnetiseur Willy Reichel von einem interessanten Steinwerfen während eines Spazierganges mit dem Medium Valeska Töpfer.   Der Übersetzer.

„Medien und Zauberern halten, deren Theorie noch vollständig
„in der Finsternis liegt, deren Prinzipien eitel und unzuver=
„lässig sind, ja fast nur visionären Charakter tragen. Und
„dennoch liegen auch Thatsachen, schwer hinwegzuleugnende That=
„sachen vor, welche von so vielen gewichtigen Persönlichkeiten
„bestätigt wurden und deren Augenzeugen diese waren. Will
„man sie alle insgesamt anerkennen oder alle hinwegleugnen
„— so steht man vor dem gleichen Hindernis. Ich wage
„daher die Behauptung aufzustellen, daß in dieser Sache, wie
„bei allen wunderbaren Vorkommnissen, die das Maß des
„gewöhnlichen übersteigen, eine goldene Mitte innezuhalten
„ist — zwischen glaubensseligen Gemütern und starken Geistern.“
Auch erklärt Bayle*) seinerseits, daß „das nicht glauben und
„alles glauben nur Extreme seien, denen allen beiden ab=
„solut keine Geltung beizumessen wäre.“ Und dieser Bayle
gilt wegen seines Skeptizismus gerade als ein V o r l ä u f e r
V o l t a i r e ’s.

　　Es sei besonders in Betracht gezogen, daß auch schon
vor Locusta Hexen sehr häufig gewisse Pulver anwandten, infolge
dessen man ihren schändlichen Hexereien den Namen Benefizien
— Giftmischungen beilegte. Im Jahre 1680 finden wir den
berühmten Procès des poisons, der durch verschiedene un=
erklärliche Todesfälle hervorgerufen wurde, welche die öffent=
liche Meinung natürlich den Hexen zuschrieb. Einige solcher
Hexen wurden verhaftet, und bald nahm die Sache ungeheure
Dimensionen an. Unter den 422 Angeklagten befanden sich
auch die Herzogin von Bouillon, zwei Neffen des Cardinals
Mazzarino, die Gräfin de Soissons, Mutter des Fürsten
Eugen von Savoyen, Carignan und der berühmte Marschall
von Luxemburg, welch letzterer, wie der Verlauf des Prozesses
ergab, offenbar des Verbrechens, eine seiner Geliebten durch
Gift zu töten versucht zu haben, schuldig war. Doch wurden

---

*) Réponse aux questions d’un provincial, Kap. 39.

die hohen Persönlichkeiten sämtlich freigesprochen, nachdem man einen großen Aufwand adeliger Unbändigkeit an den Tag gelegt hatte. 34 Beschuldigte dagegen wurden zum Feuertode und zum Galgen verurteilt, wozu auch die berüchtigte Voisin, ihre Mitschuldige Vigoureux und der Priester Lesage gehörten, die sich nicht nur damit zufrieden gegeben hatten, mit Karten zu spielen, in einem Wasserglase die Zukunft zu schauen und den Teufel zu beschwören, sondern auch noch durch den Italiener Exili hinter das Geheimnis der feinsten Vergiftungsarten gekommen waren, deren Anwendung sie eben ins Verderben riß.

Wer wird ferner daran zweifeln, da ja die berühmte Hexensalbe auch aus Kinderfett bestehen sollte, daß sich häufig Frauen, welche mit dem Teufel in Verbindung zu stehen glaubten, auch thatsächlich sich in Besitz derselben durch ein Verbrechen zu setzen suchten?

Warum soll man behaupten, daß Sprenger*) ganz Unrecht habe, wenn er sagt, die Hexen setzten sich mit den Hebammen ins Einvernehmen, um von ihnen die Leichname neugeborener Kinder zu kaufen, so daß diese häufig künstlich den Tod der armen Kleinen herbeiführten, indem sie ihnen lange Nadeln in das Gehirn stießen?! Bekanntlich sollten, nach diesem Gewährsmann, dann auch die Gräber von kleinen Kindern geschändet und ihre Leichname herausgenommen worden sein, worauf man unter Zusatz von narkotischen und giftigen Kräutern die toten Kinderkörper in einem Kessel zu Brei gekocht habe.

Wie oftmals mag hier der Arm der Gerechtigkeit neben manchen irrtümlichen Verurteilungen wohl berechtigt gegen solch schändliches Gebahren eingegriffen haben!

§ 37. — Es ist hier wohl angebracht, die Geschichte von Gilles de Laval wiederzugeben, der wegen der tief dunklen

---

*) Formicarium de maleficiis.

Farbe seines Bartes auch den Namen Blaubart führt. Dieser Bart dürfte einen bläulichen Schimmer gehabt haben, wie es wenigstens nach einem im Louvre befindlichen Gemälde den Anschein hat. Jedenfalls wird wohl allen der Name des Schändlichen aus den vielen schaurigen Märchen der Kinderstube bekannt sein.

Gilles de Laval, Baron von Raiz, war einer der ersten Herren in der Bretagne; er stand mit dem französischen Königshause sowie mit der herzoglichen Familie von Brittannien in einem gewissen Verwandtschaftsgrad. Seine Einkünfte beliefen sich auf 50000 Pfund, welche nach heutigem Gelde immerhin einer Million Mark entsprechen dürften. Da er sich dem kriegerischen Berufe widmete, so konnte de Raiz dem Könige Karl VI, als dieser durch die Engländer und Burgunder hart bedrängt wurde, einen großen Dienst leisten, indem er mit Truppen, welche er aus eigenen Mitteln geworben hatte, ihm zur Hilfe eilte. Der Marschallstab war dann auch seine Belohnung. Von da an begann er jedoch ein Leben von unerhörter Schwelgerei, so daß ihm bald seine Einkünfte nicht mehr ausreichten und er sich zu einer Anleihe zu den höchsten Zinsen verstehen mußte.

Als er dann in die größten finanziellen Schwierigkeiten hineingeraten war, gedachte er wieder sich an Gott zurückzuwenden, der doch sicherlich nicht das Haus derer von Rohan und Laval in Dürftigkeit und Schmach untergehen lassen würde. Um sich nun seiner Gnade teilhaftig zu machen, ließ er eine prächtige Kirche bauen, in deren mit kostbarem Schmuck ausgestatteten Hallen zahlreiche Domherren, angethan mit prächtigem Hermelin, amtieren, und Kirchen-Sänger, ausdrücklich aus Italien berufen, ihre Stimmen erschallen lassen sollten.

Allein der Allmächtige schenkte nicht den hochtrabenden gottlosen Gelöbnissen des Barons Gehör, und so kam es, daß er die ungeheuren Ausgaben für seinen Kirchenbau zum

Fenster hinaus geworfen hatte. Deshalb entschloß sich der Marschall, auf andere Weise zu seinem Ziele zu kommen und es mit dem Widersacher Gottes, dem Teufel, zu versuchen. Da er oft von Leuten gehört hatte, denen die Macht zuständе, unterirdische Geister zu beherrschen und alles zu erlangen, was ihnen beliebte, so sandte er sofort nach Deutschland und Italien, wo die Magie in besonderer Blüte stand, Boten aus, um solche Zauberer aufzutreiben. Alle möglichen Gauner, Bauernfänger und Schwindler sollten nur zu bald den Hofstaat des Freiherrn von Gilles de Raiz ausmachen. Hier trugen sich Geistererscheinungen und sonstige Phänomene zu, — Gott weiß, wie — und man verlegte sein Hauptaugenmerk darauf, oft mit den dümmsten Mitteln die Verwandlung der Metalle zu entdecken, um hinter das große Geheimnis zu kommen, Gold machen zu können. Tag und Nacht prasselte daher das Feuer in den kleinen alchimistischen Laboratorien.

Doch schon bemächtigte sich des Barons die Verzweiflung, angesichts der immer noch höchst spärlichen Ergebnisse, welche die Kunst jener Magier zu Tage förderte — da sollte er plötzlich eines Tages mit einem Inder zusammenkommen, für den die Natur offenbar kein Geheimnis mehr zu bewahren schien. Dieser Weise war durch einen Priester der Diözese St. Malo — auch einer seiner Kundschafter — herangezogen worden. Als ein Sohn Hindus gab jener vor, die höchste Weisheit an den hl. Quellen des Euphrats erlangt zu haben und in das Unerklärliche eingedrungen zu sein, und zwar in einem Augenblicke, als er durch eine schreckliche Beschwörung den bekanntlich mit Bewachung des irdischen Paradieses betrauten Seraph zwang, sich seinen leiblichen Augen darzubieten und ihm die Pforten zu jenen Wohnstätten ewiger Glückseligkeit zu öffnen.

Auch durch ein geradezu überwältigendes Aussehen mit dem langen, herabwallenden Bart von tief schwarzer Farbe, dem feurigen, stechenden Blick, der zumal den Orientalen eigen ist, und der durchdringenden klaren Stimme mußte er auf sein Gegenüber einen unheimlichen, schier übermenschlichen Eindruck hinterlassen. Seine ungezierten, feinen und stets eleganten Manieren verrieten, daß er in den höchsten Gesell= schaftskreisen verkehrt hatte, wie er auch stets die Namen hoch= stehender Persönlichkeiten in seine Unterredungen einzuflechten wußte. Überall schien er zu Hause zu sein. In der Regel hüllte er sich in ein selbstbewußtes Stillschweigen ein, ergriff er aber das Wort, so ging auch sein Mund über von den großartigsten, seltsamsten und schrecklichsten Begebenheiten, die sich dann immer in seiner Gegenwart zugetragen hatten, wennschon manche dieser Ereignisse den frühesten Zeiten an= gehörten.

Ein solcher Mann war gerade wie geschaffen, um das volle Vertrauen des Barons de Raiz zu genießen. Dieser Orientale nun sollte seine Ansicht dahin aussprechen, daß derjenige, welcher mit dem König der Finsternis in Verkehr zu treten wünsche, mit eigener Hand den Speer in die Brust zahlreicher Menschen zu stoßen hätte und dann seelenruhig dem Todeskampfe der armen Opfer zusehen müßte. Gilles kam mit peinlicher Genauigkeit allen diesen blutigen Vor= schriften des Magiers nach, der ihn dann einen großen dunklen Saal betreten ließ, welchen schreckliche Blitze durchzuckten und der von absonderlichem Klagegeschrei widerhallte. Dann aber blieb alles still, und mitten in der Finsternis erschien der Magier; auf Stirne, an den Händen und auf der Brust in einem eigentümlichen phosphoreszierenden Lichte erstrahlend, das auch später noch oft bei dem Indier im dunklen wahr= genommen wurde. Der indische Zauberer meinte, daß so auch Moses dem Volke Israel erschienen sei.

Während er auf diese Weise seine pyrotechnischen Kunst= stückchen ausführte, wollte er von dem Herrn der Finsternis die Offenbarung erhalten haben, wie er sich in den Besitz aller Reichtümer der Erde setzen könne.

Als der Marschall wieder in sein Schloß zurückgekehrt war, händigte er sofort dem indischen Gaukler bedeutende Summen ein, um diesen in die Lage zu setzen, unverzüglich die weite Reise zu jenen geheimen Höhlen anzutreten, woselbst sich ja die teuflischen Schätze befinden sollten.

Der Zauberer machte sich auch ohne weiteres auf den Weg. Und Gilles de Raiz ließ sich die Zeit bis zu seiner Rückkehr nicht lang werden: er vertiefte sich mehr als bisher in seine schrecklichen blutigen Arbeiten, die ihm nur noch allein Vergnügen verursachen konnten. In die ganze Welt hatte er Mithelfer entsandt, welche ihm Kinder beiderlei Geschlechts zuführten, die er dann mit einem Wohlgefühl, wie solches wohl nicht einmal unter den Verrücktheiten des Marquis von Sade anzutreffen ist, dahinschlachtete; dabei sah er mit Wollust zu, wie sie unter Schmerzen langsam verendeten.

Die Gegend von Tiffanges wurde schließlich ganz verödet, und das Volk erhob sich wie ein Organ gegen den grausamen Marschall. Da er keine Vasallen mehr zur Verfügung hatte, so war er gezwungen gewesen, seine letzten Opfer aus entfernteren Gegenden zu rauben, fünf bis sechs Kinder waren so in Nantes verschwunden. Schließlich sahen sich seine Verwandten, die schon lange über seine Scheußlichkeiten empört waren, dazu gezwungen, da alle ihre Bitten und Vorstellungen, davon abzulassen, erfolglos geblieben waren, ihre Zuflucht zu den weltlichen Gerichtshöfen und zu der Geistlichkeit zu nehmen. Es gelang des Marschalls habhaft zu werden, und man mußte nun in seinem Schlosse Tiffanges die schreckliche Entdeckung machen, daß sich hunderte von halb verbrannten Gebeinen kleiner Kinder in seinen Gewölben vorfanden. Glücklicherweise kam man frühzeitig genug, um die nächsten unglücklichen Opfer, unschuldige Kinder, noch lebend in Freiheit setzen zu können. Allein das Grab schwieg und hüllte in Nacht und Grauen die bisherigen zahllosen Opfer.

Gilles de Laval, der Marschall von Frankreich, erschien am 19. September 1440 vor dem Richterstuhl mit z w e i = t a u s e n d Zeugenaussagen belastet. Zu dieser Zeit griff man dann auch den vermeintlichen Indier auf: es war ein Florentiner, namens Prelati. Unter den Händen der Tortur gestanden sowohl er als auch der Marschall.

Darauf verkündete der Bischof von Nantes das Urteil mit folgendem Wortlaut: «Gilles de Laval, genannt de Raiz, ist der Verletzung der kirchlichen Immunität, unreiner Ver= brechen, an Kindern beiderlei Geschlechts verübt, der Zeichen= deuterei, Teufels= und Dämonen=Beschwörungen, der Zauberei und der Ketzerei schuldig. Er wird daher aus der Kirche exkom= muniziert und dem Arm der weltlichen Gerichte überliefert, „mit der Bitte, mild und menschlich mit ihm zu verfahren."« Der Sire de l'Hospital, Präsident der Bretagne, verurteilte ihn zum Scheiterhaufen. Doch vermochten die Verwandten des Marschalls bei den Richtern zu erlangen, daß er erst erdrosselt würde, bevor er verbrannt werde, eine besondere Milde, die sonst solchen Vagabunden nicht zuteil werden sollte, weshalb man auch 10 Jahre vorher der geheimnis= vollen Bäuerin mit Namen Jeanne d'Arc, die an der Seite des Marschalls für die Unabhängigkeit Frankreichs gekämpft hatte, diese Bitte abschlug.

§ 38. — Allein nicht immer sollten diese bösen Zauberer mit Mitteln so einfacher und so wenig — übernatürlicher Art zu Werke gehen. Wer behauptet, daß alle, die der Envoûte= m e n t s , L i g a t u r e n , N e s t e l k n ü p f e n und a n d e r e r B e h e x u n g e n ꝛc. angeklagt wurden, unschuldig gewesen seien, der beweist nur, wie wenig er die menschliche Natur kennt.

Heute — am 17. Januar 1897 — bringen die Blätter Roms folgenden Thatbericht:

„Hermelinde Scaccia, eine anmutige junge Frau von 25 Jahren, war aufgebracht über ihren Gemahl, der bei

Gericht die Scheidung beantragt hatte. Sie wandte sich da=
her an eine Zauberin, mit Namen Adele Fabi, eine Frau
von 47 Jahren aus Ancona, die in Via Santi 4 wohnte.
Die Hexe gab Hermelinde ein Päckchen graues Pulver und
riet ihr, dasselbe in die Suppe zu mischen, die sie ihrem
Gemahl bereite. Die junge Frau kam getreulich den Vor=
schriften der alten Frau nach, die zuguterletzt für die erste vor=
zunehmende Beschwörung das Bildnis des Gatten verlangte.

„Unterdessen war etwas von dieser Sache herausge=
kommen, und ein Schwätzer teilte dies eines Tages seinem
Freunde Scaccia mit, welcher sofort seine Frau und die Mit=
helferin bei der Polizei zur Anzeige brachte.

„Ein Polizei=Kommissar, begleitet von mehreren Schutz=
leuten, trat unvermutet in die Wohnung der alten Hexe
ein, welche in demselben Augenblicke in Gegenwart von
Maria Crescentini, einer Freundin Hermelindens, ihrer teuf=
lischen Beschäftigung oblag. Zwischen zwei brennenden
Kerzen stand das Bild des p. Scaccia, mit einem roten
Bändchen der Breite nach umschnürt; die Photographie war
an der Stelle der beiden Augen durchstochen, und zwei
Nadeln waren in die Seiten gesteckt.

„Adele schlug unterdessen die Karten und murmelte selt=
same Worte zwischen den Lippen, welche die arme anwesende
Maria zusammenschaudern ließen.

„Der Eintritt der Schutzleute unterbrach die Ver=
schwörung. Man wickelte alles das, womit die Zauberin
ihre Verschwörung verrichtet hatte, in ein Taschentuch und
führte die Zauberin vor den Polizei=Präfecten.“

Wenn solche Dinge noch heute vorkommen, wie mag es
dann erst in der guten alten Zeit gewesen sein?

Man wird mir einwenden, daß das Envoûssüre lediglich
Charlatanerie gewesen sei. Doch habe ich schon darauf hin=
gewiesen, daß die jüngsten Studien des Obersten de Rochas
statt dessen den Glauben wahrscheinlich gemacht haben, daß

die Sache. doch bisweilen sub judice sein könnte. Jedes=
falls existiert die Suggestion — vielleicht auch eine Sorte
von telepathischer Suggestion, welche die Wissenschaft noch
nicht ganz anerkennt, wie aus den §§ 25—29 zu ersehen ist.
Es erscheint mir demnach nicht zulässig. daß die Behörden
dergleichen zauberische Verrichtungen (selbst für den Fall, daß
sie ohne nachteilige Folgen wären) ungesühnt ausüben lassen;
sie sind doch gegen das Leben der Bürger gerichtet und nichts
mehr und nichts weniger als Mordversuche.

§ 39. — Die Urteilssprüche der Gerichtshöfe gegen die
Zauberer waren daher nicht immer so thöricht und ungerecht,
wie man allgemein zu glauben geneigt ist. Ungerecht, wenn
auch nicht thöricht, waren aber die Prozesse insofern, als sie
auf jeden ausgedehnt. wurden, der sich in irgend einer Weise
mit Magie beschäftigte, auch wenn er kein Uebel anzurichten
beabsichtigte. Und daß nicht alle, welche sich mit Magie be=
schäftigten, dem Irrtum anheim gegeben oder Narren waren,
das beweisen nicht nur die Namen hervorragender Männer
der Wissenschaft, welche damit in Verbindung stehen, sondern
noch mehr die heutigen Gelehrten, die sich dem Studium
spiritistischer Phänomene widmen, die ihrem Wesen nach
den Beschwörungen, Anrufungen u. s. w. der damaligen
Zauberer entsprechen.

§ 40. — Es dürfte sogar vernünftiger Weise erlaubt
sein, die Streitfrage anzuregen, ob nicht etwas wahres an
dem berühmten Pakt mit dem Teufel sei, der solch einen
großen Teil in der christlichen Dämonologie einnimmt. Wohl
verstanden, es kommt mir dabei nicht in den Sinn, das
Wort „Teufel" in seiner buchstäblichen Bedeutung anzunehmen.
Man ersetzt es auch durch „dasya" und „sanaca" der
Inder, durch „kueng" der Chinesen, „kakodaemon" der
Griechen, wie durch „Sylphe" der Kabbalisten: es wird wohl
alles dasselbe sein. Wenn es disinkarnierte Geister giebt
und wir mit diesen in Verkehr treten, sowie einen solchen zu

unserm Schutze anrufen können, so ist es augenscheinlich, daß man auch einen mehr oder weniger wirksamen Pakt mit diesen schließen kann. Wenn ein Katholik der Jungfrau Maria ein Gelübde thut, um von ihr eine Gnade zu erlangen, so trifft er auch eine Art Abkommen (einen Pakt) mit ihr, indem er sagt: Ich werde dies für dich thun, wenn du mir dafür etwas anderes zuwenden wirst.

Offen bekenne ich zwar, daß ich einem solchen Pakt mit einem Geiste, der seinen Getreuen Stütze und Beistand zu gewähren verspricht, nur das größte Mißtrauen entgegen bringe. Dennoch würde meine Hypothese die Thatsächlichkeit zahlloser historischer Dokumente gegen sich haben. Ich spreche nicht von dem Beistand, den gute Geister einem Sokrates, einer Jeanne d'Arc und den zahlreichen Heiligen zu Teil werden ließen. Allein ich habe gezeigt, daß bei den Ordalien sich die wunderbarsten Phänomene zutrugen, die eben nicht anders zu erklären sind, als daß man sie dem Eingreifen außermenschlicher Wesen zuschreiben muß. Nunwohl, diese überraschenden Phänomene, welche sich die langen Jahrhunderte hindurch zutrugen, finden wir auch hier zu Gunsten der Zauberer wieder. Schon habe ich des berühmten „Hexenbades" gedacht, das ja besonders in Anwendung stand, um eine vermeintliche Hexe als solche zu entdecken, woher dieses Gottesurteil auch den Namen führte.

Man warf die der Hexerei beschuldigte Person in das Wasser und erklärte sie in dem Falle, daß sie auf dem Wasser schwamm, für schuldig. Doch habe ich auch genugsam darauf hingewiesen, daß hier wohl jeder Betrug für ausgeschlossen erachtet werden müsse. Manche modernen Schriftsteller indessen (natürlich keine solchen, die den Ruf eines ernsthaften und kritischen Historikers genießen) stellten sogar die geistreiche Hypothese auf, die Angeklagten hätten des öfteren, da sie nun einmal vor der Alternative standen, entweder verurteilt zu werden oder elendlich im Wasser zu ertrinken, sich der

Schwimmkunst bedient, wodurch sie sich dann auf der Oberfläche
des Wassers zu halten vermochten. Nun wohl, ich habe schon
darauf hingewiesen,*) daß man den Angeschuldigten, ehe er
dem „Hexenbade" unterzogen wurde, in einer Weise fesselte,
daß er nicht der geringsten Bewegung mehr fähig war. Ein
Strick war um den Körper des Delinquenten gebunden, an
dem dieser dann bei Zeiten aus dem Wasser gezogen wurde,
sobald man sah, daß das Wasser ihn eben nicht trug und er
unterzusinken begann. Die Behauptung, daß der Angeklagte
jeden Falles hätte sterben müssen, sei er nun schuldig oder
nicht, indem man sein Untergehen im Wasser und Ertrinken
auch als ein Gottesurteil angesehen hätte,**) dürfte in Widerspruch stehen mit den Beschreibungen, welche uns die zeitgenössischen Schriftsteller von diesem Gottesurteile gegeben
haben und den diesbezüglichen Zeichnungen, die uns aus
jener Zeit überkommen sind.***)

So blieben auch viele Zauberer bei der Folter vollständig
unverletzt, so daß Boquet†) sagt: „Der Richter soll die Tortur vermeiden — elle ne fait rien sur le sorcier." Doch

---

*) s. Buch 6, 1. Hauptst., § 12, 19, 25, 26 vorl. Geschichte.
**) s. meine Anmerkung auf S. 29 d. Bd.   D. Übers.
***) Doch glauben wir immerhin, daß einer solchen auch satyrisch
aufzufassenden Behauptung zum mindesten die Wahrheit zu Grunde
liegt, daß man sich in jenen Zeiten aus Justizmorden kein Gewissen
machte und sicherlich solange den Delinquenten im Wasser ließ, bis er
auch wirklich u n t e r s a n k — in der Regel also, wenn es zu spät war.
Es ist ja bekannt, wie genau man es in der mittelalterlichen, rohen
Zeit der Kirchenherrschaft mit dem Leben eines Menschen nahm (zumal
wenn derselbe als Ketzer oder Zauberer verschrieen war) nur um ja keinen
Schuldigen am Leben zu lassen oder vielmehr um seiner Blutgier
fröhnen zu können!!! Dazu wurde die Probe auch willkürlich oft umgekehrt angenommen, indem die Sinkenden verurteilt und die Schwimmen-
den freigesprochen wurden (Schindler, Abergl. d. Mittelalters, S. 233).
                                              D e r Ü b e r s.
†) Instruction pour un juge en fait de sorcellerie.

erklärt er nichts desto weniger, daß es selbstverständlich auch erlaubt sei, davon Gebrauch zu machen.

Nicht werde ich mich nun etwa mit der Unempfind= lichkeit befassen, die vielleicht infolge narkotischer Mittel durch Katalepsie 2c. entstanden sein kann, sondern ich werde nur auf die Unverwundbarkeit näher eingehen. Der Graf Fürstenberg bewilligte einer Hexe, die Feuerprobe vorzunehmen, derart, daß sie drei Schritte mit einem weißglühenden Eisen in der Hand zurücklege; sie that deren sogar sechs und erbot sich noch weiter zu gehen.*)

Delrio berichtet, daß im Jahre 1599 eine Hexe bei der sogenannten Stiefelfolter vollkommen unversehrt blieb. Dieselbe bestand nämlich darin, daß man dem Delinquenten einen weiten Stiefel von Blech, der bis an das Knie reichte, anzog und dann denselben mit siedendem und brennendem Pech ausfüllte.**)

---

*) Horst, Daemonomagia, II, 21.
[Sprenger erwähnt diese Thatsache auch im Hexenhammer und macht dabei die Bemerkung, daß nur die Unerfahrenheit des jungen Grafen von Fürstenberg in solchen Inquisitionssachen die Feuerprobe zulassen konnte; denn diese sei aus zwei gewichtigen Gründen zu wider= raten: 1) weil der Teufel ein starker Kräuterkenner sei und es Kräuter gäbe, die vor dem Feuer schützten; 2) weil der Teufel selbst in der Ge= schwindigkeit einen anderen Körper zwischen die Hand und das glühende Eisen schieben könne. Wir sehen eben hier, zu welch plumper Erklärungs= weise sich die Theologie verstanden hat, was sich unter anderem auch aus ihrer traurigen Annahme ergiebt, daß der Teufel und die bösen Geister in einen Menschen „hineinführen." Und das selbst heute noch nach der wissenschaftlichen Anerkennung der Suggestion, die doch, von bösen Wesen ausgehend, vollkommen die Phänomene der Besessenheit erklären dürfte. Dann aber scheint es dem blutgierigen Mönche nicht passen zu wollen, daß sich so leichten Kaufes Hexen (d. h. mediale Personen dem Scheiterhaufen entziehen konnten, und wir behaupten es nochmals, daß der Hexenhammer und das auf ihn begründete Strafverfahren darauf hinzielten, möglichst viele Morde an vermutlichen Hexen, ob schuldig oder nicht, in Szene zu setzen. Der Übersetzer.]
**) Disquisitiones Magic , II, 21.

17*

Cäsarius von Heisterbach berichtet übrigens, daß sich in Bésançon zwei Ketzer infolge ihrer Wunder einer großen Anhängerschaft erfreuten. Daher befahl jener Bischof einem in Teufelsbeschwörungen sehr erfahrenen Priester, den Dämon herbeizuzitieren, um in Erfahrung zu bringen, wodurch diesen beiden Ketzern die Macht gegeben sei, nicht im Wasser unterzugehen, noch vom Feuer verzehrt zu werden. So erfuhr man denn, daß dies in dem Chirograph, d. h. in dem handschriftlichen Pakte abgemacht sei, den sie mit dem Teufel eingegangen wären, und welche Urkunde sie in Achselhöhle zwischen Fleisch und Haut trügen. Als man dieses Amulet sodann herausgenommen hatte, konnte man sie lebendig verbrennen.*)

In der Nähe von Regensburg waren verschiedene berüchtigte Hexen als solche erwiesen und daher zum Feuertode verdammt worden. Indes wurde ausdrücklich in dem Richterspruch kundgethan, daß sie ersäuft werden sollten, falls das Feuer sich bei ihnen machtlos erzeige. Allein alles half nichts: man konnte sie weder verbrennen noch ertränken. In dieser schrecklichen Not befahl der Richter der ganzen Gemeinde, drei Tage hindurch zu beten und zu fasten. Da wurde es auf einmal jemand kundgethan, daß sie unterm Arm ein Zaubermittel zwischen Fleisch und Haut eingenäht hätten. Nach Beseitigung dieses Mittels brannten sie aber, wie man's nur wünschen konnte.**)

§ 41. — Als ein anderes Mittel, die Hexen und Zauberer zu erkennen, galt das Teufelsmal — das berühmte stigma diaboli oder sigillum Satanae — da man glaubte, daß der Höllenfürst seinen Dienern bei den Sabbathsgelagen ein Mal aufdrücke und daß dieses dann die Fähigkeit besitze, jenen Körperteil, worauf es sich befinde, gegen jeden Schmerz unempfindlich zu machen. Die Richter ließen daher in jeden

---

*) Illustr. Mirac., V, 18. — Solban, Geschichte der Hexenprozesse, I, 175.

**) Sprenger, Hexenhammer; Horst, Daemonomagia II, 108.

Körperteil der Angeklagten mit Nadeln stechen, um die Stelle des Teufelsmals ausfindig zu machen. Nun ist es doch ganz klar, daß ein Angeklagter, um nicht als schuldig erkannt zu werden, sich an allen Stellen sehr empfindlich zeigte, auch selbst da, wo er es thatsächlich nicht war, so daß sich also wahrlich nur schwer begreifen läßt, wie dieses barbarische Mittel der Inquisition unter Leuten, die nur einen Funken von Intelligenz besaßen, Verbreitung finden konnte.*)

Im Jahre 1589 wurden 40 Personen beiderlei Geschlechts in Frankreich angeklagt, sich eines schimpflichen Umganges mit Dämonen schuldig gemacht zu haben und das Teufelsmal an ihrem Leibe zu tragen. Das Pariser Parlament ließ die Unglücklichen von zwei Ärzten untersuchen, welche zu den besten ihrer Zeit gehörten und einen Bericht darüber abfaßten, der folgenden Wortlaut trug:

„Die aufgeführten Angeklagten wurden von uns in Gegenwart zweier Hofräte einer eingehenden Prüfung unterzogen, indem wir nichts außer Acht ließen, was sich auf ein Malzeichen hätte beziehen können. Nachdem dieselben entkleidet waren, betrachteten wir aufmerksam alle Glieder, wobei wir ihnen an den verschiedensten Stellen Nadelstiche versetzten. Es zeigte sich, daß die Beschuldigten überall sehr empfindlich waren. Als wir sie dann über verschiedene Punkte befragten, wie man es auch bei Wahnsinnigen anstellt, merkten wir, daß wir es mit armen Blödsinnigen zu thun hatten, von denen viele nur durch den Tod Heilung finden können, den sich auch mancher von ihnen herbeiwünschte. Nach unserer Ansicht wäre diesen eher Nieswurz zur Reinigung ihres Blutes zu verordnen, als sie mit Strafen zu belegen."

---

*) Der Herr Verfasser übersieht aber ganz, daß die Prozedur wohl nur bei verbundenen Augen des Delinquenten vorgenommen wurde. Wenn der Büttel dabei zu gleicher Zeit unvermutet an mehreren Stellen Stiche versetzte, so kann doch von einer Verstellung schlechterdings keine Rede sein! —   D. Übers.

Hinsichtlich dieses widersprechenden Arguments vergleiche man auch das Buch von Jules Fontaine: Des marques des sorciers, das im Jahre 1611 zu Lyon erschien. Und noch heute erklären einige Alienisten das stigma diabolicum als „die unempfindliche Stelle bei Nervenkrankheiten.“

§ 42. — In jedem Lande wütete der Ausrottungswahn gegen Zauberer und Hexen und erzeugte eine ganz schimpf= liche Litteratur:

So sehen wir in Deutschland den Hexenhammer und Niber's Formicarium de maleficiis.

In Frankreich that sich besonders der bekannte Rechts= gelehrte Jean Bodin hervor, dessen Freistaat, wie la Harpe sagte, den Keim zu dem Geiste der Gesetze eines Montes= quieu ab. Er veröffentlichte im Jahre 1520 das Werk: De la démonomanie des sorciers, das eine Übersetzung ins Lateinische und in viele anderen Sprachen erlebte.*)

Mit diesem Werke richtete er sich bekanntlich gegen Weyer (Wierus), dessen Bücher er zum Scheiterhaufen ver= dammte. Boquet schien mit seinem Discours des Sorciers, denen er im Jahre 1601 seine Instruction pour un juge en fait de sorcellerie folgen ließ, Bodin eigentlich noch übertreffen zu wollen. Dieses vorzügliche Buch seiner Zeit ist in 91 Artikel eingeteilt und am meisten unter der Be= zeichnung „Hexencodex“ bekannt. Von demselben Schlage sind auch die Bücher eines Delancre (Discours de l'in= constance des démons etc.), eines Pierre Le Loyer und des königlichen Rates de la Brosse zu Angers, der im

---

*) Leider wurde dieses Schandwerk nach unserer heutigen Auf= fassung durch eine deutsche Übersetzung des auf anderen Gebieten sonst freisinnigen deutschen Dichters Johann Fischhart in unserem Vaterlande bekannt. — Der Originalität halber sei erwähnt, daß dieses Werk, das an Orthodoxie und Teufelsgläubigkeit durchaus nicht hinter dem Hexenhammer zurücksteht, auf den Index kam, weil nämlich Bodin — Hugenot war!   Der Übersetzer.

Jahre 1550 geboren wurde und ein Werk unter dem Titel: Discours et histoires des spectres etc. herausgab.

In Spanien machte sich Paul Torero (Grillandus) als Hexenverderber berühmt, dessen Abhandlung De Maleficis vom Jahre 1555 großes Aufsehen erregte. Nicht minder sind auch hier die Werke des Jesuiten Martin Delrio zu erwähnen, wovon wir weiter oben bereits Gebrauch gemacht haben.

In Italien ist außer Rategno noch di Como bekannt geworden, der als Hexenrichter in der Theorie wie in der Praxis das zweifelhafte Verdienst sich zurechnen konnte, die Magie in jeder Weise unterdrückt zu haben.

In England war König Jacob I einer der eifrigsten Hexenverfolger, wie auch sein Werk gegen die Zauberer beweist; seine ganze Regierung zeichnete sich durch die gräulichsten Maßregeln zur Ausrottung der Zauberer und Hexen aus.

§ 43. — Allen Verfolgungen gegen die Zauberei ist es doch nicht gelungen, dieselbe vollständig auszurotten. Die Freiheit der Gedanken, die Wissenschaft und die frische Brise der französischen Revolution legten ihr zwar Fesseln an, indem man in dem Okkultismus und Esoterismus nur einen lächerlichen Wahn sah, die Wahrheit unter mysteriösen Emblemen zu verhüllen, und zwar sobald als man keine Verfolgungen mehr zu befürchten hatte, die Wahrheit zu offenbaren, wie sie sich enthüllt: in nackter Gestalt.

Freilich wäre es bedeutend besser für die christlichen Kirchen gewesen, wenn sie sich nicht von dem selbstsüchtigen Wunsche hätten hinreißen lassen, das Vorrecht der Wunder für sich allein in Anspruch zu nehmen, und deshalb zu so entsetzlichen Gräuelthaten und Verbrechen ihre Zuflucht genommen haben würden. Wären sie doch stets der Worte des Jesuitenpaters Vasquez[*]) eingedenk gewesen: „Die Bücher über Magie sind notwendig, und die Magier von Gott zugelassen, um die Leichtsinnigen wenigstens durch etwas dem blinden Atheismus zu entreißen."

*) Teil I, Frage II, Art. III; Disc. XX, Kap. IV.

4. Hauptstück.

Die mit der Magie verwandten Wissenschaften.

§ 1. — Mit der Magie eng verwandt waren sozusagen verschiedene Wissenschaften der damaligen Zeit, wie die Astrologie, die Alchimie, die Chiromantie und die Chartomantie, denen ich natürlich hier, da ich eine Geschichte des Spiritismus und nicht etwa eine Geschichte des Okkultismus schreibe, nur wenige Worte widmen kann.

Die Astrologie gehört dem grauen Altertume an, sie wurde besonders von den Chaldäern gepflegt, die vielleicht auch die Erfinder derselben sind. Sie beschäftigt sich mit dem physikalischen, dem physiologischen und psychologischen Studium der Einwirkung der Gestirne und dient besonders zur Enträtselung des Zukünftigen. Auch wurde der Name Astrologie bisweilen nur für Astronomie angewandt, weshalb man jenen Teil der Astrologie, den man heute eigentlich darunter versteht, mit Astrologia judiciaria bezeichnete.

Wenn sich jemand eingehender mit der Astrologie beschäftigen und in Erfahrung bringen möchte, was man unter Konstellation, Aspekten und Himmelshäusern versteht, so möge er einige Monate dazu verwenden, die dicken Bände zu studieren, wie sie von Verfassern wie Diodorus, Siculus, Firmicus 2c. bis auf die heutige Zeit geschrieben wurden. Und alsdann wird er so klug sein wie noch zuvor. Er wird allerdings (wenn auch nur mit Mühe aus dem bunten Durcheinander) herausgefunden haben, daß jeder Tierkreis, jede Konstellation, jeder Planet — ja jeder Stern sogar einen Einfluß auf das menschliche Geschick ausüben soll. Dieser Einfluß jedoch soll dann weiter, je nach der Stellung der Gestirne, Veränderungen unterworfen sein und jedes Gestirn den Einfluß eines andern aufheben oder wenigstens doch verändern. Wenn wir dieses Wirrwarr von gegenteiligen Einflüssen auch annehmen so blieb ferner zu recht bestehen, daß, wenn die Vorhersagung nicht eintraf, der Fehler nicht an der Wissenschaft, sondern an demjenigen zu suchen war, der eben es nicht verstand, richtig die Stellung der Gestirne zu deuten. Anderseits galt der Grundsatz: astra inclinant, non necessitant. Auch rührte ein sehr großer Widerspruch aus den sich gegenseitig widersteitenden Lehren her: wie Ptolomäus nicht die Grundsätze eines Antiochus anerkannte, so ließ auch Apollinaris nicht die von Ptolomäus gelten. Diejenigen nun, die wie Scaligerus und Salmasius sich damit abquälten, eine Einigung zu erstreben und die herrschenden Theorien unter einander in Einklang zu bringen, sollten nur allzubald in ein Labyrinth hineingeraten das heutzutage uns blos ein mitleidiges Lächeln abnötigt.

War dies aber auch anders möglich, wenn man in Erwägung zieht, daß diese Wissenschaft lediglich auf einer Spielerei von Namen beruht. So nahm man an, daß der Mensch, der unter dem Einflusse des Mars geboren würde, kriegerisch veranlagt (also martialischen Charakters) sei; unter dem Einflusse der Venus besonders der Liebe ergeben (also venerischen Charakters); während man unter dem Einflusse des Jupiters (Genitiv: Jovis) munter und heiter (also jovialen Charakters) sein müßte; sowie unter dem Einflusse des Mondes melancholisch, phantastisch (also lunatischen Charakters) sei u. s. w.: so daß mithin in jenen

Ländern, wo die Planeten und Konstellationen eine andere
Bezeichnung hatten, auch ihnen ein anderer Einfluß zugeschrieben wurde.

Nach A. Lang*) war auch im alten Mexiko die Astrologie bekannt, allein die Sterne hatten nicht dieselben Namen,
weshalb man ihnen auch einen anderen Einfluß zuschrieb, als
die Astrologen der alten Welt ihnen beimaßen. Mithin mußten
die einen oder die anderen sich s t e t s geirrt haben.

Und kaum ist es zu glauben, welch großer Verbreitung
sich diese astrologischen Lehren nicht nur bei den wilden und
halbwilden Völkerstämmen erfreuen durften, sondern auch
unter den gebildeteren Völkern, und zwar hier nicht nur unter
den gewöhnlichen Leuten, sondern vorzugsweise bei den
Gelehrten.

Im Altertum sehen wir Lycurg in seiner Gesetzgebung
den Lacedämoniern verbieten, eine Schlacht bei abnehmendem
Monde zu beginnen, sowie Xenophon sich häufig bei dem berühmten Rückzug der Zehntausend nach der Stellung der
Gestirne richten. Die beiden Ärzte Hippokrates und Galenus,
welche sich ein so hohes Verdienst um die ärztliche Kunst
erworben haben, mußten ebenfalls der Astrologie ihren Tribut
zollen. Selbst weise Kaiser wie Augustus, Vespasian und
Titus und später Friedrich II, scharfsinnige Politiker, wie
ein Richelieu und Mazarin, sowie Schriftsteller, die wahrlich
nicht leichtgläubig zu nennen sind, wie ein Lucianus, dann
wieder Gelehrte, worunter die Namen eines Albertus Magnus,
Marsilius Ficinus, Van Helmont, Kircher und Cornelius
Agrippa hervorragen: sie alle lagen eifrig dem Studium
der Gestirne ob, um daraus die Zukunft zu enträtseln. Sogar Kepler widmete sich bekanntermaßen der Astrologie.

§ 2. — Zahlreiche astrologische Vorhersagungen sind
immerhin der Nachwelt überkommen. So finden wir bei

---

*) Vorderland, Jan.=Heft, 1897.

Suetonius, daß ſich Octavius, als er noch nicht der römiſche Kaiſer Auguſtus war, von dem Chaldäer Theogenes das Horoſkop ſtellen ließ. Dieſer ſoll ſich ihm dann zu Füßen geworfen und ihn als den künftigen Kaiſer geprieſen haben.[*] Später wollte daher Auguſtus zur Erinnerung an den glück- lichen Einfluß des Tierkreiſes, worunter er geboren war, das Zeichen desſelben auf die Medaillen geſetzt haben, welche während ſeiner Regierung geſchlagen wurden.

Auch ragt unter den zahlreichen Anhängern der Aſtro- logie die Geſtalt der Katharina von Medici hervor, welche dem Herzog von Biron ſeinen Tod bei der Belagerung von Epernay vorausſagte. Eine Kanonenkugel ließ in der That die Vorherſagung in Erfüllung gehen.

Der Bruder des Herzogs, welcher denſelben Aſtrologen fragte, deſſen ſich auch Katharina bei ihrer Vorherſagung bedient hatte, erhielt folgende Antwort:

— Er wird unter dem Henkerbeil ſterben.

— Was ſoll das heißen? — rief Biron aus.

— Gnädiger Herr, wenn ich mich beſſer ausdrücken ſoll, ſo muß ich ſagen, daß ihm der Kopf zerriſſen wird.

Der erzürnte Biron ſprang auf den armen Aſtrologen zu, ſchlug derb auf ihn ein und ließ ihn übel zugerichtet auf dem Boden liegen; doch konnte dieſer Gewaltakt es nicht hindern, daß ſich die Prophezeiung wirklich nach ſechs Monaten erfüllte[**].

Wennſchon man aber auch die vielen irrtümlichen Vorherſagungen leicht beiſeite zu ſchieben und zu beſtreiten ſuchte, ſo ſind uns dennoch eine nicht geringe Anzahl derſelben aufbewahrt worden.

Im Jahre 1514 wurde Europa durch eine aſtrologiſche Vorherſagung erſchreckt, daß infolge der Konjunktion mehrerer

---

[*] Sveton., August. § 95. — Vergl. Dion Caſſ, LVI, 25.
[**] Debay, Histoires des sciences occultes, Kap. VII.

größerer Planeten im Zeichen der Fiſche, die halbe Welt von
einer ungeheueren Überſchwemmung heimgeſucht
werde. Dieſe ſchöne Finte, welche Stöffler aufbrachte, wurde
ſieben Jahre nachher von dem Mathematiker Virdango beſtätigt, und — es folgten dann Jahre ſo trocken und heiß,
daß ſich die Menſchheit vergebens nach Regen ſehnte.

Johann Baptiſta Morin, der in Dienſten des Kardinals
Mazarin ſtand und wie alle Aſtrologen mit dem höchſten
Gehalte verſehen wurde, ſagte m e h r m a l s den Tod des
Aſtronomen Gaſſendi voraus und ſelbſt den Ludwigs XIII.
Cardanus verkündigte dann nach allen Regeln ſeiner Kunſt
Eduard VI, König von England, eine mehr als fünfzigjährige
Regierungszeit; Eduard VI ſtarb aber leider ſchon im ſechs-
zehnten Lebensjahre.

Dieſe nämlichen Regeln ließen ihn auch klar darauf
ſchließen, daß er ſelbſt nicht älter als 45 Jahre werden
würde Er richtete daher ſich mit ſeinem Erbteil darnach
ein, indem er ſich um den Reſt ſeiner Lebenszeit nicht viel
Sorge machte. Als er nun doch ſchließlich bekennen mußte,
daß er ſich bei ſeinen Berechnungen geirrt hatte, war er gezwungen, dieſelben von neuem anzuſtellen, wobei ſich dann
ergab, daß ſein Alter nicht das 75. Lebensjahr überſteigen
würde. Seine Natur war aber hartnäckiger, und auch dieſes
Mal mußte unſer guter Aſtrologe ſeinen Irrtum einſehen
lernen. Man behauptet, daß er damals, um ſeinen Ruf
wieder herzuſtellen, ſich ruhig dem Hungerstode ergeben habe
(da er ja behauptete, daß ſeine Kunſt niemals trüge, und der
Fehler nur ihm ſelbſt beizumeſſen ſei).

Ein anderer Aſtrologe ſtellte ſich dem Herzog von Mailand, Johann Galeazzo, in den Weg mit den Worten:

— Durchlauchtigſter Herr, laſſen Sie alle irdiſchen Ge-
ſchäfte beiſeite, da Ihnen nur noch eine kurze Lebensfriſt zu-
gemeſſen iſt.

— Und woher weißt Du das? — fragte ihn der Herzog.

— Ich habe es in den Sternen gelesen, mit Hülfe meiner astrologischen Kunst.

— Und wie lange hast Du noch zu leben?

— O mein Planet bescheidet mir noch viele, viele Jahre.

— Nun wohl, so wirst Du sehen — erwiderte der Herzog — daß Du Dich nicht allzusehr auf Deinen Planeten verlassen kannst! —

Mit diesen Worten übergab er den armen Sternendeuter seinem Gefolge zur Hinrichtung.

Voltaire erzählt, daß in seiner Jugend zwei berühmte astrologische Kapazitäten, der Graf Boulainvilliers und der Italiener Colonna, ihm ein und dieselbe Prophezeiung gemacht hätten, daß er nämlich in seinem 32. Lebensjahre sterben würde. »J'ai eu — schreibt aber nun Voltaire 1757, also in seinem 63. Lebensjahre — la malice de les tromper déjà de près de trente années, de quoi je leur demande humblement pardon.« Und der berühmte Dichter sollte sie noch mehr als 20 Jahre an der Nase herumführen.

Aber am unbarmherzigsten spielte doch das Schicksal den Astrologen bei der schönen Geschichte mit, welche der Mönch Paul Sarpi in Szene setzte. Der Großfürst von Toscana ließ auf sein Anraten die Geburt eines Knäbleins verkünden und die bedeutendsten Astrologen auffordern, ihm das Horoskop zu stellen. Alle Sternedeuter machten sich auch natürlich an's Werk, um in den Sternen das zu lesen, was ihnen am vorteilhaftesten für den fürstlichen Abkommen erschien: Ruhm, Reichtum, Macht. Allein wie sollten sie beschämt werden, als Paul Sarpi ihnen dann offen kundgab, daß dem Herzoge ein uneheliches Kind geboren worden sei! *)

---

*) Der ebenfalls eifrig der Astrologie obliegende Melanchthon stellte bei der Geburt eines Kindchens von Luther diesem das Horoskop, und als er dem glücklichen Vater für dasselbe großen Ruhm als einstigem

§ 3. — Wie man also leicht sehen kann, hat die Astrologie weder mit dem Psychismus, noch mit dem Spiritismus
etwas gemein. Die psychologische Erklärung der Wahrsagung
würde die sein, daß die menschliche Seele unter gewissen Bedingungen eine solche Erleuchtung gewinnen kann, daß sie die
Zukunft zu lesen vermag. Nach der spiritistischen Erklärung
würde uns die Zukunft von unsichtbaren Wesen offenbart,
um jene kennen zu lernen. Allein die Astrologie kann auch
von einem Materialisten zugestanden werden. Wenn man
annimmt, daß die Gestirne auf die Menschen einen verschiedenen
Einfluß ausüben können, gleichwie der Mond eine Einwirkung
hat auf Ebbe und Flut und vielleicht auch auf einige physiologische Funktionen von uns, so würde denn der Astrologe
jene Einwirkungen der Gestirne zu studieren suchen, die sie
auf dies und das Ereignis ausüben könnten. Insofern hat
also die Astrologie nichts mit den Geistern zu thun und noch
weniger mithin mit dem Spiritualismus. Die Astrologie mit
dem Spiritismus in Einklang bringen zu wollen, ist folglich

---

bedeutenden Feldherrn vorausgesagt hatte, mußte er leider hören, daß
es ein Mädchen war. — Bekannt ist auch das jüngste Fiasko des
okkultistischen Schriftstellers Kiesewetter mit seinem berühmten Horoskop . . . . Der Katholik Cario sagte aus Gestirnstellungen die Verbrennung Luthers voraus, und so bequem es immerhin sein mochte,
etwas auf Jahre hinaus zu prophezeien, die kein Zeitgenosse erleben
konnte, hatte doch Cario mit seiner Ankündigung von weltbewegenden
Ereignissen für das Jahr 1789 entschieden Recht gehabt. Daß sich,
nebenbei bemerkt, die Bibel der Astrologie gegenüber feindlich verhält,
dürfte aus Stellen, wie Jes. 47, B. 13. Jerem. 10, B. 2 und Hiob 5,
B. 13, zur Genüge hervorgehen. Die letztere: „Den Rat der Astrologen
vereitelt er", hat aber Luther als eifriger Anhänger der Astrologie wohlweislich mit »der Verkehrten Rat vereitelt er« übersetzt. Die meisten
Astrologen hielten übrigens, wie der bekannte Charles Fourier und der
Verfasser der 1796 erscheinenden „Philosophie des Nikolaus" die Sterne
für lebende Wesen, woraus sich ja ihr Einfluß auf die Menschheit
und die Wahrheit der Astrologie als selbstverständlich ergeben müßte!!!   Der Übersetzer.

noch viel weniger ſchicklich und richtig, als eine Verwechſelung derſelben mit der Aſtronomie. Höchſtens könnte ſich ein Anhänger des Pſychismus zu der Annahme verſteigen, daß auch die Pſyche eines Aſtrologen wahrſageriſche Fähigkeiten erlangen könne und dieſe vielleicht durch die Prüfung der Geſtirne erregt würden. Kein Spiritiſt wird wohl leugnen, daß die unſichtbaren Intelligenzen die Kenntnis der Zukunft zu inſpirieren vermögen, auch ſelbſt demjenigen, der ſie dort oben aus dem geſtirnten Himmel zu entnehmen ſucht. Auch ſei hier noch daran erinnert, was uns Peter von Abanus erzählt. Jener Verfaſſer einer Abhandlung über die Aſtrologie las nämlich eines Tages in irgend einem Buche des Sarazenen Albumazar, daß derjenige, welcher in dem Augenblicke, in dem der Mond mit dem Jupiter im Kopfe des Drachen in Kon- junktion ſteht, ſich in einem heißen Gebete an Gott wenden würde, alles erfüllt bekäme, was ſich ſein Herz auch nur wünſche. Peter benutzte denn auch dieſen günſtigen Augen- blick dazu, um den Höchſten zu bitten, ihm die Zukunft zu enthüllen.

Sofort nahm er wahr, wie ſein Gehirn in eine unge- wohnte Schwingung verſetzt ward, die ſeinen Verſtand auf einmal erleuchtete, und ihm Geheimniſſe der Zukunft kund- gegeben wurden. Peter von Abanus war vielleicht in gutem Glauben ein Opfer der Suggeſtion ſeiner eigenen Gedanken geworden; allein mancher mag auch zu der Annahme geneigt ſein — ich wüßte zwar nicht zu welchem Zwecke — daß es einem Geiſte beliebt habe, den Aſtrologen bei dieſer Gelegen- heit ſo zu beeinfluſſen, daß derſelbe des Glaubens ſein mußte, die von Albumazar erwähnte Erſcheinung ſei wirklich ein- getreten.

§ 4. — Allein noch viel weniger mit dem Spiritismus hat die Alchimie etwas zu thun. Es iſt dies ein chemiſches Syſtem, das, mit den ſeltſamſten hermetiſchen Formen ver- ſehen, eins der ſchönſten Ornamente des antiken und modernen

Okkultismus ausmacht. Die Suche nach dem Stein der Weisen oder auch nach einer Substanz, womit man unedle Metalle in Gold verwandeln könne, ist eine rein chemische Frage, weshalb ich auch zum weiteren Studium auf das Buch Figuier's: L'Alchimie et les Alchimistes, wo sich auch die Glorienthaten eines Flamel, Basilius Valentinus, eines Raimund Lullo ꝛc. vorfinden, verweisen möchte.

Allerdings beschäftigten sich viele Alchimisten auch mit dem Zitieren von Geistern; indes nur um diese dienstbar zu machen, damit sie ihnen bei ihren Forschungen behülflich wären, wie man ebenso die Geister um Rat anging, bevor man eine Schlacht begann oder beim Spiel auf's Loos setzte, ohne daß dadurch die kriegerische Kunst oder das Laster des Spiels auch nur im geringsten etwas mit dem Übernatürlichen zu thun hat.

Aus demselben Grunde werde ich mich auch hier nicht darauf einlassen, von den berühmten Philtern*) zu sprechen, die den Zweck hatten, Liebe zu spenden oder zu nehmen, Jugend wieder herzustellen oder gegen physischen Schmerz unempfindlich zu machen. In vielen Fällen mochten sie Aphrodisiaka oder Anaphrodisiaka, anästhetische Mittel u. s. w. sein, meist aber auch einfach durch die Suggestion wirken.

§ 5. — Die Chiromantie, d. i. bekanntermaßen die Kunst, die Zukunft vermittelst Studiums der Hände zu erfahren — kann als Beobachtungsstudium keinen Anspruch auf großen Wert erheben, da ja selbst solche Wissenschaften, welche die wichtigsten Teile des Körpers einem Studium unterziehen, wie die Phrenologie, die Physiognomik u. s. w. wohl einige Anzeichen hinsichtlich der Veranlagung, der Instinkte und Fähigkeiten einer Person geben, aber doch wahrlich uns nur mit sehr ungenügenden Mitteln an Hand gehen, daraus die Zukunft zu enträtseln. Es will uns auch nicht einmal

---

*) Τὸ φίλτρον, Der Liebestrank (Liebeszauber). Der Übers.

gelingen, in einigermaßen bestimmter Form das Schicksal von
Leuten voraussehen zu können, welche wir genau kennen.
Stellen wir uns nunmehr vor, wie wenig die Linien einer
Handfläche, die uns eine unbekannte Person darbietet, Veranlassung geben werden, auf deren Zukunft zu schließen: ob
sie bei der Angebeteten ihres Herzens Erhörung finden oder
dereinst bei einem Schiffbruche umkommen wird!

Doch mag immerhin die Beobachtung einer Hand als
ein Mittel dienen, um jemand in einen wahrsagenden Zustand
zu versetzen, wie wir es bei jenem kaffrischen Zauberer gesehen haben, der auf der Erde ein Beutelchen mit Glas-,
Eisen- und Fayencestückchen, Knöchelchen und Steinchen ent-
leerte, durch deren festes Anstarren er in den Hellseherzustand
geriet.*)

§ 6. — Eng verwandt dürfte insofern mit der Chiromantie die Chartomantie sein; denn auf diese Weise würde
sich leicht eine Erklärung für das Lesen der Zukunft aus den
Spielkarten ergeben, wobei wir natürlich von den zahlreichen
Betrügereien, die dies Gewerbe von jeher mit sich gebracht
hat, absehen müssen. Die Annahme dieser Hypothese (des
Hellsehens also) würde natürlicher und mehr mit der Beobachtung anderer psychologischer Phänomene in Einklang
zu bringen sein, als wenn wir annehmen wollten, ein Geist
bediene sich der Hände desjenigen, der die Karten mischt,
und leite sie derart, daß sie nachher bei dem Auflegen in
der von ihm beabsichtigten Weise und zu der betreffenden
Prophezeiung passend fallen.**)

*) s Band I, S 38 vorl. Werkes.
**) Doch dürfte immerhin bei der geheimen Beziehung, welche
zwischen Makrokosmos und Mikrokosmos obwaltet (die schlechterdings
wohl auch nicht mehr von der Wissenschaft zu leugnen ist) und unter
dem Gesichtspunkte, daß in dieser (Gottes) Welt alles mit einander in
Einklang und Harmonie steht, auch die mystische Erklärung der Mantien
ein bedeutendes für sich haben: daß nämlich hier die Karten so fallen,

Zu beachten ist auch noch, daß die heutigen Pariser Okkultisten die größte Geringschätzung der Chartomantie zu teil werden lassen, aber dabei alle ihre gewichtigen Studien über die Wahrsagung vermittelst der Tarokkarten ausnehmen, worüber Eliphas Levi, Papus, Macgregor Mathers und andere gewichtige dicke Bände schrieben, um uns, die wir nicht der höheren Einweihung würdig sind, die tiefsinnigen Embleme, welche unter den Bildern des Narren, des Teufels oder dem Turm Gottes verborgen sind, darin zu enthüllen.

wie die Verkettung von Umständen das Schicksal der betreffenden Person gestaltet, mithin gleichsam eine Projektion der Zukunft auf die Gegenwart darbieten. Da eben überall Ursache und Wirkung in die Erscheinung treten, so dürften sich dieselben bei den Mantien, sozusagen in verjüngtem Maßstabe darin widerspiegelnd, auch auf das unbedeutendste erstrecken. Damit wäre aber die Astrologie ihres unwissenschaftlichen und nicht selten unsinnigen Schleiers (daß z. B. sich nach einem Stern das ganze Leben eines Menschen richte) entkleidet und die vielen Punktier=, Kartenlege= und Handlesebücher mit ihren Kollegen, den Traumdeutungsheftchen, würden sich als eitel Makulatur erweisen. Die Thatsachen existieren und sind auch hier ebenso wenig zu leugnen, wie sehr man auch noch in ihrer Erklärung irren mag. Und das gilt namentlich von der Chartomantie, Bibliomantie und Oneiromantie, worin auch wir über ziemliche Erfahrung verfügen und die eingehendsten Studien gemacht haben, die uns bei exakt wissenschaftlich angestellten Experimenten sehr für den echt divinatorischen Charakter dieser Mantien bestimmen mußten (siehe u. a. Band I vorl. Werkes S. 362; „Zeitschrift für Spiritismus“ Nr. 27 u. 28, 1897).

Der Übers.

5. Hauptſtück.

Jeanne d'Arc.

§ 1. — Die Lebensbeſchreibung der Jeanne d'Arc bietet zwar keine beſonderen ſpiritiſtiſchen Phänomene dar; doch mag ſie immer in Hinſicht der hiſtoriſchen Wichtigkeit ihrer Perſon als ein durchaus nicht gering anzuſchlagender Markſtein in der Geſchichte des Spiritismus anzuſehen ſein. Deshalb vermag ich mich in der That nicht genug darüber zu verwundern, daß die Spiritiſten ſich's nie haben angelegen ſein laſſen, ernſthaft und eingehend dem Studium jenes hiſtoriſchen Phänomens obzuliegen; denn für ernſte kritiſche Studien kann man doch eben gewiſſe lyriſche und myſtiſche Werke nicht anſehen, Werke, denen zum großen Teil der Mißkredit des Spiritismus zu verdanken iſt.*)

§ 2. — Um das Befreiungswerk der Jungfrau von Orleans in ſeiner ganzen Größe gebührend zu ſchätzen, muß man genau die damalige Lage Frankreichs in Betracht ziehen, aus der es nur noch ein Wunder zu erretten vermochte. Niemals hatte ſich die grande nation in einer ähnlichen

---

*) Man vergl. beſonders Les Messies Esséniens, womit Girard und Garredi uns die Jungfrau von Orleans als den von Chriſtus verhießenen Tröſter hinſtellen, als den neuen Meſſias.

Bedrängnis befunden. Die Krone Frankreichs schien für immer auf das Haupt der Lancaster's übergegangen zu sein. Der Herzog von Burgund war mit Isabelle, der unmenschlichen Mutter des Dauphin, einig geworden, daß sie die Oberherrschaft der englischen Könige anerkannte. Niederlage auf Niederlage häufte sich; Karl VII war nur noch Herr von wenigen Schlössern, so daß er den Spottnamen erhielt: Le roi de Bourges. Paris hatte freiwillig den Nacken der Fremdherrschaft gebeugt. Orleans, die letzte Feste im Centrum und Süden Frankreichs, war bereits seit Monden der Belagerung ausgesetzt. Hülfstruppen waren zu Rouvray vollkommen geschlagen, und der heldenmütige Widerstand der Bewohner Orleans schwand bereits immer mehr. „Alle Vorzeichen für den Untergang der Nationen," schreibt Henry Martin, „schienen tausendfach das drohende Ende Frankreichs zu verkünden, dessen politische wie soziale Streitmächte erschöpft waren." Und Quicherat äußert sich: „Karl VII hoffte nichts mehr. Er glaubte in allem, was sich ihm zutrug, die augenscheinlichsten Beweise dafür zu ersehen, daß die Vorsehung es einmal beschlossen habe, ihm das Reich zu nehmen; von Tag zu Tag wartete er auf den Augenblick, da er auch das kleine Gebiet, das er noch sein nennen konnte, abtreten müßte."

§ 3. — In dieser äußersten Bedrängnis trat nun Johanna von Arc auf. Nach ihrer eigenen Aussage[*] zählte sie erst 13 Jahre, als sie zum ersten Male die übernatürliche Stimme vernahm, die sich dann im ganzen Verlauf ihres weiteren Daseins in ihrem Ohre vernehmen ließ. Ein Brief, den der Landvogt von Berry an den Herzog von Mailand[**] schrieb,

---

[*] Prozeß der Jeanne d'Arc, Band I, S. 52. Die Ausgabe der beiden Prozesse der Jeanne d'Arc, welche häufig von mir in diesem Hauptstück angeführt wird, ist stets jene lateinisch geschriebene Quicherat's (Paris, 5 Bände, 1841 49).

[**] Prozeß, Band V, S. 117.

zu einer Zeit, als sich Johanna noch im Leben befand, berichtet uns, daß das Hirtenkind von Domremy eines Tages mit mehreren ihrer Altersgenossen auf einer Wiese spielte und herumsprang. Bei jedem Wettlaufen war sie den anderen voraus, die verwundert glaubten, sie fliegen zu sehen und dies auch ihr gegenüber äußerten. Endlich hielt sie „im Entzückungszustande und ganz außer sich" inne, um Atem zu schöpfen, und in jenem nämlichen Augenblicke vernahm sie eine Stimme, die ihr sagte, daß sie nach Hause gehen sollte, da die Mutter ihrer bedürfe. Dies war aber nur eine Ausrede, um sie von den Kindern zu entfernen. Sobald sie sich dann in dem Garten allein bei ihrem Vater befand, vernahm sie wieder jene geheimnis- volle Stimme, die ihr aus der zur Rechten gelegenen Dorf- kirche herzurühren schien. Die Stimme that ihr nun kund, daß sie von Gott auserlesen sei, Frankreich zu erretten. Das Protokoll ihres Prozesses giebt noch an, daß es zur Sommers- zeit und zwar um die Mittagsstunde gewesen sei.

Man wollte diese ersten Erscheinungen Johannas einem tiefen Eindrucke zuschreiben, den sie durch die verschiedentlichen Gerüchte erhalten habe, welche über den Krieg mit England, sowie auch betreffs der inneren Kämpfe, die Frankreich vollends zu zerstören drohten, im Umlauf waren. Johanna hörte bisweilen davon, wenn die Jünglinge des Dorfes, mit Blut befleckt und verwundet, aus den Kämpfen gegen die Männer des Nachbardorfes Maxey zurückkehrten, welche auf Seiten der Burgunder standen, während die von Domremy der Partei von Armagnac folgten.*)

Es unterliegt keinem Zweifel, daß die kleine Johanna sich über solches Trübsal tief in ihrem Herzen grämte. Allein man sieht doch, daß diese Sorgen nicht allzusehr das jugend- liche Gemüt im Augenblick ihrer ersten Vision zu beunruhigen schienen. Sie war sorglos mit ihren Freundinnen im Spielen

---

*) Prozeß, Band I, S. 66.

begriffen, und das Gesicht trug sich nicht etwa während der bangen Nacht zu, sondern um die helle Mittagsstunde, nicht etwa in der Einsamkeit ihrer Kammer oder in der Kirche, sondern auf freiem Felde.

Diese Stimme ließ sich fortan immer hören, wie Johanna sagte, sodaß diese, abgesehen von ihrem gewöhnlichen Thun und Treiben, keinen Schritt mehr unternahm, ohne den Rat derselben erst eingeholt zu haben, wobei sie jene häufig selbst anrief. Meistens aber stellte sich die Stimme auch von selbst ganz unvermittelt, ja sogar oft mehrmals am Tage ein.*)

Am häufigsten vernahm sie dieselbe, wenn von weither die Glocken ertönten**) oder wenn sie sich in einem Walde befand ***): die Verwirrung, die sich ihrer bisweilen bemächtigte, benahm ihr dann das Hören der geheimnisvollen Laute †). Gerade so wie diejenige des Dämon bei Sokrates und zum Unterschiede von anderen Stimmen, die sich bei gewissen Medien äußern wurden diese Laute von ihr allein gehört: mithin also ein Suggestiv=Phänomen. Die Erscheinung ihrer Mediumschaft war nicht nur auf das Gehör beschränkt, sondern betraf auch den Gesichtssinn. Sehr selten hörte sie die Stimme, ohne daß sich ihr ein Glanz gezeigt hätte, von dem die Worte herzukommen schienen; ††) bisweilen zeigten sich ihr Engel und Heilige — besonders waren es die Erzengel Michael und Gabriel und die Heiligen Katharina und Margaretha. „Ich sehe sie mit meinen körperlichen Augen," erklärte sie ihren Richtern gegenüber, „so gut, wie ich Euch vor mir sehe."†††) An anderer Stelle heißt es

---

*) Prozeß, Band I, S. 61, 62, 88, 127.
**) Ebendaselbst, Band I, S. 480—481.
***) Ebendaselbst, Band I, S. 52.
   †) Ebendaselbst, Band I, S. 71 u. 153.
  ††) Ebendaselbst, Band I, S. 52, 64, 75, 153.
†††) Ebendaselbst, Band I, S. 73.

dann, daß dieses Gesicht sie mit einem unbeschreibbaren
Wonnegefühl erfüllte, so daß sie tief betrübt war, wenn die
Engel sich wieder entfernten, und es ihr am liebsten gewesen
wäre, wenn dieselben sie mitgenommen hätten.*) Da nun
trotzdem bei ihrem Verhöre die Richter, um festzustellen, ob
irgend welche Beziehung zwischen den von Johanna wahrgenommenen Erscheinungen und den Gemälden und Statuen
der Kirche obwalte, an dieselbe die Frage richteten, ob hinsichtlich der Bekleidung und dem äußeren Ansehen die von
ihr wahrgenommenen Gestalten auch wirklich himmlischen Wesen
glichen, verweigerte Johanna auf solche hinterlistigen Fragen
klüglicher Weise die Antwort. Nur entschlüpfte ihr die Bemerkung, daß die St. Katharina und St. Margaretha auf
ihrem Haupte kostbare Kronen trügen. Nun fragte man sie,
ob St. Michael denn bekleidet gewesen wäre, worauf Johanna
entgegnete: „Glaubt Ihr vielleicht, daß Gott ihn nicht mit
Kleidern versehen könne?" Auf die weitere Frage, ob der
Erzengel auch lange Haare trüge**), erwiderte sie: „O, warum
sollte man sie ihm geschnitten haben?" Johanna gab zu,
daß sie Gabriel in Gemeinschaft von Millionen von Engeln
gesehen habe, noch hinzufügend, daß solche Erscheinungen bei
ihr wohl in sehr kleinen Dimensionen, aber in großer Menge
vorgekommen seien.***). Die Frage, ob St. Michael Ringe
an den Fingern trüge, entgegnete sie mit den Worten: „Was
die Ringe anbetrifft, so habt Ihr mir einen davon genommen:
Gebt ihn mir wieder!" Allerdings hielt sie einen Ring, der
an sich keinen besonderen Wert hatte, ganz besonders als
einen Talisman hoch oder verehrte ihn, besser gesagt, wie eine
Reliquie, da sie glaubte, daß derselbe von der hl. Katharina
während einer ihrer Verzückungszustände berührt worden wäre.†)
Auch mit dem Gefühls- und dem Geruchssinn vermochte sie,

---

*) Prozeß, Band I, S. 89 und 73.
*** Ebendaselbst, Band I, S. 89 u. 171.
***) Ebendaselbst, Band I, S. 481 und 478.
†) Ebendaselbst, Band I, S. 185.

sich der Wirklichkeit jener Wesen zu versichern, die ihr erschienen. Sie glaubte, daß sie die Heiligen umarmt und während dessen einen entzückenden Wohlgeruch empfunden habe.*)

Betreffs ihres gerichtlichen Verhörs verdienen immerhin die Worte angeführt zu werden, welche Henry Martin diesem Gegenstande gewidmet hat: „Ein wahrlich seltsames Schauspiel bieten die Theologen und diejenigen dar, welche sich abmühten, das Fundament ihrer Lehre und das religiöse Prinzip des Mittelalters im allgemeinen, nämlich den Glauben an Geister zu untergraben; sie bezweifelten hartnäckig das Er- scheinen von Engeln, doch glaubten sie steif und fest daran, daß sich der Teufel zu zeigen vermöge."**) Es ist eben dies dasselbe rühmliche Verfahren der heutigen christlichen Theo- logen, welches den Spiritisten gegenüber eingeschlagen wird.

§ 4. — Es braucht wohl nicht darauf hingewiesen zu werden, daß kein Spiritist heuzutage wirklich die Erscheinungen der Jungfrau von Orleans für die der Erzengel Michael und Gabriel oder gar für die beiden Heiligen Katharina und Margaretha halten wird, die vermutlich wohl keinen Grund haben durften, gegen die Burgunder=Partei aufgebracht zu sein und für diejenige von Armagnac Stellung zu nehmen. Wenn es wirklich Geister waren, welche jene Jeanne d'Arc zu hören und zu sehen befähigt war, so dürfte wohl die An- nahme berechtigt sein, daß man es mit Personen zu thun hatte, die von Vaterlandsliebe in den Kampf getrieben und in der Sehnsucht nach Befreiung ihren Tod gefunden.***)

---

*) Prozeß, Band I, S. 186.

**) Hist. de France, Band V, S. 137.

***) Es handelt sich hierbei also um einen mit in den Tod genommenen Monoïdeismus (du Prel), eine lebhafte Autosuggestion, welche das trans- zendentale Subjekt antreibt und befähigt, den im Leben unerfüllt ge- bliebenen Wunsch, bezw. ein Vorhaben (woran der plötzliche Tod die irdische Existenz gehindert hatte) noch post mortem durch andere, ver- mittelnde lebende Personen (Medien genannt) ausführen zu können.

Der Übers.

Solche Geister vermochten sich hier gewiß nicht unter dem
Deckmantel einer Minerva oder eines Apollo einzustellen wie
seiner Zeit bei Kaiser Julian. Auch mußten sie Gründe dafür
haben, sich nicht als die verstorbene Seele eines Hauptmanns X.
oder Sergeanten Y. darzubieten. Wenn sie Gehör finden wollten
bei dem frommen Mädchen von Domremy und dann durch
ihre Vermittelung überhaupt bei ihren Landsleuten, so mußten
sie notgedrungen ihre Zuflucht dazu nehmen, sich als Abgesandte des Himmels zu offenbaren. Wer etwas hierüber nach-
denkt, wird wohl einsehen, daß es jenen Geistern durchaus
nicht möglich war, um wirklich zu ihrem Ziele zu gelangen,
in einer anderen Weise sich bemerkbar zu machen.

§ 5. — Johanna nahm ihre ersten Offenbarungen nur
mit Mißtrauen auf, ja sogar mit großer Angst und Besorgnis.
Da sie sich indes immer wiederholten, so unterwarf sie sich
schließlich denselben geduldig. Auch hielt sie nicht damit bei
den Landleuten ihres Ortes zurück, und als so der Herzog
von Lothringen von ihr reden gehört hatte, ließ er sie zu sich
kommen und befragte sie, da er krank war, betreffs seiner
Krankheit.

Das Mädchen mochte 16 Jahre zählen, als ihm der Erzengel Michael offenbarte, daß nunmehr die Zeit gekommen sei,
seine Mission zu beginnen, worüber es sodann von ihm Anweisung erhielt. Ich werde hier nicht auf die Einzelheiten
eingehen, in welcher Weise es der Jungfrau gelang, sich dem
Hauptmann Beaudricourt, Gouverneur von Vaucouleurs, vorzustellen, welcher sie zwar als eine Schwärmerin aufnahm,
ihr dann aber auf den ausdrücklichen Befehl des Königs
nachgeben mußte. Die Geliebte Karls VII, Agnes Sorelle,
hatte nach vielem Kummer und Leid den Befehl, die gottbegeisterte Jungfrau nach Chinon, wo sich der Hof befand, kommen zu lassen, geradezu erpreßt. Auch werde
ich mich nicht darauf einlassen, da es ja allgemein bekannt sein dürfte, wie die Bevölkerung von Vaucouleurs sich

enthusiastisch der Seherin gegenüber verhielt und ihr sogar die militärische Ausrüstung und das Streitroß spendete; wie Johanna dann in rauhes Erz die Glieder schnürte und mit Stahl bedeckte ihre zarte Brust.

Am 24. Februar 1429, vier Tage nach ihrer Ankunft in Chinon, wurde der Jungfrau gewährt, sich Karl VII vorzustellen, den sie sogleich in der Mitte einer großen Menge von Hofleuten, unter die er sich absichtlich gemischt hatte herausfand. „Ich bin nicht der König," sagte Karl, um die Erleuchtung der Seherin auf die Probe zu stellen, und verwies dabei auf Gilles de Raiz, den berüchtigten Blaubart, der ihm zur Seite stand. Allein Johanna erwiderte in vollständiger Sicherheit: „Mon Dieu, c'est vous et non aultre. Gentile Dauphin, j'ai nom Johanne la Pulcelle, et vous mande le Roy des cieux." Und nun brachte sie ihm die Mission vor, womit sie der Allmächtige betraut hatte.

Der König ließ sich abseits mit ihr in ein kurzes Gespräch ein; worauf er sich dann, erfreut und ganz begeistert, an seine Hofleute wandte, ihnen erklärend, daß er von der Jungfrau ein Z e i c h e n erhalten habe, worin er deutlich ihre himmliche Sendung ersehe. Was dies für ein Zeichen gewesen ist, hat niemand erfahren. Vor Gericht gab endlich Johanna an durch die Fragen der Richter, welche dies um jeden Preis wissen wollten, in die Enge getrieben, daß es sich um die Anrufung eines Engels gehandelt habe, wie es bereits die Mitglieder des Gerichtshofes angenommen hatten. Kurz vor ihrem Tode bekannte sie übrigens, daß sie damit die Unwahrheit gesagt habe. In der That offenbarte auch Karl VII später, daß Johanna ihm damals eine Frage wiederholt hätte, die er kurze Zeit vorher in Gedanken an Gott gerichtet habe, ob er nämlich wirklich der rechtmäßige Erbe des Reiches wäre — Karl glaubte, daß er ein uneheliches Kind sei — was ihm der Herr durch eine unerwartete Hülfe offenbaren sollte, ehe er sich gezwungen sähe, nach Spanien oder Schottland zu fliehen. Diese Erklärung des Königs findet sich in drei verschiedenen Zeugnissen bei dem Wiederaufnahme-Verfahren des Prozesses der Jungfrau von Orleans.*) Bereits vorher hatte Karl mehrmals erklärt, daß Johanna ihm Dinge offenbart habe, so geheimer Natur, daß nur Gott allein sie wissen könnte.**)

§ 6. — Ebenso wie bei Sokrates offenbarte auch die Stimme der Jeanne d'Arc sehr häufig die Zukunft oder verborgene Dinge.

In einem ihrer letzten Gespräche, welche sie mit Karl VII pflegte, verkündete ihm die Jungfrau, daß sie bei der Befreiung von Orleans verwundet werde, allein ohne daß sie dadurch unfähig würde, weiter zu kämpfen. Ihre beiden Heiligen hätten es ihr geoffenbart. Sie selbst spricht dann auch von dieser Vorhersagung bei ihrer gerichtlichen Vernehmung.***) Nichtsdestoweniger ließe sich daran zweifeln, ob man sich bei dem Wiederaufnahme-Verfahren nicht auf einen Brief berufen habe, den ein flamländischer Gesandter, welcher sich in Frankreich aufhielt, unterm 12. April 1429 an den Gouverneur von Brabant geschrieben hatte. In diesem Briefe heißt es: „Sie soll vor Orleans durch einen Wurfspieß verwundet werden, die Wunde wird aber nicht lebensgefährlich sein." †) Am 7. Mai des nämlichen Jahres, also 25 Tage später, wurde Johanna thatsächlich nicht schwer von dem Pfeile einer Armbrust verwundet, als die Feste Tournelles bestürmt wurde. Da mancher noch an der Echtheit des Briefes oder dessen Datum zweifelte, so ließ man Nachforschungen anstellen und fand, daß die Stelle des

---

*) Prozeß. Band IV, S. 257, 271 u. 279.

**) Vergl. Quicherat, Aperçus nouveaux sur l'Histoire de Jeanne d'Arc (Kap. VII), wohl das beste kritische Buch, das mir mehrere kostbare Anhaltspunkte für dieses Kapitel bot.

***) Prozeß. Band I, S. 79.

†) Ebendaselbst, Band IV, S. 426.

Sendschreibens in den Registern der Kammer des Grafen von Brüssel aufgezeichnet war.

Als der Herzog von Alençon, aus dem französischen Königshause, mit Johanna in den Krieg zog, gab diese der Herzogin die Versicherung ab, daß ihr Gemahl gesund und wohlbehalten zurückkehren werde. Bei der Belagerung von Jargeau wandte sich die Jungfrau, während gerade die feindliche Artillerie ihren Kanonendonner erschallen ließ, an den Herzog mit den Worten: „Beau duc, ostez vous du logis où vous estes — entfernt Euch von dem Platze, wo Ihr Euch aufhaltet, da Ihr von den Kanonenschüssen bedroht werdet. Der Herzog folgte dem Ratschlage, und kaum hatte er nur mit wenigen Schritten die Stelle verlassen, die nunmehr Edler von Anjou einnahm, so riß eine Kanonenkugel diesem den Kopf fort.*)

Nach den von der himmlischen Stimme Johannas gemachten Angaben war auch die berühmte weiße Fahne mit dem Christusbilde angefertigt worden, die heute noch aufbewahrt wird. Auf ihrem Marsche von Vaucouleurs nach Chinon war Johanna durch das Dorf der heil. Katharine von Fierbois gezogen. Da nun die Kirche des Ortes einer ihrer himmlischen Beraterinnen geweiht war, so begab sie sich dorthin, um zu beten. Sechs Wochen später hatte sie die Offenbarung, daß in der Nähe des Altars jener Kirche ein altes verrostetes Schwert eingegraben sei, das mit fünf Kreuzen bezeichnet wäre und dessen sie sich im Kampfe bedienen sollte. Die Stadt Tours beauftragte einen Waffenschmied, den Johanna nicht kannte, nach dem Schwerte zu suchen, das sich in der That an der betreffenden Stelle vorfand. Diese Entdeckung brachte bei dem Volke die nämliche Wirkung hervor, welche die Offenbarung des Geheimnisses auf Karl VII hervorgerufen hatte. Es war das Zeichen, das Johanna der Menge für

---

*) Cousinot de Montreuil, Chronique de la Pucelle, Kap. 50.

die Göttlichkeit ihrer Mission gab. Man erhob später die Anklage, daß das Schwert von Johanna selbst an jener Stelle
eingegraben worden sei und daß man es nur mit einer
großen Betrügerin zu thun habe.*) Die Sachlage war nun
eine derartige, daß man die Hypothese des Betruges nicht
leicht als falsch erweisen konnte; nur ließ sich bemerken, daß
die Sache aus mehreren Chroniken jener Zeit wie auch aus
der ausdrücklichen Erklärung Johannas**) hervorgeht — man
muß sie des Betruges zeihen oder auch diese übernatürliche
Thatsache ebenso wie die vielen anderen, die sich doch auch
nicht bestreiten lassen, einfach kurzer Hand annehmen.

Als das französische Heer, schon entmutigt, von der Belagerung Troyes' Abstand nehmen wollte, da machte die Jungfrau von Orleans ihren Mitstreitern Hoffnung, indem sie
schwor, daß die Stadt binnen drei Tagen eingenommen und
die Behörde sich am folgenden Tage ergeben werde.***)

Eines Tages forderte die Jungfrau die Engländer von
den Mauern Orleans herab auf, von der Belagerung Abstand zu nehmen. Da schleuderte ihr Glasdale, der Anführer
der Belagerung, trotzige und schmähende Worte entgegen.
Die Jungfrau aber entgegnete ihm kaltblütig, daß die Engländer sich trotzdem zurückziehen müßten, er (Glasdale) aber
jenen Tag nicht mehr erleben werde. Und in der That fiel
Glasdale einige Tage später in dem Kampfe bei Tournelles.

In der Nacht des 4. Mai, während welcher die Belagerung von Orleans fortgesetzt wurde schlief Johanna ruhig
in ihrem Zelte, als sie auf einmal von ihren Stimmen
mit den Worten geweckt wurde: Le sang coule des nôtres.
Sie schwang sich auf ihr Roß, ergriff die Standarte, welche
ihr Page ihr sofort reichte und galoppierte einer von den

---

*) Prozeß, Band I, S. 76.
**) Ebendaselbst, Band I, S. 56.
***) Ebendaselbst, Band IV, S. 74.

Engländern besetzten Festung zu. Um diese herum entspann sich ein heftiger Kampf, welcher indes bald darauf mit der Ergebung der Engländer endete.

Vor der blutigen Schlacht von Patay (18. Juni), wodurch das brittanische Heer zerstreut wurde, munterte Johanna ihre Soldaten mit den Worten auf: „Nun auf zum Kampfe gegen die Engländer, die wir als Sieger sicher in unsere Hände bekommen werden! Und wenn sie an den Wolken hingen, so würde Gott sie uns dennoch herabsenden, um sie zu züchtigen."

Ligny gegenüber, der mit Warwick und Strafford zusammen die Jungfrau in ihrem Gefängnis besuchte, erklärte sie: „Ich weiß wohl, daß diese Engländer mich umbringen werden, da sie glauben, daß sie nach meinem Tode die Herrschaft über Frankreich erlangen würden. Allein wenn noch Hunderttausend zu den bisherigen Kämpfern hinzukämen, so würde ihnen dies Reich doch nicht wieder zufallen."

Und als man Johanna bei dem Verhöre vor Gericht später die Frage vorlegte, ob Gott die Engländer hasse, gab sie zur Antwort: „Ich kann nur dies sagen, daß sie bald sämtlich aus Frankreich vertrieben werden, mit Ausnahme derjenigen, welche sie tot zurücklassen."

Nicht alle bisher angeführten Beispiele und noch andere, welche sich anführen ließen, tragen wirklich den Charakter einer V o r h e r s a g u n g: manche beruhten auf einfachem V o r h e r s e h e n. Doch läßt sich dies durchaus nicht betreffs der Offenbarung sagen, welche sie Karl VII zuteil werden ließ, sowie der Prophezeiung bezüglich ihrer Verwundung u. s. w.

Solche Vorhersagungen schrieb Johanna Gott zu. Als sie in ihrem Prozesse beschuldigt wurde, daß sie Dinge zu wissen behauptet habe, welche Gott allein wisse, gab sie zur Antwort: „Doch kann er dieselben ja offenbaren, wenn es ihm beliebt."

Ihre Prophezeiungen hatten einen deutlichen und be-
stimmten Charakter, welche sie von jenen bekannten eines
Jeremias, St. Johannes oder des Nostradamus, deren Prophezeiungen schlechterdings für nichts anders als ein Wirrwar von
dunklen Metaphern anzusehen sind, unterschied. So groß
war ihr Ruf als Seherin, daß bereits zu ihren Lebzeiten ein
Deutscher ein Buch verfaßte, unter der Aufschrift: De Sybilla
Francica Rotuli duo, worin er Johanna mit den alten
Sybillen in Vergleich bringt und nur seiner Verwunderung
Ausdruck verleiht, daß sich die Vorhersagungen ausschließlich
auf den Nutzen des eigenen Landes beziehen.*) Ferner ist
bekannt, daß die Prinzessin Visconti eine Petition an Johanna,
die Gesandte des himmlischen Königs, ge-
richtet habe, um wieder in den Besitz ihres Herzogtums Mailand zu gelangen.

§ 7. — Ist es vielleicht erforderlich, daß ich die ruhmreichen Thaten der Jungfrau von Orleans besinge? Es
wird dies zur französischen Geschichte gehören, während ich
hier nur die Geschichte des Spiritismus zu behandeln habe.
„Vier Monate genügten für Jeanne d'Arc," schreibt Henry
Martin, „um das Schicksal eines Reiches zu wenden."

Allein nun kam die Stunde ihres Märtyrertums. Die
Heldin, welche in Compiègne gefangen genommen worden
war, wurde vor Gericht gestellt und zum Tode verurteilt.
Selbst auf dem Scheiterhaufen rief sie noch, wie die zahlreichen Aussagen der Zeugen, die ihrem qualvollen Tode beiwohnten, beweisen, ihre Heiligen und Erzengel an und neigte
dann schließlich den Kopf, um mit dem Namen Jesu auf den
Lippen in die andere Welt überzugehen. Ein Engländer, der
ganz besonders seinem Haß gegen die Jungfrau Luft machen
wollte, legte eigenhändig noch ein dickes Bündel Reißer auf
den Scheiterhaufen. Da sollte er, im Augenblick ihres Todes

---

*) Prozeß, Band III, S. 422.

Zeuge einer höchst seltsamen Erscheinung werden. Zugleich mit dem letzten Seufzer, der sich ihren Lippen entrang, entfloh diesen eine weiße Taube, — „die Taube des heiligen Geistes," wie Henry Martin sagt. Noch zu bemerken ist, daß das Herz der Jungfrau unversehrt geblieben war und von den Flammen nicht zerstört werden konnte; man warf dasselbe daher mit der Asche der Märtyrerin in die Seine.

§ 8. — Die Encyklopädisten können hinsichtlich der Lebensgeschichte von Johanna nicht ihr großes Erstaunen unterdrücken, indem sie alle behaupten, „einem unerklärbaren Phänomene" gegenüber zu stehen. Dies Rätsel kann nun auch nur durch die neueren psychologischen Wissenschaften, nicht durch die alte Psychologie gelöst werden.

Die katholische Kirche bemüht sich schon seit langen Zeiten, die Jungfrau von Orleans für ihre eigene Tasche zu benutzen. Seit mehr als dreißig Jahren macht sie sogar bekannt, daß bei der Congregation für Kirchengebräuche die Heiligsprechung der Johanna beantragt worden sei. Allein nichts destoweniger ist das ganze Gold, welche das französische Königshaus und besonders das Haus Orleans der römischen Curie zugewandt hat, vergeblich gewesen, und es dürfte auch fürderhin als ausgeschlossen betrachtet werden, daß sich die römische Kirche in Kürze dazu verstehen wird, das einfache Bauernmädchen von Domremy unter die Zahl der Heiligen zu versetzen. Und zwar liegt hierfür folgender Grund vor: Johanna besaß nicht die zur Heiligsprechung erforderlichen Eigenschaften. Und sie besaß dieselben nicht,

1) weil ihre Orthodoxie leicht angetastet werden kann;

2) weil es leicht ist, zu beweisen, daß ihre S t i m m e n nicht direkt von Gott herkamen, ebensowenig von Erzengeln oder Heiligen, wie sie's selbst glaubte und wie es die Katholiken wünschen möchten;

3) weil ihr die Tugenden einer wahrhaft heroischen K a t h o l i k i n fehlten.

§ 9.. — Fassen wir in erster Linie einmal ihre Orthodoxie ins Auge.

Man hört so häufig, daß Johanna von den Engländern
zum Tode verurteilt worden sei. Dies ist jedoch keineswegs
ganz richtig. Allerdings hatten es die Engländer auf ihren
Tod abgesehen, da sie vermeinten, solange keinen neuen Mut
fassen zu können, als die Heldin noch unter den Lebenden
weile. Aus diesem Grunde hatte man sie auch gegen ein
Lösegeld dem verbündeten Herzog von Burgund abgekauft,
in dessen Hände sie gefallen war. Allein, um besser ihren
Anschlag verdecken zu können, lieferte man der französischen
Geistlichkeit das Mädchen als eine Ketzerin und Hexe aus.
Und als Ketzerin und Hexe hat sie ein Inquisitionsgericht
zum Tode verurteilt, das sich aus hohen Würdenträgern der
katholischen Kirche, sowie aus verschiedenen Mitgliedern der
einzelnen Fakultäten der Pariser Universität zusammensetzte und
an dessen Spitze der Bischof von Bauvais Peter Cauchon stand.
Als besonderer Urheber dieses Prozesses ist einer ihrer Haupt-
richter anzuführen, jener seraphische Thomas von Courcelles,
der als der erste der Theologen und als der zukünftige
Nachfolger Gerson's auf dem Lehrstuhl der Gottesgelehrtheit
zu Paris schon lange Zeit vorher angesehen wurde, bevor
ihm sein Alter erlaubte, den Grad eines Doktors zu erlangen:
er war das Licht des Baseler Konzils, der Gegenstand der
Bewunderung eines Aeneas Silvius, der künftige römische
Papst, kurz der Vater der gallicanischen Unabhängigkeit.

Kirche und Universität, das waren die Richter, das
waren die Nachrichter der unglücklichen Jungfrau von Orleans.
In diesem Punkte stimmen wohl alle unparteiischen Geschichtsschreiber jederzeit vollkommen überein.

Daher ist es auch begreiflich, daß, als Karl VII, der
bekanntermaßen keinen Schritt zur Rettung Johannas unternommen hatte, nach 20 Jahren den Papst um Wiederauf-
nahme des Verfahrens bat (da er doch sonst sein Reich nicht

Gott, sondern dem Teufel, nicht einer Heiligen, sondern einer ketzerischen Hexe verdanke), der Papst lange hin und her schwankte, ehe er sich entschließen konnte, von neuem einen Beschluß der Kirche aufzuheben, der bereits mit jenem Beschlusse des Konzils von Poitiers, das sich zu Gunsten der Jungfrau von Orleans geäußert hatte, in scharfem Widerspruch stand. Schließlich gab er doch nach, um sich nicht den König von Frankreich zum Feind zu machen, umsomehr als zur damaligen Zeit ein Einfall der Türken Europa bedrohte. Er ließ sich auf ein Breve ein, worin der Unfehlbare jenen Bischof Cauchon, seligen Ange- denkens, berief, dessen Richter, vom Papste selbst ernannt, kurze Zeit darauf den Körper dieses Cauchon ausgraben und verbrennen ließen. zugleich mit jenen der anderen Mitgliedern des Tribunals, welche Jeanne d'Arc verurteilt hatten.

Allein, was noch schlimmer ist, Johanna erklärte aus- drücklich, ihren Stimmen und nicht dem Papste Gehorsam zu leisten. Dies geht aus mehreren Stellen ihres Prozesses hervor, wie z. B. aus folgendem:

„Auf die Frage, ob sie sich auf den Beschluß der Kirche „verlasse, antwortete sie: — Ich verlasse mich auf unseren „Herrn, der mich berufen hat, und auf unsere liebe Frau, „sowie auf alle hohen Heiligen des Paradieses. — Sie ist „der Ansicht, daß unser Herr und die Kirche ganz eins seien."*)

„Sie glaubt zwar, daß der Papst in Rom, die Bischöfe „und die anderen Geistlichen da wären, um auf den Glauben „Acht zu haben und um diejenigen zu bestrafen, welche sich „dagegen vergingen: doch will sie sich, was sie selbst an- „betrifft, hinsichtlich ihrer Handlungen, nur der „Kirche des Himmels, d. h. Gott, der heiligen Jungfrau „und den Heiligen unterwerfen."**)

---

*) Prozeß, Band I, S. 175.

**) „Quant' à elle, de ses faictz elle ne se submectra fors seullement à l'Eglise du ciel, c'est assavoir à Dieu, ecc." Prozeß; Bd. I, S. 205.

„Sie sagt, daß sie weder nach Bischöfen noch
„nach sonstigen Priestern frage, indem sie bloß ihren
„Offenbarungen Glauben beimesse."*)

„Als man sie nun fragte, ob sie sich auf die streitende
„Kirche verlassen werde, wenn diese sage, daß ihre Offen-
„barungen nur Teufelsspuk seien, antwortete Johanna, daß
„sie sich nur auf unseren Herrn verlasse … und in dem
„Falle, das die streitende Kirche ihr gebieten
„würde, anders zu handeln, so werde sie sich auch
„nur allein auf unseren Herrn verlassen."**)

„Ich glaube wohl an eine Kirche hienieden,
„aber für mein Dichten und Treiben, da verlasse
„ich mich ganz und stütze mich nur auf Gott..
„Die Frage, ob sie bestreiten wolle, daß es Richter auf Erden
„gäbe und daß der Papst ihr höchster Richter sei, erwidert
„sie mit den Worten: — Ich weiß nichts anderes darauf
„zu sagen, als daß ich einen guten Schutzherrn habe, nämlich
„unseren Herrn und Heiland, dem ich ganz
„alleine vertraue und keinem anderen."***)

Es scheint mir, daß dies deutlich genug ist.

§ 10. — Kommen wir nun zu dem zweiten Punkte.
Ihre Stimmen rührten nicht von Gott her; denn wenn es
einen Gott giebt und zwar einen solchen, wie ihn das Christentum und fast alle anderen Religionen uns darzustellen versuchen, so muß er erlaubt haben, daß sich Geister Johanna
offenbarten und zwar derart, daß er auch alles das erlaubt,
was geschieht, auch selbst das Übel mit eingeschlossen. Er
erlaubt es, insofern er es nicht hindert, daß es geschieht.
Allein diese Geister konnten nicht von Gott gesandt und
weder Engel noch Heilige sein. Und dies werde ich auf
folgende Weise begründen.

***

*) Prozeß, Bd. I, S. 274.
**) Prozeß, Bd. I, S. 325.
***) Ebendaselbst Bd. I, 392 u. 393.

Sokrates sagte: „Der Beweis, daß die Stimme, welche sich mir offenbart, die eines Gottes (einer Gottheit, eines Dämon) ist, beruht eben darin, daß sie mir noch nie etwas falsches gesagt hat."

Nun aber konnte Jeanne d'Arc dies durchaus nicht von ihren Stimmen behaupten.

Es ist allgemein bekannt, daß Jeanne d'Arc, nach der Krönung Karls VII in Rheims, den sie übrigens immer bis dahin nur Dauphin genannt und als solchen betrachtet hatte, sich ihm zu Füßen geworfen und ihn gebeten haben soll, sie in ihre Heimat zurückkehren zu lassen, da ihre Mission vollendet sei. Sie wäre dann nur auf den ausdrücklichen Wunsch und die Bitte des Königs im Heere geblieben. Diese Legende, welche Villaret durch seine Geschichte Frankreichs in Umlauf gesetzt hat, ist durchaus unbegründet. Bloß in der Chronique de la Pucelle, welche Cousinot de Montreuil zugeschrieben wird, und in dem Journal du siège d'Orléans, die beide erst nach dem Tode der Jungfrau veröffentlicht wurden, liest man, daß Johanna, als sie an der Seite des Bastards von Orleans einher ritt, diesem gesagt haben soll: „Ich habe nun das Werk vollbracht, was mir der Herr ge- „boten hat, nämlich die Belagerung von Orleans aufzuheben „und den König krönen zu lassen. Ich hätte nun gerne, wenn „er mir erlaubte, zu meinem Vater und meiner Mutter zurück- „zukehren, um dort wie früher die Lämmer und das Vieh zu hüten."

Wie man sieht, heißt es hier, daß der Herr (und nicht der König) sie im Heere zurückhielt. Jeden wird dann der unerklärliche Widerspruch auffallen, der in den Worten liegt: „erfüllte Mission" und „die Pflicht im Heere zu verbleiben". Dagegen liest man in den Akten des wieder- aufgenommenen Verfahrens jene Äußerung der Jungfrau in einer anderen Form. Sie wendet sich darnach an den Bastard von Orleans mit den Worten: „Ich hätte gerne, wenn es Gott, meinem Schöpfer, gefallen würde, daß ich von jetzt ab die Waffen niederlegen könnte, um wieder zu meinem Vater und meiner Mutter zu gehen, ihnen zu dienen und im Verein mit meinen Schwestern und meinen Brüdern, die mich doch gewiß gerne wiedersehen möchten, die Heerden zu weiden." *)

Nichts in diesen Worten verrät also, daß Johanna ihre Aufgabe für erfüllt hielt, weshalb die von der Chronique und dem Journal ihr in den Mund gelegten Worte lediglich als eine Unterschiebung anzusehen sind.**)

Es ist daher keineswegs festgestellt, daß Johanna in irgend einer Weise ihre Mission als erfüllt angesehen habe. Sogar die heutige historische Kritik hat erwiesen, daß ihre Mission nur teilweise erfüllt war.

In dem Wiederaufnahme-Verfahren gab der Herzog von Alençon, der wohl als die erste Vertrauensperson der Jungfrau anzusehen ist zu Protokoll, öfter von Johanna gehört zu haben, daß der Höchste ihr eine vierfache Mission habe zu teil werden lassen und zwar: Orleans zu befreien, den König in Rheims krönen zu lassen, die Engländer zu verjagen und den Herzog von Orleans, der damals in England gefangen gehalten wurde, den Händen seiner Feinde zu entreißen.***)

Wie jedermann weiß, hatte Jeanne d'Arc nur die beiden ersten Punkte ihrer Mission erfüllt, und die beiden letzten wurden erst nach ihrem Tode von anderen vollbracht.

Daß der Herzog von Alençon die Wahrheit gesagt hat, geht auch aus der Anklagerede des Prozesses von Rouen hervor. Damals leugnete die Jungfrau dies durchaus nicht, indem sie nur gegen die Thatsache der Verjagung der Engländer Verwahrung einlegte, die sich zwar ereignen sollte, allein vielleicht nicht durch ihre Vermittlung geschähe.

Johanna ließ jedoch außer Acht, daß sie in dem

---

*) Nach der Zeugenaussage Dunois': Prozeß. Bd. III, S. 14.

**) Quicherat, Aperçus nouveaux u. f. w., Kap. 5.

***) Prozeß, Bd. III, S. 99.

Schreiben an die Engländer, ehe sie in den Kampf zog, er= klärt hatte: „Ich bin von Gott berufen, Euch aus ganz Frankreich zu verjagen"

Als man ihr schließlich am 2. Mai 1451, 28 Tage vor ihrem Tode, vorwarf, warum sie so hartnäckig daran festhielt, Männerkleider zu tragen, gab sie zur Antwort: „Wenn ich das erfüllt habe, wozu mich Gott berufen hat, werde ich auch wieder Frauenkleider anlegen." *)

Nun läßt sich sehr wohl glauben, daß Geister von Ver= storbenen, welche verschiedene genaue Vorhersagungen gegeben hatten, die sich nicht dem Zufall zuschreiben lassen, in dem anderen Falle sich irrten, wie sie sich auch in spiritistischen Mitteilungen öfters irren. Allein wer wird glauben, daß sich Gott, die Erzengel und die Heiligen irren würden? Wie werden sich wohl über diesen Punkt die Prälaten von der Congregation für Kirchengebräuche, welche beauftragt sind, Johanna heilig sprechen zu lassen, hinüberhelfen?

§ 11. — Nunmehr kommen wir zum dritten Punkt. Um von der Kirche selig gesprochen zu werden, bedarf es außer den Beweisen von Wundern noch einer im höchsten Grade heldenhaften Tugend. Und besaß Jeanne d'Arc diese?

Gewiß war sie eine Heldin, wie es z. B. Leonidas, Attilius Regulus, Garibaldi waren. Allein, wenn diese auch noch so glühende Katholiken gewesen wären, so glaube ich doch, daß ihr Heroismus nicht dergestalt war, daß ihr Name auf den Kalender gesetzt worden wäre.

Nun wohl, die Gestalt der Jungfrau von Orleans würde in einem falschen Bilde wieder aufleben, wenn wir nicht auch ihre Schwächen zeigen würden. Gehen wir daher im folgenden auf einige derselben näher ein.

Es ist bekannt, daß sie versucht hatte, ihren Gefängnis= wärtern zu entfliehen, indem sie sich dabei von der Höhe des

---

*) Prozeß, Band I, S. 394.

Schloßturmes von Beaurevoir herabstürzte, welche immerhin mehr als 15 Meter betragen mochte. Es ist geradezu ein Wunder, daß sie nicht sofort tot geblieben ist. Auf jeden Fall war doch eine starke Ohnmacht die Folge, woran sie dann noch einige Tage nachher zu leiden hatte.

In den Akten ihres Prozesses heißt es*):

„Auf die Frage, warum sie sich von dem Turme von „Beaurevoir gestürzt habe, erwiderte sie, daß sie gehört hätte, „jene von Compiègne**) sollten mit Feuer und Schwert ver= „tilgt werden; sie habe daher vorgezogen, lieber in den Tod „zu gehen, als nach dem Untergang jener tapferen Leute noch „zu leben. Dies war einer der Gründe, der andere bestand „darin, daß sie sich an die Engländer verkauft sah und doch „lieber sterben wollte, als in die Hände der Engländer, ihrer „Feinde, zu fallen .... Als man nun die Frage an sie „richtete, ob sie den Sprung auf Anraten ihrer S t i m m e n „gethan habe, erwiderte sie, die heilige Katharina habe ihr „fast jeden Tag gesagt, daß sie nicht herabspringen solle, da „Gott ihr und den anderen von Compiègne zu Hülfe kommen „würde .... und Johanna antwortete: ‚Wahrlich ... ich „möchte lieber sterben, als in die Hände der Engländer „fallen ...‘ Auf die Frage, ob sie sich durch das Herab= „stürzen zu töten beabsichtigt habe, entgegnete sie: ‚Nein ..,‘ „sie habe sich nur Gott empfohlen und geglaubt, sich durch „diesen Sprung den Engländern entziehen zu können.“

Nichts destoweniger wird mancher bei dieser letzten Ant= wort auch den geheimen Wunsch zu entdecken glauben, sich schließlich selbst durch den Tod ihrer Feinde zu entziehen. Aber auch ohnedies ist es klar, daß in ähnlichen Um= ständen ein Fluchtversuch vollkommen aussichtslos war, wes=

---

*) Prozeß, Band I, S. 150, 151, 152.

**) Nach der Gefangennahme Johannas dauerte die Belagerung von Compiègne noch einige Monate.

halb man wohl die ihr ratenden Stimmen begreifen kann,
daß sie davor warnten und nachher ihr auch ihres Ungehor=
sams wegen Vorwürfe machten.

§ 12. — Schwerer als dieser Schlag war für sie der
Widerruf auf dem Kirchhofe zu Saint=Ouen, woselbst man
sie zum Schlusse ihres Prozesses hinschleifte. Hier befand sich
der Richtplatz und hier harrte ihrer der Henker. Allein
der verhängnisvolle Anblick hatte keinen anderen Zweck für
sie, als sie zum Widerruf zu bewegen. Auch dieser ist in
den Prozeß=Akten der Jungfrau aufbewahrt worden. Johanna
beschuldigte sich selbst, die heil. Schrift und die Gesetze der
Kirche verletzt, ihre Erscheinungen nur erheuchelt, mit Unrecht
also das kriegerische Gewand getragen und aus eigenem Willen
die Waffen ergriffen zu haben.*) Das Dokument, welches
heute noch aufbewahrt wird, ist in französischer Sprache
geschrieben und mit einem Kreuze, sowie mit dem Namen der
Angeklagten unterzeichnet.

Die Zeugen bei dem Wiederaufnahme=Verfahren behaupteten
indessen, daß die Formel, die man der Angeklagten vorsprechen
ließ, nicht dieselbe war, welche sich in den Prozeßakten vor=
findet. Diese war lang, während die andere nur fünf bis
sechs Zeilen umfaßte. Die Zeugen sind sich übrigens unter=
einander hinsichtlich der Einzelheiten dieser Unterschiebung
auch nicht einig.

Was das Herz eines Franzosen schmerzvoll berühren mag,
ist, wie Quicherat behauptet, die Thatsache, daß die Jungfrau von
Orleans auch wirklich den Widerruf, den man in den Prozeß=
akten liest, unterzeichnet hat. Es ist nicht gut annehmbar,
daß man sich in Gegenwart so vieler kirchlichen und weltlichen
hohen Persönlichkeiten eines so unverschämten und hinterlistigen
Betruges schuldig gemacht hätte. Der Streit über die lange
und kurze Formel beruht lediglich darin, daß der sogenannte

---

*) Prozeß, Band I, S. 447.

Widerruf, der verlesen werden sollte, sich wohl nur auf wenige Artikel beschränkte, die man in fünf bis sechs Worte fassen konnte; daß das Dokument aber, das bestimmt war, in den Prozeßakten eingereiht zu werden, durch ein Protokoll mit Schlußbetrachtungen in theologischem Stile der damaligen Zeit erweitert wurde.

Dank diesem Widerruf wurde der Urteilsspruch auf Todesstrafe für sie in lebenslängliches Gefängnis umgewandelt.

Von diesem schwachen Augenblicke an, der um so mehr entschuldbar ist, als sie doch ein Weib und entkräftet durch die ausgestandenen Martern war, begann die Heldin sich bitter zu beklagen. Zwei Tage nachher „antwortete sie auf „die Frage, ob sie am Donnerstage (dem Tage der Ab= „schwörung) nicht ihre Stimmen gehört hätte, mit einem „lauten „Ja‘. Gott habe ihr durch die Heiligen Katharina und „Margarethe die große Schande des Verrats kundgethan, dessen „sie sich durch das Abschwören und den Widerruf, um ihr „Leben zu erhalten, schuldig gemacht, und daß sie sich über= „haupt abgemüht habe, ihr Leben nicht zu verlieren. Item „hat sie gesagt, daß ihr schon vor Donnerstag ihre Stimmen „offenbart hätten, was an jenem Tage geschehen würde . . . „Item erklärte sie an jenem Tage, daß die Stimmen ihr „ferner mitgeteilt hätten, daß sie eine große Schuld auf sich „geladen habe, indem sie eine ungehörige Beichte abgelegt „hätte . . . Item erklärte sie, daß sie dies nur aus Furcht „vor dem Scheiterhaufen gesagt hätte . . . Was nun das „anbetrifft, was vorher berichtet wurde, daß sie auf dem Richt= „platze (dem Trautenherbe) gesagt hätte, es sei gelogen ge= „wesen, wenn sie sich gerühmt habe, es spräche die heilige „Katharina und Margarethe mit ihr (sic), antwortete sie, „daß sie dies nicht zu sagen oder zu thun beabsichtigt habe . . . „das, was in der Abschwörungsformel stehe, habe sie nicht „verstanden . . .*)

---

*) Prozeß, Band I, S. 456, 457, 458.

Daher ist es nicht leicht, ganz genau festzustellen, was sie eigentlich abzuschwören und zu widerrufen vermeint hat, doch hat sie sicher etwas gegen ihr besseres Wissen und Gewissen abgeschworen und widerrufen und zwar lediglich aus Furcht vor dem Feuertode. Dies ergiebt sich aus dem eigenen Geständnisse, das offenbar umsomehr als echt betrachtet werden muß, als die Engländer doch wahrlich kein Interesse an der Bekanntgabe haben konnten, daß Johanna ihr einmal bei dem Widerruf gemachtes Geständnis, sie sei eine Betrügerin, nachträglich als falsch erklärt hätte.

§ 13. — In ihrem Verhöre hatte Johanna wiederholt darauf hingewiesen, daß ihre Stimmen ihr zwar verkündigt hätten, sie würde wieder in Freiheit gesetzt, daß ihr indes aber noch nicht bekannt sei, auf welche Weise noch wann*) dies geschehen sollte. Angesichts ihrer Verurteilung bekannte sie offen, wohl zu wissen, daß „ihre Stimmen und Er- „scheinungen sie hintergangen hätten, da ihr vorhergesagt „worden sei, sie würde befreit werden und das Gefängnis „verlassen, während sie doch nun sähe, daß gerade das „Gegenteil sich zutrage."**)

Auf dem Scheiterhaufen dann blieb sie hartnäckig bis zu ihrem letzten Atemzuge „bei der Behauptung und Ver- „sicherung, daß ihre Stimmen von Gott stammten und daß „sie zuversichtlich glaube, nicht getäuscht worden zu sein."***)

Diesen anscheinenden Widerspruch hat Michelet bewundernswürdig zu erklären verstanden: „Sie nahm den Tod auf," sagte er, „als die verheißene Befreiung und verstand darunter nicht mehr ihre Rettung im materiellen Sinne, die sie bis zu jenem Tage erhofft haben mochte — sie sah doch nun schließlich klar, als sie aus dem Dunkel

---

*) Prozeß, Band I, S. 88, 94, 155.
**) Ebendaselbst, Band I, S. 478, 480—84.
***) Ebendaselbst, Band III, S. 170.

heraustrat, daß sie das erhielt, was ihr noch an Licht und Heiligkeit fehlte."*)

Gott hatte die Jungfrau von Orleans nicht verlassen, wie er auch Jesus Christus am Kreuzesstamme treu geblieben war, wennschon es den Evangelisten gefallen hat, ihm jenen schmählichen Verzweiflungsruf auf die erblassenden Lippen zu legen.**) Auch dürfte man hier die Worte des weisen Sokrates in Erinnerung bringen, die er in seiner Apologie vor seinem Scheiden den Richtern zurief: „Diese prophetische Stimme des Dämons, die ich stets während meines ganzen Lebenslaufes vernahm . . . heute, da sich mir Dinge zutragen, die, wie ihr wohl einsehen werdet, als das schlimmste Unglück betrachtet werden können, heute schweigt dieser Gott . . . . Und dies ist nicht etwa dem blinden Zufall zuzuschreiben; nein, ich sehe klar, daß mein Sterben jetzt und das Befreitwerden von den lästigen Sorgen des Lebens wahrlich das Beste ist, was mir begegnen kann. Sehet, daher schweigt die Stimme heute."***)

§ 14. — Das Unglück, welches sich Johanna an die Ferse heftete, verließ sie auch nicht nach ihrem Tode. Zuerst geriet sie bei ihren Landsleuten in Vergessenheit, nach einigen Jahrhunderten dann sollte sie das lächerliche Gedicht Chapelain's treffen, in welchem sie die Hauptfigur bildete, um dann später in dem schimpflichen Gedichte Voltaire's „Pucelle" schmählicherweise in den Staub gezogen zu werden, was ein ewiger Schandfleck am Namen des großen Dichters bleibt.

Als man nun kritisch zu forschen begann, da verkündeten einige Historiker frohlockend, daß sie in einer alten Chronik Monstrelet's die Ansicht vertreten gefunden hätten, die Regierung Karls VII habe sich der Jungfrau von Orleans nur

---

*) Histoire de France, Bd. V, S. 174.

**) Ev. Matth. 27, B. 46. Ev. Mark. 15, B. 34.

***) S. Buch III, Hauptst. 2, § 7 vorl. Werkes.

als eines Instrumentes bedient, um das Feuer der Begeisterung
für das Vaterland wieder in den Herzen der Franzosen zu
entfachen, und jene habe nur zum Scheine die Leitung des
Krieges in Händen gehabt. Dies kann jedoch nur als eine
persönliche Meinung Monstrelet's gelten, der damit alle
anderen zeitgenössischen Chronisten geradezu ins Gesicht
schlägt. Aber sie war immerhin nichts weniger als übernatür=
lich, und das genügte für sie selbstverständlich, um gerne Auf=
nahme zu finden, im Vereine mit jener anderen Ansicht, daß
die Leichtgläubigkeit und der Fanatismus damaliger Zeiten
bei den Franzosen den Enthusiasmus und die Verzagtheit
bei den Engländern und Burgundern hervorgerufen und so das
ganze Wunder gewirkt habe. Dieser letzten Behauptung
widersprechen indes so zahlreiche Umstände, daß sie glücklicher=
weise nicht lange Zeit ihre Vertreter hatte. Wenn die Eng=
länder die Jungfrau in Orleans eindringen ließen und in
abergläubischer Furcht es nicht wagten, sie zurückzuschlagen,
wie kam es denn, daß dieselben die Belagerung der Stadt
nicht aufhoben, daß sie nur mit abscheulichen Schmähungen
auf die von der Heldin gegebene Aufforderung, sich zurück=
zuziehen, entgegneten und daß sie in der erbittertsten Weise
bis zum äußersten kämpften? Warum standen sie denn
bereits da nicht vom Kampfe ab, als die Jungfrau ihnen
durch die Befreiung Orleans' und der Krönung Karls VII
zu Rheims einen Beweis für ihre göttliche Sendung gegeben
zu haben schien? Ebensowenig hält auch die Hypothese
Monstrelet's, daß Johanna ein einfaches Instrument in den
Händen der Fürsten gewesen sei, stand. Man studiere die
Chroniken der damaligen Zeit und man wird daraus ersehen,
daß die Jungfrau von Orleans, nachdem sie kaum dem Heere
des Königs sich zugesellt hatte, den Soldaten ihre Dirnen
entreißen ließ, sie ermahnte, ihren Religionsverpflichtungen
nachzukommen, und die gottlosen bestrafte. Bei der Belage=
rung von Orleans erteilte sie beständig die Befehle, wie es

nur der Oberbefehlshaber thun konnte. In den darauffolgen=
den Schlachten sodann befand sie sich stets an der Spitze
der Truppen, wobei sie sich besonders dadurch auszeichnete,
daß sie die Artillerie an der richtigen Stelle einzusetzen
verstand.*)

Wie wollen die Skeptiker die Begeisterung erklären,
welche der Herzog von Alençon, Dunois, La Hire, Xaintrailles
und andere französische Helden jener Zeit für die Jungfrau
an den Tag legten?

Mögen sie die Anstrengungen in Erwägung ziehen, welche
Johanna machen mußte, um Karl VII zu bewegen, sich zur
Krönung nach Rheims zu begeben, so daß sie sogar eigen=
mächtig den Marsch eröffnen mußte also gegen den Befehl des
Königs. Man hätte doch ebenso Johanna Gehör schenken
sollen, als sie am 10. September in Paris einrücken wollte;
als Karl VII die Brücke über die Loire abbrechen ließ, um
sie zu zwingen, in St. Denis zu bleiben; ferner als der König
nach der Krönung seine Zeit damit verschwendete, in Saint=
Marcoul Skropheln zu heilen, taub für die kriegerische Auf=
stachelung der Heldin!

„Man muß sehr wenig Menschenkenntnis besitzen," schreibt
Bonys**), „um auf den Gedanken zu kommen, daß Johanna
nur ein passives Instrument gewesen sei, deren sich die großen
Feldherren bedient hätten, indem sie den Truppen erzählten
und laut bekannt gaben, Johanna habe ihnen die eingetretenen
Ereignisse schon vorausgesagt und sei wirklich vom Himmel
gesandt, Frankreich zu erretten. Man muß wirklich sehr

---

*) „Tous s'émerveillaient que si hautement et sagement elle se
comportait en fait de guerre comme si c'eut été un capitaine de trente
ans d'expérience; surtout en l'ordonnance de l'artillerie, aucun homme
ne pouvait mieux agir." (Prozeß des Wiederaufnahme=Verfahrens;
Zeugenaussage des Herzogs von Alençon, Dunois' und verschiedener
anderer.)

**) Nouvelles considérations sur les Oracles, S. 228.

wenig Menschenkenntnis besitzen, — wiederhole ich — um zu
glauben, daß die Urheber dergleichen Kunstgriffe nach einem so
glänzenden Erfolge niemals sich dessen auch gerühmt hätten und
daß solches auch nie an den Tag gekommen wäre, zumal wenn
man in Betracht zieht, welch genaue und eingehende Erkundigungen während der beiden Prozesse der Jeanne d'Arc
eingezogen wurden."

§ 15. — Eins aber könnte uns unbedingt Wunder
nehmen, daß nämlich die heutige Schule der Psychologie und
Psychopathie, die ja unter allen Umständen in jedem Menschen
einen psychisch Defekten und Verrückten ersehen will, weil er
dick oder mager, weil er traurig oder lustig, weil er früh gestorben ist oder lange lebte — so daß man wirklich nicht mehr
weiß, wie man es anstellen soll, um zu zeigen, daß man seine
fünf Sinne noch beisammen hat — daß diese heutige Schule
die Jungfrau nicht auch noch sezierte, um dann in ihr all
die natürlichen Anlagen und alle Anomalien einer Visionärin zu
finden. Dies konnte jedoch durchaus nicht ausbleiben. Und in
der That, der jüdische Arzt Hirsch hat den Ruhm, diese Lücke
ausgefüllt zu haben.*)

Hirsch beginnt damit, die Anomalien in der physischen
Körperbeschaffenheit Johannas zu suchen und hat das Glück,
deren auch zwei zu finden: nämlich die, daß sie so leicht bis
zu ihrem Tode Jungfrau geblieben sei, d. h. bis zu dem
21. Jahre, und sodann das Fehlen der Menstruation. Hinsichtlich der ersten „Anomalie" bedarf es meinerseits keiner
Worte: es ist einfach zu dumm, zumal wenn man die Umstände in Betracht zieht, unter welchen diese starke Jungfrau
ihr so kurzes Dasein fristete. Was den zweiten, allerdings
gewichtigen Punkt anbetrifft, so sei bloß bemerkt, daß man
diese Ansicht nur aus der Zeugenaussage ihres Majordomus
entnommen haben kann, welcher bei Gericht aussagte, mehrmals

---

*) Betrachtungen über die Jungfrau von Orleans, Berlin, 1895.

hätte er von Frauen, welche mit Johanna sehr vertraut waren, sagen hören, daß „jamais nul n'en put rien congnoistre ou apercevoir par ses habillemens ne autrement." *) Bereits 1850 bekennt Quicherat, daß die Zeugenaussage auf eine Wiederholung einer Äußerung zurückzuführen sei, die aus dritter Hand stamme und nach welcher eine wunderbare Kunst und gleichzeitig eine außerordentliche Kraft des Schamgefühles Johanna erlaubt hätte, unter Männern in Waffen zu leben, als ob sie vollkommen frei von menschlichen Bedürfnissen gewesen sei. Ein anderer Zeuge giebt auch noch ferner an: „Wenn sie in Waffen war und zu Pferde saß, so stieg sie niemals herab, um ihre Notdurft zu befriedigen." **) Warum hat Dr. Hirsch nicht auch diese Anomalie angeführt?! Vielleicht aus demselben Grunde, weshalb er auch nicht die Aussagen eines anderen Zeugen in Betracht zieht, der von ihr berichtet: „Nichtsdestoweniger war sie jung, hübsch und wohl beleibt," ***) oder jenes anderen, der ihre Figur mit den Worten beschreibt: „Wohl gestaltet mit kräftigen Gliedern," †) oder eine dritte Zeugenaussage: „Sie war von nicht allzugroßer Statur, hatte bäuerliche Gesichtszüge und schwarze Haare, allein einen stämmigen Körperbau."††) Dabei besaß sie weibliche Formen: „Aliquando videbat mammas ejus, quae pulchrae erant."†††) Ihre Stimme war die eines Weibes;*†) leicht und häufig traten ihr die Thränen in die Augen.**†)

45 Jahre, ehe Dr. Hirsch seine Arbeit veröffentlichte,

---

*) Prozeß, Bd. III, S. 29.
**) Ebendaselbst, Bd. III, S. 118.
***) Ebendaselbst, Bd. III, S. 219.
†) Ebendaselbst, Bd. IV, S. 205.
††) Ebendaselbst, Bd. IV, S. 523.
†††) Zeugenaussage des Herzogs von Alençon, Prozeß Bd. III, S. 100.
*†) Prozeß, Bd. V, S. 108.
**†) Prozeß, Bd. V, S. 120. — [Ein Zeichen ihrer Mediumschaft.
Der Übersetzer.]

hatte sogar Quicherat die Einfalt zu schreiben: „Ich sehe große Gefahren für diejenigen voraus, welche den Fall der Jungfrau von Orleans unter die pathologischen Fälle einge= reiht wissen wollen."*) Wie konnte er auch damals die pathologischen Sprünge der heutigen Alienisten voraussehen?!

Dr. Hirsch kommt mit seiner Ansicht auf das heraus, was ich »psychische Anomalien« nennen würde, und urteilt ungefähr folgendermaßen:

„Sie selbst bekannte, nichts ohne ausdrückliche Auf= forderung der sie leitenden Geister zu thun, mithin war sie nicht verantwortlich für ihre Handlungen. Das ist also das nämliche, als wenn ich sage, sie war nicht zurechnungsfähig, mithin irrsinnig. Sie litt an einer Art religiösen Größen= wahn und einem halluzinatorischen und chronischen Irrsinn. Dies geht auch aus der Thatsache hervor, daß sie sich bei ihrem Verhöre niemals widersprach, noch sich einen Augen= blick von der Wahrheit entfernte. Eine solche unabänderliche Konsequenz und beständiges Festhalten an ihren fixen Ideen beweist eben gerade ihre Geisteskrankheit und zeigt klar, daß sie nicht simulierte. Wenn sich im Jahre 1871 der französischen Regierung eine Bäuerin dargeboten hätte, um Frankreich aus den Händen der Feinde zu befreien, so würde man sie in ein Irrenhaus gesperrt und kein Wort mehr darüber verloren haben."

Darauf läßt sich natürlich nur antworten daß es grund= falsch ist, eine Person bloß deßhalb für irrsinnig zu erklären, weil sie unter der Inspiration von Geistern handelt, sonst möchte man sich ja gerade wünschen, irrsinnig zu sein, um das fertig zu bringen, was ein Sokrates und eine Jungfrau von Orleans geleistet haben. Auch wüßte ich keinen Größen= wahn darin zu ersehen, daß sie sich nach ihrem kleinen, traurigen Dörfchen Domremy**) zurücksehnte und den

*) Aperçus nouveaux etc., Kap. VI.
**) f. Seite 301 dieses Bandes.

Wunsch hegte, die Herden ihres Vaters wieder weiden zu können. Auch hat sie sich im Gegenteil öfter bei ihrem Verhöre widersprochen; ja, sie hat sogar widerrufen. Mithin ist der Hirsch'schen Beurteilung dieses Punktes durchaus kein Gewicht beizumessen. Allein ich frage, weshalb man denn das Prozeß= verfahren wieder aufgenommen hätte, wenn das sich Nicht= widersprechen so klar die Verrücktheit der Angeklagten bewiesen habe! Den Schluß jedoch muß ich allerdings zugeben: es ist sehr wahr, die Professoren der heutigen Sarbonne würden Jeanne d'Arc in ein Irrenhaus gesteckt haben, wie ihre Vor= gänger vom Jahre 1429 sie zum Tode verurteilten; aber ebenso augenscheinlich würde auch Frankreich nicht beim Ein= fall der Engländer gerettet worden sein. — Und dies mag genügen.

§ 16. — Die moderne psychologische Wissenschaft dürfte statt dessen folgenden Schluß ziehen: Würde eine Bäuerin unserer Landbevölkerung, auch wenn sie noch so begeistert wäre, das auszuführen vermögen, was Johanna vollbracht hat? Gewiß nicht. Unsere Bäuerinnen (einschließlich der Irr= sinnigen) vermöchten auch selbst dies nicht bei der nötigen Anleitung, seien sie nun in Frankreich, Italien oder in der Türkei geboren; sie vermögen sich nicht einmal mit Politik zu beschäftigen, geschweige denn ein Heer zu leiten.

Jeanne d'Arc konnte sogar weder lesen noch schreiben, so daß sie selbst später mit Mühe nur ihre Unterschrift zu leisten vermochte. „Sie war ein armes und sehr einfältiges Mädchen," sagt von ihr im Wiederaufnahme=Verfahren ihr Beichtvater, „das kaum das Vaterunser und den englischen Gruß kannte"*) „Wie konnte jemals," müßten sich also heutigen Tages die Psychologen fragen, „ein ein= faches Hirtenmädchen das zu Wege bringen, was Johanna vom 17. bis 21. Jahre geleistet hat?"

---

*) Prozeß, Bd. II, S. 8 und 365. Bd. III, S. 166.

Möchten ſie ernſtlich bei der Prüfung dieſer Frage alle Hypotheſen in Erwägung ziehen, einſchließlich jener gewichtigen, die das Eingreifen verſtorbener Menſchengeiſter in den Vordergrund ſtellt.

Dies würde auch mehr Wert haben, als Zirkulare zu erlaſſen, wie jene, die neulich der Großmeiſter der italieniſchen Freimaurerloge, Hadrian Lemmi, ergehen ließ, um die vollkommen Eingeweihten Frankreichs aufzufordern, Voltaire „der mehr lächerlichen als intereſſanten Erinnerung jenes hyſteriſchen Mädchens, welches Jeanne d'Arc war," entgegenzuhalten — jenes Mädchens, das ſein undankbares Vaterland, als deſſen Retter es erſchienen, den Flammentod erleiden ließ.

§ 17. — Wie ich der Ähnlichkeit halber mich auf die Stimme des Sokrates bezogen habe, ſo ſei hier auch noch die eines anderen heroiſchen Unglücklichen der Weltgeſchichte gedacht: des Chriſtoph Columbus. Er ſelbſt berichtet uns darüber in einem Briefe an die ſpaniſchen Souveränen, in dem er von ſeiner letzten Reiſe nach Amerika im Jahre 1502, nach einer der ſchwerſten Stunden ſeines Lebens, ſpricht:

»Ermüdet und ermattet ſchlief ich unter Seufzen ein,« ſo ſchrieb der große Seemann, »und hörte alsdann eine Stimme, die ſich teilnahmsvoll an mich mit den Worten wandte: „O Du Thörichter, der Du trägen Herzens biſt im „Glauben an Deinen Gott, an den Gott des ewigen Alls! „Was hat er nicht alles durch Moſen und David, ſeine „Knechte, vollbracht! Seitdem Dich die Erde trägt, hat er „ſich ſtets Deiner liebevoll angenommen . . . Du rufeſt eine „ungewiſſe Hülfe an; allein ſie antwortet Dir: Wer hat Dich „ſo oft in Trübſal gelaſſen? Gott oder die Welt? Gott „hält ſein Verſprechen, Gott iſt getreu. Und das, was Deiner „wartet, iſt eine Belohnung der vielen Mühen und Leiden, die „Du um Deiner Schutzherren willen erduldet haſt." Im halbwachen Zuſtande hörte ich jedes Wort und vermochte nur mit dieſe nackten Thränen auf Wahrheiten zu antworten.

Und die Stimme, wem sie auch immer sein mochte, setzte noch hinzu: „Fürchte Dich nicht, harre aus: alle diese „Mühseligkeiten sind in Stein gemeißelt und haben ihren „Grund.« *)

Besondere Beachtung möchte ich den Worten schenken: wem sie auch immer sein mochte (quien quiera que fuese), weil zweifelsohne, wenn die Vision infolge eines Fieberwahns entstanden wäre, Columbus sie nur zu leicht für die eines Engels, eines Heiligen oder dergleichen gehalten haben würde.

§ 18. — Gleichsam als Ergänzung und als ein er= läuternder Anhang dieser Beobachtungen über Jeanne d'Arc muß ich mich hier auf einige Berichte über verschiedene von „Gott begeisterte" Personen einlassen, welche. bald mehr, bald weniger echt, gleichsam der Überlieferung ihren Ursprung ver= danken.

Als die Jungfrau, noch lebend, sich in den Händen der Engländer befand, zogen einige französische Herren, an deren Spitze Regnauld des Chartres stand, einen gewissen Wilhelm herbei, einen Hirten zu Gévaudan, der von Gott begeistert und der Nachfolger der Jungfrau zu sein behauptete. Zum Zeugnis seiner Mission wies er an Händen und Füßen deutliche Wundmale auf. Die damaligen Chroniken stimmen darin überein, daß man es mit einem Idioten, einem Visionär zu thun hatte.**)

Nachdem Regnauld den Hirten dem König vorgestellt hatte, veranstaltete man zwei Monate nach dem Tode der Jungfrau mit diesem Hirten an der Spitze einen Feldzug, wobei jener in die Hände der Engländer fallen sollte. Ohne

---

*) Congreso Espiritista ibericoamericano de 1892 en Madrid; Estudio psicológico de Colon dentro la doctrina espiritista, por Lázaro Mascarell.

**) Un meschant garson Guillaume le bergier etc. (Journal d'un bourgeois de Paris, ad ann. 1431). „Ung jeune enfant, bergier tout sot" (Martial d'Auvergne), s. Prozeß, Band V, S. 169.

weitere Umstände steckten diese den großen Propheten in einen
Sack und warfen ihn ins Wasser.

Kurz darauf, nachdem Johanna den Scheiterhaufen be=
stiegen hatte, gaben zwei andere Mädchen aus der Umgegend
von Paris sich für gottgesandte Streiterinnen aus und be=
haupteten, mit derselben Sendung wie Johanna betraut zu
sein. Sie wurden indes sofort gefangen genommen und von
Seiten der Kirche vor Gericht gestellt. Man erklärte kurzer
Hand, daß sie von bösen Geistern beeinflußt wären (wie man
es bereits bei der Jungfrau gethan hatte) und daß sie mithin
die nämliche Strafe verdienten. Eine von diesen Mädchen
widerrief und entging dem Tode; die andere dagegen, welche
in ihren Ideen beharrte, starb in den Flammen.*)

Noch seltsamer ist die Geschichte der Pseudo=Jeanne
d'Arc, die in Frankreich im Jahre 1436 auftrat und deren
wahrer Name Claudia zu sein schien. Die gallischen Chroniken
berichten, daß sie in der That der Jungfrau von Domremy sehr
ähnlich war, so daß, wie aus unbestreitbaren amtlichen Akten
hervorgeht, nicht nur viele Herren von Le Mans und Lothringen,
sondern auch selbst die Brüder Johannas sie wirklich als
jene wiederzuerkennen glaubten oder es wenigstens vorgaben.
Die Pseudo=Jungfrau wurde mit Waffen, Bekleidungsstücken
und manch edlem Streitroß beschenkt. Mit großem Prunk
in Orleans aufgenommen, ging sie die Ehe mit dem Edel=
mann Robert des Armoises ein, dem sie zwei Söhne gebar.
Sie führte den Oberbefehl über die Truppen bei Poitou,
woselbst ihre Kampfesweise durchaus nicht unbedeutend zu
nennen war. So nahm sie auch später La Rochelle ein. Dann
pilgerte sie zu dem heiligen Vater nach Rom, um sich ihm
zu Füßen zu werfen; sie kämpfte auch in Italien, wo sie
zwei Feinde niederwarf, um dann, nach Paris zurückgekehrt,
dort das Waffenhandwerk fortzusetzen.

Auch Karl VII hatte viel von ihr sprechen hören, wes=

---

*) Figuier, Histoire du Merveilleux, Introduction, III.

halb er sie im Jahre 440 sich vorführen ließ. Um sich ihrer
Identität zu versichern, wandte er auch hier wieder denselben
Kunstgriff an, dessen er sich damals bei Johanna bedient
hatte. Er ließ einen seiner Edelleute den König spielen und
ihr entgegentreten. Allein die Pseudo=Johanna war, wie
uns wenigstens Peter Sala berichtet, bereits davon in Kenntnis
gesetzt worden, daß der König infolge eines zugezogenen
Übels an einem Fuße eine Binde trüge, und es gelang ihr
daher leicht, die Falle zu umgehen. Karl VII wandte sich
hierauf nun an die Jungfrau mit den Worten: „Pucelle
m'amye, vous soyez la très bien revenue, im Namen
Gottes, der das Geheimnis kennt, welches zwischen Euch und
mir besteht." Als die Pseudo=Jungfrau diese Worte vernahm
und den König von einem Geheimnis reden hörte, sah sie
alsbald ein, daß es nicht möglich war, noch weiterhin ihre
betrügerische Rolle durchzuführen. Sie warf sich demütig
dem Herrscher zu Füßen, bekannte offen ihre Täuschung und
flehte den König um Gnade an. Ihre Komplizen fanden so=
dann die wohlverdiente Strafe.

Von jenem Tage an verstummten die Nachrichten von
der falschen Jungfrau von Orleans. Übrigens gab dieser
Vorfall zu dem Volksglauben Anlaß, daß Jeanne d'Arc nicht
wirklich den Tod auf dem Scheiterhaufen erlitten habe, was
uns wohl auch nicht so sehr Wunder nehmen wird, wenn wir
in Betracht ziehen, daß in diesem Jahrhundert verschiedene
Pseudo=Könige in Frankreich auftraten, welche sich für
Ludwig XVII ausgaben. Es dürfte aber noch der Beachtung
verdienen, daß jene Pseudo=Jungfrau von Orleans nach Aussage
verschiedener Schriftsteller des 15. Jahrhunderts sich als eine
Archipaillarde wahrlich nicht des besten Rufes erfreute.*)

---

*) Da die Pseudo=Johanna bereits erschien, ehe in dem Prozesse
der Jungfrau von Orleans das Wiederaufnahme=Verfahren eingeleitet
worden war; so wird auch jene hie und da in den Prozeßakten genannt.
Siehe Bd. IV, S. 281 und Bd. V, S. 321—386.

§ 19. — In seinen Mémoires sur la Cour de Louis XIV erzählt der Herzog von Saint-Simon die Geschichte eines Waffenschmiedes von Salon in der Provence, namens Michel. Dieser kam ohne weiteres nach Paris und erschien vor dem Obersten der königlichen Garde Brissac, mit der Bitte, ihm eine Audienz bei dem Könige verschaffen zu wollen. Er gab an, diesem wichtige Geheimnisse enthüllen zu müssen, die er allein im Busen bewahre und die auch hinreichend als Ausweis für seine Handlungsweise dienen würden. Da ihm nun eine Audienz bei dem Könige abgeschlagen wurde, so forderte er wenigstens eine solche bei einem Minister. Der König bestimmte zu diesem Zwecke Pompone, welchem dann der Waffenschmied folgende Eröffnung machte. Ihm sei nämlich unter einem Baum in Salon die verstorbene Gemahlin Ludwigs XIV erschienen, umstrahlt von hellem Lichtglanze, und habe ihm den Auftrag gegeben, dieses und jenes seinem Könige vorzubringen. Anfangs vermochte der Waffenschmied nicht den Entschluß zu fassen, ihrem Befehl Gehorsam zu leisten; allein die Erscheinung stellte sich mehrmals hintereinander ein und bedrohte ihn schließlich, wenn er nicht sofort der gegebenen Weisung nachkomme. Pompone brachte nach diesen Ausführungen des Mannes die Sache im Cabinetsrate des Königs zur Sprache. Es wurde beschlossen, den seltsamen Abgesandten dem Könige vorzuführen, welcher einige Tage darnach dem Waffenschmied eine zweite Audienz gewährte, die wie auch die erste nur unter vier Augen stattfand. Der König gab sodann bekannt, daß jener Mann vollkommen bei Sinnen sei, und behauptete, durch denselben Dinge erfahren zu haben, die von ihm niemals einer lebenden Seele anvertraut worden seien, so. z. B. den Fall einer Erscheinung, welche der König vor zwanzig Jahren im Walde von St. Germain gehabt hatte. Ludwig entließ überaus huldvoll und reich beschenkt den unverzagten Waffenschmied und ließ ihm von dem Intendanten der Provinz eine lebens-

längliche Rente aussetzen, sodaß er keinen Mangel mehr zu
leiden hatte, bis ans Ende seiner Tage. Der Waffenschmied,
ein Mann hoch in den Fünfzigern und Vater einer zahlreichen Familie, benahm sich äußerst geschickt und taktvoll.
Nach Hause zurückgekehrt, griff er sein Handwerk in der gewohnten Weise wieder auf und lebte wie zuvor. Niemals ist
es der Welt offenbar geworden, um was es sich eigentlich
bei seiner Mission gehandelt hat.

Bekannt dürfte immerhin sein, daß eines Tages der
Herzog von Duras, der Hauptmann der Leibwache, dem König
auf der Jagd gesagt haben soll, daß, wenn es ihm nach
gegangen wäre und er nicht den ausdrücklichen Befehl dazu
erhalten hätte, jener Michel niemals die verlangte Audienz
beim König erhalten haben würde. Darauf soll ihm nun
der König Ludwig XIV ebenso prompt wie passend geantwortet
haben: „Il n'est pas fou, comme vous le pensez, et
voilà comme on juge mal."

§ 20. — Thomas Ignaz Martin war ein armer Landmann, der im Jahre 1783 zu Gallardon, einem kleinen
Marktflecken in der Beauce, etwa vier Meilen von Chartres
entfernt, das Licht des Diesseits erblickte. Am 15. Januar
1816 gegen mittags 3 Uhr befand er sich drei Kilometer von
Gallardon entfernt auf dem Felde. Da trat ihm plötzlich
eine manneshohe Gestalt in den Weg, mit kräftigem Körperbau
und mit einem feinen, weißen, spitzen Gesicht. Dieser Mann
trug einen glänzenden, bis zu den Füßen herabwallenden
Mantel, welcher seine Gestalt vollständig umgab. Zumal zog
die eigentümliche Kopfbedeckung des seltsamen Mannes die
Aufmerksamkeit des Bauern an: es war dies ein hoher Hut
von runder Gestalt. Der Fremde erteilte Martin den Auftrag,
er möge sich unverzüglich zum Könige begeben und diesem
die Nachricht überbringen, daß ihm und seinem Hause eine
große Gefahr drohe; der König möge vor allem mehr Obacht
darauf legen, daß die Religion in Ehren gehalten werde und

dergleichen mehr. Der erschreckte Martin wandte sich nun
flehentlich an sein unbekanntes Gegenüber mit der Bitte, eine
würdigere und passendere als seine Person mit der Mission zu be=
trauen, da er sich hierzu nicht für befähigt hielte. „Nein,“ gab
der Unbekannte zur Antwort, „Du wirst selbst hingehen.“*)

Nach diesen Worten sah der arme Landmann den unheim=
lichen Fremden vor seinen Augen verschwinden. Zuerst schien
es ihm, als ob sich dessen Füße von dem Erdboden erhöben,
sein Kopf begann sich zu senken und sein Körper schrumpfte
immer mehr zusammen, bis er schließlich in seiner Mitte
ganz verschwand und sich in Luft auflöste. Man wird
wohl leicht einsehen, daß der Geist sich absichtlich in dieser
Weise von dem Landmanne entfernte, um ihm den klaren
Beweis zu liefern, daß er es hier nicht mit einer Person „von
Fleisch und Blut“ zu thun gehabt hatte.

Martin begab sich nach Hause und erzählte unverzüglich
seinem Bruder, was sich ihm ereignet hatte, worauf dann
beide bei dem Priester des Ortes, dem Abte Laperruque, vor=
sprachen, der die Erscheinung des Bauern der Einbildung
desselben zuschrieb.

In den darauffolgenden Tagen erschien jedoch die un=

---

*) Man vrgl. 2. Mose Kap. 3, vorzüglich V. 11. Dergleichen Erschei=
nungen wie der Engel des Herrn im flammenden Busche (welcher dann mit
dem Herrn, d. i. dem höchsten Wesen selbst, identifiziert wurde), bei
Moses und solche Missionen (wie die Kinder Israel aus Egypten zu führen,
aus Frankreich die Engländer zu vertreiben, den Kaiser Alexander II
durch das Medium v. Langsdorff vor den Nihilisten zu schützen) stehen
eben, wie wir sehen, nicht vereinzelt in der Weltgeschichte da. Wenn
ein alter, längst dahingeschiedener Jude, der schmachvollen Behandlung
seines Volkes in Egypten überdrüssig, sich vielleicht unter Gottes Bei=
stand ein geeignetes Werkzeug erkor, seine Landsleute in das gelobte
Land zu führen, so ist es bei diesem theokratischen Volke gleich Gott des
Himmels und der Erde selbst gewesen. Wie abgeschmackt aber eine solche
Annahme sein dürfte, das ergiebt die klare Betrachtung der Welt=
geschichte. (Vergl. Buch II, 7. Hauptstück. vorl. Werkes. — Der Übers.

heimliche Gestalt mehrmals dem Landmanne, der erschreckt
vor ihr floh. Schließlich heftete sich am 21. Januar das
Gespenst wiederum an seine Fersen und forderte ihn auf,
den Auftrag auszuführen, da er sonst keine Ruhe mehr haben
würde.

Der Priester von Gallardon verwies hierauf Martin an
seinen Bischof zu Versailles, und der Prälat hielt es für
geboten, den Minister der Polizei Baron Decazes davon
in Kenntnis zu setzen. Decazes beauftragte den Grafen
de Breteuil, den Statthalter von Chartres, diesbezüglich eine
genaue Untersuchung einzuleiten. Der Statthalter nahm sich
dann Martins an und entschloß sich, ihn in Paris dem Minister
vorzustellen; dieser unterzog im Beisein seines Sekretärs den
Seher einem Verhöre, indem er vergebens auf alle möglichen
Kunstgriffe sann, um ihm eine Falle zu stellen. So sagte
er ihm unter anderem, daß vor wenigen Tagen es gelungen
sei, des Unbekannten habhaft zu werden. „Das wundert mich
fürwahr," gab ruhig Martin zurück, „da mir derselbe erst
heute Morgen noch erschienen ist." Und in der That hatte
der Geist beständig seine Besuche fortgesetzt. Einmal offen=
barte er ihm auch unter anderem, daß er der Erzengel Raphael
sei, indem er sich wahrscheinlich nur solch einen großen
Namen beilegte, wie es ja auch so häufig die geheimnisvollen
Intelligenzen in unseren spiritistischen Sitzungen zu thun
pflegen.

Martin wurde damals dem Psychiater Pinel, einem
wirklich hervorragenden Wissenschaftler, vorgestellt. Obschon
dieser Gelehrte nicht im geringsten auf eine geistige Störung
des Bauern schließen konnte, „so hielt er doch die Möglichkeit
einer Halluzination für sehr annehmbar." Nichtsdestoweniger
wurde Martin einer Irrenanstalt zu Charenton überführt,
woselbst er vom 13. März bis 2. April verblieb.

Unterdessen begann nun die Sache am Hofe ruchbar
zu werden. Der Herzog von Rochefoucault und der Erz=

bischof von Rheims beschäftigten sich mit der Frage eingehend
und sprachen auch schließlich bei Ludwig XVIII davon.
Dieser befahl nun, daß man Martin so bald als möglich zu
ihm führe. So verließ denn Martin Charenton (hier war
nämlich festgestellt worden, daß er sowohl an Körper als auch
an Geist vollkommen gesund sei) und begab sich nach Paris,
um mit dem Herrscher ein Gespräch unter vier Augen zu
führen.

Martin erzählte dann später dem Geistlichen von Gallardon
davon, welcher den Bericht dieses Gespräches zurechtstutzte.
Da er übrigens die geheimsten Offenbarungen verschwieg, so
ist der Bericht wenig interessant geworden, doch geht immerhin
daraus hervor, daß Martin Ludwig XVIII Dinge sagte, die
dem Könige großes Erstaunen abnötigten, da dieser glaubte,
dieselben nur allein zu kennen.

Nachdem Thomas Martin seine Mission erfüllt hatte,
kehrte er in sein Vaterland zurück und lebte dort im Kreise
seiner vier Kinder als ruhiger Bürger weiter, ohne jemals
von seinem Könige oder von einem anderen ein Anerbieten
anzunehmen. Er vermied es, irgenwie von diesem geheimnisvollen Ereignis zu sprechen, obschon viele frommen Sinnes
nach Gallardon pilgerten, um den großen Propheten zu sehen.
der bald weit und breit in dem hohen Ansehen einer gewissen
Heiligkeit stand.

Ein genauer auf die Einzelheiten eingehender Bericht
wurde bereits im Jahre 1817 veröffentlicht und erschien im Ver-
lage von Egron; derselbe enthielt als Anhang auch Urkunden,
welche von Laperruque, dem Geistlichen von Gallardon, dem
Statthalter de Breteuil und von Royer-Collard, dem Direktor
des Irrenhauses von Charenton unterzeichnet waren.*)

---

*) Quicherat (Aperçus nouveaux etc., Kap. VII) sagt, als er über
diesen Martin spricht, daß er den Text des Berichtes der beiden Doktoren

Schließlich sagte aber Martin, als Louis Philipp regierte, der Engel habe ihm befohlen, Ludwig XVIII wissen zu lassen, „daß er nicht der rechtmäßige Herrscher in Frankreich sei, sondern ein Sohn Ludwigs XVI existiere — was der König selbst nicht wußte — und daß dieser eines Tages zurückkehren werde; ferner, daß es Ludwig XVIII untersagt sei, sich unterdessen in Rheims krönen zu lassen, da auch jeder diesbezügliche Versuch das schwerste Mißgeschick zur Folge haben würde . . . . Und darob antwortete der König mit lebhafter Bewegung, daß er sich nicht krönen lassen würde, denn er habe dies überhaupt nie beabsichtigt, sondern von Anfang darauf Verzicht geleistet.*)

Man erzählt ferner noch, daß am 1. August 1830 Karl X auf seiner Flucht nach Rambouillet bestürzt über den Triumph der Pariser Aufrührer den General August de La Rochejaquelin zu dem Landmanne Martin gesandt habe, um sich bei ihm Rates zu erholen, was er thun solle: der Revolution Widerstand zu leisten oder nachzugeben? Und Martin antwortete, wie es ihm der Engel während der heiligen Messe eingegeben hatte:

Pinel und Royer-Collard in Händen gehabt und sich vergewissert habe, daß das, was in der erwähnten Broschüre berichtet werde, auf vollkommener Wahrheit beruhe.

*) Wenn wir den Souvenirs d'une dame sur Louis XVIII, sa cour et son règne (Band IV, S. 145) Glauben schenken dürfen, so war Ludwig XVIII fest von dem Glauben an Geister durchdrungen. Als die Gräfin von Cayla, welche die vermutliche Verfasserin der Souvenirs sein dürfte, ihm einst eine schauerliche Gespenstergeschichte erzählte, soll der König ihr geantwortet haben: „Wenn der klare Verstand uns auch den Glauben an wunderbare Thatsachen gewissermaßen zu verbieten scheint, so gebietet er uns doch auch anderseits, dem Zeugnisse unserer Sinne und dem so vieler ehrenhafter und wahrheitsliebender Persönlichkeiten Vertrauen entgegen zu bringen. Was mich anbetrifft, so glaube ich fest, daß mein unglücklicher Bruder mir erschienen ist und sich mehrmals mit mir unterhalten hat."

„Der König weiß sehr wohl, daß die Krone, die er trägt, ihm nicht zukommt. Möge er daher nicht darnach trachten, sie zu verteidigen, da sonst das ganze Blut, welches er deshalb vergießen würde, über sein Haupt kommen wird." *) Infolge dieser Ansicht hat wohl auch, der Überlieferung gemäß, Karl X. noch hinreichend mächtig, vorgezogen, ruhig in die Verbannung zu gehen.**)

Wie das zu Paris erscheinende Écho du Merveilleux***) zu berichten weiß, weilt ein Augenzeuge des Gesprächs zwischen dem Abgesandten Karls X und Martin noch unter den Lebenden, nämlich der Sohn jenes Propheten: Dr. Antonius Martin, der heuer noch geistig vollkommen frisch und gesund in Paris lebt und sich des schönen hohen Alters von 80 Jahren erfreut. Wir werden noch später Anlaß nehmen, uns mit diesem außerordentlichen Manne genauer zu beschäftigen.

§ 21. — Bei dieser Gelegenheit kann ich nicht umhin, an einen ähnlichen Fall zu erinnern, den wir bereits im ersten Buche unserer Geschichte, Hauptstück 4, § 2, besprochen haben und der die Mission betrifft, welche einem Bauer Mexikos zuteil wurde. Derselbe sollte sich, wie wir gesehen haben, zu dem Kaiser Montezuma begeben und ihm den drohenden Einfall der Europäer verkündigen.

---

*) Eine weit bedeutendere Rolle, wie hier Martin, sollte kaum ein halbes Jahrhundert später am russischen Kaiserhofe das spiritistische Medium Freiherr Heinrich von Langsdorff spielen (der Sohn des um den Spiritismus in Deutschland so hochverdienten Freiburger Arztes und psychologischen Schriftstellers Dr. med. Georg Frhrn. v. Langsdorff). Auf diese epochemachenden Thatsachen, betreffs deren man den Anhang zu Dr. von Langsdorff's „Schutzgeister" (Mutze, Leipzig) zu Rate ziehen möge, behalten wir uns vor, noch ausführlich im zweiten Teile dieses Werkes (die Neuzeit) zurückzukommen.

Der Übersetzer.

**) Lettre d'un vieux curé vendéen, 2. Aufl., Paris, 1882.

***) Vom 1. Februar 1897.

Wenn wir eben annehmen, daß die Geister unserer Verstorbenen fortleben und daß sie ihre Neigungen und Leidenschaften bewahrt haben, von denen sie hinieden in ihrem irdischen Dasein angetrieben wurden, so darf es uns wahrlich nicht Wunder nehmen, daß solche Fälle überhaupt vorkommen, sondern daß sie eben nicht häufiger vorkommen.

6. Hauptstück.

Glauben und Sagen des Mittelalters.

§ 1. — Das ganze christliche Zeitalter hindurch bis zum Schlusse des vorigen Jahrhunderts sah man ein gewisses unsichtbares Wesen in allen Handlungen und Reden, ja selbst in die Gedanken der Gläubigen eindringen: alles was nicht mit Sitte oder mit der herrschenden Orthodoxie in Einklang stand, die natürlichsten Leidenschaften, wie die gewöhnlichsten körperlichen Gebrechen und Krankheiten, kurz alle Erscheinungen, die man sich eben von dem damaligen beschränkten Standpunkte aus nicht anders zu erklären vermochte, schrieb man ihm zu oder glaubte wenigstens, daß es dabei seine Hand im Spiele habe. Und dieses eigentümliche etwas, dieser Deux ex machina war: — der Teufel. Ihn sah man im Grauen der Nacht umherschleichen, quaerens quem devoret; ihn erblickte man in manchen Tieren und Menschen. Ja, sogar mit der Luft, welche man einatmete, vermochte er sich Eingang zu verschaffen, da doch die Söhne der Finsternis in der Luft schweben und, um mit dem Abte Ricalmo von Schönthal*) zu sprechen, der Teufel wie ein Stäubchen ist, das im Sonnenstrahl spielt.

---

*) Das Buch von den bösen Anschlägen und dem Schimpf, welchen die Teufel den Menschen anthun.

Von dem 4. Jahrhundert ab sah man die Sekte der Messalianer sich unter ihrem Oberhaupte Sabba entwickeln, eine Sekte, deren Anhänger sich fortwährend von Teufeln umgeben glaubten. Jene Unglücklichen putzten sich die Nase, spieen aus und schnitten furchtbare Grimassen, ja fochten nicht selten in der Luft herum, um sich der Teufel zu erwehren.

Fast alle jene so seltsamen, spontanen, mediumistischen Erscheinungen, welche die Spiritisten heute spaßhaften Geistern zuschreiben, schob man einstmals der alten Schlange der Genesis, dem Teufel, in die Schuhe.

Natürlich waren nicht nur die Zauberer, sondern auch die Heiligen und selbst jene Medien ganz besonders die Beute der bösen Geister. St. Morand überraschten sie im Bett und zogen ihm die Bettdecke herunter. Der heilige Gudula bliesen sie, während sie am beten war, das Licht aus und stießen dem hl. Theodobert den Leuchter um, nahmen sogar anderen das Priestergewand weg und versteckten das Brevier. Bei den Mönchen des hl. Dunstan stürzten sie auf den Tisch und fraßen jenen geradezu auf. Die hl. Christine von Stommeln bewarfen die Teufel mit Schmutz und Kot. Die Heiligen Romanus, Lupizinus, Dunstan wurden mit einem wahren Steinhagel empfangen, als sie sich zum Gebet anschickten. Auch will ich gar nicht einmal derer gedenken, welche so sehr mißhandelt wurden, daß sie sich schwere Verletzungen zuzogen, wie St. Antonius, St. Romuald, St. Pasqual Baylon u. a. m.

§ 2. — Die sonderbarsten und bizarresten Gestaltungen nahm der Höllenkönig an, um sich den Augen der Sterblichen darzubieten. Selbstverständlich erschien er gewöhnlich sehr plump; allein bisweilen wußte er sich auch ein sehr verführerisches und berückendes Aussehen zu verschaffen. Heimtückischerweise ließ er sich in Gestalt eines Ritters ergreifen, als er das Schlafzimmer der Königin Kunigunde verließ, welche sich daher der Feuerprobe unterziehen mußte. Man kann nur ein wehmütiges Lächeln für die Harmlosigkeit und geradezu

Albernheit unserer Altvorderen übrig haben, wenn man liest, daß der Teufel einst das Aussehen des hl. Sylvanus, des Bischofs von Nazareth, angenommen und sich unter dem Bette eines Kindes habe finden lassen.*) Nach St. Martinus und St. Rainald erschien er bisweilen unter dem Namen und in der Gestalt der Venus, des Jupiter, Merkur, der Minerva ꝛc.; ebenso sehr trug er auch heißes Verlangen darnach, sich unter der Gestalt irgend eines Heiligen, der hl. Jungfrau oder selbst Christi darzubieten. Und sogar heute sehen wir den Domherrn Brettes in Paris mit den andern Mitgliedern der Société des Sciences psychiques eifrigst diskutieren, ob die Erscheinungen der Jungfrau in Tilly-sur-Seulles nicht teuflischen Ursprungs seien. „Der Teufel" meinte selbst der heilige Augustin, „vermag auch die Gestaltung eines Engels des Lichtes anzunehmen."**) Oftmals endlich erscheint Satanas als irgend ein Tier und sogar als lebloser Gegenstand, so daß eine Nonne, der St. Gregorius Magnus Erwähnung thut, ihn verschluckt hatte, indem sie ein Salatblatt zu essen glaubte, und St. Hilarius, Abt von Galeata, vermochte ihn in einer Weintraube zu erkennen.

Natürlich zeigte sich der Teufel vor allem den Heiligen, um sie zu versuchen, wozu er die listigsten Kunstkniffe aussann. Raoul Glaber (V, § 1) berichtet, daß zu seinen Zeiten der Teufel häufig den Mönchen erschienen sei, diesen Zweifel über die Auferstehung einflößte, sowie über die Vollkommenheit ihrer Disziplin. Die Versuchungen des hl. Antonius in der Wüste sind heutzutage nicht viel weniger als ein Spottgegenstand geworden, obschon sie von St. Athanasius und St. Hieronymus, seinen Geschichtsschreibern, als objektive Wahrheit behauptet werden. Solche Kämpfe mit dem bösen Geiste finden sich fast in allen Einsiedler-Geschichten. Einige wissen von den seltsamsten Vorkommnissen zu erzählen.

*) Graf, Der Teufel, Kap. 2.
**) Confess. Lib., X § 42.

Allein auch die modernen Heiligen behaupten entschieden, den Teufel gesehen zu haben. Vernehmen wir, was die heilige Therese von sich erzählt:*)

. . . „Einsmahls befande ich mich in einem Bettstüblein / da erschien er mir auff der linken seythen / in einer grausamen gestalt / sonderlich sahe ich seinen mund an / dieweil er mich anredet / welcher erschrecklich war. Es scheinte eben / als geng auß seinem leib eine grosse fewerflamme herauß / welche gantz klar vnd ohne schatten war. Er sagte zu mir mit erschrecklicher stimm / daß ich zwar auß seinen händen entgangen were / er wolte mich aber schon wider darein bringen. Ich förchtete mich sehr / vnd bezeichnete mich mit dem H.-Creutz / wie ich konte / da verschwunde er / vnd kam alsobald wider; dieses ist mir zweymahl wiederfahren. Ich wuste nicht / was ich anfangen solte / da hatte ich weyhwasser bey mir / das spritzte ich gegen demselben orth / da kame er nimmer wider."

„. . . als ich in einem bettkämmerlein war / vnd eine nocturn außer der Metten recitirt hatte / vnd etliche andächtige gebett darauff sagte / die am end desselben stehen in vnserm Brevir setzte er sich mir auff das Buch / damit ich das gebett nicht außlesen könte / da macht ich das Creutz für mich / vnd er verschwund. Als ich wider anfing zu lesen / kam er widerumb / vnd ist diß / glaub ich / zum dritten mahl geschehen / daß ich wider angefangen hab / konte es auch nicht enden / biß daß ich weyhwasser darauff sprengte . . . Selten hab ich jhn mit leiblicher gestalt gesehen / aber offtermahl ohne einiger gestalt / auff die weiß / wie ich gesagt**) hab

---

*) Vergl. in der auf Seite 110 vorl. Werkes angef. Ausgabe der Werke der hl. Therese aus dem Jahre 1649, S. 241, 31. Kap. (Darinnen sie von etlichen eufserlichen versuchungen und erscheinungen handlet | die jhr der böse feind fürstellete | vnd etlichen peinen | die er jhr angethan.)
Der Übersetzer.

**) Ebendaselbst. S. 245 u. 246. (Der böse feind will Teresam verhindern zu betten.)

von den erscheinungen / die man ohn einige gestalt siehet / wiewol man klärlich vernimmt / daß er zugegen sey . . ."

Melanchthon*) erzählt von seinem Freunde und Lehrmeister Luther, daß der Teufel diesem einen Besuch abgestattet und sich in einige theologische Diskussionen mit ihm eingelassen habe. Der berühmte Reformator trug übrigens kein Bedenken, nachdem er sofort den Fürst des Bösen erkannt hatte, ihm ein bleiernes Tintenfaß an den Kopf zu werfen.

Die Thatsache wird auch in einer etwas abweichenderen Form in einer Broschüre besprochen, welche man — wohl kaum vernünftigerweise Luther zuschreibt.**)

[Kreyher berichtet uns in seinem Werke: Die mediumistischen Erscheinungen des Seelenlebens 2c. I, (285) von Luther noch folgende Episode. »Als ich anno 1521 auf dem Schlosse Wartburg in Patmo saß«, schreibt Luther, »da war ich fern von den Leuten und konnte niemand zu mir kommen. Nun hatten sie mir einen Sack Haselnüsse gekauft, die ich zu Zeiten aß, und hatte denselben in meinem Kasten verschlossen. Eines Abends zog ich mich in der Stube aus, ging in die Kammer und legte mich zu Bette. Da kommt mirs über die Haselnüsse, hebt an und knicket eine nach der anderen an die Balken, mächtig hart, rumpelt mir am Bette; aber ich frage nichts darnach. Wie ich nun ein wenig eingeschlafen war, da hebt's an der Treppe ein solches Gepolter an, als würfe es ein Schock Fässer hinunter. Ich stehe auf, gehe auf die Treppe zu und sprach: „Bist du es, so sei es" [sehr geistreich!], befahl mich dem Herrn und legte mich wieder zu Bette; denn das ist die beste Kunst ihn zu vertreiben, wenn man ihn verachtet und Christum anruft, das kann er nicht leiden.« D. Übers.]

Ich weiß wohl, daß heutigen Tages solche Erscheinungen

---

*) De Examin. theolog. operum, Bd. I.

**) Colloquium Lutherum inter et diabolum, ab ipso Luthero conscriptum, etc.

von einigen Alienisten für plumpe Sinnestäuschungen und krankhafte Halluzinationen angesehen werden: doch zweifele ich sehr daran, daß dies immer der Fall gewesen ist, und umso mehr, als jene Alienisten sich darin gefallen, völlig a priori als Halluzinationen Dinge hinzustellen, von deren Wirklichkeit sich eben jeder gewissenhafte Forscher überzeugen kann, sogar unter Zuhülfenahme von physischen Apparaten, wie es seitens des berühmten Crookes und anderer Gelehrten geschehen ist. Daher halte ich es für sehr unrichtig, leugnen zu wollen, daß manche Heiligen wirklich den Teufel hätten sehen können oder vielmehr einen Geist, der sein Aussehen angenommen, da ja die Spiritisten nicht das Dasein eines Teufels anerkennen.

§ 3. — Die Höllenmonarchie besteht nach Wierus aus einem Kaiser, nämlich Beelzebub, und sieben Königen, welche über vier Hauptorte herrschen. Die Namen derselben sind: Bael, Pursan, Byleth, Paymon, Belial, Asmoday, Zapan; ferner umfaßt sie 23 Herzöge, nämlich Agares, Busas, Gusoyn, Bathim, Eligor, Valefar, Zepar, Sytry, Bune, Berith, Asta= roth, Vepar, Chax, Pricel, Murmur, Focalor, Gomory, Ambuscias, Aym, Orobas, Vapula, Hauros, Alocer; dreizehn Markgrafen, wie: Aamon, Loray, Naberus, Forneus, Roneve, Marchocias, Sabnac, Samigyn, Arias, Andras, Androalphus, Cimeries, Phoenix; zehn Grafen, nämlich Barbatos, Botis, Morax, Ipes, Furfur, Raym, Halphas, Vine, Decarabia, Zalcos; elf Präsidenten: Marbos, Buer, Glasialabolas, Forcas, Malphas, Gaap, Caym, Volac, Oze, Amy, Haagenti und ver= schiedene Ritter wie Furcas. Bifrons, u. s. w. Die Streit= mächte der höllischen Monarchie belaufen sich auf 6666 Legionen, jede umfaßt 6666 Dämonen, im ganzen also 44 435 556 Streiter. Allein jeder dieser Dämonen hat noch einige Scharen unter sich. — Wo in aller Welt mag Herr Wierus nur diesen Blödsinn aufgestöbert haben?!

Nach Michael Psellus dagegen teilen sich die Teufel in sechs große Sektionen ein: in Feuer=, Luft=, Erde= und Wasser=

21*

Dämonen, in unterirdische Dämonen und solche der Finsternis. Bücher wie die des Abtes von Ricalm und des Caesarius von Heisterbach gab es leider Gottes in jedem Zeitalter, so daß ein solcher Verfolgungswahn noch nicht viel eingebüßt hat. Unter den jüngsten ließe sich ein Franzose, namens Berbiguier anführen, welcher im Jahre 1821 ein Buch unter dem Titel herausgab: Les Farfadets, ou tous les démons ne sont pas de l'autre monde, in drei Bänden, mit acht Lithographien, einem Bildnisse des Verfassers und mit zahlreichen Emblemen ausgestattet, worunter sich die Devise: Le Fléau des Farfadets befindet. Der Verfasser beginnt mit einer Widmung an Kaiser, Könige und an alle Fürsten der vier Erdteile. „Vereinigt Eure Kräfte mit den meinigen," ruft er ihnen zu, „um den Einfluß der Teufel, der Zauberer und Farfadets, welche die unglücklichen Bewohner Eurer Staaten völlig zu Grunde richten, zu vernichten." Er fügt dann hinzu, daß er wohl seit zwanzig Jahren vom Teufel gequält worden sei, und behauptet, daß die Farfadets menschliche Formen annähmen, um die Menschen zu peinigen. Im zweiten Hauptstück seines Werkes zählt er dann alle seine Feinde auf und behauptet, daß sie verkappte Teufel und Satansdiener seien. Er nennt sie ruchlose Schurken, beabsichtigt aber damit nicht jene Personen zu beschimpfen, sondern nur die Teufel, welche sich deren Körper bemächtigt hätten. „Man hält mich für einen Narren," schreibt der gute Berbiguier, „allein wenn dies der Fall wäre, so würden meine Feinde nicht so gequält worden sein, wie dies täglich mit meinen Nadeln, meinem Schwefel, meinem Essig und meinen Ochsenherzen geschieht."

Berbiguier machte in der That alle Anstrengungen, seine Feinde, die Farfadets, zu envoûtieren, besonders vermittelst Widderherzen, von denen er wohl 5000 gesammelt haben sollte.

Einige Windbeutel nährten thörichterweise diese traurige Manie, indem sie ihm Briefe schrieben mit der Unterschrift von vermeintlichen Teufeln. Berbiguier brachte sie treuherzig in seinen Werken zum Abdruck. Laffen wir nun ein solch herrliches Muster eines Teufelsbriefes hier folgen:

„Herrn Berbiguier.

„Gräuel aller Art, Erdbeben, Sündflut, Sturm, Wind, „Komet, Planet, Ozean, Ebbe und Flut, Genius, Sylphe, „Faun, Satyr, Adryade und Hamadryade!

„Der Abgesandte des großen Genius des Guten und des „Bösen, der Verbündete Beelzebubs und der Hölle, ein „Waffengenoffe Aftaroths, der Urheber der Erbfünde, der „Minister des Tierkreises, hat das Recht, zu befitzen, zu quälen, „zu ftechen, zu fäubern, zu röften, zu vergiften und den unter- „thänigsten und geduldigsten Vasall Berbiguier zu erdolchen, „da er die ehrwürdigfte, unauflösbare, magische Gefellschaft „geschmäht hat, kraft deffen wir das Wappen der Gefellschaft „beigedruckt haben.

„So geschehen in der Sonne, angefichts des Mondes „am 5818. Tage und in der 5819. Stunde der Nacht durch „den großen bevollmächtigten Minister des Großkreuzes und „Tribun der magischen Gefellschaft. Der vorliegende Befehl „erhält Bollstreckung auf seinen Freund Koko (dies war das „Eichhörnchen Berbiguier's).

„THESAUROCHRYSONICOCHRYSIDES."
„Im Auftrage Sr. Excellenz.
„Der Sekretär.
„PINCHINCHI—PINCHI.

„30. März 1818.

„P. S. In acht Tagen wirst Du in meiner Macht sein: „wehe dir, wenn Du Dein Werk veröffentlichen wirst!"

Dieser Unglückliche verdankt wohl wahrscheinlich seine Halluzinationen und seinen Verfolgungswahn auch dem heutigen Spiritismus, der erst . . . . dreißig Jahre später aufkam!

Zahlreich waren auch die Bücher, worin Anleitung gegeben wurde, wie man den Anschlägen der Teufel entgehen könne, wovon wir den Antipalus maleficorum des deutschen Benediktiners Tritemius (15. Jahrhundert) anführen.

Verschiedene heutige Schriftsteller haben sich unterfangen, die Geschichte des Höllenkönigs zu schreiben. Hier seien indes nur der Franzose Cayla (Le diable, sa grandeur, sa décadence, 1864) und Arthur Graf erwähnt. Letzterer schrieb mit scharfem Skeptizismus und mit einer ungewöhnlichen Eleganz, wie man sie heute nur selten antrifft, sein bedeutendes Werk: „Der Teufel.“

§ 4. — Wie bekannt, nehmen die Spiritisten nicht das Dasein eines Teufels an; allein trotzdem werden wir noch des öfteren Gelegenheit haben, uns mit diesem Herrn zu beschäftigen und zwar anläßlich mancher Polemik mit den Christen.

Hier werde ich mich nur darauf beschränken, näher zu betrachten, wie die Kirchenväter sich herumgestritten haben, ob dem Teufel auch die Zukunft bekannt sei. Und es entschieden sich die meisten dahin, daß jener dieselbe nicht gerade zu sehen vermöchte, noch zu erkennen imstande sei, was der dunkle Schoß der Zukunft berge, doch daß er auf die Zukunft besser als wir schließen könne, und zwar wegen gründlicherer Kenntnis der Naturgesetze, sowie durch die Fähigkeit, sich äußerst schnell von einem Platz zum andern begeben zu können und das wahrzunehmen, was uns nicht möglich ist, kurz, wegen seiner größeren Erkenntnis. Es ist dies mehr oder weniger dieselbe Ansicht, welche viele von dem Vorhersehen der Zukunft seitens der Geister unserer Verstorbenen haben.

Das schönste ist, daß nach dem Ev. Matthäus der Satan Jesus mit den Worten versucht haben soll: „Wenn du Gottes Sohn bist, so sprich, daß diese Steine Brot werden“ — Worte, welche für jeden anderen als für Theologen, die bekanntlich gewohnt sind, die Heilige Schrift auszulegen, wie's ihnen gerade gefällt, eitel und unerklärlich erscheinen; es sei denn, daß man annehmen wolle, der Satan hätte nicht geglaubt, daß der Nazarener wirklich Gottes Sohn wäre.

§ 5. — Ich habe bereits gesagt, daß die Hexen bei ihrem Sabbath fleischlichen Verkehr mit den Teufeln hatten. Allein nach dem traurigen Glauben jener Zeit trug sich jener schauderhafte Vorgang auch außerhalb des Hexensabbaths zu. Zahllose Hexen wurden deshalb zum Tode verurteilt, auf Beweise hin, wie sie sich eben jedermann denken kann. Zu Dôle wurde im Jahre 1599 eine gewisse Antides Collas zum Scheiterhaufen verurteilt, weil ihr Geschlechtsorgan etwas phänomenales darbot, so daß sich daraus auf einen schänd= lichen Umgang mit dem Satan schließen ließe. Die Unglück= liche wurde nicht einmal, nein, wiederholt entkleidet, auf die Folter gespannt und von Ärzten und Gerichtsherren mit der Sonde untersucht, bis sie endlich, von Scham und Schmerzen überwältigt, alles bekannte, was man von ihr verlangte.*) Andererseits war es die ungeheure Körper= beschaffenheit neugeborner Kinder, woraus man auf einen geschlechtlichen Verkehr der Mutter mit Teufeln schloß; daher wurden die Kinder gewöhnlich umgebracht, die irgend welche körperliche Unmäßigkeiten aufwiesen. Im 13. Jahrhundert gestand in Toulouse eine gewisse Angiola von Labarthe, wahrscheinlich eine Irrsinnige, einen Sohn mit einem Wolfs= kopfe und einem Schlangenschwanze geboren zu haben; sie schrieb die Vaterschaft dem Teufel zu und behauptete, das Ungetüm mit Kinderfleisch ernähren zu müssen.

Die Teufel, welche hauptsächlich mit Frauen Umgang pflogen, hießen Incubi, während diejenigen, welche sich als Weiber mit Männern in geschlechtlichen Verkehr einließen, Succubi genannt wurden. Caesarius von Heisterbach spricht in der That von einem Laienbruder, der von einem als

*) **Eliphas Levi**, Histoire de la Magie, Buch V, Kap. 6.

Nonne verkleideten Teufel eines Nachts im Bette umarmt
wurde und nach Verlauf von wenigen Tagen starb.

Graf weiß in seinem oben erwähnten Buche von jenem
Alvarus Pelagius, Bischof von Silva, zu berichten, der im
14. Jahrhundert lebte und in einem seiner Bücher behauptet,
manche Nonne gekannt zu haben, die sich freiwillig dem Teufel
hingegeben hätte. Ein Jahrhundert später führt Thomas
Walsingham, ein Mönch von St. Alban in England, einige
Beispiele von solchen teuflischen Liebesverhältnissen an.
Thomas Cantipratensis behauptet, daß Frauen ihm oftmals
gestanden hätten, sie seien von jenen Incubi sogar stark verletzt
worden. So viel vermochte diese Wahnidee auszurichten! . .

Michael Psellus, der Verfasser einer Abhandlung
über die Teufel, eines Zwiegesprächs über Teufels-
werke und einer größeren Anzahl anderer Bücher, ist der
Ansicht, daß die Teufel sehr wohl Nachkommen zu zeugen
vermöchten, die klug wie jene seien, wenn es die Notwendigkeit
erheische. Der heilige Thomas von Aquino — ein Licht der
katholischen Theologie — vertritt dagegen mit anderen Gottes-
gelehrten die Meinung, daß den Teufeln nicht die Fähigkeit,
zu zeugen, gegeben sei, es sei denn, daß sie, nachdem sie sich
in Incubi verwandelt, die Frau desjenigen schwanger machten,
dessen sie sich zuvor bedienten, als sie sich in Succubi verwandelt hatten!

Die weisesten Dämonographen des Mittelalters behaupteten
auch allen Nachdrucks, was Jordan, ein Historiker der Gothen
im 6. Jahrhundert, bereits gesagt hatte, daß die Hunnen durch
den Verkehr scheußlicher teuflischer Wesen mit Incubi entstanden seien. Übrigens war der Glaube allgemein verbreitet,
daß ihr König Etzel — auch Gottesgeißel genannt — ein
Sohn der Hölle sei.

Auch Robert von der Normandie führt nicht umsonst den
Namen: „der Teufel", da man ihn ebenfalls demselben
Vater zuschrieb. Von ihm weiß bekanntermaßen die Sage

zahllose Streiche zu erzählen, so daß er, als seine Mutter ihm ihr Vergehen offenbart hatte, solchen Abscheu davor empfand, daß er sich reumütig dem Busen der Kirche zuwandte.

Und auch Luther, der ja ungeheuer abergläubisch war, glaubte fest an die Möglichkeit einer Teufelsausgeburt. Er war der Ansicht, daß solche Kinder höchstens sieben Jahre alt würden, und behauptete, einmal ein solches gesehen zu haben. Dieses schrie, als steckte es am Spieße, wenn man ihm nur in seine Nähe kam, und lachte lediglich dann, wenn etwas im Hause quer ging. Delancre wie Bodinus berichten uns von solchen Teufelskindern, die an Gewicht bedeutend andere Kinder überträfen, alles gierig verschlängen, ohne davon dicker zu werden, und selbst drei Ammen erschöpfen könnten, ohne daß es bei ihnen anschlage.*)

§ 6. — Allein, wenn sich auch die Teufel auf unserer Welt derartige böse Streiche erlaubten, so war doch ihr eigentlicher Aufenthaltsort die Hölle, welche nach den alten christlichen Vorstellungen durch das Trientiner Konzil genau und ausdrücklich in den Mittelpunkt der Erde verlegt wurde. Dort loderte ein ewiges Feuer, welches die Verdammten peinigte und zu dem man durch die feuerspeienden Berge Eingang zu erhalten glaubte, wie es ja auch schon Tertullian dargelegt hatte. Wenn man sich dem Ätna, den Vulkanen in Skandinavien oder dem Hekla in Island, sowie auch dem Stromboli nähere, so könne man den Schmerzensschrei der gepeinigten Teufel im Fegefeuer vernehmen. Doch ganz besonders galt dies vom Stromboli, und hier auch ein Beweis dafür. Die Sache ist nämlich zu hübsch, um an dieser Stelle verschwiegen werden zu können.

Im Jahre 1687 segelte ein englisches Schiff im Mittelmeere; am 15. Mai entschlossen sich die vier Lenker des

---

*) Delancre, Tableau etc., Buch III, gegen Schluß hin. — Bodin, Dämonomanie, Buch II, Kap. 7.

Schiffes Spinks, Bristol. Brian und Barnaby, da das Schiff infolge einer Windstille unbeweglich vor dem Stromboli lag, an das Land zu steigen und dort zu jagen. Dies führte man dann auch unter Zuziehung des größten Teils der Mannschaft aus. Da hörten sie, als sie den steilen Anhang des Vulkans emporklommen, plötzlich in der öden leeren Gegend ein fürchterliches Getrappel und erblickten zwei Menschen, die, sich umschlungen haltend, blitzschnell herbeieilten, sogleich darauf die Spitze des Vulkans erreichten und sich in den gähnenden Schlund hinabstürzten. Kaum waren sie im Abgrund verschwunden, so hörte man aus dem Innern des Berges heraus einen furchtbaren Knall. Dieses trug sich alles in einem Augenblick zu und zwar mehr dem Anschein nach als in Wirklichkeit. Der eine der beiden Unbekannten war schwarz gekleidet, der andere trug ein graues Gewand. Sie waren so dicht an den vier Kapitänen und den Seeleuten vorübergekommen, daß diese deren Gesicht genau wahrgenommen hatten, ja sogar deutlich die großen Knöpfe sahen, welche sich an dem grauen Gewand des einen befanden. Daß alle Beobachter jener Szene ganz bestürzt wurden, bedarf wohl nicht der Erwähnung; am meisten aber war es Barnaby, welcher ausrief:

„Ewiger Gott, was hast Du mich schauen lassen! Ich kenne einen jener Menschen, und zwar den in dem grauen Gewande. Es ist der alte Booty!"

„„Wißt Ihr dies aber auch ganz genau?"" fragte man ihn.

„Ganz genau," versetzte Barnaby, „jener Booty wohnt in meinem Nachbarhause, und ich habe hundertmal mit ihm gesprochen."

Außer Barnaby war Booty jedem unbekannt, deshalb sprach man auch nicht weiter mehr hiervon. Alle sahen jedoch nach der Zeit und merkten sich die Stunde: es war ¼ nach 3 Uhr. Tag und Stunde wurden dann von

mehreren Seeleuten notiert und der Vorfall genau in das
Schiffstagebuch mit allen Einzelheiten aufgezeichnet.

Am 6. Oktober lief das Fahrzeug wieder in den Hafen
von Gravesand, seinem Ausgangspunkte, ein. Als Barnaby
zu seinem Weibe zurückkehrte, hatte diese ihm unter anderem
auch den Tod des Nachbarn Booty zu berichten. Barnaby
erzählte ihr alsdann den seltsamen Vorgang am Stromboli,
was dieselbe mit so großem Erstaunen erfüllte, daß sie es
gleich einer Gevatterin anvertraute. Diese hatte nichts eiligeres
zu thun, als den seltsamen Vorgang wieder einer anderen
Freundin, natürlich im Vertrauen, mitzuteilen. Schließlich
kam die Sache der Witwe Booty zu Ohren. Diese wollte
selbstverständlich dem Gerede auf die Spur kommen, und da es
ihr bekannt war, daß der Urheber desselben ihr Nachbar, der
Kapitän Barnaby, war, so leitete sie sofort einen Prozeß wegen
Schädigung ihrer Interessen gegen ihn ein und forderte, wie
es damals in England üblich war, eine Entschädigungssumme
von 1000 Pfund Sterling.

Der Prozeß kam zum Austrag und wurde an den könig=
lichen Gerichtshof verwiesen. Die Verhandlung begann dann
sehr interessant zu werden. Es wurden von dem Gerichte die
Kleider vorgefordert, welche Booty in den letzten Tagen seines
Lebens getragen hatte. Der Küster der dortigen Pfarre, so=
wie die Personen, welche bei seinem Sterben zugegen waren
mußten die genaue Angabe machen, an welchem Tage und
in welcher Stunde Booty gestorben sei. Ebenso wurden die
vier Kapitäne und die Mannschaft des Schiffes vorgefordert,
um ausführlich von jener Erscheinung zu berichten, deren sie
Augenzeuge gewesen waren. Die Beschreibung nun, welche
diese von jenem Gespenste gaben, das von dem anderen, in
schwarz gekleideten Gespenste mit fortgerissen wurde, stimmte
genau mit der des verstorbenen Booty überein. Selbst das
graue Gewand mit den großen Knöpfen schien dasselbe zu
sein, was nun den Richtern vor Augen lag. Auch ergab sich

daß Booth zu derselben Stunde seine Seele aushauchte, als sich dort die Erscheinung zeigte, wie es ja leicht aus dem Tagebuch des Kapitäns Spinks zu ersehen war.

Diejenigen, welche das Sterbelager Booth's umstanden hatten, behaupteten, dieser habe ihnen in seinen letzten Augen= blicken gesagt, daß man säh, wie der Teufel ihn in die Hölle stürze. Alsdann erhob sich einer der Richter und sagte: „Möge mich Gott behüten, jemals Zeuge eines solchen Vor= falles zu sein! Zwei, drei, ja vier Personen können sich irren; allein zwanzig, dreißig Leute wohl niemals."

Das Resultat des Prozesses war natürlich, daß die Witwe abgewiesen wurde.

Dieser Fall findet sich sowohl in dem Schiffsbuche des Kapitäns Spinks als auch in den Akten des königlichen Gerichtshofes zu Westminster aus dem Jahre 1687 (unter der Regierung Jakobs II von England). Als Oberrichter fungierte ein gewisser Herbert, außerdem waren noch die Richter Wythens, Holloway und Wright*) damit betraut.

Was soll man von diesem seltsamen Ereignis denken?!**)

Eine der berühmtesten mittelalterlichen Legenden ist jene von dem „Fegefeuer des heiligen Patrizius." Man

---

*) Annali dello Spiritismo, Turin, Dezember 1872.

**) Eine vernunftgemäße und dem heutigen Standpunkt der Wissen= schaft entsprechende Erklärung auf Grund der Thatsächlichkeit dieses Vor= falles würde wohl die sein, daß der alte Booth im Augenblick seines Todes so fest davon überzeugt war, mit dem Teufel in die Hölle zu fahren, daß er dieses Gedankenbild auch auf seinen Nachbarn Barnaby übertrug. Zufällig (?) befand sich Barnaby nun auf dem Bulkane Stromboli, und indem der Anblick des Bulkanes, verbunden mit dem damals herrschenden Glauben, ihn vielleicht zur Aufnahme einer solchen Vorstellung befähigter machte, wurde diese telepathische Erscheinung so= zusagen als Massenhalluzination auch von den übrigen wahr= genommen. — Radestock (Schlaf und Traum. S. 128, 193 ff.) berichtet sogar, daß ein ganzes französisches Bataillon in einer Nacht von dem Anblick des Teufels erschreckt wurde. — Der Übersetzer.

lieſt in dem römiſchen Brevier, welches im Jahre 1522 im
Druck erſchien*), daß der Wunderthäter und Schußpatron
Irlands, St. Patrizius, von dem Herrn an ein finſtere Höhle
geführt wurde. Und der Herr ſprach zu ihm: „Jeder, der
wirklich bußfertig iſt, wird in dieſer Höhle einen Tag und
eine Nacht zubringen, um von ſeinen Sünden befreit zu
werden.“ Dieſe Höhle, welche noch im Jahre 1622**) beſucht
wurde, war in dem öſtlichen Teil Ultoniens (Ulſter's) gelegen,
der heutigen Grafſchaft Donegal in Irland, und zwar auf
einem Inſelchen des kleinen Lifferſee's in der Nähe des Sees
Erne. Man gelangte dorthin durch beſondere Eingänge.
Wie uns Henry Saltereyenſis berichtet, mußten diejenigen,
welche, um Ablaß von ihren Sünden zu erhalten, dort ein-
bringen wollten, zuvor die Erlaubnis bei der kirchlichen Behörde
einholen, welche dieſe dann erſt nach mannigfachen Prüfungen
erteilte. Von denjenigen nun, welche den Gefahren dieſer
unterirdiſchen Excurſion getroßt hatten, wird rühmlichſt der
Soldat Enoch erwähnt, der ſich im 12. Jahrhundert in ſeinen
Feldzügen derart mit Verbrechen belaſtet hatte, daß er ſie
durch entſprechende Strafen abbüßen wollte. Deßhalb war
er in das Fegefeuer eingetreten und hatte die zehn Höllen-
gruben der Marter und Prüfungen durchlaufen. Er berichtet
dann, wie er dort alle nur erdenklichen Marter und Peinigungen
vereint angetroffen habe: Peſtilenzialiſche und gefrorene Seeen,
Flüſſe von brennendem Schwefel, Bäder mit ſiedendem Metall,
über Abgründe ſchwebende Brücken, Feuerſchlangen ꝛc. Aus
allen dieſen Gefahren würde er nicht ſiegreich hervorgegangen
ſein, wenn er nicht beſtändig den Namen Jeſu auf den Lippen
gehabt hätte. Später ſoll dann ein anderer irländiſcher
Soldat, mit Namen Tundal, ſich derſelben Prüfung unterzogen und einen gleichen Bericht abgeſtattet haben. Auch

---

*) Nocturnes, lect. XI.
**) Brevier von Paris, lect. IV u. V.

werden St. Barontes und viele andere wegen ihrer Reise in das Fegefeuer des hl. Patrizius von mehreren Kirchenschriftstellern, besonders von dem ehrwürdigen Beda, aufgeführt.

Die Bollandisten dagegen fassen die Sache nicht so ernst auf; sie schlagen den Mittelweg ein und sagen: „Es giebt „zahlreiche Berichte und Erzählungen über solches geheimnis „volle Herabsteigen zu jenen Orten . . . Daher ist es nicht „unmöglich, daß wir es hier mit bestimmten Gesichten zu „thun haben, welche sich so häufig auch anderwärts finden, „und jenen frommen Personen von den Geistern gesandt „wurden . . . Und es bliebe nur noch übrig zu entscheiden, „ob dies eben gute Geister oder böse Wesen waren; doch da „gewöhnlich jene Personen darnach ihren Lebenswandel besserten, „so berechtigt uns nichts, hier Teufel zu vermuten."

Die Bollandisten erkennen übrigens an. daß dieser Glaube, der vorher ganz redlich und uneigennützig war, schließlich Gelegenheit zur Simonie gab. Eines Tages jedoch wandte sich ein holländischer Domherr, der sich dorthin begeben hatte, in großer Entrüstung darüber, daß er für den Abstieg in die Höhle habe bezahlen müssen, ohne jedoch etwas zu sehen bekommen zu haben, an den Papst Alexander VI. Dieser sandte ihn nach Irland mit einem Schreiben an die Bischöfe der Grafschaft, worin er denselben gebot, unverzüglich jene Höhlen, die zu Täuschungen und Betrügereien Anlaß gegeben hatten, schließen zu lassen.*)

Man nimmt an. daß das Fegefeuer des hl. Patrizius eine alte eingefallene druidische Höhle war. Auch die Hellenen hatten am Avernus und anderswo Eingänge zur Hölle, welche den Namen plutonia führten. Man denke auch an die Höhle des Trophonius.**)

---

*) Thomas Wright, St. Patrick's Purgatory; an Essai on the Legends etc., London, 1844.
**) Vergl. 1. Band vorlieg. Werkes, S. 254 (3. Buch, 1. Hauptstück, § 33).

§ 7. — Wohl bis ins vorige Jahrhundert schrieben die Christen dem Teufel die Pest und die verschiedenen Seuchen zu, Hagelwetter und Schneestürme, sowie andere Landplagen. Wir finden diese Ansicht sogar bei Thomas von Aquino*) vertreten. Selbst die Engel sollten häufig die ausführenden Diener für den Zorn Gottes sein.

Des Würgengels wird schon in der Bibel und zwar oft Erwähnung gethan, besonders an jener Stelle, wo ihn Jehova beauftragt, alle Erstgeburten zu erwürgen**) und wo er die Pestilenz personifiziert, welche Israel verheert in den letzten Jahren der Regierung des Königs David.***) Nicht handelte es sich ehedem etwa um eine bildliche Figur, denn als es den Herrn einmal wieder reuete und er sich entschloß, den Engel zurückzurufen, befand sich dieser „bei der Tenne Arafna's, des Jebusiters. . . . . David aber sahe den Engel, der das Volk schlug . . . und kaufte die Tenne, um dem Herrn einen Altar zu errichten und Dankopfer darzubringen. . ."

Die schreckliche Pestilenz, welche im Jahre 252, nachdem sie die Bevölkerung Roms um den zehnten Teil zusammenschmelzen ließ und die blühenden Küsten Kleinasiens und Syriens verheert hatte, in Karthago erloschen war, kam plötzlich wieder ein Jahr nachher in Neu-Cäsarea zum Ausbruch, woselbst sich der Bischof St. Gregorius, der Wunderthäter befand. Binnen wenigen Tagen schon waren die Tempel angefüllt mit Pestkranken und die Straßen bedeckt von zahlreichen Leichen, die man zu jener Zeit nicht einmal beerdigen konnte. Damals wollte man bestimmt gesehen haben, wie in der Stadt einige Gespenster einherschritten und in die Häuser eindrangen, woselbst dann unverzüglich Personen von der Krankheit befallen wurden. St. Gregor von Nazianz spricht

---

*) Summ. theol., I, quaest. LXXX, art. 2.
**) 2. Mose, Kap. 12.
***) 2. Samuelis. Kap. 24, B. 16.

davon als von etwas ganz selbstverständlichem und fügt hinzu, daß sein Namensvetter, der Wunderthäter oder der Er= leuchtete, wie ihn die Geschichte nennt, sich ebenfalls in die Häuser begeben habe, in welche die Phantome eingedrungen waren. Sogleich seien dann die Kranken gesundet, worauf er sie zum Christentum bekehrt habe, so daß bald das alte Nicodemia christlich wurde.*)

Dr. Calmail versucht in seinem Buche: De la folie (Band 1, S. 20) diese Legende dadurch zu erklären, daß er ihre Entstehung „der Dunkelheit der Wohnungen" zuschreibt, „wohin nur spärlich ein Lichtstrahl fiel." Görres**) geht etwas weiter und will die Veranlassung dazu in gewissen Mani= pulationen oder vielleicht in einer gewissen natürlichen Ver= anlagung, möglicher Weise auch in gewissen Naturkräften suchen.

Paulus Diakonus erzählt, daß zu seiner Zeit manche Personen den Weg, den diese Gespenster einschlugen, beobachtet und daher mit Sicherheit die Häuser und die Familien bezeichnet hätten, welche dann wirklich von der entsetzlichen Krankheit bedroht worden seien. Er bemerkt auch, daß man während der großen Pest in Konstantinopel deutlich ein Gespenst in Be= gleitung eines guten Engels habe beobachten können***) und daß, so oftmals der Engel an die Thüre klopfte, so viele Personen in dem Hause gestorben wären. Cornelius A. Lapide berichtet nach der Regin Chronic: „Während der Pest im Jahre 665 sah man einen guten und einen bösen Engel durch

---

*) Vergl. Abbé Darras, Histoire de l'Église, Band 8, S. 303.
**) Die christliche Mystik, Band 3, S. 145.
***) Betreffs einer besonnenen Erklärungsweise dieser Phantome, welche dem heutigen Standpunkte der Wissenschaft angepaßt ist, verweisen wir auf unsere Abhandlungen: „Träume und Traumerschei= nungen", sowie „Die Furcht", vor allem aber auf den Aufsatz: „Die Pest 2c." in Nr. 20 der „Zeitschrift für Spiritismus", Jahrg. 1897. Man vergl. auch die „Übersinnliche Begebenheit" in Nr. 26, Jahrg 1898, S. 208 nämlicher Zeitschrift.   Der Übersetzer.

die Straßen der Stadt einherschreiten. Letzterer schlug mit
einem kleinen Rutenzweige an die Thore der Häuser, die ihm
von seinem Gefährten gezeigt wurden; so oftmals er mit der
Rute schlug, so viele Menschen starben."

Als zu Rom im Jahre 593 eine furchtbare Pest wütete,
glaubte man über dem Mausoleum Hadrian's einen Engel
mit entblößtem Schwert zu sehen. Er steckte es schließlich in
die Scheide, und von diesem Augenblick an wich die Pest.
Eine Statue, welche sich auf dem Kastell Sant' Angelo befindet, versinnbildlicht diese Legende.

Cedrenus behauptet, als er von diesen Gespenstern oder
Engeln bei Epidemieen spricht, daß jene ihre Mission dadurch
bewiesen, daß sie viele Dinge vorher verkündeten, die später
wirklich einträten.

Verschiedene synoptische Schriftsteller erwähnen eine große
Feuersäule, die während der gefürchteten Pestepidemie, welche
den Namen, „der schwarze Tod" führte, eine ganze Stunde
hindurch am 20. Dezember 1348 über der Stadt Avignon zu
sehen war. Im Monat August des nächsten Jahres dann, als
die Seuche noch nichts an Heftigkeit eingebüßt hatte, schwebte
eine große, feurige Kugel auf Paris zu. Bei der Gemütsverfassung, worin sich die Bevölkerung während einer solchen
Gottesgeißel befindet, kann man indes leicht wohl eine von
der Sonne bestrahlte Wolke von seltsamer Gestalt dafür gehalten haben.

Auch bei einem großen Erdbeben und dem Ausbruche
eines Vulkans glaubte man, Gespenster umherirren zu sehen.
Dio*) spricht bereits von solchen unheimlichen Gestalten,
die während der Katastrophe von Pompeji beobachtet wurden,
und scheint das unterirdische Rollen, welches dem Ausbruch
des Vulkans vorhergeht, einer übernatürlichen Ursache zuzuschreiben. Tyräus**) erwähnt Gespenstererscheinungen, welche

---

*) Hist. rom, sub tit XI.
**) De Locis infestis, S. 15

anderen Eruptionen zu Worms, ferner in Sizilien und in
Spanien vorausgingen. Olaf Magnus*) dagegen berichtet
von Schatten, welche auf dem Vulkan Hekla umherschweifen.**)

§ 8. — Ein ziemlich seltsames Phänomen ist auch das
Erscheinen von Kreuzen auf verschiedenen Gegenständen, dem
gegenüber ein billiger Skeptizismus nur schlecht angebracht
sein dürfte.

Bereits haben wir gesehen, daß, als Julian der Abtrünnige
den Tempel von Jerusalem wieder aufbauen wollte, ein
heftiges Erdbeben und eine unterirdische Eruption ihn daran
hinderten und daß sich zu gleicher Zeit auf den Kleidern
der jüdischen Arbeiter geheimnisvolle schwarze Kreuze zeigten.
Diese Erscheinung wurde von verschiedenen christlichen Historikern der damaligen Zeit berichtet***), wenn sie auch der heid-
nische Schriftsteller Ammianus Marcellinus, der im übrigen
die anderen zu jener Zeit vorgekommenen Wundererscheinungen
wohl anerkennt, verschweigt.

Im Jahre 419 erschienen unzählige Kreuze auf den
Kleidern der Christen, aber nicht auf denen der Heiden, und
zwar zu einer Zeit, als ein großes Erdbeben einige Städte
Syriens zerstörte.†)

Im Jahre 746 trat unter der Regierung von Constan-
tinus Copronymus in Constantinopel eine heftige Pest auf,
die drei Jahre dauerte, und zu gleicher Zeit erschienen schwarze
Kreuze auf den Bekleidungsstücken derjenigen, welche von der
Krankheit befallen werden und daran sterben sollten, was in
der That auch stets zutraf.††)

---

*) Buch XX, Kap. 19 und 20.
**) Betreffs einer Erklärung dieser Gespenstererscheinungen bei ge-
waltigen Naturereignissen u. s. w. sei auf die Anmerkung des Übersetzers
auf S. 452 in Bd. I vorl. Werkes verwiesen.
***) Vergl. Bd. I vorl. Werkes, S. 530.
†) Chronik des Marcellus Comit.
††) Theophr. und Theodor. — Trithemius, Kap. II, S. 3.

Die Chronik von Sigibert spricht von einem anderen plötzlichen Auftreten von Kreuzen, welche sich „sowohl an den Kleidern von Personen, als auch an den Vorhängen der Kirchen" zur Zeit Pipins des Kurzen in Frankreich (752—768) zeigten. Ferner berichtet uns der Historiker Egward von einem ähnlichen Auftreten solcher Kreuze unter der Regierung Karls des Großen zur Zeit des Sachsenkrieges, also um das Jahr 830. Im Jahre 954 schlug der Blitz in Paris ein und heftete sich in Gestalt eines Kreuzes an die Kleider sämtlicher Bewohner, welche dieses Zeichen nicht mehr loswerden konnten und daher in großen Scharen zu der Kirche der Maria pilgerten*). Vier Jahre später (958) wiederholte sich dieselbe Erscheinung**). Auch in Deutschland trug sich die Erscheinung unter Otto dem Großen zu, der bekanntlich von 973—983 regierte***).

Im Jahre 1295 erschienen dann im Königreich Kastilien, infolge einiger Bußpredigten und auferlegten Pönitenzen seitens der Juden, nicht nur auf den Gewändern der Büßenden und der Propheten derartige Kreuze, sondern selbst bei solchen Leuten, die nicht aus dem Hause gegangen waren. Der jüdische Arzt Alphons Spina, welcher Augenzeuge dieses seltsamen Wunders war, schrieb darüber ein dickes Werk, wodurch er eine große Menge seiner Glaubensgenossen bekehrte†).

Im Jahre 1500 war Trithemius, der berühmte Abt von Spanheim, Zeuge einer ähnlichen Erscheinung in seinem Kloster. Es traten dort plötzlich die Kreuze auf, während man das Salve Regina sang. Kurz darnach wurde die Stadt von einer Seuche ergriffen, welche, nach Bingen verschleppt, auch bald in den Nachbarstädten wütete und sich an beiden Rheinufern ausbreitete: sobald als die Kreuze verschwanden, ward

---

*) Chronik von Luitprand und Chronik von Leo Ostiensis.
**) Trithemius, Chron. de Monast. Hirs.
***) Chronik von Hermann.
†) Dieses Buch führt den Titel: De Bellis Domini.

die Gegend von der Seuche befallen.*) Die Erscheinung der Kreuze stellte sich übrigens in dem darauffolgenden Jahre wieder ein.

Die Kreuze erschienen auch in Deutschland und besonders in Köln zur Zeit Luthers; man fand sogar, daß Kleider, welche in verschlossenen Kisten und Kästen aufbewahrt wurden, damit gezeichnet waren.

Diese seltsamen Figuren waren indes durchaus nicht immer Kreuze, sondern stellten auch häufig Lanzen, Nägel und Dornenkronen dar, deren Farbe zum größten Teile hochrot war, doch kamen auch einige schwarze vor.**)

Ich möchte hier nicht von den Kreuzen der Jahre 1550 und 1568 sprechen, deren Erscheinen sich nicht an irgend welches Ereignis von weltgeschichtlicher Bedeutung knüpft, und gehe sogleich zu dem hochinteressanten Falle vom Jahre 1660 über.

§ 9. — Am 3. Juni jenes Jahres, beim ersten Morgengrauen, begann ein furchtbarer Ausbruch des Vesuvs. Diese gewaltige Naturerscheinung dauerte mehrere Tage. Auf einmal fanden sich eines Tages sämtliche Kleider der Anwesenden mit Kreuzen gezeichnet. Natürlich erregte die Sache ungeheueres Aufsehen, und auch die Gelehrten traten dieser eigentümlichen Erscheinung näher. Die Physiker versuchten derselben eine streng wissenschaftliche Erklärung zu geben, während andere ihre Zuflucht zur Astrologie und zu okkulten Einflüssen nahmen: die meisten jedoch hielten es für ein Wunder.

Der Jesuit Pater Kircher, der sich eines großen wissenschaftlichen Rufes erfreute und wegen seiner hervorragenden Gelehrsamkeit und Weisheit in hohem Ansehen stand, ward gebeten, sich zur Untersuchung des seltsamen Falles von Rom

---

*) Trithemius, Chronik von Spanheim.
**) Picus von Mirandola, De omni re scibili.

nach Neapel zu begeben. Das Oberhaupt des Jeſuitenordens
kam dieſer Aufforderung nach und wandte ſich in einer
Kommiſſion, welche noch aus zwei anderen hervorragenden
Gelehrten, dem Theologen Pater Tho und dem Mathematiker
Zupus beſtand, mit größter Aufmerkſamkeit dieſem Phänomen
zu. Kircher veröffentlichte nachher einen intereſſanten Bericht.
Darin ſagte der gelehrte Jeſuit:

„Dieſe Kreuze erſcheinen auf Kleidungsſtücken von Leinwand, auf den Ärmeln eines Hembes, den Schleiern der
Frauen und auf den Gürteln derſelben, ferner auf Bett-
tüchern und hauptſächlich auf jenen Bettzügen, die ſich unter
der Matratze befinden, auf den Halskragen von Kindern,
auf Altardecken und Prieſtergewändern, dann auch auf
Nahrungsmitteln, auf Getreide, Weintrauben, Früchten, —
auf ſeidenen Gewändern und ſelbſt auf Leinwand, die in
Körben eingeſchloſſen liegt ... Die Geſtalt ſolcher Kreuze iſt
verſchieden. Gewöhnlich ſind es zwei Linien, welche ſich
ſchneiden. Bald ſind ſie ſehr deutlich hervortretend und vollſtändig akkurat gezeichnet, bald ſehen ſie Schmutzflecken ähnlich.
Zuweilen ſind ſie drei Finger breit, zuweilen ſind ſie außerordentlich klein, ſtets jedoch aſchfarbig, und es ſcheint, als
ob ſie manchmal eine Fettſubſtanz enthielten. Ich ſah ſogar
zwei von dieſen Kreuzen, die mir den Eindruck machten, als
wären es Roſtflecke; zu Neapel und zu Nola und an anderen
Orten ſchienen dieſelben aus Blei zu beſtehen. Waſſer allein
genügt nicht, um ſie auszuwaſchen, man muß mindeſtens
Seife anwenden. Einige verſchwinden nach zehn bis vierzehn
Tagen wieder von ſelbſt, andere erſt ſpäter. Ich habe einmal
einen ganzen Monat lang ſolche Kreuze auf einer Altardecke
beobachtet. Man unterzog ſie auch der chemiſchen Analyſe,
und dieſelbe ergab, daß jene in der Nähe des Veſuvs aus
einer ſchwefeligen Maſſe beſtanden, zu Viterbo dagegen eine
ölige Subſtanz enthielten und in dem deutſchen Kollegium
von einer übelriechenden Flüſſigkeit herrührten. Ihre Zahl

ging ins unendliche hinein. So zählte man etwa dreißig auf einer einzigen Altardecke der Kirche St. Martha zu Castellamare und acht auf dem Kragen eines Knaben ... Der Tag, an dem sie zum ersten Male sichtbar geworden waren, ließ sich nicht genau feststellen. Man beobachtete solche zu Torre-del-Greco um den 16. August herum und gegen Mitte Oktober. Sie verschwanden, indem sie immer schwächer und schwächer wurden, schließlich ganz und zwar sämtlich zu gleicher Zeit."*)

Die Thatsache, daß alle diese Kreuze hinsichtlich ihrer chemischen Zusammensetzung eine große Verschiedenheit aufweisen, scheint ihren natürlichen Ursprung auszuschließen. Außerdem haben wir die Kreuze zu anderen Zeiten und in anderen Ländern gesehen, wo keine Vulkanausbrüche stattfanden, so daß ich mich nicht der Ansicht des Skeptikers Bayle anschließen kann, welcher behauptet: „Es unterliegt „wohl keinem Zweifel, daß die aus dem Innern der Erde „aufsteigenden Dämpfe und Dünste solche erstaunliche Er-„scheinungen hervorzurufen vermögen. Einen überzeugenden „Beweis hiervon liefern jene Kreuze, welche nach dem Aus-„bruche des Vesuvs anno 1660 in dem Königreiche Neapel „erschienen... Die Farbe, Größe und Gestalt dieser Kreuze „waren stets verschieden." **)

Annehmbarer möchte jedoch die einfache Betrugshypothese erscheinen, wenn diese nicht dazu ein Übereinkommen von tausenden und abertausenden von Personen erforderte, die unmöglich ihr Thun und Treiben solange verdecken und in Stillschweigen einhüllen könnten, und wenn es nicht seltsam erscheinen würde, daß eine solche großartige und infame Schwindelei sich jedes Jahrhundert und in jedem Lande erneuert hätte.

---

*) P. Kircher, Vera et fidelis relatio ɾc. Vergl. Carlo Cala, Memoria storica sull' apparizione delle croci prodigiose (Neapel, 1661, in 4º).
**) Bayle, in folio, Band IV, S. 293.

Zu beachten ist aber noch besonders, daß diese Kreuze, wie wir später sehen werden, auch in unserem Jahrhundert beobachtet wurden.*)

§ 10. — Der hl. Gregor der Große berichtet in seinen Dialogen**), welche voll von den wunderbarsten Geschichten sind, folgenden Fall: „Wie ihr wißt, sind es kaum drei Jahre her, daß wir im Jahre 590 vor Einbruch der fürchterlichen Pest, welche den Namen Bubonen= pest führt und unsere ganze Stadt aufs ent= setzlichste verheerte, mit unseren gesunden körper= lichen Augen die Pfeile aus der Höhe stürzen und ihre Opfer durchbohren sahen. Ihr wißt ja auch, daß unser geliebter Stephanus unter den Toten war.“ Die Geschichtsschreiber, denen wir die Lebensgeschichte des hl. Gregor verdanken, berichten uns auch, daß die Zahl der Opfer, welche von den herabfallenden Pfeilen getötet wurden, eine ganz erhebliche war und sich wohl auf stündlich 80 Menschenleben belief. Dieselbe Erscheinung wurde auch während der Pest festgestellt, die unter der Herrschaft des Kaisers Mauritius Flavius Tiberius den Orient heimsuchte.***)

Betreffs dieses Wunders, das durchaus nicht hinreichend bestätigt ist, ließe sich darauf hinweisen, daß Plinius sagt, die vom Himmel fallenden Steine, jene Aerolithen nähmen oft die Gestalt von Beilen an. †) Boucher de Perthes scheint sie mit den Donnerhörnern zu identifizieren, die sich in großer Menge in dem vorsündflutlichen Erdreich finden und, wie er selbst zu berichten weiß, im alten Rom als Steine verehrt wurden, die vom Himmel gefallen wären (ceraunia).

---

*) Man beachte den Aufsatz von Carl Hornemann in Nr. 24 der „Zeitschrift für Spiritismus“ (1898), S. 188. Der Übersetzer.

**) Buch IV, Kap. 36.

***) Leloyer, Histoire et description des spectres, Buch IV, S. 399.

†) Plinius, Hist. Natur., Buch XXXVII, Kap. 9.

§ 11. — Heutigestags haben nun die Wissenschaftler, welche durch ihre Mikroskope zu Sehern geworden sind, die Gespenster und die Wurfspieße der Epidemieen in Gestalt der Mikroben entdeckt.

Soll dies nun heißen, daß sich keine außerirdische Intelligenz in den kranken Eingeweiden der Patienten einmischen könne? Dies aber möchte ich nicht zu behaupten wagen, auch ohne die Worte Jobard's, des Direktors des Industriemuseums von Brüssel,*) zu billigen: „Glaubet nicht, daß diese Geister den meteorischen und psychischen Erscheinungen fern stehen; sie sind es, die den panischen Schrecken verbreiten und die Heere in Verwirrung bringen, die Cholera und Pest säen. Die Wissenschaftler wissen nicht, daß das, was sie Miasmen, Typhus, Epidemieen nennen, nur Einfälle von grausamen Geistern sind, unter Anführung eines fluidösen Attila.“ Wenn es Geister giebt, so scheint es mir nicht ausgeschlossen zu sein, daß sie bisweilen in unsere Häuser eindringen. Sie sind es auch, woran die Anhänger jedweder Religion stets geglaubt haben. Im 2. Jahrhundert der Gründung Roms wurde dem Numa Pompilius von der Nymphe Egeria ein Schwert zugesandt, das wundersamer Weise vom Himmel gefallen war; es machte der Pest ein Ende, die in dem Staate der zukünftigen Weltbeherrscherin wütete. Im Jahre 831 nahm man den Kultus Apollo's an, um eine andere Epidemie zum Stillstand zu bringen. Sofort nahm die Seuche ab, und die Kranken waren unversehens wieder hergestellt, weshalb sie auch dem Phöbus den Beinamen: Sanator gaben. Im Jahre 463 wurde der Kultus Äskulap's unter denselben Umständen und Bedingungen eingesetzt. Berichten nicht die Geschichtsschreiber des vergangenen Jahrhunderts, daß, nachdem Belsunce, der Bischof von Marseille, das berühmte Gelübde unserer allerheiligsten Jungfrau abgelegt hatte, die Pest, welche vorher

*) Revue spiritualiste, 25. März 1861.

5000 Personen täglich hinwegraffte, vollständig mit einem Schlage erlosch, sodaß von jenem Tage an kein einziger Krankheitsfall mehr gemeldet wurde und alle, die noch an der gefürchteten Krankheit darniederlagen, wieder gesundeten?!

§ 12. — Bei dieser Gelegenheit scheint es uns geboten, auf die sogenannten Irrlichter zu sprechen zu kommen. Diese unschuldigen Flämmlein, die man bisweilen des Nachts besonders in sumpfigen Gegenden und an Friedhöfen in der Luft herumflattern sieht, hielt man für Offenbarungen von Geistern Verstorbener oder auch von Kobolden.*) Die Wissenschaft schrieb dann die Erscheinung dem deutophosphoraten Wasserstoff zu, der von verwesenden Tier-Kadavern an sumpfigen Orten entsteige und sich aus irgend welchen, noch unbekannten Gründen vielleicht durch die Vermischung mit Sauerstoff oder der atmosphärischen Luft entzünde. Da dies dennoch nicht vollständig genügt, das Phänomen zu erklären, so vermutete man, daß an der Bildung dieser Irrlichter noch ein Fettstoff Teil nehme, die Verbrennbarkeit herabsetze und durch Zunahme des Gewichtes eine Substanz bilde, die lange Zeit hindurch leuchte, indem sie ein fahles und trübes Licht entsende.

Diese Hypothese — so wenig sie auch einen Chemiker befriedigen mag — wird heutigestags dennoch allgemein von gebildeten Leuten angenommen, worunter gewiß manche nicht wenig erstaunt sein werden, wenn sie hören, daß hervorragende Naturwissenschaftler seit einiger Zeit bereits dieselbe aus verschiedenen stichhaltigen Gründen für einen großen Irrtum der Wissenschaft erklärt haben. Doch werde ich mich hierüber erst in dem zweiten Teile meines Werkes aussprechen.

In der Geschichte der christlichen Wunderthäter wird auch noch von bedeutend größeren und lebhafteren Lichtern als

---

*) Daher ital.: fuochi folletti; franz.: feux-follets.
                                                    Der Übersetzer.

den sogenannten Irrlichtern berichtet. Ich erwähne hiervon bloß jenes sehr bekannte Licht, das alljährlich einmal während der drei Festtage Simons des Säulenheiligen erscheint und um die Säule herumschwebt, auf der jener exzentrische Heilige den größten Teil seines Lebens verbracht hatte. Der Scholast Evagrius weiß darüber de visu zu berichten: „Auf der linken Seite der Säule erblickte ich im Verein mit der ganzen Menge der Landleute, die herumstanden, diesen Stern von ungewöhnlicher Größe und hervorragendem Glanze, welcher sich dann vollständig herumdrehte. Auch nicht einmal sah ich ihn bloß, ja, auch nicht zwei= oder dreimal, nein, oftmals habe ich sowohl sein plötzliches Verschwinden, als auch das augenblickliche Wiederscheinen während der ganzen Zeit, die das Fest dauerte, beobachtet."[*]) Es läßt sich wohl behaupten, daß dies Geheimnis auf einem Kunstkniff der Priester beruhe; obschon es uns dennoch nicht wenig verwundern muß, daß ein Polizeioberster und Statthalter wie Evagrius und andere hervorragende Persönlichkeiten sich zu dergleichen Betrügereien hergegeben haben sollen.

§ 13. — Allein nicht immer sollten sich die Verstorbenen in einer so unschädlichen Weise offenbaren, wie durch jene Irrlichter. Im vorigen Jahrhundert waren die Vampyre an der Tagesordnung: Naturwissenschaftler und Philosophen reichten sich mit dem Volke die Hand, um gemeinsam jenen schrecklichen und sonderbaren Glauben zu untersuchen. Man nannte nämlich gewisse verstorbene Menschen Vampyre[**]), die

---

[*]) Evagrius, Hist. eccles., Buch 1, Kap. 13 u 14.

[**]) Die Etymologie des Wortes „Vampyr" dürfte vom altd. „byren, beiren" = heftig begehren herzuleiten sein, vielleicht ist auch im slav. upier, upir, upyr dasselbe Stammwort verschmolzen. Die russische Sprache kennt auch upyrí und brukoláki; letzteres findet sich auch im neugriech. als brukolakai oder burdolakai, woraus deutlich hervorgeht, daß Vampyrismus und Wehrwolfsglaube hier in einander übergehen, da Bulgaren und Slovenen mit vrkolak (cech. vlkodlak) den Wehrwolf bezeichnen.   Der Übersetzer.

erst kürzlich oder auch schon seit Jahr und Tag begraben, ins Leben zurückkehrten umhergingen, redeten und Menschen und Tiere belästigten. Besonders sollten sie ihren Verwandten das Blut aussaugen, wodurch dieselben immer mehr abmagerten, bis sie schließlich dem Tode anheimfielen.

Glücklicherweise waren sie leicht daran zu erkennen, daß ihr Leichnam noch vollständig unversehrt im Grabe lag, blühend, als ob noch Leben in dem Körper sei. Das rote Blut rollt durch die Adern, ja die Lippen sind oft mit Blut benetzt. Es sollte kein anderes Mittel geben, um sich ihrer unheilvollen Besuchen zu erwehren, als den Leichnam ausgraben, ihm den Kopf abschneiden, das Herz herausnehmen und denselben dann dem Feuer zu übergeben. Manche beschränkten sich darauf, den Leichnam mit einem Pflock an die Erde zu heften. Man glaubte gewöhnlich, daß die Körper und Seelen derjenigen, welche von der Kirche exkommuniziert seien, diesem schrecklichen Leben nach dem Tode als Vampyre anheimfielen.

Bereits in den Jahren 1693 und 1694 begannen französische und holländische Zeitungen sich mit dieser Frage des Vampyrismus zu beschäftigen, da sich solche Vampyre in den slavischen Ländern unter der Donau, in Polen, Rußland, Ungarn, der Wallachei und im Balkan finden sollten. Seltsamerweise trug sich das Phänomen nur in Dörfern zu, allein niemals in größeren Städten.

Am meisten mit dieser sonderbaren Frage beschäftigte sich damals der französische Benediktinermönch August Calmet der 1757 starb, ein Mann, der an Gelehrsamkeit und Tugend hervorragte, wie es selbst Voltaire anerkannte, als er einem Bilde desselben vier Verse widmete. Don Calmet schrieb seine: Dissertation sur les apparitions des anges, des démons et des esprits, et sur les revenants et vampires de Hongrie, de Bohême, de Moravie et de Silésie (Paris, 1746). Man möge auch die Magia posthuma von

Ferdinand von Schertz (1706) und die Philosophicae et christianae cogitationes de vampiriis von G. Christophor von Herenberg (1773) zu Rate ziehen.

Als man sich nun immer lebhafter mit der Frage des Vampyrismus auch im Westen Europas zu beschäftigen begann, da wandten sich Priester und Bischöfe nach Rom, um sich bei dem hl. Vater Rates zu erholen. Dieser aber würdigte sie keiner Antwort, da er der Ansicht war, daß es sich nur um Fabeln und Halluzinationen handele.

Von den vielen seltsamen Geschichten, womit uns v. Schertz aufwartet, sei folgende hier wiedergegeben: Ein Hirte des Dorfes Blow bei der Insel Kadam in Böhmen erschien kurze Zeit nach seinem Tode wieder unter allen Anzeichen, die auf Vampyrismus schließen ließen. Das Gespenst nannte verschiedene Personen mit Namen, die dann auch sämtlich binnen einer Woche plötzlich dahinstarben. Es quälte seine Nachbarn und setzte die Bewohner des Dorfes in solchen Schreck, daß die Bauern von Blow nach der herrschenden Ansicht sofort die Ausgrabung des Leichnams vornahmen. Sodann durchbohrte man das Herz mit einem Pflock und heftete den Leichnam an den Erdboden fest. Allein der Vampyr, welcher sprach, obgleich er doch tot war, oder wenigstens hätte tot sein müssen nach dieser Operation, der er unterworfen worden war, scherzte mit denjenigen, welche ihn einer solchen Behandlung ausgesetzt hatten, und dankte ihnen dafür, „da er doch nun einen Knüttel habe, um sich vor den Angriffen der Hunde zu schützen!" In der darauffolgenden Nacht zog der Vampyr den Pfahl heraus, erhob sich und erschreckte viele Bewohner, ja erwürgte noch mehr als er es bisher gethan hatte. Man übergab daher den Leichnam dem Abbecker, der denselben auf eine Karre lud, um ihn außerhalb des Dorfes zu verbrennen.

Der Vampyr wehrte sich dabei mit Händen und Füßen, seine Augen nahmen einen furchtbaren Glanz an, und er schrie wie ein Rasender. Als man in seine Glieder Pfähle hinein-

schlug, strömte reichlich der rote Lebenssaft hervor, als wäre
der Vampyr eine lebende Person. Kurz darauf wurde
er verbrannt, und fortan zeigte sich die Erscheinung nicht
mehr.

Der Verfasser der **Magia** posthuma meldet dann ferner
noch, daß die Gegenstände, welche dem Vampyr während
seines irdischen Lebens zu eigen gewesen waren, sich häufig
von selbst bewegten, so daß die frühere Wohnung solcher
Vampyre bald zu einem wahren Spukhause wurde.

Um das Jahr 1725 sah ein Soldat, welcher bei einem
ungarischen Bauer einquartiert war, in dem Augenblick, als
er sich zu Tische setzen wollte, um sein Mahl einzunehmen,
einen Unbekannten zur Thüre eintreten und ohne weiteres
an der Seite des Bauern Platz nehmen. Der Hausherr sowohl als auch die anderen wurden dadurch heftig erschreckt.
Der Soldat wußte nicht, was er davon halten sollte und
fürchtete, unbescheiden zu sein, wenn er seine Wirtsleute mit
Fragen bestürmte. Indes als der Hausherr unversehens
während der Nacht gestorben war, wagte er doch, sich nach der
unheimlichen Gestalt zu erkundigen, und erfuhr, daß jener
Fremde, den er sich mit an den Tisch setzen sah, der Vater
des Hausherrn sei, welcher bereits seit zehn Jahren gestorben
und begraben war. Der Soldat erzählte diesen Vorfall in
seinem Regimente. Die Offiziere nun, die bald hiervon Kenntnis
erhielten, beauftragten den Grafen von Cabreras, einen Hauptmann der Infanterie, diesbezüglich Nachforschung anzustellen.
Cabreras begab sich sofort in Begleitung von anderen Offizieren,
einem Chirurgen und einem Richter an Ort und Stelle. Es
wurde hier ein genaues Verhör angestellt, wobei sich ergab, daß
sämtliche Personen jenes Hauses, sowie auch die der anderen
Bauernhütten die gleiche Aussage machten, wie der Soldat.
Die Leiche des alten Bauern und vermutlichen Vampyrs ließ
man sofort ausgraben, und es zeigte sich, daß sein Blut noch
ganz flüssig und das Fleisch sich noch in so frischem Zustande

befand, als wäre der Mann erst eben verschieden. Man
schnitt dem Leichnam den Kopf ab, wonach man wieder den
Körper des Vampyrs der Erde übergab. Don Calmet berichtet,
daß er die Erzählung von einer gewichtigen Person gehört
habe, der sie der Graf von Cabreras selbst mitgeteilt hatte.

Der Glaube an Vampyre war in England seit dem
Mittelalter sehr verbreitet. Wilhelm von Venbridge, der im
12. Jahrhundert lebte, erzählte,*) daß man zu seiner Zeit in
dem Gebiete von Buckingham ein Gespenst gesehen habe, das
vollkommen Körper und Seele war. Der Bischof von Lincoln
berief daher seinen Rat, durch den in Erfahrung gebracht
wurde, daß solche Vorkommnisse in England durchaus nicht
selten wären und daß das einzige Mittel, dies Phänomen zu
beseitigen, lediglich darin bestände, die irdischen Überreste des
Phantoms zu verbrennen. Der Bischof zog jedoch vor, sich
an das Grab des Verstorbenen zu begeben, um ihm Absolution
zu erteilen und den Segen über ihn zu sprechen, worauf
jegliche Belästigung seitens des Gespenstes ein für alle mal
aufhörte.

§ 14. — Die Wiege des Vampyrismus ist vielleicht
Griechenland, woselbst die Vampyre den Namen brukolakai
führen. Auf Kreta nennt man sie jedoch meistens katakani.
Dort muß der Glaube an Vampyre zuerst aufgekommen sein,
da der Historiker Pausanias daran erinnert, daß ein Artikel
der Gesetzgebung der Kretenser, welcher vielleicht dem Minos
zu verdanken ist, angeordnet habe, die Leichname derjenigen
zu verbrennen, welche aus den Gräbern zu ihren Familien
zurückkehrten, und daß man den Kopf derselben mit einem
Nagel durchbohren solle. Leo Allatius, der im 16. Jahrhundert
lebte, behandelt ausführlich diesen Punkt. Auch erzählt uns
Ricaut, der im vorigen Jahrhundert Griechenland bereiste,
daß die Furcht vor solchen Brukolaken sowohl bei Türken,

---

*) Rerum anglic. Buch V, Kap. 22.

als auch bei Griechen allgemein sei. Und er giebt uns folgen=
den interessanten Fall an, der ihm von einem Kandioten
sogar unter Eidschwur berichtet wurde. Auf Morea starb ein
Mann, den man anstatt in geweihter Erde an einem ab=
gelegenen Plätzchen beiseite schaffte. Bald wurden die Be=
wohner von schrecklichen Erscheinungen gequält, welche man
auf diesen Unglücklichen zurückführen zu müssen glaubte.

Erst nach einigen Jahren öffnete man sein Grab und
fand dort einen stark aufgetriebenen Leichnam, der indes
noch vollkommen unverwest und wohlerhalten war. Seine
Adern waren durch das eingesaugte Blut angeschwollen. Da
man nun einsah, daß man es mit einem Brukolaken zu thun
hatte, so entschied man sich den Leichnam zu verbrennen.
Allein die Eltern erlangten durch inständiges Bitten, daß
dies Vorhaben nicht zur Ausführung kam; zugleich sandten
sie einen Eilboten nach Konstantinopel, um von dem Patri=
archen die Absolution einzuholen, deren der Verstorbene so
dringend bedurfte. Unterdessen wurde der Leichnam in die
Kirche gesetzt, woselbst sich zahlreiche Gläubige versammelten,
um Gott zu bitten, der armen Seele endlich Ruhe zu geben.
Eines Morgens hörte man während des Gottesdienstes ein
donnerartiges Krachen in dem Sarge, der Sargdeckel sprang
auf, und man sah einen schon verfallenen Leichnam, wie ein
solcher sein muß, wenn der Körper bereits seit sieben Jahren
entseelt ist Das seltsamste aber war, daß in demselben Augen=
blicke, als das wunderbare Geräusch vernommen wurde, der
Patriarch die Absolution unterzeichnet hatte . . .

§ 15. — Es dünkt mir, daß es vergebliche Mühe ist,
eine genaue Erklärung über den Glauben an den Vampyris=
mus abzugeben, der übrigens vielmehr einen vorübergehenden
und lokalen Charakter trägt, wie es bei jedem derartigen
Glauben der Fall ist, der sich nicht auf genau beobachtete
Thatsachen stützt.

Es ist wohl das wahrscheinlichste, daß viele Umstände

dazu beigetragen haben, jenen Glauben zu verallgemeinern.
Gespenster-Erscheinungen, seien sie nun wahr oder auch halluci-
natorisch, zu frühe Beerdigung und die geologische Beschaffenheit des Ortes, wodurch bisweilen Leichen vollkommen erhalten
und frisch verbleiben, vor allem aber die um sich greifende
Furcht und die durch mündliche Überlieferung entstellten Erzählungen, alles dies mag Veranlassung zu dem Glauben
an jene blutsaugenden Wesen gegeben haben.

    Auch möchte ich hier nicht unerwähnt lassen, daß zu
Anfang dieses Jahrhunderts ein Gedicht erschien unter dem
Titel: der Vampyr, das man Lord Byron zuschrieb, der jedoch
seine Autorschaft entschieden bestritt. Es ist hierin von einem
Vampyr die Rede, der Griechenland bereist und auch häufig die
athenische Gesellschaft besuchte; er durcheilte die Welt und
machte Eroberungen unter dem schönen Geschlechte trotz seines
gläsernen und halbgebrochenen Blickes. Schließlich verheiratete
er sich, um seiner Gemahlin das Blut auszusaugen. Es ist
eine Erweiterung der Eigenschaften, welche der Volksglaube
den Vampyren beilegt.*)

    *) Heinrich Marschner's zweiaktige Oper „Der Vampyr",
mit Text von Wohlbrück, behandelt diesen Stoff in packender Weise
(Ort der Handlung ist Schottland im 17. Jahrhundert). —
    Möglicherweise dürften Stellen wie Homer, Od. XI, 49—232,
(wonach die Schatten im Hades einen Drang nach Wiederbelebung durch
Blut in sich fühlen) und der Glaube bei den Römern von harpyien-
artigen Wesen, die den Müttern nebst der Milch auch das Blut aussaugen, sich wohl schon als die Wurzel des Glaubens ansehen lassen.
    Unter Bezugnahme auf unsere Anmerkung auf S. 208 vorl. W.
sei hier nur noch erwähnt, daß der Astralkörper des Vampyrs mit der
Leiche noch derart in Verbindung steht, daß dieser ihr Blut zuzuführen
im Stande ist. Dadurch nun, daß er auf diese Weise den irdischen
Körper vor der Verwesung schützt, sucht er, wie die Theosophen behaupten,
seinen Astralkörper vor einer Auflösung und seinen Geist selbst vor dem
gänzlichen Verlust der Persönlichkeit sowie des Dahinschwindens seiner In-
dividualität (infolge der schon zu Lebzeiten vor sich gegangenen Trennung
von dem höheren Ich) möglichst lange zu erhalten. Der Übersetzer.

§ 16. — Von boshaften Gespenstern erwähnt Delrio weiße Frauengestalten, die in die Ställe eindringen, in der Hand ein Wachslicht haltend, von dem sie dann auf die Mähne des Pferdes Wachs tröpfeln lassen, wobei sie dieselben kämmen und sehr regelmäßig zu flechten pflegen. Von solchem unerklärlichen Kämmen der Pferde habe ich öfter unsere Bauern erzählen hören und ich wußte nichts dazu zu sagen. Da sollte ich später von einer Krankheit hören, der sogenannten Plica polonica oder Trichoma, die beides Männer und Weiber, auch Kinder, vor allem aber die Pferde befällt. Diese Krankheit scheint ihre Heimat in Ostindien zu haben, woher sie um das Jahr 1687 nach der Tartarei eingeschleppt wurde. Außer in Polen, weshalb sie auch den Namen polnische Flechte führt, kommt sie häufig in Ungarn, Schweden, Belgien und im Elsaß vor, auch ist sie bei uns nicht ganz unbekannt. Bei den von ihr befallenen Individuen kräuseln sich die Haare und verschlingen sich, als seien sie künstlich verflochten. Unsere Bauern glauben, daß sich ihre Stuten vor den kämmenden Gespenstern so sehr erschrecken, daß sie davon krank würden; doch kommt ihr Übelbefinden lediglich von der Krankheit selbst her, die auch die eigentümliche Verflechtung der Haare hervorruft.*) So haben sich also oft schon bei den sonderbarsten Erscheinungen ganz natürliche Ursachen ergeben und es zeigt dies Beispiel wieder einmal, wie vorsichtig man bei der Erklärung eines uns als übernatürlich scheinenden Phänomens zu Werke gehen muß.**)

---

*) Sollte dies auch in allen und besonders in den von jenen Bauern erzählten Fällen erwiesene Thatsache sein?!

Der Übersetzer.

**) Allein auch zu einer zweiten Vorsicht ist zu raten. Sehr häufig hat uns die Annahme einer einfachen und sozusagen natürlicheren Hypothese erst recht auf den falschen Weg bei Erklärung bisher unbekannter Erscheinungen geführt. Nur zu oft werden ähnliche Phänomene

Auch in Frankreich ist diese Pferde-Krankheit auf dem Lande sehr bekannt und wird auch dort der Zauberei zugeschrieben.

§ 17. — Durch eine Verschmelzung der alten germanischen Gottheiten mit denen der Celten: den Sylphiden, Walkyren ꝛc. mit den Najaden, den Nymphen, Sirenen und anderen ähnlichen Geschöpfen der graeco-latinischen Mythologie entstanden die Feen *) (die Schicksalsgöttinnen: fatidicae-fata), die lange Zeit hindurch im Glauben unserer Altvorderen das tiefe Dickicht der Wälder behausen und an dem sprudelnden, labenden Quell ihren Gesang ertönen lassen sollten, — bald als Beschützer der bedrängten Unschuld, bald als der heftigste Widersacher aller Tugenden, je nach ihren Launen und ihrer guten und bösartigen Gemütsveranlagung. Bevor wir den Feen als jenen anmutigen, dichterischen Gestalten der Legenden und Rittergeschichten begegnen, war der feste Glaube an das thatsächliche Dasein derselben schon allgemein verbreitet. Olaf Magnus, der Bischof von Upsala, berichtet, daß man zu seiner Zeit in Schweden viele solcher Feen gesehen hätte. „Sie bewohnen geheime Schluchten im Dickicht der „Wälder," sagt er, „bisweilen zeigen sie sich und erteilen „auch denjenigen Rat, die sie darum angehen, worauf sie „plötzlich wieder verschwinden." Cornelius von Kempen

---

fälschlich zusammengefaßt, und es findet zu leicht eine Vertauschung derselben oder mindestens eine irrige Anlehnung statt.

Der große Haufen der Wissenschaftler hat es nie recht verstanden, den beiden gefahrvollen Klippen, welche dem kritischen Forscher drohen, aus dem Wege zu gehen — jenen Klippen, die sich in die klassischen Sätze zusammenfassen lassen: post hoc, ergo propter hoc sowie ab uno disce omnes, und als große Verstöße gegen die Logik zu bezeichnen sind. Zwischen eigentlicher Ursache und Gelegenheitsursache unterscheiden, ist zwar Sache des Weisen, dessen sich aber keineswegs viele unserer Gelehrten brüsten dürfen.   Der Übersetzer.

*) Alt: Fey, russ.: feja, franz.: la fée, ital.: la fata, vom lat.: fatum, das Schicksal, gebildet wie aimée von amatum.

Der Übersetzer.

behauptet, daß es zur Zeit Lothars in Phrygien viele Feen gab, welche in Grotten am Fuße der Berge wohnten, die sie dann nur des Nachts bei Mondschein verließen.*)

Wie man gute und böse Feen unterschied, so waltete bei ihnen auch eine Ungleichheit hinsichtlich ihrer Fähigkeiten und ihres Vermögens ob. In den Ritterschwänken und Märchen sieht man oft, wie eine gute Fee einer bösen, mächtigeren unterliegt. Man war überzeugt, daß von der Freundschaft oder Feindschaft einer solchen Fee das Glück und der Unstern ganzer Familien abhinge. Bei der Geburt ihrer Kinder trugen die Bretagner Sorge, in einem besonderen Zimmer einen Tisch herzubereiten, auf dem reichliche Speisen für drei Gedecke aufgetragen wurden, um die Feen zu gewinnen, dem neugeborenen Kinde Liebe und Wohlwollen entgegen zu bringen, und sie zu einem häufigen Besuche zu veranlassen, besonders aber auf das Kind einige ihrer guten Eigenschaften zu übertragen.**)

Übrigens kannten die Bretagner auch böse Feen, die gewöhnlich jene „Wäscherinnen der Nacht" waren, welche die Wäsche an verborgenen Waldquellen wuschen und es den nächtlichen Wanderern schwer entgelten ließen, wenn sie sich weigerten, ihnen bei ihrer Arbeit zu helfen.

§ 18. — Eine der berühmtesten Feen ist sicherlich Melusine, von der Johann d'Arras gegen Schluß des 14. Jahrhunderts alle Sagen der mündlichen Überlieferung gesammelt hat, welche Arbeit er dann als „die Chronik" der Prinzessin bezeichnete. Darnach sollte sie die Tochter eines Königs von Albanien sein, der mit einer Fee die Ehe eingegangen war. Wegen eines von ihr begangenen Fehltritts

---

*) A. Maury, Fées du moyen âge, Paris, 1843.

**) Also eine Art Pathenrolle. — In der Regel traten die Feen, wie wir auch in obigem Beispiele sehen, zu dreien (vergl. die drei Nornen) unter den Namen: Einbeth, Warbeth und Wilbeth, wohl auch als: Anbett, Gwarbett und Bolbett auf.

Der Übersetzer.
23*

wurde sie nun von dieser verdammt, jeden Samstag die Gestalt einer Sirene anzunehmen. Raimundin, der Sohn des Grafen Forez, heiratete sie nun und erhielt von ihr sogar mehrere Söhne. Der eine derselben war der König der Bretagne, ein anderer der Freiherr von Lusignan in Poitou. Diesem letzteren zauberte Melusine in einem Augenblicke vermittelst einer Wünschelrute ein Schloß hervor. Nach ihrem Tode erschien Melusine oft wieder und wurde besonders berühmt wegen ihrer Anhänglichkeit an das Haus Lusignan. Ja, es ist sogar nicht unmöglich, daß ihr Name in Folge einer Entstellung der Worte Mère des Lusignans entstanden ist, umsomehr als das Volk in der Bretagne sie mit dem Namen Mère Lusine bezeichnete. Wenn Lusignan seinen Herrn wechselte oder einer der Nachkommen sterben sollte, so erschien Melusine drei Tage vorher auf den Türmen des Schlosses und ließ wehmütige Klagelaute erschallen.[*]

Karl V und Katharina von Medici begaben sich von Neugierde getrieben an Ort und Stelle, um sich mit dem Charakter jener Erscheinung näher vertraut zu machen. Als schließlich der grausame Heinrich III Guido von Lusignan der Verschwörung anklagte und sein Schloß zerstören ließ, da glaubten alle Bewohner der Umgegend, die Fee zwölf Nächte hinter einander auf den Trümmern weinend sitzen zu sehen.

In Belgien dagegen wurde Melusine für die Beschützerin des Hauses Grave gehalten: man glaubte, daß sie niemals das Schloß von Enghien verlasse.[**]

§ 19. — Solche Eigenschaften, nämlich für gewisse hervorragende Familien besondere Vorliebe an den Tag zu legen und bei Gelegenheit eines schweren Ereignisses, welches die Mitglieder des betreffenden Hauses angeht, zu erscheinen, zeichnen gerade jene gespenstigen Wesen aus, welche im Volksmunde den Namen weiße Frauen führen.

---

[*] Bullet, Dissertations sur la mythologie française.
[**] De Saint Genois, La Cour de Jean IV, Bd. I, S. 82.

Die berühmteste derselben ist unstreitig Berta v. Rosemberg, welche im 15. Jahrhundert lebte und die sich zu allererst im Schlosse Neuhaus, wo sie ihr Leben verbracht hatte, alsdann in den Residenzen verschiedener anderer hervorragender Familien, die mit jener von Rosemberg in einem Verwandtschaftsgrade standen, besonders aber bei den Hohenzollern sehen ließ.

Der lateinische Voltaire, Erasmus von Rotterdam, schrieb: „Das merkwürdigste von unserem lieben Deutschland ist vielleicht die weiße Frau, die sich regelmäßig sehen läßt, wenn der Tod an das Haus eines Fürsten anklopft, und zwar gilt dies nicht nur von Deutschland, sondern auch von Böhmen. Dieses Gespenst ist zum größten Teil auch thatsächlich bei dem Tode derer von Neuhaus und Rosemberg erschienen und zeigt sich auch heute noch. Wilhelm Slavata, der Kanzler dieses Reiches, erklärte, daß die weiße Frau nicht aus dem Fegefeuer herauskommen könne, solange das Schloß Neuhaus noch im Unglücke sitze. Sie erscheint dort nicht nur, wenn jemand sterben soll, sondern wenn auch jemand eine Ehe eingeht oder ein Kind geboren wird. Daher zeigt sie sich auch je nach dem in verschiedenem Gewand. Erscheint sie schwarz gekleidet, so bedeutet dies einen Todesfall; will sie aber ein freudiges Ereignis ankündigen, so läßt sie sich in einem weißen Gewande sehen. Gerlaines versichert, von Baron von Ungenaden, dem kaiserlichen Gesandten bei der Pforte, erfahren zu haben, daß diese weiße Frau immer in einem schwarzen Gewande erscheine, wenn in Böhmen einem der Mitglieder der Familie von Rosemberg der Tod drohe. Da Herr Wilhelm von Rosemberg mit den vier zu Braunschweig, Brandenburg, Baden und Pernstein regierenden Familien nach und nach verwandt wurde und auch besonders große Hoffnungen auf die Hochzeit der Prinzessin von Brandenburg gesetzt hatte, so hielt sich die weiße Frau zu diesen Häusern und zu einigen anderen, die mit ihnen verwandt waren.

Was die Art ihres Auftretens anbetrifft, so eilt sie zu=
weilen von Zimmer zu Zimmer — mit einem an ihrem Gürtel
hängenden großen Schlüsselbund öffnet und schließt sie sodann
die Thüren, und dies sowohl bei Tag als auch bei Nacht. Wenn
jemand sie grüßt, so nimmt sie einen Ton in ihrer Stimme
an, welcher die trauernde Witwe verrät, und eine Haltung
wie die einer Edelfrau; nachdem sie sich dann ehrerbietig
verbeugt hat, verschwindet sie. Niemals fällt von ihren
Lippen ein böses Wort, stets tritt sie allen gegenüber mit
Bescheidenheit und einer gewissen Verschämtheit auf. Allerdings
erzürnt sie sich häufig und wirft sogar mit Steinen gegen die=
jenigen, welche sich erkühnten, mit ruchlosen Reden sich gegen
Gott oder gegen sie selbst aufzulehnen. Den Bettlern gegen=
über zeigte sie sich wohlthätig und bedauerte sehr, ihnen nicht
derart behülflich sein zu können, wie sie es gern möchte.
Hiervon gab sie einen schönen Beweis, als die Schweden ihr
Schloß eingenommen hatten und den Armen nicht mehr die
Portionen von gekochtem Fleisch zukommen ließen, eine Ver=
anstaltung, die sie getroffen hatte, als sie noch im Leben stand.
Sie machte alsdann einen solchen Lärm und tobte derart,
daß die Soldaten nicht wußten, wie sie sich verbergen sollten.
Selbst die Generäle waren vor ihren Angriffen nicht sicher,
so daß einer derselben endlich in Erinnerung brachte, daß
man Fleisch kochen lassen müsse, um es an die Armen zu
verteilen; nachdem dies geschehen war, kehrte die frühere
Ruhe zurück."

§ 20. — Zahlreiche Fälle werden berichtet, daß das
Erscheinen dieser weißen Frau den Tod deutscher Fürsten
angekündigt habe. Für die Hohenzollern zeigte sich dies
Gespenst zum ersten Male zu Berlin im Jahre 1598, acht
Tage vor dem Tode des Kurfürsten Johann Georg, und dann
im Jahre 1619, dreiundzwanzig Tage vor dem Hinscheiden
des Kurfürsten Johann Sigismund, ferner im Jahre 1667,
kurz bevor Prinzessin Luise Henriette die sterbliche Hülle ab-

legte, und im Jahre 1688, einige Tage vorher, ehe der große Kurfürst aus dem Leben schied.*) In diesem Jahrhundert dann wurde sie unter anderem gesehen vor dem am 22. Mai 1850 erfolgten Attentate gegen Friedrich Wilhelm IV, König von Preußen, und zuletzt am Abend vor dem Tode des Prinzen Waldemar im Jahre 1878.

Der interessanteste Fall einer Erscheinung ist vielleicht der, den der Temps vom 11. Juli 1893 berichtet:

»Das letzte Heft einer in russischen Hofkreisen viel gelesenen Monatsschrift veröffentlicht einen französischen Bericht einer höchst interessanten Geistererscheinung, die trotz der vielen ähnlichen vor allem den Vorteil bietet, historisch zu sein und zwar im engsten Sinne des Wortes. Es handelt sich dabei um eine doppelte Erscheinung der weißen Frau, die sich dem Prinzen Louis Ferdinand und der Wache zeigte. Dieser fand tags darauf seinen Tod in der Schlacht bei Saalfeld.

---

*) Doch weiß der Volksmund von einem weit zahlreicheren Erscheinen der „weißen Frau" zu erzählen sowohl beim Ableben eines erlauchten Sprößlings des Hohenzollern-Hauses als auch zu Zeiten, wenn ein anderer Unstern jenes Fürstenhaus bedrohte. Zumal sind viele Erzählungen betreffs einer Erscheinung der weißen Frau bei dem Tode des großen Preußenkönigs Friedrich II in Umlauf. Wir verweisen dieserhalb auf unseren in mehreren spiritistischen Vereinigungen ꝛc. gehaltenen Vortrag: „Die weiße Frau, ein Aberglauben?", worüber in Nr. 6 der „Zeitschrift für Spiritismus" (1897, S. 46 referiert wurde, sowie auf den Aufsatz: Die Rache der Toten, in Nr. 26 derselben Zeitschrift (1898, S. 207).

Auch sei hier erwähnt, daß den Zeitungsnachrichten zufolge noch im vorigen Jahre 1897 die weiße Frau wieder gesehen worden ist. Vergleiche darüber Nr. 5 (S. 38) der „Zeitschrift für Spiritismus", Jahrgang 1897. — Auch auf der alten österreichischen Hofburg zu Wien soll sich ein unheimliches todkündendes Gespenst der Habsburger bei dem Ableben eines Mitgliedes der Fürstenfamilie dem Anblick der Sterblichen darbieten. In einer trefflichen Erzählung berichtet uns von einer solchen Erscheinung vor dem Tode Josephs II Ottokar Tann-Bergler (s. Alt-Wiener Ränke und Schwänke, S. 84.)

Der Übersetzer.

Zeuge dieses Ereignisses war der Graf Gregor von Nostitz, ein Deutscher von Geburt, der 1813 in russische Dienste trat und ,838 als Generaladjutant des Kaisers Nicolaus starb. Kaiser Alexander II sandte im Jahre 1869 den Sohn dieses Grafen von Nostitz, welcher im Rang eines Generalmajors stand, nach Berlin, um König Wilhelm das Großkreuz des St. Georgsordens zu überbringen. Während nun Graf Nostitz in Berlin weilte, bat ihn der damalige Kronprinz und spätere Kaiser Friedrich III, ihm den französischen Text jenes Berichtes zukommen zu lassen, den sein Vater (der alte Graf Nostitz) über jene Erscheinung der weißen Frau im Jahre 1806 abgefaßt hatte. Graf Nostitz sandte dem Kronprinzen nun später eine Abschrift von der Aufzeichnung seines Vaters zu, und der Kronprinz von Preußen schrieb sodann von Potsdam unterm 11. Juni 1870 nachstehenden Dankesbrief:

„Mein lieber Graf!

„Ich danke Ihnen von ganzem Herzen für die Auf=
„merksamkeit, die Sie mir durch Zusendung einer Abschrift
„der Aufzeichnungen Ihres seligen Vaters, des General=
„adjutanten Nostitz, erwiesen haben, welche Sie mir
„während Ihres Aufenthaltes in Berlin versprochen hatten.
„Das Manuskript wird unseren Archiven einverleibt und
„stets als ein interessantes Dokument betrachtet werden,
„da es einen bedeutsamen Abschnitt aus der Geschichte
„meiner Familie behandelt.

„Ich bin, lieber Graf,
„Ihr ganz ergebener
„Friedrich Wilhelm,
„Kronprinz von Preußen.“

Die Urkunde lautet wie folgt:

„Im Jahre 1806 war Graf Gregor von Nostitz, der Vater, Adjutant des Prinzen Louis Ferdinand von Preußen, der eine Division in dem vom Fürsten von Hohenlohe befehligten Corps kommandierte.

Am Tage vor der Schlacht bei Saalfeld (also am
9. Oktober 1806) befand sich der Prinz mit seinen Offizieren
auf dem Schlosse des Herzogs von Schwarzburg-Rudolstadt.
Desselben Abends versammelte man sich in einem Saale des
Schlosses. Der Prinz war von dem Gedanken an einen
baldigen Zusammenstoß mit den Truppen Napoleons ganz
begeistert. Als die Uhr 12 schlug, wandte sich der Prinz an
den Grafen Nostiz mit den Worten: „Wie fühle ich mich
glücklich! Unser Schiff ist endlich auf hoher See; der Wind
ist günstig." —

Kaum hatte der Prinz den Satz vollendet, als der Graf
zu seinem unbeschreiblichen Erstaunen bemerkte, daß der Prinz
erblaßte, sofort emporsprang, mit der Hand über die Augen
fuhr, den Kandelaber ergriff und auf den Gang hinausstürzte,
der zur Wachtstube führte.

Graf Nostiz folgte und sah, wie der Prinz in dem
Gange eine weiße Erscheinung verfolgte, die plötzlich an der
Mauer, welche den Korridor abschloß und keinen Ausgang
hatte, verschwand. Der Prinz untersuchte die Wand, sie war
ohne Ausgang (sans issue). Als der Prinz hinter sich im
Gange Schritte vernahm, drehte er sich um und sagte:

„Hast Du gesehen, Nostiz?"

„„Jawohl, Hoheit,"" antwortete der Graf, „„ich sah es.""

„So war es also kein Traum, kein Hirngespinst!" rief
der Prinz aus. — —

Auch noch ein dritter Zeuge war zugegen: der Wachtposten, welcher erklärte, daß eine Gestalt, in einem weißen
Mantel gehüllt, ganz dicht an ihm vorbeigeschritten sei; er
habe sie passieren lassen, da er der Ansicht gewesen sei, es
wäre ein sächsischer Kavallerieoffizier Der Gang hatte indes nur zwei Ausgänge, nach der Wachtstube und nach dem
Saal, wo der Prinz und seine Offiziere sich aufhielten. Auf
den Prinzen hatte die Erscheinung einen tiefen Eindruck hinterlassen: er äußerte dem Grafen gegenüber, daß er die Er-

scheinung als ein böses Omen ansähe; denn die „weiße Dame" zeige sich nur, wenn einem Hohenzollern ein gewaltsamer Tod bevorstehe.

Am nächsten Morgen wütete die Schlacht bei Saalfeld: die preußischen Truppen wurden in die Flucht geschlagen. Da sahen Prinz Louis Ferdinand und Graf Nostitz plötzlich wiederum die „weiße Frau", sie stand auf einem Hügel und rang die Hände in wilder Verzweiflung. Graf Nostitz spornte sein Pferd an und sprengte die Höhe hinauf, aber die Erscheinung verschwand plötzlich. Ein in der Nähe stehender Trupp Soldaten hatte die weiße Gestalt gleichfalls bemerkt und konnte sich ihr Verschwinden nicht erklären. Wenige Augenblicke später erhielt Prinz Louis Ferdinand bei einem Angriff der französischen Reiterei die Todeswunde; Graf Nostitz versuchte den Prinzen in Sicherheit zu bringen, wurde aber gleichfalls verwundet und sank bewußtlos zu Boden. Erst später erfuhr er, daß sein General von einem elsässischen Husaren des französischen Heeres getötet worden sei.«

§ 21. — Nach anderer Überlieferung soll die weiße Frau der Hohenzollern auch dieselbe sein, welche im Schlosse zu Bayreuth in Bayern umgeht. Dort erschien dieses weibliche Gespenst zum ersten Male im Jahre 1486 und zeigte sich auch im Laufe des 16. Jahrhunderts zu verschiedenen Zeiten. Zuerst offenbarte sie ihre Anwesenheit im alten Schlosse, von dem sie dann später in das neue überging. Hier befand sich ein altes Originalgemälde, die Gräfin Kunigunde von Orlamünde darstellend, welche vor Liebesgram gestorben war, und deren Geist nun ruhelos umherwandernd, eben jene weiße Frau sein sollte. Auf jenem Gemälde trägt die Gräfin ein dunkles Kleid, mit Pelz besetzt, und eine Haube mit langem weißen Spitzenschleier, der ihr Gesicht verhüllt und daher die Gräfin als eine weiße Frau erscheinen läßt.

Graf Münster, der Intendant der königlichen Schlösser von Bayern, welcher zu Anfang dieses Jahrhunderts lebte,

behauptete, daß er selbst mehrmals Augenzeuge von jenen Erscheinungen der weißen Frau gewesen sei.

Im Jahre 1806, in jener Zeit Deutschlands Niedergang,
erschien das schreckliche Gespenst in dem dortigen Schlosse
gerade, als einige Generäle in ihm einquartiert waren,
und belästigte dieselben ungemein. Auch schlug drei Jahre
später der Divisions-Kommandeur der schweren Kavallerie
des 8. Corps, General d'Espagne sein Quartier in dem
Schlosse auf.

Gegen Mitternacht aber sollten sämtliche Offiziere durch
einen entsetzlichen Schrei ihres Kommandeurs jäh aus dem
Schlafe auffahren, und als man in das Zimmer desselben
eilte, fand man ihn auf dem Fußboden liegend. Das Bett
war in die Mitte des Zimmers gerückt und umgestürzt worden.
Schweißgebadet vermochte General d'Espagne auf die Frage
seiner Offiziere anfangs keine Antwort zu geben. Als er
jedoch wieder zu sich gekommen war, erzählte er, daß eine
weiße Gestalt, wie er solche niemals vorher gesehen hätte,
plötzlich vor seinem Bette gestanden habe, obschon Fenster
und Thüren gut verriegelt waren. Genau dem Aussehen nach
wie jene weiße Dame auf dem Bilde, das man ihm erst nach
seinem Berichte zeigte, habe sie ihn zu verjagen gesucht, und
da er Stand gehalten, hätte sie ihn erwürgen wollen, dabei
sei er mit seinem Bette umgeworfen worden. Der General aber
verließ von Furcht überwältigt, sofort das verwünschte Schloß
und logierte sich in dem kleinen Schlößchen Fantaisie ein.
Seine Offiziere aber unterzogen das Zimmer einer eingehenden
Untersuchung. Man riß die Tapeten ab und suchte einer
verborgenen Thür auf die Spur zu kommen, auch ließ
man den Fußboden aufbrechen, um eine etwaige Ver-
senkung u. s. w. zu entdecken. Allein wie gewissenhaft man
auch dabei verfahren mochte, wie sehr man auch auf alles
bedacht war, was irgendwie zu dem leisesten Verdacht einer
Mystifikation Anlaß bieten konnte: alles war vergebens, und

es gelang nicht, den Schleier, welcher über der Begebenheit
dieser Nacht lag, zu lüften.

Auch Napoleon hielt sich zweimal in Bayreuth auf und
soll das erste Mal, als er in jenem neuen Schlosse abstieg,
mit jenem furchtbaren Gespenste Bekanntschaft gemacht haben.

Hierüber berichtet Hinterecker *):

»Der Kaiser mochte wohl eine halbe Stunde geruht haben,
als der Kammerdiener Constant, der im Vorzimmer schlief,
durch ein Ächzen und Stöhnen aufgeweckt und dann durch einen
lauten Schrei in Napoleons Schlafzimmer gerufen wurde.

Der Kaiser saß aufrecht auf seinem Bette: „Constant,
nun ist sie mir auch erschienen!" rief er dem Eintretenden zu.
„Ich war noch nicht eingeschlafen, als ich sie langsam aus
dem Fußboden emporwachsen sah. d'Espagne hatte Recht,
als er hier nach Versenkungen suchen ließ. Rufe Roustan,
nehmt Lichter und seht, ob Ihr nicht etwas ähnliches
entdeckt."

Doch vergeblich war alles Suchen der Dienerschaft, nicht
das geringste Verdächtige wurde gefunden, weshalb Napoleon
sie wieder entließ, sich tröstend, daß seine Phantasie, aufgeregt
durch die Erzählung des Kastellans, mit ihm im Traume ihr
neckisch Spiel getrieben habe. Eine Stunde mochte etwa
vergangen sein, als abermals heftiges Gepolter und Lärmen
aus dem Zimmer Napoleons die beiden Diener alarmierte.

Sofort eilten sie zu ihrem Gebieter, doch entsetzt blieben
sie an der Schwelle stehen. Das Bett Napoleons war von
der Wand abgerückt; auf ihm saß totenbleich, aber doch mit
seiner gewohnten, stets imponierenden Ruhe der große Kaiser.
Der Nachttisch mit seinen Geräten lag umgestürzt, das Licht
auf dem Boden, dem Erlöschen nahe. „Diesmal war es aber
kein Traum!" sagte Napoleon und deutete ernst auf das

---

*) Illustriertes Unterhaltungsblatt zu der in Dippoldis-
walde erscheinenden Weißeritz-Zeitung vom Jahre 1889.

Durcheinander. „Mit Riesenkraft hat das Gespenst mein
Bett von der Wand gerückt, wobei ich erwachte; es versuchte
sogar dasselbe umzustürzen. Ich griff nach ihm, doch als ich
es packte, zerfloß es zu nichts in meinen Händen. Dann
begann es sein Werk von neuem und verschwand, als Ihr
Euch nahtet. Da es die Anwesenheit von mehreren Personen
nicht zu lieben scheint, so werdet Ihr bei mir wachen!“

„„Zu Befehl, Sire,““ antwortete Constant, „„doch werden
wir unsere geladenen Pistolen zur Hand nehmen, und wenn
sich etwas zeigt, darauf Feuer geben.““

„Thut das,“ versetzte Napoleon, — „doch sollen bei
Gespenstern Pistolen nicht viel nützen. Solch ein Ungeheuer
ist unempfindlich gegen Pulver und Blei. Doch nun
zur Ruhe.“

Die weiße Frau zeigte sich in dieser Nacht nicht wieder.
Napoleon konnte, bewacht von seinen Getreuen, nunmehr
ungestört des Schlafes pflegen. Als sich der Kaiser am
Morgen von seinem Lager erhob, war er verstimmt und bleich.
Nicht wie sonst richtete er während der Toilette Scherzworte
an seinen Kammerdiener, nur einige Male hörte ihn dieser
murmeln: „Dieses verwünschte alte Schloß! Dieses
infame Spuknest!“

Des andern Tages bei seiner Abreise sagte Napoleon
zu seinem Gefolge: „Ein verwünschtes altes Schloß, ich werde
nie wieder eine Nacht darin zubringen!“

Eine andere berühmte weiße Frau ist jene, die sich zu Darmstadt oft den Augen der Sterblichen darbietet und sozusagen
das großherzogliche Haus Hessen-Darmstadt zu beschützen
scheint. Diese weiße Frau soll nach einigen Anna von Blam-
mild sein und nach anderen Beatrix de Clèves, deren
Legende Richard Wagner sich in seinem Lohengrin bediente.

Graf Reiset, der Biograph der Marie Antoinette, giebt
uns eine genaue Beschreibung, in welcher das unheilverkündende
Gespenst vor dem Tode der unglücklichen Königin zu Darmstadt

erschienen sei, woselbst er sich als französischer Minister aufhielt. Nach diesem Berichte nun trug sich die Erscheinung in
dem alten Schlosse des Großherzogs und zwar in jener Nacht
zu, welche der Hinrichtung der Marie Antoinette vorherging.
Prinz Georg von Hessen verfaßte, als man ihn gebeten
hatte, seine Eindrücke, die das Gespenst auf ihn hinterlassen,
zu Papier zu bringen, jene Beschreibung der weißen
Frau, deren bekanntes Manuskript sich gegenwärtig in den
Händen der Baronin Emma von Gerlach befindet: „Ihr
„Gesicht ist fahl, ohne Augen, ohne Nase und Mund. Wenn
„man sie sieht, läßt sie hinter sich Spuren von dunkler Farbe,
„Füße und Arme sind versteckt. Ihr Körper ist nur ein
„Schimmer von totenbleichem Glanze, der sich in Form einer
„Pyramide erhebt. Den Hals umgiebt eine Spitzenkrause,
„woraus der längliche Kopf hervorsieht."*)

§ 22. — Ähnliche Erscheinungen treffen wir auch häufig
in Großbritannien an. Die britische Rundschau**) berichtet in einem Aufsatze über Häuser, in welchen Geister
umgehen sollen, auch außer anderen von einer braunen
Frau, die sich im Schlosse des Marquis von T. zeige,
welches in der Grafschaft Norfolk***) liegt. Es sei dies ein
ebenso gespenstiges Wesen von mysteriösem Ursprunge, wie
ihre Nebenbuhlerin, die weiße Frau in dem Schlosse von Avenel.

Der Verfasser des englischen Artikels war selbst Augenzeuge der letzten Erscheinung, „wie sie jedermann seit Jahrhunderten sehen konnte: unversehens tritt das Gespenst auf
dem großen Korridor aus der Wand heraus, um sich dann
rasch in der Schneckenlinie der großen Freitreppe zu verlieren."

Es kommt alsdann Jenny die Spinnerin (spinster), ein
Gespenst, welches immer den erlauchtesten schottischen Familien

---

*) So berichtet der Gaulois vom 16. Oktober 1896.

**) The British Review vom 12. Dezember 1852.

***) Zwei englische Markgrafshäuser beginnen mit dem Familien-
namen: T., nämlich die von Townshend und die von Tweeddale.

folgte und einen endlosen, unaufhörlichen Lärm mit seiner
Haspel verursachte, wo auch immer der Gegenstand seiner
Verfolgung sich befinden mochte.*)

Der berühmte Lord Castelreagh, Markgraf von Londonderry,
hatte sich zu Anfang dieses Jahrhunderts nach Irland begeben,
um dort einen befreundeten Edelmann zu besuchen, der ein
altes Schloß bewohnte. Die erste Nacht nun, welche Lord
Castelreagh in dem ihm angewiesenen Gemache zubrachte,
sah er, nachdem er das Licht ausgelöscht hatte, nicht weit
von seinem Bette ein wunderschönes Kind stehen, das in
hellem Glanze erstrahlte. Da er nicht annehmen konnte, daß
er es mit einer Sinnestäuschung zu thun hatte, so vermutete
er, daß es sich um einen schlechten Streich von seiten eines
der zahlreichen Gäste des Schlosses handele. Lord Londonderry schritt daher auf die Erscheinung zu, die vor ihm
zurückwich. Er verfolgte das Kind, bis sich dasselbe endlich
in den Rauchfang des Kamines zurückzog und verschwand.
Lord Castelreagh legte sich nun zu Bett, doch vermochte er
erklärlicher Weise lange nicht einzuschlafen und brachte die
Nacht in Unruhe zu. Tags darauf musterte er genau die
Physiognomie sämtlicher Leute, die sich im Hause befanden,
ob er nicht irgend wie bei einem ein verschmitztes Lächeln wahrnähme, wie dies zumal der Fall ist, wenn mehrere Mit-
wisser eines solchen häuslichen Schabernacks sind. Allein
alles war vergebens, und er erstattete schließlich von dem
Abenteuer der Nacht Bericht. Die Erzählung machte nicht
geringen Eindruck auf die Gäste und gab Veranlassung zu
den verschiedensten Vermutungen. Allein der Hausherr unter-

---

*) Auch ist bekannt, daß der Geist der Königin Elisabeth von
England im Schlosse von Windsor umgeht. Noch neuerdings wurde
derselbe im Schlosse von dem wachhabenden Lieutenant erblickt. Auch
die Kaiserin Friedrich soll als Kind das Gespenst gesehen haben. Man
vergl. Nr. 12 der „Zeitschrift für Spiritismus", Jahrgang 1897.
Der Übers.

brach ihr Gespräch, indem er bemerkte, daß das, was Lord Castelreagh erzählt hätte, wirklich überraschend für diejenigen sein müßte, welchen nicht die Legende der Familie bekannt sei. Sodann wandte er sich an den Helden des Abenteuers mit den Worten: „Habt Ihr das strahlende Kind gesehen, so seid froh, es ist dies eine Vorbedeutung für Euch, daß Euch ein großes Glück erblüht. Doch würde es mir lieber gewesen sein, wenn über alles dies kein Wort verloren worden wäre." Lord Castelreagh hatte später noch einmal dieselbe Vision im Parlament. Obschon auch er „eines großen Glückes" teilhaftig wurde, so nahm er sich doch schließlich in einem Anfall von Melancholie das Leben, was vielen zu dem Glauben Anlaß gab, daß er schon nicht mehr ganz recht bei Sinnen gewesen wäre, als er die Erscheinung gehabt hatte. *)

Auch in Irland herrscht der Glaube, daß gewisse Familien das Vorrecht haben, eine Hausfee zu besitzen, die als Banshee unter den Fenstern des Hauses einen herzzerreißenden und einem Geheul gleichenden Trauergesang anstimme, oder auch heftig weinend gesehen werde, wenn der Familie ein Unglück oder ein Todesfall bevorstehe.

In Italien ist nur wenig von derartigen Fällen bekannt. Cardanus behauptet in seinen Büchern über die Verschiedenheit der Dinge, daß jedesmal, wenn jemand von der altadeligen Familie de' Torelli zu Parma sterben würde, eine alte Frau an dem Kamine in einem Saale des Stammschlosses gesehen werde.

Auch in Frankreich scheint ein solcher Glaube nicht so häufig zu sein; ganz unbekannt ist er jedoch auch hier nicht, wenigstens nicht was das Königshaus betrifft.

---

*) s. Brierre de Boismont (Des Hallucinations), der diese Erzählung dem Werke eines englischen Arztes entnimmt, das den Titel führt: Anatomy of Suicide.

In ihren interessanten Memoiren berichtet Margarethe von Navarra allen Ernstes, daß ihre Mutter (Katharina von Medici) niemals eins ihrer Kinder verloren habe, ohne erst vorher von einer Frau von hohem Wuchse, die sich ihr in einem schwarzen Gewande gezeigt hätte, benachrichtigt worden zu sein.

Arsenius Houssaye, der bekanntlich nicht einer der ersten besten ist, wollte mehrmals am hellen Tage die weiße Frau des Schlosses von Folie=Riancourt bei Breuil=sous=Laon ge- sehen haben. Auch wird von noch vielen anderen Erscheinungen desselben Gespenstes berichtet.*)

Paris kennt übrigens das rote Männchen in den Tuilerien, dessen Sage an die Entstehung dieses Gebäudes geknüpft ist. Katharina von Medici wohnte dort nur sehr un- gern, weil in jenen Gemächern ein Gespenst, ein kleines rotes Männchen, umging und ihr häufig im Schlafe erschien. In der Nacht vor der Ermordung Heinrichs IV wurde dieses Gespenst von vielen gesehen und sagte auch bei seiner Er- scheinung, als Ludwig XIV noch nicht volljährig war, den Aufruhr der Fronde vorher.

Als Ludwig XVI nach Varennes geflohen war, erblickte man am Morgen das Gespenst auf dessen Bette sitzend. Ein Soldat, der die Nacht bei den sterblichen Überresten Marat's wachte, sah es plötzlich vor sich stehen und starb vor Schreck. Ein große Rolle spielte dann das Gespenst in der Lebens- geschichte Napoleons I, dem es sich stets vor jedem ent- scheidenden historischen Ereignis zeigte. Das erste Mal war es in Egypten und das letzte Mal, als der Corse den un- glücklichen Feldzug nach Rußland eröffnete. In der Restau- rationsperiode kündigte das Gespenst den Tod des Herzogs von Berry an. Auch vor dem Hinscheiden Ludwig XVIII erschien es. Die Kaiserin Eugenie, die Gemahlin Napoleons III,

---

*) Le Flambeau, 12 November 1893.

hatte streng ihrem Hof untersagt, auch nur im Scherze das rote Gespenst der Tuilerien in ihrer Gegenwart zu erwähnen. Dies betreffend verweise ich den Leser auf die ausführliche Darlegung in der „Leipziger Gerichtszeitung" vom 29. November 1890. In Paris erschien ferner im Jahre 1863 ein Buch von P. Christian unter der Aufschrift: L'homme rouge des Tuileries.

Selbst Dr. Brierre de Boismont spricht in seinem Werke Des Hallucinations von einem Sterne, den Napoleon I bei allen wichtigen Ereignissen gesehen und der ihm Glück verheißen habe; so hätte der Kaiser auch im Jahre 1806 nach der Belagerung von Danzig dem General Rapp diesen Stern zeigen wollen, der auch an die bezeichnete Stelle hingeschaut hätte, indes nichts wahrgenommen habe

Eine seltsame Ähnlichkeit weisen alle diese oben berichteten Gespenster-Erscheinungen mit jenen Phantomen auf, welche dem grauen Altertume angehören und die wir bereits im ersten Teile vorliegenden Geschichtswerkes kennen lernten. Dort erwähnten wir Cornelius Tacitus*), der von einem Gespenste in weiblicher Gestalt berichtet, das Quintus Curtius Rufus erschien und ihm seine künftige Größe voraussagte. Ferner sei an jene vielen Erscheinungen erinnert, die sich einem Sokrates, Brutus, Cassius, Drusus, dem Kaiser Tacitus, Julian u. s. w.**) zutrugen und diesen ihr nahe bevorstehendes Ende voraussagten.

§ 23. — Daß es Orte giebt, an welchen Geister vorzugsweise zur Erscheinung kommen, dies finden wir als einen allgemein verbreiteten Volksglauben jedes Jahrhunderts. Oftmals sind dann ihre Manifestationen nicht nur lästig und furchteinflößend, sondern auch durchaus gefährlich. So kam

---

*) S. Buch 3, 3. Hauptstück, § 7 vorl. Geschichte.
**) S. Buch 3, 2. Hauptst., § 11 und 3 Hauptst. § 7; Buch 5, 2. Hauptstück, § 14.

der Glauben auf, daß es Unglückshäuser, wie gewisse Un-
glückspersonen gäbe.

Bevor Napoleon den Plan faßte, sich mit seinen Truppen
nach England einzuschiffen, hatte er ein Lager bei Boulogne-
sur-Mer aufgeschlagen. Von den verschiedenen Schilder-
häusern (guérites) lag auch eins sehr weit vom Lager ab.
Der erste Soldat nun, der des Nachts diesen Posten bezog,
nahm sich durch einen Flintenschuß das Leben, ohne daß man
dem Grunde auf die Spur kommen konnte. Dasselbe trug
sich nun auch bei dem Posten zu, der die nächste Nacht an
dieser Stelle auf Wache zog. Ebenso war dies bei dem dritten
und auch selbst bei dem vierten Soldaten, der auf diesen
sonderbaren Posten kommandiert wurde, der Fall. Man war
schließlich gezwungen, das Schilderhaus zu verbrennen und bekannt zu geben, daß der Posten nicht mehr besetzt werden sollte.

Auch diesem seltsamen Phänomen ließe sich eine sehr
logische Erklärung durch den Spiritismus verleihen. Da
eine eingehende Erörterung desselben indes uns zu weit von
unserem Thema abführen würde und uns zu verfrüht erscheint,
so behalten wir uns vor, erst im zweiten Teile unseres
Werkes darauf zurückzukommen. Alsdann werden wir auch bei
jener Gelegenheit den alten Glauben berücksichtigen bezüglich
des bösen Blickes und auch der meist zum Schutze dagegen
angewandten Talismane, welche die bösen Einflüsse und Kräfte
zu brechen vermöchten.

§ 24. — Doch kehren wir zu unseren alten Spukschlössern
wieder zurück.

Der deutsche Kaiser Karl IV*), der 1316 geboren wurde,
berichtet in seiner von ihm selbst verfaßten Lebensbeschreibung
eine eigens erlebte Spukgeschichte, die sich ihm während seines
Aufenthaltes auf der alten Prager Feste zugetragen hatte.

---

*) Vita Caroli quarti imperatoris ab ipso Carolo conscripta
f. Rerum Bohemicarum antiqui scriptores von Freyerio, Pfalzgräflichem
Ratsherrn (Hanau, 1602).

24*

In dem alten Werke Miscellanea historica regni Bohemiae*) von Boguslaw Balbinus heißt es:

. . . tarde venimus in castrum Pragense ad antiquam domum Burgraviatus, ubi mansionem per aliquot annos feceramus antequam Palatium magnum fuerat aedificatum; nocturno tempore deposuimus nos in lecto, Bussko (Boguslaw) de Welharticz senior in altero ante nos: erat magnus ignis in Camera, quia tempus hiemale erat, multaeque candelae ardebant in Camera, ita quod lumen sufficiens erat, ac januae ac fenestrae omnes erant clausae. Et cum incepissemus dormire, tunc deambulat nescio quid per Cameram, ita quod ambo evigilavimus, fecimus dictum B u s s - k o n e m surgere, ut videret, quid esset. Ipse autem surgens circumivit per Cameram quaerens, nihil vidit, nec quicquam potuit invenire. Tunc fecit majorem ignem, plures candelas accendit, ivit ad scyphos, qui stabant pleni vino super bancas, potavit, reposuit unum scyphum prope unam magnam candelam ardentem, potatione facta. Tunc deposuit se iterum ad lectum. Nos induti pallio nostro sedebamus in lecto, audiebamus ambulantem, neminem tamen videre poteramus. Et sic respicientes cum praedicto Busskone scyphos, candelas, vidimus scyphum projectum, idem scyphus projiciebatur, nescimus per quem, ultra lectum Busskonis de uno angulo Camerae usque ad alterum parietem, qui sic reverberatus a pariete, cecidit in medium Camerae. Videntes hoc, territi sumus nimium, semper ambulantem in Camera audivimus, neminem autem vidimus. Post vero signati sancta Cruce, in Christi nomine. usque in mane dormivimus, mane surgentes, scyphum, prout projectus erat, in medio Camerae invenimus, nostris familiaribus ad nos de mane invenientibus, ostendimus.

---

*) Prag 1679, Buch III.

[. . . spät kamen wir in der Prager Feste beim Burg-
grafschaftsgebäude an, woselbst wir einige Jahre hindurch
Aufenthalt genommen hatten, ehe der große Palast erbaut
worden war. In nächtlicher Stunde legten wir uns zu Bett,
Bußko (Boguslaw) von Welharticz der Ältere in ein anderes
vor uns: — im Zimmer befand sich ein großes Feuer, da
es Winterszeit war, auch brannten viele Kerzen im Zimmer,
so daß dieses Licht wohl genügte; die Thüren sowohl als
auch die Fenster waren alle verschlossen. Als wir nun bereits
zu schlafen begonnen hatten, da geht etwas, ich weiß nicht
was, im Zimmer umher, so daß wir beide aufwachten: wir
ließen den erwähnten Bußko aufstehen, damit er nachsehe,
was das sei. Dieser erhob sich, ging suchend im Zimmer
umher, sah jedoch nichts und konnte auch nichts finden. Darauf
machte er ein größeres Feuer, zündete mehr Kerzen an, ging zu
den Humpen, die mit Wein gefüllt über den Bänken standen,
trank und stellte, nachdem er nochmals einen Trunk gethan,
einen Humpen neben eine große brennende Kerze. Sodann
legte er sich wieder zu Bett. Wir saßen mit unserem Mantel
angethan auf dem Bette, hörten zwar etwas umhergehen, konnten
jedoch niemanden sehen. Während wir nun mit dem vorge-
nannten Bußko die Humpen und die Kerzen beobachteten, sahen
wir, wie der Humpen geworfen wurde: eben dieser Humpen ward
— wir wissen nicht von wem über das Bett des Bußko hinaus,
von einer Ecke des Zimmers bis an die andere Wand geschleudert, so daß er, von der Wand wieder zurückgeworfen,
mitten ins Zimmer fiel. Als wir dies sahen, erschraken wir
sehr; beständig hörten wir im Zimmer umhergehen, sahen aber
niemanden. Nachdem wir uns jedoch im Namen Christi mit
dem heiligen Kreuze bezeichnet hatten, schliefen wir bis zum
Morgen; früh standen wir auf, fanden den Humpen, so wie
er hingeschleudert war, mitten im Zimmer und zeigten ihn
unseren Dienern, als diese des Morgens zu uns kamen. —
Eine ähnliche Erscheinung wie die der „weißen Frauen"

ist eine Spukgestalt im Großherzoglichen Schlosse zu Schwerin,
das sogenannte Petermännchen.*) Im Kirchengang, der zur
Schloßkirche führt, ist ein Bild angebracht, das ein wunder-
liches kleines Männchen zeigt, welches in mittelalterlicher Hof-
tracht gekleidet ist: in kurzem Wamms und hohen Reiterstiefeln
mit Sporen, Degen und Federhut und an der Seite mit einem
großen Schlüsselbunde im Gürtel. Darunter stehen die Worte:
„Quid? si sic?" die heißen sollen „Wie? wenn's so aus-
sähe?" Dieser kleine Mann stellt das Petermännchen dar,
den Beschützer und Schirmgeist des Fürstenhauses, der nicht
weicht noch wankt, wenn auch die Bewohner des Hauses und
dessen äußere Ausstattung wechseln. Stets ist dieser gute
Schutzgeist auf das Wohl des Fürstenhauses bedacht, stellt
die Treue der Diener auf die Probe, belohnt die Getreuen
und bestraft die Ungetreuen. Nur sehr selten läßt er sich
vollständig sehen, und dann sind es immer wichtige, das
Fürstenhaus betreffende Ereignisse, welche er verkündet und
die dann in kürzester Frist auch wirklich eintreten. So soll
er auch Freude kündend gesehen worden sein, als Schwerins
Herzogin Elisabeth, die Gemahlin des Erbgroßherzogs von
Oldenburg, Mutter des sehnlichst erwarteten Thronerben ward,
und so der Großherzogin Witwe Marie der erste Enkel geboren wurde. Als Herzog Friedrich Wilhelm von Mecklen-
burg im September 1897 beim Untergange des Torpedobootes
S. 26 der deutschen Kriegsflotte in den Fluten den Tod
fand, da brachte, — so erzählt der Volksmund — noch ehe
die Nachricht eintraf, in tiefer Trauer das graue Petermännchen die Kunde nach Schwerin. — D. Übers.]

Es mögen schon mehr als hundert Jahre her sein, seit
das Schloß Tegel — das den Gebrüdern von Humboldt

---

*) Wir möchten hier Fr. Gottfr. Kerkau's niedliches Gedicht
„Das Petermännchen zu Schwerin" nicht unerwähnt lassen.

Der Übersetzer.

gehörte, dem hervorragenden Staatsmann und dem ebenso berühmten Naturforscher — der Vergessenheit anheimgefallen ist. Es sind wohl allgemein die Worte Goethes bekannt, die er in seiner Walpurgisnacht (Fauſt) dem Proktophantasmiſt in den Mund legt: „Das Teufelspack, es fragt nach keiner Regel. Wir ſind ſo klug, und dennoch ſpukt's in Tegel."

Goethe hatte ſich im Jahre 1798 dorthin begeben, um ſelbſt dieſen Platz aus eigenem Augenſchein kennen zu lernen. Obwohl ihm alles dort bis ins kleinſte hinein bekannt war, ſo vermochte er ſich doch nicht das geringſte zu erklären. Ebenſo wenig war ſich aber auch eine wiſſenſchaftliche Kom- miſſion über die ſeltſamen Vorgänge klar, die ſich ausdrücklich zur Unterſuchung der fraglichen Phänomene dort eingefunden hatte und ſich nun damit begnügen mußte, die Echtheit der ſonderbaren Vorkommniſſe feſtzuſtellen.

Die ſeltſamſte der mir bekannten Geſchichten von ſolchen Schlöſſern, worin es umgeht, iſt die, welche ſich in dem Tagebuch des Lutheraners Marquart Feldmann (v. 1584—89), einem Augenzeugen der Vorkommniſſe, findet und ſpäter drei- mal veröffentlicht wurde. Das erſte Mal erſchien der Aufſatz anonym 1701, das zweite Mal 1704 zu Leipzig und das dritte Mal 1710. Die zweite Auflage wird von dem gelehrten deutſchen Litteraturhiſtoriker Dr. Graſſe als die treueſte*) bezeichnet.

Dieſes Werk führten auch zuerſt Horſt in ſeiner Deuteroſkopie**), ſodann Daumer in ſeinem Geiſter- reich***) und zuletzt Görres in ſeiner Chriſtlichen Myſtik†) auszugsweiſe an.

---

*) Der vielförmige Hinzelmann oder Umbſtändliche und merck- würdige Erzehlung von einem Geiſt ꝛc.
**) ſ. II, S. 87.
***) ſ. II, S. 137.
†) ſ. III, S. 384.

Sitz dieser übernatürlichen Vorkommnisse war das Schloß
Hudemühlen, das den Herren von H. zu eigen war und jetzt
fast gänzlich zur Ruine geworden ist. Es erhob sich dort,
wo die Meise und die Adler zusammenfließen, nicht weit von
dem Städtchen gleichen Namens.

Im Jahre 1584 ließ sich plötzlich in dem Schlosse ein
gar seltsames Geräusch vernehmen, worauf man im Anfang
wenig Wert legte, zumal da man sich nicht dessen Ursache
zu erklären vermochte. „Doch nach und nach," wie uns der
hochwürdige Herr Feldmann kund thut, „begann der Geist
vermessener zu werden, gab sich immer deutlicher zu erkennen
und fing schließlich auch zu reden an und zwar am hellen
Nachmittage. Die Dienerschaft, die an jene fürchterlichen
Reden nicht gewöhnt war, erschreckte anfangs sehr; allmählich
aber gewöhnte sie sich daran und zeigte keine große Furcht
mehr davor. Auch kehrte sich der Geist durchaus nicht an
den Hausherrn, da er ja in dessen Zimmer während des
Mittag= und Abendessens laut sprach und allerlei Gespräche
mit den Hausbewohnern und auch mit Fremden anknüpfte, die
dadurch, wie man sich dies ja wohl leicht denken mag, mit
großem Entsetzen erfüllt wurden. Mit der Zeit ward er
schon vertraulicher, und die Furcht der Schloßbewohner wich,
so daß er allmählich freundlich und gesellig zu den Leuten
wurde und sich mit ihnen über alle möglichen Dinge unter=
hielt, wobei er nicht selten sang, lachte und die verschieden=
artigsten Scherze trieb. Hatte dagegen irgend jemand schlechtes
über ihn gesprochen oder sich sonst irgend wie ihm gegenüber
unhöflich gezeigt, so konnte er furchtbar wütend werden, wobei
er ein entsetzliches Gepolter vernehmen ließ, mit allerlei Gegen=
ständen warf und seinen Beleidigern drohte, heiße Rache nehmen
zu wollen was dann auch manchmal der Fall gewesen sein soll."

Als ihn nun die Dienerschaft des Schlosses fragte, wer er
wäre, antwortete der Geist, „daß er auf den Bergen Böhmens
geboren sei und daß er noch eine Familie im Böhmer Wald

besitze. Seine Mutter wäre zwar eine Christin gewesen, doch
hätte sie ihn nicht bei sich dulden wollen. Er sei daher ge=
zwungen worden, sich von ihr zu entfernen und bei guten
Leuten anderswo Unterkunft zu suchen, bis sich seine Sache
einstmals zum besseren gewandt hätte. Weiter sagte er dann,
daß er Hinzelmann heiße; doch daß er sich auch Lüring
nenne. Seine Frau sei eine gewisse Hille Bingels und zu
seiner Zeit wollte er sich noch allen in seinem wahren Aus=
sehen zeigen, was ihm im Augenblick jedoch nicht möglich sei;
er sei geradeso gut ein Ehrenmann, wie jeder andere. Seine
Stimme und seine Sprechweise waren wie die eines Kindes
oder zum mindesten eines jungen Mädchens. Doch litt er
es niemals, daß man ihn einen bösen Geist oder gar einen
Teufel nannte, und besonders jene letzte Bezeichnung brachte
ihn in Harnisch, so daß er demjenigen, welcher sich erkühnte,
ihn so zu schelten, auf den Rücken sprang und ihn heftig
schlug und kratzte. Vielmehr hatte er immer versichert, daß
er ein gewöhnlicher Mensch sei, der auch Anspruch mache auf
die dereinstige Seligkeit. Bemerkenswert ist, daß dieser Haus=
geist oder Kobold sich oft sehr fromm erzeigte, indem er nicht
nur fromme Hymnen anstimmte, sondern auch mit den anderen
betete und zwar jedesmal so oft sich reformierte Priester
sehen ließen. Dabei brachte er stets zum Ausdruck, daß die
Laster ihm am verhaßtesten wären, tadelte oft auch streng
einige des Hauses wegen ihrer Hartherzigkeit und erklärte
anderen, daß er sie wegen ihres Geizes nicht mehr leiden könne.
Ein anderes Mal hatte er dann jemandem Hochmut vorzu=
werfen, wobei er hinzufügte, daß er kein Laster so hasse, wie
gerade dieses."

Durch das Gerücht, daß es in dem Schlosse spuke, wurde
das Ansehen desselben sehr beeinträchtigt, und der Eigentümer
desselben ließ kein Mittel unversucht, wenn auch stets ver=
gebens, den unwillkommenen Gast los zu werden. Als Herr
von H. aber einsehen lernte, daß es ihm nicht so leicht ge=

lingen wollte, Hinzelmann herauszubringen, entschloß er sich
auf den Rat seiner Freunde hin, eine Reise nach Hannover
zu unternehmen und sich dort einige Zeitlang aufzuhalten, im
guten Glauben, sich auf diese Weise der lästigen Anwesenheit
des Geistes zu entziehen. Aber kaum war er in Hannover
angekommen, so gab ihm auch schon Hinzelmann Anzeichen
seiner Gegenwart, indem er sich durch seine gewohnten Späße
ankündigte. So ließ er unter anderem auf einmal eine goldene
Kette von großem Werte, die Herr v. H. nach der damaligen
Mode um den Hals trug, verschwinden. Herr v. H. hegte
Verdacht gegen die Dienerschaft des Gasthofes, allein der
Gastwirt ließ dies nicht auf seinem Dienstpersonal sitzen
und forderte sogar Genugthuung dafür, so daß die Sache
eine ernstliche Wendung anzunehmen schien. Als nun Herr
von H. in Gedanken versunken dasaß und überlegte, wie er
sich aus der Verlegenheit ziehen sollte, da offenbarte sich un=
versehens Hinzelmann und sagte: „Du, such mal in deinem
Bett nach unter dem Kopfkissen, da wirst du vielleicht die
Kette finden." Herr von H. schaute nach und gelangte
auf diese Weise wieder in Besitz des kostbaren Gegenstandes.
Er sah dann auch bald ein, wie unnütz es war, dem Geiste
aus dem Wege zu gehen, und trat die Rückreise an, sein
Geschick der weisen Fügung Gottes anheimstellend.

Eines Morgens jedoch, als der Schloßherr von einem
berühmten Geisterbanner gehört hatte, ließ er diesen rufen.
„Derselbe kam auch und man zeigte ihm die Stelle, wo
Hinzelmann vorzugsweise zu erscheinen pflegte.

Er begann dann seine Exorcismen herzusagen und aus
einem Zauberbuche zu lesen, das seltsame Buchstaben und
Beschwörungen enthielt. Die ganze Zeit über verblieb der
Geist ruhig, ohne ein Lebenszeichen von sich zu geben, so daß
diejenigen, welche dem kleinen Wichte nicht zugethan waren,
hofften, daß es endlich gelungen sei, den lästigen Kobold los
zu werden, und dieser längst Reißaus genommen habe. Doch

als auch schon der Magier glaubte, mit dem Geiste fertig ge=
worden zu sein, und sich über denselben in häßlichen Worten
lustig machte, da schien unserem Herrn Hinzelmann doch die
Geduld auszugehen. Er versetzte dem Magier einen heftigen
Nasenstüber und zerriß sein so wert gehaltenes Buch in tausend
Fetzen, die dann in der Luft herumflogen. Hierauf bedrohte er
ernstlich das Leben des Geisterbeschwörers, wobei er mit
kräftigen Fäusten auf ihn einhieb und ihm in voller Wut
das Gesicht zerkratzte.

Zum Schlusse packte er ihn am Kragen, warf ihn zur
Thür hinaus und Hals über Kopf die Treppe hinunter, so
daß der arme Teufelsbanner Gott dankte, noch mit seinem
Leben davon gekommen zu sein, und sich heilig und fest vor=
nahm, niemals wieder mit Hinzelmann zusammenzutreffen.
Dieser aber beklagte sich dann heftig über den Vorfall und
erklärte, daß er von denen tief beleidigt worden wäre,
die jene Person für schweres Geld herbeigezogen hätten, um
ihm die Thüre zu weisen. Da er ein Mensch sei wie jeder
andere und dazu noch ein guter Christ, der auch seiner Zeit
der ewigen Seligkeit teilhaftig zu werden erhoffe und nie
jemandem ein Unrecht zugefügt habe, so hätte er auch nicht
verdient, daß man ihn wie einen gefährlichen Spitzbuben
verjagen wolle."

Noch schlimmer als jener angebliche Geisterbanner wurde
von Hinzelmann ein Stadtschreiber, namens Hennig Stein=
hoff, behandelt, der später als Syndikus von Winsen starb
und welcher auch den Kobold durch seine Exorcismen ver=
treiben zu können vermeint hatte.

Damals kam in jenes Schloß von Hudemühlen ein Edel=
mann für einige Zeit zum Besuch. Dieser war der Ansicht,
daß man es hier nicht mit einem Kobolde, sondern mit einem
Zauberer zu thun habe, der sich unsichtbar zu machen verstände.
Daher begab sich jener an einem Tage, als sich die bekannten
Erscheinungen in einem der Zimmer zutrugen, mit bewaffneten

Leuten dorthin. Nachdem man Thüren und Fenster sorgfältig
verschlossen hatte, begann man nach allen Richtungen hin mit
Lanzen und Schwertern die Luft zu durchstechen und zu zer=
schneiden. Nach der Ansicht einiger heutigen Okkultisten kann
eine solche Operation für das Medium lebensgefährlich werden,
welches telepathisch die Phänomene hervorbringt; allein in
diesem Falle konnte Hinzelmann nur herzlich darüber lachen.

„Es lebten,“ fährt unser Gewährsmann fort, „zu jener
Zeit in dem Schlosse zu Hudemühlen zwei Edelfräulein,
Anna und Katharina, denen der Geist von ganzem Herzen
zugethan war und bei welchen er viel lieber verweilte als
bei allen anderen. Ihnen vertraute er seinen Kummer an und
erklärte, sich nicht von ihnen trennen zu wollen. Infolge
seines anständigen Betragens hatten die beiden Fräulein auch
keine Furcht vor ihm und behandelten ihn als einen Freund.“
Da aber einst junge Herren in das Schloß kamen, um eine
dieser beiden Damen zu freien, da verwirrte entweder, wie
uns der ehrwürdige Herr Feldmann mitteilt, Hinzelmann den
Kopf der beiden Freier derart, daß sie kein Wort heraus=
zubringen vermochten, oder machte einen furchtbaren Höllen=
lärm, wobei er mit den verschiedensten Gegenständen nach
ihnen warf und sie derart belästigte, daß sie auf und davon
liefen. Auch noch andere Scherze führte der Kobold mit
diesen Nebenbuhlern aus, von denen unser Gewährsmann aus=
führlich berichtet:

„Thatsache ist, daß die beiden Edelfräulein unverheiratet
blieben, da sie freiwillig auf jede Ehe Verzicht leisteten. Sie
erfreuten sich eines hohen Alters und starben beide in einem
Zeitraum von nur acht Tagen. Unter dem Hochaltare der
Kirche von Hudemühlen wurden später ihre Gebeine beigesetzt.“

Hinzelmann gefiel sich auch darin, das Orakel des
Hauses zu sein. Einmal sandte Anna einen Diener nach
Rethen, um für sie einige Kleidungsstücke einzukaufen. Bald
darauf wandte sich der kleine Schrate mit den Worten an sie:

„He, Fräulein Anna, heute kannst du dir deine Kleider aus dem Weiher fischen lassen." Und in der That fiel an demselben Abend der Diener, der des guten in geistigen Getränken zu viel gethan hatte, in den Mühlengraben und ertrank. Die Kleider, welche er gekauft hatte, mußten mit der Leiche aus dem Mühlengraben herausgezogen werden.

Ähnlich erging es auch einem Edelmann von großem Geiste, der als Befehlshaber der Truppen des Königs Christian von Dänemark bei diesem in hohem Ansehen stand. Er brachte einige Tage in Hubemühlen zu, und da er ein leidenschaftlicher Nimrod war, so streifte er stundenlang in der Umgegend durch die Büsche, um Hirsche und Eber zu erjagen. Eines Tages zeigte sich ihm auch Hinzelmann und sagte: „Höre Thomas (dies war der Name des Edelmanns), ich sage dir, laß das Jagen sein, da du sonst dir ein großes Ungemach zuziehst."

Der Kommandant legte aber kein Gewicht auf die Prophezeiung des Kleinen, die er als leeres Geschwätz ansah. Doch bald darnach passierte es dem Jäger, als er wieder leidenschaftlich seinem Jagdvergnügen frönnte, daß in dem Augenblicke, als er auf einen Rehbock anlegen wollte, unversehens der Schuß losging und ihm den Daumen der linken Hand wegriß.

Ein ander Mal hielt sich auf Hubemühlen einige Zeit ein Herr von Falkenberg auf, ein lustiger Geselle, der seine größte Freude darin fand, Hinzelmann aufzuziehen. Dieser sagte ihm nun eines Tages, müde der vielen schlechten Späße, die das Maß überschritten: „Falkenberg, du treibst nun lange genug deinen Scherz mit mir, aber paß auf, wenn du einmal vor Magdeburg kommst; da wird man dir schon was einbrocken, daß dir die Lust am Scherzen vergehen mag!" Kurz darnach nahm Herr von Falkenberg im Heere des Kurfürsten Moritz von Sachsen an der Belagerung von Magdeburg teil,

woselbst ihm ein Falkonett=Geschoß derart das Kinn zer=
schmetterte, daß er nach drei Tagen seinen Geist aufgab.

In dem Schlosse war ein Zimmer bloß für das Schrätlein
reserviert, welches sich auch gewöhnlich dort aufzuhalten pflegte,
wie es wenigstens aus dem beständigen Lärmen und aus dem
Umwerfen von Gegenständen hervorging, obwohl niemand den
Kobold selbst sah.

An dem Tische des Burgherrn war sogar ein Platz für
Hinzelmann reserviert, der sich nicht wenig darüber ärgerte,
wenn ihm ein Diener zu servieren unterließ. „Die Speisen,
die ihm dargereicht wurden, verschwanden stets vom Teller
und ebenfalls, wenn jemand auf seine Gesundheit trank, ver=
schwand für einen Augenblick das Glas, dann wurde es leer
wieder auf seine Stelle zurückgesetzt.*) Allein die ihm dar=
gereichten Speisen befanden sich nach der Mahlzeit entweder
unter dem Tische vor den Hunden oder unter irgend einer
Bank in der Ecke des Saales, woraus man eben klar sieht,
daß der Geist in Wirklichkeit nicht aß, sondern bloß so that."

Der Ritter L. v. H., der, wie wir eben erwähnt haben,
Hinzelmann mit jenen Schwerthieben und Lanzenstichen
in der Luft verjagen wollte, hatte auch einmal während seines
Aufenthaltes auf dem Schlosse nicht auf die Gesundheit des
Kleinen trinken wollen. „Als dieser ihn nun fragte, warum
er einem ehrenhaften Manne eine solche Schmach anthue,
antwortete ihm der Ritter, daß er sich mit seiner ganzen
höllischen Bande zum Teufel scheeren solle. Da ergrimmte
das Gespenst furchtbar. Und wie gerne hätte der andere das
Wort wieder ungesprochen machen mögen; denn der Schrate
faßte ihn an der Kehle und schleuderte ihn mit großer Wucht
zu Boden, woselbst er ihn dann derart traktierte, daß alle

---

*) Siehe in „Vorläufer des Spiritismus" von Staatsrat Aksakoff
(aus dem Russischen von Feilgenhauer) das gleiche seltsame Phänomen
in zwei interessanten Fällen der Neuzeit. S. 323 und 353.
Der Übersetzer.

Anwesenden glaubten, des Ritters letztes Stündlein habe geschlagen. Mehrere Stunden lag dieser auch in der That bewußtlos da, und nur schwer vermochte er sich wieder von den Folgen jener entsetzlichen Behandlung zu erholen."

Auch ein gewisser Herr von Mandeslohe weilte einmal als Gast zu Hudemühlen, ein ebenso gelehrter wie angesehener Mann, Staatsrat und dänischer Gesandter. Natürlich war auch in seiner Gegenwart von Hinzelmann die Rede, und Mandeslohe war kühn genug, seine Ansicht dahin auszusprechen, daß man es lediglich mit einem Höllengeiste zu thun habe. Als er indes noch am Reden war, begann Hinzelmann ihn schon durch heftigen Lärm zu unterbrechen und rief ihm dann plötzlich zu: „Was sagst du, Berthold?" (so lautete der Name jenes Edelmannes) „Ich soll ein Dämon sein? Ich ermahne dich, deine Sprache zu mäßigen. Hörst du? Sonst werde ich dir einen Denkzettel geben, daß du fernerhin eine bessere Meinung von mir haben wirst." Der arme Edelmann, welcher niemals einem derartigen Phänomen gegenüber gestanden hatte und nun plötzlich jemand reden hörte, den er nicht sah, erschrak derart davor, daß er in seinem Gespräche stecken blieb. Er wollte fortan nichts mehr von dem Kobolde wissen und erklärte ein über das andere Mal, daß er sich am liebsten niemals darum gekümmert habe.

Hinzelmann lag allen Eifers den Arbeiten in der Küche und im Marstalle ob. Er räumte das Geschirr des Nachts in der Küche vom Tisch ab, spülte es und stellte alles derart in Ordnung, daß die Köchin am andern Morgen alles spiegel= blank vorfand. [Man vergleiche die Heinzelmännchen zu Köln. — Der Übersetzer.]

Wenn unvermutet Fremde zu Besuch kamen, so klapperte er in der vorhergehneden Nacht derart mit dem Küchengerät, daß es durchs ganze Schloß hindurch dröhnte. In dem Marstalle dann pflegte er säuberlich die Pferde, striegelte sie und brachte ihnen Futter herbei. Ferner war er sehr besorgt

darum, die verlegten und verloren gegangenen Gegenstände
den Hausbewohnern zurückzugeben. Nachlässige Diener ermahnte
er, ja strafte sie sogar und war stets darauf bedacht, in jeder
Weise dienlich zu sein. [Man vergleiche hier auch den Fall
Tschekanoff*) besonders wegen seiner großen Ähnlichkeit und
der unlogischen Behauptung der Kirche, welche in diesen Intelligenzen böse und dämonische Wesen ersehen will. D. Übers.]

Als einstmals jemand von den Arbeitsleuten des Schlosses
Hudemühlen mit mehreren Schnittern bei der Feldarbeit war,
da stellte sich plötzlich Hinzelmann ein, der jenem zuraunte:
„Lauf und mach, daß du nach Hause kommst, denn dein
Kindchen ist vor einer Stunde mit dem Gesicht ins Feuer
gefallen und hat sich nicht unerhebliche Brandwunden zugezogen!“ Erschreckt sprang der arme Mann auf und stürzte
nach Hause. Dort fand er leider, daß alles nur zu wahr
sei, was Hinzelmann ihm gesagt hatte. Das kleine Kind
war auf einen Schemel geklettert, der am Herde stand, und
hatte mit seinem Löffelchen nach einer Brotkrume in der
großen Suppenschüssel fischen wollen, die zum Kochen neben
dem offenen Feuer stand. Dabei hatte das arme Ding das
Gleichgewicht verloren und war mit dem Gesichtchen in die
Flammen gefallen. Auf das jämmerliche Geschrei der Kleinen
eilte die Mutter herbei und es gelang ihr, das Kindlein noch
vor weiteren Brandwunden zu schützen.

Da sich Hinzelmann stets rühmte, ein guter Christ zu
sein, so bemerkte man ihm, daß er in einem solchen Falle
doch ein Gebet hätte sprechen sollen. Und sofort begann er
mit klarer Stimme das ‚Vaterunser‘ und das Glaubensbekenntnis herzusagen. Auch sang er in Gegenwart des
Pastors Feldmann manch geistliches Lied.

Als die Zeit herankam, da der Geist Hudemühlen verlassen wollte, stellte er sich dem Burgherrn dar und sagte:

---

*) Aksakoff, Vorläufer des Spiritismus. S. 328.

„Ich bin gekommen, dir drei von mir selbst verfertigte Geschenke zu überreichen, hebe sie wohl auf und bewahre mich in gutem Andenken." Der Burgherr gewahrte nun ein Kreuz aus geflochtenen Darmsaiten von Fingerlänge, inwendig leer, das jedoch, wenn man es schüttelte, einen Ton gab, als ob Steine darin seien. Ferner fand man einen Strohhut vor mit allerhand Figuren und Bildern, künstlerhaft aus verschiedenen Strohhalmen von allen möglichen Farben zusammengeflochten. Das dritte Geschenk bestand in einem Leder-Handschuh, der reich mit kostbaren Perlen in Schneckenform besetzt war.

Jene Geschenke wurden anfangs von den beiden Edelfräulein Anna und Katharina gut aufbewahrt und fielen dann nach dem Tode derselben wieder an den Burgherrn des Schlosses Hudemühlen zurück. Nach dem Ableben desselben gingen sie als ein Erbstückchen an seinen Schwiegersohn L. von H., den Gemahl seiner Tochter Adelheid, über, der den Strohhut dem Kaiser Ferdinand II als Geschenk anbot. „In hohen Ehren hielt der Kaiser denselben dann als eine höchst merkwürdige und große Seltenheit." Das Kreuz dagegen sollte der Familie auf irgend eine unbekannte Weise abhanden kommen, so daß ihr nur noch der Handschuh im Besitz verblieb.

Hinzelmann verließ Hudemühlen im Jahre 1588, als die beiden Schwestern Anna und Katharina auf das Schloß von Estrup in der Grafschaft Hoya übersiedelten, wohin er sie begleitete. Dort begann er wieder die nämlichen Scherze zu treiben, wie er es in Hudemühlen zu thun pflegte, ohne daß jedoch etwas neues vorgefallen sei oder er etwas anderes gesprochen hätte, als was unsern Lesern schon bekannt ist und daher der besonderen Erwähnung wert sei.

Das Gespenst stellte sich noch so lange ein, bis der Besitzer des Schlosses, der in Kriegsdiensten Johanns III von Schweden stand und gegen Russen und Polen gestritten hatte, zurückkehrte. Dann hörten auf einmal seine Manifestationen auf, ohne daß es je gelang, den eigentlichen Grund hierfür in Erfahrung zu bringen.

§ 25. — Eine sehr seltsame Erscheinung, die uns in dieser Erzählung entgegentritt, ist wohl jenes Phänomen der sogenannten direkten Stimme: Jener Geist führte, ohne sich dem Blicke der Sterblichen darzubieten, eine so gewöhnliche menschliche Sprache, wie es bei den alten autophonischen Orakeln der Fall sein mochte.*) Man unterscheide dieses Phänomen von jener Suggestionserscheinung der inneren Stimme, wie sie sich bei Sokrates und der Jeanne d'Arc offenbarte und gar nicht selten auch bei unseren spiritistischen Medien zu finden ist, die aber auch leicht als eine Halluzination aufgefaßt werden kann. Allein hier ist von dem objektiven Phänomen einer Stimme die Rede, welche wirklich von jeder beliebigen Person wie jeder andere gewöhnliche Ton vernommen werden kann.

Aber wenn auch der Kobold Hinzelmann seine Stimme mit Klarheit und möglichst häufig erschallen ließ, so steht dieser Fall in den Annalen des Übernatürlichen doch nicht vereinzelt da. Ein Beispiel findet sich in dem Werke: Le Livre des Prodiges, ou Histoires et Aventures merveilleuses et remarquables de Spectres, Revenants, Esprits, Fantômes, Démons etc., rapportées par des personnes dignes de foi (4 me édition, à Paris, 1808). Humbert Birch, ein Bürger von großem Ansehen in Oppenheim und Besitzer des Landhauses Berenbach, war im Jahre 1620 im November-Monat gestorben. An dem darauffolgenden Samstag hörte man in dem Hause, in welchem er mit seiner ersten Frau gelebt hatte, alle möglichen Geräusche. Der Bruder derselben, der Besitzer des Hauses, drückte die Vermutuug aus, daß es sein Schwager wäre, welcher auf diese Weise durch das Gepolter den Hausbewohnern seine Anwesenheit kund zu thun wünsche,

---

*) Siehe Buch III, 3. Hauptst., § 17 v. W.

und stellte das Ansuchen: „Wenn du es bist, Schwager Humbert, der du dich auf diese Weise kundgeben willst, so klopfe drei Mal an die Wand!" Sogleich ließen sich drei heftige Schläge in der Mauer vernehmen, während es vorher mehrmals und ohne besondern Rhythmus in dem Mauerwerk geklopft hatte. Als nun das lästige Geräusch und das Lärmen ruhig fortdauerte, da fragten der Hausherr und die mutigsten Hausbewohner zuguterletzt doch nach dem Begehr der ruhelosen Seele und in welcher Weise, falls sie irgendwie geholfen haben wolle, man ihr dienlich sein könnte, worauf eine heisere und tiefe Stimme antwortete: »Lasset an dem künftigen Samstage den Pfarrer mit meinen Söhnen hierher kommen!« Da indes der Pfarrer an diesem Tage verhindert war, so konnte er sich erst am nächsten Montage dorthin begeben. Er traf an diesem Tage auch daselbst in Begleitung einer großen Anzahl Personen ein. Humbert erteilte nun zunächst in höchst sinnreicher Weise auf die verschiedensten an ihn gerichteten Fragen Antwort, deren Inhalt mir indes nicht wichtig genug erscheint, um hier wiedergegeben zu werden. Man ließ ihn sodann das ‚Vaterunser‘ und den ‚englischen Gruß‘ aufsagen. Er kam zwar dieser Aufforderung nach, behauptete aber dabei, von einem bösen Geiste gehindert zu werden, der ihm auch nicht gestatten wollte, dem Seelsorger noch andere wichtige Dinge zu enthüllen.*) Einmal, es war am 12. Januar 1621, begab sich der Geistliche mit drei Mönchen und verschiedenen Bürgern an diesen Ort. Der Hausherr wandte sich nun an Humbert und bat diesen, dreimal in der Mauer zu klopfen. Diesem Ansuchen kam der Geist nach, klopfte jedoch nur leise, weshalb man ihn aufforderte, mit einem in der Nähe befindlichen Stein noch ein-

---

*) Man vergleiche die zahlreichen diesbezüglichen Mitteilungen in unseren spiritistischen Sitzungen. Der Übersetzer.

25*

mal und zwar lauter und fester zu klopfen. Eine geraume
Zeit verstrich. Es schien wirklich, als ob der Geist fort=
gegangen sei, um nach einem geeigneten Steine Umschau zu
halten. Der Hausherr wandte sich sodann an seinen Nachbar
und sagte ihm so leise wie eben möglich in's Ohr, daß
er wünsche, es möchte sieben Mal an die Wand geklopft
werden. Da erscholl auf einmal ein lauter Schlag in der
Mauer, und, wie um dem kaum hörbar geäußerten Wunsche
des Hausherrn nachzukommen, ließ sich bald darauf ein
siebenmaliges lautes Klopfen in der Wand vernehmen.

§ 26. — Eine andere und noch weit seltsamere Art
dieser Gehör=Erscheinungen tritt uns in den Mémoires des
Fräulein Clairon (1723—1803) entgegen. Ein junger Bretone,
Herr S., war geradezu wahnsinnig in die berühmte französische
Tragödienspielerin verliebt. Der Eifer, mit dem er Fräulein
Clairon den Hof machte, war dieser so unangenehm, daß sie
bald jegliche Verbindung mit ihm abbrach. Dies wirkte so
nachteilig auf S. ein, daß er auf das Krankenlager sank,
von dem ihn ein früher Tod erlöste. Dies trug sich im
Jahre 1743 zu. Ehe er die Augen für dieses Daseinsleben
auf immer schloß, ließ er heiß und inständig Fräulein Clairon
bitten, ihn noch einmal zu besuchen. Diese blieb jedoch taub
für seinen Wunsch, da ihre Umgebung ihr davon abriet und
sie auch von der Erfüllung desselben abhielt.

Die Künstlerin brachte es sogar fertig, mit jenem
kalten Herzen, das ja den Weltdamen so eigen
ist, in ihrem Hause eine kleine Fete abzuhalten, wo sie sich
natürlich in einem Kreise von Bewunderern und Liebhabern be=
fand. Als sie soeben einige Lieder gesungen hatte, da mischte
sich plötzlich in das Beifallklatschen des frohen Abendkreises ein
lauter Schmerzensschrei, so daß nach den eigenen Worten des
Fräulein Clairon „dieser langgezogene, in seiner Art furchtbar
wirkende Klagelaut alle Anwesenden in der innersten Seele er=
beben ließ." ... „Ich selbst fiel in Ohnmacht," so schreibt sie,

„und mochte wohl gut eine Viertelstunde bewußtlos gewesen
sein. Allein meine Freunde, die Dienerschaft, Nachbarsleute
und selbst die Polizei bekamen nun jeden Tag um dieselbe
bestimmte Stunde dieses entsetzliche Klagegeheul unter den
Fenstern meiner Wohnung zu hören, das dort, gleichsam
aus der Luft kommend, laut und vernehmlich ertönte. . . . .
Selten speiste ich außer dem Hause zu Abend; allein an solchen
Tagen hörte man nichts. Häufig ließ sich dieses Wehklagen
auch vernehmen, wenn ich zu meiner Mutter oder meinem
Dienstpersonal in das Zimmer trat, um mich irgendwie zu
erkundigen, oder sie fragte, was es denn neues gäbe. Es
schien dann dicht aus unserer Nähe zu kommen. Als ich eines
Tages bei dem Präsidenten von B. zum Abendessen eingeladen war, hatte der Herr Präsident die Liebenswürdigkeit,
mich in seinem Wagen nach Hause zu begleiten. Während er sich
nun vor der Thüre meiner Wohnung von mir verabschiedete
und mir eine gute Nacht wünschte, da ließ sich das furchtbare
Klagegeheul zwischen ihm und mir vernehmen. Wie ganz
Paris, so war auch ihm natürlich diese Geschichte sehr wohl
bekannt. Nichtsdestoweniger saß er totenbleich in seinem
Wagen, unfähig, ein Wort sprechen zu können. Ein andermal
bat ich meinen Kunstgenossen, Herrn Rosely, mich nach der
Straße St. Honorée zu begleiten, woselbst ich mir einige
Stoffe kaufen wollte. Unser Gespräch drehte sich nur um
das Phantom, wie man den Urheber jenes absonderlichen
Lärms zu bezeichnen pflegte. Jener junge, übrigens geistreiche
Mann, so ungläubisch er auch sein wollte, war doch von
meinem Abenteuer betroffen und reizte mich an, das Phantom
erscheinen zu lassen, indem er mir versprach, an die unheimliche
Erscheinung zu glauben, wenn dasselbe Antwort geben würde.
Teils aus weiblicher Schwäche, teils aus Neugierde kam ich
endlich der Aufforderung nach und that, was man von mir
begehrte. Dreimal erscholl das furchtbare Klagegestöhne.
Bei unserer Rückkehr mußte man uns die nötige Hilfe zu

Teil werden laffen, um uns aus dem Wagen zu heben, worin
wir beide bewußtlos lagen.

„Diese Szene war für lange Zeit das letzte Mal gewesen,
daß sich die Stimme vernehmen ließ, da es Monate hindurch
still blieb. Schon wollte ich aufatmen und mich der tröst=
lichen Hoffnung hingeben, daß ich nun ein für alle Mal von
diesem schrecklichen, gespenstigen Treiben befreit sei, da sollte
mich plötzlich ein Vorfall lehren, wie sehr ich mich getäuscht
hatte. Unser Schauspiel war wegen der Heirat des Dauphins
nach Versailles verlegt worden; zu St. Cloud hatte ich mich
mit einer Frau Grandval in einem Zimmer einlogiert.
Gegen drei Uhr morgens wandte ich mich an diese mit den
Worten: ‚Wir sind am Ende der Welt. Das Phantom
dürfte uns hier wohl kaum finden!‘ Sofort aber stieß dieses
jenen bekannten entsetzlichen Schrei aus. Frau Grandval,
die nicht anders glaubte, als daß die ganze Hölle los wäre,
sprang auf und stürzte eilends im Hemde die Treppe hinunter
in das untere Stockwerk. Ich brauche wohl nicht zu erwähnen,
daß im ganzen Hause niemand ein Auge in dieser Nacht
zuthun konnte. Doch war es zum Glück das letzte Mal,
daß jenes schreckliche Geheul sich vernehmen ließ.“

Dagegen stellte sich noch ein anderes sonderbares
Phänomen ein. Jede Nacht, sobald es 11 Uhr schlug, hörte
man einen lauten Knall, als ob mit einer Flinte gegen das
Fenster des Fräulein Clairon geschossen werde. Die Polizei,
an deren Spitze der berühmte De Marville stand, untersuchte
nun sofort das gegenüberliegende Haus und stellte auf der
ganzen Straße Spione auf. Drei Monate hindurch
wurde die strengste Wache in dieser Weise fortgesetzt. Doch
gelang es niemand, diesem seltsamen Phänomen auf die
Spur zu kommen, wiewohl es jeden Abend beobachtet werden
konnte. Dieses Ereignisses wurde auch in den Akten der
Polizei Erwähnung gethan. Fräulein Clairon berichtet
desgleichen manche interessante Anekdote von diesen Flinten

schüssen. Endlich stellte sich noch eine Art Händeklatschen ein, dem später melodiöse Laute folgten, die sich oft wiederholten, und — zuguterletzt hörte der ganze Spuk auf.

Zu jener Zeit erfuhr nun Fräulein Clairon von einer alten Frau, die Herrn S. in seinen letzten Augenblicken beigestanden hatte, daß der Unglückliche an jenem Abende mit Spannung die Dame seines Herzens erwartet und alle Minuten bis 10 Uhr gezählt habe, bis endlich der Lakai der Schauspielerin erschienen sei und die Meldung gebracht habe, daß seine Herrin durchaus nicht kommen könne. Nach einem kurzen Stillschweigen ergriff S. heftig die Hand der Alten in einer Verzweiflung, welche die arme alte Frau erschaudern ließ. „Herzlose!" rief er aus, „du wirst es noch schwer zu bereuen haben; ich werde dich auch nach meinem Tode verfolgen, wie ich dir im Leben nachgestellt habe!" Die Wärterin versuchte seine Aufregung zu beschwichtigen, doch als sie auf ihn zuschritt, da war das ungestüme Herz ruhig geworden, und der letzte Seufzer hatte sich seiner gequälten Brust entrungen.*)

Zu dieser Klasse der seltsamen Phänomene der direkten Stimme ist auch noch der Legende jener Stimme zu gedenken, die von der Höhe eines Steinkreuzes, an dessen Fuße sich des Reiches Obrigkeit zu Edinburgh versammelt hatte, sich vernehmen ließ. In einer der Nächte, welche der Schlacht bei Flodden vorherging, verkündigte sie, daß die ganze schottische Reiterei ihren Untergang finden würde.**)

Etwas ähnliches soll sich auch im alten Rom zugetragen haben. Macchiavelli***) sagt: „Ich werde bloß das anführen,

---

*) Es beruht diese Erzählung auf derselben Thatsache, die auch Goethe den Stoff zu seiner in den Unterhaltungen deutscher Auswanderer befindlichen und dort von dem Pfarrer erzählten Novelle gegeben hat. Letztere veröffentlichten wir in unserer Zeitschrift für Spiritismus, 1898, Nr. 13 und 14. — Der Übersetzer.

**) Walter Scott, Marmion.

***) Discorsi, Kap. LVI, S. 277.

was Titus Livius von dem Einfall der Gallier in Rom sagt: nämlich, daß ein gewisser Plebejer Marcus Cäditius dem Senat die Meldung machte, er habe um Mitternacht, als er über die Via Nova schritt, eine Stimme vernommen, welche, lauter als die eines Menschen, ihn ermahnt habe, den Magistrat zu benachrichtigen, daß die Gallier in Rom einfallen würden. Über die Ursache dieser Stimme sei dann, soviel ich weiß, lang hin- und hergestritten worden, bis ein Mann, der in den natürlichen und übernatürlichen Dingen erfahren, von denen wir nichts verstehen, sie gedeutet habe. Auch ließe sich, da die Luft nach der Ansicht einiger Philosophen voll von Intelligenzen sei, annehmen, daß diese infolge ihrer natürlichen Veranlagung, die Zukunft vorher sehen zu können, Mitleid mit den Menschen empfinden und sie gerne warnen möchten, weshalb sie sich dann ähnlicher Zeichen bedienen."

Macchiavelli, ein Spiritist! Auch dies geht doch klar daraus hervor.

§ 27. — Einem aufmerksamen Leser wird es nicht entgangen sein, daß in verschiedenen sogenannten Spukhäusern zwischen den unsichtbaren Intelligenzen und den Lebenden ein Verkehr vermittelst Klopflaute stattgefunden hat, in der nämlichen Weise, wie wir es bereits an dem Grabe des hl. Paschalius kennen gelernt haben, und zwar lange Zeit bevor das typtologische Verfahren durch Frau Fox in Hydesville erfunden und damit dem heutigen Spiritismus sein Ursprung verliehen wurde. Von solchen Kundgebungen vermittelst Klopflaute haben wir ein sehr hübsches Beispiel in dem Spuk von Dippelsdorf in den Jahren 1761 1762, worüber nach alten Urkunden im Jahre 1811 Pfarrer Capelle ein Buch veröffentlichte.

Am 2. Dezember 1761 ließ sich gegen 6 Uhr abends ein eigentümliches Hämmern in dem Zimmer vernehmen, das ein gewisser Antonius Kettelhut bewohnte. Man stellte alle möglichen Untersuchungen an, um der Ursache auf die Spur zu kommen; alles war vergebens. Nach einigen Abenden hörte die Erscheinung auf einmal auf, um aber dann wieder etwa hundert Schritt von diesem Hause entfernt in der Wohnung des Ludwig Kettelhut, eines Bruders von Anton, viel stärker als vorher aufzutreten. Diese pochende Kraft offenbarte sich in einer Zimmerecke dieses Hauses. Schließlich am 6. Januar 1762 hielt es die Justiz für angemessen, einzuschreiten. Es wurden die Wände an verschiedenen Stellen eingerissen; doch vergebens. Feierlich beschwor die Familie Kettelhut weder der Urheber der seltsamen Erscheinungen zu sein, noch irgend wie mit denselben in Verbindung zu stehen.

Bisher hatte noch niemand daran gedacht, an den unbekannten Klopfer eine Frage zu richten. Da stellte eines Tages jemand von Riggam die Frage an den Spukgeist: „Sag an, du Klopfgeist, bist du da?" Ein lauter Schlag ließ sich darauf in der Wand vernehmen. „Kannst Du mir sagen, wie ich heiße?" Man nannte nun verschiedene Namen, und der Geist ließ bei demjenigen des jungen Mannes einen starken Schlag vernehmen. Auch stellte man verschiedene andere Fragen. Unter anderem bat man den Geist anzusagen, wieviel Knöpfe an dem Rock eines Bauern seien, und der Geist gab durch 36 Klopflaute die richtige Anzahl derselben an.

In kürzester Zeit verbreitete sich die Geschichte des seltsamen „Kloppedings" zu Dippelsdorf in der ganzen Umgegend. Jeden Abend begaben sich Hunderte von Braunschweigern dorthin, und auch sehr viele Fremde suchten den Ort auf, um Zeugen jener seltsamen Erscheinungen zu sein. Der Andrang von Neugierigen nahm derart zu, daß die Polizeibehörde ihm gegenüber ohnmächtig war. Die Bürger waren gezwungen, die Nachtwachen zu verstärken, und nur mit Mühe gelang es, den Besuchern des Ortes einzeln Mann für Mann den Zutritt zu gewähren.

Auf fast alle Fragen erteilte der Geist willfährig Antwort, bezeichnete richtig den Namen, das Alter und den Beruf

der Besucher. Ein junger Mann, der in Dippelsdorf voll=
kommen unbekannt war und noch nicht lange in Braunschweig
wohnte, bat den Geist um die richtige Bezeichnung seiner
Heimat. Um diesen irre zu führen, nannte er eine große
Anzahl Städte, doch kaum hatte er den Namen Hetting aus=
gesprochen, so ertönte ganz richtig der bestätigende Klopflaut.
Einem am Orte wohnenden Schelm gab der unsichtbare Klopfer
ganz richtig an, wieviel Heller seine Börse enthalte, nämlich
681, und einem Zuckerbäcker, wieviel Semmeln dieser am
Morgen gebacken habe. So bezeichnete er auch einem Kauf=
mann die Summe Geldes, die demselben vor zwei Tagen durch
die Post zugesandt worden war u. s. w.

Der Geist war stets aufgeräumt und immer lustig, vor
nichts scheute er zurück und ließ sich ebenso bei dem regierenden
Herzog Karl und seinem Bruder Ferdinand vernehmen, wie
auch bei jedem gewöhnlichen Mann. Die Sache sollte aber
plötzlich eine ernstere Wendung annehmen. Der Herzog gab
einigen Medizinern und Juristen den Auftrag, den Fall zu
untersuchen. Diese Gelehrten erklärten das Klopfen durch
das Vorhandensein einer unterirdischen Quelle. Es wurde
daher das Fundament des Hauses bloßgelegt, allein der Geist
klopfte unbehindert weiter. Jetzt nahm man seine Zuflucht
zur beliebten Erklärungsweise, daß Betrug im Spiele sei, und
man verdächtigte den Knecht des Hauses. Die Bewohner
des Dorfes wurden aufgefordert, an einem bestimmten Tage
alle zu Hause zu bleiben. Obschon nun der Knecht in
Gewahrsam gebracht und scharf im Auge behalten wurde, so
ließ sich der Geist doch wie bisher vernehmen und erteilte auf
Befragen ruhig seine Antworten. Der vermeintliche Thäter
wurde dann für unschuldig erklärt und wieder in Freiheit
gesetzt. Darauf verhaftete man das Ehepaar Kettelhut und
hielt es drei Monate im Gefängnis. Als man sie endlich
wieder als unschuldig an dem Spuke entließ, gewährte man
ihnen noch nicht einmal eine Entschädigung, obwohl die

Kommissionsmitglieder, welche über jenes seltsame Vorkommnis einen Bericht veröffentlichten, sich an einer Stelle folgendermaßen ausdrückten:

„Wir haben kein Mittel unversucht gelassen, um der Ursache dieses Klopfens auf die Spur zu kommen, doch ist es uns nicht gelungen, auch nur das mindeste zu ermitteln.*) Vielleicht ist es einmal der Zukunft vorbehalten, Licht in diesen Fall zu bringen."

Und in der That sollte die Zukunft durch die Entdeckung des heutigen Spiritismus jenem Falle eine hinreichende Aufklärung angedeihen lassen.

§ 28. — In seinem neuesten Werke: Vorläufer des Spiritismus, das nunmehr in einer deutschen Übersetzung von Feilgenhauer erschienen ist, behandelt Staatsrat Aksakoff außer jenem Fall von Dippelsdorf auch ebenso eingehend den Spuk zu Tedworth im Hause des Herrn Mompesson. Der berühmte Joseph Glanvil beschreibt diesen Vorfall ausführlich in seinem Werke Sadducismus triumphatus**), jener Glanvil, von dem Lecky sagt, daß der vorherrschende Charakterzug seines Wesens ein ungeheurer Skeptizismus war. Auch zu Tedworth offenbarte sich die unbekannte Intelligenz hauptsächlich vermittelst Klopflaute.

Ferner erwähnt Görres***), noch ehe durch den heutigen Spiritismus das spirits' — rapping, les esprits frappeurs,

---

*) Niemand geringeres als unser großer Lessing that angesichts dieses unerklärlichen Phänomens den berühmten Ausspruch, daß bei dieser Klopferei „ihm sein ganzes Latein ausgegangen sei"! Es dürfte übrigens bekannt sein und nie von einem bezweifelt werden, der nur einigermaßen mit den Schriften Lessing's betraut ist, daß dieser hervorragende Klassiker wie Goethe und viele andere im vollen Maße ein Spiritist genannt werden kann.   Der Übers.

**) 4. Auflage, 1726, S. 270—285. Vergl. ferner „Psychische Studien", August-Heft 1890, S. 354.

***) Die christliche Mystik, Bd. III.

und die Spukhäuser in Mode gekommen waren, mehrere Fälle, von denen der berühmteste wohl jener Spuk im Hause Samuel Wesley's, des Begründers der Methodisten-Gemeinde, zu Epworth (Lincolnshire in England) sein dürfte. Der Spuk begann dort gegen Ende des Jahres 1716 und dauerte ein ganzes Jahr hindurch fort, „so daß man", wie Görres schreibt, „genug Muße hatte, sich eingehend dieser Erscheinung zu widmen. Alle Mitglieder traten ohne Furcht und Vorurteil an die Sache heran und thaten alles, was man nur in solchen Fällen unternehmen konnte, um einem Irrtum oder einer Betrügerei vorzubeugen, so daß mithin nicht im geringsten die Echtheit der Phänomene bezweifelt werden kann."

Die Geräusche in den Wänden waren sehr verschiedenartig und folgten verschiedenen Rhythmen. Wenn man im Begriff war, in ein Zimmer einzutreten, so ließ sich das Klopfen immer in dem Raume hören, den man soeben verlassen hatte, ob er nun offen war oder geschlossen. Manchmal sprangen die Tischplatten in die Höhe in Gegenwart Wesley's, die Thüren öffneten sich von selbst und schlossen sich wieder ꝛc.

§ 29. — In England sprach man weit und breit von den sonderbaren Vorfällen in dem Königshause zu Woodstock, als Cromwell nach der Hinrichtung Karls I eine Abordnung, die aus dem General Harrison, dem Obersten Desborough und dem Abgeordneten Bletson bestand und welche einen großen Troß und Bewaffnete mit sich führte, dorthin entsandt hatte, um von dem alten Königsschlosse Woodstock Besitz zu ergreifen. Während fünfzehn Nächten, welche die Abordnung auf dem Schlosse zubrachte, wurde diese von den schauerlichsten spukhaften Erscheinungen belästigt. Des Nachts vernahm man ein entsetzliches, betäubendes Geräusch: große Stöße von Brennholz, hunderte von Steinen, aller Art Geschirr, Gläser u. s. w. wurden in die Zimmer geschleudert. Dabei wurden die Betten von unsichtbarer Macht in die Höhe gehoben und die Matratzen herausgeworfen. Tische und Stühle kamen durch die Luft geflogen, um dann zentnerschwer auf den Boden zu stürzen. Auch hier ließ man es weder an der nötigen Umsicht noch an allen erdenklichen Vorsichtsmaßregeln fehlen, um dem vermeintlichen Urheber dieses fürchterlichen Spektakels auf die Spur zu kommen — indes vergebens. Als sich eines Abends die Mitglieder der Abordnung zu Bett begeben wollten, sahen sie, wie sämtliche Gläser, die auf dem Tische standen, sich von selbst in die Luft erhoben und dort mit ungeheurer Schnelle über ihren Köpfen herumkreisten. Nachdem der Flug beendet war, nahmen die Gläser ihre früheren Plätze wieder ein.*)

Wenn man bisher auch noch den Glauben aufkommen lassen wollte, daß man es hier mit bösen Scherzen zu thun habe, die von Anhängern der Partei Karls II vollführt würden, wie es später selbst noch Walter Scott in seiner Dämonologie behauptete — so zeigten doch diese letzten Erscheinungen nur zu deutlich, daß man es nicht mit Wesen von Fleisch und Blut zu thun hatte. Dieser Meinung schließt sich auch Robert Plot an, der Verfasser einer Naturgeschichte und Zeitgenosse Cromwell's. Er widmet diesen Erscheinungen einen umständlichen Bericht, indem er sich dabei auf Urkunden gründet, für deren Echtheit das Zeugnis und die Unterschrift eines Mitgliedes jener Abordnung bürgt.

Florian Bertram Gerstmann veröffentlichte im Jahre 1714 ein Werk**), worin er ausführlich von dem Spuk erzählt, dessen Zeuge er volle 25 Tage lang im pharmazeutischen Laboratorium seines Vaters zu Dortmund gewesen sei. Am

---

*) Auch ist besonders das seltsame Phänomen zu beachten, daß sämtliche Feuer, welche man in den Kaminen angezündet hatte, sowie die zahlreichen Lichter, welche in sämtlichen Sälen brannten, plötzlich auf einmal ausgelöscht wurden. Als jemand dann zwischen zwei Sälen ein brennendes Licht aufstellte und dasselbe beobachtete, wurde das Licht dreimal von unsichtbarer Hand geputzt, um es erlöschen zu lassen. (Görres, Die christl. Mystik, III, S. 406.)   Der Übers.

**) Verlag von Fuhrmann, Leipzig und Osnabrück.

5. Mai 1713 zertrümmerte des Morgens um 8 Uhr plötzlich
ein Stein das Fenster des Laboratoriums. Bald darauf
fielen noch mehrere Steine, welche 7 Glasscheiben und 4 Dach=
ziegel zerschlugen, ohne daß man dem Urheber dieses bos=
haften Treibens auf die Spur kommen konnte. In der Nacht
aber blieb alles ruhig. Einige Tage darauf nahm die Be=
lästigung bedeutend zu, und man zählte 210 Steinwürfe, durch
die 75 Fensterscheiben eingeworfen wurden. Auch Personen
wurden getroffen, jedoch ohne Schaden zu erleiden. Am
sechsten Tage, es war der 10. Mai, begann dieser Steinhagel
auch im Innern des verschlossenen Labora=
toriums zu wüten. Man hatte es hier ganz besonders auf
die vielen Glassachen abgesehen, so daß dieselben, wenn man
sie nicht rechtzeitig in Sicherheit gebracht hätte, alle in Scherben
gegangen wären. Dann und wann flogen auch einige Scheiben=
stücke umher. In der Arbeitsstube des Berichterstatters dieser
Erscheinungen, die sich in einem abgelegenen Nachbargebäude
befand und wo man das sämtliche gerettete Glasgeräte unter=
gebracht hatte, begann dann auch auf einmal das Fliegen von
allen möglichen Gegenständen — obwohl Thüren und Fenster
fest verschlossen waren — mit einer solchen Wucht und Gewalt,
daß man sich genötigt sah, die zerbrechlichen Sachen samt und
sonders in Kisten zu verpacken.

Dem Ventilator des Laboratoriums wurde in Gegen=
wart der Familie ein großes Loch beigebracht, allein ohne
daß etwas darauf gefallen war. Das jüngste Söhnchen, das
wahrscheinlich unbewußt das Medium war, behauptete eine
nebelige Gestalt, wie ein Gespinst, zu sehen,*) welche die Sachen
Stück für Stück zerbräche. Hängelampen begannen z. B. im
Zimmer hin= und herzuschwingen, ohne daß sie jemand an
gerührt hatte; Garderobestücke, Zwirnröllchen und alle möglichen

*) Man vergl. dieselbe Erscheinung in dem Falle Paschkoff.
f. Aksakoff: Vorläufer des Spiritismus, S. 386; ferner den
Fall Maltschenko ebendaselbst, S. 26 usw.   Der Übers.

Gegenstände des sogenannten Hausplunders fand man in dem Gesträuche im Garten versteckt.

Doch nach und nach nahm die Kraft des unsichtbaren Scharfschützen derart zu, daß er sich bald Krüge und Kochtöpfe und noch schwerere Gegenstände als Geschosse auserkor. Das seltsamste Phänomen war nun, daß dergleichen Sachen sowohl plötzlich in einem verschlossenen Zimmer erschienen, als auch aus einem solchen verschwanden und irgend wo andershin von einem unsichtbaren jemand verbracht wurden.

Als nun in dieser Weise der Spuk fünfzehn Tage hindurch hinreichend Belästigungen und Schäden dem Hause zugeführt hatte, nahm er vom sechszehnten Tage an eine wahrhaft ekelhafte Gestaltung an, da sämtliche Gegenstände, selbst die Kleider, die man anhatte, scheußlich mit dem Inhalt der Kloake beschmutzt wurden.*)

In Verzweiflung nagelte man die Kloake zu, doch ohne irgend ein Resultat, da man kurz darauf sie wieder mit großem Lärm sich öffnen sah. Der Verfasser des Berichtes bemerkt ferner, daß eine Thüre des Laboratoriums von selbst weit aufging. Als man die Thüre schloß, ging sie indes sofort wieder von selbst auf und gewährte so Zugang zu verschiedenen beschmutzten Kleidungsstücken. In diesem Falle nun nahm der jüngste Sohn auch eine weiße Gestalt wahr, die man als den Urheber der Erscheinung ansehen mußte.

Nachdem nun diese neue Quälerei fünf Tage lang angedauert hatte, schien die ganze Geschichte doch den Höhepunkt erreicht zu haben, wenigstens hörten jene scheußlichen Beschmutzungen auf.

Nach einigen Tagen Ruhe begann dann wieder das ur-

---

*) Man vergl. den Fall Lohmüller im Anhang von Feilgenhauer zu Aksakoff's Vorläufer des Spiritismus und den Parallelfall, welchen uns Herr Saretzki im gleichen Werke schildert (S. 203, 348 ff. und S. 352). Der Übers.

sprüngliche Phänomen des Fensterzertrümmerns sein Spiel zu
treiben, allein diesmal bediente sich die unsichtbare Macht
nicht mehr gewisser Gegenstände zum Werfen, sondern schien
die Fenster usw. einfach einzuschlagen. Der kleine Bruder
des Erzählers behauptete, einen roten Arm gesehen zu haben,*)
der diesen Schaden hervorbrachte. Jenem wurde dann das
Gewand vom Leibe gerissen, ohne daß man den Thäter wahrzunehmen vermochte. Am letzten Tage vergnügte sich der
Geist damit, sämtliche Anwesenden sowohl wie die Gegenstände im Hause mit Wasser zu bespritzen und zu beschütten.
Als es Gott gefiel, vernahm man plötzlich eine Stimme:
„Jetzt ist's genug!" Und ohne irgend welchen Grund hörte
der Spukgeist gerade so unerklärlich mit seinen Offenbarungen
wieder auf, wie er angefangen hatte.

§ 30. — Wie heutigen Tages in Spukhäusern das sogenannte gespenstige Steinwerfen keineswegs zu den seltensten
Phänomenen zu zählen ist, so war es auch nicht in früherer
Zeit. Um nur von der christlichen Aera zu reden, die der
historischen Forschung mehr unterstellt ist, wollen wir hier
ein Beispiel von Zonara **) anführen, der uns von dem Tode
Constantins VII, des Kaisers von Byzanz, erzählt. Zonara
sagt: „Die letzten Tage und Nächte vor der irdischen Auf-
„lösung des Kaisers stellte sich ein heftiger Steinregen ein,
„der mit lautem Gepolter gegen das Gemach des Herrschers
„fiel. Da dieser der Ansicht war, daß es lediglich mit mensch-
„lichen Dingen zugehe, ließ er seinen Palast von einer un-
„geheuren Menge von Wächtern umgeben, um die Schuldigen
„zu entdecken und sie zur Strafe zu ziehen. Doch es gelang
„nicht, auch nur den geringsten Anhaltspunkt zu finden, so
„daß meine Annahme wohl gerechtfertigt erscheinen dürfte,

---

*) Man vergl. den Fall Schtschapoff bei Aksakoff: „Vorläufer
des Spiritismus."
**) Annalen, Bd. XVI, Kap. 22.

„daß man es hier ebenfalls mit einem übermenschlichen Phäno-
„men zu thun habe."

Auch müssen wir auf diesen übermenschlichen Charakter
des Phänomens aus der Thatsache schließen, daß die Polizei,
so oft sie auch bei dergleichen Erscheinungen herbeigezogen
wurde, stets sich ohnmächtig erwies, sowohl durch ihre Anwesenheit den Erscheinungen Halt zu gebieten, als auch in der
Entdeckung des Freylers. Dann aber zeigt das sogenannte
gespenstige Steinwerfen einen ganz speziellen Typus, wodurch
uns eben die schönsten Beispiele einer augenblicklichen Auflösung des Stoffes und einer Wiederzusammensetzung desselben geliefert werden.

[Ebenso gerechtfertigt erschien aber auch manchen Forschern
die Annahme einer vierten Dimension. Bei diesen mystischen
Wurfgeschossen, denen unser geistreicher du Prel eine vorzügliche commentierende Arbeit widmete, muß der besonnene
Beobachter sofort an der Hand der zahlreichen charakteristischen
Begleiterscheinungen auf die Echtheit des Phänomens und
die ungeheure Thorheit derjenigen schließen, welche als Ursache
eines solchen transzendentalen Steinwerfens einen „S p u k -
k n a b e n"*) wittern. Auf diese wichtige spiritistische Erscheinung, für deren Thatsächlichkeit aus allen Zeiten und
Ländern so viele und so hochbedeutende Zeugnisse vorliegen (wir
erinnern nur an diejenigen, welche uns Remigius, sowie ferner
Glanvil übermacht haben), werden wir noch später zurückkommen.

Es würde dicke Kompendien erfordern, wollte man eine
ausführliche Behandlung nur jenen Fällen der Neuzeit zu
teil werden lassen, welche zur allgemeinen Kenntnis gelangt

---

*) Wie dies in dem bekannten Spuk zu Resau der Fall war. —
Es sei an dieser Stelle auf die von Edward Sickel zu Savannah in der
„Zeitschrift für Spiritismus" (1898, Nr. 10) veröffentlichten eignen Er-
lebnisse verwiesen, sowie auf unsere Anmerkung hierzu auf Seite 78
als einen weiteren höchst wertvollen Beleg für die thatsächliche Existenz
dieses Phänomens.

sind, wobei sich getrost annehmen läßt, daß die Zahl dieser Spuk-
erscheinungen, die infolge der leider heute noch so allgemeinen
crainte du »Qu'en dira-t-on?« nicht an die Öffentlichkeit gelangt sind, doch eine weit beträchtlichere ist. — Der Übersetzer.]

§ 31. — Wohl die seltsamsten spiritistischen Vorkommnisse,
die als hinreichend verbürgt zu unserer Kenntnis gekommen
sind, haben sich in den Schlössern des alten schwedischen
Königshauses zugetragen.

Als Karl XI von Schweden in der Nacht vom 16. auf
den 17. September 1676 an das Fenster seines Schlosses
trat, das auf den Hof hinausging, sah er, daß die Fenster
des ihm gegenüberliegenden großen Ständesaales — das alte
Königsschloß auf dem Rittersholm ist in Hufeisenform gebaut —
in hellem Glanze erstrahlten, obschon der Saal seit langer
Zeit nicht mehr benutzt wurde und daher abgeschlossen war.
Hocherstaunt machte der König den Kanzler Bjelko und
seinen Ratsherrn, welcher den gleichen Namen trug, darauf
aufmerksam. Der bald darnach eintretende Ratsherr Oxenstierna
beobachtete ebenfalls das seltsame Phänomen, ohne sich über
die Ursache desselben klar zu sein. Anfangs hatte man
geglaubt, daß es vielleicht ein Diener sei, der mit einer Fackel
im Schlosse herumirre. Allein diese Erklärung vermochte nicht
in Anbetracht der großen Helligkeit stand zu halten, und so
befahl denn Karl, den Majordomus mit den Schlüsseln zur
Ständekammer rufen zu lassen. In Begleitung seiner Rats-
herren, des Kanzlers Bjelko und einiger Diener betrat der König
mutig und unerschrocken selbst den Saal. Seltsamerweise fand
man die Wände, die sonst mit Holz getäfelt waren, an jenem
Abend schwarz ausgeschlagen; es gab dies dem ganzen Saal in
der Beleuchtung von zahlreichen Fackeln ein schauerliches Aussehen. Sechszehn unbekannte Ritter in seltsamer Tracht und
von jugendlichem Äußern saßen auf den Sitzplätzen. Von ihnen
umgeben, befand sich in der Mitte auf einem Throne ein
Jüngling, der eine Krone trug, und zu seiner Seite standen

zwei Würdenträger, der eine noch jung an Jahren, der andere wohl ein alter Siebzigjähriger. In einer Ecke befand sich ein zweiter, zerbrochener Thron, auf dem ein Herrscher mit vom Rumpfe getrenntem Kopfe saß. Es würde zu weit führen, wollte ich mich hier auf alle Einzelheiten einlassen. Soviel sei nur erwähnt, daß, als der König eine Erklärung dieses seltsamen schauerlichen Schauspiels forderte, ihm der junge König die Antwort gab, daß das, was er jetzt sehe, sich in der fünften Regierung nach ihm zutragen werde.

Man will wissen, daß der König Karl XI noch in derselben Nacht einen genauen Bericht über den ganzen Vorfall abfassen ließ, den dann er und jene vier Zeugen unterschrieben und der sich heute noch in den königl. Archiven zu Stockholm befindet.*) Carlson gab denselben in einem dem Könige von Schweden-Norwegen gewidmeten Werke wieder, aus dem der Bericht dann später in den verschiedensten Zeitungen und Zeitschriften, so 1888 in dem »Journal des Débats« und in den von Aksakoff herausgegebenen „Psychischen Studien" veröffentlicht wurde. Auch Prosper Mérimée erzählt davon in seinem Mosaïque und leitet den Bericht mit den Worten ein: „Gesichte und übernatürliche Erscheinungen pflegt man gern ins Lächerliche zu ziehen. Indes giebt es auch solch wohl verbürgte Geistererscheinungen, daß man der Konsequenz halber gezwungen wäre, um diese bestreiten zu wollen,

---

*) Nach einer Mitteilung der „Übersinnlichen Welt" (Herausgeber Max Rahn; Nr. 6, IV. Jahrgang) wird die Echtheit jener Urkunde allerdings ernstlich von dem schwedischen Historiker Ernst Carlson bestritten. Indes genügt es wohl zu bemerken, daß anscheinend Carlson lediglich aus dem Grunde das Dokument als eine Falsifikation bezeichnet, weil er von der Unmöglichkeit eines solchen Vorfalls überzeugt ist. Doch sei noch bemerkt, daß die Lesart dieses Vorkommnisses eine sehr verschiedene ist. Man vergl. auch den Aufsatz in der Märznummer 1895 der von Dr. Hans Spatzier redigierten „Psyche", ferner De la Gardiska, Archivet XII, 66, 68. Der Übersetzer.

26*

überhaupt keinen historischen Beweis mehr gelten zu lassen. Er fügt noch hinzu, daß der Inhalt jenes von dem Könige Karl und seinen vier Zeugen unterzeichneten Protokolls über das geheimnisvolle Vorkommnis an jenem Abend „längst vorher veröffentlicht und bekannt geworden wäre, ehe jene überraschenden Ereignisse eintraten, die als die Erfüllung des Gesichtes anzusehen sind."

Nach Mérimée war der angesichts der versammelten Stände enthauptete gekrönte Jüngling der wegen des Mordes Gustavs III hingerichtete Ankerström. Der Jüngling wäre dann Gustav Adolph IV, während der Greis, im Kleide des Reichsverwesers, dessen Onkel, den Herzog von Südermanland, der auch später nach Entsetzung seines irrsinnig gewordenen Neffen den Thron bestieg, vorgestellt hätte.

Das Schloß, in dem sich vor Karl XI jene seltsame Erscheinung zutrug, wurde später zerstört, und das seltsamste ist nun, daß in dem neuen königlichen Palais, das an derselben Stelle sich befindet, der Spuk fortdauert. Zu Anfang des Jahres 1893 machte ein Berichterstatter der Indépendance Belge aus Kopenhagen betreffs einer Reise des Erbprinzen und der Prinzessin von Dänemark nach Stockholm folgende Mitteilung:

„Die hohen Herrschaften waren in dem königlichen Palais abgestiegen. Schon in der ersten Nacht nach ihrer Ankunft wurde ein Kammerherr, Graf Moltke, gewaltsam von einer unbekannten Macht aus dem Bette geworfen. Am anderen Morgen fragte ihn Prinz Georg ohne weiteres, ob er nicht den fürchterlichen Lärm gehört habe, der in der Nacht in seinem Zimmer gewesen sei.

Als am Abende dann die Prinzessin Louise in ihrem Saale mit Schreiben beschäftigt war, gewahrte sie plötzlich vor sich eine Gestalt. Obschon der Saal hell erleuchtet war, so vermochte doch dieses gespensterhafte Wesen sich den Augen

der Prinzessin darzubieten*) und sie starr anzusehen. Die
Prinzessin schritt beherzt auf das Phantom zu, doch dies ent=
wich vor ihr und verschwand im Korridor. Prinz Christian,
der älteste Sohn des Erbprinzen, wollte einen Gegenstand
in einem nicht erleuchteten Zimmer holen. Bleich und verstört
kehrte jedoch der Prinz zurück, indem er feierlich erklärte,
das Zimmer sei voll von Menschen, die ihn auch gehindert
hätten, einzutreten. Schließlich, als die Familie des Erbprinzen
am Tage vor ihrer Abreise mit dem Prinzen Gustav im
Whistspiel begriffen war, sah man plötzlich den schwedischen
Prinzen erbleichen und unverwandt nach einer Stelle hin=
starren. Der Prinz erklärte sodann, daß sich eine unbekannte
Person an seiner Seite gezeigt hätte, die sich nach kurzer
Weile in Nebel aufgelöst habe.**)

§ 32. — Auch trug sich noch ein wundersames Ereignis
in der alten schwedischen Dynastie zu, worüber ebenfalls
eine offizielle Urkunde abgefaßt wurde, die sich noch in dem
Staatsarchiv zu Stockholm befindet.

Die Königin Ulrike von Schweden war während einer
Reise, die sie in ihrem Reiche unternommen hatte, gestorben,
und man hatte ihre irdischen Überreste, wie üblich, in einem
offenen Sarge in der Kapelle, d. h. in einem ganz schwarz
ausgeschlagenen Saale, welcher von einer Menge von Wachs=
kerzen erhellt wurde, auf einem erhöhten Katafalk aufgebahrt,
wobei eine Abteilung der Leibgarde im Nebenzimmer die
Totenwache hielt.

Am Nachmittage trat in die zu jenem Saale führende
Vorkammer Gräfin Steenbok ein, die erste Hofdame, welche

---

*) Bekanntlich wirkt das Licht nachteilig auf die feinen materiali=
sierten Gespinste der Astralwesen. — Vgl. du Prel: Die störende Wirkung
des Lichtes bei mystischen Vorgängen in „Studien aus dem Gebiete der
Geheimwissenschaften," II, 7.   Der Übersetzer.

**) Vergl den ausführlicheren Bericht: „Ein königliches Medium"
in Nr. 47, Jahrg. 1897, S. 375 der Zeitschrift für Spiritismus. —
                                   Der Übersetzer.

bei der Königin in besonderer Gunst gestanden hatte. Der Kommandant der Leibgarde ging auf sie zu, um sie zu begrüßen und sie zu der Leiche der Königin zu führen, woselbst er dann, zurücktretend, sie bei der hohen Toten feinfühlend allein ließ.

Es herrschte nun auf einmal eine Grabesstille, die man dem lebhaften Schmerze der Gräfin zuschrieb, und die Offiziere der Wache warteten geraume Zeit mit dem Eintritt in den Saal, um ja nicht durch ihre Gegenwart die Andacht der Gräfin zu stören. Da man jedoch schon eine beträchtliche Zeit gewartet hatte, ohne daß die Gräfin zurückgekommen war, begann man zu befürchten, daß sie vielleicht ohnmächtig geworden oder ihr sonst etwas zugestoßen sei. Der Hauptmann öffnete daher ohne weiteres die Thüre, welche zu der Kapelle führte, und trat dort ein, um jedoch unverzüglich verwirrt und bleichen Antlitzes zurückzuweichen. Alle Offiziere stürzten ihm nun sofort nach und sahen zu ihrem großen Schrecken deutlich von der geöffneten Thüre aus die Königin leibhaftig neben ihrem Sarge stehen in inbrünstiger Umarmung mit der Gräfin Steenbok. Die Erscheinung machte den Eindruck, als ob sie in der Luft schwebe, nahm allmählich an Deutlichkeit ab und schien sich schließlich in einen dichten Nebel aufzulösen. Als sich dann diese Nebelmasse zerteilt und verflüchtigt hatte, da sah man die Königin [wohl gemerkt, den wahrscheinlich auch während der Erscheinung unverändert und ruhig auf der Bahre liegen gebliebenen irdischen Körper derselben, — der Übersetzer] noch wie vordem entseelt auf dem Parabebette liegen; aber die Gräfin Steenbok war unerklärlicherweise verschwunden, und wie man auch nach ihr Umschau halten und jeden Winkel der Totenhalle, wie schließlich des ganzen Palastes absuchen mochte: es blieb jede Bemühung erfolglos, und keine Spur war von ihr aufzufinden.

Nachdem man nun sofort einen Eilboten mit dieser höchst seltsamen Nachricht an den Hof nach Stockholm abgesandt hatte, da sollte man denn erfahren, daß die Gräfin Steenbok, welche Stockholm gar nicht verlassen hatte, in dem nämlichen Augenblick gestorben war, als sie von den Offizieren der Leibgarde in den Armen ihrer verstorbenen Königin gesehen worden war.

Über dieses Ereignis nahm man dann ein genaues Protokoll auf, das die Unterschrift sämtlicher Offiziere trug, welche Augenzeugen der seltsamen Erscheinung gewesen waren. Dieses eigenartige Dokument wird heute noch .in dem königlichen schwedischen Archiv aufbewahrt.

Auch führt W— Erdensohn diesen Fall in seinem Werke „Dasein und Ewigkeit" *) an, und zwar berichtet der Verfasser noch einige Einzelheiten, wovon wir hauptsächlich folgende hervorheben: „Dem Protokoll ist noch eine andere Urkunde angehängt, nämlich eine besondere Aussage des Hauptmanns der Leibgarde, die ein Geheimnis von größter Wichtigkeit betrifft, welches die verstorbene Gräfin ihm anvertraut hatte, bevor sie in die Kapelle zu den aufgebahrten irdischen Überresten der Königin geschritten war."

§ 33. — So seltsam auch ein solcher Fall auf den ersten Blick erscheinen mag, so romanhaft auch die Schilderung einer derartigen Begebenheit klingt, so müssen wir doch nicht außer Acht lassen, daß gerade die vorhin wiedergegebene Erzählung den reinen Charakter echter Geister=Erscheinungen trägt und daß jenes telepathische Phänomen der Entsendung des Doppelgängers im Augenblick des Todes nach den Arbeiten der „Londoner Gesellschaft für psychische Forschungen" und zumal nach deren hervorragendem Werke: Phantasms of the Living **) als einmal wissenschaftlich erwiesen, durchaus nicht mehr zu den absonderlichen psychischen Erscheinungen zu

---

*) Verlag von Oswald Mutze, Leipzig 1889, S. 254 u. 255.
**) Wir erwähnten dieses auch von uns ins Deutsche übertragene Werk bereits S. 314 (I. Band) und 149 (II. Band) vorl. Gesch.
Der Übersetzer.

rechnen ist. Dieses Phänomen, von welchem sich hunderte von Beispielen in unseren spiritistischen Zeitschriften vorfinden, war in früheren Zeiten so gut bekannt, wie auch heutzutage. Führen wir noch einige bemerkenswerte Beispiele an:

Agrippa von Aubigné erzählt: „Als sich am 23. Dezember 1574 der König zu Avignon befand, starb dort plötzlich Kardinal Karl von Lothringen. Die Königin (Katharina von Medici) hatte sich früher als sonst zu Bett begeben. In ihrem Schlafgemache weilten noch außer anderen angesehenen Persönlichkeiten der König von Navarra, der Erzbischof von Lyon und die Damen von Retz, von Ligurolles und von Saunes; zwei von diesen bestätigten später die nachfolgende Thatsache. Als sie sich nun beeilten, der Königin gute Nacht zu wünschen, warf sie sich plötzlich auf das Kopfkissen und hielt die Hände vor die Augen. Dabei entrang sich ein lauter Aufschrei ihren Lippen, und sie rief die Umstehenden um Hilfe, ihnen bedeutend, daß am Fuße ihres Bettes der Kardinal stehe, der sie an der Hand hielte. Wiederholt rief sie aus: „Herr Kardinal, ich habe nichts mit Ihnen zu schaffen!“

Sofort sandte nun der König von Navarra einen seiner Edelleute zu dem Kardinal. Der Bote kehrte mit der Meldung zurück, daß der Kardinal in jenem nämlichen Augenblick gestorben sei. —

Die Gemahlin des Marschalls von Luxemburg hatte einen alten Diener, der schwer krank darniederlag. Eine Nacht erwachte sie mit einem unheimlichen Gefühl und in einer seltsamen Aufregung, wiewohl sie doch vollständig gesund war. Sie öffnete die Thüre und trat hinter die Gardine des Alkovens. Da erblickte sie in der Kammer ein Gespenst, das in einen weißen Bettlaken*) eingehüllt war und sich an sie

---

*) Die „weißen Linnen“, womit sehr häufig die Phantome bekleidet sind und die in malerischer Drapierung die ganze Gestalt (selbst deren Kopf bis auf das Gesicht) einhüllen — und fälschlich als Totenhemd

mit den Worten wandte: „Erschrecken Sie nicht vor mir, ich bin
nicht mehr auf dieser Welt, und vor Pfingsten werden Sie
sich wieder mit mir vereinen." Das Fieber ergriff sie infolge
des Schreckens, und bald darauf lag sie sehr bedenklich krank
darnieder, wozu noch besonders der Umstand beitrug, daß der
alte Diener auch in dem nämlichen Momente, in welchem er
ihr erschienen war, thatsächlich das Zeitliche gesegnet hatte.
Dennoch überlebte die Gemahlin des Marschalls den von dem
Geiste angekündigten Zeitpunkt. Der Verfasser der Histoires
de revenants ou prédentus tels, welcher uns diese Anekdote
übermacht hat, ist der Ansicht, daß der nicht eingetroffene
Tod dieser Dame „fait furieusement de tort aux spectres
pour l'avenir." Dagegen hat dieser Umstand logischer
Weise bloß den Vorhersagungen von Gespenstern Abbruch
gethan, welche nur zu häufig falsch sind, und — da wir ja
wissen, daß die Jenseitigen doch nicht allwissend und ebenfalls
wie zu Lebzeiten noch dem Irrtum unterworfen sind — meines
Erachtens sogar noch die Glaubwürdigkeit dieses Falles von
dem erschienenen Gespenst unterstützt.

Am 1. Februar 1733 befand sich der preußische Feldmarschall von Grumbkow in dem Städtchen Crossen an der
Oder, wohin er vor einem Monat von seinem Könige berufen war, um dem König Friedrich August von Polen seine
Huldigung entgegenzubringen. Von Grumbkow hatte infolge
einer plötzlichen Erkrankung Crossen noch nicht verlassen,
während König August II wieder nach seiner Hauptstadt
abgereist war. Um drei Uhr morgens hörte der Feldmarschall
einen sonderbaren Lärm in seinem Zimmer, und als er den
Vorhang zurückschlug, der sein Bett von dem übrigen Teile
des Zimmers trennte, da gewahrte er in dem von einem

---

angesehen werden — sind unserer Ansicht nach lediglich fluidische Massen,
die dem Körper des Mediums oder sonst einer anderen Odquelle ent-
strömen.							Der Übersetzer.

Nachtlichtchen spärlich erhellten Dunkel, daß sich die Thür seines Vorzimmers, worin sein Kammerdiener schlief, öffnete und daß eine große Gestalt hereintrat, in langsam feierlichem Schritt auf sein Bett zukam und vor ihm still stand. Es konnte keine Täuschung sein. Dies war König August, gerade so hatte dieser noch vor wenigen Tagen vor ihm gestanden. Jetzt redete die Gestalt den geängstigten preußischen Feldmarschall an: „Mon cher Grumbkow," sagte sie mit bebender Stimme, „mon cher Grumbkow, je viens de mourir à Varsovie." Nach diesen Worten wandte sich das Gespenst langsam ab und verschwand. Grumbkow klingelte und fragte den zur Thür hereintretenden Kammerdiener, ob er nicht auch die Gestalt gesehen habe, die soeben herein- und herausgegangen sei. Der Kammerdiener aber behauptete, nichts gesehen zu haben. Grumbkow ließ sofort seinen Sekretär wecken und befahl, einen Eilboten für Berlin bereit zu halten. Das Vorgefallene schien ihm so wichtig, daß er es unverzüglich dem Hofe mitzuteilen für nötig hielt. Dennoch glaubte er, daß es richtiger sei, anstatt seine Mitteilung sofort seinem König zu machen, diese erst vermittelst seines vertrauten Freundes, des österreichischen Gesandten Grafen Heinrich von Seckendorff, an den König gelangen zu lassen. Der Eilbote, der bald darauf Crossen verließ, sprengte mit verhängten Zügeln, so rasch er es vermochte, auf Berlin zu. Er langte dort um punkt 5 Uhr vor dem Palaste der österreichischen Gesandtschaft an. Die Angabe dieser Zeit wird uns durch eine Bemerkung in den Memoiren des Barons Christophor von Seckendorff-Aberdar, eines Enkels des Grafen und Sekretärs der Gesandtschaft, überliefert. Kurz darnach brachte Seckendorff Friedrich Wilhelm I diese Nachricht auf gute Art vor. Der König von Preußen, der mit dem König von Polen im freundschaftlichsten Verhältnisse gestanden hatte, war tiefbewegt und schenkte ohne weiteres dem seltsamen Vorfall Glauben. Nach drei Tagen traf in

Berlin ein Eilbote aus Warschau ein, der die Trauerbotschaft von dem Hinscheiden des Königs überbrachte, und es ergab sich nun, daß Friedrich August zu derselben Zeit seine Augen für das Diesseits geschlossen hatte, als sich das Gespenst bei Grumbkow eingestellt und diesem sein Ableben mitgeteilt hatte.

Sehr charakteristisch ist auch der Fall, welchen uns Byron berichtet und den ihm einmal ein Schiffskapitän erzählt hatte. Auch hier handelt es sich um das Ableben eines Menschen und zwar des Bruders jenes Kapitäns. Eines Nachts lag letzterer zu Bett und schlief. Da träumte er, es öffne sich unversehens seine Kabine und er sähe seinen Bruder, bleich und naß wie den Körper eines Ertrunkenen, der soeben aus dem Wasser gezogen worden wäre, vor sich stehen. Erschreckt wird er wach, schlägt die Augen auf und richtet sich auf, um zu sehen, was denn so schwer auf seinen Beinen laste. Dort bemerkte er einen Leichnam, der unten über seinem Bette lag. Trotz des Schauers und Schreckens, der ihn leicht begreiflicherweise überkam, streckte er doch die Hand aus, um sich von der Wirklichkeit der Erscheinung zu überzeugen: seine Finger streiften die nassen Kleider eines Menschen. Und noch mehr erschreckt schloß er wieder die Augen, um nach Möglichkeit dieses schreckliche Bild der Leiche zu verwischen. Als er dann wieder die Augen aufschlug, war alles verschwunden. — Kurz darauf erhielt er die Nachricht, daß einer seiner Brüder, der gleichfalls Seemann war wie er, bei einem Schiffbruch an der holländischen Grenze umgekommen war.

§ 34. — Bei den oben angeführten Beispielen begann die Erscheinung bisweilen im Traume und wurde dann auch später noch von der erwachten Person wahrgenommen. Oft aber erstreckten sich die Erscheinungen lediglich auf den Traumzustand.

In einem Briefe an den Bischof Johann Andrea erzählt Francesko Petrarca folgende Begebenheit:

»Nun wohl, müde des weltlichen Treibens sagte er*) den ehrwürdigen Eltern, den Brüdern, dem Vaterlande Lebewohl und zog sich zurück auf seinen Sitz in der fernen Gascogne. Und wie er die ganze Zeit seines vergangenen Lebens immer nur in lobenswertester Weise angewandt, so wurden auch die letzten Tage von ihm gleichsam als ein Verkündiger des drohenden Todes angesehen und verlebt.

Durch eine weite Landstrecke von ihm getrennt, befand ich mich damals in Gallia Cisalpina (Petrarca hielt sich zu jener Zeit in Parma auf) und in diesem lieblichen Ort, von wo aus ich an dich schreibe, konnte ich mich ruhig meiner Muse widmen. Es war mir über seinen Gesundheitszustand manch böses Gerücht zu Ohren gekommen, so daß ich, zwischen Hoffnung und Furcht schwankend, beständig der Ankunft eines Boten entgegensah. Noch jetzt schaudere ich vor Schreck zusammen, wenn ich davon erzähle: da an dieser Stelle ich ihn des Nachts im Schlafe sah. Er war allein und im Begriff, den Bach zu übersteigen, der diesen Garten bespülte. Ich lief ihm entgegen und fragte ihn nach diesem und jenem: ‚Woher kommst du, wohin gehst du, warum so eilig, so alleine?‘ Und er erwiderte nichts auf diese Fragen und verzog nur das Gesicht, als wollte er lächeln: „Erinnerst du dich noch,“ fragte er dann, „wie lästig dir einst die Stürme der Pyrenäen waren, als du damals mit mir jenseits der Garonne weiltest? Nun wohl, auch mich haben sie verdrossen, und ich begebe mich jetzt nach Rom, um niemals zurückzukehren.“ Und als er dies gesagt hatte, war er am Ende des Gärtchens angekommen. Ich bat, daß er mich mitnehmen möchte, doch jener entzog mir, als ich ihm die Hand ein-, zweimal hinstreckte, sanft dieselbe, veränderte dann plötzlich das Aussehen und den Ton der Stimme und sagte:

*) Petrarca spricht hier von dem Bischof Colonna, dem Bruder des Cardinals, an den der Dichter vermutlich den Gesang: Lieblicher Engel ꝛc. gerichtet hat.

„Laß es gut ſein, ich bedarf jetzt nicht eines Gefährten.“
Sein ſtierer Blick und die Totenbläſſe zeigten mir deutlich, daß
er tot war; vor Furcht und Schmerz ſtieß ich einen Schrei aus,
und da ich zu gleicher Zeit erwachte, vernahm ich noch deutlich jenen letzten Schrei von mir. Ich vermerkte mir nun
ſchriftlich jenes Geſchehnis und den Tag, erzählte die wunder-
ſame Geſchichte meinen anweſenden Freunden, während ich ſie
den abweſenden ſchrieb. Und ſiehe da, kaum ſind 25 Tage
vergangen, da erhalte ich die Nachricht von ſeinem Tode, und
zwar ſtimmt genau die Zeit überein; denn an dem Tage, an
welchem er mir erſchienen, iſt er auch wirklich geſtorben.
Seine irdiſche Hülle (dieſes wußte ich nicht und vermutete
es ſogar auch nicht einmal) war von dort nach drei Tagen
nach Rom überbracht worden, und ſein Geiſt, wie ich hoffe
und wünſche, frohlockte bereits im Himmel.«

Reſtif de la Bretonne erzählt, daß er in der Nacht vom
7. März 1773 im Traume ſeinen ſterbenden Vater geſehen
habe. Am Abend des anderen Tages kam ſein Bruder zu
ihm und beſtätigte die Wahrheit der traurigen Viſion. In
derſelben Nacht war ein anderer Bruder von ihm von
einem Schauderriefel befallen worden und hatte ſich unter
das Bett geflüchtet, laut ſchreiend: „Ach mein Vater iſt geſtorben!“

§ 35. — Bei einigen der vorhergehenden Erſcheinungen
dürfte die ſpiritiſtiſche Erklärung, daß der Geiſt nach dem
Tode ſogleich erſchienen, mehr Geltung für ſich haben. Die
telepathiſche Hypotheſe dagegen, daß nämlich die Erſcheinung
von dem Geiſte des Sterbenden hervorgebracht worden ſei,
der ſich noch nicht ganz von dem Körper losgelöſt habe, kann
bei den von Reſtif de la Bretonne, von Byron, von d’Aubigné
angeführten Fällen wohl Anwendung finden, indes iſt ſie
durchaus nicht mehr ſo wahrſcheinlich, wenn das Phantom
ſpricht, ja ſich ſogar für eine beſtimmte verſtorbene Perſon

ausgiebt, wie es bei der Erscheinung des Königs Friedrich August von Polen und des Bischofs Colonna der Fall war.

§ 36. — Berühren wir nun einen sehr interessanten Punkt der Geistererscheinungen im Augenblick des Sterbens von jenen Personen, welche versprochen hatten, nach ihrem Tode wieder zu erscheinen.

Die berühmteste solcher Erscheinungen ist die, welche Baronius in seinen Annales Ecclesiast. (De Apparitiònibus) erzählt. Marsilius Ficinus, der berühmte Übersetzer des Platon, unterhielt sich eines Abends mit Michael Merkato, seinem treuen Freunde, über die Unsterblichkeit der Seele und schloß mit ihm einen Pakt, daß, wer von ihnen am ersten sterbe, zurückkehren sollte, um dem anderen mitzuteilen, ob das, was man von der anderen Welt erzählte, auch wirklich wahr sei. Einige Zeit darnach — Merkato hielt sich in einer anderen Stadt wie Ficinus auf — hörte dieser plötzlich, wie ihn jemand von der Straße aus ruft. Er eilt ans Fenster und sieht seinen Freund Ficinus, in weiß gekleidet, auf einem weißen, wild schnaubenden Rosse dahinsprengen. Dieser hebt wie zum Gruße die Hand auf und ruft ihm zu: „Omnia vera, quae sunt exposita!" „O Michael, Michael alles ist wahr, was man über die andere Welt berichtet." Merkato ruft ihn an und stürzt ihm nach. Noch nimmt er den Reiter wahr, da plötzlich ist er seinen Augen entschwunden. Und bald darauf erhielt Michael Merkato die traurige Botschaft, daß sein Freund Marsilius Ficinus an dem nämlichen Tage und zur selben Stunde in Florenz gestorben war, als jener die Erscheinung gehabt hatte. Die Entfernung aber, welche die beiden Freunde an jenem Tage von einander trennte, war eine ganz beträchtliche.

Baronius fügt noch hinzu: daß die Erscheinung, sowie das Halten jenes gegebenen Versprechens von Seiten des Freundes auf Merkato einen solchen Eindruck hinterlassen habe,

daß er, seinen bisherigen Studien und der Welt entsagend, sich
der Theologie zugewandt hätte.

Wohlgemerkt, ich ziehe keineswegs diesen wundersamen
Fall als eine völlig verbürgte Thatsache an. Allein,
um damit kund zu thun, wie oberflächlich einige unserer
heutigen Gelehrten urteilen und wie es die Skeptiker thun,
werde ich hier die Worte wiedergeben, welche Dr. Brierre
de Boismont*) in der obigen von ihm angeführten Erzählung
folgen läßt: »Das Studium Platons, die Vorstellung seines
Freundes riefen bei Merkato eine Halluzination hervor, welche
von der Ruhe des Morgens begünstigt wurde.« So ist also
für Brierre das Zusammentreffen des Gesichts mit dem Tode
von Ficinus durch die Lektüre und die Ruhe des Morgens
hervorgerufen worden!!

Heinrich II, Herzog von Montmorency und französischer
Marschall, belagerte während des Religionskrieges in der
Langue d'oc, in Gemeinschaft mit dem Marschall Portes,
seinem Onkel, die Stadt Privos, welche von den Calvinisten
besetzt war. Da wurde Montmorency in der Nacht vom
4. Mai 1629, als er in seinem Zelte schlief, plötzlich durch
die Stimme des Marschalls von Portes geweckt, der ihm
traurig Lebewohl sagte. Heinrich II sah sich um und wieder
um, erblickte aber niemanden und war überzeugt, geträumt zu
haben weshalb er sich von neuem schlafen legte. Doch kaum
war er wieder eingeschlafen, so drang die Stimme abermals
und zwar bestimmter und deutlicher als vorher an sein Ohr. Der
Herzog schlug die Augen auf und erblickte seinen Oheim an
seinem Bette stehen; um die Stirne lag eine mit Blut getränkte
Binde. Montmorency streckte die Hände nach der Gestalt
des Oheims aus, doch griff er sozusagen in die Luft hinein.
Dann fragte er mit erstickter Stimme, vor Erregung bebend, was
zu so später Stunde sein Begehr sei. „Rufe deinem Gedächtnis

---

*) Des Hallucinations, S. 336.

zurück," erwiderte das Gespenst, "daß wir eines Tages, tief gerührt von den Worten des Philosophen Pitart betreffs der Trennung der Seele von dem Körper, uns gegenseitig das feste Versprechen abgaben, daß der erste, welchen der allmächtige Schöpfer zu sich rufe, zurückkommen solle, um von dem anderen Abschied zu nehmen, wenn ihm dies eben in jener Welt möglich sei." Nachdem die Gestalt noch einige andere Worte gesprochen hatte, verschwand sie spurlos. Montmorency sprang auf, weckte einen Diener, der bei ihm schlief, und sandte ihn fort, um über den Marquis von Portes Auskunft einzuholen. Das Zelt desselben befand sich an der entgegengesetzten Seite des Lagers. Der Bote kehrte nach Verlauf einer halben Stunde zurück, indem er die traurige Nachricht überbrachte, daß der Marquis gegen acht Uhr des Abends am Kopfe von einem Flintenschuß verwundet worden und daß er ein Viertel vor 12 Uhr nachts bereits gestorben sei, ohne vorher erst wieder zur Besinnung gekommen zu sein.

Der Marquis von Rambouillet und der Marquis Precy, welche sich beide in einem Alter von 25—30 Jahren befanden, waren vertraute Freunde. Als sie sich eines Tages über das Jenseits unterhielten, trafen sie nach verschiedenen Vernunftschlüssen — wodurch sie deutlich zu erkennen gaben, daß sie nicht allzusehr davon überzeugt waren, was darüber geredet und geschrieben wird — gegenseitig das Abkommen, daß derjenige von ihnen, der zuerst sterben würde, dem anderen erscheinen und ihm von seinem Weiterleben Mitteilung machen sollte.

Nach drei Monaten begab sich der Marquis von Rambouillet nach Flandern, wo damals die Kriegsfackel loderte, und Precy, der an einem heftigen Fieber darniederlag, mußte in Paris verbleiben.

Sechs Wochen waren verflossen, da gewahrte der letztere eines Morgens, wie der Vorhang von seinem Bette zurückgeschoben wurde. Als er verwundert seine Blicke dorthin lenkte, sah er zu seinem nicht geringen Entsetzen den Marquis de

Rambouillet vor sich stehen, vollständig angezogen. Preci sprang
aus seinem Bett auf, um sich dem Marquis an den Hals zu
werfen und so seiner Freude ob dieses Wiedersehens Ausdruck
zu verleihen. Allein dieser wich einige Schritte zurück und
sagte ihm finster, daß jetzt nicht die Zeit zu müßigen
Scherzereien sei und daß er nicht gekommen wäre, wenn er
nicht noch ein gegebenes Versprechen einzulösen gehabt hätte.
Am Tage vorher sei er in einem Gefechte gefallen und er
wisse nun, daß das, was man immer von einem Jenseits gesagt habe, sehr wahr sei. Er bat dringend Preci, eine andere
Lebensweise einzuschlagen, da ihm nicht mehr allzulange Zeit
beschieden sei; denn in den allernächsten Tagen schon würden
sich auch ihm die Pforten des Geisterreiches aufthun.

Preci, der, aufs äußerste erregt, seinen Ohren nicht traute,
machte vergebliche Anstrengungen, seinen Freund zu umarmen.
Es schien ihm, als ob er immer in die leere Luft hineinfasse.
Rambouillet zeigte ihm dann die Stelle, wo er verwundet
worden war; es war dies eine Wunde im Rückgrat, aus
der noch Blut herauszuträufeln schien. Darnach löste sich
das Phantom in Nebel auf und ließ den armen Marquis be
Preci in einem beklagenswerten Zustande zurück, den zu
schildern meine Feder nicht vermag, während derselbe wohl
leicht zu verstehen ist.

Preci weckte seinen Kammerdiener und durch sein lautes
Schreien nicht minder das ganze Haus. Mehrere Personen
stürzten herbei und der Marquis erzählte ihnen das sonder=
bare Begebnis. Man glaubte indes die Vision auf die infolge
des starken Fiebers überhitzte Phantasie Preci's zurückführen
zu können. Da traf nach einigen Tagen ein Eilbote aus
Flandern ein, welcher den Tod des Marquis von Rambouillet
meldete, der genau in jener Nacht erfolgt war, als Preci
die Erscheinung hatte.

Nachdem Preci soweit hergestellt war, daß er wieder
dem Kriegsdienste obliegen konnte, da sollte er unversehens

kurz darnach in der Schlacht von St. Antonius während des Bürgerkrieges der Fronde sein Leben einbüßen. Dieser Fall wird von Pater Lebrun in seiner kritischen Geschichte des Aberglaubens (Band IV) berichtet. Lebrun sagt, daß jener Fall von nicht weniger als 500 Zeugen verbürgt werde.

Der Abt von Saint Pierre *) — der Apostel des Welt= friedens — berichtet eine Erzählung, die ihm von einem Priester der Stadt Valognes, namens Bézuel, am 7. Januar 1708 gemacht worden war und von deren Wahrheit er sich später durch verschiedene Nachforschungen überzeugte.

Im Jahre 1695 schloß Bézuel, der damals noch ein Schüler im Alter von 15 Jahren war, eine innige Freund= schaft mit dem Sohne des Staatsanwaltes Abaquène, der noch den Beinamen Desfontaines trug. Dieser stand im gleichen Alter wie Bézuel. Nach einem Jahre erzählte Desfontaines seinem Kameraden eine seltsame Geschichte von zwei Freunden, welche sich gegenseitig das Versprechen gegeben hatten, daß derjenige, welcher von ihnen zuerst sterben würde, dem anderen erscheinen sollte, um ihn von seinem Zustande nach dem Tode Kenntnis zu geben. Der Verstorbene sei dann auch thatsächlich wieder erschienen und hätte überraschende Dinge gemeldet. Desfontaines bat daher seinen Freund, auch mit ihm einen ähnlichen Pakt einzugehen. Anfangs weigerte sich Bézuel, aber einige Monate später willigte er doch ein, als nämlich sein Freund nach Caen reisen mußte. Desfontaines zog aus seiner Tasche zwei bereits vorbereitete Kärtchen, von denen das eine das mit dem eigenen Blute unterzeichnete Versprechen enthielt, daß er im Falle seines Todes Bézuel besuchen werde. Dieser unterschrieb gleicherweise sofort die andere Karte, auf welcher schon das nämliche Versprechen für ihn geschrieben stand.

Fast ein Jahr war verflossen, und seit sechs Wochen hatte Bézuel keinen Brief mehr erhalten. Da befiel ihn eines

*) Discours pour expliquer la cause de quelque apparition.

Nachmittags — es war am 31. Juli 1697 — als er sich
gegen ½3 Uhr auf einer Wiese befand und zusah, wie die
Bauern das Heu einernteten, eine Art Verstimmung und ab=
sonderliche Niedergeschlagenheit. Ebenso war es am anderen
Tage um dieselbe Zeit. Schließlich am dritten Tage, wiederum
um 2½ Uhr bekam Bézuel, als er sich auf dem Heuboden
im Hause des Herrn de Sorteville aufhielt, eine solche Er=
regung und Schwäche, daß er das Bewußtsein verlor. Durch
Hilfe der Anwesenden kam er nun wieder zu sich. Als man
ihm half die Treppe herunterzusteigen, sah er unten Des=
fontaines stehen. Dieser Anblick wirkte aber so betäubend
auf ihn, daß er abermals in Ohnmacht fiel, weshalb man
ihn sodann auf einen großen Baumstamm setzte, der sich in
der Nähe befand und als Bank diente. Wiederum zeigte sich
Desfontaines Bézuel wie vorher. Da bat ihn dieser, doch zu
ihm heranzutreten und neben ihm auf der Bank Platz zu
nehmen. Als Bézuel jedoch sah, daß der Freund seiner Auf=
forderung nicht Folge leistete, erhob er sich und schritt auf
ihn zu. Bézuel nahm den Freund an seinen Arm und schlug
mit ihm einen einsamen Weg ein, ungefähr 30 Schritte weit.
Die anwesenden Personen glaubten, daß Bézuel wieder voll=
kommen hergestellt sei und aus gewissen Gründen diesen Weg
einschlage. Deshalb ließen sie ihn auch allein gehen; ein
Knabe jedoch schlich sich ihm nach und berichtete sogleich Herrn
de Sorteville, daß Bézuel mit sich selbst spreche. De Sorte=
ville, welcher nicht anders dachte, als daß sein Gast etwas
über den Durst getrunken hätte, ging auf ihn zu und hörte
nun, wie Bézuel sich selbst Fragen und Antworten gab,
welche er dann jenem nachher wiedersagte.

So mochte es Bézuel ungefähr ¾ Stunde getrieben haben,
indem er sich fortwährend mit Desfontaines zu unterhalten schien.
„Ich habe dir versprochen,“ sagte ihm dieser, „daß für den
Fall ich vor dir sterben sollte, ich kommen würde, dich davon
zu benachrichtigen. Nun bin ich vorgestern in einem Flusse

bei Caen ertrunken und zwar genau um diese Zeit. Ich hatte
mich mit einigen Bekannten, mit dem und dem, zum Baden
begeben. Als ich jedoch ins Wasser stieg, befiel mich ein
Krampf, so daß ich untersank. Der Pfarrer von Ménil-
Jean, mein Genosse, tauchte im Wasser unter, ich klammerte
mich an einen seiner Füße; doch sei es, daß er glaubte, es
sei ein Fisch, sei es, daß er plötzlich wieder an die Oberfläche
heraufwollte — er stieß in solcher Heftigkeit mit den Beinen,
daß er mir einen kräftigen Schlag gegen die Brust versetzte,
wodurch ich auf den Boden des Flusses sank, der eine be=
deutende Tiefe hatte. Desfontaines berichtete sodann, was
sich auf seinem letzten Spaziergange zugetragen habe, und
gab ihm auch das an, worüber er sich damals mit seinem
Freunde unterhalten hatte. Vergebens richtete Bézuel an ihn
die Frage, ob er nun erlöst oder verdammt wäre oder gar
im Fegefeuer schmachte, und unbeirrt fuhr er fort, ob er denn
den Freund nicht höre oder wenigstens nicht hören wolle.
Mehrmals wollte Bézuel ihn umarmen, aber er drückte nur
einen Schatten zusammen. Dennoch empfand er in den Armen
einen sehr lebhaften Schmerz, als das Gespenst ihn am Arme
faßte. Und indem er seinen Kopf wegwenden wollte, um
nicht hinzusehen, weil die Gesichtszüge des Phantoms ihn so
sehr betrübten, da zog ihn Desfontaines heftig am Arme,
damit er ihn anschaue und seinen Worten weiter zuhöre.

Nachdem das Gespenst Bézuel noch beauftragt hatte,
seinem Bruder verschiedenes für seine Eltern mitzuteilen, da
riß es sich von dem Freunde los, nahm Abschied und
entfernte sich. („S'éloigna,“ „es entfernte sich“ sagt
ausdrücklich der Abt von St. Pierre und nicht „es ver=
schwand.“)

In welcher Weise Bézuel sich später von der Wahrheit
der verschiedenen Dinge, die Desfontaines ihm berichtet hatte,
vergewisserte, sei hier nicht näher angegeben. Nur soviel
möchte ich erwähnen, daß das Gespenst sich noch mehrmals

bei dem Freunde einstellte und sehr beklagte, daß dieser es
immer noch nicht für wert befunden hätte, seinem Bruder
jene wichtigen Mitteilungen zu machen, wozu er von ihm doch
den Auftrag erhalten habe. Ferner hatte Bézuel Kenntnis
davon erhalten, daß Desfontaines auch einem gewissen Herrn
von Ménil-Jean erschienen sei, der bei Argentan lebte, ihm
aber völlig unbekannt war.

Noch andere ähnliche Ereignisse aus alter Zeit führt
Glanvil in seinem »Sadducismus triumphatus« an; auch
ließe sich hier eine große Zahl solcher Thatsachen neueren
Datums anziehen, die wir indes, da sie eben dem sogenannten
neueren Spiritualismus angehören, in dem zweiten Teil
dieses Werkes zu behandeln haben.

Siebentes Buch.

Die Neuzeit.

1. Hauptstück.

Theoretiker und Mystiker.

§ 1. — Wenn wir uns mit jenen Leuten befassen wollen, die vorzugsweise dem Studium der Geheimwissenschaften oblagen, so finden wir, daß, zumal was das Altertum anbelangt, die Sage derart die geschichtlichen Thatsachen umsponnen hat, daß es uns nur mit Mühe gelingen mag, das zu entwirren und loszulösen, was Geschichte ist, — von jenen Berichten, die in das Bereich der Sage gehören. Dies war bei Apulejus und den alexandrinischen Neuplatonikern der Fall, und genau so treffen wir es auch später an bei Merlin, Lullo und Faust u. a., die sämtlich mehr oder weniger in dem Ruf eines Zauberers und Magiers standen.

Von diesen gehört der Barde Merlin der ältesten Zeit an. Sein Leben weist die wunderbarsten Abenteuer auf. Nach der Ansicht der einen war er der Sohn eines römischen Prokonsuls, der sich in Schottland niedergelassen hatte, nach anderen wurde er von einem Teufel und einer Jungfrau erzeugt. Merlin ist zweifellos der vollkommenste Typus jener awenydhim, d. h. Sehbarden, die nach Herald Cambrensis

(S. 837) „in beständiger Gemeinschaft mit den Geistern lebten, sie sahen, sich mit ihnen bekannt machten, Unterhaltungen mit ihnen führten und sie mit Namen nannten, ja sogar sich ihrer bedienten, um die Zukunft vorherzusagen." Nach der Überlieferung sollte er in der Bretagne zwar das Licht der Welt erblickt haben, dagegen schon früh als Kind nach England verbracht worden sein. Merlin war in magischen Künsten sehr erfahren und vollbrachte die erstaunlichsten Wunder; so ließ er unter anderem durch einen Schlag mit dem Zauberstabe in einem Augenblick aus einem Felsen einen Palast für den König von Frankreich entstehen. Die alten Chroniken wie die Rittergedichte befassen sich hauptsächlich mit seiner Person und rühmen ihm noch größere Wunder nach.

Doch vorzüglich ist sein Name mit wundersamen Prophezeiungen verknüpft, von denen einige auf unsere Zeit überkommen sind und von dem Trientiner Konzil verdammt wurden, wiewohl er Ereignisse vorausgesagt hatte[*], die wirklich eingetreten waren, wie z. B. den Einfall der Normannen in England im Jahre 1066. Einige Historiker allerdings behaupten, es seien dies alles nur Prophezeiungen, die nach dem Tode des Magiers aufgekommen seien.

In Italien ragt als besonderer Seher der Abt Joachim von Calabrien hervor, der Verfasser der Prophetiae et Expositiones Sibyllarum und Gründer jener nach ihm genannten Schule der Joachimisten. Zu diesen gehörte auch Guiscolo da Parma und Gerhardin da Borgo San Donnino, welche zur damaligen Zeit in Paris die Gefangennahme des Königs St. Louis von Seiten der Ungläubigen[**] vorhersagten.

---

[*] Man vergleiche die von S ch l e g e l im 1. Bande der Sammlung romantischer Dichtungen übersetzten „Prophetia Anglicana Merlini Ambrosii Britanni" von Gottfried von Monmuth — Wolfgang Müller von Königswinter machte Merlin im Jahre 1871 zum Helden seines gleichnamigen Epos.   D e r   Ü b e r s e t z e r.

[**] A f f ò, Vita del B. Giovanni da Parma.

Auch müssen wir noch jenen harmlosen und einfachen Schuh-
flicker Asbente zu Parma anführen, der bei einem Mahle des
Bischofs Obizzo Sanvitale in Gegenwart von zahlreichen
Personen den sofortigen Tod des Papstes Nikolaus III voraussagte, sowie auch die nachfolgende Erwählung Martins IV,
die Bürgerkriege von Reggio und Modena, die Niederlage
der Flotte von Pisa bei Meloria ꝛc. Durch solche später ein-
treffende Prophezeiungen stieg er derart im Ansehen, daß ihn
bald auch Fürsten und andere Herrscher zu Rate zogen.*)

§ 2. — In Frankreich tritt uns dann der hochberühmte
Michel Nostre-Dame, genannt Nostradamus, entgegen, ein
provenzalischer Arzt**) und Astrologe, welcher 1503 geboren
wurde und 1566 starb. Er schrieb die „Centurien", nämlich
viertausend Quatrains in sibyllinischem Stil, die zu jener
Zeit ungeheueres Aufsehen erregten, indes auch große Polemiken
über den Namen des Verfassers hervorriefen, den viele für
einen exaltierten Visionär und plumpen Betrüger erachteten.***)

So sagte er in einem dieser Quatrains†) den Tod
Heinrichs II von Frankreich voraus, daß dieser, das Haupt
mit einem güldenen Helm bedeckt, in einem goldenen Käfig

---

*) Fra Salimbene, Cronica in Monum. Hist. Parmae,
Bd. III, S. 284.

**) Es verdient erwähnt zu werden, daß seine wunderbaren Heilungen
von Pestkranken, sowohl bei der Epidemie im Jahre 1525 (als er kaum
22 Jahre zählte und wonach er bald seitens der Universität Montpellier
zum Professor der Medizin ernannt wurde), als auch die glücklichen
Kuren, die er zwanzig Jahre später bei einem erneuten Ausbruch der
Pest zu Lyon vollzog — wohl zweifellos auf eine mystische Ursache,
d. h. auf eine höhere psychische Thätigkeit seinerseits (Magnetismus,
Suggestion, Mediumismus und den Beistand von jenseitigen Intelligenzen) zurückzuführen sind. — Der Übersetzer.

***) Man vergl. jenes berüchtigte Distichon eines Béza:
„Nostra damus cum falsa damus, nam fallere nostrum est,
„Cum falsa damus, nil nisi nostra damus." Der Übers.

†) Im 35. Quatrain der 1. Centurie der 2. Ausgabe seiner
Prophéties (10 Centurien, Lyon, 1558). Der Übersetzer.

sterben würde. Gar mancher wird freilich der Ansicht sein,
daß diese Wahrsagung ein wenig an den Haaren herbeigezogen sei, wie auch jene der alten hebräischen Prophezeiungen. Diese aber dürften wohl nicht wenig überrascht
werden, wenn ihnen in einigen Commentierungen der Centurien,
z. B. in derjenigen des Dr. Bellaud, Worte von größter Bewunderung für Prophezeiungen, wie die folgenden, entgegentreten:

> Le part solu mari sera mitré;
> Retour conpli et passera sur la tuile.
> Par cinq cents au trahir sera titré,
> Narbon et Saulce par Contaux avons l'huile.

Welch tiefer Sinn und dabei noch besonders welche
Klarheit!

Thatsache ist, daß außer Bellaud, dem Stallmeister
Guinaud und dem Advokaten Bonys besonders Chavigny
sich das Gehirn zermarterte, um auf irgend eine Weise eine
Deutung der Centurien zu finden, und daß jene das Ergebnis
ihrer Studien in dicke Bände zusammenfaßten. So „bewies"
seinerseits Chavigny in seinem Janus Français, daß zu
Anfang des siebzehnten Jahrhunderts fast alle Vorhersagungen
des Nostradamus in Erfüllung gegangen wären, selbstverständlich auch die Prophezeiung, die in den Worten enthalten sei:

> Le part solu mari sera mitré,

worin man eine klare Andeutung auf den Rückzug aus
Rußland, auf die Erfindung des Phonographen oder auch
auf General Boulanger u. s. w. erblicken könnte.

Man bemerkte ganz logisch, daß, da in Anbetracht der
vielen tausende von Quatrains, von denen sich jede auf die
verschiedenen Punkte erstreckte: auf den Tod von Fürsten,
auf Kriege, Volksaufstand und Hungersnot — es zweifellos ist,
nach einem Jahrhundert in einer gewissen Anzahl von Versen
einige nichtssagende Prophezeiungen zu finden, deren Richtigkeit später durch eingetretene Ereignisse bestätigt erscheinen.

So finde ich es zwar auch überraschend, wenn auch durchaus nicht wunderbar, daß Nostradamus geschrieben hat: »Eine **Christenverfolgung im Jahre 1792, die als eine Erneuerung des Jahrhunderts betrachtet werden wird,«***) mit welchen Worten er klar die Gräuel anzudeuten scheint, welche die Proklamation der französischen Republik mit sich brachte. Ebenfalls erkenne ich an, daß die nachstehenden Verse des nämlichen großen Weissagers Frankreichs sehr gut auf Napoleon I angewandt werden können:**)

Un empereur naîtra près d'Italie,
Qui à l'empire sera vendu bien cher;
Mais il doit voir à quels gens il s'allie,
Qui le diront moins prince que boucher.
De soldat simple parviendra à l'empire,
De robe courte parviendra à la longue;
Vaillant aux armes, en l'Eglise au plus pire
Traiter les prêtres comme l'eau fait l'éponge.

Ebensowohl glaube ich auch sehr gern, auf die Ehrlichkeit Carl Nodier's hin, daß sich in dem Pronostication von Lichtemberg, einem übrigens seltenen Buche, das 1528 zu Köln gedruckt wurde, folgende Sätze finden: „Ein Adler „(Napoleon) wird von Osten kommen und mit seinem mächtigen „Flügelschlage die Sonne bedecken . . . . Ein großer Schrecken „wird alle Welt befallen . . . . Die Lilie (das Haus Bourbon) „wird die Krone verlieren, und der Adler wird sie erhalten."

---

*) „Persécution chrétienne en l'an mil sept cent nonante [für quatre-vingt-dix, seit 1896 bereits wieder Schriftsprache geworden] deux, que l'on cuidera [croira] être une rénovation du siècle." „Das Jahrhundert erneuert sich" sagt auch Dante in der göttlichen Komödie (Fegefeuer-Gesang XXII). Man vergl. ferner Cario's Prophezeiung in der Fußnote S. 270 dieses Bandes.   Der Übersetzer.

**) Man vergl. übrigens, was im 1. Bande vorl. Geschichtswerkes betreffs der sibyllinischen Prophezeiungen und jener berühmten Stelle Virgil's, die sich auf Christus beziehen soll, gesagt wurde (S. 366 und namentlich die Fußnote).   Der Übersetzer.

Wiederholt sage ich, daß ich sehr wohl daran glaube, keines=
wegs aber mehr darin erblicke als ein seltsames Zusammen=
treffen. Wenn Mathieu de la Drôme in seinem Almanach
an der Seite von jedem Tage schrieb: „Regen" oder
„heiteres Wetter", so würde es wahrhaftig seltsam ge=
wesen sein, wenn dies manchmal nicht eingetreten wäre.

Allein wenn die Centurien des Nostradamus durch
die unerschütterliche Kraft der Dokumente bei uns nicht hin=
reichen, :um das Hellsehen des provenzalischen Propheten im
rechten Lichte erstrahlen zu lassen, so dürften doch die münd=
lichen Vorhersagungen, welche uns von zeitgenössischen Schrift=
stellern aufbewahrt worden sind, uns eine größere Bewunderung
abnötigen. Er stellte das Horoskop der Personen nicht nur
durch Beobachtung der Gestirne, sondern auch durch Prüfung
der Linien der Stirne (Metatoskopie), der Hände (Chiromantie)
und der allgemeinen Körperbildung. weshalb er sich stets den
nackten Körper zeigen ließ.

Im Jahre 1555 ließ König Heinrich II, als in Lyon
die ersten Centurien veröffentlicht worden waren, nach ein=
gehendem Studium dieses Werkes den Verfasser desselben
nach Paris kommen und überhäufte ihn mit Auszeichnungen
und Geschenken. Von jenem Tage an war Nostradamus so=
zusagen das Orakel des französischen Königshofes.

Als der spätere König Karl IX geboren wurde, brachte
man das Kindlein zu Nostradamus, welcher demselben zwar
prophezeite, daß es noch einmal König werden würde (es
war nämlich noch ein älterer Bruder vorhanden, der später
als Franz II in der Geschichte bekannt ist), allein daß seine
Regierung grausam und unglücklich sein würde. Hatte
Nostradamus vielleicht in seinem Horoskop die Bartholomäus-
nacht vorausgesehen?!

Katharina von Medici brachte auch ihre beiden Kinderchen
und den späteren Heinrich IV, der vorher König von
Navarra war, ehe er die Königskrone von Frankreich erhielt,

zu Nostradamus, der zu jener Zeit sich zu Salon in der Provence aufhielt. Der Prophet bat, daß Heinrich entkleidet würde, um aus den Linien des Körpers besser das Geschick zu ersehen. Die Historiker der damaligen Zeit berichten nun, daß das kleine Prinzlein dieser Aufforderung nicht nachkommen wollte und sich heftig weigerte, da er fürchtete, von jenem alten Manne im langen Barte geschlagen zu werden. Nachdem Nostradamus das Kind genau betrachtet hatte, verkündigte er, daß Heinrich nochmals König von Frankreich werden würde, allein daß er noch viele Widerwärtigkeiten zu ertragen habe, ehe er den Thron besteigen könne.

§ 3. — Beschränken wir uns darauf, von den berühmten Alchimisten nur einige anzuführen: nämlich Arnold von Villanova, der 1314 starb und die Chemie durch wichtige Entdeckungen bereichert hat; Raimund Lullo, der, zu Maiorca geboren, die meiste Zeit seines Lebens in Genf und Neapel zubrachte und sich besonders dadurch auszeichnete, daß er durch seine Kunst dem Könige Eduard V von England eine so große Menge Gold zu machen verstand, daß dieser davon sogar einen Kreuzzug gegen die Ungläubigen unternehmen konnte. Ferner hätten wir noch den Franzosen Nikolaus Flamel zu erwähnen, der im vierzehnten Jahrhundert lebte und mehrere gelehrte Werke schrieb, welche auch auf die heutige Zeit überkommen sind, sowie Albertus Magnus, den Erzbischof von Regensburg, und St. Thomas von Aquino (1205—1294) — alles Gelehrte, welche im Volksmunde Frau Sage zu Zauberern und Magiern gestempelt hat, obschon sie sich mit der Magie nur sehr wenig beschäftigt haben. Dagegen tritt uns in Faust eine Persönlichkeit entgegen, deren eigentliche Lebensgeschichte wieder einmal sehr von der Sage umwoben ist. Dennoch hat diese abenteuerliche Gestalt eine nicht geringe Bedeutung für uns, da wir darin den Urtypus des nachmittelalterlichen Zauberers und Magiers

erblicken, wie er in den Gemütern der damaligen Zeit uns
allgemein entgegentritt.

Bei ihm hat man daher zwei Weſen zu unterſcheiden,
einen hiſtoriſchen Fauſt und einen Fauſt der Sage. Betreffs
des erſteren hat man nur ſehr ſpärliche Anhaltspunkte. Das
erſte Fauſtbuch, welches uns überkommen iſt, wurde zu Frank=
furt a. M. im Jahre 1587 veröffentlicht. Nach dieſem wurde
unſer Zauberer zu Knüttlingen im Fürſtentum Simmern
1490 geboren. Übrigens möchte ich behaupten, daß ſeine
Geburt bedeutend früher fällt, da in einem Briefe des be=
rühmten Abtes Trithemius von Sponheim an den Aſtrologen
Wirdung vom Jahre 1507 Fauſt nicht etwa als ein junger
Mann im Alter von 16 bis 17 Jahren, erwähnt wird,
ſondern als ein alter Landſtreicher, Vielſchwätzer und Lügner.
Dieſer habe ſich den Namen beigelegt: Georg Sabellicus,*)
die Quelle der Nekromantie, Aſtrologe, zweiter der Zauberer,
Chiromant, Aeromant Pyromant, zweiter in der Hydromantie.
Trithemius fügt noch hinzu, daß Fauſt die Stelle eines
Schullehrers zu Kreuznach erhalten habe, dieſe jedoch wegen
ſeines unmoraliſchen Lebenswandels wieder verlor. Es wird
uns ſodann Fauſt als ein Prahlhans geſchildert, der ſich rühmt,
alle Werke Platons und Ariſtoteles' auswendig zu können,
und imſtande zu ſein, auch alle Wunder Chriſti auszuführen.

Johann Fauſt war vermutlich einer jener umherirrenden
und unſteten ſtudierenden Geſellen, welche zur damaligen
Zeit Deutſchland überfluteten. Dennoch hatte er nicht ver=
abſäumt, ſich die erſten akademiſchen Grade an der Uni=
verſität Heidelberg zu verſchaffen, was ſelbſt aus dem Re=
giſter jenes berühmten Athenäum hervorgeht.

Im Jahre 1513 erwähnt Martinus Rufus, der Kano=
nikus von Gotha, den Johannes Fauſt. Er nennt ihn
den „Halbgott von Heidelberg" (Hemitheum Hedel-

***

*) Sicherlich zu Ehren des italieniſchen Humaniſten M. A. Sabellico,
der ſo emſig der Magie befliſſen war und 1506 geſtorben iſt.

bergensem) und erwähnt, daß derſelbe ſich dieſer Tage nach
Erfurt begeben habe. Drei Jahre ſpäter finden wir ihn dann
im Kloſter Maulbronn wieder, bei ſeinem Freunde Entenfuß,
dem berühmten Alchimiſten. Ein Teil jener Abtei führt heute
noch den Namen „Fauſtturm". Um das Jahr 1520 ſehen
wir ihn zum erſten Mal in Erfurt, woſelbſt er nach der
Chronik von Motſchmann im Gaſthof „Zum Enker" in der
Schlöſſergaſſe abgeſtiegen war und an der Univerſität den
Homer kommentierte. In Erfurt iſt Fauſt in der Überlieferung
bis zum heutigen Tage noch ſehr lebendig, wie dies das
Doktor Fauſt Gäßchen, das in die Schlöſſergaſſe ein-
mündet, beweiſt. In den Leipziger Annalen des Magiſter
Vogel findet ſich ad annum 1525 verzeichnet, daß damals in
jener Stadt der berühmte Nekromant Fauſt gewohnt habe,
und auch ein Hinweis auf die berühmte Geſchichte von dem
Faßritt in Auerbachs Keller, woſelbſt noch heutigen Tages
zwei Gemälde, die dem Jahre 1525 entſtammen ſollen, an
jenes Wunder Fauſt's erinnern, das auch Goethe in ſeiner
Tragödie verherrlichte.

Bei Wierus*) lieſt man: „Schon ſeit früherer Zeit war
in Krakau die Nekromantie an öffentlichen Lehrſtühlen gelehrt
und ausgeübt worden, da kam eines Tages ein gewiſſer Fauſt
dorthin, der beſonders jener Kunſt oblag."

Im Jahre 1526 pflegte der proteſtantiſche Gelehrte Johannes
Gaſt in Baſel Verkehr mit Fauſt und berichtete davon die
ſeltſamſten Geſchichten.

Ein beſonders ſpaßiges Ereignis in dem Leben des Johann
Fauſt macht der Umſtand aus, daß er mit dem berühmten
Melanchthon in ein enges Freundſchaftsverhältnis trat.

Dieſer ſpricht ſich darüber auch in einem ſeiner Werke
aus, und Lerchheimer**) ſcheint ſich gerade über das innige

---

*) Praestigis Daemonum, II, 4.
**) Chriſtlich Bedenken ꝛc., Kap. 7.

Verhältnis zu beklagen, welches zwiſchen dem rechten Arme Luthers und jener „ſchamloſen Beſtie, jenem Teufelspfuhl," beſtand. Dieſe Lobeserhebungen eines Lerchheimer und Trithemius ſind nicht die einzigen, welche im 16. Jahrhundert dem Helden des Goethe'ſchen Gedichtes zu teil wurden. Alle ſeine Zeitgenoſſen gehen darin einig, daß er ein großer Säufer und Abenteurer war, der, zu jedem ſchlechten Streich aufgelegt, ſogar einen Pakt mit dem Teufel geſchloſſen habe.

In einem Briefe des Cornelius Agrippa aus dem Jahre 1528 lieſt man, daß damals an den Hof Franz I von Frankreich, „aus Deutſchland ein Magier gekommen ſei, dem die Geiſter unterthänig ſein ſollten, weshalb man ſich der Hoffnung hingab, daß ſelbiger dem Kaiſer (Karl V) einen ſolchen Widerſtand entgegenſetzen würde, wie einſtmals Jamnes und Jambres es bei Moſe nicht vermocht hatten."

Aus einigen anderen Bemerkungen nun, welche Agrippa hieran knüpft, geht deutlich hervor, daß der ungenannte Magier eben jener Fauſt geweſen ſein mußte.

Nach Wierus ſtarb Fauſt im Jahre 1540.

Widmann beſchreibt uns Fauſt als „einen kleinen buckeligen Knirps, ein mageres und ſchwächliches Perſönchen mit einem ſpärlichen grauen Bärtchen." Ein ſolches Bild unterſcheidet ſich allerdings von demjenigen, welches uns die Sage von Fauſt entwirft; doch iſt es ganz jenen drei Bildern ähnlich, die noch von Fauſt vorhanden ſind und einen hiſtoriſchen Wert beſitzen. Zwei davon ſind von niemand geringerem als von Rembrandt und das andere von ſeinem Schüler Jan Joris van Vliet.*)

Dies ſind die hauptſächlichſten hiſtoriſchen Denkwürdigkeiten, welche über Dr. Fauſt in Erfahrung gebracht wurden und Schriftſtellern zu verdanken ſind, die mit ihm perſönlich bekannt waren oder wenigſtens zu ſeiner Zeit lebten.

---

*) Karl Kieſewetter, Rembrandt's Fauſtbilder, in der Zeitſchrift „Sphinx", 1892, XIV, 80.

§ 4. — Im Jahre 1567, d. h. 27 Jahre nach dem Tode des Dr. Fauſt, ſchrieb Graf Chriſtophor Froben von Zimmern in ſeiner Chronik, daß an jene Perſon eine ſolche Menge von Wunderthaten geknüpft ſei, daß man davon ein ganzes Buch anfüllen könne. Zwanzig Jahre ſpäter erſchien das erſte Fauſtbuch zu Frankfurt a. M. — das erſte Buch über jenen Fauſt — und zwar von Spieß veröffentlicht; dasſelbe ſollte in den darauffolgenden Jahren mehrere Auflagen und Umwandlungen erleben und wurde ſogar von P. Palma Cayet, einem reformierten Geiſtlichen, 1589 ins Franzöſiſche überſetzt. Schließlich wurde im Jahre 1599 zu Hamburg das Fauſtbuch von Georg Rudolf Wilmann, einem Magiſter in Schwäbiſch-Hall, herausgegeben. Derſelbe behauptet, die von ihm vor-gebrachten Thatſachen aus Urkunden entnommen zu haben, die Fauſt ſelbſt hinterlaſſen habe, und zwar aus einer eigens ver-faßten Lebensbeſchreibung von ihm und aus verſchiedenen Briefen von Perſonen, die ihn gekannt haben u. ſ. w. Auch dieſe Geſchichte iſt übrigens, wie wir ſehen werden, mit wunderbaren Erzählungen angefüllt, zum großen Teil eine Frucht der Gedanken, welche in den phantaſtiſchen deutſchen Köpfen ſpukte.*)

Es ſagen daher ſeine Hiſtoriker, daß er, „hingeriſſen von „ſeinem ſtürmiſchen Kopf, tags und nachts ſann und dachte „und ſich in den Träumen wiegte, mit Adlersſchwingen alles „zu erforſchen, was im Himmel und auf Erden ſei.“ Er be-gab ſich zu dieſem Zwecke in einen in der Nähe Wittenbergs gelegenen Wald, und nachdem er ſeine Kreiſe auf dem Erd-boden gezogen und wie üblich unter ſchrecklichem Fluchen Gott geläſtert hatte, rief er dreimal den Teufel. Da erſchien ihm zuerſt eine Feuerkugel, die mit lautem Krach zerplatzte.

---

*) Das beſte neuere Werk über Johannes Fauſt iſt ohne Zweifel jene vorzügliche Veröffentlichung von Karl Kieſewetter: F a u ſt - i n d e r G e ſ c h i c h t e u n d T r a d i t i o n.

Widmann fährt nun fort mit den Worten:

„Fauſt erſchrickt furchtbar, beſchwört aber zum zweiten Mal: da entſtundt im nechſten waldt ein ſolcher vngeſtümer windt, das er nicht anders tobet vnd wütet, als ob er alles zu boden reiſſen wollt, vnd darnach aus dieſem waldt randten viel waegen mit roſſen daher, vnd bei dieſem Circul fürüber das der ſtaub ſo groß war, vnangeſehen, das der Mond ſo hell ſcheinet, das er nichts ſehen kondt, denn nur höret er vngeſtümlich mit Roſſen vnd wagen traben.“

Als Fauſt zum dritten Mal beſchwört „da ſieht er vngefer einen ſchatten vnd geſpenſte vm den Circul herumbgehen;“ er fragt ihn, ob er ihm dienen wolle: — Der Geiſt gab ihm andtwort, er wolle ihm dienen, doch mit dieſer condition, er werde ihm etliche articul vnd puncten fürhalten: ſo er denn werde nachkommen, ſo wolle er die Zeit ſeines Lebens nicht von ihm ſcheiden.“   Fauſt bittet nun den Geiſt am anderen Tage in ſeiner Wohnung zu erſcheinen, um einen Pakt mit ihm zu ſchließen.

Am andern Tage nun „ſieht er einen Anblick bei ſeinem Ofen als einen Schatten hergehen, vnd dunkt ihm doch, es ſei ein Menſch; bald ſiehet er ſolches in anderer Weiſe, nimt alſo ein Buch herfür, beſchwört ihn, er ſolle ſich recht ſehen laſſen.   Da iſt er hinter dem Ofen herfürgegangen, hat ſich ſichtbarlich ſehen laſſen, vnd ſich ohn Unterlaß gebuckt vnd Reverenz gemacht.“   Sodann ſchließt der Teufel einen Pakt mit Dr. Fauſtus.   Der Teufel verſpricht dabei, ihm in jeder Weiſe beizuſtehen, ihm ein Mittel anhand zu geben, ſich un-ſichtbar zu machen, wann und ſo oft er wolle; und ihm alle Schätze herbeizuſchaffen, die er ſich nur wünſche.   Als Gegen-leiſtung aber muß Fauſt jedem Anſpruch auf die göttliche Barmherzigkeit nach ſeinem Tode valet ſagen, der Kirche und dem heiligen Sakramente entſagen und den Eheſtand haſſen.

Am Abend desſelben Tages ſendet ihm Satan einen

ſeiner Diener, der Fauſt als ein Mönch erſcheint und ſich
ihm als „Mephoſtophiles“ vorſtellt und nicht Mephiſtophiles,
wie man bisher der Anſicht war. Jener Name ſcheint aus
dem griechiſchen zu kommen und Licht=Feind*) zu bedeuten.
Jedesfalles findet ſich der Name Mephoſtophiel in der teuf=
liſchen Hierarchie, welche die Magia naturalis et innaturalis
beſchreibt und die ebenfalls Fauſt zugeſchrieben wird.

Einige Fauſtbücher ſagen ſtatt deſſen, Mephoſtophiles
ſei Fauſt in Geſtalt eines hübſchen Pudels erſchienen, mit
langem, ſchwarzen und zottigen Fell. Sicher iſt, daß Fauſt
einen ſchwarzen Hund beſeſſen hat, da Gaſt hiervon ſpricht,
der bereits mit unſerem Nekromanten bekannt war, als er
noch in der Blütezeit ſtand. Er fügt hinzu, daß der Name
desſelben Praeſtigiar oder Mephoſtophiles geweſen ſei. Auch
Johannes Waiger oder Chriſtophor Wagner, der beſtändige
Gefährte Fauſt's, erhielt von dieſem auf ſeinen Wunſch hin
einen Geiſt in Geſtalt eines Affen mit Namen Auerhahn.

Die Fauſtbücher ſind voll von außerordentlichen Aben=
teuern des Johannes Fauſt, welche er vollführt haben ſollte,
nachdem er den Chirograph mit dem Teufel unterzeichnet
hatte. Er bereiſte die ganze Welt und beſuchte ſogar die
Hölle, ja ſtattete ſelbſt den Sternen einen Beſuch ab und er=
blickte von den Höhen des Kaukaſus das Paradies. Von
einem unerſättlichen Wiſſensdrange befallen, forderte er Me=
phoſtophiles auf, ihn in den Geheimwiſſenſchaften zu unter=
richten. Das Volk verwechſelte den Schwarzkünſtler mit
jenem anderen Johann Fauſt oder Fuſt,**) dem wohlhaben=
den Mainzer Bürger, mit dem Gutenberg, der Erfinder der
Buchdruckerkunſt, in Verbindung trat, um mit deſſen Geld=
mitteln ſeine Erfindung beſſer ausbeuten zu können. Jener
Fauſt führte nach Entzweiung mit Gutenberg ſelbſtändig die

---

*) Von $\mu\acute{\eta}$ nicht, $\varphi\tilde{\omega}\varsigma$ Licht und $\varphi\iota\lambda\varepsilon\iota\nu$ lieben.
**) Geboren um 1400, geſtorben 1466.

gemeinschaftlich betriebene Druckerei fort, breitete die neue
Kunst aus und verpflanzte sie auch nach Frankreich. Die
Mönche jedoch, gram der Buchdruckerkunst, suchten Fauft in
jeder Hinsicht zu verdächtigen und zu beschimpfen, so daß er
später mit dem berüchtigten Zauberer Johannes Fauft zu-
sammengeworfen wurde. Daher begegnet einem hie und da
auch der Glaube im Volke, daß Dr. Fauft der Erfinder der
Buchdruckerkunst sei.

Den Gelehrten zu Erfurt bietet er an, ihnen die verloren
gegangenen Komödien eines Plautus und Terentius vorzulegen.
Vor Karl V läßt er die Schatten Hektor's, Achilles' und des
Königs David erscheinen. Im tiefen Winter ließ er plötzlich
einen Garten im herrlichsten Schmuck mit den duftendsten
Blumen erfprießen. Auch führte er mit den Studenten in
Auerbachs Keller jenen sonderbaren Streich aus, den auch
Goethe in seinem Fauft (1. Teil) anführt, daß sich jene gegen-
seitig, in dem Glauben Weintrauben vor sich zu haben, an
der Nase faßten u. s. w.

Nicht wenige solcher Wunder laffen sich heutzutage sehr
einfach vermittelst der hypnotischen Suggestion erklären und
sind daher vielleicht durchaus nicht soweit von der Wahrheit
entfernt, als man bisher zu glauben gezwungen war.

Aus diesen gelehrten Werken geht Fauft als ein Mann
hervor, der ein abscheuliches und ausschweifendes Leben führte.
Bloß einmal schwankt seine cynische Gemütsverfassung, als er
sich nämlich im Dorfe Rosenthal in eine gewisse Margarethe,
welche Wildman als das schönste Mädchen bezeichnet, verliebte
und sie sogar zu heiraten gedachte. Mephoftophiles hinderte
ihn jedoch daran, suchte ihn von ihr fort zu führen und ihn
auf jegliche Art zu zerstreuen. In seinen letzten Lebensjahren
hatte dann Fauft die griechische Helena aus der Unterwelt
zitiert. Er erhielt sogar von ihr einen Sohn, namens Juftus;
Mutter und Sohn aber waren verschwunden, als Fauft ftarb.

Wie uns gemeldet wird, schied Fauft im Jahre 1540 im

Alter von 50 Jahren, oder was noch wahrſcheinlicher iſt, im 55. Lebensjahre aus dieſer Daſeinsebene.

Johannes Gaſt, ein Zeitgenoſſe von Fauſt, ſchreibt über dieſen: „Der ſchändliche Schwarzkünſtler nahm ein entſetzliches Ende, da der Teufel ihn erwürgte; ſein Leichnam lag auf der Bahre immer auf dem Geſicht, obſchon man ihn wohl an fünf Mal auf den Rücken gelegt hatte." Die mündliche Überlieferung, welche ſich aus den Fauſtbüchern gebildet hat, bemerkt noch, daß der Teufel Fauſt's Leiche entſetzlich verſtümmelt habe.

§ 5. — Verlaſſen wir nunmehr das Gebiet der Sage und betreten wiederum das der Geſchichte, ſo wären unter anderem die Männer anzuführen, die ſich in den letzten Jahrhunderten in der Wiſſenſchaft der Magie und des Spiritualismus hervorthaten. Dabei werde ich mich ſehr kurz faſſen und nur ein gedrängtes Bild ihrer ſämtlichen Studien entwerfen, ſelbſtverſtändlich jedoch bloß ſolcher Studien, welche ſich auf den von uns behandelten Gegenſtand erſtrecken.

Zuerſt ſei der Dominikaner Thomas Campanella (1578–1639) erwähnt, der ſowohl wegen der zahlreich erlittenen Verfolgungen und ſeiner theologiſchen Schriften, als auch beſonders wegen der vier Bücher über die Bedeutung der Dinge und der Zauberei berühmt iſt. Er verfaßte ferner ſechs Bücher über die Aſtrologie, denen er dann noch ein Werk: De fato siderali vitando (Wie man das Geſchick aus den Sternen beſtimmen könne) hinzufügte. Auch er behauptete wie Sokrates, einen spiritum familiarem zu beſitzen, mit dem er Umgang pflege.*)

Unter den italieniſchen Okkultiſten ragt beſonders Peter von Abano hervor. Derſelbe wurde im Jahre 1250 in Abano, einem Städtchen bei Padua, geboren und ſtarb als 70jähriger Greis im Kerker; ſpäter wurde er ſogar noch als

*) Lélut, Le démon de Socrate, S. 187.

Zauberer im Bilde verbrannt. Seine Geomantie, die im Jahre 1549 zu Venedig erschien, ist jetzt wieder ans Licht gezogen worden. Nach dem Volksglauben soll er in sieben verschlossenen Flaschen ebenso viele Geister gebannt gehalten haben, um von ihnen die sieben freien Künste zu erlernen.

Johann Baptista a Porta, der berühmte neapolitanische Physiker, welcher die Wissenschaft auf die photographischen Entdeckungen Daguerre's aufmerksam machte, schrieb ein berühmtes Werk: Die natürliche Zauberei, sowie die himmlische Physiognomie ꝛc. Im höchsten Ansehen stand er gegen das Jahr 1600. Seine Werke sind zwar sehr schätzenswert, obschon nicht frei vom Vorurteil der damaligen Zeit.

Eine der wertvollsten Perioden der italienischen Renaissancezeit war jenes zweite Aufblühen des Platonismus, der in der zweiten Hälfte des 15. Jahrhunderts neues Leben der Philosophie zuführte; denn durch die Aristoteles'sche Scholastik war sie zur Mumie geworden, nun aber half man nicht nur den psychischen Forschungen, sondern auch der Freiheit des Gedankens wieder auf. Ebenso konnte Giorgio Gemisto Pletone die unumschränkteste und eclectischste religiöse Toleranz verkünden, indem er behauptete: „Gott sei wie Alexander der Große, der den verschiedenen Völkern seines Reiches erlaubt habe, ihm auch auf verschiedene Art Ehrenbezeugungen entgegenzubringen, während Marsilius Ficinus, der augustinische Pater Scutellius und die anderen der Medicäischen Akademie bewiesen, daß die Moral Christi dieselbe sei, welche auch schon Sokrates und Platon gepredigt hätten."

Hauptsächlich waren es zwei Jesuiten, die in der Renaissancezeit sich den Studien der übersinnlichen Phänomene widmeten, nämlich die beiden Patres Delrio und Thyräus.

Pater Martinus Delrio hatte zu Antwerpen im Jahre 1551 in einer spanischen Familie das Licht des Diesseits erblickt. Er schrieb ein Buch unter dem Titel: Magische

Forschungen*), welches damals großes Aufsehen erregte
und viele Auflagen erlebte.

Der Verfasser zeigte sich darin recht gläubig und legt
einen ungeheuren Parteigeist an den Tag. Doch ist sein
Werk ebenfalls nützlich zu nennen, da es nicht wie sonstige
Bücher nur weitschweifige Darlegungen eigener Gedanken enthält, in denen sich der Verfasser gefällt, sondern eine Sammlung von Thatsachen ist, denen gelehrte Betrachtungen und
Fingerzeige beigefügt sind.

Einen unstreitig großen Wert weisen die Bücher des
Paters Thyräus auf, die man leider ungerechtfertigter Weise
fast ganz der Vergessenheit hat anheimfallen lassen. Darin
findet man besondere Abhandlungen über Spukhäuser, über
alle möglichen Geistererscheinungen, einschließlich solcher von
lebenden Personen, Phänomene der sogenannten Telepathie.

Zu Anfang des 17. Jahrhunderts zeichnete sich in England
Johannes Glanvil aus. Lecki rühmt, wie wir bereits gesehen haben, seinen vorherrschenden starken Skeptizismus, auch
nennt er ihn sogar einen Kritiker der Neuzeit, den ersten
englischen Schriftsteller, der es verstanden habe, dem Skeptizismus eine bestimmte Form zu verleihen. Und wenn wir
das Wort Skeptizismus einfach als ein sehr tiefes Mißtrauen
gegenüber den menschlichen Fähigkeiten auffassen, so läßt sich
dies Urteil voll und ganz billigen. In der That würde es
nicht leicht fallen, ein Buch zu finden, das eine geringere abergläubische Leichtgläubigkeit aufweist als die Abhandlung über
die Nichtigkeit des Dogmatismus zc. Glanvil veröffentlichte es unter dem lateinischen Titel Sceptis Scientifica
und brachte darin seine eigenen philosophischen Gedanken zum
Ausdruck .... Sein Sadducismus triumphatus ist wahrscheinlich das beste Buch, das er überhaupt geschrieben hat;
es enthält bekanntermaßen eine Verteidigung der Wirklichkeit der Zauberei ...

---

*) Disquisitionum magicarum libri sex etc., auctore Martino Delrio,
u. s. w. Louvain 1599.

Im Sadducismus triumphatus, einem Werke, das außer in England nur noch ziemlich selten anzutreffen ist, nimmt sich der Verfasser hauptsächlich vor, die Theorie der alten israelitischen Sabbucäer zu bekämpfen, nach deren Anschauung ein zukünftiges Leben überhaupt nicht existiert. Und er bekämpft sie sowohl scharfsinnig auf philosophischem Wege als auch durch brutale Thatsachen. Vor allem ist das fleißige Studium rühmend zu erwähnen, das der Verfasser darauf verwandt hat, um die in dem Hause des Herrn Mompesson zu Tedworth aufgetretenen spontanen Phänomene gebührend zu untersuchen und zu erläutern.*)

Glanvil schrieb auch eine Einführung zum Beweise des wirklichen Vorhandenseins von Geistererscheinungen, Geistern und Zauberern.

Der Priester Wilhelm Postel, der Sohn eines Bauern in der Normandie, der im 16. Jahrhundert lebte, legte frühzeitig einen solchen Scharfsinn an den Tag, daß man ihn schon mit 14 Jahren zum Schullehrer machte. Die Lektüre der Werke verschiedener Rabbiner und die Lebhaftigkeit seiner Einbildungskraft ließen ihn bald auf alle möglichen Verschrobenheiten verfallen. Er schrieb das Werk: Der Schlüssel zu den seit Anfang der Welt verborgenen Dingen. In seiner Stellung als Kaplan am Hospitale zu Venedig lernte er eine Krankenschwester kennen, die den Namen führte Mama Johanna und durch deren Visionen er gar bald den Gipfel seines Enthusiasmus erreichte. Obgleich jene schon längst die Fünfzig überschritten hatte, so entflammte er doch für sie in einer solchen mystischen Liebe, daß er sogar behauptete, sie erscheine ihm so oft er mit ihr in Verkehr trete, vollkommen verändert und blühend wie eine 15jährige Maid. Die gute Frau starb, was Postel großes Herzeleid bereitete.

---

*) Man vergleiche hierüber Kiesewetter's treffliche Abhandlung: Der Spuk in Tedworth.

Bald jedoch bildete er sich ein, daß der Geist der Verstorbenen seinen Körper nun als Wohnung angenommen habe. „Ihre Substanz und ihr geistiger Körper," schreibt er, „sind in mich hinab gefahren und haben sich mit meinem ganzen Körper vermischt, so daß sie es ist und nicht mehr ich, der in mir lebt." Von jenem Tage an nannte sich der Visionär nur mehr Postellus restitutus, und in der That soll sich aller= dings ein eigentümliches Phänomen bei ihm zugetragen haben. Seine Haare, die vorher ganz grau waren, wurden wieder schwarz, und die Runzeln auf der Stirne verschwanden; kurz sein ganzes Gesicht atmete wieder die reinste Jugendfrische.*)

§ 6. — Hieronymus Cardanus von Pavia (1501 bis 1576) war einer der sonderbarsten Geister, die man je in der Weltgeschichte anzutreffen vermag. Er kann als solcher mehr als seiner Werke wegen berühmt genannt werden, ob= wohl er durch das Theonoston einen ziemlichen philosophischen Wert an den Tag gelegt hat und sich auch durch seine medi= zinischen Kuren einen Ruf verschafft hatte, der weit über sein Vaterland hinaus reichte. Es ist hier nicht der Platz, von seiner berühmten mathematischen Formel zu sprechen, die nach ihm den Namen führt und welche er indes höchst wahr= scheinlich dem Mathematiker Tartaglia entnommen hat.**)

Daß er trotz seines Genies mehr als anomal und so= gar etwas verschroben war, wird wohl niemand bezweifeln, der sein Leben einem Studium unterzogen hat; dies wird auch einstimmig von seinen Historikern zugegeben: sowohl von Scaligero, als auch von Leibniz, Naudé, Rigeon, Lélut, Lombroso u. a. Sein Buch: De vita propria ist wohl

---

*) Eliphas Lévi, Histoire de Magie, Buch V, Kap. IV; [wohl zweifellos ein Anklang an die „Duos=Lehre". Der Übers.]

**) Die Cardanische Regel oder Formel zur Auflösung der Gleichungen dritten Grades ist höchst wahrscheinlich von Scipione dal Ferro entdeckt worden, der sie Tartaglia im Vertrauen mitteilte.

Der Übersetzer.

die seltsamste Selbstbiographie, welche jemals Veröffentlichung
fand. Geben wir nun ein Bild davon: „Ich bin geistreich,
zugänglich, elegant, wollüstig, froh, fromm und ein Freund
der Wahrheit; ein leidenschaftlicher Denker, unternehmend und
gelehrig, erfinderisch und voller Gelehrsamkeit.. In medizinischen
Dingen bin ich sehr erfahren und für das Wunderbare eingenommen. Listig, betrügerisch und lügenhaft, satyrisch und in
den okkulten Künsten geübt; nüchtern, arbeitsam, aufmerksam,
gleichgültig und schwatzhaft; ein Religionslästerer, rachsüchtig,
neidisch, böse und falsch, treulos und bezaubernd; beherrscht
von tausend und abertausenden Widersprüchen zum Nachteil der
Meinigen, unzüchtig, ein Freund der Einsamkeit; abgestumpft,
streng, begabt mit der Fähigkeit der Weissagung, eifersüchtig,
roh, verläumderisch, dienstfertig und unbeständig." —

Allein nach dieser langatmigen und schmeichlerischen
Selbstbeschreibung fährt er fort, die Gaben seines außerordentlichen Geistes zu rühmen. Er gab sich für den siebenten
größten Geist der Schöpfung aus, indem er betonte, daß ein
solcher nur alle zehn Jahrhunderte geboren werde. Mit
größter Ungezwungenheit erzählt er sodann, daß während des
vierten Lustrums seines Lebens sich ihm ein Unbekannter
dargeboten habe und ihm einen lateinischen Apulejus verkauft
hätte, worauf derselbe sofort verschwunden sei. Er hatte noch
nie zuvor ein lateinisches Buch in Händen gehabt, doch jetzt
vermochte er auf einmal geläufig seinen Apulejus in dem
Urtexte zu lesen.*)

Auch die griechische, spanische und französische Sprache
wollte er auf diese Weise erlernt haben, ohne je einem Studium
derselben obgelegen zu haben. Wenn ich nun kurz anführe,
daß er sich auf einem Wagen durch Mailand fahren ließ, an
dem er ein Rad weggenommen hatte, da das vierte nach seiner

---

*) Eine ähnliche Erscheinung ist uns im übrigen aus eigner Er-
fahrung bekannt.						Der Übers.

Anſicht unnötig wäre; daß er ſich zur Ader ließ, um die Be-
fähigung, zu heilen, beweiſen zu können; daß er ſich rühmte,
ſeiner Umgebung gerade das zu ſagen, was ihr unangenehm
ſein mußte; daß er ferner von ſeinen Dienern nur diejenigen
achtete, die für ihn unnötig waren und ihm Unehre machten,
und daß er die aſtrologiſchen Extravaganzen ſoweit trieb, daß
er Jeſus Chriſtus ein Horoſkop ſtellte: — ſo führe ich nur
einen geringen Teil von dem an, worauf alles ſein unruhiger und verwirrter Geiſt verfallen iſt.

Dies alles muß natürlich ungeheuer den Wert jener
wunderbaren Geſchichten benehmen, die er von ſich erzählt.
Nachdem er Sokrates in einem Buche: De Socratis studio
mit Schmähungen überhäuft hat, rühmt ſich Cardanus gleich
dieſem griechiſchen Weiſen einen vertrauten Dämon zu beſitzen, welcher den Namen Tetim führe und gleichzeitig von
Natur wie die Bewohner der beiden Planeten Merkur und
Saturn ſei. Mit derartigen Geiſtern ſollte übrigens ſein
Vater Facius ſtets in ungezwungenem Verkehr geſtanden haben.
In ſeinem Buche: De rerum varietate widerſpricht er
ſich dann und widerruft dies alles: er beſitze keinen vertrauten Geiſt ꝛc.

Wie Cardanus uns ſelbſt mitteilt, wollte er von ſeiner
Natur aus mit folgenden vier wunderbaren Eigenſchaften aus-
geſtattet ſein, nämlich 1) in Ekſtaſe verfallen zu können, ſo
oft es ihm beliebe (Autohypnoſe); 2) entfernte Dinge zu ſehen,
und zwar nicht etwa mit dem geiſtigen Auge, ſondern auch
mit ſeinen körperlichen Augen (Hellſehen); 3) im Schlafe benachrichtigt zu werden von dem, was in der Zukunft ein-
eintreten ſollte, und ebenſo vom Himmel die Inſpiration für
den größten Teil ſeiner Schriften zu erhalten (Warnungsträume und Inſpiration); 4) auch die Zukunft erraten zu
können aus Zeichen, die ſich an ſeinen Nägeln bilden (Ony-
chomantie).*)

---

*) De rerum varietate, Buch VIII, Kap. 3.

Betreffs dieser letzteren Gabe erzählt er nun folgendes:
„Eines Tages, als ich zufällig meine Hände betrachtete,
wurde ich gewahr, daß sich an der Wurzel des Ringfingers
meiner rechten Hand ein kleiner Blutfleck befand, der die Ge=
stalt eines Schwertes zu haben schien." Und in der Folge
erzählt er dann, wie an demselben Tage sein ältester Sohn
wegen Gattenmordes verhaftet worden sei.

„Der Blutfleck in Form des Schwertes blieb 54 Tage
hindurch, während welcher Zeit er sogar noch an Röte zu=
nahm." Als schließlich sein Sohn unter dem Henkerbeil sein
Leben ausgehaucht hatte, war der Blutfleck unversehens ver=
schwunden. „Vorher", fährt Carbanus fort, „und später,
während der 20 Tage Gefängnis oder um jene Zeit herum,
schlug, als ich mich in meiner Bibliothek meinen Studien hin=
gab, ein Klagelied an mein Ohr, wie wenn ein Mensch am
Beichten wäre: und es klang matt und seufzend und ließ bei
jedem Wort die Stimme fallen. Das Herz krampfte sich mir
dabei zusammen, als ob es zerspringen und zerreißen wollte,
und wie wahnsinnig stürzte ich aus der Bibliothek in den
Hof. . . . O weh mir! daß der Sohn, da der Tod seiner Frau
ruchbar geworden war, in diesem Augenblicke gebeichtet hat
und nun auf den Richtplatz geführt werden wird, um den
Todesstreich zu empfahen. . ."

Indes möchte ich nicht zu behaupten wagen, daß Hiero=
nymus Carbanus in Wirklichkeit kein Medium gewesen
sei. Es giebt überspannte und anomale Medien, wiewohl
deren Zahl durchaus nicht eine so sehr große ist, wie es von
manchem Psychiater gern gesehen würde; sie stehen den ver=
nünftigen Medien gegenüber fast in demselben Verhältnis,
das auch bei den Nichtmedien besteht.

Jene von ihm berichteten Thatsachen, welche sich ihm
zugetragen haben sollen, weisen doch in der That einen authen=
tischen Charakter auf. So berichtet er z. B. in seiner Lebens=
beschreibung:

„ . . . Eines Nachts, als ich gegen Morgen hin noch im
Schlafe lag, hörte ich heftig an die Wand klopfen, wiewohl
sich doch in dem anstoßenden Zimmer niemand aufhielt. Durch
dieses Geräusch war ich kaum erwacht: da erfolgt auch schon
ein zweiter, weit heftigerer Schlag wie mit einem Hammer und
zwar an dem entgegengesetzten Teile der Wand.

Am Abend desselbigen Tages nun vernahm ich die
traurige Nachricht, daß genau zu derselben Zeit, als die
Schläge bei mir erfolgten, Galeazo del Rosso gestorben war,
ein Mann, mit dem ich in innigem Freundschaftsverhältnis
stand." Ein fast gleicher Fall trug sich ihm auch in dem
Augenblicke zu, als seine Mutter aus dem Leben schied.

Ganz besonders seltsam ist aber folgendes Erlebnis: „Im
Monat März des Jahres 1570, und zwar etwa um den 24.
herum, hatte ich ein schriftliches Gutachten zu Papier gebracht.
„ . . . Da löste sich mir ein beschriebenes Blatt und fiel auf
die Erde, jedoch nicht ohne bei mir selbst die schmerzliche
Empfindung zu erwecken, als ob es keine glückliche Vorbedeutung wäre. Allein kaum habe ich mich vom Schreib-
stuhl erhoben, siehe, da erhebt sich auch fast mit gleichem
Schritte vom Boden das Blatt und springt selbständig empor,
wobei es auf die Bank fliegt, um sich dort auszubreiten;
dann stellt es sich aufrecht auf die Lauer nach dem hinter ihm
aufgestellten Bücherschaft."

Über Gespenster-Erscheinungen war Cardanus der Meinung, daß sie aus den Ausdünstungen der verwesten menschlichen Körper entständen, indem dieselben sich zur Nachtzeit
derart verdichteten, daß sie den Verstorbenen wieder vorstellten.
Allein die gleiche Ansicht hatten auch schon Demokrit und
Euripides von den Gespenstern gehabt.

Scaligerus behauptete, daß Hieronymus Cardanus an
dem Tage Hand an sich gelegt habe, den er als seinen Todes-
tag vorausgesagt hatte, und zwar selbstredend aus dem Grunde,
um in den Augen der Nachwelt nichts als Astrologe einzu-

büßen. Die Sache ist vielleicht nicht wahr, scheint indes wohl jedermann wahrscheinlich, umsomehr als Cardanus schriftlich hinterlassen hat, daß er mehrmals nach seinem eigenen Leben getrachtet habe, was er heroische Liebe nannte.

§ 7. — Cornelius Agrippa von Nettesheym, der in der Nähe von Köln im Jahre 1486 geboren wurde und einer hochangesehenen Familie entstammte, war wohl nicht viel weiser zu nennen. Er erfreute sich einer ungeheuren Gelehr= samkeit und eines sehr biegsamen Geistes. Zu gleicher Zeit Arzt, Diplomat, Militär, Archivar, Theologe, Advokat, Historio= graph, Astrologe und Alchimist, führte er ein unstetes Leben und stand mehrmals unter der Anklage der Zauberei, wes= halb er auch ein Jahr in Brüssel gefangen gehalten wurde. Nirgends hatte er Ruhe, außer nur ganz kurze Zeit, als Louise von Savoyen, die Mutter Franz I, ihn zum Leibarzt machen wollte und ihm auch die Stelle eines Astrologen an= bot, die er ausschlug.

Sein Ruf als Gelehrter in den okkulten Wissenschaften ist besonders an das Buch De occulta philosophia geknüpft, ein sonderbares Werk, in welchem er versucht, die Magie auf ihre imaginäre und ursprüngliche Reinheit zurückzuführen, und diese Wissenschaft als eine Ergänzung der Philosophie und einen Schlüssel von allen Geheimnissen der Natur hin= stellt. Er hält sich übrigens auf dem abstrakten Gebiete, und man darf daher nicht dieses Werk mit einer apokryphischen Schrift verwechseln, die 27 Jahre nach seinem Tode veröffentlicht wurde als ein viertes Buch seiner okkulten Philosophie, was jedoch nichts anderes ist als ein Sammelsurium magischer Formeln, die Peter von Abano, Pictorius u. a. entnommen waren. Viele beharren übrigens auch heutigen Tages noch in dem guten Glauben und halten dieses Werk für echt. Andere bemerkenswerte Schriften Agrippa's sind seine Com= mentare über die Kunst Raimund Lullo's. Als er schon ein alter Mann und mißtrauisch geworden war, schrieb

er ferner das berühmte Werk unter dem Titel: Über die
Ungewißheit und Nichtigkeit der Wissenschaft und
der Kunst*), worin er seiner in den früheren Büchern
geäußerten Ansicht widersprach und nicht nur die Nichtigkeit
der Magie, sondern auch jeder anderen Wissenschaft behauptete.

Cornelius Agrippa starb auf einer neuen Wanderschaft
begriffen, arm und als Hypochonder im Jahre 1535 zu
Grenoble.

Auch an seine Person hefteten sich nicht wenig wunderbare Legenden.

So erzählt man sich, daß er seine Wirtsleute mit anscheinend gutem und klingendem Gelde zu bezahlen pflegte, das
sich in einigen Tagen jedoch in Spielmarken von Horn und Leder
verwandelte. Delrio, der Jesuit, welcher ihn haßte, besonders
auch weil sich Agrippa zur Reformation Luthers bekannt hatte,
berichtet uns die spaßige Geschichte, wonach der Philosoph
einmal einen Schüler hatte, den der Teufel in seiner Gegenwart erwürgte. Er zwang nun den bösen Geist, sich in den
Körper des unglücklichen Schülers hinein zu begeben und so in
demselben draußen herum zu spazieren. Auf einem großen
Platz, wo viele Leute seien, möchte er dann den toten Körper
wieder verlassen, damit er wenigstens dem Publikum Glauben
mache, der Schüler sei eines natürlichen Todes gestorben.**)

Der berühmte Jovius behauptet, daß Agrippa, im Augenblick seines Todes ermahnt, doch wegen seiner Fehler Buße
zu thun, seinem schwarzen Hunde, der sein Hausgeist war,
das mit allerhand nekromantischen Formeln versehene Halsband abnahm und ihm zurief: „Fort mit dir, du verfluchte
Bestie, du hast meine Seele verloren gehen lassen!" Darauf
ergriff der Hund die Flucht und lief der Saône zu; dort
stürzte er sich kopfüber in die Fluten und ward nicht mehr
gesehen.

---

*) erschien 1527 in latein. Sprache zu Köln a. Rh.   D. Übers.
**) Delrio, Disquisit. mag., Buch II, 39.

Wierus, ein Schüler Agrippa's, giebt zu, daß sein Lehrer ein großer Hunde-Liebhaber gewesen sei. Stets habe man in seinem Studierzimmer zwei schwarze Hunde angetroffen, von denen der eine „Monsieur" und der andere „Mademoiselle" geheißen und die das Volk für verkappte Teufel gehalten habe, was letzteres Wierus natürlich für unwahr erklärt.

Bekannt ist Agrippa auch als großmütiger und kühner Verteidiger der von seinen Zeitgenossen als Hexen ange= klagten Frauen, von denen er manche durch sein unerschrockenes, mutiges Eingreifen dem Feuertode entriß. In diesen edlen Bestrebungen unterstützte ihn der schon erwähnte ebenso ge= lehrte wie unerschrockene Johannes Wierus.

§ 8. — Es ist zu bemerken, daß trotz seiner durch= einandergemengten Lehren und Fabeln vom Teufel, welche Agrippa in die Schuhe geschoben werden, es doch den Anschein hat, als ob er die Phänomene der Magie einer natürlichen Ursache zuschreibe. So äußert er sich in einem Schreiben unterm 24. September 1827, nachdem er die Behauptung aufgestellt hat, daß das, was man über die Macht der Magie sage, nicht wörtlich aufzunehmen sei, obschon es wahr wäre, unerwartet in folgenden Worten: „Ich halte daher aufrecht, „daß man die Ursache so großer Wirkungen nicht außerhalb „uns selbst suchen darf. In uns selbst besteht ein wirkendes „Wesen (Operator), welches — ohne damit Gott und der „Religion zu nahe zu treten — alles das kennt und aus= „zuführen vermag, wozu die Astrologen, die Magier, die „Alchimisten und Nekromanten befähigt sind. Daher sage „ich, daß der Urheber solcher Wunder in uns selbst ist:

„Nos habitat, non tartara, sed nec sidera coeli,
„Spiritus in nobis, qui viget, illa facit"

Der berühmte Vertreter der katholischen Theologie, der hl. Thomas von Aquino, wandte dieselbe Theorie auch auf die verderbliche Kunst der Hexen an. Er sagt: „Ueber= „einstimmend mit Avicenna erachte ich, daß . . . . solche böse

„Zauberer über eine sehr bedeutende und gleichsam ansteckende
„Seelen= und Körperkraft verfügen, welche sie behende in die
„Einbildungskraft umsetzen können. Solche Kraft ist so groß,
„daß sie bei ihrer Gewalt auch zu töten vermag." Damit
wirft der Fürst der katholischen Theologie die Theorie von
dem Teufel über den Haufen, worauf sich ja stets zur damaligen
Zeit die Inquisitionsgerichte bei Verurtheilung der Hexen
beriefen.

Derjenige jedoch, welcher zu jener Zeit schon eine Hypo=
these aufstellte, die der heutigen Theorie von der psychischen
Kraft entspricht, ist Pietro Pomponaccio oder Pom=
ponazzi, dessen philosophischer Ruhm durchaus nicht im
Verhältnis zu seinem Verdienste steht. Dieser sonderbare
Mann, der stärkste Gegner, den in früheren Jahrhunderten
der Spiritismus gehabt hat, entstammt einer angesehenen
Familie zu Mantua und wurde gegen Schluß des Jahres
1462 geboren. Er widmete sich auf der Universität Padua
gründlichst dem Studium der Medizin und der Philosophie.
Von diesem Athenäum und von jenem Bologneser sollte dann
ein Licht ausgehen, das ganz Europa mit Bewunderung
erfüllte.

Man kann es heute wohl als ganz sicher betrachten, daß
Pomponazzi Atheist und Materialist war. Zwar schrieb er:
„Ich unterwerfe meine Ansicht dem Urteile des heiligen Stuhls
zu Rom", und protestierte wohl hundertmal dagegen, daß er in
irgend einer Weise die Religion verletzen wolle. Doch fühlt
man nur zu leicht heraus, daß solche Beteuerungen seinerseits
ihm nicht von Herzen kamen und wohl nur von der Vor=
sicht und Klugheit eingegeben waren. Um gleich von vorn=
herein die Verfolgungen des Sanctum Officium zu umgehen,
versuchte er zu beweisen, daß man die philosophischen
Fragen von den religiösen zu trennen habe.
Dadurch gewann er den Vorwand für seine Behauptung,
daß man streng an die Lehren der Kirche glauben müsse, um

der Gnade Gottes teilhaftig zu werden, der uns selbst den
Glauben hierzu ins Herz einpflanze, allein daß es stets unmöglich sei, positiv die Unsterblichkeit der Seele und die
anderen religiösen Dogmen zu beweisen. Philosophisch gesprochen, stellte er damit schon die Lehre vom Unerkenn-
baren auf, wie es Spencer nach ihm nannte. Nach Aufstellung dieser schlauen Prämisse, daß er nämlich die Unsterblichkeit bloß von dem philosophischen Standpunkte aus bekämpfe
und nicht als Gegenstand der Religion, mußte Pomponazzi
natürlich auch den Beweis zu erbringen suchen, daß alle
Thatsachen, die man zur Stütze der spiritistischen Theorie
anführen kann, sich auch gerade so gut durch den Materialismus
erklären ließen. So sagte er zum Beispiel an einer Stelle:
„Vergebens nimmt man die Hypothese von guten und bösen
Geistern an, um dadurch eine genügende Erklärung zu finden
für jene Phänomene von wunderbaren Heilungen, Beschwörungen, Geistererscheinungen, Verzauberungen, Vorhersagungen, Verwandlungen und dergleichen Wunder. Es ist
die Gewohnheit des Thoren, das bekannte und natürliche zu
verlassen, um sich dem unbekannten und unwahrscheinlichen
in die Arme zu werfen. Auch alle die größten Wunder
lassen sich hinreichend erklären nach den Grundsätzen des
Aristoteles und seiner wahren Nachfolger durch die verborgenen Eigenschaften der Dinge, zumal durch die im
Menschen enthaltenen latenten Kräfte und durch
den Einfluß der Gestirne. Auch läßt sich nicht schwer ein
Beweis dafür erbringen, daß viele Menschen als Zauberer
und Heilige betrachtet wurden, die es in Wirklichkeit nicht
waren .... Ich halte es nicht für unmöglich, daß solche
durch einen unmerkbaren Hauch oder auch durch unsichtbare
Ausströmungen ohne jegliche andere Berührung ein Tischchen
sich bewegen lassen können. Und ich finde dies
durchaus nicht wunderbarer als die Thatsache, daß der
Magnet das Eisen anzieht oder abstößt. Auch halte ich es

für ebenso wahrscheinlich, daß die Seelen gewisser Menschen einen Eindruck auf Bilder auszuüben vermögen, woran sie scharf denken, und zwar mit ihrem eigenen Lebensgeist und ihren Ausströmungen, und daß jene dunstigen Gestalten in der Luft oder in den sogenannten Zauberspiegeln, oder wo immer hin der Nekromant sie erscheinen lassen will, gesehen werden können . . . Wenn ich auch keineswegs behaupten möchte, daß diese Hypothese von mir absolut richtig sein müsse, so bin ich so frei, sie wenigstens nicht für falsch anzusehen, da ja zweifels- ohne viele Dinge möglich sind, die wir lediglich aus dem Grunde bestreiten, weil wir eben nicht klar zu sehen vermögen, in welcher Weise sie sich zutragen“*).

§ 9. — Philippus Aurelius Theophrastus Bombastus, welcher sich später den Namen Paracelsus beilegte, wurde im Jahre 1493 geboren. Sein Vater übte die medizinische Kunst in Kärnthen aus. Paracelsus brachte es nicht über sich, einem regelmäßigen Studium auf den Hochschulen obzuliegen, und begab sich daher, noch sehr jung an Jahren, auf Reisen. Er durchstreifte Europa und Asien und eignete sich, stets auf der Suche nach dem Stein des Weisen begriffen, ein ungeheueres empirisches Wissen an. Als er nach Deutschland zurückkehrte, gab er vor, ihn gefunden zu haben, und rühmte sich dessen nicht wenig. Bereits im Alter von 33 Jahren hatte er in Folge einiger marktschreierischen Kuren, die er an hervorragenden Persönlichkeiten ausgeführt hatte, einen solchen Ruf erlangt, daß ihn die Universität Basel auf einen Lehrstuhl für Physik und Medizin berief. Dort soll er dann öffentlich die Bücher von Avicenna und Galenus verbrannt haben, indem er bemerkt hätte, daß alle berühmten Gelehrten nicht einmal soviel von der Wissenschaft verständen, wie ein Härlein von seinem Barte — eine Äußerung, die

---

*) De naturalium effectum admirandorum causis, seu de incanta- tionibus, Kap. I, S. 22. ff.

mich übrigens verwundert und mir durchaus nicht glaub=
würdig erscheinen will, da Paracelsus Eunuch war, die
Frauenwelt floh und als vollkommen bartlos geschildert wird*).

Es kam bald soweit, daß er in Basel jegliches Ansehen
verlor und von dort fliehen mußte, weil er eine Magistrats=
person angegriffen hatte. Er nahm daher sein unstetes
Wanderleben wieder auf und starb zu Salzburg im Alter
von 48 Jahren, obwohl er sich immer gerühmt hatte, mit
seinen Heilmitteln sein Leben um eine beliebige Anzahl von
Jahren verlängern zu können.

Wetternus, der mit ihm in sehr naher Beziehung stand,
erzählt, daß Paracelsus, als er einmal betrunken gewesen
sei, ihm gedroht habe, eine Million Teufel, oder besser
Elementargeister, erscheinen zu lassen, um ihm das Reich der
Hölle und die Macht zu zeigen, die er über sie habe. Einige
seiner zeitgenössischen Dämonographen berichten, daß er einmal
geschrieben habe, er besitze einen vertrauten Geist, den er in
einer Schwertscheide eingeschlossen halte. Doch hat er nie so
große Ungeheuerlichkeiten · behauptet, wenn er nüchtern war;
aber das kam nur allzu selten vor. Sein Sekretär Oporinus
bekennt, daß Paracelsus wohl nie den Lehrstuhl bestiegen
oder etwas diktiert oder sich an das Bett eines Kranken
begeben hätte, ohne erst vorher seinen Verstand durch un=
geheures Trinken eingebüßt zu haben.

Unleugbar steht ihm das Verdienst zu, den Gebrauch
des Opiats, dem er die Bezeichnung Laudanum beilegte, die
Antimon=Quecksilber=Salze und ferner die eisenhaltigen Prä=
parate in die Medizin eingeführt zu haben, während andererseits
seine Lehre und Auffassung der Medizin absurd zu nennen ist.

Allein hauptsächlich wird Paracelsus dadurch stets be=
rühmt bleiben, weil er vielleicht der erste war, der im Magneten
(magnetes) jene geheimnisvolle, fluidöse Kraft erkannt zu

*) Erasto, Disput. de medic. nova Paracelsi, I. Teil, S. 237.

haben glaubte, die sich vermutlich von einer Person auf eine andere erstreckt und daher den Namen Magnetismus führt. In der That schreibt Paracelsus in seinem 10. Satz:

„Eine solche Eigenschaft des Körpers, die ihn für den „Einfluß des Himmelskörpers empfänglich macht,*) sowie auch „für die rückbezügliche Einwirkung der ihn umgebenden Körper, „hat mich veranlaßt, dieselbe wegen ihrer offenbaren Ähnlichkeit „mit dem Magneten tierischen Magnetismus zu „nennen .... Diese tierischen Geister können sich unter ein= „ander verstehen, einen gegenseitigen Einfluß auf sich aus= „üben und ohne Zuhülfenahme unserer Sprachen auf Ent= „fernungen mit einander reden**) .... Der Wille einer „Person vermag durch die Kraft seiner Anstrengungen auf „das geistige Wesen einer anderen Person einzuwirken und „sich mit ihm in einen Kampf einzulassen, um es unter seine „Macht zu bringen. Diese Herrschaft kann sich soweit er= „strecken, daß man den Körper schlagen und dahin siechen „lassen kann .... Ihr werdet dasselbe erleiden, was man „mit einem Wachsfigürchen anstellt, das Euch nachgebildet „wurde." Hier haben wir das Envoûtement und die heutigen Theorien des Obersten de Rochas über die Exteriorisation der Sensibilität.

Allein, wenn das magnetische Fluidum einer Person da= durch, daß es sich auf eine andere erstreckt, schlimmes zu verursachen vermag, wie viel mehr muß es dann gutes hervor= zurufen im Stande sein, da es doch dabei nicht auf ein Hindernis und den in dem Gegenwillen des Subjektes be= gründeten Widerstand stößt! Und das ist eben die magnetische Heilung von Krankheiten.

---

*) Paracelsus betrachtete das magnetische Fluidum, das in jedem Dinge enthalten ist, als ein Teilchen des Weltgeistes, Magnale magnum; das ganze löst sich dann in einem ungeheuren Pantheismus auf.

**) Man beachte, daß er hier die Telepathie anzuführen scheint.

Wie sich nun das magnetische Fluidum einer Person auf ein Wachsfigürchen übertragen läßt, so behauptet Paracelsus, daß man es auch auf andere Gegenstände übertragen und gleichsam dort einverleiben könne. Daraus ergiebt sich dann die Kraft der Talismane, der Wundsalbe und des magnetisierten Wassers u. s. w.

Allein, obgleich Paracelsus an das Vorhandensein und den Einfluß jenes tierischen Magnetismus glaubt, so leugnet er dennoch nicht die Phänomene der Autosuggestion. Er sagt: „Ich bestreite nicht, daß die Einbildungskraft und „der Glauben eine solche Macht besitzen, daß sie gesund oder „krank machen können."

Schließlich sei bemerkt, daß Paracelsus durch diese magnetische Verbindung der Menschen untereinander und der Menschen mit Dingen sogar die Wahrsagung erklären wollte.

§ 10. — Paracelsus hatte indes Vorläufer seiner Ideen. Wir begegnen denselben schon bei den Alexandrinischen Platonikern und bei dem Araber Avicenna.*) Sie entstammen bereits dem frühesten Altertum und waren schon den Eingeweihten der orientalischen Völker bekannt.

Pomponazzi wendet seine Theorien auch auf die übernormalen Heilungen an: „Es giebt Personen, welche mit einer heilwirkenden Kraft begabt sind, und diese Eigenschaft wird durch die Einbildungskraft und durch den Willen unterstützt. Die Kraft tritt durch eine Art Verdampfung aus dem Körper heraus und ruft in dem anderen Körper, der sie aufnimmt, beträchtliche Wirkungen hervor. Es ist wahrlich nicht schwieriger an die Heilkraft der menschlichen Seele zu glauben, als an die der Kräuter und Pfläste rchen ...... Die menschliche Seele wirkt verändernd auf die Körper vermittelst fluidischer Ausstrahlungen

*) De Anima, Buch VIII, Kap. 7.

(per vapores transmissos) ein, die von ihren guten und schlechten Eigenschaften geschwängert sind .... In allen mir bekannten Fällen, wobei jemand (z. B. ein Kind von einer Hautkrankheit, ein anderes von einer starken Verbrennung und ein drittes von einer tiefen Wunde) lediglich durch Zauber= formeln geheilt wurde, in allen diesen Fällen sage ich, dürften keine Geister die Gesundung bewirkt haben außer der Anwendung von ‚activa passivis‘, und daher sehe ich nicht ein, warum denn der Mensch nicht dasselbe zu Stande zu bringen vermag, was ein Dämon kann."*)

Roger Baco, der durch eine zehnjährige Kerkerstrafe den Verdacht der Zauberei büßen mußte, nimmt bei Gesundung von Krankheiten die Theorie der Suggestion an, thut indes nicht der Fluidums=Hypothese Erwähnung, ja scheint sie sogar nicht einmal zu kennen:

„Ein geschickter Arzt vermag auf den Geist einzuwirken; er kann nämlich seinen Heilmitteln Vorschriften und Eigen= schaften hinzufügen, denen selbst nicht die Heilkraft innewohnt, sondern die den Geist des Kranken heben und seinen Glauben stärken, wodurch dann seine in Erregung gesetzte Seele in die Lage gebracht wird, jene Dinge in seinem Körper zu bewirken ... Wenn wir uns gewisser Gebete und Formeln bedienen, so geschieht dies nicht in dem Glauben, Gott und die Engel mit solchen geeigneten Silben und Wörtern zu bewegen, uns Menschen dienlich zu sein, sondern lediglich deshalb, um da= durch unsere eigenen Kräfte zu einer göttlichen Begeisterung anzuregen. Ähnlich dürfte die unsichtbare Gottheit durch Zeichen, welche für uns sichtbar sind und zu einem bestimmten und gewünschten Zwecke gemacht wurden, angezogen werden; während im Gegensatz hierzu wir, die wir veränderlich sind, zur unveränderlichen Gottheit herangezogen werden." **)

---

*) De naturalium effectum admirandorum causis, seu de incanta-
tionibus, S. 44 u. ff.
**) De Verbo Mirifico, S. 57 u. ff.

Diesem letzten System scheint sich Picus von Miran-bola (1463—1494) in seinem Werke: De imaginatione anzuschließen.

Nach Marsilius Ficinus kann die Seele nicht nur auf den eignen Körper eine Wirkung ausüben, sondern auch auf den eines anderen, besonders wenn dieser schwächer ist *)

Und Thomas von Aquino sagt: „Jede in der Seele gefaßte Idee ist wie ein Befehl, dem der ganze Organismus gehorcht: so bringt die Vorstellung des Geistes im Körper entweder ein großes Hitze= oder Kältegefühl hervor, vermag eine Krankheit zu beseitigen oder zu heilen. Dies darf uns durchaus nicht in Erstaunen setzen, da ja die Seele, die Ge-stalt des Körpers, auch gleicher Wesenheit mit demselben ist." **)

§ 11. Wenn jedoch auch Paracelsus' Lehre durchaus nicht neu war, so ist es doch diesem genialen Manne zu danken, daß er ihr weitere Ausdehnung und Bekanntgabe verliehen und sie in eine feste Form gekleidet hat. Heftige wissenschaftliche Polemiken sollten die Folge der Ausbreitung der Paracelsischen Lehre werden, und vor allem war es Goclen oder Goclenus, ein Professor der Medizin zu Marburg, der damals großen Lärm hervorrief und viel Staub aufwirbelte. Er verfaßte eine Abhandlung über die magnetische Heilung der Wunden***), worin er dem französischen Jesuiten Roberti mit solcher Galle und solchem Spott, aber auch mit ebenso großer Geschicklichkeit erwidert, daß er nach einem weiteren Austausch von Schmähschriften bereits siegreich hervorging.

Allein zu jener Zeit sollte die Lehre des Paracelsus eine gewichtige Stütze erhalten in dem kühnen belgischen

---

*) Ficinus, De vita caelitus comparanda, Kap. XX.

**) Apud Rouxel, Histoire et Philosophie du Magnétisme, t. I, VI leçon.

***) Tractatus de magnetica curatione vulneris, citra ullam super-stitionem et dolorem, u. s. w. Marburg 1608.

Wissenschaftler Johann Baptista van Helmont (1577 bis 1644), dem Verfasser des Werkes: „Die magnetische Heilung der Wunden."*)

Er betrachtete auch das menschliche Lebensfluidum als ein Teilchen des magnale magnum, der Weltseele, welche Van Helmont auch Archeus nannte. Über die Kraft des Magnetismus äußerte er sich folgendermaßen: „Es wohnt im „Menschen eine Energie, welche bloß durch seinen Willen und „durch die Einbildungskraft außerhalb seiner selbst wirkend „aufzutreten und eine Kraft auszulösen vermag, die einen „dauerhaften Einfluß auf einen noch so entfernten Gegenstand „auszuüben imstande ist. Die Seele ist mit einer plastischen „Kraft ausgestattet .... Die Ideen, welche so mit einer „Substanz bekleidet sind, üben vermittelst des Lebensprinzips „einen physischen Einfluß auf lebende Wesen aus. Der Ein- „fluß ist größer oder geringer, je nach der Stärke der Kraft „des sie aussendenden Willens, und ihre Wirkung kann durch „den Widerstand des Empfängers abgewandt werden .... „Der Magnetismus hat nichts neues an sich außer dem „Namen, und er ist nicht paradox außer für jene, die eben „über alles lachen oder der Macht des Satans zuschreiben, „was sie eben nicht verstehen, noch weniger erklären können."

Diese letzten Worte beziehen sich, wie man leicht ein- sehen mag, auf den Pater Roberti, der in den magnetischen Kuren nur das Werk des Satans erblickte.

Ein anderer ähnlicher Kampf wurde unterdessen mit gleicher Heftigkeit zwischen dem Schotten Robert Fludd, Anhänger des Magnetismus, und dem Pater Kircher, gleichfalls Jesuit wie Roberti, ausgefochten. Auch der gute Pater Kircher war geneigt, in den magnetischen Heilungen eitel Teufelsspuk zu ersehen. Seine Hauptwerke sind: Kircheri magnes, sive De arte magnetica, sowie Magneticum naturae regnum ꝛc.

---

*) De magnetica vulnerum naturali et legitima curatione, contra Johan. Roberti, Societ. Jesus. 1621.

§ 12. — Der Kürze halber übergehe ich hier Wirbig, Maxwell und andere Theoretiker des tierischen Magnetismus. Das jedoch muß ich noch unbedingt erwähnen, daß in der Mitte des vergangenen Jahrhunderts vielen Gelehrten der Glauben an ein Fluidum, womit die Körper der Tiere ge= schwängert würden, nicht ganz fremd war, so daß Santanelli, Campanella, Van Helmont und Wirbig um die Wette jene bekannte Anekdote eines Brüsselers wiederholen, dem vermittelst einer Operation des Taliacot eine künstliche Nase angesetzt worden war. Nach einigen Jahren verkümmerte jedoch diese Nase, bekam eine Erkältung und fiel schließlich ab. Man findet den Schlüssel zu diesem Geheimnis, wenn man hört, daß an demselben Tage, als die künstliche Nase zu Brüssel abfiel, der Bologneser Eckensteher gestorben war, dessen Arm man das notwendige Stück Haut entnommen -hatte, um die Nase zu bilden! . . . . .

Übrigens führt man viele zeitgenössische Beispiele dieses Phänomens an, was dennoch sehr des Beweises bedarf.

Auf dieser Theorie beruht dann auch das Heilmittel, welches gemeiniglich unter dem Namen: Sympathisches Pulver bekannt ist und das besonders warm von dem englischen Ritter Kenelm Digby (geboren zu Anfang des 17. Jahrhunderts) empfohlen wird. Darnach wurden die Heilmittel anstatt auf die Wunde auf die mit Blut getränkte Binde aufgelegt, indem man annahm, daß wegen der fluidischen Knüpfung, die noch zwischen dem betreffenden Blute und der Person, der es entnommen war, existiere, das Heilmittel gleichfalls auf den Kranken einen Einfluß ausüben könne. Digby legt seine Theorie in dem umfangreichen Werke: Traité de la nature des corps klar, das im Jahre 1644 zu Paris erschien.*)

---

*) De Rochas behandelt diese Theorien umständlich in seinem Werke: L'extériorisation de la sensibilité, Kap. 4.

§ 13. — Darauf geht auch in kurzen Zügen das wissen=
schaftliche Werk Friedrich Anton Mesmer's ein. Diese
berühmte Persönlichkeit wurde zu Itzmang in Schwaben
am 23. Mai 1734*) als der Sohn eines beim Bischof
von Constanz im Dienst stehenden Försters geboren. Er
widmete sich zu Wien dem Studium der Medizin. Im Jahre
1772 lernte er den Pater Hell kennen, welcher die Kranken
vermittelst eines Magneten kurierte, und kam auf den Ge=
danken, gleichfalls dasselbe anzustellen. Doch bald erkannte
er, daß aus seinen Händen ein magnetisches Fluidum aus=
ströme, welches wohl ebenso wirksam sei. Nach einem drei=
jährigen Studium, während welcher Zeit er zahlreiche und
zum Teil sehr erfolgreiche Versuche angestellt hatte, gab
Mesmer seinen Brief an einen fremden Arzt über
die magnetische Heilkraft heraus. Im Jahre 1775
richtete er dann an alle bedeutenden Akademien ein seine
Grundsätze wie seine Heilerfolge darlegendes Schreiben, das
jedoch in schnöder Weise von diesen unberücksichtigt gelassen
wurde.

Unterdessen nun wirbelten seine Kuren großen Staub
auf und zogen heftige Polemiken nach sich, so daß die Kaiserin
von Österreich, Maria Theresia, denselben schließlich dadurch
ein Ende zu machen suchte, daß sie Mesmer durch ihren
Leibarzt mitteilen ließ, sie wünsche, daß er mit solchen
Alfanzereien fürderhin Wien verschonen möge.

Anton Mesmer begab sich sodann nach Paris, das ge=
lobte Land für alle diejenigen, welche einer Idee Ausdehnung
und Bekanntgabe verschaffen wollen. Dort hatte er bald
einen Bombenerfolg zu verzeichnen, wie man heute sagen
würde. Er regte die Neugier der Wissenschaftler im höchsten
Maße an und die Bewunderung der ganzen eleganten Welt.

---

*) Nach anderer Angabe wurde er zu Weil bei Stein am Rhein,
laut seines Doktordiploms zu Mesburg in Schwaben geboren.

Der Übers.

Von allen Seiten strömten ihm Kranke zu. Mesmer nahm
dann dem Patienten gegenüber Platz, um sich so mit dem=
selben in Rapport zu setzen, sah ihn scharf an und,
indem er seine beiden Daumen auf dessen Sonnengeflecht legte,
das sich in der Magenhöhle befindet, ließ er die anderen
Finger auf der Seitengegend agieren. Der Klang einer lieb=
lichen Musik sollte die Patienten für die Aufnahme des Ein=
flusses der magnetischen Striche empfänglicher machen. Sehr
bald ließen sich schon die ersten Wirkungen wahrnehmen;
diese waren geradezu unendlich verschieden. Die einen nahmen
ein Kältegefühl wahr, die anderen empfanden Wärme; in
den meisten Fällen jedoch eine Nervenzusammenziehung, die
bis zu gewissen Anfällen sich steigerte, so daß alsdann die
Kranken in einen besonderen Saal mit gepolsterten Wänden
verbracht werden mußten, den sogenannten Krisissaal. Die
Striche, welche Mesmer und seine Schüler über sie machten,
waren je nach der Art der Krankheit entsprechend ver=
schieden.

Doch war Mesmer auch der Ansicht, das tierische mag=
netische Fluidum auf jeden beliebigen Gegenstand übertragen
zu können, was mehr oder weniger auch Paracelsus glaubte
und heutzutage be Rochas bewiesen hat. Deshalb konstruierte
er jenes berühmte Baquet, mit welchem Apparate wohl ein
halbes Jahrzehnt hindurch ganz Paris sozusagen überschwemmt
wurde. Dieses Baquet war ein Kasten von Holz, der gewöhnlich
mit Wasser angefüllt wurde und worin Glassplitterchen mit
Eisenfeilspähnen in Menge vorhanden waren. Über dem Wasser
befanden sich einander entgegengestellte und gleichfalls mit
Wasser gefüllte Flaschen, von denen Eisenstangen ausgingen,
welche von den um den Apparat herumsitzenden Kranken in
die Hand genommen wurden. Das Baquet sollte nach An=
sicht der Mesmeristen ein Bassin sein, in welchem sich das
magnetische Fluidum kondensiere zu dem Zweck, einen
heilenden Einfluß auf den Körper der Kranken auszuüben.

Sicherlich waren die Heilungen, welche man dem Mes=
merismus verdankt, in keiner Beziehung geringer anzuschlagen,
als die, welche späterhin durch den Hypnotismus bewirkt
wurden und zuweilen auch durch die mutmaßliche „Heil=
mediumschaft". So wären unter anderem Heilungen von
schwarzem Staar, dem Schlagfluß, den Polypen rc. zu ver=
zeichnen. Ich werde bloß das anführen, was der alte Wissen=
schaftler Curt de Göbelin, Verfasser der „Urwelt", darüber
spricht. Er litt an Wassersucht, das eine Bein war bereits
geschwollen und hatte einen ungeheueren Umfang angenommen,
während das andere immer mehr abzehrte. Der Zustand
des Patienten war derartig, daß er fünf Jahre lang nicht
das Bett verlassen konnte. „Ein Freund", erzählt er selbst,
„zwang mich, aufzustehen, mich anzuziehen und unter seiner
Führung in einem Fahrstuhl, da ich nicht einen Wagen zu
besteigen vermochte, auf Reisen zu begeben.

„Ich trat vor Mesmer hin in Pantoffeln und in Hosen,
welche an den Knieen offen waren; meine Gesichtsfarbe war
gelb wie eine Quitte. Alle erstaunten und erschraken vor
mir, als sie mich in einem solchen bedauernswürdigen Aufzug
antrafen. Mesmer indes beglückwünschte mich wegen des
Mutes, den ich gezeigt hatte. Da ich während der Sitzung
weder Kälte, noch Wärme, noch irgend eine Gemütserregung
oder sonstige Aufregung verspürte, sagte ich lachend: ‚Aber
wozu soll mir dies alles nützen?'*)

„Am andern Morgen jedoch war ich bereits wieder imstande,
die Schuhe anzuziehen und zwei Knöpfe der Hose am Knie**)
zuzumachen; nach zwei bis drei Tagen dann empfand ich schon
keinen Schmerz mehr; auch der Durst hatte nachgelassen. . . .

---

*) Kann in diesem Falle auch noch von Suggestion die Rede sein?
Auf diese Weise soll die „Einbildungskraft" heilen?! . . .
**) Man bedenke die damalige Mode, daß man Beinkleider trug,
„mit vierundzwanzig Knöpfen dran".   Der Übers.

Sehr bald sollten meine Füße, die bereits seit 25 Jahren steif und gefühllos waren, feucht und warm werden und alle Schwielen und Verhärtungen verschwinden. Die Haut wurde wieder verjüngt, und meine Füße waren wie die eines Jünglings. Und ich bin umsomehr erfreut ob dieses günstigen Resultates, als ich ein solches nicht im mindesten erwartet hatte. Dies sind meines Erachtens die Wirkungen des tierischen Magnetismus, worüber ich natürlich nicht am wenigsten erstaunt bin . . . Was die Theorie Mesmer's anbetrifft, so ist dieselbe sehr ausgedehnt und erhaben, indem sie das ganze Weltall umfaßt!*) . . . ."

§ 14. — Allein diese Mesmer'sche Theorie ist aller Wahrscheinlichkeit nach die schwache Seite seines großen, wissenschaftlichen Werkes. In seinen verschiedenen Broschüren und Büchern, besonders aber in den berühmten 27 Sätzen, welche er in seinem Werke: Mémoire sur la découverte du magnétisme animal aufstellt, hat Mesmer seine Theorie ausführlich dargelegt. Lassen wir hier die wesentlichsten folgen:

1) Es besteht ein gegenseitiger Einfluß zwischen den Himmelskörpern, der Erde und den Lebewesen.

2) Ein allgemein verbreitetes und derartig ausgedehntes Fluidum, daß es keine Stelle giebt, die nicht von ihm erfüllt sei, dessen Feinheit keinen Vergleich zuläßt und das infolge seiner Natur empfänglich ist, alle Bewegungseindrücke aufzunehmen, zu verbreiten und mitzuteilen — ist das Mittel jenes Einflusses.

3) Diese gegenseitige Wirkung beruht auf bisher noch unbekannten Gesetzen.

8) Der tierische Körper beweist die wechselseitigen Wirkungen dieses Agens; indem er es in die Nervensubstanz einführt, vermag er direkt einzuwirken.

*) S. den Brief des Herrn Court de Gébelin an Herrn Maret, den damaligen Sekretär der Akademie von Dijon, unterm 28. Mai 1783 geschrieben.

9) Es treten besonders in dem menschlichen Körper Eigenschaften zu Tage, ähnlich wie diejenigen des Magneten. Auch hier lassen sich gleichfalls verschiedene und entgegengesetzte Pole unterscheiden ...

10) Die Eigenschaft des tierischen Körpers, welche ihn für die gegenseitige Einwirkung der ihn umgebenden Körper empfänglich macht und sich durch ihre Ähnlichkeit mit dem Magneten offenbart, hat mich veranlaßt, ihr den Namen „tierischer Magnetismus" beizulegen.

11) Die Wirkung und die Kraft des tierischen Magnetismus, welche wir derart charakterisiert haben, können auch auf andere belebte wie unbelebte Körper übertragen werden. Manche sind übrigens mehr, manche weniger empfänglich dafür.

17) Diese magnetische Kraft kann angehäuft, verdichtet und übertragen werden.

18) Es giebt Körper, die, obwohl sie sehr selten sind, eine so entgegengesetzte Eigenschaft besitzen, daß bloß ihre Gegenwart schon genügt, um jede Wirkung dieses Magnetismus in anderen Körpern zu zerstören.

23) Aus den Thatsachen wird man nach den von mir aufgestellten praktischen Regeln erkennen, daß das magnetische Prinzip unmittelbar die nervösen Krankheiten und die anderen mittelbar heilen kann.

Außer den in diesen Sätzen enthaltenen Wahrheiten behauptet Mesmer indes noch eine andere gefunden zu haben, die er als tiefstes Geheimnis bewahrte und welche die Grundlage seines ganzen Systems zu sein schien. Niemand jedoch hat dieses Geheimnis je erfahren. Wie konnte es auch anders sein! ...

Jedermann wird einsehen, daß Mesmer, wenn er auch so that, als ob ihm die Werke von Paracelsus, Van Helmont und anderen Wissenschaftlern, die sich vor ihm mit dem allgemeinen Prinzip der Natur beschäftigt hatten und es ebenfalls sogar „tierischen Magnetismus" nannten (f. S. 453), unbekannt gewesen wären, doch nichts neues vorgebracht hat. Sogar die Anwendung des Magnetismus zur Heilung von Krankheiten, welche bereits als eine esoterische Lehre den Priestern der alten orientalischen Völkerschaften bekannt war, wurde bereits von den oben erwähnten Schriftstellern in ihren Werken über die magnetische Heilung der Wunden angezogen. Das große Unrecht Mesmer's beruhte sogar darin, daß er zu genau den Ideen seiner Vorgänger folgen wollte; es bestand in der ewigen Manie, Theorien aufstellen zu wollen, die, auf kaum oder nur unbestimmt bekannten Erscheinungen aufgebaut, gleich Himmel und Erde mit hineinziehen sollten. Das einzige wesentliche, das sich bei Mesmer als eine eigne neue Entdeckung vorfindet, wäre vielleicht in dem Umstand zu finden, daß bei ihm auch nicht die geringste Spur einer Andeutung von Spiritualismus anzutreffen ist. Doch scheint dies nicht gerade zum Vorteile seines Charakters als Mensch zu gereichen. Und in der That kann man sich wohl nur schwierig einen unverschämteren und schmutzigeren geldgierigen Scharlatan vorstellen, als jener Mesmer gewesen ist.*)

Kaum war er nach Paris gekommen, so fing er auch schon an, mit seinen Baquets auf die Geldmacherei auszugehen. „Es ist eine wahre Goldmine", bekannte er selbst offen, „das Geld fließt nur so von allen Seiten zu . . ."**)

Darauf trat er dann mit der französischen Regierung in Unterhandlungen ein und erhielt von derselben das Anerbieten einer jährlichen Rente von 20000 Livres, sowie noch)

---

*) Dieser Ansicht des verehrten Herrn Verfassers schließen wir uns nicht ganz an: man bedenke, daß Mesmer sowohl zu Wien als auch zu Paris und Mörsburg den Armen stets unentgeltlich seine Hülfe in ausgedehntester Weise zu teil werden ließ, und urteile nicht über eine Persönlichkeit so scharf, deren Motive heutzutage selbst von vielen ihrer erbittertsten Gegner als die reinsten hingestellt werden. D. Übers.

**) Précis historique des faits relatifs au magnétisme etc., London, 1781.

eine jährliche Vergütung von 10000 Livres, um eine mag=
netische Klinik zu begründen, unter der Bedingung, daß er
drei von der Regierung erwählte Gelehrten an der Praxis
teilnehmen lasse, um ihnen jenes große Geheimnis zu enthüllen.
Mesmer ging darauf nicht ein und verlangte dagegen ein
Landgut sowie ein von ihm bezeichnetes Schloß zu seiner Ver=
fügung.*) König Ludwig XVI wollte jedoch dieser unver=
schämten Forderung und Verschrobenheit kein Gehör schenken
und wurde hart. Mesmer kehrte Frankreich den Rücken. Dort
hinterließ er jedoch einen seiner bedeutendsten Schüler, den
Dr. Deslon, welcher die Kunst seines Lehrmeisters fortsetzte.
Als sich Mesmer in seinen Hoffnungen getäuscht sah, begann
er ein lautes Klagegeschrei loszulassen, so daß seine Freunde
auf den Gedanken kamen, eine Gesellschaft von 100 Personen
zu begründen, von welcher ihm jede ein jährliches Honorar
von 100 Louisd'or zu zahlen habe, damit Mesmer ihnen sein
berühmtes Geheimnis offenbare. Die Gesellschaft kam auch
wirklich zustande, und Mesmer hatte seine 240000 Livres in
der Tasche; allein das große Geheimnis kam niemals über
seine Lippen, wie man sich dies ja leicht denken kann. Ja,
Mesmer wollte sogar, daß die sogenannte harmonische Gesell=
schaft den Namen einer Loge annehme, um wie alle anderen
Logen der Vergangenheit wie der Jetztzeit und
der Zukunft Geheimnisse vorzugeben und strengstens zu
bewahren, — Geheimnisse, die in Wirklichkeit gar nicht
existieren.

§ 15. — Die Wirkung eines solchen Freimaurertums
welches sehr an das der heutigen Okkultisten erinnert, konnte
nicht lange verborgen bleiben. Die französische Regierung
hatte mit der Prüfung des Mesmerismus zwei wissen=

---

*) Man vergl. diesen Punkt indes bei Prof. Dr. Ochorowicz:
Magnetismus und Hypnotismus, aus dem Polnischen von Feilgenhauer,
worin diese Forderung Mesmer's in einem ganz anderen Lichte erscheint.

Der Übersetzer.

schaftliche Kommissionen betraut. Die eine bestand aus Mitgliedern der Akademie der Wissenschaften und der medizinischen
Fakultät, die andere wurde von der königlichen medizinischen
Gesellschaft gebildet. Die Untersuchungen dieser beiden Korpo-
rationen wurden natürlich nicht wenig durch den Charakter
einer Loge gehemmt, welchen die Gesellschaft trug, in der
Mesmer seine Lehre vorgeblich darlegte und sein großes Geheimnis offenbaren wollte. Doch versuchte man immerhin das,
was man nicht bei Mesmer erreichen konnte, bei Deslon in
Erfahrung zu bringen.

Die medizinische Fakultät, oder besser die offizielle Wissenschaft — die sich stets gleich geblieben ist — war damals
gerade aus dem langen Kampfe gegen die von Jenner verkündete Pockenimpfung ruhmreich hervorgegangen. Als schließlich Ludwig XV, wie auch bereits sein Vater und ebenso sein
Großvater, an der gefürchteten Blatternkrankheit gestorben
war, da ließ sich Ludwig XVI, weil er eben nicht zu den
Wissenschaftlern gehörte, noch ein Mitglied irgend welcher
medizinischen Fakultät war, nach der Jenner'schen Entdeckung
mit Pockengift impfen und konnte so sein Haupt dem Henker-
beile der Revolution erhalten.

Allein dieses Schachspiel hatte weder in der Vergangenheit genügt, noch wird es in der Zukunft genügen, um den
Codinismus einer hochwohllöblichen Ratsversammlung zu ersticken. Jedermann kann sich leicht vorstellen, mit welch
großem Eifer sich nun die gesamte Fakultät auf die vermeintliche Mesmer'sche Entdeckung warf. Bereits drei Jahre vorher, nämlich 1780, hatte sie die Blitze ihres Bannspruchs gegen
den armen Deslon geschleudert, der auf ein Jahr der venia
legendi verlustig gegangen war, bei Androhung, ihn überhaupt aus der Fakultät auszulöschen, wenn er binnen Jahres-
frist nicht seine Beobachtungen über den tierischen Magnetismus widerrufen habe. Die Akademie hatte ferner dekretiert:
„Ein Doktor der Medizin, welcher sich als Anhänger

„des tierischen Magnetismus bekennt, sei es nun durch seine
„Schriften, oder sei es in der Praxis, wird ohne weiteres aus
„der Liste der Fakultät und der Doktoren gestrichen."

Die Kommission der Akademie der Wissenschaften und
der medizinischen Fakultät war zusammengesetzt aus folgenden berühmten Gelehrten: Benjamin Franklin, der Erfinder
des Blitzableiters, Majault, Le Roy, Sallin, Bailly (den
man zum Berichterstatter ausgewählt hatte), d'Arcet, de Bory,
Guillotin (an dessen Namen sich die Erfindung der berüchtigten
Guillotine knüpft) und Lavoisier, der bekannte Reformator
in der Chemie. Der Bericht schließt mit den Worten:

„Die Kommissionsmitglieder haben also nach eingehender
Untersuchung und diesbezüglich angestellten, schlagenden Experimenten den Beweis erbracht, daß die Einbildungskraft
ohne Magnetismus die nämlichen Konvulsionen hervorbringt
und daß der Magnetismus ohne Mithülfe derselben durchaus
keine Wirkungen hervorzurufen imstande ist, so daß sie einstimmig zu dem Schlusse gekommen sind, daß das Dasein
des tierischen magnetischen Fluids durch nichts erwiesen, ja,
daß dieses Fluidum überhaupt nicht vorhanden ist und mithin
auch keinerlei Nutzen haben kann. Die heftigen Folgen, welche
bei den öffentlichen Heilungen vorkommen, sind auf die Berührung und auf die Einbildungskraft zurückzuführen, welche in
Wirkung treten, sowie auf jenen maschinenmäßigen Nach-
ahmungstrieb, der uns zwingt, uns zuwider, das wiederholt
auszuführen, was unsere Sinne bedrängt . . ."

Die Schlußfolgerungen der Kommission der Königlichen
medizinischen Gesellschaft waren nicht viel anders:
eines jedoch von den fünf Kommissionsmitgliedern zeigte sich
dem Mesmerismus geneigt.

§ 16. — Wenn die Drohungen der medizinischen Fakultät
gegen diejenigen, welche sich erkühnten, der Theorie des Magnetismus zu folgen, auch unliberal und thöricht waren, so
verdienen doch die Beschlüsse der erwähnten Kommissionen

dagegen die größte Beachtung, wie sie jede ehrliche Ansicht verdient. Es steht noch sub judice, ob jene magnetischen Erscheinungen von der Einbildungskraft, d. h. also durch die Suggestion oder durch ein besonderes Fluidum hervorgebracht werden. Eine Bemerkung sei mir jedoch erlaubt. Im Verfolge der magnetischen Experimente entdeckten wenige Jahre nachher die Gebrüder De Puységur den künstlichen Somnambulismus, und einige Zeit später machte Braid die Entdeckung des Hypnotismus. Schließlich kamen die Studien Charcot's und anderer Gelehrten.

Es ist also unleugbar, daß das Werk Mesmer's an wissenschaftlichen Resultaten reich zu nennen war und daß man eben diese offenbar nicht erlangt haben würde, wenn man den Vorschriften der Pariser medizinischen Akademie Folge geleistet hätte. Dieselbe verbot im Jahre 1780 den Ärzten, sich überhaupt mit dem Magnetismus zu beschäftigen, und beschloß, sich selbst niemals in Zukunft damit abzugeben. Hatte doch die Akademie gesagt: »Dieses Fluidum ist überhaupt nicht vorhanden und kann mithin auch keinerlei Nutzen haben,« — folglich mußte es wohl so sein! Allein die Erscheinungen, wenn sie auch auf der Einbildungskraft beruhten, waren dennoch vorhanden; ebenso wird heutigen Tages niemand mehr die Heilungen bestreiten wollen, die durch Zuhülfenahme der Suggestion bewirkt werden.

Daher hätte man jene Phänomene studieren, darüber diskutieren und sich dieselben zu Nutze machen sollen. Allein dies war nicht der Fall. Der Irrtum der offiziellen Wissenschaft gegenüber den hypnotischen, telepathischen und spiritistischen Erscheinungen beruht nicht darin, daß sie dieselben vielleicht auf eine andere Art erklärt, sondern gerade darin, daß sie sich weigert, dieselben zu studieren, wodurch sie den wissenschaftlichen Fortschritt so ungeheuer hemmt.

Jedenfalls verließ Anton Mesmer nach diesen Beschlüssen der beiden Kommissionen Frankreich, jedoch nicht ohne vorher erst von seinen Anhängern noch weitere zwanzigtausend Thaler zu erpressen, um den Versuch zu machen, die bereits in der Hauptstadt betriebene Ausbeutung auch auf das ganze Reich auszudehnen. Nach einigen Reisen ließ er sich in Meßburg am Bodensee nieder, woselbst er auch sein Leben in Ruhe als reicher Mann am 15. März 1815 im Alter von 81 Jahren beschloß, wie aus den Worten auf seinem übrigens höchst merkwürdigen Grabe, das mit allerhand freimaurerischen Emblemen verziert ist, hervorgeht.

Die Theorie Mesmer's war übrigens nur von sehr kurzer Dauer gewesen. Bereits sein bedeutendster Schüler — Puységur — fing an, den gegenseitigen Einfluß der Himmels= körper und ähnliche verfrühte Hypothesen bei Seite zu werfen, um sich nur darauf zu beschränken, das Vorhandensein eines elektrischen Fluidums im menschlichen Körper zuzulassen, das indes noch nicht ganz genau festgestellt sei. Seine Nachfolger gingen noch weiter, bis von der ganzen Mesmer'schen Theorie nichts mehr übrig blieb. Wir müssen uns indes vorbehalten, auf die magnetischen und hypnotischen Erscheinungen, welche so eng mit der spiritistischen Phänomenologie verbunden sind, erst im zweiten Teile dieser Geschichte einzugehen.

§ 17. — Als Franz Anton Mesmer sich noch in Paris aufhielt, bildete sich in Lyon eine Gruppe von mystischen oder wenigstens spiritistischen Magnetiseuren, an deren Spitze der Kavalier Barbarin stand. Infolge einer Verknüpfung von Umständen, welche hier zu erörtern zu weit führen würde, machten sie nicht sofort Schule.

Über die Mystiker werde ich nur wenige Worte verlieren, da sie eigentlich der Geschichte der Theologie angehören. Zu jeder Zeit haben die vielen Abgeschmacktheiten und die schmutzigen Stellen, welche die Bibel in so großer Menge enthält, viele edel= denkende Gemüter verletzt. Bei einigen kam es dahin, daß sie

ganz von dem Glauben abfielen, während andere glaubten, ihrer
Vernunft betreffs der christlichen Offenbarung Spielraum ge=
währen zu können, indem sie in einer mehr oder weniger bild=
lichen Art und Weise die heilige Schrift auslegten; so verloren
sie sich in der Liebe und der Anschauung Gottes ohne sich um
theologischen Quark zu kümmern. Dadurch entstanden die Gno=
stiker in der ersten Zeit der christlichen Kirche, und ebendaher
finden wir später die Mystiker wieder. Da viele von ihnen
die geheime Auslegung der Evangelien aus der unsichtbaren
Welt erlangten oder wenigstens zu erlangen glaubten, so
wurden sie Gottbegeisterte*) genannt.

Von den neueren Mystikern ragt vor allem Jacob
Boehme hervor, der in der Nähe von Görlitz in Schlesien
geboren wurde, woselbst er bis zu seinem Tode im Jahre 1624
dem Gewerbe eines Schuhmachers oblag. Er hatte drei
Gesichte, die dazu dienten, ihm die spezielle Deutung der
Bibel klar zu legen, weshalb er sich indes mannigfachen Ver=
folgungen aussetzte.

Er hinterließ zahlreiche Anhänger in Deutschland, Holland
und England, worunter sich eine gewichtige Gruppe zu London
um den englischen Arzt Johann Pordage (1625—1698)
zusammenscharte. Pordage verfaßte eine „Mystische Theosophie“
und manche andere Werke. An dessen Seite zeichnete sich
Johanna Leade (1623—1704) aus, welche den neuen
Kultus der Sophia begründete. Pordage vermochte die
Geister ebenso wie seine Schüler zu sehen. „Wenn wir die
Augen schließen, so sehen wir sie gerade so gut, als wenn
wir die Augen offen haben. Und zwar nehmen wir sie auf
eine zwiefache Weise wahr: innerlich mit den Augen des
Geistes und äußerlich mit dem körperlichen Auge. Die allein

---

*) Man reime ja nicht diese alte Bestimmung der Theosophie mit
der heutigen Theosophie, d. h. dem esoterischen Buddhismus zusammen,
welcher von Frau Blawatski, auf die wir noch bei Gelegenheit zu
sprechen kommen werden, begründet wurde.

richtige und ursprüngliche Ursache dieser Wahrnehmung ist
darin zu suchen, daß eben unser inneres Auge geöffnet ist."
Auch Johanna Leade hatte Gesichte und Offenbarungen, zumal
jene „wunderbare Erscheinung, womit Gott im Jahre 1668
zu ihr kam."

In Frankreich war inzwischen J o h a n n a M a r i a
B o u v i e r d e l a M o t t e, die Witwe Guyon (1648—1717),
zu großer Berühmtheit gelangt. Auch sie hatte Gesichte und
Geistererscheinungen zu verzeichnen. Sie stand mit Gott, der
Jungfrau Maria und den heiligen Engeln in innigstem Verkehr:
sie war eben Schreibmedium. „Gott ließ mich Briefe schreiben,
wobei ich ihm nur die Hand zur Verfügung stellte," äußerte sie sich.
„Damals wurde es mir gegeben, vermittelst des inneren Geistes
und nicht vermittelst meines eignen Geistes zu schreiben." Ver=
mittelst dieser automatischen Schrift wurde ihr ein mystischer
Kommentar zu dem hohen Liede und anderen Teilen der
heiligen Schrift diktiert. Von dem Klerus verfolgt, an dessen
Spitze Bossuet stand, und von Fénelon verteidigt, hatte sie
doch viele Widerwärtigkeiten auszustehen und wurde sogar
zehn Monate lang in einem Kloster zu Paris festgehalten.

Ich werde mich darauf beschränken, Antoinette B o u =
r i g n o n, den Abbé F o u r n i é, den Grafen d'H a u t e r i v e
und andere ähnliche Mystiker von geringerem Rufe anzuführen.
Nicht nur Schwachköpfe wie P a s c a l, sondern auch solche
Leute, welche als geistig völlig normal zu nennen sind, wie
C a r t e s i u s (Descartes), wissen von Gesichten, Geister=
erscheinungen und inneren Stimmen zu reden.

Auf den berühmten Orden der R o s e n = K r e u z e r, auf
P a s c h a l i u s M a r t i n e z, den H e i l i g e n M a r t i n (den
unbekannten Philosoph) und auf die heutigen M a r t i n i s t e n
werde ich bei Gelegenheit des modernen Okkultismus noch zu
sprechen kommen.

§ 18. — Nunmehr gelangen wir zu einem der bedeutendsten
Seher, welche jemals diese Daseinsebene betreten haben.

Emanuel Swedenborg wurde am 29. Januar 1688 zu Stockholm geboren, woselbst sein Vater dem höheren geistlichen Stande angehörte. Im Jahre 1719 wurde die Familie Swedenborg durch die Königin Ulrika-Eleonore in den Adelstand erhoben. Der junge Emanuel zeichnete sich in der Philosophie und in den mathematischen Wissenschaften, welche er auf der alten Universität Upsála studierte, ganz besonders aus, unternahm vier Jahre lang ausgedehnte Reisen in Europa und gab nach seiner Rückkehr die beiden Werke: „Die Spiele des Helikons“ und die „Nördliche Muse“ heraus. Von dem damaligen Könige Karl XII auf Grund eines mathematisch-physikalischen Werkes: Daedalus hyperboraeus zum Assessor beim Bergwerkskollegium ernannt, zeichnete er sich durch die Erfindung einer Rollenmaschine aus, die sich bei der Belagerung von Friedrichshall zum Transport von Schiffen als äußerst nützlich erwies. Er veröffentlichte später einige Bücher über Algebra, über die Art und Weise, die Entfernung der Orte durch die Beobachtung des Mondes zu bestimmen, über die Dezimaleinteilung des Geldes und der Maße, über die Bewegung der Planeten, über Ebbe und Flut, über die menschliche Physiologie, die Brustorgane, die Kunst Docks und Deiche zu erbauen, sowie über die Kunst, die Kraft der Schiffe abzuschätzen u. s. w. Mehrere dieser Werke wurden sofort ins Englische und Französische übersetzt. Die Petersburger Akademie der Wissenschaften ernannte den Verfasser dieser hervorragenden Arbeiten zum Ehrenmitgliede, und als Celsus, der Professor der Mathematik an der Universität Upsála starb, da wurde Swedenborg dieser Lehrstuhl angeboten, welches Anerbieten er indes ausschlug.

Dies alles erwähne ich, um gleich von vornherein den Verdacht zu benehmen, daß man es bei ihm mit einem Schwachkopfe und überspannten Träumer zu thun habe: seine ausgezeichneten Leistungen auf dem Gebiete der offiziellen Wissenschaft sprechen nur zu sehr gegen eine solche Annahme,

ebenso wie das einstimmige Urteil aller seiner Zeitgenossen
bekundet, daß Swedenborg durchaus nichts von einem
Schwärmer oder unlauteren Charakter an sich gehabt habe.
Er war von kräftigem und wohlgestalteten Körperbau mit
einem äußerst sympathischen Gesichtszuge, wie dies auch sein
Bild zeigt, das heutigen Tages noch bekannt ist.*)

Vollkommen frei von jedem Laster war er ein Freund
des geselligen Lebens; wohlwollend und einfach im Umgange,
vermochte man ihn niemals aus seiner Ruhe zu bringen.

Um das Jahr 1744, als Swedenborg bald das 58.
Lebensjahr erreicht hatte, sollte er eines Tages ein Gesicht
haben, worin der Anfang seines Verkehrs mit der unsichtbaren
Welt zu suchen ist. Tafel, einer der ehrenwerten Direktoren
der Schwedischen Bank, erhielt von Swedenborg selbst hierüber folgenden Bericht**):

„Ich befand mich zu London, und zwar war ich in jenem
Gasthofe abgestiegen, in welchem ich immer einzukehren pflegte
und wo mir auch ein besonderes Zimmerchen, um ruhig
meinem gewohnten Nachdenken über geistige Dinge nachgehen
zu können, eingeräumt worden war. Da mein Appetit an jenem
Abend besonders angeregt wurde, so aß ich mit vollem Genuß.
Am Schlusse meiner Mahlzeit kam es mir vor, als ob eine
Art Nebel plötzlich meine Augen befalle, und ich sah auf
dem Boden allerhand Gewürm, Frösche, garstige Kröten
und dergleichen herumkriechen . . . . .“

Bei diesem Punkte wäre auf die Stelle hinzuweisen,
welche sich in der Apostelgeschichte findet: »Petrus stieg hinauf
auf den Söller, und da er hungrig war, wollte er etwas zu
sich nehmen. Als man ihm aber die Speisen zubereitete,

---

*) S. dasselbe in Nr. 18 der „Zeitschrift für Spiritismus,“ 1897,
zu dem trefflichen Aufsatze des Herrn H. Milbrot über Emanuel von
Swedenborg. Der Übersetzer.

**) Tafel, Sammlung von Urkunden, betreffend das Leben und
den Charakter von Emanuel von Swedenborg, Band 1, S. 87 ff.

warb er entzückt und sah den Himmel aufgethan und ein
Gefäß vor ihm herniederfahren, wie ein großes leinenes Tuch,
an vier Zipfeln gebunden, welches auf die Erde hernieder=
gelassen wurde. In demselben waren allerlei vierfüßige Tiere
und Gewürm und Vögel des Himmels. Und eine Stimme
ertönte und sprach: „Petrus, stehe auf, schlachte und iß!"«
Wie man sieht, stimmen die beiden Erzählungen so ziemlich
überein, so daß sich vermuten läßt, daß die eine nur eine
Nachbildung der andern sei.

„Dies bestürzte mich aber umso mehr," fährt Swedenborg
fort, „als die Dunkelheit immer dichter wurde. Dieselbe sollte
indes bald verschwinden und dem klaren Anblick einer Gestalt
weichen, die sich mir deutlich als einen in der Ecke des kleinen
Zimmers sitzenden Mann zu erkennen gab und von dem
hellsten Lichtmeere umstrahlt wurde. Da ich allein war, so
kann man sich meinen Schreck vorstellen, als ich vernahm,
daß sich jener Mann mit den Worten an mich wandte:
‚Iß nicht soviel!' Als mich der unheimliche Fremde so
anredete, da wurde es wieder um mich her dunkel; nach und
nach kehrte ich jedoch zu meinem normalen Zustande zurück
und ich sah mich wieder allein im Zimmer .... Sofort begab
ich mich nach Hause und begann über das seltsame Vor=
kommnis nachzudenken; doch vermochte ich es nimmer zu fassen,
daß dies alles lediglich auf bloßem Zufall beruhen sollte oder
sonst irgend einer natürlichen Ursache zuzuschreiben wäre ....

„In der folgenden Nacht bot sich mir derselbe Mann,
von Licht überstrahlt, von neuem wieder dar und sagte die
inhaltsschweren Worte: — ‚Ich bin Gott der Herr. Schöpfer
und Erlöser, und habe dich auserwählt, um den Menschen
den inneren und geistigen Sinn der heiligen Schrift aus=
zulegen. Ich werde dir diktieren, was du schreiben sollst.' —
Diesmal hatte ich keine Furcht, und obgleich das Licht, wovon
jene erhabene Mannesgestalt umstrahlt war, sehr hell und
blendend war, so übte es doch auf meine Augen durchaus

keinen unangenehmen Einfluß noch irgend welchen Schmerz aus. Die Gestalt war in Purpur gekleidet und mochte wohl eine Viertelstunde sich meinem Anblicke darbieten.

„Von jener Stunde ab legte ich alle irdischen Beschäftigungen nieder und widmete mich fürderhin nur noch den geistigen Dingen, streng gehorsam dem Befehle, welchen der Herr mir aufgetragen hatte."

Und in der That warf er sich fortan auf das Studium der Theologie und eignete sich mit Eifer die Kenntnis der hebräischen Sprache an, um sich besser in den Bibeltext vertiefen zu können. Nach und nach erschienen dann als Sammlung seiner Offenbarungen eine große Anzahl von Werken, die sämtlich in Latein verfaßt waren, welche Sprache indes Swedenborg bereits von seiner Jugend an vollkommen beherrschte. Die Titel seiner sieben hauptsächlichsten Werke lauten:

1) Die Geheimnisse des Himmels, die in der heiligen Schrift enthalten sind, mit den Wundern, welche in der Geisterwelt und im Himmel der Engel gesehen wurden. 16 Bände.

2) Von den Erden unseres Sonnensystems, welche Planeten genannt werden, und von den Erden im astralen Himmel, ihren Bewohnern, Geistern und Engeln, nach dem, was der Verfasser gesehen und gehört hat. 1 Band.

3) Vom Himmel und seinen Wundern, sowie von der Hölle. 1 Band.

4) Von dem neuen Jerusalem und seiner himmlischen Lehre. 1 Band.

5) Von dem Verkehr der Seele mit dem Körper. 1 Band.

6) Die wahre christliche Religion. 3 Bände.

7) Die enthüllte Offenbarung Johannes'. 1 Band.

Als Titel einiger seiner Werke ist „Das neue Jerusalem" bekannt, worin Swedenborg sein neues Glaubensbekenntnis darlegte und begründete. In der Offenbarung Johannes' finden wir die Stelle: „Und ich sahe einen neuen Himmel und eine neue Erde. Denn der erste Himmel und die erste Erde verging, und das Meer ist nicht mehr Und ich Johannes sahe die heilige Stadt, das neue Jerusalem, von Gott aus dem Himmel herabfahren, zubereitet als eine geschmückte Braut ihrem Mann." Und Racine sagt in seiner Athalie:

. . . . . Quelle Jérusalem nouvelle
Sort du fond du désert, brillante de clartés?

Lassen wir nun Swedenborg's Ansicht folgen, die der große Seher über den Spiritualismus hatte:

„Der Mensch ist derartig geschaffen, daß er zu gleicher Zeit in der geistigen Welt, wie in der natürlichen lebt.

„Die geistige Welt ist jene, worin sich die Engel befinden; die natürliche Welt ist die, worauf die Menschen leben. Und da der Mensch für die beiden Welten geschaffen worden ist, so wurde ihm ein inneres und ein äußeres Wesen verliehen.

„Der innere und geistige Mensch an, und für sich betrachtet, ist ein Engel des Himmels. Nun hält dieser sich auch schon zu Lebzeiten im irdischen Körper in der Gesellschaft der Engel auf, wenn es ihm auch nicht bekannt ist. Nachdem er dann von seiner irdischen Hülle befreit ist, gelangt er sofort unter die Zahl der Engel.

„Der innere Mensch, welcher nur natürlich und nicht geistig ist, ist ein Geist, indes kein Engel. Daher hält er sich auch, solange er noch im Körper lebt, in der Gesellschaft der Geister auf, welche in der Hölle sind, und gelangt auch dorthin, sobald sich sein Körper aufgelöst hat.**)

---

*) Vergl. Matter, Emanuel von Swedenborg, Kap. IX.

Dabei ist zu erwähnen, daß nach Swedenborg die mensch=
liche Gestalt gleichzeitig auch die der Engel ist.

Was nun die Theologie des großen schwedischen Geister=
sehers anbetrifft, so bezog sich sein Hauptsatz auf das Dogma
von der Dreieinigkeit, das er folgendermaßen faßt: „Es giebt
eine göttliche Dreieinigkeit, welche indes in Jesu Christo ist,
der eine Seele hat (Gott Vater), einen gottmenschlichen
Körper (Gott Sohn) und eine wirkende, erwärmende und
erleuchtende Kraft (Gott hl. Geist). Um das Gerippe seiner
Lehren zu bilden, ist Swedenborg gezwungen, aus dem
Kanon die Briefe des Apostels Paulus, Petrus und Jacobus
zu streichen. Es war klar, daß er dadurch sowohl bei dem
orthodoxen Lutheranertum, als auch bei allen anderen christ=
lichen Kirchen als Erzketzer verschrieen werden mußte, und
Swedenborg war sogar angesichts der Angriffe der schwedischen
Geistlichen genötigt, in den letzten Lebensjahren sein Vater=
land zu verlassen.

§ 19. — Was uns jedoch bei Emanuel Swedenborg als
etwas ganz besonderes ins Auge fällt, das sind seine mehr
oder weniger heterodoxen Ideen über das Evangelium.

„In jener Nacht, in welcher ich das erste Gesicht hatte,“
berichtet er selbst von sich, „da wurden meine inneren
Augen erschlossen und gewannen die Fähigkeit,
in den Himmel, in die Welt der Geister und in
die Hölle zu sehen, und überall fand ich viele mir be=
kannte Personen, welche seit langer oder auch erst seit kurzer
Zeit tot waren. In der Folgezeit wurden mir dann oft auf
einmal die Augen meines Geistes geöffnet, und ich ver=
mochte am hellen Tage klar das zu sehen, was
in der anderen Welt vorging.“ Im Jahre 1771
wiederholt er, daß er bereits seit 27 Jahren in der geistigen
Welt wie in der natürlichen zu gleicher Zeit lebe, mit den
Engeln wie mit den Menschen rede und den Zustand der
erlauchtesten Verstorbenen jeder Zeit kenne.

Und nicht nur vermochte er die Geister derjenigen zu sehen, die auf unserem kleinen Weltenkörper lebten, sondern auch noch andere wirkliche oder nur vermeintliche. In seinem Werke über die Erden des Sonnensystems berichtet Swedenborg von sich, daß er mehrere Wochen hindurch mit den Geistern Merkur's verkehrt habe und daß er besonders von den Geistern auf dem Planeten Jupiter sehr erbaut sei, die bedeutend rechtschaffener und auch schöner als die Geister auf unserem Planeten seien. Die Geister auf dem Mars führen eine sehr feine Sprache, „noch süßer wie ein murmelndes Lüftchen, sie klingt nicht, sondern giebt sich auf dem kürzesten Wege dem Gehörs= und sogar dem inneren Gesichts= sinne kund . . . ."

Die Bewohner des Saturns sind Anhänger der Einigkeit Gottes und Gegner der Dreieinigkeit, wie die auf dem Mars; während die Bewohner auf unserem Nachbarplaneten der Venus beschränkte und thörichte Riesen sind, die sich weder um den Himmel, noch um ein zukünftiges Leben kümmern." Es erinnern diese Mitteilungen wahrlich sehr an die Albern= heiten, welche auch die Somnambulen der Neuzeit und unsere heutigen Schreibmedien zu Tage fördern.

Nach dem Tode des Grafen Brahe und des Barons Horn, welche nach der historischen Verschwörung im Jahre 1756 zu Stockholm hingerichtet wurden, schrieb Swedenborg in sein Tagebuch:

„Brahe wurde um 10 Uhr morgens hingerichtet und sprach zwölf Stunden nach seinem Tode mit mir: er blieb fast ununterbrochen mehrere Tage bei mir. Nach zwei Tagen kehrte er — bei seiner Liebe zu den weltlichen Dingen — zu seiner gewohnten Lebensweise zurück und nach drei Tagen dann war er wieder das, was er auf der Welt vorher gewesen war, und wandte sich wieder seinen alten Leidenschaften zu, die das große Mißgeschick von seinem Tode zur Folge hatten.

Als er eines Tages bei Cuno zu Tische geladen war,

berichtet Swedenborg, daß er zum erften Mal den König Stanislaus in dem Reich der Geifter fähe. Er habe ihn nach seinem Namen gefragt, und der polnische Herrscher hätte sich ihm gerne vorgestellt, sowie auch seine Tochter, die ehemalige Königin von Frankreich.

Wie aus einem Schreiben des Geiftlichen Hindmarsh hervorgeht, sollte sich Swedenborg in seinen letzten Lebensjahren häufig bei seiner Umgebung darüber beklagt haben, daß er eine Zeit lang die Fähigkeit, Geifter zu sehen und mit ihnen in Verkehr zu treten, verloren habe, doch daß er sie indes baldigst wiedererhalten hätte.

§ 20. — Was soll man von solch außerordentlichen Berichten halten? Die Anklage des groben Betrugs wurde ihm zwar von einem seiner Zeitgenossen entgegengeschleudert, ist jedoch in Anbetracht der sozialen und finanziellen Stellung Swedenborg's durchaus nicht stichhaltig. Selbst zu seinen Lebzeiten hielten ihn daher zahlreiche Personen schon für einen einfachen Halluzinär. Anders kann man ihn wohl auch schwerlich beurteilen, ohne Beweise des Gegenteils! Sollten aber wirklich solche Beweise vorliegen?

Hier werde ich mich nur darauf beschränken, einige jener Anekdoten anzuführen, die man aus seinem Leben berichtet.

Cuno, welche sehr vertraut mit ihm war und den hohen Grad von Intelligenz und Aufrichtigkeit bei ihm besonders hervorhebt, wennschon er seine Lehren bekämpfte, berichtet uns, daß sich einst in Skandinavien das Gerücht verbreitet habe, der König von Portugal hätte den Bischof von Coimbra hinrichten lassen. Darauf habe dann Swedenborg erklärt, daß er sich noch vor wenigen Tagen an den erst kurz vorher verstorbenen Papst gewandt hätte, welcher das ganze Gerücht als eine Finte bezeichnet habe. Später sollte man dann wirklich erfahren, daß jene Nachricht falsch war.

In einem Schreiben des Geiftlichen Ferelius, datiert

vom 31. März 1780, findet man die Stelle: »Als einmal
ein Freund Swedenborg gegenüber von dem Tod eines
schwedischen Herrn sprach, da erwiderte diesem Swedenborg:
„Ich weiß, daß Hoepken gestorben ist; ich habe bereits mit
ihm gesprochen. Er hat mir auch erzählt, daß ihr beide in
Upsála zusammen die Schule besucht hättet und daß ihr dann
später in Angelegenheit der ‚Diet‘ in diesem und jenem Punkte
einig gewesen wäret, wohingegen in dem und dem Punkte eure
Ansichten auseinander gegangen seien.“ Er erzählte außerdem
mehrere Anedoten, welche Springer, der schwedische Consul
in Amsterdam, für richtig und zutreffend bezeichnete und
worüber nach dessen Überzeugung Swedenborg nicht anders
unterrichtet sein konnte, als durch eine Eingabe von oben.
Daher trat auch dieser Consul zur Lehre Swedenborg's über.«

§ 21. — Diese Beweise sind allerdings wohl zu schwach,
um an übersinnliche Dinge glauben zu können. Doch giebt
es deren noch bessere.

Im Jahre 1766 veröffentlichte Immanuel Kant die Bro=
schüre: »Träume eines Geistersehers, erläutert
durch Träume der Metaphysik«, womit wir uns noch
später beschäftigen werden, indem ich nicht umhin kann, bei
der diesbezüglichen Prüfung seiner Zeit auch die Ideen
Schopenhauer's, Hartmann's und Aksakoff's zu beleuchten.

Hier werde ich nur sagen, daß die Träume eines
Geistersehers heutigen Tages als etwas sehr klägliches
erscheinen; allein in der Zeit, in der sie geschrieben wurden,
waren sie ein wirklich ernst zu nehmendes Werk von tiefer
Kritik.

In dem erwähnten Schriftchen nun berichtet der Königs=
berger Philosoph drei merkwürdige Fälle, die sich Swedenborg
zugetragen haben.

Der erste ist nicht eigentlich spiritistisch, oder braucht
wenigstens nicht als ein solcher aufgefaßt zu werden.

Emanuel Swedenborg befand sich zu Gothenburg, das

infolge seiner Einwohnerzahl und der gewichtigen Stelle, die es in Handelsbeziehungen u. s. w. einnimmt, als die zweite Stadt Schwedens zu bezeichnen ist. Gothenburg liegt an dem westlichen Abhang der großen skandinavischen Halbinsel, während Stockholm an der östlichen Küste liegt. Die Entfernung zwischen den beiden Städten beträgt mehr als 200 Kilometer in der Luftlinie, also etwa fast soweit wie Rom von Venedig entfernt ist (oder Leipzig von Köln — Der Übersetzer).

Die Erzählung, welche uns nun Kant in seinem bereits angezogenen Werke: „Träume eines Geistersehers" giebt, stimmt zwar genau mit den Thatsachen überein, ist jedoch sehr kurz und bündig. Deshalb ziehen wir es vor, hier den Bericht anzuführen, welchen uns Kant in einem seiner Briefe giebt, den er am 10. August 1768 an das Fräulein Charlotte von Knobloch schrieb und der als Anhang den „Träumen eines Geistersehers" beigegeben ist. Es schreibt nun Kant:

».... Die folgende Begebenheit aber scheint mir unter allen die größte Beweiskraft zu haben und benimmt wirklich allem erdenklichen Zweifel die Ausflucht. Es war im Jahre 1756, als Herr von Swedenborg gegen Ende des Monats September am Sonnabend um 4 Uhr nachmittags, aus England ankommend, zu Gothenburg ans Land stieg. Herr William Castel bat ihn zu sich und zugleich eine Gesellschaft von 15 Personen. Des Abends um 6 Uhr war Herr von Swedenborg herausgegangen und kam entfärbt und bestürzt ins Gesellschaftszimmer zurück. Er sagte, es sei eben jetzt ein sehr gefährlicher Brand in Stockholm am Södermalm (Gothenburg liegt von Stockholm über 50 Meilen entfernt) ausgebrochen und das Feuer greife sehr um sich.

Er war unruhig und ging oft heraus. Er sagte, daß das Haus eines seiner Freunde, den er nannte, schon in der Asche läge und sein eigenes Haus in Gefahr sei.

Um 8 Uhr, nachdem er wieder herausgegangen war, sagte er freudig: „Gottlob, der Brand ist gelöscht, die dritte Thür von meinem Hause!" — Diese Nachricht brachte die ganze Stadt und besonders die Gesellschaft in starke Bewegung, und man gab noch denselben Abend dem Gouverneur davon Nachricht. Sonntags, des Morgens, ward Swedenborg zum Gouverneur gerufen.

Dieser befragte ihn um die Sache. Swedenborg beschrieb den Brand genau, wie er angefangen, wie er aufgehört hätte und die Zeit seiner Dauer. Desselben Tages lief die Nachricht durch die ganze Stadt, wo es nun, weil der Gouverneur darauf geachtet hatte, eine noch stärkere Bewegung verursachte, da viele wegen ihrer Freunde oder wegen ihrer Güter in Besorgnis waren. Am Montag abends kam eine Estafette, die von der Kaufmannschaft in Stockholm während des Brandes abgeschickt war, in Gothenburg an. In den Briefen war der Brand ganz auf die erzählte Art beschrieben. Dienstag morgens kam ein Königl. Courier an den Gouverneur mit dem Bericht von dem Brande, vom Verlust, den er verursacht, und den Häusern, die er betroffen, an; nicht im mindesten von der Nachricht unterschieden, die Swedenborg zur selbigen Zeit gegeben hatte, denn der Brand war um 8 Uhr gelöscht worden.

Was kann man wider die Glaubwürdigkeit dieser Begebenheit anführen? Der Freund, der mir dieses schreibt, hat alles das nicht allein in Stockholm, sondern vor ungefähr zwei Monaten in Gothenburg selbst untersucht, wo er die ansehnlichsten Häuser sehr wohl kennt und wo er sich von einer ganzen Stadt, in der seit der kurzen Zeit von 1756 (nicht ganz zwei Jahre) die meisten Augenzeugen noch leben, hat vollständig belehren können."

Jung-Stilling*) behauptet auch, daß Swedenborg von

---

*) Taschenbuch von 1809.

Amsterdam aus der Ermordung des Zaren Peter III von Rußland zugesehen habe. Der unglückliche Kaiser wurde am 15. (3. alten Stils) Juli 1762 auf dem Landhause Robkak von Alexéj Orloff und einigen Offizieren erdrosselt. Dieser Fall jedoch dürfte nur eine Anlehnung an jene bekannte Begebenheit aus dem Leben des Apollonius von Thyana sein, der von Ephesus aus den Tod des Kaisers Domitian sah, und ist daher ziemlich zweifelhafter Natur.

§ 22. — Der zweite Fall, den Kant anführt, bezieht sich auf eine infolge eines Traumes wiedergefundene Quittung. Da der Königsberger Philosoph denselben indes etwas un= vollständig anführt, so nehmen wir unsere Zuflucht zu einer ganz ausgezeichneten Lesart, nämlich zu der, welche sich in einem Brief des Generals von E., des zweiten Gemahls der Frau von Marteville (welcher selbst sich der Fall zu= getragen hat), vorfindet.

Frau von Marteville, die Witwe des holländischen Ministers zu Stockholm, war gemahnt worden, eine erhebliche Schuld ihres verstorbenen Gemahls zu bezahlen, während sie sich vollkommen erinnerte, daß dieselbe schon bezahlt war. Natürlich befand sie sich in großer Unruhe und wünschte sehnlichst, endlich ein für alle Mal von diesen beständigen Ärgernissen befreit zu sein, welche ihr jener Zudringliche bereitete, der aus irgend welchem Grunde behauptete, noch ihr Gläubiger zu sein. Was sie jedoch auch anstellen mochte, die Quittung über jene bereits bezahlte Summe war nicht aufzufinden: das einzigste Mittel, das sie ihrer Angst entrissen hätte.

Zu jener Zeit beherrschte nur ein Wunsch diese Dame: nämlich mit Herrn von Swedenborg bekannt zu werden, der wegen seines Verkehrs mit der unsichtbaren Welt schon weit und breit berühmt geworden war. Sie begab sich daher in Begleitung verschiedener Freundinnen zu Herrn von Sweden= borg, der ihr auf die Frage, ob er ihren verstorbenen Gemahl gekannt habe, die Antwort erteilte, daß ihm niemals die Ehre

zuteil geworden sei, mit ihm zusammen zu kommen. Er habe
die ganze Zeit, als der Verstorbene sich in Stockholm auf=
gehalten habe, zu London verbracht u. s. w.

Acht Tage später erschien der Geist des verstorbenen
holländischen Ministers seiner Frau im Traum und bezeichnete
ihr eine wertvoll gearbeitete kleine Kassette, worin sich nicht
nur die Quittung finden sollte, nach der sie so lange vergebens
gesucht hatte, sondern auch noch eine höchst kostbare Nadel,
welche, mit zwanzig Brillanten versehen, einen ungeheueren
Wert darbot und deren sie ebenfalls glaubte bereits ver=
lustig gegangen zu sein.

Die Freude der Frau v. Marteville war ungeheuer groß,
wie man sich dies leicht vorstellen kann. Sie erwachte und
konnte nicht erwarten, bis es Tag wurde. Die Uhr ver=
kündete die zweite Stunde am Morgen. Schließlich erhob
sie sich, zündete ein Licht an und begann sofort, an der ihr
von der Erscheinung angegebenen Stelle Nachforschung zu
halten, woselbst sie dann zu ihrer unbeschreiblichen Freude
wirklich die Kassette finden sollte. Als sie dieselbe öffnete,
fiel ihr sogleich die heißersehnte Quittung in die Hände,
ebenso auch die Schmucknadel. Innigst gerührt durch dieses
so glückliche Ereignis, begab sie sich zu Bett, um bald
wieder in einen gesunden Schlaf zu verfallen, aus dem sie
erst gegen 9 Uhr morgens erwachte.

Kaum hatte sie die Augen aufgeschlagen, als auch schon
ihr Kammerfräulein eilenden Fußes in das Zimmer trat, um
den Besuch des Herrn von Swedenborg anzumelden. Frau
von Marteville, hochüberrascht wegen eines so unerwarteten
Besuches und ungeduldig, den Grund hiervon zu erfahren,
erteilte den Befehl, den Besuch in ihr Schlafgemach eintreten
zu lassen, wenngleich sie noch im Bette lag. Kaum war
Swedenborg eingetreten, so wandte er sich an Frau v. Marteville
und erzählte ihr, ohne daß diese ihm auch nur etwas von ihrem
seltsamen Traume berichtet hatte, er habe in vergangener Nacht

wieder mit vielen Geiſtern verkehrt, unter anderem auch mit
dem ihres verſtorbenen Gemahls. Er hätte den Wunſch gehegt,
ſich länger mit demſelben in ein Geſpräch einzulaſſen; doch
habe er leider nicht einer ſolchen Gunſt teilhaftig werden
können, da dieſer ihm geſagt hätte, daß er ſich ſofort zu ſeiner
Frau begeben wolle, um ihr den Ort des ſo ſehnlichſt ver=
mißten wertvollen Papiers anzugeben. Dasſelbe befände ſich
nämlich in Gemeinſchaft mit einer koſtbaren Brillantnadel, die
ſeine Frau ebenfalls als abhanden gekommen betrachte, in einer
ſeiner Arbeitskaſſetten. Der große Seher ſagte nun, daß er ſich
lediglich in aller Frühe ſchon aus dem Grunde zu Frau von
Marteville begeben habe, um in Erfahrung zu bringen, ob
auch wirklich in der verfloſſenen Nacht ihr verſtorbener Gemahl
erſchienen ſei und ihr die betreffenden Angaben gemacht habe,
von denen der Geiſt in ſeiner Unterhaltung mit ihm geredet
hätte. —

Man mag ſich wohl ſehr leicht das große Erſtaunen der
Frau von Marteville vorſtellen, das ſich ihrer bei dieſer Er=
zählung Swedenborg's bemächtigte, umſomehr als ſie doch noch
mit niemand über das glückliche Vorkommnis der vergangenen
Nacht geſprochen hatte. Und wie mußte ſie jetzt von der
übermenſchlichen Fähigkeit des großen Geiſterſehers überzeugt
ſein! —

Dies iſt eine Begebenheit, deren Erklärung wohl jeder=
mann wahrlich für nicht allzu leicht anſehen dürfte.

Die Art, auf welche hier die verlorene Quittung wieder
gefunden wird, iſt die nämliche, wie ſie ſich auch in dem von
St. Auguſtin erzählten Falle vorfindet und wovon bereits im
erſten Bande vorliegenden Werkes die Rede war.*) Auch
finden ſich zahlreiche derartige Fälle der Neuzeit.

Nehmen wir nun auch an, daß man es hier mit einem
Zuſtande von hellſehendem Somnambulismus zu thun hätte

---

*) ſ. 5. Buch, 1. Hauptſtück, § 6, S. 496.

oder daß das „Unbewußte" der Frau von Marteville genau
den Ort gekannt habe, an dem die beiden vermißten Gegen=
stände sich befanden, so wäre allerdings dann hierbei nicht
das Eingreifen des verstorbenen Gemahls und das Er=
scheinen desselben im Traume seiner Gattin erforderlich.
Allein wie wird man alsdann die sonderbare Vision Sweden=
borg's erklären? Zwar ließe sich auch hier einwerfen, daß
infolge eines eigenartigen Zufalles Swedenborg in dem Geiste
der Frau von Marteville (selbst auf Entfernung) gelesen
habe, was sich bei dieser während der Nacht zugetragen oder
daß diese den Vorfall dem Seher Swedenborg telepathisch
übertragen hätte. Doch ist dies eine unwahrscheinlichere und
noch seltsamere Hypothese als die, daß eben unter gewissen
Bedingungen ein Verkehr der Lebenden mit den Toten mög=
lich ist, und umsomehr, wenn wir die beiden wunderbaren
Thatsachen in Betracht ziehen: den Wahrtraum der Frau
von Marteville und die Kenntnis desselben, welche Sweden=
borg davon auf übersinnliche Weise erhalten hatte.

Bei dieser Gelegenheit sei mir gestattet, auf jenes eben=
falls höchst sonderbare Vorkommnis zu verweisen, womit ich
den geneigten Leser bereits in der Einleitung dieses Werkes
bekannt machte und welches dann später die Veranlassung
werden sollte, daß auch ich der Frage des Spiritismus näher
trat und mich eingehend dieser Wissenschaft widmete. Die
beiden Fälle sind ihrem Wesen nach identisch, und ihre Ähn=
lichkeit läßt auch jene Begebenheit des Kupferstechers Albert
be N. als nicht mehr allzu sonderbar erscheinen.

§ 23. — Gehen wir nun endlich zu dem dritten Fall
über:

Die Königin Louise Ulrike von Schweden erhielt eines
Tages von ihrer Schwester, der Herzogin von Braunschweig,
einen Brief, worin sich diese beklagte, daß man ihr niemals
etwas von jenem seltsamen Manne zu Stockholm mitgeteilt
habe, der beständigen Umgang mit Geistern pflegen sollte

und dessen sonderbare Erscheinungen der Gesprächsstoff der ganzen Welt wie nicht minder das beständige Thema der Tageszeitungen wären. Als die Königin dieses Schreiben gelesen hatte, wandte sie sich sogleich an ihren Ratsherrn, Grafen Scheffer, der in Begleitung von anderen Personen gerade zugegen war, und fragte ihn, ob sich denn wirklich in der Hauptstadt eine solche Persönlichkeit aufhalte. Dabei sprach sie ihre Ansicht dahin aus, daß man wohl, in Anbetracht alles dessen, was von jenem Geisterseher berichtet werde, es höchst wahrscheinlich doch nur mit einem armen Geisteskranken zu thun habe.

Graf Scheffer gab jedoch der Königin zur Antwort, daß es in Stockholm allerdings einen solchen Mann gäbe, daß derselbe jedoch alles andere als irrsinnig und im Gegenteil bei vollem und klarem Verstande und sogar ein ganz außerordentlicher Gelehrter wäre. Die Königin drückte darob nun den Wunsch aus, diese so seltsame Persönlichkeit kennen zu lernen, und der Graf versprach, bei der nächsten passenden Gelegenheit den Geisterseher am Hofe einzuführen.

Da Scheffer sehr gut mit Swedenborg bekannt war, so bedurfte es keiner weiteren Anstrengungen seinerseits, sein Vorhaben auszuführen und dem Wunsche der Königin zu entsprechen. Er stellte den großen Seher dem Hofe vor, und der König und die Königin baten sodann Scheffer, nachdem sie mit den Gesandten und den hauptsächlichsten Würdenträgern des Reiches einige Worte gewechselt hatten, ihnen auch Herrn von Swedenborg vorzuführen. Die Königin geruhte, sich äußerst wohlwollend mit dem Seher zu unterhalten, und fragte schließlich, ob er es übernehmen wolle, einen kleinen Auftrag für sie auszuführen, der ihren erst kürzlich verstorbenen Bruder anbeträfe.

Da von Swedenborg sehr gerne darin einwilligte, so forderte sie ihn auf, in Begleitung ihres königlichen Gemahls und des Grafen Scheffer sich mit ihr in eine Fensternische zurück-

zuziehen, wo sie ihm alsdann den betreffenden Auftrag über=
gab. Swedenborg versprach pünktlich, der Aufforderung nach=
zukommen und ihren Bruder von dem soeben mitgeteilten in
Kenntnis setzen zu wollen.

Kurze Zeit darnach kehrte Herr von Swedenborg an den
Hof zurück. Und die Königin, von brennender Neugierde er=
erfüllt, ob der Seher schon seinem Versprechen nachgekommen
wäre, wandte sich sofort an ihn mit den Worten: „Nun,
haben Sie auch an meinen Auftrag gedacht?" „„Gewiß,""
gab Swedenborg ebenso gemessen wie bestimmt zurück, „„er
ist bereits ausgeführt."" Als er der Königin dann das Er=
gebnis mitteilte, war diese derart davon betroffen, daß sie
einer Ohnmacht nahe war. Als die hohe Frau wieder zu sich
gekommen war und man sie mit Fragen bestürmte, da hatte
sie darauf nur folgende Worte zur Erwiderung: „Ach, es be=
trifft eine Sache, welche kein Sterblicher wußte,
noch mir hätte sagen können."

Dies ist der Bericht, welchen Swedenborg dem Generale
Tuxen selbst gegeben hat und den uns dieser in einem
seiner Briefe aufbewahrt. Natürlich dürfte das Zeugnis
des Sehers allein für unseren Fall nicht für genügend er=
achtet werden. Auch berichtet dasselbe Vorkommnis Im=
manuel Kant in seinen „Träumen eines Geistersehers",
wenn auch in sehr unvollständiger Weise. Doch knüpft er
daran später eine kleine diesbezügliche Untersuchung an und
widmet in jenem bereits angezogenen Briefe an das Fräulein
von Knobloch nach zwei Jahren der oben erwähnten Episode
folgende erläuternden Worte:

„Diese Nachricht hatte ich von einem dänischen Offizier
erhalten, welcher mein Freund und ehemaliger Zuhörer war
und an der Tafel des österreichischen Gesandten v. Dietrichstein
in Kopenhagen den Brief, den dieser Herr zu derselben Zeit
von dem Baron von Lützow, mecklenburgischem Gesandten in
Stockholm, bekam, selbst nebst anderen Gästen gelesen hatte,

wo gedachter von Lützow ihm meldet, daß er in Gesellschaft
des holländischen Gesandten bei der Königin von Schweden
der sonderbaren Geschichte, die Ihnen, gnädiges Fräulein,
von Herrn von Swedenborg schon bekannt sein wird, selbst
beigewohnt habe. Die Glaubwürdigkeit einer solchen Nachricht
machte mich stutzig. Denn man kann es schwerlich annehmen,
daß ein Gesandter einem anderen Gesandten eine Nachricht
zum öffentlichen Gebrauch überschreiben sollte, welche von
der Königin des Hofes, wo er sich befindet, etwas melden
sollte, welches unwahr wäre und wobei er doch nebst einer
ansehnlichen Gesellschaft zugegen gewesen sein wollte.

   ... Ich schrieb an gedachten Offizier nach Kopenhagen
und gab ihm allerlei Erkundigungen auf. Er antwortete,
daß er nochmals desfalls den Grafen von Dietrichstein ge=
sprochen hätte, daß die Sache sich wirklich so verhielte, daß
der Professor Schlegel ihm bezeugt habe, es wäre garnicht
daran zu zweifeln ..."

   Späterhin hat dann Kant, wie aus der Folge dieses
seines Schreibens hervorgeht, sich nochmals an eine hervorragende Persönlichkeit aus England gewandt, die ihm sehr
befreundet war, und diesen Herrn beauftragt, genauere Er=
kundigungen betreffs der Wundergabe des Herrn v. Sweden=
borg einzuziehen. Der Engländer kam denn auch der Auf=
forderung nach, und der geistreiche Verfasser der Kritik
der reinen Vernunft fährt sodann fort: „Er hat den Herrn
von Swedenborg nicht allein gesprochen, sondern auch in
seinem Hause besucht und ist in der äußersten Verwunderung
über die ganze so seltsame Sache. Swedenborg ist ein ver=
nünftiger, gefälliger und offenherziger Mann: er ist ein
Gelehrter, und mein mehrfach erwähnter Freund hat mir ver=
sprochen, einige von seinen Schriften mir in kurzem zu über=
schicken. Er sagte meinem Freunde ohne Zurückhaltung, daß
Gott ihm die sonderbare Eigenschaft gegeben habe, mit den

abgeschiedenen Seelen nach seinem Belieben umzugehen. Er berief sich auf ganz notorische Beweistümer . . ."

Doch ist dies noch nicht alles. Denn genau so wie Swedenborg den Fall dem General von Tuxen und noch anderen berichtete, so hat ihn auch die Königin dem Grafen Hoepken, erstem Minister des Königs von Schweden, erzählt. Derselbe gab diesen Bericht dann in einer Aufzeichnung wieder, welche der exegetischen Gesellschaft von Stockholm eingehändigt wurde.

Ebenso wurde dieses Vorkommnis Thiébault, einem Mitgliede der königlichen Akademie zu Berlin erzählt, der dann den Bericht in dem zweiten Bande seiner Souvenirs de vingt ans de séjour à Berlin (Paris, 1804) wiedergiebt (s. daf. S. 254).

Die Erzählung Hoepken's ist wegen der hohen Stellung dieses Zeugen von besonderer Wichtigkeit, indes ist sie ziemlich zusammengedrängt, so daß sie uns nur wenig neues bietet. Dagegen sei dem Thiébault'schen Bericht hier auszugsweise Wiedergabe verliehen:

Als die Königin Friedrich Adolph's Witwe geworden war, lebte sie in Berlin bei ihrem Bruder Friedrich dem Großen. Einstmals unterhielten sich mit ihr Thiébault, Mérian und der Senator Graf von Schwerin. Das Gespräch kam auch endlich auf Swedenborg, und einer der Anwesenden drückte den Wunsch aus, gern einmal in Erfahrung zu bringen, welche Meinung denn eigentlich über den berühmten Seher in seinem Vaterlande herrsche. Thiébault berichtete sodann, was ihm betreffs jener Quittung der Frau von Marteville bekannt war. Sodann ergriff die Königin das Wort: „Sehr wenig", sagte sie, „bin ich geneigt, an dergleichen Wunder zu glauben, weshalb ich denn auch Swedenborg auf die Probe stellen wollte". Sie nahm nämlich den Geisterseher bei Seite, als er eines Abends zu Hofe gekommen war, und bat denselben, ihren Bruder (Prinz Wilhelm, welcher am 12. Juni

1758 gestorben war) zu fragen, was dieser ihr im Augen=
blick der Trennung vor der Abreise nach Potsdam (als sie
sich 1744 nach Stockholm zur Heirat begeben habe) gesagt
hätte. Sie fügte sodann hinzu, daß es sich dabei um
eine Sache gehandelt habe, welche sie weder selbst,
noch ihr Bruder ihr hätte sagen können.

Als nach einigen Tagen die Königin beim Spiele saß,
da ließ Swedenborg sie um eine Unterredung unter vier
Augen bitten. Auf die Bemerkung der Königin, daß das,
was er zu sagen habe, wohl auch sämtliche Anwesenden hören
könnten, gab er zurück, daß er der Herrscherin etwas zu ver=
melden habe, was auch nicht einer außer ihr hören dürfte.
Darauf betrat nun Louise Ulrike mit Swedenborg ein Nach=
barzimmer, und zwar in Begleitung des Ratsherrn Schwerin,
den sie jedoch an der Thür zurückließ, während dem sie sich
mit dem großen Seher nach dem Hintergrunde des Zimmers
begab. Dort nannte nun Swedenborg ihr den Tag und die
Stunde, an dem sie Abschied von ihrem Bruder genommen
hatte, und fügte hinzu, daß sie ihm noch einmal, nachdem sie
sich schon gegenseitig Lebewohl gesagt hätten, begegnet wäre,
als sie die lange Gallerie von Charlottenburg einhergeschritten
sei, dort habe sie ihn an die Hand genommen und ihn in
eine Fensternische geführt, wo niemand ihr Gespräch belauschen
konnte. Alsdann habe sich ihr Bruder in folgendes Gespräch
mit ihr eingelassen, das Swedenborg der Königin
wieder fast mit denselben Worten anführte. Die
Königin sagte natürlich nicht, welche Worte dies gewesen wären,
berief sich jedoch diesbezüglich auf das Zeugnis des Senators
Schwerin, der die Sache, soweit sie ihn betraf, nur vollauf
bestätigen konnte.

Es ist dies übrigens eine Thatsache, welche durch die
gewichtigsten und zuverlässigsten Zeugnisse Bestätigung findet,
wie sie eben nur je ein historisches Ereignis aufweisen konnte.
Und es ist dies ebenfalls eine Thatsache, welche die heutigen

auf das Unterschwellen-Bewußtsein und die Telepathie gegründeten Theorien nicht zu erklären vermögen, da ja eben
Swedenborg sich verpflichtet hatte, die Antwort des verstorbenen
Bruders der Louise Ulrike mitzuteilen, ohne doch annehmen
zu können, daß er aus dem ‚Unbewußten‘ der Königin telepathisch die Antwort zu schöpfen vermöchte. Wir besitzen in
diesem Ereignis eben einen jener sozusagen ganz bestimmten
Beweise.

§ 24. — Als ein Schöngeist des vorigen Jahrhunderts
— der Baron Grimm — die Echtheit von einigen der
wunderbarsten Fälle aus dem Leben Swedenborg's hervorhob,
that er den gewichtigen Ausspruch: Mais le moyen d'y croire!
Matter*) pflichtete ihm bei und antwortete: „Die Welt-
„geschichte darf nicht darüber in Unruhe geraten.
„Ihre Aufgabe ist es nur, sie festzustellen, und der Philosophie
„verbleibt es sodann, sie begreifen zu lassen. Und was
„nicht die Intelligenz des einen Jahrhunderts
„zu erklären vermag, das ist vielleicht einem
„anderen aufbewahrt. Jedes Zeitalter hat zwar
„das Recht, die Dinge zu beurteilen und abzu-
„schätzen, wie weit dazu sein Verständnis reicht;
„keinem jedoch steht das Recht zu, verbürgte Thatsachen hin-
„weg leugnen zu wollen, auch wenn sie im Laufe der
„Zeiten selbst noch unerklärlich und widernatür-
„lich sein sollten.“

Betrachten wir nun die oben erwähnten Fälle von dem
spiritistischen Gesichtspunkte aus und ziehen sie in Vergleich
mit der übrigen spiritistischen Phänomenologie, soweit sie uns
bekannt ist, so finden wir, daß in der That alle jene sonderbaren Fälle hinreichend beweisen, daß Swedenborg, bei Gott,
nicht so ganz von der Wahrheit abwich, wenn er mit Geistern
in Verkehr zu stehen behauptete. Nahm er dieselben doch
mit seinen Augen wahr, wie es bei unseren heutigen Seh-

---

*) Emanuel de Swedenborg, Préface (Paris 1864).

medien der Fall ist, pflegte er doch einen Umgang mit
ihnen nach Art der heutigen Intuitions= oder Hörmedien ꝛc.
und empfing schließlich Offenbarungen von ihnen, genau wie
unsere Schreibmedien. Er war eben ein außerordent=
liches Medium wie Apollonius von Thyana, Julian der Ab=
trünnige, St. Franciskus Xaverius, St. Alphons be Liguori ꝛc.

Enthalten nun seine Werke mit den Offenbarungen von
Engeln wirklich die Wahrheit? Nein, und tausendmal
nein. Ich habe es bereits gesagt und werde noch Gelegen=
heit nehmen, im Verlaufe meines Werkes mich gerade über
diesen Punkt eingehender zu verbreiten — daß man nicht den
theologischen Auslassungen der Geister mehr Gehör leihen
und Gewicht beilegen darf, als denen der lebenden Menschen.
Der hervorragende Wert des Verkehrs mit
der unsichtbaren Welt besteht eben in etwas
ganz anderem. Wenn wir alles das glauben sollten,
was die Geister uns sagen, so müßten wir an Dinge glauben,
die im größten Widerspruch unter sich stehen, was eben ab=
geschmackt ist.

§ 25. — Emanuel Swedenborg starb als Landes=
verwiesener zu London und zwar an dem Tage, welchen er
vorhergesagt hatte, nämlich am 29. März 1772. Er hatte
das hohe Alter von 84 Jahren erreicht und bis zu seinem
letzten Atemzuge jene Geistesfrische und Erleuchtung bewahrt,
deren er sich während seines Lebens erfreute. · Fortgesetzt
war er bemüht, die Wahrheit zu verbreiten, die ihm von den
Engeln offenbart worden sein sollte.*)

Seine Lehren hatten anfangs nur wenige Anhänger.
Im Jahre 1788 traten diese zu einer religiösen Versammlung
in einem Tempel zu London zusammen und von jenem Tage
an entstanden nach dem Vorbilde dieser Gesellschaft eine ganze
Reihe von Vereinigungen. Bereits seit dem Jahre 1781 ent=

---

*) Matter, angeführtes Werk, Kap. XXIII.

faltete die von Clowes zu Manchester gestiftete Gesellschaft
zur Verbreitung der Werke Swedenborg's eine außerordentliche
Thätigkeit. In kurzem stieg die Zahl der Swedenborgianer
auf etwa 20000, worunter allein etwa 7000 auf Manchester
und etwa 6000 auf London entfielen. Eine weitere Gesellschaft
zur Verbreitung der Swedenborg'schen Schriften trat 1810
zu London zusammen. In ganz Europa und hauptsächlich
in England, den Niederlanden, sowie in der Schweiz be=
ziffern sich die Anhänger dieser von Swedenborg selbst „die
Kirche des neuen Jerusalems" bezeichneten „neuen Kirche" auf
mehr als 100000. In den Vereinigen Staaten leben gegen=
wärtig 7100 Swedenborgianer und die große Kirchenversamm=
lung, welche im Jahre 1851 in London zusammentrat, stellte
ihr Glaubensbekenntnis fest. Dieses umfaßt vorzugsweise die
Grundlehren dieses besonderen Zweiges des spiritistischen
Christentums.

§ 26. — In der zweiten Hälfte des 18. Jahrhunderts,
als bereits der Glaube an Gott und seine Wunder zu
schwinden begann, da nahm die Thätigkeit des menschlichen
Verstandes, der natürlicherweise nach dem Wunderbaren haschte,
eine ganz neue Richtung an, und man sah Männer sich mit
großem Ruhm umgeben, welche, außerhalb jeder Religion stehend,
die unerklärlichsten Wunder vollführten.

Zu diesen außerordentlichen Leuten gehört vor allem,
wenn wir der Reihe nachgehen, wohl der Graf de Saint=
Germain. Von ihm liefern uns Geschichte und Sagen
nur unvollständige Angaben. Jener Graf von Saint=Germain
war nur ein Pseudonym, das unser Held in Frankreich an=
nahm. In Venedig legte er sich den Namen „Graf von
Bellamye" bei und anderwärts hieß er der „Graf von Mon=
serrat" u. s. w. Sein Geburtsort war von jeher ein Ge=
heimnis und ist es auch immer geblieben, da er mit vollendeter
Reinheit in gleicher Weise deutsch, englisch, französisch,
italienisch und spanisch sprach. Ebenso unerklärlich und un=

bekannt war· aber auch der Ursprung seiner ungeheueren und
unerschöpflichen Reichtümer. Niemand kannte seinen Familien=
namen, da man nicht die unbegründeten und in Widerspruch
stehenden Redereien, welche in Betreff seiner Person im Um=
lauf waren, zu sammeln vermochte. Die heutige Kritik scheint
übrigens dennoch festgestellt zu haben, daß er der wirkliche
Sohn eines jüdischen Bankiers war und zur Mutter Maria
Anna, die Witwe des Königs Karl II von Spanien hatte,
welche nach dem Tode ihres Gemahls zu Bayonne in Zurück=
gezogenheit lebte.

Seine Offenkundigkeit datiert wirklich von dem Jahre
1750 an, als er in Paris erschien und am Hofe zugelassen
wurde, woselbst damals die Madame de Pompadour regierte.
Anfangs ragte er nur wegen seines Genies und der großen
Beweglichkeit seines Geistes hervor. Als jedoch eines Tages
die alte Gräfin von Gergy, deren Gemahl vor einem halben
Jahrhundert Gesandter zu Venedig gewesen war, mit ihm bei
Hofe zusammentraf, geriet sie fast bei seinem Anblick vor
Erstaunen außer sich.

— Würden Sie die Güte haben, mir zu sagen — wandte
sie sich an ihn — ob vielleicht Ihr Herr Vater um das Jahr
1770 sich zu Venedig aufgehalten hat?

— Nein, gnädige Frau, — war die bestimmte und ruhige
Antwort des Grafen — es ist schon sehr lange her, daß ich
meinen Vater verloren habe; ich war es selbst, der am Ende
des vorigen Jahrhunderts zu Venedig lebte. Zu jener Zeit
war es für mich eine Ehre, Ihnen den Hof zu machen, und
Sie waren so liebenswürdig, einige Barcarolen meiner eigenen
Komposition für anmutig und graziös zu finden, welche wir
dann öfters zusammen gesungen haben. — Und sodann begann
er mehrere vertrauliche Einzelheiten ihres gemeinsamen Aufent=
haltes in den venetianischen Staaten anzudeuten.

— Aber wie? — rief Frau de Gergy aus — der Graf
von Saint=Germain, den ich zu Venedig kennen lernte, zählte

damals volle 45 Jahre: etwa wohl dasselbe Alter, in welchem Sie, mein Herr, stehen!

— Gnädige Frau — fügte der Graf lächelnd hinzu — ich bin sehr alt.

— Aber dann müßten Sie doch schon an die hundert Jahre alt sein.

— Höchst wahrscheinlich! —

Wie ein Lauffeuer verbreitete sich das seltsame Ereignis in ganz Paris und wurde zum ständigen Tagesgespräch.

Der Graf von Saint-Germain war nach einer Beschreibung, welche uns von ihm die Chronique de l'Oeil de Boeuf aus dem Jahre 1750 giebt, von mittlerer Statur und eleganten Manieren, mit regelmäßigen Gesichtszügen, etwas gebräunter Hautfarbe und tief dunklen Haaren. Vorzüglich lag er der Oelmalerei ob und besaß die Kunst, seinen Gemälden einen eigentümlichen Glanz zu verleihen, was auf einem besonderen chemischen Geheimnisse beruhen sollte. Er begleitete auf dem Klavier aus dem Stegreif jedes beliebige Stück und man erzählte sogar, daß Rameau von seinen diesbezüglichen Leistungen ganz hingerissen sei.

Kam das Gespräch auf die alten Zeiten, so wußte der Graf von Saint-Germain von den verschiedenen Vorkommnissen mit einer solchen historischen Vollendetheit und selbst die geringsten Einzelheiten zu berichten, als ob er schon bei jenen von ihm erwähnten Ereignissen aus frühester Zeit gegenwärtig gewesen wäre.

— Ist es wahr? — fragte ihn einstmals Ludwig XV — daß sich Euer Alter auf mehrere Jahrhunderte beläuft?

Sire — antwortete ihm dieser — manchmal möchte ich es nicht jemanden glauben l a s s e n, sondern nur g l a u b e n lassen, daß ich schon in den ältesten Zeiten gelebt habe.

— Und was ist die Wahrheit, Herr Graf? Verschiedene Personen, welche Sie bereits unter der Regierung meines

Großvaters gekannt haben, versichern, daß Sie schon weit mehr als 100 Jahre zählen. —

— Das dürfte noch nicht einmal ein außerordentliches Alter heißen. Im nördlichen Europa kannte ich Leute im Alter von 160 Jahren.

— Allein, was am meisten unerklärlich ist, das ist das jugendliche Aussehen, dessen Sie sich erfreuen, Herr Graf. —

Es bat Ludwig XV alsdann den Grafen, ihm von Franz I und seinem Hofe zu erzählen. Und der Graf kam dieser Aufforderung nach und berichtete alles mit solcher Genauigkeit, daß der König ein über das andere Mal erstaunt ausrief: — Meiner Treu, es scheint, als ob er selbst zugegen gewesen sei!! —

In ungebundener heiterer Tischgesellschaft, von welcher der Graf sich nicht zurückzog, bekannte er denn gerne seinen Freunden, daß er weit mehr denn zweitausend Jahre alt sei, und auch selbst in weniger vertrauten Kreisen spielte er zeitweise auf dieses Alter an. Der Chronist des Oeil de Boeuf berichtet uns, daß er eines Tages, als er bei dem Herzog von Richelieu zu Tische geladen war, sich an seinen Diener wandte und ihn betreffs eines sehr alten Ereignisses befragte.

— Ich kann mich nicht mehr entsinnen, antwortete dieser. Sie vergessen, Herr Graf, daß ich bei Ew. Gnaden doch nur seit erst 500 Jahren in Diensten stehe.

Es verdient erwähnt zu werden, daß der Diener nicht weniger geistreich war als sein Herr.

In der bereits erwähnten Chronik heißt es ferner: „In dem Hause, welches von dem Grafen Saint=Germain bewohnt wird, tragen sich seltsame Dinge zu, welche bei dem Publi=kum in gleicher Weise Entsetzen wie Neugier hervorrufen. Selbst starke Geister, welche ihn in seiner Behausung auf=gesucht hatten, haben ihn Dinge ausführen sehen, die jegliche menschliche Kraft übersteigen. Für diejenigen, welche so kühn sind, dergleichen schauerliche Erscheinungen zu begehren, ist er gern bereit, Geister zu beschwören. Bisweilen läßt er auf gewisse Fragen über die Zukunft von unterirdischen Stimmen Antwort erteilen, die man laut und sehr vernehmlich hören kann, wenn man das Ohr auf den Fußboden eines geheimnis= vollen Zimmers legt, das nur zu dem Zweck betreten wird, um die Antworten des Orakels in Empfang zu nehmen. Viele von diesen Voraussagungen sind, wie man behauptet auch wirklich ganz genau eingetroffen, und der Verkehr des Grafen Saint=Germain mit jener anderen Welt ist infolge= dessen für viele eine unerschütterliche Wahrheit geworden."

In einer Studie über den Grafen Saint=Germain stellt Dr. Boehnke=Reich*) es als ganz feststehend hin und gründet sich dabei auf das Zeugnis von zeitgenössischen Schriftstellern daß unser Held dem Könige Ludwig XV einen Zauberspiegel vorgehalten habe, worin dann dieser das Geschick seiner Kinder erblickt hätte. Der König soll aber entsetzt zurückgeprallt sein, als er in dem Spiegel die Gestalt des Dauphins gewahrte, das Haupt vom Rumpfe getrennt.

Obschon niemand die Besitztümer des Grafen kannte, noch seine Einkünfte oder seine Bankiers, so waren doch, wie bereits erwähnt, die Geldeinkünfte des Grafen unerschöpflich. Vor allem besaß er eine Unmenge der kostbarsten Diamanten und andere Edelsteine, die er sowohl zum eigenen Schmuck verwandte, als auch reichlich mit großer Freigebigkeit an andere verschenkte.

Eines Tages verschwand der Graf von Paris. Im Jahre 1769 tauchte er jedoch wieder in dem kleinen Staate Anspach als ein ungarischer Graf unter dem Namen Zareski auf. Er reiste dann in Italien und später in Dänemark umher, kam 1782 nach Hessen=Kassel. Französische Reisende, welche ihn damals sahen, erkannten ihn wieder und fanden ihn genau

---

*) „Das neue Blatt", Nr. 52, 1894.

so unverändert wieder, wie er vor 32 Jahren zu Versailles erschienen war. Im Jahre 1784 starb dann schließlich der Zweitausendjährige zu Schleswig.

Ein außerordentlicher Mann war gewißlich de Saint-Germain. Dagegen ist wohl zweifelsohne der größte Teil jener Wunder, welche man ihm nachrühmt, nicht auf übernatürliche Ursache zurückzuführen. Eine ungewöhnliche Gelehrsamkeit, großes positives Wissen, Scharfsinn und ein starker unbeugsamer Wille genügen hinreichend, eine Erklärung für jene seltsamen Vorkommnisse in dem Leben des Grafen zu bieten. Allenfalls mischte sich in sein Wesen noch eine harmlose fixe Idee, andere glauben zu lassen, daß er ein überirdisches Wesen sei, wofür der Grund vielleicht lediglich in dem ängstlichen Geheimhalten seines unehelichen Ursprunges zu suchen ist.

§ 27. — Weit mehr verbürgt sind die seltsamen Berichte über Cagliostro.

Obschon im zweiten Teil seines Lebens es an echten und unparteiischen Zeugnissen wahrlich nicht gebricht, so müssen wir uns doch, was die andere Hälfte anbetrifft, als nämlich unser Wunderthäter noch nicht zu einer großen Berühmtheit geworden war, fast ausschließlich an die Akten des Prozesses halten, welchen das Sanctum officium zu Rom gegen ihn angestrengt hatte. Es ist jenes Aktenmaterial von Priestern zusammengestellt worden, welche darin einen entsetzlichen Haß gegen die Freimaurerei an den Tag legten und augenscheinlich geneigt waren, zu jedem Mittel ihre Zuflucht zu nehmen, um das arme Opfer ihres Hasses in ganz Europa in jeglicher Beziehung in den Staub herabzuziehen. Eine vollkommen unparteiische Lebensgeschichte Cagliostro's, die weder von dem Gift und der Galle seiner zahlreichen Feinde durchtränkt ist, noch die wohlwollende Feder seiner Anhänger verrät, ist meines Wissens noch nicht im Drucke erschienen und wird wohl auch schwerlich veröffentlicht werden.

Sollte eine solche jedoch einmal erscheinen, so dürfte sie der Menschheit vielleicht noch manche Überraschungen bereiten.

Sehr wenig Glauben verdienen übrigens die Aufzeichnungen über sein erstes Auftreten, wie man sie in einem bei der Apostolischen Kammer gedruckten Werke vorfindet, das den Titel führt: „Die Lebensbeschreibung des Joseph Balsamo, bekannt unter dem Namen Graf von Cagliostro, nach einem Auszug aus dem gegen ihn zu Rom im Jahre 1790 eingeleiteten Prozeß."*)

Wenn wir uns nun an diese Lesart halten, so wäre der große Wundermann am 8. Juni 1743 zu Palermo geboren worden. Seine Eltern, Pietro Balsamo und Felicita Braconieri, waren ehrenhafte Kaufleute, die nicht wenig Zeit auf die Erziehung ihres Josephs verwandten. Dieser sollte jedoch sehr bald einen Beweis von seinem schlechten Charakter an den Tag legen, indem er einen jüdischen Juwelenhändler, namens Marano, in schändlicher Weise prellte. Von demselben ließ er sich 60 Unzen Gold geben, um damit eine Beschwörung vorzunehmen, wodurch er seitens der Geister in Besitz von ungeheueren Schätzen gelangen wollte. Als der geprellte Juwelenhändler nun in die Höhle eindrang, woselbst er große Reichtümer angehäuft finden sollte, da empfingen ihn drei Gauner mit großen Knütteln und schlugen derart auf ihn ein, daß er schwer verletzt zu Boden stürzte. Wie die Sache ruchbar wurde, floh Joseph Balsamo von Palermo nach Messina; doch ist es immerhin bemerkenswert, daß, als Cagliostro im Jahre 1773 nach Palermo zurückkehrte, Marano ihn verhaften ließ. Indes sollte Balsamo sonderbarer Weise freigesprochen werden. Das Sanctum officium fügte auch hier, wie in so vielen Fällen die Bemerkung hinzu: »infolge Einmischung einer hohen Persönlichkeit.« Wer dieselbe jedoch gewesen ist, blieb immer unbekannt.

*) Von diesem Werk erschien eine französische Übersetzung zu Paris und Straßburg im Jahre 1791.

Zu Messina legte sich Balsamo den Namen Cagliostro bei, welcher eigentlich der seiner Tante war, die daselbst vor nicht allzu langer Zeit ihr Leben beschlossen hatte. Auch gab er sich fortan für einen Grafen aus. Hierauf sollte er denn mit einem Orientalen, namens Altotas, bekannt werden, der Magier, Chemiker, Arzt und Kaufmann alles zusammen war. Dieser wurde nun in gewisser Beziehung sein Lehrer in den Zauberkünsten. Als er eines Tages mit Altotas in ein Gespräch vertieft war, hielt dieser, der anscheinend das ‚zweite Gesicht‘ hatte, plötzlich in seiner Rede inne und wandte sich an seinen jugendlichen Genossen: „Eile, was du kannst, nach deinem Gasthaus; ein Mann ist dort in dein Zimmer eingebrochen und will dir die 37 Unzen Gold stehlen, welche du in deinem Felleisen aufbewahrst." Balsamo ließ sich das nicht zweimal sagen; spornstreichs eilte er dem Gasthofe zu, woselbst er einen Mann aus Piemont noch auf frischer That ertappte, wie er den Wandschrank erbrach und im Begriff war, das wertvolle Felleisen mit sich zu führen. Es gelang ihm, dem frechen Einbrecher das geraubte Gut zu entreißen und ihn der Polizei zu übergeben.

Cagliostro begleitete auch Altotas nach Egypten, woselbst er einige glückliche Unternehmungen ausführte. Obgleich er dort der Sorgen um das materielle Wohl nicht ganz enthoben war, so ließ sich der Jüngling dennoch in die Geheimnisse der orientalischen Magie einweihen.

Auf ihrer Rückreise legten sie in Malta an, woselbst sie den Wahn des Wunderbaren ausgebeutet haben sollten, sodaß Pintus, der Großmeister des Malteser Ordens, davon ganz eingenommen war. Hier trennte sich Altotas von Cagliostro, der verschiedene Städte Süditaliens durchwanderte und schließlich auch nach Rom kam. In Rom lernte er ein reizendes junges Fräulein kennen, Lorenza Feliciani, die Tochter eines Kupferschmiedes; er verliebte sich in dieselbe,

erkor ſie zu ſeiner Lebensgefährtin und führte ſie auch als
Gattin heim.

Aus der ewigen Stadt der ſieben Hügel mußte nun
Cagliostro mit ſeinem geliebten Weibe fliehen, da er nach
einem Befehle des Inquisitionsgerichtes mit Gefängnis bedroht
wurde. So nach Bergamo gelangt, begab er ſich von dort
nach Spanien, Portugal und London, indem er ſtets von
Betrügereien lebte und Handel mit ſeiner Frau trieb. Als
er darauf nochmals nach Frankreich und Italien gereiſt war
und ſich durch mannigfache neue Betrügereien berühmt ge=
macht hatte, kehrte Cagliostro ſchließlich nach London zurück.

§ 28. — Bei dieſem Punkte tritt ſein Leben aus der
fabelhaften Periode heraus und beginnt hiſtoriſch zu werden,
da ja ſeine Unternehmungen als Zauberer und Freimaurer
derart die Blicke der ganzen Welt auf ihn lenkten, daß über ihn
noch vorhandene Berichte auf einer mehr hiſtoriſchen Grundlage
entſtanden, als jene ungenauen und gefärbten des hl. Offiziums.

Daß ſein Vorleben nicht derartig geweſen war, wie man
behauptete, ſcheint mir dennoch mehr als wahrſcheinlich. Und
das ſchwerſte Dokument, welches gegen Cagliostro ins Feld
zu führen iſt, liegt in ſeiner eigenen Selbſtverteidigung, die
er ſchrieb, als er ſich wegen der berüchtigten Halsband=
geſchichte im Gefängnis befand.

In dieſer ſeiner Apologie erkennt er ſelbſt zu, daß er
ſich abwechſelnd als einen „Grafen von Harat, Grafen Phönix
und Marquis von Anna“ ausgegeben habe, und berichtet ver=
ſchiedene Vorfälle aus ſeinem Leben. Seinen Urſprung jedoch
ſuchte er zu verbergen und brachte eine außerordentliche Ge=
ſchichte vor, welche würdig wäre, in ‚Tauſend und eine
Nacht‘ eingereiht zu werden und nach der ihm niemals
bekannt geworden wäre, wer die Seinigen waren. Seine
Kindheit hätte er zu Medina in Arabien und zwar in einem
Palaſte des Mufti verbracht. Er habe hier einen Hofmeiſter
namens Altotas und drei Diener um ſich gehabt, einen

weißen und zwei ſchwarze u. ſ. w. Aber wozu alle dieſe
Fabeln, wenn ſie nicht ſeine zahlreichen Gaunereien verdecken
ſollten?

Auf jeden Fall muß zugegeben werden, daß, ſobald wir
glaubwürdige Urkunden über Caglioſtro in Händen haben,
wir faſt ganz den Abenteurer in ihm verſchwinden ſehen, an
deſſen Stelle dann ein wahrhaft außerordentlicher Mann
tritt. Zu London wollte unſer Held eine geheime Wiſſenſchaft am Fuße der Pyramiden kennen gelernt haben; er begann einen neuen Freimaurer-Orden zu begründen „nach
egyptiſchem Ritus" und nannte ſich den Groß-Kophta *)
derſelben.

So trat denn der Graf von Caglioſtro unter die Zahl
der Wunderthäter. In Kurland, wohin er ſich von England
aus begeben hatte, war er der Anziehungspunkt der ganzen
Einwohnerſchaft. Der Adel war ſo begeiſtert von ihm, daß,
wenn man dem Inquiſitionsbericht Glauben ſchenken darf, die
glühendſten Anhänger ihm angeboten hatten, den regierenden
Herzog vom Throne zu ſtoßen und ſich an ſeiner Statt zu ſetzen.

Er begab ſich darauf nach Petersburg, und zwar unter
dem Namen eines „Grafen von Phönix", woſelbſt er auch die
wunderbarſten Heilungen vollzog. Man ſagt, daß er ſpäter
von der Kaiſerin Katharina vertrieben worden ſei, deren Lieb-
haber, Fürſt Potjómkin, ſich ſterblich in ſeine hübſche Lorenza
verliebt hatte.

Caglioſtro kam am 13. September 1780 nach Straßburg,
und da er es verſtanden hatte, vorher großen Lärm und
beſetzt von einer zu machen, ſo konnte er dort eines enthu-
ſiaſtiſchen Empfanges gewiß ſein. Die Straßen waren dicht
Geſchrei von ſich zahlloſen Menſchenmenge, welche ſich in
Begeiſterung, den großen Wundermann nun endlich von

---

*) Man vergl. das gleichnamige Luſtſpiel Goethe's, eine Geißelung
Caglioſtro's. — Der Überſetzer.

Angesicht kennen zu lernen, dicht an seinen Wagen heran=
drängte, so daß es nur mit vieler Mühe gelang, den Wagen
Cagliostro's durch den nach vielen tausend Köpfen zählenden
Volksauflauf hindurch gelangen zu lassen. An dem Abend
desselben Tages dann hatte Cagliostro die angesehensten
Männer der Stadt mit ihren Damen zu einem üppigen Fest=
gelage zu sich gebeten. Es wurde hier eine „spiritistische
Sitzung," wie wir es heute nennen würden, arrangiert, und
zwar legte hierbei Cagliostro einen glänzenden Beweis seiner
Mediumschaft des Schauens im Wasserglase ab, worin er
sich nämlich ganz besonders auszeichnete. An jenem Tage
feierte unser Held einen wahren Triumph.

Cagliostro lebte drei Jahre in der elsässischen Haupt=
stadt, als eine gesuchte und gefeierte Persönlichkeit der ersten
Spitzen der Behörde und der Aristokratie, der Wissenschaft
wie der Kirche.

Gegen Mitte des Jahres 1783 unternahm er eine kleine
Reise nach Italien, später wohnte er eine zeitlang in Bordeaux,
um sich schließlich nach Paris zu begeben. Paris sollte dann
der Hauptpunkt seiner Thätigkeit werden. Wunderbare Kuren
wechselten mit spiritistischen Sitzungen ab, und stets war er
darauf bedacht, die richtige Propaganda für seine egyptische
Freimaurerloge zu machen. Der Ruhm Cagliostro's reichte
nun bis zu den Sternen.

Bei diesem Punkte sollte ihn die unglückliche Intrigue
mit dem Halsband der Königin treffen. Ich vermag hier
nicht der glänzenden Feder eines Dumas die Sorgfalt ab=
zusprechen, womit er diesen Punkt in seiner Erzählung be=
handelt.

Erinnert sei hier nur daran, daß es einer Bande von
Spitzbuben gelungen war, bei dem Goldschmied Bohemer ein=
zudringen und dort ein Halsband, mit zahlreichen Diamanten
besetzt, im Werte von etwa einer halben Million Franken zu
entwenden, und zwar unter dem Vorwande, daß Marie

Antoinette, welche dasselbe leidenschaftlich zu besitzen wünschte und es nicht wagte, zu jener Zeit der Teurung und des Elendes, das Kollier offen zu erwerben, den Cardinal von Rohan damit beauftragt hätte, es ihr auf diese Weise zu verschaffen. Der Cardinal fiel auch, gutmütig wie er war, in die Schlinge, und besonders durch den Umstand, daß ihm die Geister, welche er darüber vermittelst Cagliostro befragt hatte, gesagt hatten, daß alles gut abgehen würde. Als die Herrscherin und der jüdische Juwelier schließlich dahinter kamen, wurde der Schurkenstreich offenbar. Es entstand ein fürchterlicher Skandal, und es gelang, fast sämtlicher Schuldigen habhaft zu werden. Allein mit diesen wurden Männer, die obwohl sie Zauberei getrieben hatten, indes sonst ganz unschuldig dabei waren, wie der Cardinal Rohan und Cagliostro, von den Häschern ergriffen und ins Gefängnis geworfen. Der Kardinal und der Wunderthäter wurden übrigens in dem berühmten Prozesse vom 30. August 1786 freigesprochen. Das Volk begleitete den Grafen von Cagliostro nach seiner Wohnung unter enthusiastischen Zurufen; doch verbot ihm die königliche Regierung, fernerhin in der Hauptstadt zu leben.

Der Graf ging nach Passy bei Paris und von dort nach London, woselbst er seinen „Offenen Brief an das französische Volk" veröffentlichte, der großen Staub aufwirbelte. Derselbe enthielt folgende Stelle: „Il régnera en France un prince qui abolira les lettres de cachet, convoquera les États généraux et rétablira la vraie religion . . . La Bastille sera détruite de fond en comble et le sol sur lequel elle s'élève deviendra un lieu de promenade." Als solche Dinge sich nun wirklich in Frankreich zutrugen, da sollten sich die Franzosen mit Erstaunen dieser Worte erinnern. Man wollte eine Vorhersagung darin ersehen, obschon es nur ein einfaches Vorgesicht war.

§ 29. — Im Jahre 1789 hatte der Graf Cagliostro die Kühnheit, sich nach Rom zu begeben, um in der feindlichen

Stadtveste eine Sitzung seiner egyptischen Freimaurerloge abzuhalten. Ein Spion verriet ihn indes, und er wurde festgenommen. Dies geschah am 27. September. Es war nicht
angängig ihm wegen der verschiedenen Gaunereien, die er in
der ersten Hälfte seiner abenteuerlichen Laufbahn begangen
haben sollte, den Prozeß zu machen, da er alle diese Verbrechen in anderen Staaten begangen hatte und auch weil
dieselben schon längst der Verjährung anheimgefallen waren.
Wenn daher das Sanotum Officium dieselben dennoch
sammelte, sie erweiterte und mit großem Fleiß noch mehr
hinzufügte, so geschah dies nur aus dem Grunde, weil den
Jesuiten immer sehr wohl das Sprichwort bekannt war:
„Wenn man seinen Hund umbringen will, so läßt sich sehr
leicht sagen, er sei wasserscheu." Daher machte man Cagliostro
als Freimaurer und Zauberer den Prozeß. Die Bulle
Papst Clemens' XII unterm 14. Januar 1739 sagte deutlich
genug: „Es ist bei Todesstrafe verboten, ohne Hoffnung auf
irgend welche Verzeihung, Vereinigungen von Freimaurern
beizuwohnen oder an dergleichen gemeingefährlichen und der
Ketzerei so sehr verdächtigen Versammlungen und Sitzungen
teilzunehmen." Benedikt XIV hatte dann auch im Jahre 1751
die Wirkungen dieser Bulle noch weiter ausgedehnt. Dieser
traurige Beschluß ließ die größten fortwährenden Klagen unter
den Freimaurern laut werden, da man es wagte, die Freiheit
i h r e r Versammlung, i h r e r Organisation, i h r e r Propaganda anzugreifen.

Nachdem endlich im März 1791 die lange Vorunter-
suchung — also nach anderthalb Jahren — beendet war, wurde
der Groß-Kophta zu lebenslänglichem Kerker verurteilt und von
der Citadelle von St. Leo, in welcher er bisher eingeschlossen
war, in jene von Urbino verbracht. Seine Zelle führt auch
heute noch den Namen die Cagliostro'sche; diese befindet sich
im Mittelpunkte des Turmes im zweiten Stock nach Süden hin.
Heutigen Tages gelangt man dorthin durch ein kleines Seiten-

pförtchen, das zu jener Zeit, wovon die Rede ist, indes noch nicht vorhanden war. Der Gefangene wurde dorthin durch eine Fallthür heruntergelassen, deren Spuren heute noch zu finden sind. Von dort aus wurde ihm auch die Nahrung gereicht, sowie für die Reinlichkeit seiner Zelle gesorgt. Der ganze Umfang der viereckigen Zelle maß gerade 3,27 m in der Breite und 3 m in der Länge. Die Höhe derselben betrug ebenfalls 3 m. Das Licht fiel durch ein rechtwinkeliges Fensterchen, das nur 0,63 m hoch und 0,42 m breit war und vor welchem sich drei schwere Eisenstäbe befanden.

Es irrt demnach Figuier, wenn er Cagliostro in dem Schlosse Saint Angelo sterben läßt und hinzufügt: „De quelle mort et à quel moment? C'est ce que nul n'a jamais pu dire.*) Vollkommen klar berichtet uns dies ein Auszug aus dem Register des erzpriesterlichen Archivs von St. Leo:

„So geschehen im Jahre des Herrn 1795, am 20. Tage des Monats August:

„Joseph Balsamus, der unter dem Namen Graf von Cagliostro bekannt ist, aus Palermo gebürtig und Christ nach der hl. Taufe, nach seinen Lehren aber ein Ungläubiger und großer Ketzer, berüchtigt wegen seines schlechten Rufes und da er in den verschiedensten Teilen von Europa seine gottlosen Grundsätze der egyptischen Sekte ausgebreitet hat, zu deren Marktschreier er sich gemacht hatte und durch die er sich eine ungeheuere und fast zahllose Menge von Anhängern zu verschaffen wußte, wobei er sich dann stets vermittelst seiner betrügerischen Kunst selbst aus den gefährlichsten Lebenslagen herauszuwinden und unbeschadet seiner Person durchzuhelfen wußte, ist schließlich durch den Urteilsspruch des hl. Inquisitions= Gerichtes (in Erwartung seiner Reue und Besserung) zu lebenslänglichem Gefängnis in der Citadelle dieser Stadt begnadigt worden. Nachdem er mit steter Hartnäckigkeit

---

*) Histoire du merveilleux, Band IV, Kap. 6.

alle Beschwerlichkeiten der Kerkerhaft vier lange Jahre, vier
Monate und fünf Tage lang ertragen hatte, wurde er am
letzten Tage von einem heftigen Schlaganfall betroffen; ohne
irgend wie ein Zeichen von Reue zu äußern, halsstarrig
und ohne zu bereuen, starb er unbeweint außerhalb des
Schooßes der hl. katholischen Kirche im Alter von 52 Jahren,
2 Monaten und 18 Tagen.

„Unglücklich war seine Geburt, noch unglücklicher sein
ganzes Leben, und am unglücklichsten sein Übergang in die
andere Welt, welcher am 20. Tage im Monat August erwähnten Jahres eintrat, um drei Uhr nach Mitternacht. An
demselben Tage wurden öffentliche Gebete angeordnet, damit
sich der mitleidsvolle Gott gnädiglich des Werkes seiner Hände
annähme.

„Ihm als dem aus der Kirche exkommunizierten, reue=
losen Erzketzer wurde natürlich eine christliche Beerdigung
versagt.

„Der Leichnam wurde auf dem Rande des Felsabhanges
verscharrt, und zwar mit dem Gesichte nach Westen hin
und fast in gleicher Entfernung von den beiden für die
Schildwache bestimmten kleinen Citadellen, welche gemeiniglich
unter dem Namen: „das Palazzetto“ und „das Casino“ bekannt
sind, auf dem der würdigen apostolischen Kammer gehörigen
Terrain.

„Für die Richtigkeit bürgt
Ludwig Marini, Erzpriester,
eigenhändig.“

Figuier giebt ferner zu verstehen, daß man Cagliostro
an einem sehr gelegen eingetretenen Schlaganfall habe sterben
lassen, da ja kurze Zeit nach seinem Tode in den Kirchenstaat
die ersten französischen Bataillone eingedrungen seien, deren
Offiziere sich bald besorgt nach dem Gefangenen erkundigten,
um ihm vielleicht eine ähnliche Huldigung zuteil werden zu
lassen, wie sie ihm schon einmal die Bewohner von Paris

nach jenem Prozeß mit dem Halsband bereiteten. Man er=
widerte ihnen, daß der Graf soeben den letzten Atemzug ge=
than hätte. Doch hätte man wohl schwerlich jenen schrecklichen
Verdacht erheben können, ohne einen unerschütterlichen Grund
dafür zu haben, umsomehr einem Beschlusse gegenüber, der
schon mit vielen anderen schweren Verbrechen das Gewissen
belastet hatte.

Jedenfalls ist es ein nicht zu unterschätzender Umstand
(der meiner Ansicht nach bisher noch nicht genügend hervor=
gehoben und beachtet worden ist), womit uns der obige Bericht
von seinem Tode an die Hand geht. Die Worte: „in Erwartung
seiner Reue und Besserung zu lebenslänglichem Ge=
fängnis begnadigt", sowohl als auch der Satz: „nachdem er
mit steter Hartnäckigkeit alle Beschwerlichkeiten
der Kerkerhaft ertragen hatte," sind nur zu ver=
stehen, wenn man annimmt, daß die Inquisition Cagliostro
im geheimen wenigstens die Freiheit zugesichert hatte, sobald
er öffentlich sich von seinen Ideen losgesagt habe. Dies
würde natürlich der allein seligmachenden Kirche lieber ge=
wesen sein, als die Gefangenschaft des „Großkophta's." Dieser
jedoch wies heldenhaft das Anerbieten zurück und zog selbst
die harte Kerkerhaft und den Tod einer Gnade vor, die er
um diesen Preis erlangen sollte.

Ein schöner Tod heiligt das ganze Leben.

§ 30. — Was wir bisher von diesem seltsamen Manne
erwähnt haben, ist sozusagen nur seine Chronik, der wir
zuerst unsere Aufmerksamkeit zuwandten. Allein er verdient
auch noch andererseits einer eingehenderen Beschäftigung.

Lassen wird daher das folgen, was von ihm ein Ge=
schichtsschreiber seiner Zeit sagt:

„Er ist ein Doktor, in der kabbalistischen Kunst ein=
geweiht, und zwar in jenen Teil derselben, welche den Ver=
kehr mit den Elementargeistern, sowie ferner mit den Ver=
storbenen und den abwesenden Personen ermöglicht. Er ist

ein Rosen=Kreuzer, dem alle menschliche Wissenschaft zu eigen und auch das Geheimnis der Umwandlung der Metalle und hauptsächlich der Goldmacherei bekannt ist. Er ist ein äußerst wohlthätiger Sylphe, welcher die Armen umsonst heilt und für nur wenig Entgelt die Unsterblichkeit den Reichen verkauft und auf seinen weiten Reisen die ungeheuersten Entfernungen in denkbar kürzestem Zeitraum durcheilt." *)

Und der Verfasser der Lettres sur la Suisse, welcher ihn in seinem Werke einiger Worte würdigt, schreibt: „Man weiß nicht woher er kommt, noch wer er ist, noch wohin er geht. Geliebt und geachtet . . . . . erblickte er seine Lebens= aufgabe darin, die Kranken zu besuchen und hauptsächlich die Armen, indem er ihnen durch seine Mittel Hülfe zu teil werden ließ, die er stets unentgeltlich abgab, nicht minder aber auch mit seiner Geldbörse, um ihnen Lebensunterhalt zu gewähren. Er selbst aß sehr wenig und nährte sich fast ausschließlich von Suppenbrei. Niemals legte er sich zu Bett und ruhte nur höchstens zwei bis drei Stunden auf einem Sopha."

Wie dem Grafen von St. Germain, so rühmte man auch Cagliostro ein Mittel nach, ein Lebens=Elixir, womit man auf unbestimmte Zeit sein Dasein verlängern könne. Übrigens sollte Cagliostro, wenn wir einigen seiner Historiker glauben sollen, auch behauptet haben, und zwar wohl weit ernsthafter, als es St. Germain that, — daß er Gott weiß wie viele Jahrhunderte seines Lebens zähle. So brach er einmal vor der „Kreuzabnahme" Jouvenet's in heftige Thränen aus. Als ihn dann der Cardinal Richelieu fragte, was ihn dabei so heftig ergreife, antwortete er, daß er sehr gut Christus gekannt habe und sogar in Palästina ein Freund von ihm gewesen wäre! . . .

Wo Cagliostro in die Geheimwissenschaften eingeweiht

---

*) Tableau mouvant de Paris Bb. II, S. 307.

worden ist, läßt sich nur sehr schwer feststellen. Ein sehr
unglaubwürdiger Geschichtsschreiber*) behauptete, daß Cagliostro
und Lorenza vom Grafen St. Germain in Holstein mit den
Geheimwissenschaften bekannt geworden wären, und erzählt uns
langes und breites über die Einweihungen, die romantische
Narreteien seien, „à faire dormir debout." Eine englische
Korrespondenz, welche der Verleger Treutel zu Straßburg
im Jahre 1788 herausgab, liefert uns eine, wenn auch nichts
weniger als poetische, so doch höchst wahrscheinliche Erklärung,
wie Cagliostro auf den Gedanken verfiel, eine eghptische Freimaurerloge zu begründen:

„Vertraut mit den Geheimnissen der Freimaurerei, ließ
er nicht nach während seines ganzen Aufenthaltes in London
die verschiedenen Logen häufig zu besuchen. Als er kurze
Zeit darnach dieser Stadt den Rücken wenden wollte, erwarb
er bei einem Buchhändler ein Manustript, das einem gewissen
George Goston gehört zu haben scheint, der ihm jedoch völlig
unbekannt war. Dasselbe behandelt die egyptische Freimaurerei,
jedoch nach einem System, welches zu sehr der Zauberei und
dem Aberglauben huldigte. Er nahm sich daher vor, auf dieser
Grundlage einen neuen Ritus zu begründen, indem er seinen
Worten zufolge alles das ausmerzte, was irgendwie als
gottlos hätte aufgefaßt werden können: nämlich die Zauberei
und den Aberglauben. Dieses System wurde in der That
begründet, und zwar hat sich der Ritus, dessen Gründer er
ist, in allen Weltteilen ausgebreitet und seinem Stifter die
erstaunlichste Berühmtheit verschafft."

Gewiß war die Freimaurerei eines Cagliostro nicht dieselbe wie heute, sondern eine ganz transzendentale, deren
Gebräuche etwas übernatürlich waren, wie in dem Speisesaal
von St. Graal, „woselbst man Geister und Dämonen sah und

---

*) Mémoires authentiques pour servir à l'histoire du comte de
Cagliostro, 1785.

wo auch der Geist der Adepten auf magische Weise von dem
Planeten des Elends, auf dem wir leben, hinweggerissen
wurde "*).   Die Sache scheint sogar aus den Zeremonien der
Einweihung bei den egyptischen Logen hervorzugehen, welche
uns von dem zeitgenössischen Verfasser der Vie de Cagliostro
(Kap. 3, S. 134—135) überliefert werden.

Die ärztlichen Heilungen Cagliostro's gehörten gewöhnlich
zu jenen, die man heute als magnetische bezeichnet und
welche die Gelehrten ohne Unterschied der Suggestion zuschreiben. Er entfernte sich von dem Systeme Mesmer's, seines
Zeitgenossen, indem er nicht seine Zuflucht zu Manipulationen,
zu eisernen Ruthen und Kästen u. s. w. nahm. Er heilte
einfach durch Berührung wie Fox, Greatrakes, Gassner und
viele Heiligen. Manchmal wandte er auch verschiedene Elixire
an, als er z. B. die Heilung des Fürsten von Soubise vornahm, die so großen Staub aufwirbelte, da derselbe von allen
Ärzten aufgegeben war. Seine wunderbaren Heilungen wurden
auch nicht von einem seiner Zeitgenossen bestritten. So schrieb
einer derselben **): „Weit mehr als 15 000 Krankheiten wurden
von ihm kuriert. Selbst seine größten und gehässigsten Ver-
läumber werfen ihm nur drei Kuren vor, wobei der Patient
gestorben sei." Ebenso unleugbar jedoch ist auch die absolute
Selbstlosigkeit, womit er seine Kuren ausführte. Wenigstens
nahm er in Frankreich niemals weder von den Armen noch
von den Reichen Geld für seine Kuren. Geld schien er überhaupt — und nicht wenig — von den Freimaurerlogen erhalten zu haben, ohne daß dies jedoch auch nur im mindesten
als hinreichend erachtet werden könnte, um seinen großartigen
Pomp und seine weitgehende Freigebigkeit zu erklären.

§ 31. — Die hervorragendste Besonderheit des Grafen
von Cagliostro war in Betreff der psychischen Phänomene

---

*) Gouret, Personnages célèbres dans les rues de Paris, 1811,
Band I, S. 260.

**) Lettres sur la Suisse.

seine „Mediumschaft des Schauens im Wasser=
glase", wovon bereits die Rede war.*) Diese Manifestationen
vermochte er nur vermittelst eines Knabens oder eines Mäd=
chens zu bewerkstelligen, denen er dann die Namen beilegte:
„Täubchen oder Pflegekinder." Nach einigen Worten,
die Cagliostro an sie richtete, um sie gleichsam erst für ihre
Aufgabe zu weihen, mußten die Kinder vor einer Flasche
aus Krystall, die mit Wasser angefüllt war, die Anrufungs=
formel nachsprechen. Darauf offenbarten sich die himmlischen
Geister unverzüglich dem Blick der kleinen Medien, und diese
konnten sodann in dem Krystall die Antworten auf die Fragen
lesen, welche man den Engeln zuschrieb, wenngleich die Ant=
wort nicht von einer geheimnisvollen intelligiblen Sprache
verkündet wurde.

So erzählt ein Zeitgenosse Cagliostro's von einer Sitzung,
welche der Magier am selben Abend seiner Ankunft in Straß=
burg abhielt.**)

„Es wurden in den Saal .... mehrere Knaben ge=
führt und ebenso verschiedene Mädchen im Alter von 7—8
Jahren. Der Groß=Kophta wählte sich von jedem Geschlecht
ein „Täubchen" aus, das ihm am intelligentesten erschien ..
.... Auf einen runden Ebenholztisch stellte man sodann die
Krystallflasche ... Hierauf legte der Groß=Kophta seine
Hände den beiden Kindern auf die Augen und auf die Brust,
indem er unter allgemeinem Stillschweigen sonderbare Zeichen
vornahm ....

„Cagliostro forderte nun die Anwesenden auf, an die Kinder
irgendwelche Fragen zu richten. Natürlich ließ sich diese Auf=
forderung gar mancher Zuschauer nicht zweimal sagen. So
fragte denn eine Dame, was in diesem Augenblick ihre Mutter
in Paris thäte. Die Antwort lautete, daß sie im Theater

---

*) Hauptsächlich Buch 6, Hauptst. 3, §§ 8—12.
**) Figuier, Histoire du Merveilleux, Band IV, Kap. 1.

ſitze neben zwei alten Leutchen. — Eine andere wollte das Alter ihres Gemahls wiſſen. Da ſie keine Antwort erhielt, ſo erſcholl ein lautes, begeiſtertes Beifallsgeſchrei, da nämlich jene Dame überhaupt nicht verheiratet war. Dadurch, daß dieſer Verſuch, einen Fallſtrick zu legen, glänzend mißlungen war, unterblieb auch alles weitere derartige auf die Probe= ſtellen. — Eine dritte Dame ſchließlich bot ein verſchloſſenes Briefchen dar. Das Kind las bald in der Flaſche die Worte: „Ihr werdet es nicht erlangen.“ Man öffnete das Briefchen und fand darin die Frage geſtellt, ob das, was die Frau für ihren Sohn erbeten hatte, ihr bewilligt werden würde. Auch dieſe wiederum richtige Antwort rief großes Erſtaunen hervor.

„Ein Richter, welcher daran zweifelte, ſandte im Ge= heimen ſofort ſeinen Sohn nach Hauſe, um zu erfahren, womit ſich in jenem Augenblicke ſeine Frau beſchäftige. Bald darnach ſtellte er dieſe Frage an den Groß=Kophta. Die Kryſtallflaſche ließ ſeltſamer Weiſe diesmal nichts erſehen; aber eine geheimnis= volle Stimme verkündete, daß die Dame mit zwei Nach= barinnen beim Kartenſpiel ſäße. Dieſe ſonderbare, aus der Luft kommende Stimme, die von keinem ſichtbaren Organe her= rühren konnte, hinterließ einen bedeutenden Eindruck auf einen großen Teil der Geſellſchaft und verſetzte ſie gewaltig in Schrecken. Als nun der Sohn in das Zimmer trat, um die Echtheit des Orakels zu beſtätigen, da verließen mehrere Damen, aufs tiefſte bewegt und überraſcht, ohne weiteres die Sitzung.“

Laſſen wir nun die Berichterſtattung einer anderen Sitzung folgen, welche Cagliostro in Kurland abhielt und einem ihm höchſt feindlich geſinnten Hiſtoriker zu ver= danken iſt*):

„... er ließ in die Loge einen Knaben eintreten, das Söhnchen eines großen Herrn, und forderte dasſelbe auf, vor

---

*) Lebensbeſchreibung des Joſeph Balſamus ... Auszug aus den Akten des gegen ihn in Rom angeſtrengten Prozeſſes, Kap. 3.

einem Tisch niederzuknieen, auf dem sich eine Flasche mit reinem
Wasser befand: alsdann nahm er mit demselben eine Be=
schwörung vor und legte ihm die Hände auf den Kopf.
Beide wandten sich nun in dieser Stellung mit einem Ge=
bete an Gott, daß er das Gelingen ihres Werkes segnen möge.
Sodann befahl er dem Knaben, in die Flasche hinein zu sehen,
und dieser rief sofort aus, daß er in dem Wasser einen Garten
erblicke. Hieraus erkannte Cagliostro, daß der Himmel ihm bei=
stände, und ermutigt befahl er nun dem Knaben, daß er Gott
um die Gnade bitten möge, ihn den Erzengel Michael in der
Flasche schauen zu lassen. Zuerst sagte nun der Knabe: — Ich
sehe etwas weißes, ohne jedoch zu unterscheiden, was es ist. —
Dann aber fing er an zu hüpfen und hin und her zu springen,
wie ein Besessener, indem er dabei ausrief: — Ich sehe ein
Kind gleich wie ich, das mir etwas engelhaft zu sein scheint.
Und er gab eine Beschreibung davon gemäß jener Vor=
stellung, welche wir uns von den Engeln machen . . .

„Der Vater des Kindes drückte sodann den Wunsch aus,
daß sein Sohn vermittelst der Flasche erfahren möchte, was
in diesem Augenblick seine älteste Schwester mache. Dieselbe
befand sich nämlich auf einem Landhause, etwa 15 Meilen
von Mitau entfernt. Der Knabe antwortete, daß seine
Schwester in jenem Augenblicke die Treppe hinaufsteige und
einen anderen seiner Brüder umarme. Dieses schien den An=
wesenden unmöglich zu sein, da dieser Bruder mehrere Hunderte
von Meilen vom Aufenthaltsorte der Schwester entfernt wohnte.
Cagliostro geriet nicht außer Fassung und verlangte, man
möge doch einen Boten auf das Land schicken, um sich über
diese Sache zu vergewissern. Nachdem ihm dann sämtliche
Besucher die Hand geküßt hatten, schloß er die Loge unter
den üblichen Ceremonien.

„Man sandte sogleich einen Boten aufs Land und mußte
alsdann einsehen lernen, daß alles das, was der Knabe berichtet
hatte, vollkommen auf Wahrheit beruhe. Der Jüngling war von
33*

seiner Schwester umarmt worden, da er aus fremden Ländern
zurückgekehrt war.   Alle möglichen Huldigungen und die
größte Bewunderung wurde daher Cagliostro und seiner Frau
zuteil.   Der Groß-Kophta hielt noch weitere Sitzungen nach
seinem System ab und fuhr auch fort, mit der Wasserflasche und
dem Knaben zu experimentieren.   Eine Dame wünschte, daß
das ‚Täubchen oder Pflegekind‘ einen Bruder von ihr sehen
möge, der noch jung an Jahren bereits verstorben war, und
der Knabe sah ihn thatsächlich . . . .“

Sogleich nach jener Geschichte mit dem Halsbande ver=
ließ Cagliostro Frankreich, und seine Anhänger, welche in
diesem Lande zurückgeblieben waren, ließen ihn unter sich
vermittelst der Wasserflasche erscheinen und unterhielten sich mit
ihm (oder glaubten wenigstens sich mit ihm zu unterhalten),
wie es aus den Briefen hervorgeht, die ihm von F . . . aus
Lyon gesandt wurden und in die Hände der Inquisition fielen.

§ 32. — Es ist hier nicht der Ort, darüber zu diskutieren,
welchen Anteil an diesen Phänomenen das Hellsehen des
Mediums nimmt und in welcher Weise die Geister der Ver=
storbenen damit in Beziehung stehen.

Wir werden noch später uns damit zu befassen haben.
Hier beschränke ich mich indes nur darauf, John Dee,
jenen berühmten englischen Mathematiker, anzuführen, der um
das Jahr 1600 lebte und einen lapis manifestationis, näm=
lich einen Krystall, als ein Heiligtum aufbewahrte. Mit seinem
Medium Eduard Kelly lebte er dann eine Zeit lang am Hofe
des deutschen Kaisers Rudolf II, jenes Günstlings jeglicher
Art von Magie.*)

Auch werde ich zwei historische Anekdoten anführen,
welche mit den oben erwähnten Erscheinungen im engsten
Zusammenhange stehen.

Die erste entnehme ich einem Briefe, welchen die Herzogin

---

*) Karl Kiesewetter, John Dee, ein Spiritist des XVI. Jahr=
hunderts, Leipzig, 1893.

von Orleans in Marly unterm 16. Juni 1705*) geschrieben hatte:

„Herr de Louvois ist ein eifriger Gläubiger an Geister-offenbarungen geworden, und zwar infolge nachstehenden Falles. Als er davon sprechen gehört hatte, daß ein gewisser Major die Fähigkeit besitze, mit Geistern vermittelst eines Wasser-glases in Verbindung zu treten, hatte er zwar anfangs weid-lich darüber gelacht, dann aber schließlich doch eingewilligt, wenigstens einem Versuche beizuwohnen. Er machte damals der Frau Dufrénoy den Hof und an demselben Morgen hatte er ihr, um einen Scherz zu machen, von dem Wandspiegel ein Armband von Smaragden hinweggenommen. Niemand hatte dies bemerkt, weshalb auch niemand etwas hiervon wußte.

„Sobald er seinen Possen ausgeführt hatte, begab er sich sofort zu dem mit dem Major verabredeten Stelldichein und richtete an das Kind, welches als Medium fungierte, die Frage, woran er in jenem Augenblicke gerade dächte. Nachdem nun dasselbe in das Wasserglas geschaut hatte, antwortete es, daß er an eine schöne Frau dächte, die so und so gekleidet wäre und in allen Ecken ihres Zimmers nach einem abhanden ge-kommenen Schmuckgegenstande suche.

„Herr Louvois wandte sich darauf an das Kind und sagte:

„— Frag doch, was sie sucht. —

„— Ein Armband mit Smaragden — war die Antwort.

„— In diesem Falle laß den Geist angeben, wer es denn genommen hat und wo sich dasselbe augenblicklich befindet. —

„Das Kind sah in das Wasserglas und begann zu lachen. Dann sagte es auf einmal:

„— Ich sehe einen Mann, der gerade so gekleidet ist wie Sie und der auch sonst im übrigen genau so aussieht wie

---

*) Gentleman's Magazine, London, Dezember 1888.

Sie. Er hat das Armband vom Toilettentisch weggenommen und hat es jetzt noch in der Tasche. —

„Bei diesen Worten wurde Herr de Louvois blaß wie eine Leiche, und seit jenem Tage an glaubte er während seines ganzen Lebens fest an einen Verkehr mit den Geistern, bis sich ihm selbst die schimmernden Pforten des Geisterreichs auf= thaten."

Das nun nachfolgende wunderbare Ereignis findet sich in den M e m o i r e n des berühmten Herzogs von Saint=Simon:

„Ich erinnere mich auch noch einer Sache, die er (der Herzog von Orleans) mir in dem Salon von Marly erzählte.

„Die Sery hatte in ihrem Haus ein Kind von acht bis zehn Jahren, das daselbst geboren und niemals heraus= gekommen war. Daher war dasselbe auch noch so einfältig und so unwissend, wie Kinder in jenem Alter bei der= artiger Erziehung sind. Von den vielen Gaunerstückchen mit ihren sonderbaren Tricks, welche der Herzog von Orleans in seinem Leben angetroffen hatte, wurde ihm auch ein solches dargeboten, welches darin bestände, daß jemand in einem mit Wasser angefüllten Glase alles zu erschauen vermöchte, was er gerade gerne wissen wollte. Diese Person forderte irgend ein junges und unschuldiges Menschenkind auf, in das Glas hineinzuschauen. Es zeigte sich nun, daß das erwähnte Kind hierzu sehr geeignet erschien.

„Man amüsierte sich damit, in Erfahrung zu bringen, was zu jener Zeit an entfernten Orten geschähe, und das Kind sah in das Glas und berichtete sodann nach und nach, was es gesehen hatte. Jener Mann sprach mit leiser Stimme einige Worte in das Glas Wasser, und bald darauf sah das Kind hinein, und zwar stets mit großem Erfolg.

„Die Betrügereien, denen der Herzog von Orleans so oft zum Opfer gefallen war, ließen in ihm den Wunsch auf= kommen, selbst eine Probe zu veranstalten, um sich der Richtigkeit des Experimentes zu versichern.

„Er gab daher jemandem seiner Hausbewohner einen ge=
heimen Befehl, sich unverzüglich zu der Frau von Nancré zu
begeben und zuzusehen, womit dieselbe im Augenblicke beschäftigt
sei, wer zu Besuch bei ihr weile, wie das Zimmer beschaffen
wäre, worin sie sich aufhalte u. s. w. — jedoch niemandem
davon etwas mitzuteilen und ihm von alledem sogleich Bericht
abzustatten. In einem Augenblicke war der Auftrag aus=
geführt, ohne daß jemand es gewahr geworden und ohne daß
das Kind aus dem Zimmer gegangen war. Sobald nun
der Herzog von Orleans das erfuhr, wonach er auskund=
schaften ließ, befahl er dem Kinde, es möchte in dem Hause
der Frau von Nancré sich noch weiter umsehen und ihm
sodann mitteilen, was sich dort zutrage. Dieses erzählte nun
haarklein alles, was es dort gesehen hatte, beschrieb leicht er=
kennbar die vom Herzog abgesandte Person, sowie den Saal,
die Leute, die sich darin befanden, welchen Platz sie im
Zimmer einnahmen; es gab ferner genau an, wer an zwei ver=
schiedenen Tischen spielte und wer herumstand und sich unter=
hielt, die Möbel — kurz und gut — alles bis ins kleinste.

„Der Herzog sprach mit mir nicht oft von solchen
Dingen, da ich mir die Freiheit nahm, meine Mißbilligung
darüber zum Ausdruck zu bringen, ja sogar mir erlaubte,
als er wieder anfing, von dergleichen zu erzählen, darüber
zu lachen und ihm zu sagen, daß nach meiner Ansicht er
besser nicht solchen Dingen Glauben beimessen und von solchen
Scherzen fast außer sich geraten solle, besonders zu einer
Zeit, da sein Kopf an wichtigere Dinge zu denken habe.

„‚Dies ist noch lange nicht alles‘, sagte er mir, ‚und ich habe
Ihnen nur unter der Bedingung davon erzählt, daß ich auch
meine Erzählung zu Ende führen darf‘. Und ohne Zeit zu ver=
lieren, berichtete er mir, daß er, ermutigt durch die genaue
Wiedergabe alles dessen, was das Kind in dem Saale der
Frau Nancré gesehen hatte, noch etwas von mehr Belang
habe erfahren wollen, nämlich das, was sich bei dem Tode des

Königs zutragen werde, ohne gerade die Angabe der Zeit zu
verlangen. Sogleich fragte er dann auch das Kind darnach,
das doch niemals etwas von Versailles gehört, noch jemand
vom Hofe außer seiner Person gesehen hatte. Jenes be=
obachtete und erklärte dann nach und nach das, was es sah,
und gab eine genaue Beschreibung von dem Zimmer des
Königs zu Versailles, sowie von den Möbeln, die sich in
der That bei dem Tode des Königs daselbst befanden. Es
beschrieb auch ganz richtig den König, wie er in seinem Bette
lag, und diejenigen, welche am Fuße des Bettes um den
König herumstanden oder sich im Nebenzimmer befanden,
ferner ein kleines Kind, das mit den Insignien von Frau
de Bendatour gehalten wurde, und um die herum lebhaftes
Beifallrufen erscholl, als man sie bei Fräulein De Sery ge=
sehen hatte. Es ließ sodann ferner die Frau von Maintenon,
die einfache Gestalt von Fayon, die Herzogin von Orleans,
die Herzogin und Fürstin von Conti erkennen und stieß einen
Freudenschrei aus, als es die Herzogin von Orleans erblickte.
Kurz, es gab alles zum Ausdruck, was es von Fürsten, hohen
Herren, Vasallen und Dienern sah. Als das Kind geendigt
hatte, fragte der Herzog von Orleans — überrascht, weil es
nicht den Erzbischof, den Herzog und die Herzogin von
Burgund, sowie den Herzog von Berri erwähnt hatte — ob
es nicht noch andere Personen gesehen hätte, die es nicht be=
schrieben habe. Das Mädchen antwortete beständig nein und
wiederholte, was es gesehen hatte. Der Herzog von Orleans
konnte sich nicht den Fall erklären, und so sehr er sich darüber
verwunderte und nach einem Grund suchte, gelang es ihm doch
nicht, einen solchen ausfindig zu machen.

„Die Thatsachen lieferten später die Erklärung. Es war
im Jahre 1706: alle vier strotzten damals noch vor Gesundheit und alle vier starben dennoch vor dem König. Ebenso
sah das Kind den Erzbischof, den Herzog und den Prinz
von Conti nicht. Dagegen bemerkte es die Söhne der beiden

letzten, den Herrn von Maine, dessen Söhne und den Grafen von Toulose . . . .

„Alles das hatte sich zu Paris in dem Hause der Freundin des Herzogs von Orleans in Gegenwart ihrer vertrautesten Bekannten am Tage vorher, an dem er es mir erzählte, zugetragen. Und ich habe die Sache so außerordentlich gefunden, daß ich sie wiedergegeben habe, nicht um sie zu bestätigen, sondern um sie zur Kenntnis zu bringen."

§ 33. — Der anmutige Prosaiker und Dichter Cazotte (1720—1792) kann als der letzte der Illuminaten betrachtet werden, welche die große französische Revolution vorausgesagt haben. Auch erzählte man von ihm, daß er mit der übersinnlichen Welt in Verkehr stände, Vorgesichte, Warnungsträume und Erscheinungen habe.*) Sein Name ist besonders an jene Vorhersagung geknüpft, die man ihm betreffs der Unruhen vom Jahre 1792 zuschreibt. Lassen wir das wesentliche folgen, das hierüber La Harpe berichtet:

„Es scheint mir erst gestern gewesen zu sein, als wir zu Anfang des Jahres 1780 uns bei einem unserer Mitbrüder der Akademie, einem angesehenen Herrn von großem Geiste, zu Tische befanden.**) Die Gesellschaft war zahlreich und bestand aus Leuten jeden Standes. Alle lachten, alle klatschten den Lichtern ihren Beifall, welche die Philosophie für jede Klasse entzündet hatte und wodurch nun eine Umwälzung bevorstand, die Frankreich zu einem Reich der Freiheit gestalten sollte.

„Nur ein einziger Gast sollte nicht an dieser allgemeinen Freude teilnehmen . . . . Dies war Cazotte, ein liebenswürdiger und origineller Herr. Er ergriff das Wort und sagte in ganz ernstem Tone:

„— Meine Herrschaften, seien Sie zufrieden: Sie werden

---

*) Siehe Souvenirs de la marquise de Créquy.
**) Der Herzog von Nivernais.

alle diese großen und glänzenden Tage der Revolution erleben, die Sie, wie es scheint, nicht schnell genug herbeiwünschen können. Sie wissen, daß ich etwas prophetisch veranlagt bin, ich wiederhole, daß Sie es selbst sehen werden. —

„Man erwidert mit bekannter Bequemlichkeit: — Man braucht nicht gerade ein Magier zu sein, um das voraussagen zu können.*)

„— Ach, wenn auch; allein man muß doch immerhin etwas sein, um das voraussagen zu können, was mir noch erübrigt, zu sagen. Wissen Sie auch, was bei jener Revolution sich Ihnen allen, die Sie hier sitzen, zutragen wird? . . . .

„— Nun, wir werden es ja sehen! — sagte Condorcet in spöttischem Tone, — einem Philosophen kann es ja nicht unangenehm sein, mit einem Propheten zusammen zu kommen. —

„— Sie, Herr von Condorcet, werden in großem Elend im Gefängnis Ihre Seele aushauchen. Sie werden Gift nehmen, um der Hinrichtung zu entgehen, Gift, das jene traurige Zeit jeden zwingen wird, stets bei sich zu führen. —

„Eine große Überraschung brachte eine solche Äußerung natürlich bei allen hervor; darauf jedoch erinnerten sich die Gäste, daß Cazotte mit wachen Augen zu träumen vermöge, und man erging sich darin, den armen Cazotte einfach aus-zulachen. Jemand fragte sogar: — Was denn alles das mit der Philosophie und dem Bereiche der Vernunft zu schaffen habe? . . .

„— Sie, Herr Champfort — fuhr Cazotte unbeirrt fort, — werden sich mit zweiundzwanzig Schnitten vermittelst eines scharfen Rasiermessers die Pulsadern durchzuschneiden ver-suchen und dennoch werden Sie erst nach einigen Monaten sterben. . . . . Sie, Herr Vicq d'Azyr, werden sich nicht

---

*) Faut pas être grand sorcier pour cela.

selbst die Adern öffnen; allein nachdem man ihnen zehnmal an einem Tage zur Ader gelassen hat wegen eines heftigen Anfalles von Gicht, werden Sie auch in der darauf folgenden Nacht Ihr Leben beschließen . . . . Sie, Herr de Nicolai, und Sie, Herr Bailly, wie auch Sie, Herr Roucher, werden auf dem Blutgerüst ihr Leben enden . . . .

„— Aber werden wir denn von den Türken oder von den Tartaren überfallen und unterjocht? . . .

„— Durchaus nicht . . . . Es wird die eigene Vernunft herrschen. Diejenigen, welche so handeln, werden Philosophen sein und beständig jene Phrasen auf den Lippen haben, welche ich hier seit einer Stunde fortwährend hören mußte.

„— Und wann wird sich dies alles zutragen?

„— Keine sechs Jahre werden verflossen sein, ohne daß alles, was ich heute Abend angekündigt habe, in Erfüllung gegangen sein wird.

„— Was für Wunder! — sagte ich — zum Glücke haben Sie mich noch nicht mit einer Prophezeiung bedacht.

„— Ein Wunder wird sich allerdings auch Ihnen zutragen, monsieur La Harpe — erwiderte Cazotte — Sie werden Christ werden. —

„Von allen Seiten ließen sich in der ganzen Gesellschaft Zurufe der Ungläubigkeit vernehmen.

„— Aber hoffentlich sind wir Frauen doch geschützt und nehmen nicht an den Revolutionsbestrebungen teil — warf Frau de Gramont ein — . . . Unser zartes Geschlecht . . .

„— Ihr Geschlecht, gnädige Frau, wird Ihnen dabei wenig zu Nutze kommen; Sie werden kein besseres Los haben, als die Männer . . . . .

„ . . . Sie, Frau Herzogin, werden auf das Blutgerüst geschleift werden und zwar mit vielen anderen Damen der Gesellschaft in dem Schinderkarren, die Hände auf dem Rücken zusammengebunden . . . . Und so wird es auch noch mit Damen weit höherer Gesellschaft der Fall sein.

„ — Mit Damen weit höherer Gesellschaft? . . . vielleicht mit Fürstinnen von königlichem Geblüte? . . .

„ — De plus grandes dames encore . . .

„ — Und wird man uns auch nicht einmal einen Beichtvater bewilligen?

„ — Nein, gnädige Frau, ein Priester wird nicht in den letzten Stunden mit Ihnen beten. Dem letzten Hingerichteten wird man allerdings diese Gnade zuteil werden lassen: niemandem geringeren als dem . . . König von Frankreich.

„ — Aber, Herr Prophet — gab die Herzogin de Gramont zurück — und was wird Ihr Schicksal sein, das Sie so sorgsam verschweigen?

— „ Cazotte saß da mit gesenktem Blicke; kein Wort entrang sich seinen Lippen . . .

„ — Gnädige Frau haben — hub er endlich an — ohne Zweifel die ‚Belagerung von Jerusalem‘ gelesen. Während dieser Belagerung streifte sieben Tage hinter einander ein Mann um die Bollwerke der Stadt herum und ließ mit lauter und unheilverkündender Stimme die Worte vernehmen: »Unglückliches Jerusalem! Unglücklicher ich!« Am siebenten Tage wurde ein ungeheurer Stein von einem feindlichen Katapulte gegen die Mauer geschleudert, er sollte ihn treffen und ihn zerschmettern. —

„Bei diesen Worten erhob sich Cazotte, verneigte sich und verließ das Zimmer.“

Soweit der La Harpe'sche Bericht. Cazotte mußte die Guillotine besteigen und auch in allen seinen übrigen Prophezeiungen hatte Cazotte nur zu recht gesagt.

Man muß noch in Erwägung ziehen, daß diese Erzählung sich nur in den nachgelassenen Werken von La Harpe befindet. Indes versteht man nicht, warum er nicht früher dieses seltsame Vorkommnis veröffentlicht hat, da er dies doch ganz ruhig während des Kosulats thun konnte; denn der berühmte Kritiker bekannte sich ja schon damals offen als Christ und Antirevolutionär und starb doch auch erst im Jahre 1802. Dagegen aber wird die Erzählung La Harpe's von vielen gewichtigen Zeugnissen, wie von dem Wissenschaftler Deleuze, der Frau von Beauharnais und einigen Mitgliedern der Familie Vicq d'Azyr vollkommen bestätigt.*) Es liegt also durchaus kein Grund zu glauben vor, wie es seitens gewisser Personen geschehen ist, daß sich La Harpe dabei absichtlich auf einige leere Vorgesichte berufen habe, welche Cazotte einmal zum Ausdruck gebracht hätte. Das Vorhersehen einer Revolution habe damals sozusagen im Blute gesteckt und sei etwas, das uns heutzutage so natürlich erscheine, wie alle Dinge, welche da wären, weil die Erfahrung eben stets gelehrt habe, welches die Wirkungen der großen politischen und sozialen Veränderungen seien, die nicht vermittelst der Entwickelung zustande kämen.

Allein dies erschien damals jedem als etwas ganz unmögliches, und zumal denjenigen, die sich schon in ihrem schönen Traum wiegten: der ersehnten Freiheit, Gleichheit, Brüderlichkeit. So kam es daher auch, daß, als Cazotte von Hinrichtungen sprach, seine Tischgenossen verwundert ausriefen: „Aber was hat dies mit der Herrschaft der Vernunft zu thun? . . . Sollen wir denn von den Türken unterjocht werden?" u. s. w. . . . . .

Diese Prophezeiung Cazotte's scheint durchaus nicht unmöglicher als jene, die wir weiter oben von Saint-Simon berichtet haben und sich auf den Herzog von Orleans bezieht. Nur ist zu bedauern, daß es nicht gelang, volle und gänz verbürgte Beweise zu sammeln.

---

*) L. Figuier, Histoire du Merveilleux, Band IV, Kap. 7.

2. Hauptſtück.

Das Hellſehen.

§ 1. — Die Wahrſagung mit der Wünſchelrute*) iſt ein Wahrſageſyſtem, das heutigen Tages nur wenig aus= geübt wird und daher bis zu den letzten Jahren faſt gänzlich der Vergeſſenheit anheim gefallen war.

Doch blickt dasſelbe auf eine Vergangenheit zurück, die, wenn auch nicht gerade ruhmreich, ſo doch zum mindeſten intereſſant iſt. Man verwechſele jedoch nicht die Wünſchel= rute mit jenem Zauberſtabe, den Moſes und die egyptiſchen Zauberer in eine Schlange verwandelten und den wir dann

---

*) In lateiniſcher Sprache führt ſie die Namen: virga aurifera metal-
lica, virga metalloscopia, alſo die metallſpähende Rute, ferner virga
mercurialis, divinatrix oder auch virgula divina (unter dieſer Bezeichnung
bereits bei Cicero und Varro). Dem deutſchen Namen begegnen wir zuerſt
wohl in dem zu Augsburg im Jahre 1482 erſchienenen Werke: „Buch der
Natur“ von Konrad von Megenberg. Etymologiſch rührt er von dem
alten Worte: „wünſcheln“ her, welches ſoviel wie ſchlagen,
wackeln, ſich bewegen bedeutet. Bei den italieniſchen Bergleuten
heißt ſie: verga battente, trepidante, saliente, caudente, lucente; bacchetta
magica, divina ꝛc. ꝛc. Die franzöſiſche Bezeichnung lautet: baguette
divine, divinatoire; bâton de Jacob; verge supérieure, ardente, divine,
luisante. Engliſch: divinatory wand, magic wand.

Der Überſetzer.

bei den Römern unter der Bezeichnung lituus in der Hand des Priesters wiedertreffen, dem beständigen Begleiter der mittelalterlichen Zauberer.

Dieser Zauberstab läßt sich viel eher als ein Sinnbild auffassen, als das Mittel zur Macht. Die Wünbschelrute gehört höchst wahrscheinlich dem grauen Altertume an; schon die Perser, Meder und Skythen scheinen sich derselben bedient zu haben. Nach Herodot wandten die letzteren dieselbe als eine Art Gottesurteil an, um einen Meineidigen zu entdecken. Und daß auch den Griechen die Wünbschelrute bekannt war, davon dürfte ohne allen Zweifel das Wort Rhabbomantie*) Zeugnis ablegen, das eben gerade „Wahrsagung mit der Rute" bedeutet. Doch scheint es mir immerhin wenig bewiesen zu sein, daß das System, dessen sich die Alten bei ihrer Weissagung vermittelst der Rute bedienten, das nämliche war, mit welchem wir im folgenden zu thun haben werden.

Im Mittelalter stand die Wünbschelrute hauptsächlich in Gebrauch, um die im Innern der Erde verborgenen Metalle zu entdecken und ausfindig zu machen. In dieser Hinsicht erwähnten sie vor allem der berühmte deutsche Alchimist Basilius Valentinus, ferner Paracelsus, Georg Agricola und Goclenus. Es folgen sodann Pater Kircher, welcher die Bewegungen der Rute einer übernatürlichen Ursache zuschreibt, der Pater Schott, welcher im Jahre 1659 behauptete, daß die Wünbschelrute in ganz Deutschland allgemein angewandt werde und daß er seinerseits des öfteren Personen auf diese Weise nach unterirdischem Gold und Silber habe fahnden sehen.

In Frankreich wurde die Anwendung der Wünbschelrute in den Bergwerken um das Jahr 1635 allgemein und gewann

---

*) Von ῥάβδος Rute, Gerte, Stock, Stab und μαντεία Weissagung. Der Übersetzer.

ungeheuer an Bedeutung, als das Ehepaar de Beausoleil auf
diese Weise kundgab, daß in ihrem Lande noch weitere 150
unbekannte Metallgänge existierten.*) In der Hoffnung, die
Abneigung der Regierung zu erschüttern, die sich nur ober=
flächlich um solche Reichtümer kümmerte, schrieben und ver=
öffentlichten sie ein kleines Buch, unter dem Titel: La Re-
stitution de Pluton, welches das Ehepaar sodann dem
Kardinal Richelieu widmete. Als Antwort darauf ließ der
Kardinal und Minister, der mehr den Feinden Beausoleil's
und den bigotten Schmeichlern — die natürlich das Ehepaar
der Zauberei anklagten — Glauben schenkte, Beausoleil und
Frau in den Kerker werfen, wo natürlich ein elender Tod
ihrer wartete.

§ 2. — Desgleichen wird in einem anderen Buche Beau=
soleil's: Véritable déclaration de la découverte des mines
et des minières in Frankreich zum ersten Male die Anwendung
der Wünschelrute zur Auffindung von Quellen angeführt. Der
berühmte Pater Kircher behauptete ebenfalls, daß sich die
Wünschelrute offenbar nach unterirdischen Gewässern hin=
neige — „was ich nicht zugestehen würde," fügt er dann hinzu,
„wenn ich nicht dies aus eigener Erfahrung bestätigt gefunden
hätte." — Pater Dechales, ebenfalls Jesuit, hebt in seinem
Werke: Mundus mathematicus diese Auffindungsmethode
von Quellen ganz besonders hervor und spricht von einem
befreundeten Ehrenmann, der vermittelst einer Rute von der
Haselstaude mit solch großer Leichtigkeit und Sicherheit die
Quellen ausfindig machen konnte, daß er auf dem Erdboden
den Lauf der unterirdischen Gewässer zu zeichnen verstand.
Im Jahre 1674 erschien auch die Schrift eines Advokaten
zu Rouen, Mr. le Royer, der darin zu beweisen sucht, daß
die Wünschelrute zur Entdeckung aller möglichen verborgenen
Dinge zu benutzen sei und welcher er die sonderbare Überschrift

---

*) Gobet, Les anciens minéralogistes de France.

„Abhandlung über den Allerweltsstab" gegeben
hatte. Was nun die Gewässer anbetrifft, so versicherte er,
einen so wohl gelungenen Versuch darüber angestellt zu haben,
daß er damit fünf oder sechs Gelehrte, darunter drei Jesuiten,
bekehrt habe.

Kein Hydroskope, d. h. Quellenfinder, hat sich wohl
eines solchen Rufes zu erfreuen gehabt, wie Bartholomäus
Bleton, der im Jahre 1690 zu Rouvent in der Provinz
Dauphiné in das Diesseits eintrat. Er wurde aus diesem
Grunde stets von einer Gegend Frankreichs zur andern berufen.
Zahlreiche eingehende und peinlich genaue Experimente führte
er in Gegenwart von Gelehrten aller Art aus, welche sodann
darüber wertvolle Bände schrieben. Andere berühmte Hydro=
skopen waren Jean Jacques Parangue, der im Jahre 1760
in der Provinz geboren wurde, der Trientiner Campetti, der
zu Anfang dieses Jahrhunderts in hohem Ansehen stand und
dem die Chemiker Ritter, Schelling und Baader besondere
Aufmerksamkeit schenkten, ferner der Franzose Ponnet, mit dem
sich Spallanzani, Biot, Fortis, Amoretti*) beschäftigten, sodann
der Graf von Tristan, eine über jeden Verdacht erhabene
Person**), sowie schließlich der Abt Paramello, der in diesem
Jahrhundert lebte und im Verlauf von nicht weniger als
25 Jahren 10275 Quellen entdeckte.

Auch heute giebt es noch Quellenfinder, die unsere Länder
durchziehen: nach dem Volksglauben sind die sogenannten
Siebenmonatskinder besonders hierzu veranlagt. In Frank=
reich werden die Hydroskopen sourciers genannt, von source,
Quelle, herkommend, und dieses Wort ist im Volksmund
nunmehr heutzutage fast gleichbedeutend mit sorciers***),

---

*) Letzterer schrieb eine Abhandlung über die Rhabdomantie, Mai=
land 1808.

**) Dieser gab im Jahre 1826 ein Buch heraus, welches den
Titel führte: „Recherches sur quelques effluves terrestres."

***) Siehe die Etymologie dieses Wortes in der Anmerkung † auf
S. 165 dieses Bandes. Der Übersetzer.

Zauberer, geworden. Abgesehen von ihrer Fähigkeit als Quellen=
finder bediente man sich der Rhabbomanten auf dem Lande
noch besonders zur Feststellung der Grenzsteine zwischen den
verschiedenen Feldern, wenn man nämlich den Verdacht hegte,
daß dieselben betrügerischer Weise verrückt worden seien.

§ 3. — Am meisten ragt aber unter den Rutengängern
Jacques Aymar hervor. Es war dies ein einfacher
Bauersmann aus der Provinz Dauphiné, der von Jugend an
eine bekannte Persönlichkeit wurde, da er sich der besonderen
Gabe erfreute, die Wündschelrute zu handhaben.

Dieser Mann, ein einfacher Quellenfinder, sollte durch einen
Zufall dazu kommen, auch seine besondere Fähigkeit kennen zu
lernen, Diebe und Mörder zu entdecken. Als er eines Tages auf
der Suche nach unterirdischem Gewässer begriffen war, begann
die Rute derart sich in seiner Hand zu bewegen, daß er
keinen Zweifel darüber hegte, das flüssige Element gefunden
zu haben. Er ließ daher an jener Stelle des Erdbodens
Nachgrabungen anstellen, doch sollte man anstatt eines frisch
sprudelnden Quells den Leichnam einer Frau finden. Um
den Hals war ein Seil geschlungen, vermittelst dessen die
Unglückliche erdrosselt worden war. Man erkannte nun, daß
man es mit einer Frau aus der Nachbarschaft zu thun
hatte, welche vor vier Monaten plötzlich spurlos verschwunden
war. Aymar begab sich in die Wohnung des Opfers und
wandte die Rute bei allen möglichen Leuten an: allein die=
selbe zeigte keinerlei Bewegung, bis er die Wündschelrute
endlich auch bei dem Manne jener Frau anwandte. Siehe,
da schlug die Rute mit großer Heftigkeit aus. Dieser ergriff
dann die Flucht, wodurch er sich in den Augen der Justiz
als schuldig erwies. Allerdings sehr richtig sagte Montesquieu:

„Wenn man mich anklagen würde, ich hätte die Glocken
der Notre Dame=Kirche gestohlen, so würde ich vor allen
Dingen mich durch die Flucht in Sicherheit zu bringen suchen."

Und viele haben die gleiche gute Meinung von dem Urteil der Behörde.

Im Jahre 1688 war zu Grenoble ein Diebstahl an verschiedenem Geräte begangen worden. Um nun den Platz ausfindig zu machen, wo die gestohlenen Sachen versteckt worden waren, nahm man seine Zuflucht zu einem Rutengänger und man wählte hierzu Aymar aus.

Dieser wurde sodann auf den Platz geführt, wo der Diebstahl begangen worden war. Die Wündschelrute schlug an, und zwar immerfort auf dem ganzen Wege von dort bis zu dem Gefängnisse, der also durch das Anschlagen der Rute angegeben wurde. Hier gelangte man nun vor eine verschlossene Thüre, die nur auf den ausdrücklichen Befehl des Richters geöffnet werden durfte. Man ging daher denselben um Gewährung dieses Vorhabens an, und dieser erteilte dann bereitwilligst hierzu seine Erlaubnis, indes begreiflicher Weise nur unter dem Vorbehalt, daß er selbst dabei zugegen sei. Als sich nun der Richter in das Gefängnis begeben hatte und die Thüre geöffnet war, da schritt Aymar sogleich auf vier erst jüngst verhaftete Diebe zu. Er stellte seinen Fuß auf den des ersten: doch gab die Wündschelrute kein Anzeichen von sich. Als er dies bei dem zweiten that, schlug die Rute an, und der Wahrsager behauptete, daß jener der Dieb sei, obschon dieser sich hartnäckig weigerte, ein diesbezügliches Geständnis zu machen. Bei dem dritten zeigte die Rute ebenfalls keine Bewegung, dagegen schlug sie bei dem vierten an, der zitternd und zagend schließlich ein Geständnis ablegte und den zweiten Gefangenen als seinen Mitschuldigen angab. Zuguterletzt bekannten sich dann beide als schuldig und nannten auch die Hehler. Daraufhin nahm man nun eine genaue und eingehende Haussuchung in der ganzen Umgegend vor. Die Haushalter leugneten zwar ihre Hehlerschaft, doch ergab die Nachsuchung vermittelst der Wündschelrute einen Schlupf

34*

winkel, wo diese den Raub in vollkommener Sicherheit
wähnten.

§ 4. — In der Nacht vom 5. auf den 6. Juli 1692
wurden zu Lyon ein Wirt und seine Frau in der Herberge
beraubt und ermordet. Der Polizei gelang es nicht, auch
nur im geringsten dem Schuldigen auf die Spur zu kommen.
Daher machte denn ein Bürger aus der Umgegend der Obrig=
keit den Vorschlag, Jacques Aymar durch seine Kunst die
Thäter ermitteln zu lassen. Man sandte nun nach dem
Rutengänger, der in einem Flecken bei Grenoble wohnte. Als
Aymar dem Staatsanwalte wie dem Kriminal=Kommissar vor=
gestellt worden war, behauptete er, ohne Zweifel die Schuldigen
vermittelst der Rhabdomantie ausfindig machen zu können,
wenn man ihn vorher erst an den Ort des Verbrechens ge=
führt hätte. Hierauf willigten die Herren ein und gingen nun
mit Aymar, der in der Hand seine Rute hielt, zu der Wirt=
schaft. Hier schlug die Rute mit furchtbarer Gewalt an der
Stelle an, wo man die beiden Leichname gefunden hatte.
Sodann begab sich der Rutengänger, stets von seinem In=
strumente geleitet, nach einem Laden, woselbst ein Diebstahl
verübt worden war, und zwar bald nach dem Morde. Als
Aymar dieses Haus verlassen hatte, folgte er immer weiter
den Spuren der Verbrecher, obschon er durchaus nicht in
Lyon bekannt war. Er betrat den Hof des Erzbischofs und
schritt durch das Rhonethor, seinen Weg am rechten Rhone=
ufer einschlagend. Die Wünschelrute gab ihm bald drei
Mitschuldige an, bald jedoch auch nur zwei. Der Zweifel
sollte jedoch sogleich gelöst werden. Als man zu dem Hause
eines Gärtners gekommen war, da behauptete Aymar, daß die
Mörder hier Wohnung genommen hätten und eine Flasche
geleert haben müßten, worauf die Wünschelrute zeigte. Der
Gärtner bestritt dies natürlich hartnäckig, und der Rhabbo=
mant sah sich genötigt, die Rute auf den Gärtner selbst an=
zuwenden; doch blieb dieselbe vollständig in Ruhe. Als man

die Rute jedoch auf seine beiden Söhne hielt, da begann sie zu schlagen, und vor Angst bekannten diese sodann, daß sie dem Verbote des Vaters zuwider dennoch Fremden Obdach gewährt hätten. Am Sonntag Morgen seien drei Männer gekommen, die sie auch näher beschrieben, und hätten sich im Hause zu einer Flasche Wein hingesetzt, zu jener nämlichen Flasche, worauf die Wünbschelrute Aymar's gezeigt hatte.

Darauf kehrten die Richter mit Jacob Aymar nach Lyon zurück, da man dort den Rhabbomanten folgenden Experimenten unterwerfen wollte. In der Wirtschaft, in welcher man das Verbrechen begangen hatte, war das Beil mit Beschlag belegt worden, dessen sich die Mörder bedient hatten. Man ließ nun bei dem Kaufmann drei ähnliche Beile holen und vergrub dieselben in der Erde. Aymar wurde sodann in den Garten geführt und begab sich mit seinem Instrumente an die verschiedenen Stellen. Allein weder bei dem einen noch bei dem anderen Beile schlug die Rute an, sondern lediglich bei jener Axt, deren sich die Mörder bedient hatten und die an dem Ort der That vorgefunden worden war. Wiederum wurden die drei Beile im Grase verborgen, und Aymar sollte mit verbundenen Augen nun die Stelle ausfindig machen, wo sich das Beil der Mörder befinde. Während die Rute bei den anderen Beilen ebenfalls wieder nicht die geringste Bewegung zeigte, schlug sie bei dem mit Blut bespritzten heftig an.

Am anderen Tage nahm der Rutengänger seine Nachstellung nach den Mördern wieder auf, in Begleitung des Vorsitzenden des Gerichtshofes und einiger Armbrustschützen. Als er am Ufer der Rhone angekommen war, betrat er einen Kahn, da er sagte, daß dies auch die drei Schuldigen gethan hätten, und wie diese legte auch er an verschiedenen Stellen an und erkannte alle Orte, wo jene Mörder Halt gemacht hatten. So gelangte man endlich nach Beaucaire. Hier führte die Wünbschelrute Aymar durch verschiedene Straßen bis an die

Thüre des Gefängnisses. Da hielt jetzt der Wundermann
still und behauptete mit Bestimmtheit, daß einer der Ver=
brecher darin bereits in Nummer sicher sitze. Als er nun die
Erlaubnis erhalten hatte, in das Gefängnis einzudringen, stellte
man ihn sogleich fünfzehn Gefangenen gegenüber. Unter diesen
befand sich auch ein Buckeliger, der vor einer Stunde wegen
eines kleinen Marktdiebstahls festgenommen worden war.
Aymar wandte nun bei sämtlichen Gefangenen der Reihe nach
seine Wünschelrute an, die jedoch nur bei dem Buckeligen an=
schlug, und er erklärte ganz bestimmt, daß dieser einer der Mit=
schuldigen wäre, welche die beiden Wirtsleute ermordet hatten.

Der Buckelige leugnete anfangs hartnäckig, auch nur
irgendwie an dem Morde beteiligt zu sein. Als man ihn
jedoch denselben Weg zurücklegen ließ, den er mit seinen
Genossen auf der Flucht aus Lyon eingeschlagen hatte,
da traf ihn das Unglück, an fast allen Orten wieder=
erkannt zu werden, in welchen er sich vorher auf=
gehalten hatte. Die Übereinstimmung so vieler Zeugnisse
wirkte derart verblüffend auf den armen Sünder, daß er
schließlich seine Frevelthat beichtete. Es wurde ihm der
Prozeß gemacht, worauf der Buckelige zum Tode verurteilt
und hingerichtet wurde, nachdem er noch vorher Gott und
die Menschen um Verzeihung gebeten hatte.

Aymar machte sich nunmehr auf die Suche nach den
beiden anderen Verbrechern. Er schlug seinen Weg nach
Nimes ein, kehrte sodann aber nach Beaucaire zurück, woselbst
er sich in die Gefängnisse begab. Diesmal zeigte jedoch seine
Wünschelrute keinerlei Bewegung bei den Gefangenen; in=
des erklärte der Gefängniswärter, daß allerdings ein solcher
Kerl, dessen Äußeres genau mit dem Bilde übereinstimmte,
welches man von dem Flüchtlinge entwarf, in das Gefängnis
gekommen sei, um sich nach seinem Spießgesellen, dem Buckeligen,
zu erkundigen. Man setzte zwar die Verfolgung dieses In=
dividuums fort; allein man sah sich bald genötigt, davon

Abstand nehmen zu müssen, da der Mörder bereits die Grenze des Reiches überschritten hatte.

§ 5. — Wenn jemals eine übernatürliche Thatsache als gut verbürgt zu betrachten ist, so war es hier der Fall, da sich dies alles unter der Beobachtung und der strengsten Untersuchung der Justizbehörde zutrug. Dieses geht aus den übereinstimmenden zeitgenössischen Zeugnissen von drei Autoren hervor: aus dem Zeugnisse des Dr. Chauvin, der davon in einem seiner Briefe spricht, welche zu Lyon in dem nämlichen Jahre veröffentlicht wurden; aus dem Zeugnisse Vanini's, des königlichen Staatsanwalts zu Lyon, der den Fall in seinem Werke: „Okkulte Physik" behandelt, die ebenfalls im Jahre 1692 erschien, und schließlich geht Dr. Pierre Garnier von der Universität Montpellier auf diesen Fall ein und bespricht ihn in seiner gleichfalls im Jahre 1692 zu Lyon erschienenen physikalischen Dissertation. Der Fall Aymar wurde übrigens von keinem seiner Zeitgenossen in Zweifel gezogen.

Nachdem so der Gerechtigkeit Genüge geschehen war, versuchten auch andere Personen das Phänomen nachzumachen das so glücklich bei Aymar vorgekommen war: man nahm das Beil, dessen sich die Mörder zur Ausführung ihres Verbrechens bedient hatten, und brachte es mit mehreren anderen, die ihm vollständig ähnlich waren, zusammen. In der Hand gewisser Personen, worunter sich auch solche „de considération et de mérite" befanden, gab die Wündschelrute richtig das Mordinstrument an, während man bei anderen auch nicht die geringste Bewegung wahrnehmen konnte.

Auch stellte man zu Lyon, wie Dr. Garnier*) erzählt, noch andere Versuche mit Aymar an. So verbarg man unter anderem Silberthaler unter verschiedenen Hüten und legte

---

*) Bei Lebrun, Hist. des pratiques superstitieuses, Band III, S. 105.

noch eine Anzahl anderer Hüte hin, worunter man nichts verbarg. Da sollte nun die Rute stets diejenigen Hüte an= zeigen, worunter Geldstücke lagen.

Bisher war von den Triumphen die Rede, welche Jacques Aymar mit seiner Wünschelrute feierte: sprechen wir auch nun einmal von seinen Mißerfolgen. Der berühmte Ruten= gänger wurde von dem Fürsten Condé nach Paris berufen, um Beweise seiner wunderbaren Fähigkeit zu geben. Er unterzog ihn den mannigfachsten Versuchen, die jedoch zum größten Teile mißglückten. Nur selten vermochte der wunder= same Rutengänger geraubte Gegenstände zu finden oder Schuldige ausfindig zu machen. Aber auch die Experimente, welche besser gelangen, waren durchaus nicht überzeugend zu nennen und gaben Ursache zu schweren Verdachtsgründen. Dies ist wenigstens die hinreichend beglaubigte Behauptung des Paters Lebrun, die er im dritten Band seiner Histoire critique des pratiques superstitieuses aufstellt. Dagegen aber will der Abt Vallemont*) Gelegenheit gehabt haben, während seines Aufenthaltes in Paris jeden Tag wohl an zwei Stunden das Phänomen eingehend zu studieren, wo= durch er vollständig von der Echtheit desselben und der Wahrsagefähigkeit Aymar's überzeugt worden wäre.

Welcher von diesen beiden Gewährsmännern, die wohl das gleiche Vertrauen verdienen, wird nun recht haben?

Wahrscheinlich alle beide.

Und dies werde ich folgendermaßen zu beweisen suchen.

§ 6. — Ziehen wir vor allem die Betrugshypothese an und unterwerfen wir sie einer eingehenden Prüfung.

Hinsichtlich des zu Lyon vorgekommenen Mordes läßt sich die Betrugshypothese folgendermaßen fassen. Jaques Aymar müßte das gethan haben, wozu die Justiz nicht fähig gewesen war, nämlich über die Delinquenten Auskunft einzuziehen, ehe er Lyon verließ. Vielleicht hatte er auch alles von jenem

---

*) Physique occulte (préface).

Nachbar der Ermordeten erfahren, der ihn aus Grenoble
hatte kommen lassen. Dieser konnte auch beobachtet haben,
daß unter den vermeintlichen Verbrechern ein Buckeliger war.
Indem er dann jene Angaben befolgte, unterwegs noch Aus=
kunft einzog und alle Spuren genau beobachtete, welche die
Flüchtlinge hinterlassen haben konnten, gelangte Aymar endlich
nach Beaucaire. Hier hörte er, daß ein Buckeliger kurz vor=
her verhaftet worden war, und er begab sich daher zu dem
Gefängnisse, woselbst er imstande war, selbst auf die große
Gefahr hin, sich zu täuschen, sofort den Buckligen, den er
dort antraf, und nur diesen Buckeligen als den Thäter zu
bezeichnen.

Es ist dies die Hypothese der Schlauköpfe, „welche alles
„mit Hülfe der heutigen Wissenschaft zu erklären suchen.“
Den positiven Angaben und dem Lichte gerade jener Wissen=
schaft zu Danke finden sie es übrigens sehr natürlich, daß
Aymar, als er den Schauplatz der That verlassen hatte,
nunmehr auf den Straßen Lyon's den Spuren der Mörder
folgen, in den Hof des Erzbischofs, woselbst auch in der
That die Flüchtlinge jene Nacht zugebracht hatten, eintreten,
durch das Rhonethor schreiten und sich unter einem Bogen
der alten Dauphiné=Brücke, „worunter man sich sonst nie
aufhielt,“ aufhalten konnte. Ja, sie finden es durchaus
nicht als etwas besonderes, daß er genau alle Plätze anzu=
geben vermochte, woselbst sich die Räuber aufgehalten, wo sie
eine Flasche Wein getrunken und was für eines Glases sie
sich dabei bedient hatten; ebenso an welchem Tische sie saßen,
in welchem Bett sie lagen, sowie die übrigen einzelnen Um=
stände, welche dann nach dem Geständnis des Buckeligen und
nach Aussage der Zeugen als richtig anerkannt wurden.

Eine solche Genauigkeit bei Aymar könnte man übrigens
nur dann zulassen, wenn man zu einer sehr sonderbaren
Hypothese seine Zuflucht nimmt: „daß er nämlich von einem
Mörder, der zum Verräter seiner Spießgesellen geworden

wäre, die allergenaueſten Angaben über das Verbrechen wie
die Flucht erhalten habe." Ja, man wäre ſogar zu der An=
nahme gezwungen, daß aus dem Grunde, da Aymar auf
ſeiner langen Reiſe nicht im mindeſten vom Wege abkam
und ſo genau Betten, Flaſchen, Gläſer wiedererkannte, er
ſelbſt der Mörder geweſen wäre, oder zum mindeſtens aber
der Kammerherr oder einer der Bogenſchützen, welche dem
Rutengänger als Sicherheit mitgegeben wurden.

Dann bliebe doch immer noch zu erklären übrig, wie
der Rhabbomant das Mordbeil unter den anderen gleichen
Beilen herausgefunden habe und wie dies ebenfalls die Per=
ſon „de considération et de mérite" vermochte, wovon
weiter oben die Rede war. Vor allem möchte ich wiſſen,
wie Aymar in Gegenwart des Staatsanwaltes und mit ver=
bundenen Augen bloß durch die Bewegung der Rute an=
gehalten werden konnte, und zwar gerade an dem Platze, wo
das mit Blut beſpritzte Beil verſteckt war; während die Rute
an jener Stelle keine Bewegung zeigte, wo die anderen Beile
verſteckt lagen.

Wie ſoll man auch mit Hilfe eines Genoſſen jene Er=
ſcheinungen erklären, wobei gar keine Helfershelfer im Spiele
ſein können? So verfolgte der berühmte Hydroſkope Bleton,
von dem bereits die Rede war, mit verbundenen Augen die
langen Waſſergänge von verworrener Geſtalt und gab faſt alle
Plätze an, die er auch früher bereits als Orte bezeichnet hatte,
an welchen ſich unterirdiſche Quellen befänden.*)

Es erklärt dies ferner nicht, daß Fräulein Martin von
Grenoble, nachdem ſie eine Barke beſtiegen hatte, vermittelſt
der Wünſchelrute genau die Stelle anzugeben vermochte,
woſelbſt ſich die von den Fluten weggeſpülte Glocke befand.**)

§ 7. — Hier werde ich mich nicht aufhalten, die

---

*) Journal de Paris, 13. und 21. Mai 1782.
**) Lebrun. Histoire des pratiques superstitieuses, Band III.

Theorien Vallemont's näher zu betrachten, der um das Jahr 1700 das Phänomen der Wünschelrute dadurch erklären wollte, daß er behauptete, aus den Metallen, den Gewässern, ja sogar aus Dieben und Mördern strömten kleine Körperchen aus, welche bei ihrem Zusammentreffen mit der Rute dieselbe bewegen ließen.*) Auch sei hier die Hypothese Tournevel's nur gestreift; dieser griff nämlich vor einem Jahrhundert die Vallemont'sche Hypothese auf und nahm noch besonders elektrische Strömungen in den Vallemont'schen Körperchen an.**) Wenn die Bewegung der Wünschelrute von Ausströmungen anorganischer Körper herrühre, so würde jene in den Händen jeder Person anschlagen, was jedoch nicht der Fall ist. Dann aber müßte sie auch vor allem, wenn man auf der Suche nach einem Mörder war, bei dem Einflusse jedes Wassers angeschlagen haben und umgekehrt, wenn man Minen ent-decken wollte, auf den Einfluß von Dieben hin — was noch weniger vorkam.***)

Und wie wollte man mit solchen Methoden erklären, daß die Wünschelrute auch den Ort angab, von denen be-trügerischerweise die Grenzsteine eines Feldes entfernt waren, wenn man an diesen Orten die Grenzsteine überhaupt nicht mehr vorfand? Wenn endlich dann das Vorhandensein von Wasser und Metallen in der Nähe direkt auf die Rute einen Einfluß ausübt, so müßte diese sich auch in den Händen jeder Person bewegen, ja selbst dann, wenn sie auch nicht von jemandem in die Hand genommen wurde — was indes keineswegs der Fall ist.

Carpenter†) und andere schrieben die Bewegung der

---

*) P. Vallemont, Physique occulte, ou Traité de la baguette divinatoire.

**) Mémoire physique et médicinale etc., Paris und London 1781.

***) Der Fall Aymar's, wobei der Rutengänger einen Leichnam ent-deckte, während er auf der Suche nach unterirdischen Gewässern begriffen war, steht vollkommen vereinzelt da.

†) Principles of Mental Physiology.

Rute der gespannten Aufmerksamkeit des Rutengängers zu. Doch erklärt wohl der Umstand, daß man ein Phänomen mit Spannung erwartet, daß dieses sich vermittelst unbewußter Bewegungen zuträgt, nicht aber, daß es sich gelegentlich zuträgt, was doch das wesentliche ist. Mithin also entbehrt die Carpenter'sche Theorie durchaus der Vollständigkeit. Übrigens beruht dieselbe auch nicht einmal auf richtigem Prinzip. Im folgenden sei es unsere Aufgabe, diesen Punkt der „Geheimwissenschaften" zur größeren Klarheit näher ans Licht zu ziehen.

Vor allem ist zu beachten, daß in spiritistischen Kreisen die Vorstellungen von der Wünschelrute eine bemerkenswerte Änderung erlitten haben, da ja die Gewohnheit, die Dinge ohne Vorurteil und sozusagen ab ovo zu prüfen, bereits beginnt die Oberhand zu gewinnen über das System, die Fragen durch begeisterte Lobhudeleien auf die Wissenschaft zu lösen und dem „Aberglauben verflossener Zeiten" Fußtritte zu versetzen u. s. w. Und so wurde mancher „Aberglauben", wie z. B. jener der Aerolithen, einem eingehenden Studium unterzogen, und es zeigte sich sehr bald, daß jener sogenannte Aberglaube nur zu sehr auf Wahrheit beruhte.

§ 8. — Dasselbe war auch bei der Wünschelrute der Fall. Bei der Untersuchung derselben hat sich zweifellos W. F. Barrett, Professor der Experimentalphysik an der Universität von Dublin mit großen Ehren bedeckt. Dieser Gelehrte gehörte auch zu den wenigen seines Standes, welche sich eingehend mit den psychischen und den spiritistischen Phänomenen beschäftigt haben. Er veröffentlichte im Juli des Jahres 1897 in den Proceedings der Londoner Society for psychical Research eine erste etwa dreihundert Seiten umfassende Abhandlung, welche die Wünschelrute zum Gegenstande hat und besonders sich auf die Anwendung derselben bei der Quellenauffindung erstreckt. Als er dann ein Jahr später eine zweite Abhandlung über dieses Thema folgen ließ, war

in derselben auch das umfangreiche Studium Westlake's ge=
bührend verwandt worden.

Vor allem weist Professor Barrett darauf hin, daß
„nicht nur die große Masse von Leichtgläubigen, Ungebildeten
oder Abergläubischen, nicht nur Betrüger und dergleichen sich
diesen Glauben zu nutze machten, und nicht etwa Schwach=
sinnige, die jeder Albernheit Glauben schenken, von der Wirkung
der Wünschelrute überzeugt sind: sondern daß im Gegenteil
die hervorragendsten Gelehrten und Schriftsteller und die
emsigsten wissenschaftlichen Forscher im Gefolge einer großen
Anzahl von Bergbaukundigen und Quellenfindern die Wirkung
der Wünschelrute anerkannt haben und zwar alles Leute,
deren Behauptungen unbedingt das größte Gewicht beizulegen
ist." Er erwähnt dabei von den heutigen Geologen den be=
kannten Sekretär der amerikanischen Bergakademie Dr. R. Ray=
mond. Dieser kam nämlich bei seinen Forschungen zu dem
gewichtigen Schlusse, „daß das Thatsachenmaterial betreffs
Auffindung von Quellen und Lagern von Mineralien durch
Anwendung der Wünschelrute, selbst wenn man auch not=
wendigerweise die vielen Uebertreibungen, die Irrtümer und
absichtlichen Täuschungen in Abzug bringt, dennoch ein so
gewaltiges ist, daß ihm vollkommen ein wissenschaftlicher Wert
beizumessen ist." Und Herr J. de Enys, der Vorsitzende der
Königlichen geologischen Gesellschaft zu Cornwallis, sagt, er
habe sich selbst, gleichsam als Kunstliebhaber, eine Zeit lang
mit dem Quellenauffinden durch die Wünschelrute abgegeben.
T. B. Holmes, der Präsident der Geologischen Assoziation
zu London, veröffentlichte im Jahre 1878 eine sehr für die
Wünschelrute sprechende Studie. Im darauffolgenden Jahre
schrieb er dann die nachstehenden inhaltsschweren Worte:
„Keine intelligente Person kann die praktischen Erfolge der
Quellenfinder vermittelst der Wünschelrute in Zweifel setzen."
Und in ähnlicher Weise äußern sich auch andere Gelehrte,
welche von Barrett angeführt werden.

Dieser zieht außerdem mehrere Beispiele an, welche für die Wünschelrute sprechen, als auch solche, die dagegen zu sprechen scheinen. Doch sind letztere, was wenigstens die guten Quellenfinder anbetrifft, erheblich in der Minderzahl, gegenüber den vielen den Erfolg der Wünschelrute bestätigenden Fälle. Indes verhält es sich genau so mit jener nackten Aufstellung, welche man zu erwägen hat, wie mit den Begleitumständen der einzelnen Fälle, woraus eben klar hervorgeht, daß sie nicht einem bloßen Zufall zuzuschreiben sind.

Führen wir hier einen Fall an, den Horsham in Sussex beobachtete. Ein Gutsbesitzer ließ infolge seines trockenen Bodens auf seinem Gehöft zwei Brunnen graben, von Leuten, welche dies Gewerbe verstanden. Die Brunnen jedoch gaben nur unzureichendes Wasser. Auch ein dritter Brunnen, welcher dem Eigentümer auf 1000 Pfund Sterling zu stehen kommen sollte, war an Wasser=Armut den beiden ersten an die Seite zu stellen. Müde nunmehr der wissenschaftlichen Quellenauffindung, wandte sich der Besitzer an einen berühmten sourcier, namens Mullins. Dies spielte im Jahre 1892. Obschon Mullins bereits im vorgerückten Alter stand, so betrat er dennoch zum ersten Male gerade diesen Teil Englands. Der Rutengänger gab sich sogleich ans Werk. Bei den ersten beiden Brunnen erklärte er, daß dort das Wasser nicht tief genug wäre. Bei dem dritten Brunnen angelangt, bemerkte er dann folgendes: „Hier fließt ein Bach, welcher von der und der Richtung kommt." Dies war auch wirklich der Fall, doch hatte außer dem Besitzer und dem Arbeiter, der den Brunnen gegraben hatte, niemand Kenntnis von der Sache. „Wie tief ist der Bach?" fragte man Mullins. „Zwischen 50 und 60 Fuß", antwortete jener. Die genaue Ziffer belief sich auf 55 Fuß. Mullins wünschte sodann, das abschüssige, höher gelegene Terrain zu prüfen, wovon ihm indes der Eigentümer abriet. Die Sachkenner hätten das Terrain bereits untersucht und erklärt, daß daselbst kein Wasser zu

finden sei. „Nun, wir werden es gleich sehen," gab Mullins
zurück und begab sich an jene Stelle. An drei verschiedenen
Punkten zeigte die Rute heftige Bewegungen. Sodann be=
zeichnete man dieselben genau. „Es ist also doch Wasser unter
dem Hügel vorhanden", versetzte der Eigentümer. „Nein",
antwortete der Rutengänger, „die Brunnen 1 und 2 sind un=
abhängige Quellen, es liegt kein Wasser zwischen den beiden
Punkten, allein an diesem werdet Ihr viel Wasser von 12
bis 15 Fuß (3 /₂ bis 4¹/₂ m) Tiefe vorfinden." Mullins
gab noch drei andere Punkte in einem anderen Teil des
Eigentums an. Er erklärte, daß an einem Platze sogar das
Wasser 40 Fuß tief sei. Und in der That erwies sich, daß
dort Wasser von 35 Fuß Tiefe gefunden wurde. Bei den
anderen Punkten war es ebenso. Bei Punkt 1, 2, 3 fand
sich Wasser von 12 und 19 Fuß Tiefe. Alle Prognostika, welche
Mullins stellte, waren also vollkommen zuverlässig. Der
Besitzer hatte noch die glückliche Idee, nochmals sich von dem
Quellenfinder die Unabhängigkeit der beiden Quellen 1 und 2
bestätigen zu lassen. Er ließ einen der Brunnen leerpumpen,
und der Wasserstand in dem anderen zeigte durchaus keine
Veränderung. Als man sodann an einer anderen aufs gerade=
wohl ausgewählten Stelle, die Mullins als wasserleer ange=
geben hatte, nachgrub, fand man auch in der That von Wasser
keine Spur.

Ein anderer Hydroskope hatte ebenfalls auf einem Gute
eine Stelle bezeichnet, die sich nur wenige Centimeter unter
einem Baume befand. Da der Besitzer jedoch den Baum er=
halten wollte, so ließ man nur in der Umgegend graben.
Doch zeigte sich, daß diese Arbeit vergeblich war, und der Herr
beklagte sich daher über den Rutengänger. Dieser aber er=
widerte, daß man auch nicht an der von ihm bezeichneten
Stelle nachgegraben habe, man solle ruhig den Baum fällen,
da er für alles aufkommen wolle, falls kein Wasser gefunden
würde. Als man seiner Aufforderung nachgekommen war,

fand man in der That, daß der Rhabdomante die Wahrheit gesagt hatte. So führt Barrett eine große Anzahl von Versuchen an. Eine Reihe bestand darin, daß man den Boden von zwei Hydroskopen untersuchen ließ, von denen der eine nicht die Aussage des anderen kannte. Die Vergleichung der beiden getrennt gemachten Angaben ergab dasselbe Resultat. Die zweite Reihe bestand darin, daß man das Terrain bei Nacht absuchen ließ oder wenigstens den beiden Rutengängern die Augen verband. Bei der dritten Reihe ferner mußten ein Rutengänger und ein gelehrter Geologe die Angaben machen, und es war seltsam zu beobachten, wie dieselben sich in der Mehrzahl der Fälle widersprachen, wobei jedoch jedesmal der Rutengänger recht hatte. Eine vierte Reihe von Versuchen endlich bestand darin, daß man an jenen Punkten Nachgrabungen vornahm, die seitens des Rutengängers als durchaus wasserarm bezeichnet waren, und auch hierbei ergab es sich, daß der Rutengänger jedesmal die Wahrheit gesagt hatte. Diese Versuche lieferten dann hinreichende Resultate, welche sehr zu Gunsten der Rhabdomantie sprechen mußten. Ebenso günstig fielen die Versuche Barrett's betreffs des Ausspähens unterirdischer Metalllager aus, auf die wir indes hier, um nicht weitschweifig zu werden, nicht näher eingehen können.

§ 9. — Wie aber sollte man diese Erscheinungen erklären? Vor allem beachte man, daß, obgleich der Aberglaube stets vorgeschrieben hat, eine Wünschelrute müsse mit magischen Formeln besprochen und dürfe nur zu einer bestimmten Zeit geschnitten werden, und zwar bloß aus dem oder jenem Holze, doch die besten Rhabdomanten jederzeit zugegeben haben, daß dies alles nur Kindereien seien, indem sie sich einfach einer Rute irgend einer Haselstaude, einer Weißbuche oder eines anderen Baumes bedienten. Auch wandten einige Gabeln von Aluminium oder aus gebogenem Eisendraht an. Die Gestalt ist gewöhnlich nicht eine solche, welche den Namen Rute verdienen dürfte, insofern sie nämlich nicht gerade, sondern gabelförmig ist wie ein Y. Der Hydroskope nimmt die geteilten Zweige in die Hand und hält sie zwischen Zeige= und Mittelfinger. Einige brauchten auch nicht einmal die Rute und beschränkten sich darauf, mit ausgebreiteten Händen umher zu tappen, andere wiederum, wie Parangue, thaten nicht einmal dieses.

Wie bereits gesagt, darf man sich nicht vorstellen, daß die zu suchende Sache, was sie auch immer sein mag, die Bewegung der Rute veranlassen kann; auch wird jetzt diese Ansicht von keinem mehr aufrecht erhalten, der irgendwie Anspruch auf Bildung macht. Professor Barrett, wie schon vor ihm Schindler und Kiesewetter und selbst der berühmte Hydroskope Bleton, sowie hundert andere behaupteten, daß die Rute nur die unbewußten Eindrücke des Quellen= finders auf merkliche Weise anzuzeigen vermöchte.

Auch Dr. Brunton, ein bedeutender Gelehrter und Mit= glied der Londoner Kgl. Gesellschaft, schrieb: „Ich bin zur Annahme geneigt, daß die Erfolge, welche man mit der Wünschelrute zu verzeichnen hat, sobald dieselbe von ge= eigneten Individuen gehandhabt wird, unbewußten Muskel= bewegungen zuzuschreiben sind, welche dem Rutengänger er= möglichen, sich eines Eindruckes bewußt zu werden und den= selben wahrzunehmen, der anders nicht aus dem Zustande des Unbewußtseins herausgetreten sein würde."

Allein in welcher Weise mag dem Unterschwellen=Be= wußtsein das Vorhandensein von Wasser zur Kenntnis ge= langen? In einigen Fällen kann dies durch den Anblick des Terrains geschehen: dies ist die einfachste und natürlichste An= nahme; aber leider auch die unzureichendste, weil alle Geologen, Ackerbauer und Quellenfinder wissen, daß Wasser auf einem bestimmten Punkte sich vorfinden kann und daß man drei Meter darunter schon nichts mehr antrifft, während durchaus nicht auf der Oberfläche dieser Unterschied wahrzunehmen ist. Wie würde übrigens eine solche Hypothese die Versuche er=

klären, welche mit Rutengängern bei verbundenen Augen
oder des Nachts angestellt wurden?! Und wie sollte man
erklären, daß man mit der Wünschelrute Metalle entdecken
kann? u. s. w.

Gerechtfertigter ist die Hypothese, daß man dem Rutengänger eine Art Hyperästhesie und sensitive Wahrnehmungsstärke, also eine sehr entwickelte Sensitivität zuschreibt, wodurch
er Erregungen wahrnimmt, die dem größten Teil der Sterblichen entgehen. Zur Stütze dieser These lassen sich dann
Beispiele anführen, wie wir sie zumal bei den wilden Völkerschaften und bei den Tieren finden. Es wundert mich sehr,
daß man hierbei noch so wenig das Kamel anführte, welches,
nachdem es wochenlang Durst gelitten hat, das Wasser auf
mehrere Kilometer Entfernung hin wahrzunehmen vermag und
darauf losstürzt. Übrigens ist auch bei verschiedenen modernen
„Gedankenlesern" diese sensitive Wahrnehmungsstärke beobachtet worden.

Doch auch diese Hypothese genügt nicht einmal, um alle
Fälle zu erklären; meiner Ansicht nach ist es ein großes Unrecht, daß Professor Barrett nicht die Unzulänglichkeit seiner
Hypothese einsehen will und sich auf den Ausspruch beschränkt,
daß sie den Vorteil biete, hiermit nichts zu behaupten, was
der Physiker oder Physiologe a priori als unmöglich erklären
könne. Die Erklärung, welche wir suchen müssen, ist aber
keineswegs die, welche jenen voreingenommenen Physikern und
Physiologen gerade genehm ist, sondern diejenige, welche uns
besser erscheint, weil sie eine Erklärung auf alle Fälle liefert.

Es bedarf schon eines nicht geringen Aufwands von
Leichtgläubigkeit dazu, um anzunehmen, daß die Hyperästhesie
der Hydroskopen ihnen die Kenntnis übermittle, wieviel
Meter unter der Erde sich eine Quelle befinde, ob in einer
Tiefe von 5 oder 20 m ꝛc., daß ferner der Rutengänger von
unterirdischen Metalllagern einen Eindruck empfangen solle
und daß das Fräulein Martin von Grenoble eine Glocke,

die im Wasser versenkt lag, auf diese Weise wahrgenommen habe. Auch verweigere ich durchaus einer solchen Annahme den Glauben, wonach beispielsweise Jacques Aymar die Mörder usw. und alles das, wovon bereits in § 3 die Rede war, infolge einer gesteigerten Sinnesschärfe wahrnehmen konnte. Dr. Brunton hat gut sagen: „Wir finden sehr seltsam die Thatsache, daß eine Person die Spuren von Verbrechern vermittelst der Wünschelrute ausfindig machte. Allein dieselbe Thatsache dürfte uns nicht mehr überraschen, wenn der Sucher anstatt einer menschlichen Person ein Süprhund ist." Gewisse Hunde, welche die Amerikaner abrichten, um Menschenspuren aufzufinden, vermögen eine Person aufzuspüren, sobald ihr Herr ihnen diese dadurch kundgiebt, daß er dieselben einen Gegenstand beschnuppern läßt, welcher der zu suchenden Person angehört hat. Doch kein Spürhund wird das auszuführen imstande sein, was Aymar that. Es ist mithin das Beispiel von dem Spürhunde nur der Ähnlichkeit halber mit demjenigen Aymar's in Vergleich zu bringen, wie auch ein gemalter Apfel einem wirklichen gleicht; es ist eine Ähnlichkeit nur dem Anscheine, nicht aber dem Wesen nach.

Eine hinreichende Erklärung der Wünschelrute wird sich nicht geben lassen, wenn man nicht verschiedene Erscheinungen mit in Betracht zieht, wie die des Sehens durch feste Körper, des Sehens auf Entfernung, sowie in Vergangenheit und Zukunft u. s. w., welche wir zum größten Teile nicht zu begreifen vermögen und daher unter dem allgemeinen Namen von Hellsehen zusammenfassen.

Wenn im Jahre 1692 die Behörde von Lyon sich zu einer der bedeutendsten hellsehenden Somnambulen, wie wir solche heutzutage genügend antreffen, begeben und sie betreffs Entdeckung jenes Mörders hätte befragen können, so wäre ihr wohl zweifelsohne folgende Antwort zu Teil geworden: „Gebet mir vor allem einen Gegenstand, der sich in den

Händen der Räuber befunden hat." Und was forderte Jacques
Aymar? Er mußte vor allem auf den Ort des Verbrechens
geführt werden, um dort „seinen Eindruck" zu nehmen
(was nicht notwendig gewesen wäre, wenn er ihn von einem
Geiste hätte erhalten sollen).

Hat nun die Somnambule einen solchen Gegenstand
erhalten, so folgt ihr Geist in dem Raume der Spur, welche
nach ihrer Angabe jedes Ding und insbesondere jede Person
hinter sich zurückläßt. (Selbstredend ist es hier nicht am Platze,
sich über den Wert oder Unwert dieser Theorien auszulassen,
was wir wohl in Betracht zu ziehen haben!) Und so würde
sie wohl im Fall des Mordes von Lyon etwa folgendermaßen
gesagt haben: „Ich sehe drei Männer, welche das Verbrechen
begangen haben, den und den Weg einschlagen, sodann an
jenem Orte ihre Mahlzeit einnehmen, diese Flasche leeren und
sich auch hier auf diesem Bette zur Ruhe legen." Wenn
sie darauf den Spuren des einen der Schuldigen folgt, so
wird sie die Mitteilung machen, daß er sich in einem Gefängnisse von Beaucaire befindet. — Und der Rutengänger
aus der Provinz Dauphiné folgte, wenngleich langsamer, der
nämlichen Spur und that schließlich dasselbe.

— Doch war das Hellsehen Aymar's nur häufig dem
Irrtum unterworfen!

— Aber auch nicht anders wie bei unseren Somnambulen!

— Indes schlug die Rute bisweilen zur unrechten Zeit an.

— Allerdings, gerade wie bei unseren „Spiritisten-
Tischchen".

Dennoch — wohlverstanden — bin ich weit davon entfernt, zu glauben, daß der größte Teil jener überraschenden
Antworten, welche man vermittelst der sich bewegenden Tischchen oder durch irgend ein anderes mediumistisches Kommuni-
kationsverfahren erhält, etwas anderem als dem Hellsehen des
sogenannten Unbewußten der Medien zuzuschreiben sei.

Es wäre wahrlich verfrüht, hier schon über den Wert der Leuchtkugeln in unseren magnetischen Kabinetten zu diskutieren. Ich meinerseits sage bloß, daß es mir geht, wie vielen Polizei-Agenten, wenn sie irgend einen Gegenstand in Beschlag nehmen, welcher noch unentdeckten Verbrechern gehört, und ihn zu einer Somnambule bringen; nicht selten macht ihnen diese dann die zur Ermittelung des Urhebers des Verbrechens notwendigen Angaben. Es ist etwas, was man nicht gern bekennt, um nicht die Professoren an den Universitäten in Unruhe zu versetzen und hinterm Rücken ausgelacht zu werden, sowie besonders deshalb nicht, weil die Somnambulen zeitweise wegen mißbräuchlicher Anwendung der Medizin oder wegen Betrügerei verurteilt wurden. Allein ebenso wahr ist es auch, daß alle diejenigen, welche sich der Mühe unterziehen, um davon überzeugt zu werden, bald in Erfahrung bringen, daß eben die Sache ihre Richtigkeit hat.

Es liegt kein Grund vor, warum die so erstaunlichen Phänomene des Hellsehens, welche in unseren hypnotischen Laboratorien erzielt werden, nicht ebenso oft auch in sogenannten „magnetischen Kabinetten" zu erlangen sind.

Was nun die Tischchen anbetrifft, so kann derjenige dies beweisen, welcher die Intelligenzen auffordert, sich vermittelst der Tischchen mitzuteilen, um z. B. die Anzahl der Pfennige anzugeben, welche jemand in der Hand hält und die man nicht vorher gezählt hat. Heute würde es vielleicht wohl zehnmal hinter einander gelingen, wiewohl es auf 20 19 Möglichkeiten giebt, sich zu täuschen; morgen dagegen wird das Tischchen auch nicht einmal — das richtige treffen. Und warum? Weil die schlafenden oder wachenden Somnambulen — man verzeihe mir dies Paradoxon — sich nicht immer in ihrem Hellseherzustand befinden. In der That sagte der berühmte Prestidigitateur Robert Houdin: „Les jongleurs ne se trompent jamais, et ma seconde vue, à moi, ne m'a jamais fait défaut." Diese Dinge

versteht man sehr wohl, wenn man aus eigener An=
schauung die Phänomene der Wündschelrute studiert hat,
wie die beiden Patres Lebrun und Malebranche, der Abt
de Rancé und andere, die, obgleich sie auch Gegner der
Rhabbomanten waren und ob des schlechten Erfolges mancher
Experimente frohlockten, dennoch bei vielen anderen erklärten,
daß der Pferdefuß, wie gewöhnlich, dahinterstecke.

Daß das Phänomen der Wündschelrute zuweilen spiri=
tistischen Charakters sein kann, will ich nicht a priori
bestreiten. Wenn es Geister giebt, ist es sehr leicht möglich,
daß solche, wie zum Beispiel jener der ermordeten Wirts=
leute in Lyon oder andere Jacques Aymar bei seinen Nach=
forschungen unterstützten, ohne daß dieser es selbst einmal
gewahr worden ist. Doch scheint mir die spiritistische Hypo=
these keineswegs notwendig zu sein, um die Phänomene
der Rhabbomantie zu erklären, welche bisher von uns in
Betracht gezogen wurden. Die Hypothese von der Hyper=
ästhesie und dem Hellsehen genügt zur Erklärung der un=
bewußten Muskelbewegungen, welche von der Wündschelrute
besser zum Ausdruck gebracht werden. —

Dennoch läßt sich nicht verschweigen, daß in vergangenen
Jahrhunderten die Wündschelrute sogar auch dazu gedient
hat, einen Verkehr mit den Geistern oder vermeintlichen
Geistern anzustreben.

So berichtet uns P. Ménestrier*), was für Fragen
seinerseits an die Unsichtbaren gestellt worden seien, mit
folgenden Worten:

„Es wird gefragt, ob die Wündschelrute eine natürliche
„Gabe ist. — (Die Rute schlägt an.) — Ob der Teufel doch
„nicht daran Teil habe? — (Die Rute schlägt nicht an.) —
„Ob diese Fähigkeit durch die Geburt verliehen ist. — (Die
„Rute schlägt wieder an) u. s. w. u. s. w.“

---

*) Pater Ménestrier, Philosophie des images énigmatiques,
S. 481.

Betreffs der Rhabdomantie halte ich es für angebracht, auf jene fliegenden Tische hinzuweisen, deren sich die Lamas in Tibet bedienen, um Diebe und Räuber ausfindig zu machen.[*]

§ 10. — Kehren wir nunmehr zum Hellsehen zurück, so finden wir, daß sehr erleuchtete Somnambulen bisweilen die Gabe des Inschaus besitzen: sie vermögen durch feste Gegenstände hindurchzusehen, und ihr innerer Blick hat in seinen Wirkungen eine große Ähnlichkeit mit den Röntgenstrahlen. Wir werden dies seiner Zeit noch beweisen. Die Hydroskopie würde demnach in vielen Fällen nichts anders sein, als eine Art Inschau.

Wenn wir dem Abte Sauri und dem Abte de la Roquette Glauben schenken dürfen, so sah der Provenzale Parangue, welcher in der letzten Hälfte des verflossenen Jahrhunderts lebte, als er sich über einer unterirdischen Quelle befand, das Wasser, wiewohl auf der Oberfläche nichts davon zu entdecken war.[**] Die Art und Weise, wie Parangue das Wasser wahrgenommen hat, ist wahrscheinlich nur ungenau wiedergegeben und klingt sogar etwas lächerlich.

Der Mercure de France vom Jahre 1725 veröffentlichte einen Brief, in dem eine junge Dame aus Lissabon erwähnt wird, welche ein so durchdringendes Gesicht (stets eine ungenaue Ausdrucksweise!) besaß, daß sie das Wasser in dem Boden, mochte es auch noch so tief verborgen sein, zu entdecken vermochte.

Aus den Variétés historiques u. s. w. von Boucher d'Argis[***] entnimmt man dann, daß der Ehemann ein Franzose war und Pedeguche genannt wurde. „Sie entdeckt das Wasser in dem Boden", fügt der Erzähler hinzu, „auch wenn es 30 bis 40 Meter tief war; sie nannte ferner die

---

[*] S. Buch VI, 1. Hauptst., § 9 vorl. B.

[**] Figuier, Hist. du Merveilleux, Bd. II.

[***] Bd. II, S. 473.

verschiedenen Farben der Bodenschichten, von der Oberfläche an bis zu dem Wasser, welches sie gefunden hatte. — Hier — bemerkte sie sodann — werdet ihr eine Quelle anschlagen, so tief und so breit; dort werdet ihr einer anderen kleineren begegnen, und in der Nähe davon findet sich dann die größte von allen. . . . —

Was jedoch nicht weniger überrascht, das ist der Umstand, daß sie auch in den menschlichen Körper Inschau zu halten vermag, vorausgesetzt, daß derselbe entkleidet ist, da seltsamerweise ihr Blick nicht durch die Kleider hindurchdringt. Sie erschaute vollkommen das Herz, den Magen, die Anfälle, wenn solche vorhanden waren, die übertretende Galle und ebenso andere Krankheiten. Sie sah, wie das Blut zirkulierte, wie der Magen verdaute und der Milchsaft bereitet wurde. Auch vermochte sie bei einer Frau im siebenten Monat nach der Empfängnis zu erkennen, ob jene einen Knaben oder ein Mädchen oder ob sie Zwillinge zur Welt bringen würde."

L'Huyghens, welcher wahrscheinlich nicht der geringste unter den Gelehrten ist, schrieb an Mersenne unterm 26. November 1646, daß gewisse Personen, die ihrer Stellung und vorgerückten Alters wegen wohl als zuverlässig anzusehen seien, in Antwerpen einen Kriegsgefangenen gesehen hätten, der sofort entdeckt habe, was man verborgen hätte, wenn man es in Stoffe eingehüllt habe, ausgenommen in solche von roter Farbe. Auch erzählt man von den darauf bezüglichen Anekdoten noch folgende:

Die Frau des Gefängniswärters begab sich eines Tages mit einigen anderen Frauen ins Gefängnis, um den Gefangenen zu trösten. Und wie sollten sie überrascht sein, als derselbe sie mit lautem Lachen empfing. Die Frauen bestanden nun darauf, ihnen doch den Grund seines Lachens mitzuteilen. Kaltblütig antwortete er: „Ich mußte lachen, da ich sehe, daß eine von euch kein Hemd anhat." — Dies verhielt sich denn auch in der That so.

§ 11. — Bisweilen erstreckt sich, wie wir bereits erwähnt haben, der Inschau der Hellseher auch auf die Entfernung und wird zum sogenannten Fernsehen. Lassen wir nun ein solches Beispiel folgen:

Die französische Regierung erhielt im Monat April des Jahres 1780 eine Denkschrift, welche mit Bottineau unter= zeichnet war, dem Namen eines ehemaligen Beamten von der indischen Gesellschaft auf den Inseln Frankreichs und Bourbons. Dieser behauptete, mit mathematischer Schärfe die Schiffe be= zeichnen zu können, die sich auf hoher See befänden, und zwar in einem Umkreise von 250 Meilen. Eine solche Be= hauptung erschien nur zu sonderbar und fand durchaus keinen Glauben. Dennoch befahl der Marineminister der Behörde auf der französischen Insel, woselbst Bottineau lebte, der Sache eine nähere Untersuchung zu teil werden zu lassen. Man beschloß nun, daß der Nauskope die Ankunft aller Schiffe während der folgenden acht Monate voraus ver= kündigen sollte. Die Reihe der Experimente begann mit dem 15. Mai 1782, und die Untersuchungskommission gab später darüber folgende Erklärung ab: „Bei 114 Ankündigungen, welche Bottineau machte und womit er 216 Schiffe be= zeichnete, hat er sich nur vier= oder fünfmal geirrt und solche Fälle als Verzögerungen gerechtfertigt, da jedesmal ein unvorhergesehener Umschlag des Wetters die Ursache der= selben war."

Einige dieser Ankündigungen sind in der That merk= würdig: „Am 20. August 1782 behauptete Bottineau, daß sich verschiedene Schiffe in der Umgegend befänden, etwa 4 Tagereisen von der Insel entfernt. Dieselben würden jedoch von einem ungünstigen Winde aufgehalten." So war es auch vom 20. August bis 10. September. Am 11. Sep= tember erklärte Bottineau, als sich eine frische Brise erhob, „daß die Flotte nunmehr nur noch 2 Tagereisen von der Insel entfernt sei." In der That liefen die Schiffe auch bald ein und die Überraschung war nicht gering, als man erfuhr, daß die Flotte thatsächlich vom 20. August an u. f. w. in der Höhe der Inseln Rodriguez unbeweglich festgelegen hatte.

Als sich Bottineau nach Frankreich einschiffte, gab er auf der Reise 27 Schiffe an, die ihm begegnen sollten, sowie dreimal die Nähe von Land.

Doch wies der Marineminister das Anerbieten desselben ab, indem er bemerkte, daß die von ihm gegebenen Erklärungen, in welcher Weise er die Schiffe wahrnähme, völlig ungenügend seien. Und dies ist sehr möglich, da sich die Hellseher häufig nicht darüber Rechenschaft geben können, in welcher Weise sie die wunderbare Eingabe empfangen. Immerhin hätte sich aber die französische Regierung mit den Thatsachen begnügen und die Theorie beiseite lassen sollen.*)

[Es sei hier eines ähnlichen Falles von Nauskopie, be= ziehungsweise von Vorschau im Traume gedacht. Der= selbe findet sich in Wilhelm Heine's: Expedition in den Seen von China, Japan, Ochotzk unter Kommando des Kommodore Ringold im Auftrage der Regierung der Vereinigten Staaten im Jahre 1853—1856, und zwar im 2. Kapitel, das die Reise nach Batavia der Schiffe Hangkok, F. Cooper und J. Kennedy behandelt:

»Am nächsten Morgen, während wir unser erstes Früh= stück verzehrten, ereignete sich einer jener Vorfälle, die von Seeleuten oft als Wunder betrachtet werden, und der uns allen für einige Tage Stoff zum Gespräche lieferte. Mit Ausnahme des Deckwacht haltenden Offiziers waren alle an den Tischen versammelt, und das Schiff lavierte träge gegen eine leichte östliche Brise. Da bemerkte Herr Samuel Potts,

---

*) Archiv der französischen Marine, Geheime Aufzeichnungen, Bd. XIX.

unser hydrographischer Assistent, daß er vergangene Nacht geträumt, eine Kiste mit Kleidern, die zu spät eingetroffen war, um an Bord geschickt zu werden, und die sein Freund versprochen, ihm nach China nachzuschicken, erhalten zu haben. „Ich träumte," sagte er, „daß wir in der Nähe eines Kauf= fahrteischiffes von Windstille befallen wurden, an dasselbe ein Boot absandten, das mit meiner Kiste zurückkehrte." — Während mehrerer Stunden ward nichts mehr über diesen Gegenstand verhandelt, bis sonderbarer Weise wir uns, plötzlich vom Winde verlassen, etwa ein oder zwei Meilen von einer tief beladenen Barke, welche die amerikanische Flagge zeigte, befanden. „Der Bursche sieht aus, als ob er aus New=York käme und eine Ladung Kohlen und ein paar alte Zeitungen am Bord haben könnte," bemerkte der dritte Leutnant Russel, „ich werde um ein Boot bitten, um hinüberzufahren." Er suchte um ein Boot nach, fuhr hin und kam wirklich mit Herrn Potts Kiste zurück. Es war die Barke Roebuck von Baltimore, 84 Tage unterwegs und mit Kohlen für Perry Escadre geladen.«

Daß jemand eine Kiste statt in China auf offenem Meere zukommen werde, das konnte doch weder erraten, noch irgendwie mitgeteilt, sondern mußte vorgeschaut werden — fügt zu diesem Berichte Baron von Hellenbach hinzu. — Der Übersetzer.]

§ 12. — Vielen anderen Erscheinungen von Fernsehen oder besser „Teleskopie" sind wir im Verlaufe dieser Geschichte be= gegnet. Wir sahen, wie Apollonius von Thana von Ephesus aus der Ermordung Domitians beiwohnte und in Alexandrien den Brand des Kapitols erblickte, ebenso wie Swedenborg, der zu Gothenburg ans Land stieg, den großen Brand von Stockholm wahrnahm. Wir begegneten ferner der Delphischen Pythia und dem Orakel des Amphiaraus, die auf tausend Meilen Entfernung wahrnahmen, daß Krösus zu Sardes eine Schildkröte und ein Lamm, beides in Stücke zerschnitten in einem kupfernen Kessel kochen ließ. Desgleichen haben wir den Fall kennen gelernt, den Graf de Laborde von einem arabischen Kinde berichtet, das von Syrien aus die Schlacht von Nezib am Euphrat und den Tod Mahommed's II sah.*)

Ein großer Teil dieser Phänomene des Fernsehens trägt sich bei vielen in dem Augenblicke des Todes zu. Im übrigen muß man diese Fälle streng von jenen der sogenannten Telepathie getrennt halten, insofern das Subjekt nicht selbst an dem Orte erscheint, wo sich das betreffende Ereignis abspielt und dem es beiwohnt, noch seine Anwesenheit dort in irgend einer Weise offenbart. Selbstredend führe ich hier keine Fälle neueren Datums an.

Es sind bekannt die Fälle des Auguren Cornelius, der bei Padua genau die Schlacht von Pharsalus beschrieb, als ob er anwesend sei, und verkündete, daß Cäsar triumphiert habe; ebenso wie jener des Papstes Pius V, der von Rom aus der Schlacht von Lepanto zusah, u. s. w. Es folgt hier nun eine andere weniger bekannte Thatsache.

Den Tag nach der Schlacht bei Tagliacozzo (am 24. August 1267), in welcher Konradin von Schwaben von Karl von Anjou besiegt und gefangen genommen wurde, war der Papst Clemens IV bei der Annäherung des Thronbewerbers aus Rom geflohen und hatte sich nach Viterbo geflüchtet. In einer Kirche vor einer zahlreichen Menschenmasse predigte er sodann und verfiel plötzlich in Ekstase, in welchem Zustande er, wie von göttlicher Glut durchdrungen, eingehend von allem dem berichtete, was sich am Tage von Tagliacozzo ereignet hatte. Er erwähnte auch die geringsten Einzelheiten und gab sowohl das Ergebnis der ersten Schlacht an, welche für Anjou ungünstig verlaufen war, als auch das der zweiten, in der Konradin geschlagen wurde und in die Hände seiner Feinde fiel. Die Einwohner von Viterbo zweifelten anfangs

---

*) Siehe Band I vorl. Werkes, S. 75.

an der Echtheit seiner Vision, bis wenige Tage darnach ein
Bote, von Karl von Anjou abgesandt, eintraf und alles das
ganz genau bestätigte, was der Papst ihnen bereits kund-
gegeben hatte.*)

Commines, der gewissenhafte Chronist, berichtet, daß
Angelo Cattho, Erzbischof von Vienne in der Provinz Dauphiné,
Ludwig XI den Tod des Herzogs von Burgund angekündigt
habe, und zwar an demselben Tage, an dem die Schlacht
von Nancy (am 5. Januar 1477) geschlagen wurde. „In
demselben Augenblicke, in dem der Herzog getötet wurde,“
sagt Commines, „hörte der König Ludwig in der Kirche von
St. Martin zu Tours, welche Stadt wenigstens 10 Tagereisen
von Nancy entfernt liegt, der heiligen Messe zu. Dort cele-
brierte der Erzbischof von Vienne, welcher dem Herrscher
Frieden wünschte mit folgenden Worten: — Sire, Gott wird
Euch Frieden und Ruhe geben, Ihr werdet es haben, wenn
Ihr es wollt, quia consummatum est; Euer Feind, der
Herzog von Burgund, hat seine Seele ausgehaucht. Er ist
soeben gerade getötet worden und sein Heer geschlagen. —
Laquelle heure cottée fut trouvée estre celle en la-
quelle véritablement le dict duc avait été tué.“

Erinnert dies nicht an das Ereignis des heiligen Ambrosius, welcher von Mailand aus der Beerdigung des
heiligen Martinus beiwohnte?**)

In Schottland ist folgender Fall sehr bekannt. Wenige
Augenblicke vor der Ermordung Heinrich Stuarts sprang ein
armer Mann, namens James Lunden, der schon lange im
Fieber darniederlag, vom Bette auf und schrie mit lauter
Stimme: „Schnell, eilt herbei und helft dem König, da
Vaterlandsverräter ihn ermorden wollen!“ Kaum hatte er

---

*) Scipio Ammiratus, Florentinische Geschichten, Buch III,
erster Teil. — Johann Villani, Chronik, Buch VII, Kap. 28.
**) Siehe Buch VI, 2. Hauptstück, § 34 vorl. W.

diese letzten Worte gesprochen, so sank er auf sein Schmerzenslager zurück, sein Auge war gebrochen, und seine Stimme
klang nur noch leise und röchelnd. „Nun,“ lispelte er matt,
„ist es zu spät, der König ist ermordet.“ Der Kranke erlebte
nur noch wenige Augenblicke nach seiner Prophezeiung, welche
auch den Rest seiner Lebenskraft verbraucht zu haben schien.

[Ein besonders authentischer Fall, der das Hellsehen
eines Sterbenden betrifft, läßt sich würdig den oben erwähnten
Fällen an die Seite stellen. Wir glauben denselben hier
umso mehr wiedergeben zu müssen, da derselbe vor einigen
Jahren im Berliner Tageblatt als eine verbürgte Thatsache veröffentlicht wurde.

Der Verfasser des betreffenden Artikels, C. von Zell,
berichtet wie folgt:

»Ein heißgeliebter Bruder von mir lag auf dem Sterbebett. Kaum 24 Jahre alt, hatte er sich bei einem anstrengenden
Ritt, bei dem ihn sein wilder Hengst, dem man den Sprung-
zügel anzulegen vergessen hatte, mit dem Hinterkopf auf den
Brustkasten geschlagen, einen plötzlichen Blutsturz zugezogen.
Die schwere innere Verletzung artete aus; die Blutungen
wiederholten sich und brachten in wenigen Monaten den
blühenden, hochbegabten, liebenswürdigen Mann an den Rand
des Grabes.

Nichts von allem, was versucht ward, um ihn am Leben
zu erhalten half. Der Sensenmann forderte und erhielt sein
Opfer!

Es war in der Nacht vom dritten zum vierten Mai des
Jahres 1851. Die treuen Eltern und wir Geschwister umstanden die Lagerstätte des bereits seit vielen Stunden mit
dem Tode Ringenden. Seine Gedanken wanderten bald hier,
bald dorthin, von der Wirklichkeit zu dem Unverständlichen,
Unerklärlichen. Wir lauschten mit stummer Andacht, tief erschüttert und doch gleichsam erhoben von der Nähe des ge-

waltigen Weltenbezwingers, jedem Worte, das über die Lippen des Scheidenden kam.

Einmal sagte er: „Wie ist alles so hell um mich her! Ich sehe durch die Decken und Dielen bis hinunter in den Keller und sehe den Himmel durch das Dach. Das konnte ich noch nie."

Es freute ihn. Er lächelte. Aber plötzlich fuhr er laut jammernd auf:

„Um Gotteswillen, rettet doch!" rief er. „Helft! helft! In der Gypsstraße ist's! Lauft doch, lauft! Fünf Kinder! Gift! Gift!"

Es waren die letzten verständlichen Äußerungen des Sterbenden gewesen.

Kurze Zeit darauf hatte er ausgerungen.

Es waren erschütternde Tage und Stunden.

Als am Morgen der Hausarzt bei uns erschien — in der sicheren Erwartung, daß wir ihm sagen würden: „Er ist heimgegangen!" erzählte er uns im Verlaufe des Beisammenseins, auch er habe eine schwere Nacht durchlebt; erschütternde, herzbrechende Auftritte. Er sei nach der Gypsstraße gerufen worden, woselbst in einer armen Familie sämtliche fünf Kinder des Hauses sich durch den Genuß von Arsenik vergiftet hatten. Das Gift, das zur Vertilgung vorhandener Ratten angewandt werden sollte, war — schlecht verwahrt — von den naschlustigen Kleinen für Zucker angesehen und gegessen worden. Trotz aller Gegenmittel hauchten alle fünf Kinder, blühende Geschöpfe, unter den entsetzlichsten Qualen ihr Leben aus.

Wir alle waren wie gelähmt bei diesem Bericht, den — warum soll ich den Namen verschweigen? — der Geheime Sanitätsrat Dr. Bicking, weiland Leibarzt des jüngsten Bruders Kaisers Wilhelm I, Prinz Albrechts von Preußen, uns erstattete.

Keiner in unserer Familie, wir wohnten damals in der Marienstraße, hatte je etwas von einer „Gypsstraße“ gehört; ohne Zweifel auch unser eben Verstorbener nicht, der als junger Offizier einem in der Provinz stehenden Dragoner=Regiment angehörte und stets nur als vorübergehender Be=sucher in Berlin gewesen war. Aber wenn es auch anders gewesen wäre! Wenn er oder überhaupt unsere Familie zur Gypsstraße, ja selbst zu den vom Unglück in jener Mai=nacht so schwer heimgesuchten Eltern der fünf vergifteten Kinder in irgend welcher Beziehung gestanden hätte — was würde das erklären? Unser Heimgegangener war ein „Hell=seher“ gewesen, ein Prophet!“ . . . .«

Ein Buch unter dem Titel: Choses vraies, welches die Herzogin de la Torre, Gemahlin des verstorbenen Marschalls Serrano, veröffentlicht hat, liefert uns ein herrliches Gegenstück zu den bisher angeführten Fällen von Hellsehen:

»In der Nacht zum 27. November (1886) lag der Mar=schall Serrano im Todeskampf. Die Kräfte seiner eisernen Natur schwanden mehr und mehr. Plötzlich richtete er sich im Fieberwahn im Bett auf und befahl seinem Kammerdiener mit gebieterischer Geberde, ihm die Gala=Uniform zu bringen, damit er sich zum Palast begeben könne. „Der König stirbt“, wiederholte er verzweifelt, als er sah, daß die Umstehenden keine Anstalten trafen, seinem Befehle nachzukommen, vielmehr mit Chloral diese Erregung, die sie für einen Fieberanfall hielten, zu dämpfen suchten. Zwei Stunden später erwachte der Marschall aus seiner Betäubung und mit halb erstickter Stimme bat er von neuem, ihn anzukleiden, indem er in überzeugendem Tone dieses Verlangen durch ein: „Der König ist tot!“ begründete. — Bei Tagesanbruch er=fuhren die Madrider fast gleichzeitig den Verlust des Königs Alphons XII und des Marschalls Serrano.« — Der Übersetzer.]

Margarethe von Navarra berichtet in ihren Memoiren, daß ihre Mutter, Katharina von Medici, während einer heftigen Krankheit, an der sie zu Metz darniederlag, im Jahre 1569 von dem Delirium ergriffen wurde, und während Margarethe, ihre Schwester, und mehrere andere Damen das Krankenbett umstanden, plötzlich behauptete, daß sie der Schlacht von Jarnac beiwohne: „O, sehet, wie sie fliehen. Mein Sohn hat gesiegt! ... O, mein Gott! So hebt doch meinen Sohn auf; er ist gestürzt! Sehet doch, so sehet doch da unter diesem Strauch den Fürsten von Condé — tot!" Man glaubte, daß sie phantasiere. Am anderen Tage aber kam Herr de Losses an mit einer Nachricht, welche in allen Punkten das Gesicht Katharinas von Medici bestätigte. Der Herzog von Alba war bei einem Zusammenstoße vom Pferde gefallen, doch behauptete er sich als Sieger. Condé dagegen hauchte, tödlich getroffen, hinter einem Strauche sein Leben aus. —

Der Landgraf Friedrich II von Hessen-Kassel war im Jahre 1760 als Preußischer General Vize-Gouverneur von Magdeburg. In der Nacht vom 31. Februar auf den 1. März jenes Jahres nahm er an einem Maskenballe teil. welchen der Hof des Königs von Preußen, der damals in dieser Stadt residierte, veranstaltet hatte. Er erschien im Domino. Als die Glocken die Mitternachtstunde verkündeten, näherte sich ihm eine Maske in der Kleidung eines Armeniers und sagte ihm in feierlichem Tone, indem er gleichzeitig mit der Hand auf die Uhr im Saale wies: „Hoheit! in diesem Augenblicke ist der Prinz gestorben." Der Armenier verlor sich sogleich hierauf in der Menge. Später jedoch brachte man in Erfahrung, daß es ein ungarischer Husarenoffizier war, welcher die Gabe des zweiten Gesichtes besaß. Zwei Tage später traf von Rinteln, woselbst sich damals der regierende Fürst Wilhelm VIII von Hessen-Kassel aufhielt, die

Nachricht von dem Tode desselben ein, welcher genau in jener Nacht, zu derselben Stunde erfolgt war.*)

§ 13. — Alle diese Thatsachen beziehen sich nur auf ein Gesicht, welches zwar entferntes, indes bereits vorhandenes offenbart. Weit wunderbarer aber ist die Thatsache, daß häufig Hellseher auch zukünftige Dinge erschauen, was nicht so leicht zu erklären sein dürfte, wenn man nicht seine Zuflucht zu der Hypothese des Astrallichts nimmt, sowie noch zu verschiedenen anderen Hypothesen, worauf wir noch später zu sprechen kommen werden.

Ein Seher saß eines Tages in einem Gasthause zu Killin. Da trat ein Fremder ein und nahm an seiner Seite Platz. Der Anblick dieses Mannes ließ den Seher in seiner Seele erschaudern, weshalb dieser eilends zum Zimmer hinausstürzte. Man eilte ihm nach und holte ihn wieder zurück. Nun erklärte dieser, daß der Fremde in zwei Tagen das Blutgerüst besteigen werde. Als er dies mit seinem geistigen Auge wahrgenommen habe, sei er von einer furchtbaren Angst befallen worden, da er sich in großer Lebensgefahr geglaubt habe. Wie der Fremde dies vernahm, geriet er derart vor Zorn außer sich, daß er seinen Glaymore**) zog und den Seher damit ins Herz stach. Der Mörder wurde in Haft genommen und verurteilt. Nach zwei Tagen mußte er die Todesstrafe erleiden, wie es ihm vorausgesagt worden war. —

Man weiß aus den Aufzeichnungen der Margarethe von Navarra, daß Katharina von Frankreich, die Gemahlin Heinrichs II, im Traum ihren Gatten sah, blaß und bleich, und daß dieser Tags darauf dann durch die Lanze des Grafen Montgommery fallen sollte. Weniger bekannt jedoch scheint ein Fall zu sein, den die Memoiren des Marschalls von Vieilleville berichten. Darnach soll nämlich der Marschall,

---

*) Aus dem Leipziger Tageblatt vom 9. Februar 1893.
**) Das breite Schwert der Bergschotten. — D. Übers.

als der Herrscher in die Schranken trat, vor Beginn des ver=
hängnisvollen Turniers, sich feierlich mit den Worten an
diesen gewandt haben: „Ich schwöre bei dem lebendigen
Gott, Majestät, daß ich drei Nächte hintereinander ein und
denselben Traum gehabt habe; Eurer Majestät muß heute
ein großes Unglück widerfahren. Dieser letzte Tag des Juni=
Monats wird Euch verhängnisvoll werden, möget Ihr ihn
auch zubringen, wie Ihr wollt!"

Montgommery seinerseits entschuldigte sich und suchte
sich zu entfernen. Allein Heinrich befahl ihm, auf dem
Kampfplatz zu verharren. Und nun kam die Katastrophe. —

Maria von Medici träumte, daß man Heinrich IV er=
mordet habe, und teilte dem König ihren Traum mit. Nur
wenige Tage darauf sollte der Dolch Ravaillac's Frankreich
des besten seiner Herscher berauben. —

Bembo lag im Streit mit seiner Gattin. Eines Nachts
träumte seine Mutter, daß ihr Sohn von Verwandten ihrer
Frau angefallen worden sei, weshalb sie ihn am andern
Morgen bat, doch das Haus an jenem Tage nicht verlassen
zu wollen. Bembo ließ indes ihren Worten kein Gehör.
Doch kaum hatte er die Straße betreten, als er auch schon
überfallen wurde. Den vorübergehenden Leuten gelang es,
nur mit knapper Not sein Leben zu retten. —

Ein Warnungstraum, der ganz den nämlichen Charakter
trägt, wie jene Träume, die heutigen Tages so gerne von den
neueren Psychologen studiert werden, wird uns von dem be=
rühmten Peter Gassendi (1592—1655) berichtet. Führen
wir nun seine Worte an:

»Herr Pereisch reiste eines Tages mit seinem vertrauten
Freunde, einem Herrn Rainier, nach Nîmes. Während der
ersten Nacht nun vernahm dieser, daß Pereisch sehr laut im
Schlafe sprach, weshalb er ihn weckte und die Frage an ihn
richtete, was mit ihm denn geschehen wäre. ‚Ach‘, antwortete

36*

ihm der andere, ‚ich träumte, wir wären schon in Nîmes an=
gekommen und da habe mir einer der dortigen Goldschmiede
eine Medaille von Julius Caesar angeboten, und zwar für den
Preis von vier Thalern. Gerade war ich im Begriff, ihm das
Geld einzuhändigen, als du mich auf mein Geschrei hin wecktest.‘
Nachdem die beiden Freunde nun in Nîmes angekommen
waren, erkannte Pereisch, als sie durch die Stadt schritten.
sofort das Geschäft des Goldschmiedes wieder,
das er im Traume gesehen hatte. Sie betraten nun den
Laden und fragten den Goldschmied, ob er nicht etwas außer=
gewöhnliches feilhalte. Allerdings, antwortete ihm dieser, und
überreichte Pereisch eine Medaille von Julius Cäsar.
Auf die Frage, wie teuer dieselbe sein sollte, gab der Gold=
schmied zur Antwort: ‚Nur vier Thaler‘. Herr Pereisch
bezahlte sofort den Betrag und war hoch erfreut darüber, daß
sein Traum so schön in Erfüllung gegangen war.«*)

§ 14. — Übergehen wir, um den irrtümlichen Vor=
ahnungen das Gegengewicht zu bieten, auch diejenigen, welche
eingetroffen sind. Zahlreiche Fälle dieser Art kennt die Welt=
geschichte. War es nicht der General Lasalle, der am Abend

---

*) Zwei ähnliche, sehr frappante Fälle von Hellsehen kann ich aus
eigener Erfahrung bestätigen. Einmal handelte es sich um eine Unter=
haltung mit einem mir völlig unbekannten Herrn, deren ganzen Ver=
lauf ich im Traume des Nachts zuvor bereits durchlebte und wobei ich
die näheren Umstände, wie das Zimmer und dessen Einrichtung, auf's
genaueste wahrnahm — worüber ich auch sogleich noch vor Verwirklichung
des Traumes anderen gegenüber Mitteilung gemacht hatte; im zweiten
Falle betraf es das Vorgesicht der Cholera-Epidemie zu Hamburg im
Jahre 1892: indem ich bereits im Juni desselben Jahres das Straßen=
leben Hamburgs wahrnahm, wie es sich im Höhepunkt der Epidemie
ein viertel Jahr später auch wirklich darbot. Über diese beiden hochinter=
essanten Fälle haben wir bereits näheres berichtet, besonders in Nr. 28
der „Zeitschrift für Spiritismus“ (1897), S. 218. —
Der Übersetzer.

vor der Schlacht bei Wagram an Napoleon schrieb und ihn
bat, das Dekret seiner Titelübertragung zu unterschreiben,
da er sehr wohl vorausahnte, daß ihm der Tod am anderen
Tage bevorstehe — eine Vorausahnung, die denn auch in der
That in Erfüllung ging. Und sagte nicht Cervoni auf dem
Schlachtfelde von Eckmühl zum nämlichen Kaiser: „Sie
zwangen mich, Marseille zu verlassen und in den Reihen der
Ehrenlegion vor den Feind zu treten; hier bin ich: es ist
der letzte Tag meines Lebens." Eine Viertelstunde später riß
ihm eine Kanonenkugel den Kopf ab, u. s. w.

§ 15. — Die Fähigkeit, entfernte und verborgene Dinge
zu sehen, war im vergangenen Jahrhundert sehr häufig in
Schottland anzutreffen; mehr jedoch noch auf der Inselgruppe
der Hebriden*) und ganz vorzüglich auf Sankt Kilda. Die
schottischen Bergbewohner nannten diese Fähigkeit taish (daher dann auch der Name taishards, womit man diejenigen
bezeichnete, welchen diese Gabe eigen war). Unter den gebildeten Personen aber war diese unter dem Namen second
sight, zweites Gesicht, bekannt. Sir Walter Scott, welcher
uns sehr schön mit diesen Sehern in seinen romantischen
Werken vertraut macht, sagt in seiner ersten Anmerkung zu
„The Lady of the Lake":

„Wenn das Zeugnis uns allein zu dem Glauben an
vollständig den allgemeinen Naturgesetzen widersprechende
Vorkommnisse veranlassen könnte, so dürfte sich durch zahlreiche Beweise der Glauben an das zweite Gesicht stützen
lassen . . . . Martin, der fest daran glaubt, äußert sich
folgendermaßen darüber:

»Das zweite Gesicht ist eine Fähigkeit, einen sonst
unsichtbaren Gegenstand ohne vorhergehende Vorbereitung
zu sehen. Das Gesicht ruft einen so starken Eindruck bei

---

*) Martin, Beschreibung der Inseln ꝛc., 1716.

dem Seher hervor, daß er außer demselben nichts mehr zu
unterscheiden imstande ist und, solange dasselbe anhält, von
keinem anderen Gedanken abgelenkt wird. Der Seher erscheint alsdann traurig oder lustig, je nach dem Gegenstande, der sich seinem Auge des Geistes dargeboten hat.
Wenn eine Vision im Anzuge ist, so ziehen sich seine
Pupillen zusammen und richten sich nach oben, und die
Augen bleiben solange in einem starren Zustande, bis der
Gegenstand wieder verschwunden ist.«

„Zu diesen Einzelheiten,“ fährt Walter Scott weiter
fort, „ließen sich zahllose Beispiele anführen, die alle von
gewichtigen und glaubwürdigen Zeugen verbürgt sind. Doch
scheint trotz solcher Beweise, vor denen sich sowohl Baco als
auch Boyce und Johnson beugen sollten, das taish mit allen
seinen Gesichten von den Dichtern gänzlich vernachlässigt
worden zu sein . . .“

Johnson, welchen oben Walter Scott anführte, ist niemand
geringeres als jener Dr. Samuel Johnson, welcher im Jahre
1773 sich vorgenommen hatte, ein Buch über das zweite
Gesicht zu schreiben, „um ein für alle Mal mit all dem
abergläubischen Zeug aufzuräumen.“ Er befaßte sich eingehend mit dem fraglichen Gegenstand und ließ nach einigen
Monaten darüber ein Buch erscheinen, worin er trotz aller
seiner Retizenzen zeigte, daß er nicht mit aprioristischen Vor-
urteilen an seine Arbeit gegangen war.

Seine halbe Bekehrung machte in England viel Lärm;
Ferriar, Hibbert, Davy, Brown, Coleridge, Alderson, Philipp
und andere schrieben diesbezüglich nicht zu unterschätzende
Arbeiten. Im Jahre 1819 vereinigten sich einige Beobachter,
„die mehr glaubten, als die Mehrzahl der englischen Ärzte“,
zu Glasgow und veröffentlichten unter dem Titel: Tre aties
on second sight, eine Sammlung von allen möglichen
Schriften, die über die Wunder des zweiten Gesichts in
Schottland erschienen waren, unter welchen Schriften besonders

jene von Theophilus Insulanus hervorragt, die bereits 1760 zu Edinburg herausgegeben wurde. Und es trug sich damals dasselbe zu, wie es jüngst mit der Society for Psychical Research geschehen ist: das Publikum wurde gleichsam von unwiderstehlicher Gewalt hingerissen, dem interessanten Gegenstand seine Aufmerksamkeit zuzuwenden. Die Quarterly Review und andere gewichtige Zeitschriften traten ins Leben und öffneten ihre Spalten den fesselnden Berichten über die Phänomene des doppelten Gesichtes, deren Zahl ins unendliche sich erstrecken dürfte.

Das zu diesem Buche noch gehörige

3. Hauptstück.

Verzückte und Schwärmer,

folgt in Band III.

Verlag von Oswald Mutze in Leipzig.

Animismus und Spiritismus.

Versuch einer kritischen Prüfung der mediumistischen Phänomene mit besonderer Berücksichtigung der Hypothesen der Hallucination und des Unbewussten.

Von *Alexander N. Aksákow,*

Kaiserl. Russ. Wirkl. Staatsrath und Herausgeber des Journals „Psychische Studien" in Leipzig.

(Mit dem Portrait des Verfassers u. 11 Lichtdruckbildern.)
2 Bände. Preis brosch. M. 12.—, eleg. geb. M. 15.—.

= **Dritte verbesserte Auflage.** =

Dr. *du Prel* bespricht das Buch in der „Sphinx" in höchst anerkennender Weise und schreibt u. A.: —

„Es ist zu einem Handbuch geworden, das aus der hochangeschwollenen spiritistischen Litteratur das Wissenswertheste vereinigt bietet. Wer sich also die Mühe nicht geben will, oder nicht geben kann, durch diese Litteratur sich hindurchzulesen, hat wenigstens — will er überhaupt gehört werden — die Verpflichtung, dieses Handbuch durchzulesen, das eine eigentliche Phänomenologie des Spiritismus bietet.

„In der Geschichte des Spiritismus hat dieses Buch die Bedeutung eines Ereignisses und mich persönlich befreit es aus einer grossen Verlegenheit; denn ich kann nun die häufig erbetenen Rathschläge, den Spiritismus betreffend, in einer Weise geben, die an die Zeit und Mühe der Fragenden nicht zu grosse Ansprüche stellt, — ein Beweis, wie sehr das Buch von *Aksakow* einem vorhandenen Bedürfnisse entspricht. Auch wer durch seine Berufsgeschäfte sehr in Anspruch genommen ist, hat doch Zeit, ein paar Bände durchzulesen, um über diese wichtigste Frage unseres Jahrhunderts sich ein Urtheil bilden zu können, und wenn er nicht etwa vorweg entschlossen sein sollte, den Spiritismus um keinen Preis zuzugeben, wird er das Buch mit der Ueberzeugung, dass derselbe eine Wahrheit sei, selbst dann hinweglegen, wenn ihm jede eigene Erfahrung in diesem Gebiete fehlen sollte. Es giebt Leute genug, welche erklären, nur der selbsterlebte Augenschein könnte sie vielleicht zu Spiritisten machen, — als ob nur sie ganz allein im Besitze eines kritischen Augenpaares wären! —: diese werden, wenn sie das Buch von *Aksakow* durchlesen, die Erfahrung machen, dass man auch durch Lektüre allein eine Ueberzeugung gewinnen kann." —

Empfehlenswerte und hervorragende Werke

der neuesten spiritistischen ꝛc. Litteratur.

Autorisierte Uebersetzungen von Feilgenhauer.

Aus dem Italienischen:

Für den Spiritismus. Von Angelo Brofferio, Professor der Philosophie an der Universität Mailand. Mit einer Vorrede versehen von Dr. Freiherr du Prel. Preis brosch. 6 M., eleg. geb. 7 M.

Religion und Unsterblichkeit. Nur Thatsachen beweisen! Eine kurze Betrachtung von Professor Angelo Brofferio. Mit Vorwort von Feilgenhauer. Preis 80 Pf.

Die spiritistischen Thatsachen und die übereilten Hypothesen. Bemerk. über einen von Prof. C. Lombroso verf. Artikel v. Dr. G. B. Ermacora. Mit Vorrede von Feilgenhauer. Preis 1 M.

Untersinnliche Thätigkeit u. Spiritismus. Von Dr. G. B. Ermacora. Preis 60 Pf.

Einführung in den neueren Experimentalspiritismus von Prof. der Rechte Falcomer. Mit 12 Illustrat. Autorisierte Uebersetzung mit Vorrede von Feilgenhauer. Preis 2 M.

Geschichte des Spiritismus von Cäsar Baudi Ritter von Vesme. Einzig autorisierte Uebersetzung mit Vorrede und Anmerkungen von Feilgenhauer.

I. Band: „Das Altertum". Preis 10 M., eleg. geb. 12 M.

II. Band: „Mittelalter und Neuzeit".

Preis 10 M., eleg. geb. 12 M.

III. Band: „Der neuere Spiritismus" (im Druck befindlich; erscheint Frühjahr 1899).

Aus dem Russischen:

Aufrichtige Unterhaltungen über den Spiritismus und andere Erscheinungen des nämlichen Gebietes von W. v. Pribytkow Mit Vorrede von Feilgenhauer. Preis 1.50 M.

Die mediumistischen Erscheinungen vor dem ärztlichen Richterstuhl von W. v. Pribytkow. Autorisierte Uebersetzung mit Vorwort und Anhang von Feilgenhauer. Preis 60 Pf.

Die „spiritistische" Methode auf dem Gebiete der Psychophysiologie. Von Prof. Dr. A. M. Butlerow. Bericht über den Aufsatz „Die Gedankenübertragung" von Prof. Ch. Richet. Mit Vorwort und Beitrag versehen von Feilgenhauer. Preis 1 M.

Vorläufer des Spiritismus ꝛc. Von dem Kaiserl. Russ. Wirkl. Staatsrat Aksakoff. Einzig autorisierte Uebersetzung und mit Beitrag von Feilgenhauer. Preis 7 M., hocheleg. geb. 9 M.

Aus dem Polnischen:
Magnetismus und Hypnotismus von Prof. Dr. Julian Ocho-
rowicz. Autor. Uebersetzung mit Vorwort von Feilgenhauer.
Preis 3 M., eleg. geb. 4 M.

Aus dem Spanischen:
Ueber die Gespenster. Von Dr. M. Otero Acevedo. Autor. Uebersetzung mit Vorrede u. Anmerk. von Feilgenhauer. Pr. 1.80 M.

Aus dem Französischen:
Entwurf eines auf das Gesetz des Zufalls gegründeten Systems
der Natur mit nachfolgender kurzer Abhandlung über das zukünftige
Leben. Von P. C. Revel. Mit Anhang v. Prof. Dr. F. Maier.
Preis 4 M.
Das künftige Leben mit nachfolgenden Bemerkungen über die Träume
und über die Erscheinungen. Von P. C. Revel. Preis 2 M.

Aus dem Englischen:
Gespenster lebender Personen. Phantasms of the living by Gurney,
Myers & Podmore. Verkürzte Uebersetzung (unter Benutzung der
franz. und russ. Ausgabe) mit einer Vorrede von Prof. Dr. med.
Charles Richet zu Paris. Preis 6 M.
Woher kommen und was sind unsere Gedanken? Von Matth.
Fidler. Preis 1 M.

Aus dem Schwedischen:
Die Toten leben. Wirkliche Thatsachen über das persönliche Fort-
leben nach dem Tode. Von Matthias Fidler. Mit Vorwort von
Feilgenhauer. Preis 1 M.

Zeitschrift ✚ Spiritismus
und verwandte Gebiete.

Herausgeber und Schriftleiter Feilgenhauer, Köln a. Rh.
Verlag und Vertrieb Oswald Mutze, Leipzig, Lindenstraße 4.
Erscheint jeden Samstag, 8 Seiten stark. Preis M. 3 —
halbjährlich durch die Buchhandlungen und Postanstalten; M. 4.— bei
direktem Bezug vom Verleger. Für das Ausland jährlich M. 8.—.
Zweck: Den Spiritismus zu lehren, seine Anhänger zu mehren.
Der Spiritismus soll allgemein und unangefochten aner-
kannt werden und dem Schutze des Staates empfohlen sein.
= Probenummern gratis und franko. =

Zu beziehen durch Oswald Mutze, Leipzig, Lindenstr. 4.

9 780270 817614